머리말

한국인으로서 국어의 올바른 사용 능력을 갖추는 것은 무엇보다도 중요하다. 따라서 이러한 국어의 사용 능력을 객관적으로 평가한다는 것은 일반적인 국어의 사용 능력을 평가하는 것을 넘어 국어에 대한 기본적인 태도와 자질을 평가하는 것이라는 점에서 중요한 함의를 갖는다.

이러한 취지에서 현재 시행되고 있는 국어능력인증시험은 한국어를 모국어로 사용하는 사람들을 대상으로 구체적인 상황을 바탕으로 하여 듣기, 읽기, 쓰기의 언어 사용 능력을 평가할 뿐만 아니라 이해와 판단, 추론과 비판이라는 사고 영역까지 평가하고 있다. 최근 들어 국어능력인증시험을 입시 또는 입사 시험 등에 활용하는 교육기관과 단체가 늘어나고 있는 추세이므로 이에 대한 관심이 더욱 고조되고 있다.

본서는 현재 시행되고 있는 국어능력인증시험의 출제 범위와 유형에 맞추어 수험생 스스로 국어능력인증시험을 효과적으로 준비할 수 있도록 하는 데 주안점을 두었다. 따라서 국어능력인증시험의 각 출제 영역별로 바탕이 되는 이론과 필수적인 예시문제를 정리하였다. 또한 수험생들이 실전 감각을 익힐 수 있도록 마무리 문제를 수록하여 국어능력인증시험에 보다 실질적으로 대비할 수 있도록 하였다.

본서가 국어능력인증시험을 준비하는 수험생들에게 길잡이 역할을 충실히 하는 한편 수험생들의 실제적인 국어사용 능력을 향상시키는 데 보탬이 되리라고 믿는다. 마지막으로 국어능력인증시험을 준비하는 수험생들 모두가 만족할 만한 결과에 도달할 수 있기를 간절히 바란다.

강의 안내

국어능력인증시험 ToKL 인터넷 강의의 짜임

언어 전문 강사님이 전수하는 1급 달성 비법!

상권 언어기초 영역 편

첫째 마당. 어휘

하나 어휘의 의미

1 고유어(순우리말)
2 한자어(漢字語)
3 관용구 · 속담 · 한자성어
4 외래어 · 귀화어 · 순화어

둘 어휘의 관계

1 어휘 간의 의미 관계
2 의미 변화의 원인
3 의미 변화의 양상
4 어휘의 사전적 의미와 문맥적 의미

둘째 마당. 문법요소와 어법

하나 문법요소

1 음운(音韻)
2 단어(單語)
3 문장(文章)

둘 어법

1 어휘의 활용
2 호응
3 생략 · 중복
4 중의적 표현
5 기타

셋째 마당. 어문규정

하나 한글 맞춤법

둘 표준어 규정

셋 외래어 표기법/로마자 표기법

하권 언어기능/사고력 영역 편

시험 안내

1. 국어능력과 국어능력의 검정

(1) 국어능력이란?

국어를 통하여 생각이나 느낌 등을 정확하게 표현하고 이해하는 데 필요한 듣기 · 말하기 · 읽기 · 쓰기 등의 능력을 말한다.

(2) 국어능력의 검정

국어능력시험은 민간에서 자율적으로 시행해 오다가 국어기본법이 시행된(2005. 7. 27.) 이후 이 법에 따라 '국어능력인증시험'과 'KBS한국어능력시험'을 문화체육관광부 국립국어원에서 '국어능력 검정시험'으로 인정하여 관리하고 있다.

- 문화체육관광부장관은 국민의 국어능력 향상과 창조적인 언어생활의 정착을 위하여 국어능력을 검정할 수 있다.
- 국어능력의 검정 방법 · 절차 · 내용 및 시기에 관하여 필요한 사항은 대통령령으로 정한다.

〈국어기본법 제23조〉

2. 국어능력인증시험(ToKL)

(1) 시험의 개요

① **평가 대상** : 한국어를 모국어로 하는 학생 및 일반인

② **목적** : 국어능력인증시험은 변화하는 국어 생활의 환경에 발맞추어 기존의 국어교육 내용이나 방법의 한계를 극복하고, 체계적인 사고 과정의 결과로 나타나는 말하고, 듣고, 읽고 쓸 줄 아는 총체적인 언어 능력의 평가를 통해 국민의 국어 능력을 신장시키고, 나아가 학교 교육의 단계를 넘어 평생 학습의 단계로 인식토록 하고자 개발된 시험이다.

③ 시험 시간 : 1교시 60분, 2교시 70분(총 130분, 듣기평가 30분 포함)

시험 시간	활동
09 : 00 ~ 09 : 30	수험자 입실
09 : 30 ~ 09 : 45	• 감독관 입실 • 수험자 주의사항(신분증) 안내
09 : 45 ~ 10 : 00	• 1교시 답안지 작성 • 1교시 문제지 배부 및 파본 검사
10 : 00 ~ 11 : 30	1교시 평가 : 읽기, 어문규정, 어휘(객관식 57문항)
11 : 00 ~ 11 : 10	• 2교시 답안지 작성 • 2교시 문제지 배부 및 파본 검사
11 : 10 ~ 12 : 20	2교시 평가 : 듣기, 어법, 쓰기 등(객관식 23문항, 주관식 10문항)
12 : 20 ~ 12 : 30	• 시험 종료 • 수험자 퇴실

④ 문항 구성 : 객관식 80문항(5지 택일형), 주관식 10문항

⑤ 배점 : 객관식 2점(동일 배점), 주관식 4점(차등 배점)

⑥ 성적표

㉠ 종합 점수 : 시험에서 본인이 획득한 총 점수

㉡ 종합 석차 백분율(%) : 해당 회차의 전체 응시자를 100으로 환산했을 때 응시자 본인의 종합 성적이 어디에 위치하는지 보여주는 지표 (종합 석차 백분율이 낮을수록 성적 상위자)

㉢ 영역별 취득 점수 : 각 영역별로 응시자 본인이 획득한 점수

㉣ 백분위 환산 점수 : 각 영역별에서 응시자 본인이 획득한 총점을 100점 만점으로 환산한 점수

㉤ 석차 백분율(%) : 해당 회차의 전체 응시자를 100으로 환산했을 때 응시자 본인의 영역별 성적이 어디에 위치하는 보여주는 지표

⑦ 시험 시행

㉠ 연간 6회 시행

㉡ 응시 접수 : 국어능력인증시험 홈페이지(www.tokl.or.kr)

㉢ 시행 장소 : 전국의 주요 도시

㉣ 응시료 : 38,000원

⑧ 시험 접수

ToKL 접수 안내/동의 → 고사장 선택 → 접수자 정보 입력 → 결제

⑨ 응시자 유의사항

㉠ 시험 당일 준비사항

- 준비물 : 신분증(초, 중, 고 재학생은 학생증 가능, 신분증 규정 참조), 수험표, 필기도구[컴퓨터용 사인펜, 볼펜(또는 연필), 수정테이프(액체 불가)], 손목시계
- 시험 당일 신분증 미 지참자는 시험에 응시할 수 없음

㉡ 신분증 규정

- 일반인, 대학생 : 주민등록증, 운전면허증, 유효한 대한민국 여권, 공무원증, 기간 만료 전 주민등록증 발급신청확인서 中 1개(단, 성인의 경우 학생증, 사원증, 舊주민등록증, 각종 자격증, 사진이 부착된 신용카드, 의료보험증, 등본 등은 신분증으로 인정하지 않음)
- 중/고등학생 : 학생증(ToKL에서 인정하는 학생증, 홈페이지 신분증 규정 참조), 청소년증, 유효한 대한민국 여권, ToKL 신분확인 증명서, 재학증명서에 응시자 사진을 붙이고 사진 위에 학교장 날인이 된 것

〈ToKL 인정 학생증 기준〉

- '사진'과 '이름'이 들어있는 학교장이 발행한 학생증
- 제시된 포함요소가 모두 식별이 가능해야 하며 한 가지라도 누락 시 신분증으로 인정이 안 됨
- 학생증의 기재사항을 꼭 확인하고, ToKL 인정 학생증 기준에 맞지 않을 경우 다른 신분증을 준비해야 함

- 초등학생 : 유효한 대한민국 여권, ToKL 신분확인 증명서 中 1개
- 군인 : 현역간부 신분증, 군무원증, ToKL 신분확인 증명서(병사)

㉢ 부정행위자 처리 : 부정행위 대상자는 0점 처리되며, 1년간 응시자격이 박탈됨

㉣ 성적표/인증서 발송 : 성적표 및 인증서는 성적발표일로부터 10일 이내에 일반우편으로 일괄 발송됨

(2) 시험의 특징

① 언어 기초 영역 · 언어 기능 영역과 함께 사실 이해, 추론, 비판, 창의 능력을 통합 · 평가하는 문항으로 구성한다.

② 서술형 주관식 평가 확대와 다양한 지문을 이용하여 창의적인 언어 사고력을 평가한다.

㉠ 2006년 최초로 도입된 주관식 평가는 객관식 평가에 비해서 높은 변별도를 지니고 있음이 증명되었다. 이에 따라 어휘, 쓰기, 듣기, 읽기 영역에서 주관식 문항을 활용하고 있다.

㉡ 어떤 개념을 이해했는지 확인해보기 위해 설명해보라는 문제나 짧게 요약해보라는 등의 문제가 서술형 문제로 많이 출제된다.

㉢ 내용, 분량 등 서술방식을 제한하는 응답제한형이 주로 출제된다.

③ 종합적인 사고력 평가로 기존의 언어 평가 대비에 효율적이다.

"한국언어문화연구원은 '국어능력인증시험'을 주관함으로써 우리 국민의 국어 의식을 높이고 국어의 바른 사용을 유도하고 있다. 무엇보다도 '국어능력인증시험'은 국민 각 개인의 의사소통 능력과 비판적, 창의적 사고 능력을 개발하고 증진시킬 수 있는 평가 과정을 제공함으로써 종국에는 개인과 국가 경쟁력 강화에 이바지하기 위해 시행되고 있다.

'국어능력인증시험'은 한 개인의 언어 사고력을 적합하고 종합적으로 평가할 수 있게 설계된 시험으로, 학교와 산업계 등에서 요구되는 인재를 공정하게 선발하고 현 구성원의 원만한 역할 수행과 원활한 의사소통을 위한 평가와 재교육에 활용될 수 있다. 또한, '국어능력인증시험'의 평가가 이해 · 추론 · 비판 · 창의와 같이 영역별로 세분화되어 이루어진다는 점을 고려할 때, 산업계에서 개인의 성향과 장점을 활용한 부서 배치에도 좋은 자료로 제공될 수 있을 것이다."

(3) 등급 체계

① **배점** : 200점 만점으로 채점은 절대평가 방식을 취하고 있다. 기능 영역 및 사고력 영역에 대한 점수 및 백분위 점수 등이 표기되는 성적표를 개인별로 발급한다. 이 시험의 성적은 평가 영역별 점수와 총점으로 나누어진다.

㉠ **평가 영역별 점수** : 해당 평가 영역에서 수험자가 획득한 점수로 자신의 국어 사용 능력을 좀 더 구체적으로 확인할 수 있는 정보이다.

㉡ **총점** : 수험자의 전체적인 국어 사용 능력을 알 수 있는 수치이다.

② 급수

㉠ 120점 이하 : 급수를 부여하지 않는다.

㉡ 121점 이상 : 해당 점수에 따라 1급에서 5급까지의 급수를 부여하고 인증서가 발급된다.

급수	수준
1급 (185~200점)	• 창조적인 국어 사용 능력의 소유자 • 언론인, 방송인, 저술가, 작가, 국어 관련 교육자, 기획 및 홍보 업무 책임자의 능력 보유
2급 (169~184점)	• 우수한 국어 사용 능력의 소유자 • 합리적이고 정확한 의사소통 가능 • 언어를 통한 정보의 창출과 전달이 가능한 소양의 소지자로 고급 문서 작성 업무 능력, 관리 및 사무직에 필요한 문서 기획 업무 능력 소유 • 그 외 학문 탐구에 필요한 고급 독해 능력, 고도의 사고와 표현 능력을 필요로 하는 토의 능력 보유
3급 (153~168점)	• 일반 성인이 갖추어야 할 충실한 국어 사용 능력 보유 • 우리말과 글로 된 문화유산 및 대중문화를 폭넓게 향유 가능하고 사회생활에 필요한 이해력과 표현력 소유 • 정보를 이해하고 처리하는 데 필요한 언어 능력의 소유자이며 문서를 통하여 공무를 수행하는 데 지장 없음
4급 (137~152점)	• 일상적인 언어생활에 특별한 장애가 없는 수준 • 다른 사람의 말과 글에 담긴 요점을 이해하고, 자신의 생각과 느낌을 다른 사람에게 전달할 수 있는 기초적인 능력 보유 • 다만, 좀 더 바르고 정확한 언어생활, 창조적인 국어 활용을 위해 언어 규범의 숙지, 좀 더 많은 양의 독서, 글쓰기에 친숙해지려는 노력이 요청
5급 (121~136점)	• 고등학교 교육과정 수준의 언어 사용 능력을 어느 정도 갖춘 상태 • 의도에 맞는 어휘를 선택하는 능력, 주어진 정보의 핵심을 정확하고 빠르게 이해하는 능력, 말이나 글에 담긴 숨겨진 의도를 파악하는 능력 등이 좀 더 신장되어야 할 수준

(4) 평가 목표 및 평가 영역

① 평가 목표

㉠ 말하기, 듣기, 읽기, 쓰기에 관한 종합적인 국어사용 능력 평가

㉡ 일상적 언어 상황과 밀접하게 연관된 실질적인 국어사용 능력 평가

㉢ 합리적 의사소통 능력, 창조적 표현 능력, 유연한 언어 상황 적응력 평가

② 평가 영역

평가 영역	주요 내용	문항 수(주관식)
듣기	• 일상생활의 구어 텍스트 활용 • 현실적인 발화 상황의 재현 • 시각 자료의 활용을 통해 다양한 듣기 상황 능력의 평가 • 듣기 영역에 적합한 주관식 유형 도입 (중심 내용의 요약, 텍스트 내용에 대한 비판, 찬반 입장의 근거 기술)	15(2)
어휘	• 실생활에서 활용도가 높은 어휘를 중심으로 어휘의 실제 활용에 초점 • 읽기 지문과 연계된 실용적 어휘 능력 평가 유형 도입 • 정교한 국어 구사를 위한 어휘와 표현 선도 • 어휘 형성의 이해 / 어휘의 사전 의미 이해 / 어휘의 문맥적 의미 파악 / 어휘의 관계 파악 / 어휘 용법의 이해 / 관용구와 관용 표현의 이해 / 속담과 사자성어의 이해 능력 평가	15(2)
어법	• 정확하고도 경제적인 문장을 구사할 수 있는 능력을 중심으로 어법 활용 능력 평가 • 일상생활에서의 문장(구어, 광고, 각종 실용 문서)을 활용한 어법 지식 평가 • 문장 호응의 이해 / 문장의 중의적 의미의 이해 / 문장의 잘못된 생략 파악 / 의미 중복의 이해 / 높임 표현 · 호칭의 이해 능력 평가	5
어문 규정	• 실생활에서 꼭 필요한 규범의 활용 능력을 중심으로 평가 • 효율적인 의사소통을 위한 규범 평가 • 한글 맞춤법 / 표준어 / 외래어 및 로마자 표기법을 숙지하고 활용할 수 있는 능력 평가	5
읽기	• 다양한 매체 환경을 반영할 수 있는 지문 영역 확대 • 읽기 영역에 적합한 주관식 문항 유형 도입	40(1)
쓰기	• 문장 생성 능력, 단락 전개 능력 등 실질적 글쓰기 능력 중심으로 평가 • 실용적 · 창의적 글쓰기 유형 도입	10(5)

구성과 특징

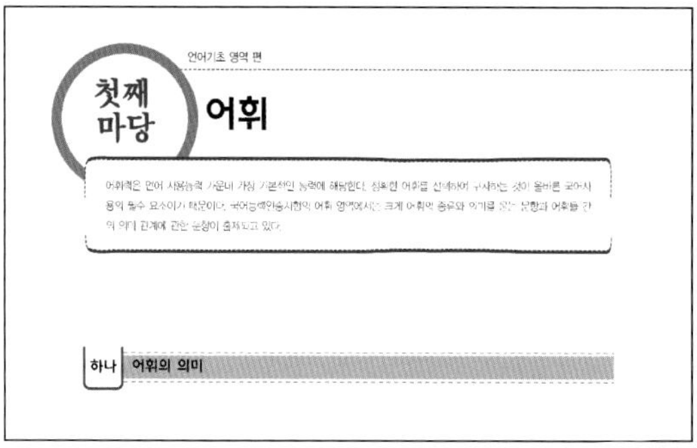

핵심이론
국어능력시험 1등급 달성을 위해 반드시 알아두어야 할 핵심내용들로만 체계적으로 정리하여 학습의 효율성을 높였습니다.

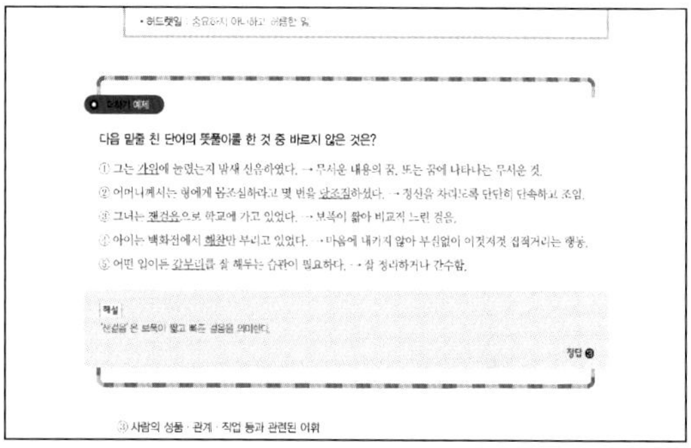

더하기 예제
시험에서 출제빈도가 높은 유형들만 엄선하여 자세한 해설과 함께 수록하였습니다.

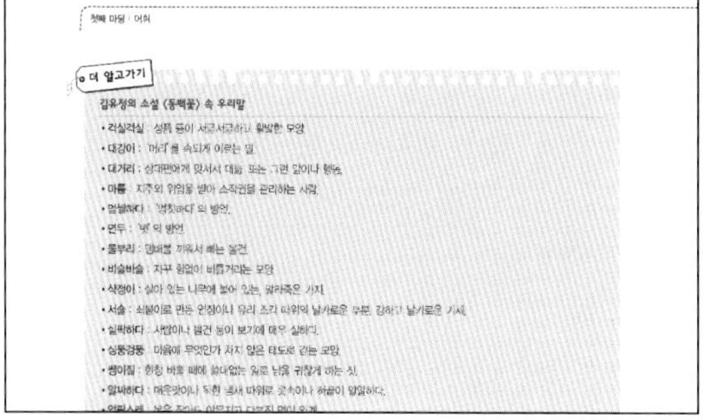

더 알고가기
본문의 흐름과 내용을 이해하는 데 참고가 되는 자료를 정리하여 수록하였습니다. 머릿속에 쏙쏙 담아 가세요.

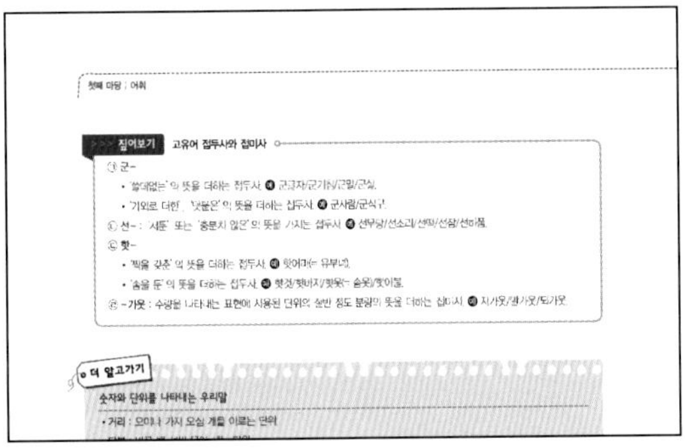
첫째 마당 : 어휘

>>> 짚어보기 고유어 접두사와 접미사

㉠ 군-
- '쓸데없는'의 뜻을 더하는 접두사. 예 군글자/군기침/군말/군살.
- '가외로 더한', '덧붙은'의 뜻을 더하는 접두사. 예 군사람/군식구.

㉡ 선- : '서툰' 또는 '충분치 않은'의 뜻을 가지는 접두사. 예 선무당/선소리/선떡/선잠/선하품.

㉢ 핫-
- '짝을 갖춘'의 뜻을 더하는 접두사. 예 핫어미(= 유부녀).
- '솜을 둔'의 뜻을 더하는 접두사. 예 핫것/핫바지/핫옷(= 솜옷)/핫이불.

㉣ -가웃 : 수량을 나타내는 표현에 사용된 단위의 절반 정도 분량의 뜻을 더하는 접미사. 예 자가웃/말가웃/되가웃.

더 알고가기

숫자와 단위를 나타내는 우리말
- 거리 : 오이나 가지 오십 개를 이르는 단위

짚어보기

본문에서 반드시 필요한 보충설명이나 참고사항을 별도로 정리하여 수험생들이 심화된 내용을 학습할 수 있도록 하였습니다.

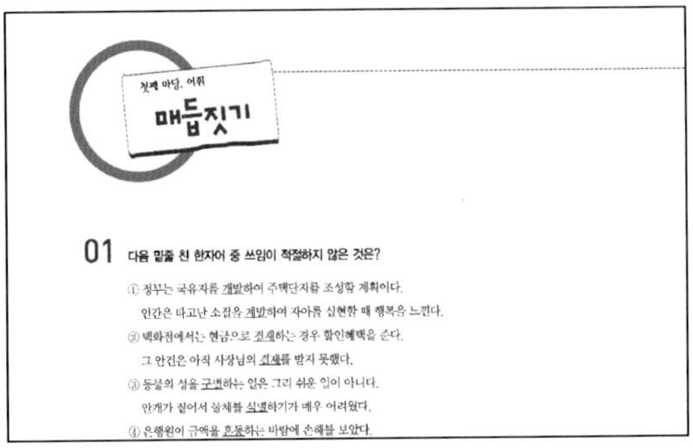
첫째 마당. 어휘

매듭짓기

01 다음 밑줄 친 한자어 중 쓰임이 적절하지 않은 것은?

① 정부는 국유지를 개발하여 주택단지를 조성할 계획이다.
인간은 타고난 소질을 계발하여 자아를 실현할 때 행복을 느낀다.
② 백화점에서는 현금으로 결제하는 경우 할인혜택을 준다.
그 안건은 아직 사장님의 결재를 받지 못했다.
③ 동물의 성을 구별하는 일은 그리 쉬운 일이 아니다.
안개가 짙어서 물체를 식별하기가 매우 어려웠다.
④ 은행원이 금액을 혼동하는 바람에 손해를 보았다.

매듭짓기

출제기준에 맞추어 시험에서 출제빈도가 높은 유형들만 엄선하여 수록하였습니다.

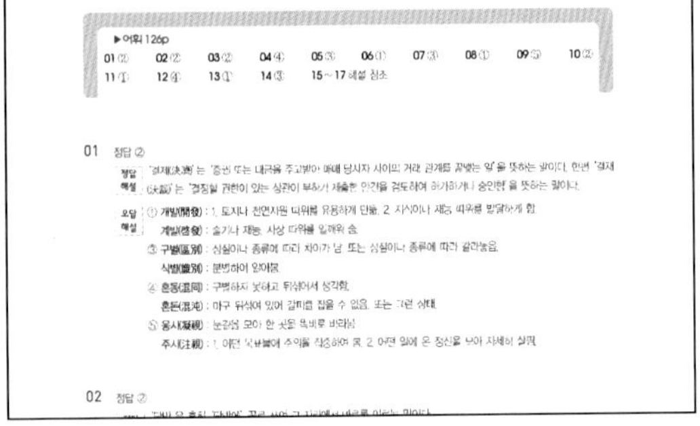
▶ 어휘 126p

01 ②	02 ②	03 ②	04 ④	05 ③	06 ①	07 ③	08 ①	09 ⑤	10 ②
11 ①	12 ④	13 ①	14 ③	15~17 해설 참조					

01 정답 ②

정답 해설 '결제(決濟)'는 '증권 또는 대금을 주고받아 매매 당사자 사이의 거래 관계를 끝맺는 일'을 뜻하는 말이다. 한편 '결재(決裁)'는 '결정할 권한이 있는 상관이 부하가 제출한 안건을 검토하여 허가하거나 승인함'을 뜻하는 말이다.

오답 해설
① 개발(開發) : 1. 토지나 천연자원 따위를 유용하게 만듦. 2. 지식이나 재능 따위를 발달하게 함.
계발(啓發) : 슬기나 재능, 사상 따위를 일깨워 줌.
③ 구별(區別) : 성질이나 종류에 따라 차이가 남. 또는 성질이나 종류에 따라 갈라놓음.
식별(識別) : 분별하여 알아봄.
④ 혼동(混同) : 구별하지 못하고 뒤섞어서 생각함.
혼돈(混沌) : 마구 뒤섞여 있어 갈피를 잡을 수 없음. 또는 그런 상태.
⑤ 응시(凝視) : 눈길을 모아 한 곳을 똑바로 바라봄.
주시(注視) : 1. 어떤 목표물에 주의를 집중하여 봄. 2. 어떤 일에 온 정신을 모아 자세히 살핌.

02 정답 ②

정답 및 해설

상세한 해설을 따로 정리하여 혼자서도 쉽게 문제를 해결할 수 있도록 하였습니다.

목 차

2주 셋째 마당. 어문규정

국어능력인증시험 ToKL 활용처

중 · 고등학생

"신입생 선발 전형 및 재학생 수행평가 자료로 활용"

- 특수 목적 고교 및 자립형 사립고의 신입생 모집전형 필수 제출자료로 채택
- 특별전형 특기자 자격 및 가산점 부여
- 학교생활기록부의 기타 특별활동란에 인증서 획득 급수 기록 가능
- 학교 교육 중 재학생 수행평가 보조자료로 활용 가능
- 수능 및 논 · 구술 대비 사전 평가 가능

대학생

"공기관(공기업) 및 기업체 입사전형 / 재학생 교양 과목 평가 자료"

- 신문, 방송사, 잡지사 기자 등 채용을 위한 선발 시험에서 활용
- 각종 공사(공기업) 및 정부투자 기관/기업체의 신입 직원 선발 전형에서 활용
- 대학원 신입생 선발 특별 전형에서 특기자 자격 부여 및 가산점 부여
- 대학 교양 과목 평가 대체 및 가산점 부여를 통한 보조수단으로 활용
- 일반 대학원 입학 시험 대체
- 졸업인증제 실시
- 학교 교육 중 재학생 사고력, 잠재력 평가 자료로 활용
- 졸업 후 취업 대비 사전 인증서 획득

일반인

"내부 인사전형/승진 심사 시 활용"

- 우수 사원 채용을 위한 기업체 선발 전형 및 정부기관 승진 심사자료로 활용
- 창의적이고 우수한 잠재력을 보유한 인재를 선발, 채용하는 전형과정에서 반영 및 검토
- 법학적성시험(LEET) 및 공직 적격성검사(PSAT) 시험 중 '언어논리 영역' 대비
- 의 · 치의학 교육 입문검사(MEET/DEET) 중 '언어추론 영역' 대체

- **잰걸음** : 보폭이 짧고 빠른 걸음.
- **주전부리** : 1. 때를 가리지 아니하고 군음식을 자꾸 먹음. 또는 그런 입버릇. 2. 맛이나 재미, 심심풀이로 먹는 음식.
- **죽살이** : 죽고 사는 것을 다투는 정도의 고생.
- **지청구** : 1. 꾸지람. 2. 까닭 없이 남을 탓하고 원망함.
- **품** : 1. 어떤 일에 드는 힘이나 수고. 2. 삯을 받고 하는 일.
- **하리** : 남을 헐뜯어 윗사람에게 일러바치는 일.
- **한동자** : 끼니를 마친 후 새로 밥을 짓는 일.
- **해찰** : 1. 마음에 썩 내키지 아니하여 물건을 부질없이 이것저것 집적거려 해침. 또는 그런 행동. 2. 일에는 마음을 두지 아니하고 쓸데없이 다른 짓을 함.
- **허드렛일** : 중요하지 아니하고 허름한 일.

더하기 예제

다음 밑줄 친 단어의 뜻풀이를 한 것 중 바르지 않은 것은?

① 그는 가위에 눌렸는지 밤새 신음하였다. → 무서운 내용의 꿈. 또는 꿈에 나타나는 무서운 것.

② 어머니께서는 형에게 몸조심하라고 몇 번을 당조짐하셨다. → 정신을 차리도록 단단히 단속하고 조임.

③ 그녀는 잰걸음으로 학교에 가고 있었다. → 보폭이 짧아 비교적 느린 걸음.

④ 아이는 백화점에서 해찰만 부리고 있었다. → 마음에 내키지 않아 부질없이 이것저것 집적거리는 행동.

⑤ 어떤 일이든 갈무리를 잘 해두는 습관이 필요하다. → 잘 정리하거나 간수함.

해설

'잰걸음'은 보폭이 짧고 빠른 걸음을 의미한다.

정답 ❸

③ 사람의 성품 · 관계 · 직업 등과 관련된 어휘

- **가납사니** : 1. 쓸데없는 말을 지껄이기 좋아하는 수다스러운 사람. 2. 말다툼을 잘하는 사람.
- **가시버시** : '부부'를 낮잡아 이르는 말.
- **간나위** : 간사한 사람이나 간사한 짓을 낮잡아 이르는 말.
- **갈가위** : 인색하여 제 욕심만을 채우려는 사람.
- **갖바치** : 예전에, 가죽신을 만드는 일을 직업으로 하던 사람.
- **고명딸** : 아들 많은 집의 외딸.

- **골비단지** : 몹시 허약하여 늘 병으로 골골거리는 사람을 속되게 이르는 말.
- **깜냥** : 스스로 일을 헤아림. 또는 헤아릴 수 있는 능력.
- **꼭두각시** : 1. 꼭두각시놀음에 나오는 여러 가지 인형. 2. 남의 조종에 따라 움직이는 사람이나 조직을 비유적으로 이르는 말.
- **꼽꼽쟁이** : 성질이 잘고 서두르는 사람을 낮잡아 이르는 말.
- **남산골샌님** : 가난하면서도 자존심만 강한 선비를 놀림조로 이르는 말.
- **늦깎이** : 1. 나이가 많이 들어서 승려가 된 사람. 2. 나이가 많이 들어서 어떤 일을 시작한 사람.
- **대갈마치** : 온갖 어려운 일을 겪어서 아주 야무진 사람을 비유적 이르는 말.
- **데퉁바리** : 말과 행동이 거칠고 미련한 사람.
- **도섭쟁이** : 주책없이 능청맞고 수선스럽게 변덕을 아주 잘 부리는 사람을 낮잡아 이르는 말.
- **따라지** : 보잘것없거나 하찮은 처지에 놓인 사람이나 물건을 속되게 이르는 말.
- **똥딴지** : 1. 완고하고 우둔하며 무뚝뚝한 사람을 놀림조로 이르는 말. 2. 행동이나 사고방식 따위가 너무 엉뚱한 사람을 놀림조로 이르는 말.
- **뜨내기** : 1. 일정한 거처가 없이 떠돌아다니는 사람. 2. 어쩌다가 간혹 하는 일.
- **마당발** : 1. 볼이 넓고 바닥이 평평하게 생긴 발. 2. 인간관계가 넓어서 폭넓게 활동하는 사람.
- **만무방** : 1. 염치가 없이 막된 사람. 2. 아무렇게나 생긴 사람.
- **망석중** : 1. 나무로 다듬어 만든 인형의 하나. 2. 남이 부추기는 대로 따라 움직이는 사람을 비유적으로 이르는 말.
- **모도리** : 빈틈없이 아주 여무진 사람.
- **몽니** : 정당한 대우를 받지 못할 때 권리를 주장하기 위하여 심술을 부리는 성질.
- **무룡태** : 능력은 없고 그저 착하기만 한 사람.
- **안다니** : 무엇이든지 잘 아는 체하는 사람.
- **어정잡이** : 1. 양만 꾸미고 실속이 없는 사람. 2. 됨됨이가 조금 모자라 자기가 맡은 일을 제대로 처리하지 못하는 사람.
- **자린고비** : 다라울 정도로 인색한 사람을 낮잡아 이르는 말.
- **지체** : 어떤 집안이나 개인이 사회에서 차지하고 있는 신분이나 지위.
- **트레바리** : 이유 없이 남의 말에 반대하기를 좋아함. 또는 그런 성격을 지닌 사람.
- **하리쟁이** : 하리노는 것을 일삼는 사람.

더 알고가기

현진건의 소설 〈운수좋은날〉 속 우리말

- **거뿐하다** : 듣기 좋은 정도로 가볍다. '거분하다'보다 센 느낌을 준다.
- **게걸거리다** : 상스러운 말로 소리를 지르며 불평스럽게 자꾸 떠든다.
- **노박이로** : 1. 줄곧 한 가지에만 붙박이로. 2. 줄곧 계속적으로.
- **두리다** : '두려워하다'의 옛말.
- **맡** : '그 길로 바로'의 뜻을 나타내는 말.
- **먹음먹이** : 먹음직한 음식들.

- **미꾸리** : '미꾸라지'의 방언.
- **버들고리짝** : 옷을 넣을 수 있도록 고리버들의 가지로 짠 상자. ≒ 버들고리.
- **사품** : 어떤 동작이나 일이 진행되는 바람이나 겨를.
- **새침하다** : 짐짓 쌀쌀한 기색을 꾸미다.
- **생때같다** : 1. 아무 탈 없이 말짱하다. 2. 공을 많이 들여 매우 소중하다.
- **어정어정** : 키가 큰 사람이나 짐승이 이리저리 천천히 걷는 모양.
- **오라질** : 오라에 묶여 갈 만하다는 뜻으로 미워하는 대상이나 못마땅한 일에 대하여 비난하거나 불평할 때 욕으로 하는 말.
- **옹송그리다** : 춥거나 두려워 몸을 궁상맞게 몹시 옹그리다.
- **원원이** : 처음부터, 원래부터.
- **재우치다** : 빨리하여 몰아치거나 재촉하다.
- **조팝** : 조로 지은 쌀. '조밥'의 북한말.
- **태깔** : 1. 모양과 빛깔. 2. 거만한 태도.
- **푼푼하다** : 모자람이 없이 넉넉하다.

더하기 예제

다음 밑줄 친 단어를 다른 말로 바꾼 것 중 원래의 의미와 가장 거리가 먼 것은?

① 그는 보통사람보다 덩저리가 크지만 동작은 둔했다. → 몸집.

② 김 대리는 이번 일로 지쳐서 회사에 말미를 달라고 요청했다. → 휴가.

③ 동생은 장난이 심해서 어머니께 늘 지청구를 들었다. → 꾸지람.

④ 그는 동네에서 소문난 만무방이었다. → 일꾼.

⑤ 제 깜냥에 맞는 일을 찾아서 해야 탈이 없다. → 능력.

해설

'만무방'은 염치가 없이 막돼먹은 사람이나 아무렇게나 생긴 사람을 이르는 말이다.

① **덩저리** : 1. 좀 크게 뭉쳐서 쌓인 물건의 부피. 2. '몸집'을 낮잡아 이르는 말.
② **말미** : 일정한 직업이나 일 따위에 매인 사람이 다른 일로 말미암아 얻는 겨를.
③ **지청구** : 꾸지람.
⑤ **깜냥** : 스스로 일을 헤아림. 또는 헤아릴 수 있는 능력.

정답 ④

④ 자연현상이나 자연물(동식물)과 관련된 어휘

- **가랑비** : 가늘게 내리는 비. 이슬비보다는 좀 굵다.
- **간자미** : 가오리의 새끼.
- **개부심** : 장마로 큰물이 난 뒤, 한동안 쉬었다가 다시 퍼붓는 비가 명개를 부시어 냄. 또는 그 비.
- **개호주** : 범의 새끼.
- **고도리** : 1. 고등어의 새끼. 2. '고등어'의 옛말.
- **굼벵이** : 매미, 풍뎅이, 하늘소와 같은 딱정벌레목의 애벌레.
- **까막까치** : 까마귀와 까치를 아울러 이르는 말.
- **꺼병이** : 1. 꿩의 어린 새끼. 2. 옷차림 따위의 겉모습이 잘 어울리지 않고 거칠게 생긴 사람을 비유적으로 이르는 말.
- **꽃다지** : 오이, 가지, 참외, 호박 따위에서 맨 처음에 열린 열매.
- **남새밭** : 채소밭.
- **너럭바위** : 넓고 평평한 큰 돌. = 반석(盤石).
- **너울** : 바다의 크고 사나운 물결.
- **노가리** : 명태의 새끼.
- **는개** : 안개비보다는 조금 굵고 이슬비보다는 가는 비.
- **능소니** : 곰의 새끼.
- **늦사리** : 제철보다 늦게 농작물을 수확하는 일. 또는 그런 작물.
- **달무리** : 달 언저리에 둥그렇게 생기는 구름 같은 허연 테.
- **도래샘** : 빙 돌아서 흐르는 샘물.
- **동부레기** : 뿔이 날 만한 정도의 송아지.
- **동어** : 숭어의 새끼를 이르는 말.
- **된서리** : 1. 늦가을에 아주 되게 내리는 서리. 2. 모진 재앙이나 타격을 비유적으로 이르는 말.
- **맏물** : 과일, 푸성귀, 해산물 따위에서 그 해의 맨 처음에 나는 것.
- **멧나물** : 산나물.
- **명개** : 갯가나 흙탕물이 지나간 자리에 앉은 검고 고운 흙.
- **무녀리** : 한 태에 낳은 여러 마리 새끼 가운데 가장 먼저 나온 새끼.
- **무서리** : 늦가을에 처음 내리는 묽은 서리.
- **물낯** : 수면.
- **보늬** : 밤이나 도토리 따위의 속껍질.
- **엇부루기** : 아직 큰 소가 되지 못한 수송아지.
- **여우비** : 볕이 나 있는 날 잠깐 오다가 그치는 비.
- **우레** : 천둥.
- **웃비** : 아직 우기는 있으나 좍좍 내리다가 그친 비.
- **작달비** : 굵고 거세게 좍좍 내리는 비. = 장대비.
- **초고리** : 작은 매.
- **푸성귀** : 사람이 가꾼 채소나 저절로 난 나물 따위를 통틀어 이르는 말.

- **하릅강아지** : 나이가 한 살 된 강아지.
- **해거름** : 해가 서쪽으로 넘어가는 일. 또는 그런 때.
- **해넘이** : 해가 막 넘어가는 때. 또는 그런 현상.
- **해미** : 바다 위에 낀 아주 짙은 안개.

더 알고가기

바람과 관련된 어휘

- **갈마바람** : '서남풍'을 이르는 말.
- **꽁무니바람** : 뒤쪽에서 불어오는 바람.
- **높새바람** : '북동풍'을 달리 이르는 말.
- **샛바람** : '동풍'을 이르는 말.
- **강쇠바람** : 첫가을에 부는 동풍.
- **높바람** : 매섭게 부는 바람. 된바람.
- **마파람** : '남풍'을 이르는 말.
- **하늬바람** : 서쪽에서 부는 바람.

⑤ 구체적인 사물과 관련된 어휘

- **깁** : 명주실로 바탕을 조금 거칠게 짠 비단.
- **꿰미** : 물건을 꿰는 데 쓰는 끈이나 꼬챙이 따위. 또는 거기에 무엇을 꿴 것.
- **도롱이** : 짚, 띠 따위로 엮어 허리나 어깨에 걸쳐 두르는 비옷.
- **마고자** : 저고리 위에 덧입는 웃옷.
- **모가치** : 몫으로 돌아오는 물건.
- **베잠방이** : 베로 지은 짧은 남자용 홑바지.
- **벼락틀** : 산짐승을 잡으려고 설치하는 덫의 하나.
- **벼리** : 1. 그물의 위쪽 코를 꿰어 놓은 줄. 2. 일이나 글의 뼈대가 되는 줄거리.
- **보람줄** : 책 따위에 표지를 하도록 박아 넣은 줄.
- **사금파리** : 사기그릇의 깨어진 작은 조각.
- **사북** : 접었다 폈다 하는 부채의 아랫머리나 가위다리의 교차된 곳에 박아 돌쩌귀처럼 쓰이는 물건.
- **삯** : 일한 데 대한 품값으로 주는 돈이나 물건.
- **살피** : 1. 땅과 땅 사이의 경계선을 간단히 나타낸 표. 2. 물건과 물건 사이를 구별 지은 표.
- **삿자리** : 갈대를 엮어서 만든 자리.
- **세간** : 집안 살림에 쓰는 온갖 물건.
- **알천** : 1. 재산 가운데 가장 값나가는 물건. 2. 음식 가운데서 제일 맛있는 음식.
- **잠방이** : 가랑이가 무릎까지 내려오도록 짧게 만든 홑바지.
- **허방다리** : 함정(陷穽).

더 알고가기

별과 관련된 우리말

- **개밥바라기** : 저녁 무렵 서쪽 하늘에 보이는 금성.
- **닻별** : 카시오페아 자리.
- **미리내** : 은하수의 방언.
- **붙박이별** : 항성.
- **꼬리별, 살별, 길쓸별** : 혜성.
- **떠돌이별** : 행성.
- **별똥별** : 유성을 일상적으로 이르는 말.
- **샛별** : 새벽에 동쪽 하늘에서 반짝이는 금성.

⑥ 공간 및 장소와 관련된 어휘

- **갈피** : 1. 겹치거나 포갠 물건의 하나하나의 사이. 또는 그 틈. 2. 일이나 사물의 갈래가 구별되는 어름.
- **고샅** : 1. 시골 마을의 좁은 골목길. 또는 골목 사이. 2. 좁은 골짜기의 사이.
- **노루목** : 1. 노루가 자주 다니는 길목. 2. 넓은 들에서 다른 곳으로 이어지는 좁은 지역.
- **두메** : 도회에서 멀리 떨어져 사람이 많이 살지 않는 변두리나 깊은 곳.
- **둔치** : 1. 물가의 언덕. 2. 강, 호수 따위의 물이 있는 곳의 가장자리.
- **들머리** : 1. 들어가는 맨 첫머리. 2. 들의 한쪽 옆이나 한쪽 가장자리.
- **모래톱** : 모래사장.
- **모롱이** : 산모퉁이의 휘어 둘린 곳.
- **발치** : 1. 누울 때 발이 가는 쪽. 2. 사물의 꼬리나 아래쪽이 되는 끝 부분.
- **틈서리** : 틈이 난 부분의 가장자리.
- **한참갈이** : 소로 잠깐이면 갈 수 있는 작은 논밭의 넓이.

(2) 동사

- **가물다** : 땅의 물기가 바싹 마를 정도로 오랫동안 계속하여 비가 오지 않다.
- **갈마들다** : 서로 번갈아들다.
- **겯고틀다** : 시비나 승부를 다툴 때에, 서로 지지 않으려고 버티어 겨루다.
- **곧추서다** : 꼿꼿이 서다.
- **궁굴리다** : 1. 이리저리 돌려서 너그럽게 생각하다. 2. 좋은 말로 구슬리다.
- **궁싯거리다** : 1. 잠이 오지 아니하여 누워서 몸을 이리저리 뒤척거리다. 2. 어찌할 바를 몰라 이리저리 머뭇거리다.
- **꾀다** : 그럴듯한 말이나 행동으로 남을 속이거나 부추겨서 자기 생각대로 끌다.
- **남상거리다** : 1. 좀 얄밉게 자꾸 넘어다보다. 2. 남의 것을 탐내어 가지려고 자꾸 좀스럽게 기회를 엿보다.
- **넉장뽑다** : 투전에서 석 장 뽑을 것을 어름어름하여 넉 장을 뽑는다는 뜻으로, 일이나 행동을 할 때 태도가 분명하지 못하고 어물어물 얼버무리는 것을 이르는 말.
- **닦아세우다** : 꼼짝 못하게 휘몰아 나무라다.
- **더위잡다** : 1. 높은 곳에 오르려고 무엇을 끌어 잡다. 2. 의지가 될 수 있는 든든하고 굳은 지반을 잡다.

- **돌라내다** : 남의 물건을 슬쩍 빼돌려 내다.
- **돌려세우다** : 1. 방향을 바꾸게 하다. 2. 생각을 바꾸게 하다.
- **되바라지다** : 1. 그릇이 운두가 낮고 위가 벌어져 쉽사리 바닥이 드러나 보이다. 2. 튀어져 나오고 벌어져서 아늑한 맛이 없다. 3. 사람됨이 남을 너그럽게 감싸 주지 아니하고 적대적으로 대하다. 4. 차림이 얌전하지 않아 남의 눈에 잘 띄다.
- **두남두다** : 1. 잘못을 두둔하다. 2. 애착을 가지고 돌보다.
- **듣보다** : 듣기도 하고 보기도 하며 알아보거나 살피다.
- **모지라지다** : 물건의 끝이 닳아서 없어지다.
- **몽태치다** : 남의 물건을 슬그머니 훔쳐 가지다.
- **바루다** : 비뚤어지거나 구부러지지 않도록 바르게 하다.
- **바르집다** : 1. 파서 헤치거나 벌려 놓다. 2. 숨겨진 일을 들추어내다. 3. 작은 일을 크게 떠벌리다.
- **배상부리다** : 거만한 태도로 자기의 몸을 아껴 할 일을 제대로 하지 않고 꾀만 부리다.
- **버금가다** : 으뜸의 바로 아래가 되다.
- **보깨다** : 1. 먹은 것이 소화가 잘 안 되어 속이 답답하고 거북하게 느껴지다. 2. 일이 뜻대로 되지 않아 마음이 번거롭거나 불편하게 되다.
- **서그러지다** : 마음이 너그럽고 서글서글하게 되다.
- **소쿠라지다** : 1. 급히 흐르는 물이 굽이쳐 용솟음치다. 2. 물이 세찬 기세로 솟아오른 채로 얼다.
- **아롱지다** : 아롱아롱한 점이나 무늬가 생기다.
- **앙당그리다** : 1. 춥거나 겁이 나서 몸을 옴츠리다. 2. 이를 조금 사납게 드러내다.
- **애끊다** : 몹시 슬퍼서 창자가 끊어질 듯하다.
- **앵돌아지다** : 1. 노여워서 토라지다. 2. 홱 틀려 돌아가다. 3. 날씨가 끄물끄물해지다.
- **어리비치다** : 어떤 현상이나 기운이 은근하게 드러나 보이다.
- **얼넘기다** : 일을 대충 얼버무려서 넘기다.
- **에두르다** : 1. 에워서 둘러막다. 2. 바로 말하지 않고 짐작하여 알아듣도록 둘러대다. ≒ 에둘러대다, 에둘러치다.
- **움키다** : 1. 손가락을 우그리어 물건 따위를 놓치지 않도록 힘 있게 잡다. 2. 새나 짐승 따위가 발가락으로 무엇을 꽉 잡다.
- **웅숭그리다** : 춥거나 두려워 몸을 궁상맞게 몹시 웅그리다.
- **이지러지다** : 1. 한쪽 귀퉁이가 떨어져 없어지다. 2. 달 따위가 한쪽이 차지 않다. 3. 불쾌한 감정 따위로 얼굴이 일그러지다. 4. 성격, 생각, 행동 따위가 바르지 못하고 비뚤어지다.
- **지릅뜨다** : 1. 고개를 수그리고 눈을 치올려서 뜨다. 2. 눈을 크게 부릅뜨다.
- **켕기다** : 1. 단단하고 팽팽하게 되다. 2. 마음속으로 겁이 나고 탈이 날까 불안해하다.
- **탑새기주다** : 남의 일을 방해하여 망치다.
- **하리놀다** : 남을 헐뜯어 윗사람에게 일러바치다.
- **하비다** : 1. 손톱이나 날카로운 물건 따위로 조금 긁어 파다. 2. 남의 결점을 드러내어 헐뜯다. 3. 아픈 마음을 자극하다.

더하기 예제

다음 밑줄 친 고유어를 다른 단어로 바꾸어 쓴 것 중 바르지 않은 것은?

① 할아버지는 오래 전부터 남새밭을 가꾸어 오셨다. → 채소밭.

② 그는 허방다리에 빠져 발목을 다쳤다. → 함정.

③ 어느새 모래톱에 사람들이 모여 있었다. → 모래사장.

④ 아이들은 물낯이나 쳐다보고 있었다. → 수면.

⑤ 강이 마치 긴 깁을 펼쳐놓은 듯 했다. → 종이.

해설

'깁'은 '비단'을 이르는 고유어이다.

정답 ⑤

(3) 형용사

① 성품과 관련된 어휘

- **감때사납다** : 1. 사람이 억세고 사납다. 2. 사물이 험하고 거칠다.
- **곰살맞다** : 몹시 부드럽고 친절하다.
- **공변되다** : 행동이나 일 처리가 사사롭거나 한쪽으로 치우치지 않고 공평하다.
- **괄괄스럽다** : 보기에 성질이 세고 급한 데가 있다.
- **굼슬겁다** : 성질이 보기보다 너그럽고 부드럽다.
- **끌밋하다** : 1. 모양이나 차림새 따위가 매우 깨끗하고 헌칠하다. 2. 손끝이 여물다.
- **다부지다** : 1. 벅찬 일을 견디어 낼 만큼 굳세고 야무지다. 2. 생김새가 옹골차다. 3. 일을 해내는 솜씨나 태도가 빈틈이 없고 야무진 데가 있다.
- **뒤웅스럽다** : 생긴 꼴이 뒤웅박처럼 미련한 데가 있다.
- **맵짜다** : 1. 음식의 맛이 맵고 짜다. 2. 바람 따위가 매섭게 사납다. 3. 성미가 사납고 독하다. 4. 성질 따위가 야무지고 옹골차다.
- **맵차다** : 1. 맵고 차다. 2. 옹골차고 야무지다.
- **모나다** : 1. 사물의 모습이나 일에 드러난 표가 있다. 2. 말이나 짓 따위가 둥글지 못하고 까다롭다. 3. 물건이 쓰이는 데 유용한 구석이 있다.
- **무람없다** : 예의를 지키지 않으며 삼가고 조심하는 것이 없다.
- **물색없다** : 말이나 행동이 형편에 맞거나 조리에 닿지 아니하다.
- **미쁘다** : 믿음성이 있다.

- **미욱스럽다** : 매우 어리석고 미련한 데가 있다.
- **삽삽하다** : 태도나 마음 씀씀이가 마음에 들게 부드럽고 사근사근하다.
- **새살궂다** : 성질이 차분하지 못하고 가벼워 말이나 행동이 실없고 부산하다.
- **실팍지다** : 사람이나 물건 따위가 보기에 매우 실한 데가 있다.
- **아금받다** : 1. 야무지고 다부지다. 2. 무슨 기회든지 재빠르게 붙잡아 이용하는 소질이 있다.
- **암상궂다** : 몹시 남을 시기하고 샘을 잘 내는 마음이나 태도가 있다.
- **암팡스럽다** : 몸은 작아도 야무지고 다부진 면이 있다.
- **야멸치다** : 1. 자기만 생각하고 남의 사정을 돌볼 마음이 없다. 2. 태도가 차고 여무지다.
- **어험스럽다** : 1. 짐짓 위엄이 있어 보이는 듯하다. 2. 굴이나 구멍 따위가 텅 비고 우중충한 데가 있다.
- **열없다** : 1. 좀 겸연쩍고 부끄럽다. 2. 담이 작고 겁이 많다. 3. 성질이 다부지지 못하고 묽다. 4. 어설프고 짜임새가 없다.
- **옹골지다** : 실속이 있게 속이 꽉 차 있다.
- **옹글다** : 1. 물건 따위가 조각나거나 손상되지 아니하고 본디대로 있다. 2. 조금도 축가거나 모자라지 아니하다. 3. 매우 실속 있고 다부지다.
- **의뭉하다** : 겉으로 보기에는 어리석은 것처럼 보이면서 속으로는 엉큼하다.
- **찬찬스럽다** : 보기에 성질, 솜씨, 행동 따위가 꼼꼼하고 자상한 데가 있다.
- **츱츱스럽다** : 보기에 너절하고 염치없는 데가 있다.

○ 더하기 | 예제

다음 밑줄 친 단어나 표현을 바꾼 것 중 본래의 의미와 가장 가까운 것은?

① 부모님께서는 <u>해거름에</u> 길을 나서셨다. → 새벽에

② 그들의 <u>의뭉한</u> 속내를 알 수는 없었다. → 서글픈

③ 이번 일은 <u>옹골진</u> 일임이 분명하다. → 실속이 없는

④ 그는 <u>감때사나운</u> 그녀의 모습에 기가 질렸다. → 억세고 사나운

⑤ 동생은 늘 <u>물색없는</u> 말만 하고 다닌다. → 이치에 맞는

해설

① **해거름** : 해가 서쪽으로 넘어가는 일. 또는 그런 때.
② **의뭉하다** : 겉으로 보기에는 어리석은 것처럼 보이면서 속으로는 엉큼하다.
③ **옹골지다** : 실속이 있게 속이 꽉 차 있다.
⑤ **물색없다** : 말이나 행동이 형편에 맞거나 조리에 닿지 아니하다.

정답 ❹

② 심리와 관련된 어휘

- **같잖다** : 1. 하는 짓이나 꼴이 제격에 맞지 않고 눈꼴사납다. 2. 말하거나 생각할 거리도 못 되다.
- **거추장스럽다** : 1. 물건 따위가 크거나 무겁거나 하여 다루기가 거북하고 주체스럽다. 2. 일 따위가 성가시고 귀찮다.
- **계면쩍다** : 쑥스럽거나 미안하여 어색하다.
- **고깝다** : 섭섭하고 야속하여 마음이 언짢다.
- **귀살쩍다** : 괴기한 느낌이 들다.
- **기껍다** : 마음속으로 은근히 기쁘다.
- **노엽다** : 화가 날 만큼 분하고 섭섭하다.
- **눈꼴사납다** : 보기에 아니꼬워 비위에 거슬리게 밉다.
- **느껍다** : 어떤 느낌이 마음에 북받쳐서 벅차다.
- **맥쩍다** : 1. 심심하고 재미가 없다. 2. 열없고 쑥스럽다.
- **멋쩍다** : 1. 하는 짓이나 모양이 격에 어울리지 않다. 2. 어색하고 쑥스럽다.
- **삼삼하다** : 잊히지 않고 눈앞에 보이는 듯 또렷하다.
- **설면하다** : 1. 자주 만나지 못하여 낯이 좀 설다. 2. 사이가 정답지 아니하다.
- **시름없다** : 1. 근심과 걱정으로 맥이 없다. 2. 아무 생각이 없다.
- **알싸하다** : 매운맛이나 독한 냄새 따위로 콧속이나 혀끝이 알알하다.
- **애꿎다** : 1. 아무런 잘못 없이 억울하다. 2. 그 일과는 아무런 상관이 없다.
- **친친하다** : 축축하고 끈끈하여 불쾌한 느낌이 있다.
- **헛헛하다** : 1. 배 속이 빈 듯한 느낌이 있다. 2. 채워지지 아니한 허전한 느낌이 있다

더 알고가기

김유정의 소설 〈금따는콩밭〉 속 우리말

- **국으로** : 제 생긴 그대로. 또는 자기 주제에 맞게.
- **버력** : 굴을 파거나 할 때 나오는 거칠고 단단한 흙. 광물이 섞이지 않은 잡석.
- **뽕나다** : (속되게)비밀이 드러나다.
- **설면설면하다** : 사이가 정답지 아니하고 어색하다.
- **애먼** : 일의 결과가 다른 데로 돌아가 억울하게 느껴지는.
- **토록** : 광맥의 본래 줄기에서 떨어져 다른 잡석과 함께 광맥의 겉으로 드러나 있는 광석.
- **풋둥이** : 풋내기.
- **하냥** : 1. '늘'의 방언(전북, 충청, 평안). 2. '함께'의 방언(전북, 충청).

더하기 예제

다음 밑줄 친 ㉠과 그 의미가 가장 유사한 것은?

나흘 전 감자 쪼간만 하더라도, 나는 저에게 조금도 잘못한 것은 없다.

계집애가 나물을 캐러 가면 갔지 남 울타리 엮는데 ㉠ 쌩이질을 하는 것은 다 뭐냐. 그것도 발소리를 죽여 가지고 등 뒤로 살며시 와서

"얘! 너 혼자만 일하니?"

하고 긴치 않은 수작을 하는 것이었다.

– 김유정, 〈동백꽃〉

① 토라지는 것
② 이죽거리는 것
③ 역성을 드는 것
④ 귀찮게 구는 것
⑤ 거들먹거리는 것

해설

'쌩이질'은 '한창 바쁠 때에 쓸데없는 일로 남을 귀찮게 구는 짓'을 의미하는 말이다. 따라서 문맥상 '쌩이질을 하는 것'의 의미는 '귀찮게 구는 것'이 가장 적절하다.

① **토라지다** : 마음에 들지 아니하고 뒤틀리어서 싹 돌아서다.
② **이죽거리다** : '이기죽거리다'의 준말. 자꾸 밉살스럽게 지껄이며 짓궂게 빈정거리다.
③ **역성들다** : 누가 옳고 그른지는 상관하지 아니하고 무조건 한쪽 편만 들다.
⑤ **거들먹거리다** : 신이 나서 잘난 체하며 자꾸 함부로 거만하게 행동하다.

정답 ❹

③ 상황 또는 상태, 외양과 관련된 어휘

- **가년스럽다** : 보기에 가난하고 어려운 데가 있다.
- **가멸다** : 재산이나 자원 따위가 넉넉하고 많다.
- **가뭇없다** : 1. 보이던 것이 전혀 보이지 않아 찾을 곳이 감감하다. 2. 눈에 띄지 않게 감쪽같다.
- **가없다** : 끝이 없다.
- **간데없다** : 1. 갑자기 자취를 감추어 사라지거나 어디로 갔는지 알 수가 없다. 2. 영락없다.
- **값없다** : 1. 물건 따위가 너무 흔하여 가치가 별로 없다. 2. 물건이 값을 칠 수 없을 정도로 아주 귀하고 가치가 높다. 3. 보람이나 대가 따위가 없다.
- **거방지다** : 1. 몸집이 크다. 2. 하는 짓이 점잖고 무게가 있다. 3. 매우 푸지다.

- **괴괴하다** : 쓸쓸한 느낌이 들 정도로 아주 고요하다.
- **깔밋하다** : 모양새나 차림새 따위가 아담하고 깔끔하다.
- **난데없다** : 갑자기 불쑥 나타나 어디서 왔는지 알 수 없다.
- **남우세스럽다** : 남에게 놀림과 비웃음을 받을 듯하다.
- **녹녹하다** : 1. 촉촉한 기운이 약간 있다. 2. 물기나 기름기가 있어 딱딱하지 않고 좀 무르며 보드랍다.
- **담방지다** : 키가 알맞고 다부지다.
- **대근하다** : 견디기가 어지간히 힘들고 만만치 않다.
- **대중없다** : 1. 짐작을 할 수가 없다. 2. 어떤 표준을 잡을 수가 없다.
- **마뜩잖다** : 마음에 들 만하지 아니하다.
- **메케하다** : 연기나 곰팡이 따위의 냄새가 맵고 싸하다.
- **몽실하다** : 통통하게 살이 쪄서 보드랍고 야들야들한 느낌이 있다.
- **부산스럽다** : 보기에 급하게 서두르거나 시끄럽게 떠들어 어수선한 데가 있다.
- **성기다** : 1. 물건의 사이가 뜨다. 2. 반복되는 횟수나 도수(度數)가 뜨다. 3. 관계가 깊지 않고 서먹하다.
- **스산스럽다** : 어수선하고 쓸쓸한 분위기가 있다.
- **시금떨떨하다** : 맛이나 냄새 따위가 조금 시면서도 떫다.
- **실팍하다** : 사람이나 물건 따위가 보기에 매우 실하다.
- **앙상스럽다** : 1. 꼭 짜이지 아니하여 어울리지 아니하고 어설픈 듯하다. 2. 살이 빠져서 뼈만 남아 바짝 마른 듯하다. 3. 나뭇잎이 지고 가지만 남아서 스산한 듯하다.
- **어금지금하다** : 서로 엇비슷하여 정도나 수준에 큰 차이가 없다. = 어금버금하다.
- **어줍다** : 1. 말이나 행동이 익숙지 않아 서투르고 어설프다. 2. 몸의 일부가 자유롭지 못하여 움직임이 자연스럽지 않다. 3. 어쩔 줄을 몰라 겸연쩍거나 어색하다.
- **영절스럽다** : 아주 그럴듯하다.
- **옴팡지다** : 1. 보기에 가운데가 좀 오목하게 쏙 들어가 있다. 2. 아주 심하거나 지독한 데가 있다.
- **일없다** : 1. 소용이나 필요가 없다. 2. 걱정하거나 개의할 필요가 없다.
- **잔다랗다** : 1. 꽤 잘다. 2. 아주 자질구레하다. 3. 볼만한 가치가 없을 정도로 하찮다.
- **좀스럽다** : 1. 사물의 규모가 보잘것없이 작다. 2. 도량이 좁고 옹졸한 데가 있다.
- **질펀하다** : 1. 땅이 넓고 평평하게 펼쳐져 있다. 2. 주저앉아 하는 일 없이 늘어져 있다. 3. 질거나 젖어 있다.
- **찹찹하다** : 1. 포개어 쌓은 물건이 엉성하지 아니하고 차곡차곡 가지런하게 가라앉아 있다. 2. 마음이 들뜨지 아니하고 차분하다.
- **추레하다** : 1. 겉모양이 깨끗하지 못하고 생기가 없다. 2. 태도 따위가 너절하고 고상하지 못하다.
- **케케묵다** : 1. 물건 따위가 아주 오래되어 낡다. 2. 일, 지식 따위가 아주 오래되어 시대에 뒤떨어진 데가 있다.
- **텁텁하다** : 1. 입안이 시원하거나 깨끗하지 못하다. 2. 음식 맛 따위가 시원하거나 깨끗하지 못하다. 3. 날씨가 몹시 후터분하다.
- **푼푼하다** : 모자람이 없이 넉넉하다.
- **헌칠하다** : 키나 몸집 따위가 보기 좋게 어울리도록 크다.
- **헤식다** : 1. 바탕이 단단하지 못하여 헤지기 쉽다. 또는 차진 기운이 없이 푸슬푸슬하다. 2. 맺고 끊는 데가 없이 싱겁다. 3. 일판이나 술판 따위에서 흥이 깨어져 서먹서먹하다.
- **훗훗하다** : 약간 갑갑할 정도로 훈훈하게 덥다.

- **미적미적** : 1. 무거운 것을 조금씩 앞으로 자꾸 내미는 모양. 2. 자꾸 꾸물대거나 망설이는 모양.
- **민숭민숭** : 1. 몸에 털이 있어야 할 곳에 털이 없어 번번한 모양. 2. 산에 나무나 풀이 우거지지 않아 번번한 모양. 3. 술을 마시고도 취하지 않아 정신이 멀쩡한 모양.
- **바득바득** : 1. 악지를 부려 자꾸 우기거나 조르는 모양. 2. 악착스럽게 애쓰는 모양.
- **바슬바슬** : 착 덤벼들지 않고 계속 슬슬 피하는 모양.
- **배죽배죽** : 언짢거나 비웃거나 울려고 할 때 소리 없이 입을 내밀고 샐룩거리는 모양.
- **벌씸벌씸** : 코 따위 탄력 있는 물체가 자꾸 크게 벌어졌다 우므러졌다 하는 모양.
- **봉곳봉곳** : 1. 군데군데 여러 곳이 다 조금 도도록하게 나오거나 높직이 솟아 있는 모양. 2. 맞붙여 놓은 물건이 군데군데 여러 곳이 약간씩 들떠 있는 모양.
- **부석부석** : 마른 물건이 잇따라 가볍게 부스러지는 소리. 또는 그 모양.
- **부풀부풀** : 1. 부푸러기가 여기저기에 많이 일어나 있는 모양. 2. 물체가 매우 늘어나 부피가 큰 모양.
- **북덕북덕** : 한곳에 많은 사람이 모여 매우 수선스럽게 뒤끓는 모양.
- **비실비실** : 1. 흐느적흐느적 힘없이 자꾸 비틀거리는 모양. 2. 비굴하게 눈치를 보며 행동하는 모양.
- **빙싯빙싯** : 입을 슬며시 벌릴 듯하면서 소리 없이 거볍고 온화하게 잇따라 웃는 모양.
- **빵싯빵싯** : 입을 예쁘게 벌리며 소리 없이 가볍고 보드랍게 살짝살짝 자꾸 웃는 모양.
- **삔둥삔둥** : 게으름을 피우며 아무 일도 하지 아니하고 놀기만 하는 모양. '빈둥빈둥'보다 센 느낌을 준다.
- **뿌득뿌득** : 억지를 부려 제 생각대로만 하려고 자꾸 우기거나 조르는 모양.
- **산들산들** : 1. 사늘한 바람이 가볍고 보드랍게 자꾸 부는 모양. 2. 바람에 물건이 가볍고 보드랍게 자꾸 흔들리는 모양.
- **산뜩산뜩** : 1. 갑자기 사늘한 느낌이 자꾸 드는 모양. 2. 갑자기 놀라서 마음에 사늘한 느낌이 자꾸 드는 모양.
- **상글상글** : 눈과 입을 귀엽게 움직이며 소리 없이 정답게 자꾸 웃는 모양.
- **새롱새롱** : 경솔하고 방정맞게 까불며 자꾸 지껄이는 모양.
- **서걱서걱** : 1. 벼, 보리, 밀 따위를 잇따라 벨 때 나는 소리. 2. 눈이 내리거나 눈 따위를 밟을 때 잇따라 나는 소리.
- **설핏설핏** : 1. 짜거나 엮은 것이 여럿이 다 거칠고 성긴 모양. 2. 잠깐잠깐 나타나거나 떠오르는 모양. 3. 잠깐잠깐 풋잠이나 얕은 잠에 빠져드는 모양.
- **소록소록** : 1. 아기가 곱게 자는 모양. 2. 비나 눈 따위가 보슬보슬 내리는 모양.
- **소복소복** : 1. 쌓이거나 담긴 물건이 여럿이 다 볼록하게 많은 모양. 2. 식물이나 털 따위가 여기저기 촘촘하고 길게 나 있는 모양.
- **송골송골** : 땀이나 소름, 물방울 따위가 살갗이나 표면에 잘게 많이 돋아나 있는 모양.
- **스멀스멀** : 살갗에 벌레가 자꾸 기어가는 것처럼 근질근질한 모양.
- **슴벅슴벅** : 1. 눈꺼풀을 움직이며 눈을 자꾸 감았다 떴다 하는 모양. 2. 눈이나 살 속이 찌르듯이 자꾸 시근시근한 모양.
- **실쭉샐쭉** : 1. 어떤 감정을 나타내면서 입이나 눈이 자꾸 실그러졌다 샐그러졌다 하며 움직이는 모양. 2. 마음에 차지 아니하여서 좀 고까워하는 태도를 자꾸 나타내는 모양.
- **싱숭생숭** : 마음이 들떠서 어수선하고 갈팡질팡하는 모양.
- **씨엉씨엉** : 걸음걸이나 행동 따위가 기운차고 활기 있는 모양.
- **아등바등** : 무엇을 이루려고 애를 쓰거나 우겨 대는 모양.

- **아롱다롱** : 여러 가지 빛깔의 작은 점이나 줄 따위가 고르지 아니하고 촘촘하게 무늬를 이룬 모양.
- **아름아름** : 1. 말이나 행동을 분명히 하지 못하고 우물쭈물하는 모양. 2. 일을 적당히 하고 눈을 속여 넘기는 모양.
- **언뜻언뜻** : 1. 지나는 결에 잇따라 잠깐씩 나타나는 모양. 2. 생각이나 기억 따위가 잇따라 문득문득 떠오르는 모양.
- **올강올강** : 단단하고 오돌오돌한 물건이 잘 씹히지 아니하고 입 안에서 요리조리 자꾸 미끄러지는 모양.
- **우중우중** : 몸을 일으켜 서거나 걷는 모양.
- **움찔움찔** : 깜짝 놀라 갑자기 몸을 잇따라 움츠리는 모양.
- **워석버석** : 얇고 뻣뻣한 물건이나 풀기가 센 옷 따위가 부스러지거나 서로 크게 스치는 소리. 또는 그 모양.
- **자밤자밤** : 나물이나 양념 따위를 손가락 끝으로 집을 만한 정도의 분량만큼 잇따라 집는 모양.
- **주전주전** : 때를 가리지 아니하고 군음식을 점잖지 아니하게 자꾸 먹는 모양.
- **지척지척** : 힘없이 다리를 끌면서 억지로 걷는 모양.
- **질금질금** : 1. 액체 따위가 조금씩 자꾸 새어 흐르거나 나왔다 그쳤다 하는 모양. 2. 물건 따위를 조금씩 자꾸 흘리는 모양.
- **쭈뼛쭈뼛** : 1. 물건의 끝이 다 차차 가늘어지면서 삐쭉삐쭉하게 솟은 모양. 2. 무섭거나 놀라서 머리카락이 자꾸 꼿꼿하게 일어서는 듯한 느낌. 3. 어줍거나 부끄러워서 자꾸 주저주저하거나 머뭇거리는 모양.
- **차란차란** : 1. 액체가 그릇에 가득 차 가장자리에서 넘칠 듯 말 듯 한 모양. 2. 물건의 한쪽 끝이 다른 물건에 가볍게 스칠 듯 말 듯 한 모양.
- **초롱초롱** : 1. 눈이 정기가 있고 맑은 모양. 2. 별빛이나 불빛 따위가 밝고 또렷한 모양. 3. 정신이 맑고 또렷한 모양. 4. 목소리가 맑고 또렷한 모양.
- **추적추적** : 1. 비나 진눈깨비가 자꾸 축축하게 내리는 모양. 2. 자꾸 물기가 축축하게 젖어 드는 모양.
- **카랑카랑** : 1. 목소리가 쇳소리처럼 매우 맑고 높은 모양. 2. 하늘이 맑고 밝으며 날씨가 몹시 찬 모양.
- **탑삭탑삭** : 잇따라 왈칵 달려들어 냉큼 물거나 움켜잡는 모양.
- **토실토실** : 보기 좋을 정도로 살이 통통하게 찐 모양.
- **해죽해죽** : 만족스러운 듯이 자꾸 귀엽게 살짝 웃는 모양.
- **허든허든** : 다리에 힘이 없어 중심을 잃고 자꾸 이리저리 헛디디는 모양.
- **허청허청** : 다리에 힘이 없어 잘 걷지 못하고 자꾸 비틀거리는 모양. '허정허정'보다 거센 느낌을 준다.
- **흔전흔전** : 생활이 넉넉하여 아쉬움 없이 돈을 잘 쓰며 지내는 모양.

더 알고가기

이효석의 소설 〈메밀꽃 필 무렵〉 속 우리말

- **각다귀** : 각다귓과의 곤충. 벼나 뿌리를 잘라 먹는 해충.
- **대궁** : 대의 방언. 꽃을 받치는 줄기.
- **얼금뱅이** : 얼굴이 얼금얼금 얽은 사람을 낮잡아 이르는 말.
- **장도막** : 한 장날과 다음 장날 사이의 도막. 약 닷새 정도 동안의 시간.
- **짜장** : 과연, 정말로.

더하기 예제

제시된 [예문]과 [뜻풀이]를 고려할 때 빈칸에 들어갈 말로 가장 적절한 것은?

[예문]

신기함과 경이로움을 주체하지 못해 나는 몹시 당황했지만 그러나 그런 거북스러움도 [   ] 가셔지고 있었다. 멍석 가장자리로 둘러서 있던 모든 사람들이 덩달아 함께 어울려 춤을 추기 시작했던 것이며, 그 속에는 작대기 막대기와 새끼 타래를 내던진 쌍례 아배와 복산 아배, 덕산이와 조패랭이가 섞인 채 누구보다도 흥겨워 몸부림을 하고 있었기 때문이었다. 그 흥겨움에 감싸여 흐른 밤은 얼마나 되었을까.

– 이문구, 〈관촌수필〉

[뜻풀이]

행동이나 사태, 감정 따위가 은근하게 조금씩 변화하는 모양

① 가만가만
② 너울너울
③ 스멀스멀
④ 슬몃슬몃
⑤ 어른어른

해설

빈칸에는 '거북스러움이 조금씩 사라지는 모습'을 의미하는 어휘가 들어가야 한다. 이러한 의미를 갖는 어휘는 '슬몃슬몃'이다.

- **슬몃슬몃** : 1. 남의 눈에 띄지 않게 잇따라 슬며시 행동하는 모양. 2. 행동이나 사태 따위가 은근하고 천천히 자꾸 일어나는 모양. 3. 감정 따위가 속으로 천천히 은밀하게 자꾸 일어나는 모양.

① **가만가만** : 움직임 따위가 드러나지 않도록 조용조용.
② **너울너울** : 1. 물결이나 늘어진 천, 나뭇잎 따위가 부드럽고 느릿하게 굽이져 자꾸 움직이는 모양. 2. 팔이나 날개 따위를 활짝 펴고 자꾸 위아래로 부드럽게 움직이는 모양.
③ **스멀스멀** : 살갗에 벌레가 자꾸 기어가는 것처럼 근질근질한 느낌.
⑤ **어른어른** : 1. 무엇이 보이다 말다 하는 모양. 2. 큰 무늬나 그림자 따위가 물결 지어 자꾸 움직이는 모양. 3. 물이나 거울에 비친 그림자가 자꾸 크게 흔들리는 모양.

정답 ④

② 그 밖의 어휘

- **거슴츠레** : 졸리거나 술에 취하여서 눈이 정기가 풀리고 흐리멍덩하며 거의 감길 듯한 모양.
- **겅성드뭇** : 많은 수효가 듬성듬성 흩어져 있는 모양. ≒ 겅성드뭇이.
- **게적지근하다** : 조금 너절하고 지저분하다.
- **곰비임비** : 물건이 거듭 쌓이거나 일이 계속 일어남을 나타내는 말.
- **나부시** : 1. 작은 사람이 매우 공손하게 머리를 숙여 절하는 모양. 2. 작은 사람이나 물체가 천천히 땅 쪽으로 내리거나 차분하게 앉는 모양.
- **내리** : 1. 위에서 아래로. 2. 잇따라 계속. 3. 사정없이 마구.
- **너부시** : 1. 큰 사람이 매우 공손하게 머리를 숙여 절하는 모양. 2. 큰 사람이나 물체가 천천히 땅 쪽으로 내리거나 차분하게 앉는 모양.
- **단박** : (흔히 '단박에' 꼴로 쓰여) 그 자리에서 바로를 이르는 말.
- **들떼놓고** : 꼭 집어 바로 말하지 않고.
- **따따부따** : 딱딱한 말씨로 따지고 다투는 소리. 또는 그 모양.
- **모로** : 1. 비껴서. 또는 대각선으로. 2. 옆쪽으로.
- **미욱스럽다** : 매우 어리석고 미련한 데가 있다.
- **미주알고주알** : 아주 사소한 일까지 속속들이.
- **바투** : 1. 두 대상이나 물체의 사이가 썩 가깝게. 2. 시간이나 길이가 아주 짧게.
- **시나브로** : 모르는 사이에 조금씩 조금씩.
- **애면글면** : 몹시 힘에 겨운 일을 이루려고 갖은 애를 쓰는 모양.
- **애오라지** : 1. '겨우'를 강조하여 이르는 말. 2. '오로지'를 강조하여 이르는 말.
- **어슴푸레** : 1. 빛이 약하거나 멀어서 어둑하고 희미한 모양. 2. 뚜렷하게 보이거나 들리지 아니하고 희미하고 흐릿한 모양. 3. 기억이나 의식이 분명하지 못하고 희미한 모양.
- **어슷비슷** : 큰 차이가 없이 서로 비슷비슷한 모양.
- **재우** : 매우 재게.
- **짐짓** : 1. 마음으로는 그렇지 않으나 일부러 그렇게. 2. 과연.
- **티격태격** : 서로 뜻이 맞지 아니하여 이러니저러니 시비를 따지며 가리는 모양.
- **푸시시** : 불기가 있는 물건이 물 따위에 닿을 때에 나는 소리.
- **함초롬** : 젖거나 서려 있는 모습이 가지런하고 차분한 모양.
- **함함하다** : 털이 보드랍고 반지르르하다.
- **해사하다** : 1. 얼굴이 희고 곱다랗다. 2. 표정, 웃음소리 따위가 맑고 깨끗하다.
- **흔전만전** : 1. 매우 넉넉하고 흔한 모양. 2. 돈이나 물건 따위를 조금도 아끼지 아니하고 함부로 쓰는 듯한 모양.
- **흠씬** : 1. 아주 꽉 차고도 남을 만큼 넉넉한 상태. 2. 물에 푹 젖은 모양. 3. 매 따위를 심하게 맞는 모양.
- **흠칫** : 몸을 움츠리며 갑작스럽게 놀라는 모양.

>>> 짚어보기 고유어 접두사와 접미사

㉠ 군-

- '쓸데없는'의 뜻을 더하는 접두사. 예 군글자/군기침/군말/군살.
- '가외로 더한', '덧붙은'의 뜻을 더하는 접두사. 예 군사람/군식구.

㉡ 선- : '서툰' 또는 '충분치 않은'의 뜻을 가지는 접두사. 예 선무당/선소리/선떡/선잠/선하품.

㉢ 핫-

- '짝을 갖춘'의 뜻을 더하는 접두사. 예 핫어미(= 유부녀).
- '솜을 둔'의 뜻을 더하는 접두사. 예 핫것/핫바지/핫옷(= 솜옷)/핫이불.

㉣ -가웃 : 수량을 나타내는 표현에 사용된 단위의 절반 정도 분량의 뜻을 더하는 접미사. 예 자가웃/말가웃/되가웃.

더 알고가기

숫자와 단위를 나타내는 우리말

- **거리** : 오이나 가지 오십 개를 이르는 단위.
- **담불** : 벼를 백 섬씩 묶어 세는 단위.
- **매** : 젓가락 한 쌍을 세는 단위.
- **모숨** : 길고 가느다란 물건의 한 줌 안에 들어올 만한 분량을 세는 단위.
- **뭇** : 1. 짚, 장작, 채소 따위의 작은 묶음을 세는 단위. 2. 볏단을 세는 단위. 3. 생선을 묶어 세는 단위(한 뭇은 생선 열 마리). 4. 미역을 묶어 세는 단위(한 뭇은 미역 열 장).
- **벌** : 옷, 그릇 따위가 두 개 또는 여러 개 모여 갖추는 덩어리를 세는 단위.
- **섬** : 부피의 단위. 곡식, 가루, 액체 따위의 부피를 잴 때 쓴다(한 섬은 한 말의 열 배).
- **손** : 한 손에 잡을 만한 분량을 세는 단위. 조기, 고등어, 배추 따위 한 손은 큰 것과 작은 것을 합한 것을 이르고, 미나리나 파 따위 한 손은 한 줌 분량을 이른다.
- **쌈** : 1. 바늘을 묶어 세는 단위(한 쌈은 바늘 스물네 개). 2. 옷감, 피혁 따위를 알맞은 분량으로 싸 놓은 덩이를 세는 단위. 3. 금의 무게를 나타내는 단위(한 쌈은 금 백 냥쭝).
- **우리** : 기와를 세는 단위(한 우리는 2,000장).
- **접** : 채소나 과일 따위를 묶어 세는 단위(한 접은 채소나 과일 백 개).
- **제** : 탕약 스무 첩, 또는 그만한 분량으로 지은 환약이나 고약의 양.
- **죽** : 옷, 그릇 따위의 열 벌을 묶어 이르는 말.
- **줌** : 주먹으로 쥘 만한 분량.
- **첩** : 반상기 한 벌에 갖추어진 쟁첩을 세는 단위.
- **켤레** : 신, 버선, 방망이 따위의 짝이 되는 두 개를 한 벌로 세는 단위.
- **쾌** : 1. 북어를 묶어 세는 단위(한 쾌는 북어 스무 마리). 2. 엽전을 묶어 세던 단위(한 쾌는 엽전 열 냥).
- **타래** : 사리어 뭉쳐 놓은 실이나 노끈 따위의 뭉치를 세는 단위.
- **토리** : 실뭉당이를 세는 단위.

2 한자어(漢字語)

한자어는 중국에서 들어온 한자를 바탕으로 형성된 어휘들을 일컫는다. 우리 민족의 경우 문자 창제 이전부터 오랜 세월 동안 한자어를 활용하여 왔기 때문에 우리의 문화 깊숙이 한자어가 자리 잡게 되었다. 현재 한자어는 우리의 어휘 체계에서 그 비중이 50%가 넘을 정도로 매우 큰 비중을 차지하고 있다. 우리말에서 사용되는 한자어는 중국의 어휘를 그대로 차용한 경우도 있고, 한자를 바탕으로 우리 민족이 만들어낸 어휘들도 있다.

출제 유형

- 〈보기〉의 밑줄 친 한자어의 의미로 가장 적절한 것은?
- 밑줄 친 단어를 한자어로 바꾼 것 중 적절하지 않은 것은?
- 밑줄 친 부분의 뜻풀이와 해당하는 한자어가 바르게 짝지어진 것은?
- 다음 중 경조사(慶弔事)에 사용된 표현으로 적절하지 않은 것은?

한자 어휘와 관련된 문항은 구체적인 문맥 속에서 한자어의 의미를 파악하는 유형으로 출제되고 있으므로 이에 유의하여 학습해 두어야 한다.

(1) 시험에 자주 출제되는 한자어

① ㄱ

- 가식(假飾) : 1. 말이나 행동 따위를 거짓으로 꾸밈. 2. 임시로 장식함.
- 각성(覺醒) : 1. 깨어 정신을 차림. 2. 깨달아 앎.
- 각축(角逐) : 서로 이기려고 다투며 덤벼듦.
- 간과(看過) : 큰 관심 없이 대강 보아 넘김.
- 간성(干城) : '방패와 성'이라는 뜻으로, 나라를 지키는 믿음직한 군대나 인물을 이르는 말.
- 간주(看做) : 상태, 모양, 성질 따위가 그와 같다고 봄. 또는 그렇다고 여김.
- 간헐(間歇) : 얼마 동안의 시간 간격을 두고 되풀이하여 일어났다 쉬었다 함.
- 객수(客愁) : 객지에서 느끼는 쓸쓸함이나 시름.
- 게시(揭示) : 여러 사람에게 알리기 위하여 내붙이거나 내걸어 두루 보게 함. 또는 그런 물건.
- 견문(見聞) : 1. 보고 들음. 2. 보거나 듣거나 하여 깨달아 얻은 지식.
- 경시(輕視) : 대수롭지 않게 보거나 업신여김.
- 경원(敬遠) : 1. 공경하되 가까이하지는 않음. 2. 겉으로는 공경하는 체하면서 실제로는 꺼리어 멀리함.
- 경주(傾注) : 1. 물 따위를 기울여 붓거나 쏟음. 2. 힘이나 정신을 한곳에만 기울임.
- 계륵(鷄肋) : '닭의 갈비'라는 뜻으로 그다지 큰 소용은 없으나 버리기에는 아까운 것을 이르는 말.

- 고갈(枯渴) : 1. 물이 말라서 없어짐. 2. 어떤 일의 바탕이 되는 돈이나 물자, 소재, 인력 따위가 다하여 없어짐. 3. 느낌이나 생각 따위가 다 없어짐.
- 고배(苦杯) : 1. 쓴 술이 든 잔. 2. 쓰라린 경험을 비유적으로 이르는 말.
- 고역(苦役) : 몹시 힘들고 고되어 견디기 어려운 일.
- 골계(滑稽) : 익살을 부리는 가운데 어떤 교훈을 주는 일.
- 골자(骨子) : 말이나 일의 내용에서 중심이 되는 줄기를 이루는 것.
- 공황(恐慌) : 근거 없는 두려움이나 공포로 갑자기 생기는 심리적 불안 상태.
- 과시(過時) : 때가 지남.
- 관건(關鍵) : 1. 문빗장과 자물쇠를 아울러 이르는 말. 2. 어떤 사물이나 문제 해결의 가장 중요한 부분.
- 광음(光陰) : 햇빛과 그늘, 즉 낮과 밤이라는 뜻으로 시간이나 세월을 이르는 말.
- 괴리(乖離) : 서로 어그러져 동떨어짐.
- 괴멸(壞滅) : 조직이나 체계 따위가 모조리 파괴되어 멸망함.
- 괴벽(怪癖) : 괴이한 버릇.
- 교란(攪亂) : 마음이나 상황 따위를 뒤흔들어서 어지럽고 혼란하게 함.
- 구가(謳歌) : 1. 여러 사람이 입을 모아 칭송하여 노래함. 2. 행복한 처지나 기쁜 마음 따위를 거리낌 없이 나타냄. 또는 그런 소리.
- 구휼(救恤) : 사회적 또는 국가적 차원에서 재난을 당한 사람이나 빈민에게 금품을 주어 구제함.
- 궤변(詭辯) : 상대편을 이론으로 이기기 위하여 상대편의 사고(思考)를 혼란시키거나 감정을 격앙시켜 거짓을 참인 것처럼 꾸며 대는 논법.
- 귀감(龜鑑) : 거울로 삼아 본받을 만한 모범.
- 귀추(歸趨) : 일이 되어 가는 형편.
- 규탄(糾彈) : 잘못이나 옳지 못한 일을 잡아내어 따지고 나무람.
- 균열(龜裂) : 1. 거북의 등에 있는 무늬처럼 갈라져 터짐. 2. 친하게 지내는 사이에 틈이 남.
- 근황(近況) : 요즈음의 상황.
- 금자탑(金字塔) : 1. '金' 자 모양의 탑이라는 뜻으로, 피라미드를 이르던 말. 2. 길이 후세에 남을 뛰어난 업적을 비유적으로 이르는 말.
- 기망(欺罔) : 남을 속여 넘김.
- 기술(記述) : 사물의 내용을 기록하여 서술함. 또는 그 기록.
- 기아(飢餓) : 굶주림.
- 기우(杞憂) : 앞일에 대해 쓸데없는 걱정을 함.
- 기지(機智) : 경우에 따라 재치 있게 대응하는 지혜.
- 기치(旗幟) : 1. 예전에 군대에서 쓰던 깃발. 2. 일정한 복석을 위하여 내세우는 태도나 주장.
- 기탄(忌憚) : 어렵게 여겨 꺼림.

더 알고가기

나이와 관련된 한자어

- 15세 : 지학(志學). 《논어》, 〈위정편〉에서 공자가 열다섯에 학문에 뜻을 두었다고 한 데서 유래함.
- 20세 : 약관(弱冠). 《논어》, 〈위정편〉에서 공자가 스무 살에 관례를 한다고 한 데서 유래함.
- 30세 : 이립(而立). 《논어》, 〈위정편〉에서 공자가 서른 살에 자립했다고 한 데서 유래함.
- 40세 : 불혹(不惑). 《논어》, 〈위정편〉에서 공자가 마흔 살부터 세상일에 미혹되지 않았다고 한 데서 유래함.
- 50세 : 지천명(知天命). 《논어》, 〈위정편〉에서 공자가 쉰 살에 하늘의 뜻을 알았다고 한 데서 유래함.
- 60세 : 이순(耳順). 《논어》, 〈위정편〉에서 공자가 예순 살부터 생각하는 것이 원만하여 어떤 일을 들으면 곧 이해가 된다고 한 데서 유래함.
- 61세 : 환갑(還甲), 회갑(回甲). 육십갑자의 '갑(甲)'으로 되돌아온다는 뜻.
- 70세 : 종심(從心). 《논어》의 〈위정편〉에서 공자가 칠십이 되면 욕망하는 대로 해도 도리에 어긋남이 없다(하고 싶은 대로 하여도 법도를 어기지 않았다)고 한 데서 유래함.
- 77세 : 희수(喜壽). 喜자의 초서가 '七十七'을 세로로 겹친 모양과 같다하여 유래함.
- 80세 : 산수(傘壽). 傘자의 약자가 '八十'을 세로로 겹친 모양과 같다하여 유래함.
- 90세 : 졸수(卒壽). 卒자의 초서가 '九十'을 세로로 겹친 모양과 같다하여 유래함.
- 99세 : 백수(白壽). 白자의 모양이 '百'에서 '一'을 빼면 白이 된다하여 유래함.

더하기 예제

다음 중 밑줄 친 한자어의 쓰임이 어색한 것은?

① 당시에는 세계열강들이 이권을 놓고 <u>각축(角逐)</u>을 벌이고 있었다.
② 그는 어머니를 <u>곡진(曲盡)</u>하게 모셔서 불효자라는 소리를 들었다.
③ <u>고루(固陋)</u>한 선비들은 한글 창제에 반대하였다.
④ 수험생들은 내일 어떤 결과가 나올지 <u>귀추(歸趨)</u>를 주목하고 있다.
⑤ 소년의 <u>기지(機智)</u>로 큰 위험을 막을 수 있었다.

해설
'곡진(曲盡)하다'는 '매우 정성스럽다.' 또는 '매우 자세하고 간곡하다.'라는 뜻이므로 뒤이어 나오는 '불효자(不孝子)'와는 어울리지 않는다.
① **각축(角逐)** : 서로 이기려고 다투며 덤벼듦.
③ **고루(固陋)하다** : 낡은 관념이나 습관에 젖어 고집이 세고 새로운 것을 잘 받아들이지 아니함.
④ **귀추(歸趨)** : 일이 되어 가는 형편.
⑤ **기지(機智)** : 경우에 따라 재치 있게 대응하는 지혜.

정답 ❷

② ㄴ · ㄷ

- **낙오(落伍)** : 1. 대오에서 처져 뒤떨어짐. 2. 사회나 시대의 진보에 뒤떨어짐.
- **낙인(烙印)** : 1. 쇠붙이로 만들어 불에 달구어 찍는 도장. 2. 다시 씻기 어려운 불명예스럽고 욕된 판정이나 평판을 이르는 말.
- **난만(爛漫)** : 1. 꽃이 활짝 많이 피어 화려함. 2. 광채가 강하고 선명함. 3. 주고받는 의견이 충분히 많음.
- **난항(難航)** : 1. 폭풍우와 같은 나쁜 조건으로 배나 항공기가 몹시 어렵게 항행함. 2. 여러 가지 장애 때문에 일이 순조롭게 진행되지 않음을 비유적으로 이르는 말.
- **난해(難解)하다** : 1. 뜻을 이해하기 어렵다. 2. 풀거나 해결하기 어렵다.
- **날인(捺印)** : 도장을 찍음.
- **날조(捏造)** : 사실이 아닌 것을 사실인 것처럼 거짓으로 꾸밈.
- **남상(濫觴)** : 사물의 처음이나 기원을 이르는 말.
- **내력(來歷)** : 1. 지금까지 지내온 경로나 경력. 2. 일정한 과정을 거치면서 이루어진 까닭.
- **노독(路毒)** : 먼 길에 지치고 시달려서 생긴 피로나 병.
- **노정(路程)** : 1. 목적지까지의 거리. 또는 목적지까지 걸리는 시간. 2. 거쳐 지나가는 길이나 과정.
- **농성(籠城)** : 1. 적에게 둘러싸여 성문을 굳게 닫고 성을 지킴. 2. 어떤 목적을 이루기 위하여 한자리를 떠나지 않고 시위함.
- **농후(濃厚)하다** : 1. 맛, 빛깔, 성분 따위가 매우 짙다. 2. 어떤 경향이나 기색 따위가 뚜렷하다.
- **뇌쇄(惱殺)** : 애가 타도록 몹시 괴로워함. 또는 그렇게 괴롭힘. 특히 여자의 아름다움이 남자를 매혹하여 애가 타게 함을 이른다.
- **누항(陋巷)** : 1. 좁고 지저분하며 더러운 거리. 2. 자기가 사는 거리나 동네를 겸손하게 이르는 말.
- **눌변(訥辯)** : 더듬거리는 서툰 말솜씨.
- **다담(茶啖)** : 손님을 대접하기 위하여 내놓은 다과(茶菓) 따위. ≒ 차담(茶啖).
- **단말마(斷末魔)** : 1. 임종(臨終)을 달리 이르는 말. 2. 숨이 끊어질 때의 모진 고통.
- **담합(談合)** : 1. 서로 의논하여 합의함. 2. 경쟁 입찰을 할 때에 입찰 참가자가 서로 의논하여 미리 입찰 가격이나 낙찰자 따위를 정하는 일.
- **당면(當面)** : 바로 눈앞에 당함.
- **당착(撞着)** : 1. 말이나 행동 따위의 앞뒤가 맞지 않음. 2. 서로 맞부딪침.
- **도야(陶冶)** : 1. 도기를 만드는 일과 쇠를 주조하는 일. 또는 그런 일을 하는 사람. 2. 훌륭한 사람이 되도록 몸과 마음을 닦아 기름을 비유적으로 이르는 말.
- **도외시(度外視)** : 상관하지 아니하거나 무시함.
- **독천(獨擅)** : 혼자서 마음대로 일을 처리함.
- **동요(動搖)** : 1. 물체 따위가 흔들리고 움직임. 2. 생각이나 처지가 확고하지 못하고 흔들림. 3. 어떤 체제나 상황 따위가 혼란스럽고 술렁임.
- **등반(登攀)** : 험한 산이나 높은 곳의 정상에 이르기 위하여 오름.
- **등용문(登龍門)** : 어려운 관문을 통과하여 크게 출세하게 됨.

더 알고가기

남상(濫觴)

공자의 제자 가운데 자로(子路)라는 사람이 있었다. 자로는 공자의 총애를 받았지만 누구보다 꾸중도 많이 듣던 제자였다. 그는 성질이 용맹하고 행동이 거친 탓에 무엇을 하든 남의 눈에 잘 띄었다. 어느 날 자로가 화려한 옷을 입고 나타나자 공자는 말했다.

"양쯔강[揚子江]은 사천(泗川)땅 깊숙이 자리한 민산(岷山)에서 흘러내리는 큰 강이다. 그러나 그 근원은 '겨우 술잔에 넘칠 정도[濫觴]'로 적은 양의 물이었다. 그런데 그것이 하류로 내려오면 물의 양도 많아지고 흐름도 빨라져서 배를 타지 않고는 강을 건널 수가 없고, 바람이라도 부는 날에는 배조차 띄울 수 없게 된다. 이는 모두 물의 양이 많아졌기 때문이니라."

공자는 모든 일은 시초가 중요하며 시초가 나쁘면 갈수록 더 심해진다는 이치로 제자에게 깨우쳐 주려 했던 것이다.

>>> 짚어보기 한자어의 구조

㉠ 대립 관계
- **대소(大小)** : 크고 작음.
- **자웅(雌雄)** : 암컷과 수컷.
- **천지(天地)** : 하늘과 땅.

㉡ 대등 관계
- **어패(魚貝)** : 물고기와 조개.
- **초목(草木)** : 풀과 나무.

㉢ 유사 관계
- **가옥(家屋)** : 집.
- **토지(土地)** : 땅.
- **해양(海洋)** : 바다.

㉣ 융합 관계
- **춘추(春秋)** : [봄 + 가을] = 어른의 나이를 높여 이르는 말.
- **주야(晝夜)** : [낮 + 밤] = 쉬지 아니하고 계속함.
- **모순(矛盾)** : [창 + 방패] = 어떤 사실의 앞뒤, 또는 두 사실이 이치상 어긋나서 서로 맞지 않음을 이르는 말.
- **광음(光陰)** : [빛 + 그늘] = 햇빛과 그늘, 즉 낮과 밤이라는 뜻으로, 시간이나 세월을 이르는 말.
- **금슬(琴瑟)** : [거문고 + 비파] = 부부간의 사랑.

③ ㅁ · ㅂ

- 마모(磨耗) : 마찰 부분이 닳아서 없어짐.
- 매몰(埋沒) : 보이지 않게 파묻히거나 파묻음.
- 매진(邁進) : 어떤 일을 전심전력을 다하여 해 나감.
- 맹아(萌芽) : 1. 움. 2. 사물의 시초가 되는 것.
- 명맥(命脈) : 1. 맥(脈)이나 목숨이 유지되는 근본. 2. 어떤 일의 지속에 필요한 최소한의 중요한 부분.
- 명멸(明滅) : 1. 불이 켜졌다 꺼졌다 함. 2. 먼 곳에 있는 것이 보였다 안 보였다 함. 3. 나타났다 사라졌다 함.
- 몽상(夢想) : 1. 꿈속의 생각. 2. 실현성이 없는 헛된 생각을 함.
- 묘연(杳然)하다 : 1. 그윽하고 멀어서 눈에 아물아물함. 2. 오래되어 기억이 흐림. 3. 소식이나 행방 따위를 알 길이 없음.
- 무단(無斷) : 사전에 허락이 없음. 또는 아무 사유가 없음.
- 무산(霧散) : 안개가 걷히듯 흩어져 없어짐. 또는 그렇게 흐지부지 취소됨.
- 묵수(墨守) : 제 의견이나 생각, 또는 옛날 습관 따위를 굳게 지킴을 이르는 말.
- 문외한(門外漢) : 1. 어떤 일에 직접 관계가 없는 사람. 2. 어떤 일에 전문적인 지식이 없는 사람.
- 묵인(默認) : 모르는 체하고 하려는 대로 내버려 둠으로써 슬며시 인정함.
- 미궁(迷宮) : 1. 들어가면 나올 길을 쉽게 찾을 수 없게 되어 있는 곳. 2. 사건, 문제 따위가 얽혀서 쉽게 해결하지 못하게 된 상태.
- 미상불(未嘗不) : 아닌 게 아니라 과연.
- 미연(未然) : 1. 어떤 일이 아직 그렇게 되지 않은 때. 2. 앞일이 정하여지지 아니함.
- 미증유(未曾有) : 지금까지 한 번도 있어 본 적이 없음.
- 미흡(未洽) : 아직 흡족하지 못하거나 만족스럽지 않음.
- 반박(反駁) : 어떤 의견, 주장, 논설 따위에 반대하여 말함.
- 반추(反芻) : 1. 한번 삼킨 먹이를 다시 게워 내어 씹음. 2. 어떤 일을 되풀이하여 음미하거나 생각함. 또는 그런 일.
- 발췌(拔萃) : 책, 글 따위에서 필요하거나 중요한 부분을 가려 뽑아냄. 또는 그런 내용.
- 발호(跋扈) : 권세나 세력을 제멋대로 부리며 함부로 날뜀.
- 방기(放棄) : 내버리고 아예 돌아보지 아니함.
- 백미(白眉) : 흰 눈썹이란 뜻으로, 여럿 가운데서 가장 뛰어난 사람이나 훌륭한 물건을 비유적으로 이르는 말.
- 백안시(白眼視) : 남을 업신여기거나 무시하는 태도로 흘겨봄.
- 변별(辨別) : 1. 사물의 옳고 그름이나 좋고 나쁨을 가림. 2. 세상에 대한 경험이나 식견에서 나오는 생각이나 판단.
- 부고(訃告) : 사람의 죽음을 알림. 또는 그런 글. = 부음(訃音).
- 부상(浮上) : 1. 물 위로 떠오름. 2. 어떤 현상이 관심의 대상이 되거나 어떤 사람이 훨씬 좋은 위치로 올라섬.
- 부상(扶桑) : 해가 뜨는 동쪽 바다. ↔ 함지(咸池 : 해가 진다고 하는 서쪽의 큰 못).
- 부양(扶養) : 생활 능력이 없는 사람의 생활을 돌봄.
- 부유(浮游) : 1. 물 위나 물속, 또는 공기 중에 떠다님. 2. 행선지를 정하지 아니하고 이리저리 떠돌아다님.
- 불후(不朽) : 썩지 아니함이라는 뜻으로, 영원토록 변하거나 없어지지 아니함을 비유적으로 이르는 말.
- 비견(比肩) : 앞서거나 뒤서지 않고 어깨를 나란히 한다는 뜻으로, 낫고 못할 것이 정도가 서로 비슷하게 함을 이르는 말.

- **비관(悲觀)** : 1. 인생을 어둡게만 보아 슬퍼하거나 절망스럽게 여김. 2. 앞으로의 일이 잘 안될 것이라고 봄.
- **비단(非但)** : 부정하는 말 앞에서 '다만', '오직'의 뜻으로 쓰이는 말.
- **비등(沸騰)** : 1. 액체가 끓어오름. 2. 물이 끓듯 떠들썩하게 일어남.
- **비호(庇護)** : 편들어서 감싸 주고 보호함.
- **비화(飛火)** : 1. 튀어 박히는 불똥. 2. 어떠한 일의 영향이 직접 관계가 없는 다른 데에까지 번짐.
- **빙자(憑藉)** : 1. 남의 힘을 빌려서 의지함. 2. 말막음을 위하여 핑계로 내세움.

더 알고가기

백미(白眉)

중국 삼국 시대 촉한의 제1대 황제 유비(劉備)는 적벽대전 후 형주(荊州), 양양(襄襄), 남군(南郡)을 얻고 군신을 모아서 앞으로의 계책을 물었다. 이때 유비를 두 번이나 구하여 준 이적이,

"새로 얻은 땅들을 오래 지키려면, 먼저 어진 선비를 구해야 할 것입니다."라고 했다.

유비가 이적(伊籍)에게 물었다.

"어진 선비가 누구요?"

"형양(荊襄) 땅 마량(馬良)의 다섯 형제가 모두들 재명(才名)이 있는데, 가장 어진 이는 양눈썹 사이에 흰 털이 난 '양(良)'으로 자(字)는 계상(季常)이라고 합니다. 또 향리(鄕里)에서도 '마씨집 오상(五常)이 모두 뛰어나지만 그 중에서도 백미(白眉)가 있는 마량(馬良)이 제일 뛰어나다(馬氏五常 白眉最良).'라고 합니다. 공(公)께서는 어찌 청하여 오지 않으십니까?"

이에 유비는 즉시 마량(馬良)을 청하여 오게 했다.

더하기 예제

다음 중 한자어의 뜻풀이가 바르지 않은 것은?

① 농후(濃厚)하다 – 어떤 경향이나 기색 따위가 뚜렷하다.

② 도외시(度外視)하다 – 남을 업신여기거나 무시하는 태도로 흘겨보다.

③ 매진(邁進)하다 – 어떤 일을 전심전력을 다하여 해 나가다.

④ 미흡(未洽)하다 – 아직 흡족하지 못하거나 만족스럽지 않다.

⑤ 비호(庇護)하다 – 편들어서 감싸 주고 보호하다.

해설

'도외시(度外視)하다'는 '상관하지 아니하거나 무시하다.'라는 뜻을 지니고 있다. '남을 업신여기거나 무시하는 태도로 흘겨보다.'라는 뜻을 지닌 어휘는 '백안시(白眼視)하다'이다.

정답 ❷

④ ㅅ

- 삭막(索寞) : 1. 쓸쓸하고 막막하다. 2. 잊어버리어 생각이 아득하다.
- 삭망(朔望) : 음력 초하룻날과 보름날을 아울러 이르는 말.
- 상극(相剋) : 1. 둘 사이에 마음이 서로 맞지 아니하여 항상 충돌함. 2. 두 사물이 서로 맞서거나 해를 끼쳐 어울리지 아니함. 또는 그런 사물.
- 상쇄(相殺) : 상반되는 것이 서로 영향을 주어 효과가 없어지는 일.
- 상장(上場) : 주식이나 어떤 물건을 매매 대상으로 하기 위하여 해당 거래소에 일정한 자격이나 조건을 갖춘 거래 물건으로서 등록하는 일.
- 생경(生梗) : 두 사람 사이에 불화가 생김.
- 서거(逝去) : 죽어서 세상을 떠남을 뜻하는 '사거(死去)'의 높임말.
- 선망(羨望) : 부러워하여 바람.
- 섭렵(涉獵) : 물을 건너 찾아다닌다는 뜻으로, 많은 책을 널리 읽거나 여기저기 찾아다니며 경험함을 이르는 말.
- 섭정(攝政) : 군주가 직접 통치할 수 없을 때에 군주를 대신하여 나라를 다스림. 또는 그런 사람.
- 소급(遡及) : 과거에까지 거슬러 올라가서 미치게 함.
- 소명(召命) : 1. 임금이 신하를 부르는 명령. 2. 사람이 하나님의 일을 하도록 하나님의 부르심을 받는 일. '부름'으로 순화.
- 송환(送還) : 포로나 불법으로 입국한 사람 등을 본국으로 도로 돌려보냄.
- 쇄도(殺到) : 1. 전화, 주문 따위가 한꺼번에 세차게 몰려듦. 2. 어떤 곳을 향하여 세차게 달려듦.
- 쇄신(刷新) : 나쁜 폐단이나 묵은 것을 버리고 새롭게 함.
- 수렴(收斂) : 1. 돈이나 물건 따위를 거두어들임. 2. 의견이나 사상 따위가 여럿으로 나뉘어 있는 것을 하나로 모아 정리함.
- 수심(愁心) : 매우 근심함. 또는 그런 마음.
- 수유(授乳) : 젖먹이에게 젖을 먹임.
- 수작(酬酌) : 1. 술잔을 서로 주고받음. 2. 서로 말을 주고받음. 또는 그 말. 3. 남의 말이나 행동, 계획을 낮잡아 이르는 말.
- 숙맥(菽麥) : 1. 콩과 보리를 아울러 이르는 말. 2. 사리 분별을 못하고 세상 물정을 잘 모르는 사람.
- 숙청(肅淸) : 1. 어지러운 상태를 바로잡음. 2. 정치 단체나 비밀 결사의 내부 또는 독재 국가 등에서 정책이나 조직의 일체성을 확보하기 위하여 반대파를 처단하거나 제거함.
- 슬하(膝下) : 무릎의 아래라는 뜻으로, 어버이나 조부모의 보살핌 아래.
- 시사(示唆) : 어떤 것을 미리 간접적으로 표현해 줌.
- 시정(市井) : 인가가 모인 곳.
- 식언(食言) : 한번 입 밖에 낸 말을 도로 입 속에 넣는다는 뜻으로, 약속한 말대로 지키지 아니함.
- 신산(辛酸) : 1. 맛이 맵고 심. 2. 세상살이가 힘들고 고생스러움을 비유적으로 이르는 말.
- 심문(審問) : 1. 자세히 따져서 물음. 2. 법원이 당사자나 그 밖에 이해관계가 있는 사람에게 서면이나 구두로 개별적으로 진술할 기회를 주는 일.
- 심안(心眼) : 사물을 살펴 분별하는 능력. 또는 그런 작용. ≒ 마음눈
- 십상(十常) : 열에 여덟이나 아홉 정도로 거의 예외가 없음. = 십상팔구.

더하기 예제

다음 중 밑줄 친 부분을 한자어로 바꾼 것으로 바르지 않은 것은?

① 그 문제를 대충 보아 넘긴 것이 화근이었다. → 간과(看過)한

② 오늘날 과거에 사로잡혀 새로운 것을 거부하는 태도는 바람직하지 않다. → 누추(陋醜)한

③ 어떠한 상황에서도 근거 없는 추측으로 상대방을 비난해서는 안 된다. → 억측(臆測)

④ 우리는 그릇된 과거의 관습들로부터 하루빨리 벗어나야 한다. → 인습(因習)

⑤ 이상기후로 기온이 높아지면서 온갖 전염병들이 널리 퍼지고 있다. → 창궐(猖獗)하고

해설

'낡은 관념이나 습관에 젖어 고집이 세고 새로운 것을 잘 받아들이지 아니하다.' 라는 뜻을 가진 한자어는 '고루(固陋)하다' 이다. '누추(陋醜)하다' 는 '지저분하고 더럽다.' 라는 뜻을 가진 단어이다.

정답 ❷

⑤ O

- **아류(亞流)** : 1. 둘째가는 사람이나 사물. 2. 문학예술, 학문에서 독창성이 없이 모방하는 일이나 그렇게 한 것. 또는 그런 사람.
- **아성(牙城)** : 1. 아기(牙旗)를 세운 성이라는 뜻으로, 주장(主將)이 거처하는 성을 이르던 말. 2. 아주 중요한 근거지를 비유적으로 이르는 말.
- **아집(我執)** : 자기중심의 좁은 생각에 집착하여 다른 사람의 의견이나 입장을 고려하지 아니하고 자기만을 내세우는 것.
- **앙심(怏心)** : 원한을 품고 앙갚음하려고 벼르는 마음.
- **알력(軋轢)** : 수레바퀴가 삐걱거린다는 뜻으로, 서로 의견이 맞지 아니하여 사이가 안 좋거나 충돌하는 것을 이르는 말.
- **알선(斡旋)** : 남의 일이 잘되도록 주선하는 일.
- **압권(壓卷)** : 1. 여러 책이나 작품 가운데 제일 잘된 책이나 작품. 2. 하나의 책이나 작품 가운데 가장 잘된 부분. 3. 여럿 가운데 가장 뛰어난 것.
- **애로(隘路)** : 1. 좁고 험한 길. 2. 어떤 일을 하는 데 장애가 되는 것.
- **어폐(語弊)** : 1. 적절하지 아니하게 사용하여 일어나는 말의 폐단이나 결점. 2. 남의 오해를 받기 쉬운 말.
- **억측(臆測)** : 이유와 근거가 없이 짐작함. 또는 그런 짐작.
- **여명(黎明)** : 1. 희미하게 날이 밝아 오는 빛. 또는 그런 무렵. 2. 희망의 빛.
- **여반장(如反掌)** : 손바닥을 뒤집는 것 같다는 뜻으로, 일이 매우 쉬움을 이르는 말.
- **여파(餘波)** : 1. 큰 물결이 지나간 뒤에 일어나는 잔물결. 2. 어떤 일이 끝난 뒤에 남아 미치는 영향.

- **역량(力量)** : 어떤 일을 해낼 수 있는 힘.
- **열악(劣惡)하다** : 품질이나 능력, 시설 따위가 매우 떨어지고 나쁘다.
- **염간(念間)** : 스무날의 전후.
- **염출(捻出)** : 1. 어떤 방법 따위를 어렵게 생각해 냄. 2. 필요한 비용 따위를 어렵게 걷거나 모음.
- **영결(永訣)** : 죽은 사람과 산 사람이 서로 영원히 헤어짐.
- **영달(榮達)** : 지위가 높고 귀하게 됨.
- **오만(傲慢)** : 태도나 행동이 건방지거나 거만함. 또는 그 태도나 행동.
- **오연(傲然)히** : 태도가 거만하거나 그렇게 보일 정도로 담담하게.
- **오인(誤認)** : 잘못 보거나 잘못 생각함.
- **올연(兀然)** : 홀로 우뚝한 모양.
- **와전(訛傳)** : 사실과 다르게 전함.
- **와해(瓦解)** : 기와가 깨진다는 뜻으로, 조직이나 계획 따위가 산산이 무너지고 흩어짐을 이르는 말.
- **완곡(婉曲)하다** : 말하는 투가, 듣는 사람의 감정이 상하지 않도록 모나지 않고 부드럽다.
- **왜곡(歪曲)** : 사실과 다르게 해석하거나 그릇되게 함.
- **왜소(矮小)하다** : 몸뚱이가 작고 초라하다.
- **외경(畏敬)** : 공경하면서 두려워함. = 경외(敬畏).
- **외람(猥濫)하다** : 하는 행동이나 생각이 분수에 지나치다.
- **용렬(庸劣)하다** : 사람이 변변하지 못하고 졸렬하다.
- **우려(憂慮)** : 근심하거나 걱정함. 또는 그 근심과 걱정.
- **운운(云云)** : 1. 글이나 말을 인용하거나 생략할 때에, 이러이러하다고 말함의 뜻으로 쓰는 말. 2. 여러 가지의 말.
- **위항(委巷)** : 좁고 지저분한 거리.
- **위해(危害)** : 위험과 재해를 아울러 이르는 말.
- **유구(悠久)히** : 아득하게 오래도록.
- **유예(猶豫)** : 1. 망설여 일을 결행하지 아니함. 2. 일을 결행하는 데 날짜나 시간을 미룸. 또는 그런 기간.
- **유착(癒着)** : 1. 사물들이 서로 깊은 관계를 가지고 결합하여 있음. 2. 서로 분리되어 있어야 할 생물체의 조직면이 섬유소나 섬유 조직 따위와 연결되어 붙어 버리는 일. 대개 염증의 치료 과정이 잘못되어 생긴다.
- **의연(毅然)히** : 의지가 굳세어서 끄떡없이.
- **이반(離反)** : 인심이 떠나서 배반함.
- **이완(弛緩)** : 1. 바짝 조였던 정신이 풀려 늦추어짐. 2. 잘 조성된 분위기 따위가 흐트러져 느슨해짐. 3. 굳어서 뻣뻣하게 된 근육 따위가 원래의 상태로 풀어짐.
- **익명(匿名)** : 이름을 숨김. 또는 숨긴 이름이나 그 대신 쓰는 이름.
- **인멸(湮滅)** : 자취도 없이 모두 없어짐. 또는 그렇게 없앰.
- **인습(因習)** : 이전부터 전하여 내려오는 습관.
- **일체(一切)** : 「명사」1. 모든 것. 2. 전부, 완전히. 「부사」1. 모든 것을 다. 2. 아주, 전혀, 절대로. = 일절.
- **일탈(逸脫)** : 1. 정하여진 영역 또는 본디의 목적이나 길, 사상, 규범, 조직 따위로부터 빠져 나감. 2. 사회적인 규범으로부터 벗어나는 일.
- **잉여(剩餘)** : 쓰고 난 후 남은 것.

더하기 예제

다음 (   ) 안에 들어갈 말로 가장 적절한 것은?

우리 경제의 건전성을 확보하기 위해 무엇보다 필요한 것은 경제 단체들과 정치권의 오래된 (   ) 관계를 조속하게 근절하는 것이다.

① 안착(安着) ② 유착(癒着)
③ 토착(土着) ④ 집착(執着)
⑤ 흡착(吸着)

해설

문맥상 빈칸에는 정치권과 경제 단체들의 긴밀한 관계를 뜻하는 어휘가 들어가야 한다. '유착(癒着)'은 '사물들이 서로 깊은 관계를 가지고 결합하여 있음.'을 의미하므로 빈칸에 들어갈 말로 적절하다.
① **안착(安着)** : 1. 어떤 곳에 무사하게 잘 도착함. 2. 마음의 흔들림 없이 어떤 곳에 착실하게 자리 잡음.
③ **토착(土着)** : 대대로 그 땅에서 살고 있음. 또는 그곳에 들어와 정주함.
④ **집착(執着)** : 어떤 것에 늘 마음이 쏠려 잊지 못하고 매달림.
⑤ **흡착(吸着)** : 어떤 물질이 달라붙음.

정답 ❷

⑥ ㅈ · ㅊ · ㅌ

- **자웅(雌雄)** : 1. 암수. 2. 승부, 우열, 강약 따위를 비유적으로 이르는 말.
- **잔재(殘滓)** : 1. 쓰고 남은 찌꺼기. 2. 과거의 낡은 사고방식이나 생활양식의 찌꺼기.
- **저해(沮害)** : 막아서 못하도록 해침.
- **전말(顚末)** : 처음부터 끝까지 일이 진행되어 온 경과.
- **전복(顚覆)** : 1. 차나 배 따위가 뒤집힘. 2. 사회 체제가 무너지거나 정권 따위를 뒤집어엎음.
- **전철(前轍)** : 앞에 지나간 수레바퀴의 자국이라는 뜻으로, 이전 사람의 그릇된 일이나 행동의 자취를 이르는 말.
- **절충(折衷)** : 서로 다른 사물이나 의견, 관점 따위를 알맞게 조절하여 서로 잘 어울리게 함.
- **조락(凋落)** : 1. 초목의 잎 따위가 시들어 떨어짐. 2. 차차 쇠하여 보잘것없이 됨.
- **조력(助力)** : 힘을 써 도와줌. 또는 그 힘.
- **조예(造詣)** : 학문이나 예술, 기술 따위의 분야에 대한 지식이나 경험이 깊은 경지에 이른 정도.
- **졸고(拙稿)** : 1. 내용이 보잘것없는 원고. 2. 자기나 자기와 관련된 사람의 원고를 겸손하게 이르는 말.
- **주도(主導)** : 주동적인 처지가 되어 이끎.
- **주술(呪術)** : 불행이나 재해를 막으려고 주문을 외거나 술법을 부리는 일. 또는 그 술법.

- **지척(咫尺)** : 아주 가까운 거리.
- **진부(陳腐)하다** : 사상, 표현, 행동 따위가 낡아서 새롭지 못하다.
- **진작(振作)** : 떨쳐 일어남. 또는 떨쳐 일으킴.
- **질곡(桎梏)** : 1. 옛 형구인 차꼬와 수갑을 아울러 이르는 말. 2. 몹시 속박하여 자유를 가질 수 없는 고통의 상태를 비유적으로 이르는 말.
- **찰나(刹那)** : 1. 어떤 일이나 사물현상이 일어나는 바로 그때. 2. 매우 짧은 시간. = 순간(瞬間), 수유(須臾).
- **참회(懺悔)** : 자기의 잘못에 대하여 깨닫고 깊이 뉘우침.
- **창궐(猖獗)** : 못된 세력이나 전염병 따위가 세차게 일어나 걷잡을 수 없이 퍼짐.
- **척결(剔抉)** : 1. 살을 도려내고 뼈를 발라냄. 2. 나쁜 부분이나 요소들을 깨끗이 없애 버림.
- **천거(薦擧)** : 어떤 일을 맡아 할 수 있는 사람을 그 자리에 쓰도록 소개하거나 추천함.
- **천명(闡明)** : 진리나 사실, 입장 따위를 드러내어 밝힘.
- **천추(千秋)** : 오래고 긴 세월. 또는 먼 미래.
- **천착(穿鑿)** : 1. 구멍을 뚫음. 2. 어떤 원인이나 내용 따위를 따지고 파고들어 알려고 하거나 연구함. 3. 억지로 이치에 닿지 아니한 말을 함.
- **청운(青雲)** : 1. 푸른 빛깔의 구름. 2. 높은 지위나 벼슬을 비유적으로 이르는 말.
- **초래(招來)** : 1. 어떤 결과를 가져오게 함. 2. 불러서 오게 함.
- **초야(草野)** : 풀이 난 들이라는 뜻으로, 궁벽한 시골을 이르는 말.
- **초연(超然)하다** : 어떤 현실 속에서 벗어나 그 현실에 아랑곳하지 않고 의젓하다.
- **추상(秋霜)** : 가을의 찬 서리.
- **추앙(推仰)** : 높이 받들어 우러러봄.
- **추이(推移)** : 일이나 형편이 시간의 경과에 따라 변하여 나감. 또는 그런 경향.
- **추풍선(秋風扇)** : 가을 부채라는 뜻으로 철이 지나서 쓸모가 없이 된 물건을 비유적으로 이르는 말.
- **추호(秋毫)** : 1. 가을철에 털갈이하여 새로 돋아난 짐승의 가는 털. 2. 매우 적거나 조금인 것을 비유적으로 이르는 말.
- **치졸(稚拙)** : 유치하고 졸렬함.
- **치적(治積)** : 잘 다스린 공적. 또는 정치상의 업적.
- **칩거(蟄居)** : 나가서 활동하지 아니하고 집 안에만 틀어박혀 있음.
- **쾌유(快癒)** : 병이나 상처가 깨끗이 나음.
- **쾌재(快哉)** : 일 따위가 마음먹은 대로 잘되어 만족스럽게 여김. 또는 그럴 때 나는 소리.
- **타파(打破)** : 부정적인 규정, 관습, 제도 따위를 깨뜨려 버림.
- **탁견(卓見)** : 두드러진 의견이나 견해. 뛰어난 견해.
- **탈피(脫皮)** : 1. 껍질이나 가죽을 벗김. 2. 일정한 상태나 처지에서 완전히 벗어남.
- **퇴고(推敲)** : 글을 지을 때 여러 번 생각하여 고치고 다듬음. 또는 그런 일.
- **투영(投影)** : 1. 물체의 그림자를 어떤 물체 위에 비추는 일. 또는 그 비친 그림자. 2. 어떤 일을 다른 일에 반영하여 나타냄을 비유적으로 이르는 말.

더 알고가기

퇴고(推敲)

당나라의 시인 가도(賈島)가 '승퇴월하문(僧推月下門)'이란 시구를 지을 때, '퇴(推)'를 '고(敲)'로 바꿀지 말지 망설이다가 한유(韓愈)를 만나 그의 조언으로 '고(敲)'로 결정하였다는 데에서 유래한 말로 글을 지을 때 여러 번 생각하여 고치고 다듬는 것을 의미한다.

더하기 예제

다음 중 밑줄 친 부분과 바꿔 쓰기에 가장 적절한 것은?

지난 1920년대에 그가 논한 단어는 모두 합해야 여남은에 불과하지만, 중세어(中世語)와 고대어(古代語)의 연구에서 '시내'를 '실'과 '내'의 복합어로 보고 《삼국유사》에 나타나는 인명 표기와 지명 표기의 예를 들어 '실'이 골짜기를 뜻하던 고대 단어라고 한 것은 <u>뛰어난 견해</u>였다.

① 탁견(卓見)
② 소견(所見)
③ 식견(識見)
④ 주견(主見)
⑤ 사견(私見)

해설

'뛰어난 견해'를 뜻하는 한자어는 '탁견(卓見)'이다.
② **소견(所見)** : 어떤 일이나 사물을 살펴보고 가지게 되는 생각이나 의견.
③ **식견(識見)** : 학식과 견문이라는 뜻으로, 사물을 분별할 수 있는 능력을 이르는 말.
④ **주견(主見)** : 자기의 주장이 있는 의견.
⑤ **사견(私見)** : 자기 개인의 생각이나 의견.

정답 ❶

⑦ ㅍ · ㅎ

- **파탄(破綻)** : 1. 찢어져 터짐. 2. 일이나 계획 따위가 원만하게 진행되지 못하고 중도에서 잘못됨. 3. 상점, 회사 따위의 재정이 지급 정지의 상태가 됨.
- **판별(判別)** : 옳고 그름이나 좋고 나쁨을 판단하여 구별함. 또는 그런 구별.
- **패권(覇權)** : 1. 어떤 분야에서 우두머리나 으뜸의 자리를 차지하여 누리는 공인된 권리와 힘. 2. 국제 정치에서, 어떤 국가가 경제력이나 무력으로 다른 나라를 압박하여 자기의 세력을 넓히려는 권력.
- **편달(鞭撻)** : 1. 채찍으로 때림. 2. 종아리나 볼기를 침. 3. 경계하고 격려함.
- **편력(遍歷)** : 1. 이곳저곳을 돌아다님. 2. 여러 가지 경험을 함.
- **편협(偏狹)** : 1. 한쪽으로 치우쳐 도량이 좁고 너그럽지 못함. 2. 땅 따위가 좁음.
- **폄하(貶下)** : 가치를 깎아내림.
- **폭주(暴注)** : 1. 비가 갑작스럽게 많이 쏟아짐. 2. 어떤 일이 처리하기 힘들 정도로 한꺼번에 몰림.
- **풍문(風聞)** : 바람처럼 떠도는 소문.
- **피력(披瀝)** : 생각하는 것을 털어놓고 말함.
- **피상적(皮相的)** : 본질적인 현상은 추구하지 아니하고 겉으로 드러나 보이는 현상에만 관계하는 것.
- **피폐(疲弊)** : 지치고 쇠약하여짐.
- **핍박(逼迫)** : 1. 형세가 절박함. 2. 바싹 죄어서 몹시 괴롭게 굶.
- **학발(鶴髮)** : 두루미의 깃털처럼 희다는 뜻으로, 하얗게 센 머리 또는 그런 사람을 이르는 말.
- **함구(緘口)** : 입을 다문다는 뜻으로, 말하지 아니함을 이르는 말.
- **함양(涵養)** : 1. 능력이나 품성을 기르고 닦음. 2. 포화대에 물을 보급함. 또는 그런 여러 과정.
- **해명(解明)** : 까닭이나 내용을 풀어서 밝힘.
- **해이(解弛)** : 긴장이나 규율 따위가 풀려 마음이 느슨함.
- **향수(鄕愁)** : 고향을 그리워하는 마음이나 시름.
- **현혹(眩惑)** : 정신을 빼앗겨 하여야 할 바를 잊어버림. 또는 그렇게 되게 함.
- **혈안(血眼)** : 기를 쓰고 달려들어 독이 오른 눈.
- **협착(狹窄)하다** : 1. 차지하고 있는 자리가 매우 좁다. 2. 처하여 있는 사정이나 형편이 매우 어렵다.
- **형극(荊棘)** : 1. 나무의 온갖 가시. 2. '고난'을 비유적으로 이르는 말.
- **호도(糊塗)** : 풀을 바른다는 뜻으로, 명확하게 결말을 내지 않고 일시적으로 감추거나 흐지부지 덮어 버림을 비유적으로 이르는 말.
- **홀연(忽然)** : 뜻하지 아니하게 갑자기.
- **환기(喚起)** : 주의나 여론, 생각 따위를 불러일으킴.
- **환대(歡待)** : 반갑게 맞아 정성껏 후하게 대접함.
- **회동(會同)** : 일정한 목적으로 여러 사람이 한데 모임.
- **회자(膾炙)** : 회와 구운 고기라는 뜻으로, 칭찬을 받으며 사람의 입에 자주 오르내림을 이르는 말.
- **효시(嚆矢)** : 어떤 사물이나 현상이 시작되어 나온 맨 처음을 비유적으로 이르는 말 = 남상.
- **흡사(恰似)** : 거의 같을 정도로 비슷한 모양.
- **힐난(詰難)** : 트집을 잡아 거북할 만큼 따지고 듦.
- **힐책(詰責)** : 잘못된 점을 따져 나무람.

더 알고가기

효시(嚆矢)

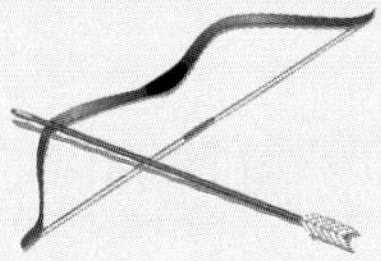

'울다' 라는 뜻을 가진 효(嚆)와 '화살' 이라는 의미의 시(矢)가 합쳐진 말로 글자 그대로 해석하면 '우는 화살' 이라는 말이다. 이는 《장자》의 〈재유편(在宥篇)〉에 나오는 말로, 전쟁을 시작할 때 우는 화살을 먼저 쏘았다는 데에서 유래한 말이다.

더하기 예제

밑줄 친 부분과 바꾸어 쓸 수 있는 한자어로 가장 적절한 것은?

또한 같은 시기에 도덕적 명분론에 대한 관심이 고조되고 명분의 형식화와 체면치레가 성행하게 되면서 실용적인 측면이 소홀히 되는 경향을 보이기도 한다. 특히, 성리학적 의리에 집착한 사대부들 사이에서는 현실과 동떨어진 논의가 만연되었던 것이다.

① 가식(假飾)
② 면목(面目)
③ 위선(僞善)
④ 체통(體統)
⑤ 허식(虛飾)

해설

'허식(虛飾)' 은 '실속이 없이 겉만 꾸밈. (≒ 헛치레)' 을 의미한다.
① **가식(假飾)** : 어떤 것을 거짓으로 꾸밈.
② **면목(面目)** : 1. 얼굴의 생김새. 2. 낯. 3. 사람이나 사물의 겉모습.
③ **위선(僞善)** : 겉으로만 착한 체함. 또는 그런 짓이나 일.
④ **체통(體統)** : 지체나 신분에 알맞은 체면.

정답 ⑤

(2) 구별해야 할 한자어

- **개발(開發)** : 1. 토지나 천연자원 따위를 유용하게 만듦. 2. 지식이나 재능 따위를 발달하게 함.
- **계발(啓發)** : 슬기나 재능, 사상 따위를 일깨워 줌.

- **갱신(更新)** : 1. 이미 있던 것을 고쳐 새롭게 함. 2. 법률관계의 존속 기간이 끝났을 때 그 기간을 연장하는 일.
- **경신(更新)** : 기록경기 따위에서 종전의 기록을 깨뜨림.

- **결제(決濟)** : 1. 일을 처리하여 끝을 냄. 2. 증권 또는 대금을 주고받아 매매 당사자 사이의 거래 관계를 끝맺는 일.
- **결재(決裁)** : 결정할 권한이 있는 상관이 부하가 제출한 안건을 검토하여 허가하거나 승인함.

- **곤욕(困辱)** : 심한 모욕이나 참기 힘든 일.
- **곤혹(困惑)** : 곤란한 일을 당하여 어찌할 바를 모름.

- **공표(公表)** : 여러 사람에게 널리 드러내어 알림. → 공개 발표.
- **공포(公布)** : 1. 일반 대중에게 널리 알림. 2. 이미 확정된 법률, 조약, 명령 따위를 일반 국민에게 널리 알리는 일.

- **구명(究明)** : 사물의 본질, 원인 따위를 깊이 연구하여 밝힘.
- **구명(救命)** : 사람의 목숨을 구함.
- **규명(糾明)** : 어떤 사실을 자세히 따져서 바로 밝힘.

- **구별(區別)** : 성질이나 종류에 따라 차이가 남. 또는 성질이나 종류에 따라 갈라놓음.
- **구분(區分)** : 일정한 기준에 따라 전체를 몇 개로 갈라 나눔.
- **식별(識別)** : 분별하여 알아봄.

- **보호(保護)** : 위험이나 곤란 따위가 미치지 아니하도록 잘 보살펴 돌봄.
- **비호(庇護)** : 편들어서 감싸 주고 보호함.

- **유입(流入)** : 1. 액체나 기체, 열 따위가 어떤 곳으로 흘러듦. 2. 재화나 문화, 사상 따위가 들어옴.
- **도입(導入)** : 기술, 방법, 물자 따위를 끌어 들임.

- **재고(再考)** : 어떤 일이나 문제 따위에 대해 다시 생각함.
- **제고(提高)** : 쳐들어 높임.
- **재고(在庫)** : 창고 따위에 쌓여 있음.

- **재연(再演)** : 1. 연극이나 영화 따위를 다시 상연함. 2. 한 번 하였던 행위나 일을 다시 되풀이함.
- **재현(再現)** : 다시 나타남 또는 다시 나타냄.

- **지향(志向)** : 어떤 목표로 뜻이 쏠리어 향함. 또는 그 방향이나 그쪽으로 쏠리는 의지.
- **지양(止揚)** : 더 높은 단계로 오르기 위해 어떠한 것을 하지 아니함.

- **혼돈(混沌)** : 마구 뒤섞여 있어 갈피를 잡을 수 없음. 또는 그런 상태.
- **혼동(混同)** : 구별하지 못하고 뒤섞어서 생각함.
- **혼란(混亂)** : 뒤죽박죽되어 어지럽고 질서가 없음.
- **혼효(混淆)** : 여러 가지 것을 뒤섞음. 또는 여러 가지 것이 뒤섞임.

더하기 예제

밑줄 친 말과 바꾸어 쓰기에 가장 적절한 것은?

외계 생명의 가능성을 지지하는 또 한 가지 증거는 운석에서 유기 분자가 추출되었다는 것이다. 1969년에 호주의 머치슨에 떨어진 운석 조각에서 모두 74종의 아미노산이 검출된 데에서도 알 수 있듯이, 유기 분자가 운석에 실려 외계에서 지구로 <u>온다는</u> 것은 분명한 사실이다.

① 투입(投入)된다는
② 수입(輸入)된다는
③ 유입(流入)된다는
④ 편입(編入)된다는
⑤ 도입(導入)된다는

해설

'유입(流入)'은 어떤 사물이나 사람이 외부로부터 들어오는 것을 의미하는 단어이며, 주로 의도성이 없는 경우에 쓰이는 말이다.
① **투입(投入)** : 1. 던져 넣음. 2. 사람이나 물자, 자본 따위를 필요한 곳에 넣음.
② **수입(輸入)** : 1. 다른 나라로부터 물품을 사들임. ≒ 무래(貿來). 2. 다른 나라의 사상, 문화, 제도 따위를 배워 들여옴.
④ **편입(編入)** : 1. 엮거나 짜 넣음. 2. 이미 짜인 한 동아리나 대열 따위에 끼어 들어감.
⑤ **도입(導入)** : 기술, 방법, 물자 따위를 끌어 들임.

정답 ❸

(3) 동음이의어

- **가설(加設)** : 덧붙이거나 추가하여 설치함.
- **가설(架設)** : 전깃줄이나 전화선, 교량 따위를 공중에 건너질러 설치함.
- **가설(假說)** : 어떤 사실을 설명하거나 어떤 이론 체계를 연역하기 위해 설정한 가정.

- **감상(感想)** : 마음속에서 일어나는 느낌이나 생각.
- **감상(感傷)** : 하찮은 일에도 쓸쓸하고 슬퍼져서 마음이 상함. 또는 그런 마음.
- **감상(感賞)** : 마음에 깊이 느끼어 칭찬함.
- **감상(鑑賞)** : 주로 예술 작품을 이해하여 즐기고 평가함.

- **개정(改正)** : 주로 문서의 내용 따위를 고쳐 바르게 함.
- **개정(改定)** : 이미 정하였던 것을 고쳐 다시 정함.
- **개정(改訂)** : 글자나 글의 틀린 곳을 고쳐 바로잡음.
- **개정(開廷)** : 법정을 열어 재판을 시작함.

- **공용(公用)** : 1. 공공의 목적으로 씀. 또는 그런 물건. 2. 공적인 용무.
- **공용(共用)** : 함께 씀. 또는 그런 물건.

- **과정(過程)** : 일이 되어 가는 경로.
- **과정(課程)** : 일정한 기간에 교육하거나 학습하여야 할 과목의 내용과 분량.

- **기술(技術)** : 사물을 잘 다룰 수 있는 방법이나 능력.
- **기술(記述)** : 대상이나 과정의 내용과 특징을 있는 그대로 열거하거나 기록하여 서술함. 또는 그런 기록.
- **기술(既述)** : 이미 앞서 기술함.

- **대치(代置)** : 다른 것으로 바꾸어 놓음.
- **대치(對置)** : 마주 놓음.
- **대치(對峙)** : 서로 맞서서 버팀.

- **사의(謝意)** : 감사하게 여기는 뜻.
- **사의(謝儀)** : 상대편에게 고마움의 뜻으로 보내는 물품.
- **사의(辭意)** : 맡아보던 일자리를 그만두고 물러날 뜻.
- **사의(事宜)** : 이치에 맞아 일이 마땅함.

- **사전(事典)** : 여러 가지 사항을 모아 일정한 순서로 배열하고 그 각각에 해설을 붙인 책.
- **사전(辭典)** : 어떤 범위 안에서 쓰이는 낱말을 모아서 일정한 순서로 배열하여 싣고 그 각각의 발음, 의미, 어원, 용법 따위를 해설한 책.

- **사실(事實)** : 실제로 있었던 일이나 현재에 있는 일.
- **사실(史實)** : 역사에 실제로 있는 사실.

- **소요(騷擾)** : 여럿이 떠들썩하게 들고일어남. 또는 그런 술렁거림과 소란.
- **소요(所要)** : 필요로 하거나 요구되는 바.
- **소요(逍遙)** : 자유롭게 이리저리 슬슬 거닐며 돌아다님.

- **역설(逆說)** : 1. 어떤 주의나 주장에 반대되는 이론이나 말. 2. 일반적으로는 모순을 야기하지 아니하나 특정한 경우에 논리적 모순을 일으키는 논증.
- **역설(力說)** : 자기의 뜻을 힘주어 말함. 또는 그런 말.

- **예지(叡智)** : 사물의 이치를 꿰뚫어 보는 지혜롭고 밝은 마음.
- **예지(豫知)** : 1. 어떤 일이 일어나기 전에 미리 앎. 2. 미래의 일을 지각하는 초감각적 지각.

- **이상(理想)** : 생각할 수 있는 범위 안에서 가장 완전하다고 여겨지는 상태.
- **이상(以上)** : 수량이나 정도가 일정한 기준보다 더 많거나 나음.
- **이상(異狀)** : 평소와는 다른 상태.
- **이상(異常)** : 정상적인 상태와 다름.

- **정밀(靜謐)** : 고요하고 편안함.
- **정밀(精密)** : 아주 정교하고 치밀하여 빈틈이 없고 자세함.

- **정의(正意)** : 바른 뜻 또는 올바른 생각.
- **정의(正義)** : 진리에 맞는 올바른 도리.
- **정의(定議)** : 어떤 말이나 사물의 뜻을 명백히 밝혀 규정함. 또는 그 뜻.
- **정의(情義)** : 따뜻한 마음과 참된 의사를 통틀어 이르는 말.

- **출연(出演)** : 연기, 공연, 연설 따위를 하기 위해 무대나 연단에 나감.
- **출연(出捐)** : 금품을 내어 도와줌.

- **행사(行使)** : 1. 부려서 씀. 2. 행동이나 하는 짓.
- **행사(行事)** : 어떤 일을 시행함.

더하기 예제

다음 밑줄 친 한자의 쓰임이 바르지 않은 것은?

① 그 마라톤 선수는 자신의 기록을 경신(更新)하기 위해 노력하였다.

② 그는 이번 사건으로 매우 곤혹(困惑)스러운 상황에 처했다.

③ 학계에서는 새로운 현상의 원인을 구명(究明)하려는 노력이 한창이다.

④ 회사의 경영진은 생산성을 제고(提高)하기 위해 최선을 다했다.

⑤ 복지국가는 정부가 지양(止揚)하는 목표이다.

해설

'지양(止揚)'은 '더 높은 단계로 오르기 위해 어떠한 것을 하지 아니함.'을 뜻한다. 따라서 문맥상 '작정하거나 지정한 방향으로 나아감. 또는 그 방향.'이라는 뜻을 지닌 '지향(指向)'을 쓰는 것이 적절하다.

① **경신(更新)** : 기록경기 따위에서, 종전의 기록을 깨뜨림.
② **곤혹(困惑)** : 곤란한 일을 당하여 어찌할 바를 모름.
③ **구명(究明)** : 사물의 본질, 원인 따위를 깊이 연구하여 밝힘.
④ **제고(提高)** : 쳐들어 높임.

정답 ⑤

>>> 짚어보기 잘못 읽기 쉬운 한자

- **嘉穀** : (○) 가곡, (×) 하곡
- **各別** : (○) 각별, (×) 격별
- **艱難** : (○) 간난, (×) 근난
- **減殺** : (○) 감쇄, (×) 감살
- **更生** : (○) 갱생, (×) 경생
- **揭示** : (○) 게시, (×) 계시
- **孤陋** : (○) 고루, (×) 고병
- **攪亂** : (○) 교란, (×) 각란
- **詭辯** : (○) 궤변, (×) 위변
- **懦弱** : (○) 나약, (×) 유약
- **捺印** : (○) 날인, (×) 나인
- **漏泄** : (○) 누설, (×) 누세
- **團欒** : (○) 단란, (×) 단락
- **宅內** : (○) 댁내, (×) 택내
- **獨擅** : (○) 독천, (×) 독단
- **萬難** : (○) 만난, (×) 만란
- **邁進** : (○) 매진, (×) 만진
- **萌芽** : (○) 맹아, (×) 명아
- **牡丹** : (○) 모란, (×) 목단
- **木瓜** : (○) 모과, (×) 목과
- **無聊** : (○) 무료, (×) 무류
- **剝奪** : (○) 박탈, (×) 약탈
- **拔萃** : (○) 발췌, (×) 발취
- **復活** : (○) 부활, (×) 복활
- **頻數** : (○) 빈삭, (×) 빈수
- **奢侈** : (○) 사치, (×) 사다
- **索然** : (○) 삭연, (×) 색연
- **上梓** : (○) 상재, (×) 상자
- **洗滌** : (○) 세척, (×) 세조
- **贖罪** : (○) 속죄, (×) 독죄
- **睡眠** : (○) 수면, (×) 수민
- **十月** : (○) 시월, (×) 십월
- **軋轢** : (○) 알력, (×) 알륵
- **謁見** : (○) 알현, (×) 알견
- **濾過** : (○) 여과, (×) 로과
- **永劫** : (○) 영겁, (×) 영각
- **家什** : (○) 가집, (×) 가십
- **喀血** : (○) 각혈, (×) 객혈
- **間歇** : (○) 간헐, (×) 간흠
- **改悛** : (○) 개전, (×) 개준
- **醵出** : (○) 갹출, (×) 거출
- **更迭** : (○) 경질, (×) 갱질
- **刮目** : (○) 괄목, (×) 활목
- **句讀** : (○) 구두, (×) 구독
- **旗幟** : (○) 기치, (×) 기식
- **烙印** : (○) 낙인, (×) 각인
- **內人** : (○) 나인, (×) 내인
- **訥言** : (○) 눌언, (×) 납언
- **曇天** : (○) 담천, (×) 운천
- **陶冶** : (○) 도야, (×) 도치
- **冬眠** : (○) 동면, (×) 동안
- **罵倒** : (○) 매도, (×) 마도
- **盟誓** : (○) 맹세, (×) 맹서
- **明澄** : (○) 명징, (×) 명증
- **牡牛** : (○) 모우, (×) 두우
- **杳然** : (○) 묘연, (×) 향연
- **撲滅** : (○) 박멸, (×) 복멸
- **反哺** : (○) 반포, (×) 분포
- **潑剌** : (○) 발랄, (×) 발자
- **不朽** : (○) 불후, (×) 불구
- **憑藉** : (○) 빙자, (×) 빙적
- **索莫** : (○) 삭막, (×) 색막
- **撒布** : (○) 살포, (×) 산포
- **逝去** : (○) 서거, (×) 절거
- **遡及** : (○) 소급, (×) 삭급
- **受諾** : (○) 수락, (×) 수낙
- **承諾** : (○) 승낙, (×) 승락
- **辛辣** : (○) 신랄, (×) 신극
- **斡旋** : (○) 알선, (×) 간선
- **冶金** : (○) 야금, (×) 치금
- **役割** : (○) 역할, (×) 역활
- **嗚咽** : (○) 오열, (×) 오인

- 誤謬 : (○) 오류, (×) 오륙
- 歪曲 : (○) 왜곡, (×) 부곡
- 凹凸 : (○) 요철, (×) 요돌
- 遊說 : (○) 유세, (×) 유설
- 吟味 : (○) 음미, (×) 금미
- 弛緩 : (○) 이완, (×) 지환
- 一擲 : (○) 일척, (×) 일정
- 自矜 : (○) 자긍, (×) 자금
- 箴言 : (○) 잠언, (×) 함언
- 截斷 : (○) 절단, (×) 재단
- 靜謐 : (○) 정밀, (×) 정일
- 桎梏 : (○) 질곡, (×) 질고
- 茶禮 : (○) 차례, (×) 다례
- 闡明 : (○) 천명, (×) 단명
- 諦念 : (○) 체념, (×) 제념
- 推敲 : (○) 퇴고, (×) 추고
- 沈沒 : (○) 침몰, (×) 심몰
- 快晴 : (○) 쾌청, (×) 쾌정
- 綻露 : (○) 탄로, (×) 정로
- 耽溺 : (○) 탐닉, (×) 탐익
- 洞察 : (○) 통찰, (×) 동찰
- 破壞 : (○) 파괴, (×) 파회
- 跛行 : (○) 파행, (×) 피행
- 膨脹 : (○) 팽창, (×) 팽장
- 暴惡 : (○) 포악, (×) 폭악
- 輻輳 : (○) 폭주, (×) 복주
- 割引 : (○) 할인, (×) 활인
- 降伏 : (○) 항복, (×) 강복
- 享樂 : (○) 향락, (×) 형락
- 嫌惡 : (○) 혐오, (×) 겸악
- 好惡 : (○) 호오, (×) 호악
- 橫暴 : (○) 횡포, (×) 횡폭
- 嗅覺 : (○) 후각, (×) 취각
- 洽足 : (○) 흡족, (×) 합족
- 惡寒 : (○) 오한, (×) 악한
- 外艱 : (○) 외간, (×) 외난
- 要塞 : (○) 요새, (×) 요색
- 六月 : (○) 유월, (×) 육월
- 泣涕 : (○) 읍체, (×) 읍제
- 溺死 : (○) 익사, (×) 약사
- 剩餘 : (○) 잉여, (×) 승여
- 自炊 : (○) 자취, (×) 자흠
- 傳播 : (○) 전파, (×) 전번
- 正鵠 : (○) 정곡, (×) 정호
- 措置 : (○) 조치, (×) 차치
- 叱責 : (○) 질책, (×) 칠책
- 懺悔 : (○) 참회, (×) 섬회
- 尖端 : (○) 첨단, (×) 열단
- 忖度 : (○) 촌탁, (×) 촌도
- 秋毫 : (○) 추호, (×) 추모
- 蟄居 : (○) 칩거, (×) 집거
- 拓本 : (○) 탁본, (×) 척본
- 彈劾 : (○) 탄핵, (×) 탄효
- 慟哭 : (○) 통곡, (×) 동곡
- 偸安 : (○) 투안, (×) 유안
- 破綻 : (○) 파탄, (×) 파정
- 敗北 : (○) 패배, (×) 패북
- 閉塞 : (○) 폐색, (×) 폐한
- 褒賞 : (○) 포상, (×) 보상
- 標識 : (○) 표지, (×) 표식
- 行列 : (○) 항렬, (×) 행렬
- 解弛 : (○) 해이, (×) 해야
- 絢爛 : (○) 현란, (×) 순란
- 荊棘 : (○) 형극, (×) 형자
- 忽然 : (○) 홀연, (×) 총연
- 嚆矢 : (○) 효시, (×) 고시
- 欣快 : (○) 흔쾌, (×) 근쾌
- 詰難 : (○) 힐난, (×) 길난

1 주

3 관용구 · 속담 · 한자성어

관용구와 속담, 한자성어는 일상 언어에서 관습적으로 사용되고 있는 표현들이다. 관용구나 속담, 한자성어를 사용하면 전달하고자 하는 의미를 비교적 압축적으로 표현할 수 있어 경제적이다. 또한 전달하고자 하는 의미를 우회적으로 전달하거나 표현하여 청자를 고려한 말하기가 가능해지기도 한다.

출제 유형

- ㉠과 같은 상황을 나타내기에 적절한 것은?
- 문맥상 ㉠에 들어갈 속담으로 적절한 것은?
- 다음 관용구의 뜻풀이가 바르지 않은 것은?

지문 전반 또는 지정된 부분의 상황을 이해하고 그 내용을 적절한 관용어(또는 속담, 한자성어)로 나타낼 수 있어야 한다.

(1) 관용구(慣用句)

관용구는 둘 이상의 어휘가 결합하여 이루어진 말로 단순히 결합된 어휘의 의미와는 다른 의미를 갖는다. 따라서 관용구는 결합된 어휘에 주목하기보다 어휘들의 결합으로 파생된 새로운 의미를 이해해야 하며 구체적인 상황과 관련하여 사용되는 경우가 대부분이므로 구체적인 상황 속에서 관용구의 활용에 유의해 학습해야 한다.

① 신체와 관련된 관용어 : ㄱ~ㄷ

- 가슴(을) 저미다
  생각이나 느낌이 매우 심각하고 간절하여 가슴을 칼로 베는 듯한 아픔을 느끼게 하다.
- 가슴에 새기다
  잊지 않게 단단히 마음에 기억하다.
- 가슴에 칼을 품다
  상대편에게 모진 마음을 먹거나 흉악한 생각을 하다.
- 가슴이 콩알만 하다[해지다]
  불안하고 초조하여 마음을 펴지 못하고 있다.
- 가슴이 트이다
  마음속에 맺힌 것이 풀리어 환해지다.
- 간(을) 빼 먹다
  (비유적으로) 겉으로는 비위를 맞추며 좋게 대하는 척하면서 요긴한 것을 다 빼앗다.
- 간담이 서늘하다
  몹시 놀라서 섬뜩하다.

• **간도 쓸개도 없다**
용기나 줏대 없이 남에게 굽히다.
• **간에 기별도 안 가다**
먹은 것이 너무 적어 먹으나 마나 하다.
• **간장을 녹이다**
감언이설, 아양 따위로 상대편의 환심을 사다.
• **귀(가) 따갑다**
1. 소리가 날카롭고 커서 듣기에 괴롭다. 2. 너무 여러 번 들어서 듣기가 싫다.
• **귀(를) 기울이다**
남의 이야기나 의견에 관심을 가지고 주의를 모으다.
• **귀가 번쩍 뜨이다**
들리는 말에 선뜻 마음이 끌리다.
• **귀를 씻다**
세속의 더러운 이야기를 들은 귀를 씻는다는 뜻으로, 세상의 명리를 떠나 깨끗하게 삶을 비유적으로 이르는 말.
• **귀에 못이 박히다**
같은 말을 여러 번 듣다
• **눈(에) 어리다**
어떤 모습이 잊혀지지 않고 머릿속에 뚜렷하게 떠오르다.
• **눈(이) 높다**
1. 정도 이상의 좋은 것만 찾는 버릇이 있다. 2. 안목이 높다.
• **눈(이) 삐다**
뻔한 것을 잘못 보고 있을 때 비난조로 이르는 말.
• **눈살(을) 찌푸리다**
마음에 못마땅한 뜻을 나타내어 양미간을 찡그리다.
• **눈썹도 까딱하지 않다**
아주 태연하다.
• **눈앞이 캄캄하다**
어찌할 바를 몰라 아득하다.
• **눈에 불을 켜다**
1. 몹시 욕심을 내거나 관심을 기울이다. 2. 화가 나서 눈을 부릅뜨다.
• **눈에 쌍심지를 켜다[돋우다/세우다/올리다]**
몹시 화가 나서 눈을 부릅뜨다.
• **다리(를) 뻗고[펴고] 자다**
마음 놓고 편히 자다.
• **다리가 길다**
음식 먹는 자리에 우연히 가게 되어 먹을 복이 있다.
• **다리품(을) 팔다**
1. 길을 많이 걷다. 2. 남에게 품삯을 받고 먼 길을 걸어서 다녀오다.

② 신체와 관련된 관용어 : ㅁ~ㅂ

- 머리(가) 굳다

  1. 사고방식이나 사상 따위가 완고하다. 2. 기억력 따위가 무디다.

- 머리(를) 굴리다

  머리를 써서 해결 방안을 생각해 내다.

- 머리(를) 맞대다

  어떤 일을 의논하거나 결정하기 위하여 서로 마주 대하다.

- 머리를 싸매다

  있는 힘을 다하여 노력하다.

- 머리에 서리가 앉다

  머리가 희끗희끗하게 세다. 또는 늙다.

- 머리에 피도 안 마르다

  아직 어른이 되려면 멀었다. 또는 나이가 어리다.

- 목구멍에 풀칠하다

  굶지 않고 겨우 살아가다.

- 목덜미를 잡히다

  1. 어떤 약점이나 중요한 곳을 잡히다. 2. 피할 수 없이 죄가 드러나게 되다.

- 목에 힘을 주다

  거드름을 피우거나 남을 깔보는 듯한 태도를 취하다.

- 발(을) 구르다

  매우 안타까워하거나 다급해하다.

- 발(을) 빼다[씻다]

  어떤 일에서 관계를 완전히 끊고 물러나다.

- 발등(을) 찍히다

  남에게 배신을 당하다.

- 발목(을) 잡히다

  1. 어떤 일에 꽉 잡혀서 벗어나지 못하다. 2. 남에게 어떤 약점이나 단서를 잡히다.

- 배(가) 아프다

  남이 잘되어 심술이 나다.

- 배(를) 두드리다

  생활이 풍족하거나 살림살이가 윤택하여 안락하게 지내다.

- 배꼽(을) 빼다

  몹시 우습다.

- 배알이 꼴리다[뒤틀리다]

  비위에 거슬려 아니꼽다.

더하기 예제

다음 밑줄 친 관용구의 뜻풀이가 바르지 않은 것은?

① 그 사건은 경찰의 안일한 대처에 경종을 울렸다. → 잘못이나 위험을 미리 경계하여 주의를 환기시키다.
② 동생은 내가 하는 말을 늘 귓등으로 듣는다. → 상대의 말의 의미를 이해하지 못하다.
③ 그녀는 고향에 두고 온 자식들이 눈에 밟혀 일이 손에 잡히지 않았다. → 잊히지 않고 자꾸 눈에 떠오른다.
④ 최근 모 연예인의 발언이 도마 위에 올랐다. → 비판의 대상이 되다.
⑤ 외환위기로 된서리를 맞은 기업들의 상황이 악화되었다. → 모진 재앙이나 억압을 당하다.

해설
'귓등으로 듣는다'는 '듣고도 들은 체 만 체 하다.'라는 뜻의 관용구이다.

정답 ❷

③ 신체와 관련된 관용어 : ㅅ~ㅇ

- **손(을) 떼다**
  1. 하던 일을 그만두다. 2. 하던 일을 끝마치고 다시 손대지 않다.
- **손(을) 씻다[털다]**
  1. 부정적인 일이나 찜찜한 일에 대하여 관계를 청산하다. 2. 본전을 모두 잃다.
- **손아귀에 넣다**
  완전히 자기 소유로 만들거나 자기 통제 아래에 두다.
- **손에 장을 지지다**
  어떤 사실이나 사건 따위를 전혀 믿을 수가 없다.
- **손톱도 안 들어가다**
  사람됨이 몹시 야무지고 인색하다.
- **심장에 불을 지피다**
  사람의 마음을 일어나게 하다.
- **심장에 파고들다**
  어떤 일이나 말이 마음속 깊이 새겨져 자극되다.
- **심장이 터지다**
  가슴이 미어지다.
- **어깨가[어깨를] 으쓱거리다**
  뽐내고 싶은 기분이나 떳떳하고 자랑스러운 기분이 되다.

- **어깨가 무겁다**

  무거운 책임을 져서 마음에 부담이 크다.
- **어깨가 처지다**

  낙심하여 풀이 죽고 기가 꺾이다.
- **어깨를 겨누다**

  서로 비슷한 지위나 힘을 가지다.
- **얼굴에 씌어 있다**

  감정, 기분 따위가 얼굴에 나타나다.
- **얼굴을 들다**

  남을 떳떳이 대하다.
- **얼굴이 넓다**

  사귀어 아는 사람이 많다.
- **얼굴이 두껍다**

  부끄러움을 모르고 염치가 없다.
- **엉덩이가 가볍다**

  어느 한자리에 오래 머물지 못하고 바로 자리를 뜨다.
- **엉덩이가 근질근질하다**

  한군데 가만히 앉아 있지 못하고 자꾸 일어나 움직이고 싶어 하다.
- **엉덩이가 무겁다[질기다]**

  한번 자리를 잡고 앉으면 좀처럼 일어나지 아니하다.
- **입만 살다**

  말에 따르는 행동은 없으면서 말만 그럴듯하게 잘하다.
- **입에 거미줄 치다**

  가난하여 먹지 못하고, 오랫동안 굶다.
- **입에 발린(붙은) 소리**

  마음에도 없는 것을 겉치레로 하는 말.
- **입에서 신물이 난다**

  매우 지긋지긋함을 비유적으로 이르는 말.
- **입을 모으다**

  여러 사람이 같은 의견을 말하다.
- **입을 씻다[닦다]**

  이익 따위를 혼자 차지하거나 가로채고서는 시치미를 떼다.
- **입의 혀 같다**

  일을 시키는 사람의 뜻대로 움직여 주다.
- **입이 무겁다**

  말이 적거나 일을 함부로 옮기지 않다.

더하기 예제

다음 밑줄 친 관용구의 뜻풀이가 바르지 않은 것은?

① 그는 궁지에 몰리자 마각을 드러내기 시작했다. → 숨기고 있던 일이나 정체를 드러냄.

② 발굴된 유해의 모습을 보자 모골이 송연해졌다. → 마음이 경건해지고 숙연해져 슬픔을 느낌.

③ 회원들은 변죽만 울릴 뿐 회장을 직접 비판하지 않았다. → 바로 집어 말을 하지 않고 둘러서 말함.

④ 갑자기 그녀가 나타나서 산통이 깨졌다. → 다 잘되어가던 일이 뒤틀림.

⑤ 그는 어제 일에 대해 시치미를 떼고 대화를 나누었다. → 아니한 체하거나 모르는 체함.

해설

'모골이 송연해지다'는 '끔찍스러워서 몸이 으쓱하고 털끝이 쭈뼛해지다.'라는 뜻의 관용구이다.

정답 ❷

④ 신체와 관련된 관용어 : ㅋ~ㅎ

- **코(가) 빠지다**
  근심에 싸여 기가 죽고 맥이 빠지다.
- **코가 납작해지다**
  몹시 무안을 당하거나 기가 죽어 위신이 뚝 떨어지다.
- **코빼기도 내밀지[나타나지] 않다.**
  도무지 모습을 나타내지 아니함을 낮잡아 이르는 말.
- **피(가) 끓다**
  1. 기분이나 감정 따위가 북받쳐 오르다. 2. 젊고 혈기가 왕성하다.
- **피가 거꾸로 솟다[돌다]**
  피가 머리로 모인다는 뜻으로, 매우 흥분한 상태를 비유적으로 이르는 말.
- **피도 눈물도 없다**
  조금도 인정이 없다.
- **허리가 휘다[휘어지다]**
  감당하기 어려운 일을 하느라 힘이 부치다.
- **허리띠를 졸라매다**
  1. 검소한 생활을 하다. 2. 마음먹은 일을 이루려고 새로운 결의와 단단한 각오로 일에 임하다.
- **허파에 바람 들다**
  실없이 행동하거나 지나치게 웃어 대다.

⑤ 사물과 관련된 관용어

- **경종을 울리다**
  잘못이나 위험을 미리 경계하여 주의를 환기시키다.
- **나발을 불다**
  (속되게) 1. 당치 않은 말을 함부로 하다. 2. 터무니없이 과장하여 말을 하다. 3. 술이나 음료를 병째로 마시다. 4. 어떤 사실을 자백하다. 5. 어린아이가 소리 내어 시끄럽게 울다.
- **닻을 올리다**
  어떤 일을 시작하거나 시작하려 한다.
- **도마 위에 오르다**
  어떤 사물이 비판의 대상이 되다.
- **바가지(를) 긁다**
  주로 아내가 남편에게 생활의 어려움에서 오는 불평과 잔소리를 심하게 하다.
- **바가지(를) 쓰다**
  1. 요금이나 물건값을 실제 가격보다 비싸게 지불하여 억울한 손해를 보다. 2. 어떤 일에 대한 부당한 책임을 억울하게 지게 되다.
- **방아(를) 찧다**
  방아를 찧듯이 고개나 몸을 끄덕이다.
- **보따리(를) 싸다**
  관계하던 일이나 다니던 직장을 완전히 그만두다.
- **붓을 꺾다[던지다]**
  1. 문필 활동을 그만두다. 2. 글을 쓰는 문필 활동에 관한 희망을 버리고 다른 일을 하다.
- **산통(을) 깨다**
  다 잘되어 가던 일을 이루지 못하게 뒤틀다.
- **종이 한 장(의) 차이**
  1. 사물의 간격이나 틈이 지극히 작음을 비유적으로 이르는 말. 2. 수량, 정도의 차가 지극히 적음을 비유적으로 이르는 말.
- **줄(을) 대다**
  끊임없이 계속하여 잇대다.
- **책상머리나 지키다**
  현실과 부딪치며 책임감을 가지고 일하지 아니하고 사무실에서만 맴돌거나 문서만 보고 세월을 보내다.
- **칼(을) 품다**
  살의를 품다.
- **칼자루(를) 잡다[쥐다]**
  어떤 일에 실제적인 권한을 가지다.
- **칼춤을 추다**
  칼을 가지고 능숙하게 휘두르다.
- **포문을 열다**
  1. 대포를 쏘다. 2. 상대편을 공격하는 발언을 시작하다.

더하기 예제 01

다음의 밑줄 친 단어와 바꾸어 쓸 수 있는 표현은?

정보화가 급속히 진행됨에 따라 여가 및 취미 생활, 사회적 인간관계 등 사람들의 생활 양식뿐 아니라 사고방식, 가치관마저도 변화하고 있다. 이러한 변화들은 우리 생활의 모든 영역에 걸쳐 장기적이고 포괄적인 영향을 끼치고 있기 때문에, 18세기 산업 혁명과 비견(比肩)할 정도의 변화로 받아들여지고 있다.

① 우이를 잡을
② 사족을 못 쓸
③ 어깨를 나란히 할
④ 북새를 놀
⑤ 오금을 박을

해설

'비견(比肩)하다'는 '낫고 못할 것이 없이 정도가 서로 비슷하게 하다. 앞서거나 뒤서지 않고 어깨를 나란히 한다.'라는 뜻의 말이다.
① **우이를 잡다** : 1. 어떤 모임 또는 동맹의 우두머리나 간부가 되다. 2. 자기 마음대로 일을 좌지우지하다.
② **사족을 못 쓰다** : 무슨 일에 반하거나 혹하여 꼼짝 못하다.
④ **북새를 놀다** : 여러 사람이 부산하게 법석이다.
⑤ **오금을 박다** : 다른 사람에게 함부로 말이나 행동을 하지 못하게 단단히 이르거나 으르다.

정답 ❸

더하기 예제 02

다음 밑줄 친 표현과 유사한 의미로 바꾼 것으로 적절하지 않은 것은?

① 그의 이야기를 들으니 구미가 당기기 시작했다. → 의심을 품기
② 우리는 힘에 부쳐 백기를 들어야 했다. → 항복을
③ 그는 청운의 뜻을 품고 서울에 올라왔다. → 포부(를 가지고)
④ 결국 칼자루를 잡은 쪽이 유리할 수밖에 없는 상황이었다. → 권력이 있는
⑤ 백성의 피를 빨아먹는 탐관오리들을 척결해야 한다. → 수탈하는

해설

'구미가 당기다'는 '욕심이나 관심이 생기다.'라는 뜻의 관용구이다.
② **백기(를) 들다** : 굴복하거나 항복하다.
③ **청운의 뜻** : 입신출세하려는 큰 희망을 비유적으로 이르는 말이다.
④ **칼자루(를) 잡다** : 어떤 일에 실제적인 권한을 가지다.
⑤ **피를 빨다** : 재산이나 노동력 따위를 착취하다.

정답 ❶

⑥ 자연물과 관련된 관용어

- **강 건너 불구경**
  자기에게 관계없는 일이라고 하여 무관심하게 방관하는 모양.
- **달밤에 체조하다**
  격에 맞지 않은 짓을 함을 핀잔하는 말.
- **돌(을) 던지다**
  1. 남의 잘못을 비난하다. 2. 바둑을 두는 도중에 자기가 졌음을 인정하고 그만두다.
- **돌개바람에 먼지 날리듯**
  갑자기 모두 없어지는 것을 비유적으로 이르는 말.
- **땅(이) 꺼지게[꺼지도록]**
  한숨을 쉴 때 몹시 깊고도 크게.
- **땅에 떨어지다**
  명예나 권위 따위가 회복하기 어려울 정도로 손상되다.
- **땅을 칠 노릇**
  몹시 분하고 애통함을 이르는 말.
- **물 건너가다**
  일의 상황이 끝나 어떠한 조치를 할 수 없다.
- **물결(을) 타다**
  시대의 풍조나 형세에 맞게 처신하다.
- **물과 불**
  서로 용납하지 못하거나 맞서는 상태. 또는 그런 상태의 물건.
- **물로 보다**
  사람을 하찮게 보거나 쉽게 생각하다.
- **물불을 가리지[헤아리지] 않다**
  위험이나 곤란을 고려하지 않고 막무가내로 행동하다.
- **물 위의 기름**
  서로 어울리지 못하여 겉도는 사이.
- **바람(을) 잡다**
  1. 허황된 짓을 꾀하거나 그것을 부추기다. 2. 마음이 들떠서 돌아다니다.
- **바람을 일으키다**
  1. 사회적으로 많은 사람에게 영향을 미치다. 2. 사회적 문제를 만들거나 소란을 일으키다.
- **별 볼 일 없다**
  대단하지 않고 하찮다.
- **별이 보이다**
  충격을 받아서 갑자기 정신이 아득하고 어지럽다.
- **불(을) 받다**
  남에게 큰 모욕을 당하거나 재해를 입다.

• **불(을) 보듯 뻔하다[훤하다]**
앞으로 일어날 일이 의심할 여지가 없이 아주 명백하다.
• **불꽃(이) 튀다**
1. 겨루는 모양이 치열하다. 2. 격한 감정이 눈에 내비치다.
• **불똥(이) 튀다**
재앙이나 화가 미치다.
• **불을 끄다**
급한 일을 처리하다.
• **하늘과 땅**
둘 사이에 큰 차이나 거리가 있음을 비유적으로 이르는 말.
• **하늘을 찌르다**
1. 매우 높이 솟다. 2. 기세가 몹시 세차다.
• **하늘이 노래지다**
갑자기 기력이 다하거나 큰 충격을 받아 정신이 아찔하게 되다.
• **하늘처럼 믿다**
무엇에 크게 기대를 걸어 전적으로 의지하다.
• **해가 서쪽에서 뜨다**
전혀 예상 밖의 일이나 절대로 있을 수 없는 희한한 일을 하려고 하거나 하였을 경우를 비유적으로 이르는 말.

더하기 예제

다음 밑줄 친 부분의 뜻을 풀이한 것으로 적절하지 않은 것은?

경찰들이 그의 집을 ㉠ 이를 잡듯이 한 뒤 그의 범행이 밝혀지기 시작했다. 그런데 놀랍게도 우리가 알고 있는 것은 ㉡ 빙산의 일각에 불과했다. 범행 사실을 알게 된 사람들은 모두 ㉢ 혀를 내둘렀다. 그는 그동안 ㉣ 양가죽을 쓰고 살아왔던 것이다. 아직까지 이런 범죄자들이 ㉤ 활개를 치는 것을 믿을 수 없었다.

① ㉠ 샅샅이 뒤지다.
② ㉡ 극히 일부분.
③ ㉢ 지쳐서 포기하다.
④ ㉣ 겉으로 순하고 착한 것처럼 꾸미다.
⑤ ㉤ 부정적인 것이 크게 성행하다.

해설
'혀를 내두르다'는 '몹시 놀라거나 어이없어서 말을 못하다.'라는 뜻을 가진 관용구이다.

정답 ❸

(2) 속담

속담은 오랜 세월 동안 축적된 경험이나 교훈 등을 짧은 언어 형식 속에 집약시킨 표현으로 관용어와는 달리 대부분 하나의 완결된 문장 형태를 띠고 있다는 특징이 있다. 또한 다양한 수사법을 활용하여 의미를 보다 함축적이고 집약적으로 표현하는 것도 속담의 특징이다. 속담의 이러한 특징을 고려하여 구체적인 상황 속에서 속담이 함축하고 있는 의미를 파악하는 방향으로 학습해야 한다.

① 자주 출제되는 속담 : ㄱ

- **가까운 남이 먼 일가보다 낫다**
  이웃끼리 서로 친하게 지내다 보면 먼 곳에 있는 일가보다 더 친하게 되어 서로 도우며 살게 된다는 것을 이르는 말.
- **가난 구제는 나라[나라님]도 못한다[어렵다]**
  남의 가난한 살림을 도와주기란 끝이 없는 일이어서, 개인은 물론 나라의 힘으로도 구제하지 못한다는 말.
- **가난도 비난 가난**
  아무리 가난하여도 몸을 함부로 가지지 않고, 본래의 지체와 체통을 더럽히지 않는다는 말.
- **가난한 양반 향청에 들어가듯**
  1. 가난한 양반이 주눅이 들어 향청에 들어갈 때처럼, 행색이 떳떳하지 못하고 머뭇거리면서 쩔쩔매는 모습을 비유적으로 이르는 말. 2. 하기 싫은 일을 마지못하여 기운 없이 함을 비유적으로 이르는 말. ≒ 울며 겨자 먹기
- **가난한 집 제사 돌아오듯**
  가난한 집에 제삿날이 자꾸 돌아와서 그것을 치르느라 매우 어려움을 겪는다는 뜻으로, 힘든 일이 자주 닥침을 비유적으로 이르는 말.
- **가는 말에 채찍질**
  1. 열심히 하는데도 더 빨리 하라고 독촉함을 비유적으로 이르는 말. 2. 형편이나 힘이 한창 좋을 때라도 더욱 힘써야 함을 비유적으로 이르는 말.
- **가늘게 먹고 가늘게 살아라**
  검소하게 먹으면서 소박하게 살라는 뜻으로, 분수에 맞지 않게 호화로운 생활을 추구하거나 분에 넘치는 행동을 하지 말라는 것을 비유적으로 이르는 말.
- **가랑비에 옷 젖는 줄 모른다**
  가늘게 내리는 비는 조금씩 젖어 들기 때문에 여간해서도 옷이 젖는 줄을 깨닫지 못한다는 뜻으로, 아무리 사소한 것이라도 그것이 거듭되면 무시하지 못할 정도로 크게 됨을 비유적으로 이르는 말.
- **가루 가지고 떡 못 만들랴**
  가루만 있으면 누구나 떡을 만들 수 있다는 뜻으로, 누구나 다 할 수 있는 일을 자랑하며 뽐내는 것을 비웃는 말.
- **가루는 칠수록 고와지고 말은 할수록 거칠어진다**
  가루는 체에 칠수록 고와지지만 말은 길어질수록 시비가 붙을 수 있고 마침내는 말다툼까지 가게 되니 말을 삼가라는 말.
- **가루 팔러 가니 바람이 불고 소금 팔러 가니 이슬비 온다**
  가루 장사를 가면 바람이 불어 가루를 날리고 소금 장사를 가면 이슬비가 와서 소금을 다 녹여 버린다는 뜻으로, 일이 뜻대로 되지 않고 엇나감을 비유적으로 이르는 말.

- **가만한 바람이 대목을 꺾는다**

약하게 가만가만 부는 바람이 큰 나무를 꺾는다는 뜻으로, 작고 약한 것이라고 얕잡아 보아서는 안 된다는 말.

- **가재는 게 편**

모양이나 형편이 서로 비슷하고 인연이 있는 것끼리 서로 잘 어울리고, 사정을 보아주며 감싸 주기 쉬움을 비유적으로 이르는 말. ≒ 가재는 게 편이요 초록은 한빛이라

- **가지 많은 나무에 바람 잘 날이 없다**

가지가 많고 잎이 무성한 나무는 살랑거리는 바람에도 잎이 흔들려서 잠시도 조용한 날이 없다는 뜻으로, 자식을 많이 둔 어버이에게는 근심, 걱정이 끊일 날이 없음을 비유적으로 이르는 말.

- **감나무 밑에 누워도 삿갓 미사리를 대어라**

감나무 밑에 누워서 절로 떨어지는 감을 얻어먹으려 하여도 그것을 받기 위하여서는 삿갓 미사리를 입에 대고 있어야 한다는 뜻으로, 의당 자기에게 올 기회나 이익이라도 그것을 놓치지 않으려는 노력이 필요함을 이르는 말.

- **감나무 밑에 누워서 홍시 떨어지기를 기다린다.**

아무런 노력도 아니 하면서 좋은 결과가 이루어지기만 바람을 비유적으로 이르는 말.

- **갓 사러 갔다가 망건 산다**

1. 사려고 하던 물건이 없어 그와 비슷하거나 전혀 쓰임이 다른 것을 사는 경우를 비유적으로 이르는 말.

2. 제 목적을 바꾸어 남의 권고에 따름을 비유적으로 이르는 말.

- **개 꼬리 삼 년 묵어도 황모 되지 않는다**

본바탕이 좋지 아니한 것은 어떻게 하여도 그 본질이 좋아지지 아니함을 비유적으로 이르는 말.

- **개똥밭에 굴러도 이승이 좋다**

아무리 천하고 고생스럽게 살더라도 죽는 것보다는 사는 것이 나음을 이르는 말.

- **겉 다르고 속 다르다**

1. 겉으로 드러나는 행동과 마음속으로 품고 있는 생각이 서로 달라서 사람의 됨됨이가 바르지 못함을 이르는 말. 2. 마음속으로는 좋지 않게 생각하면서 겉으로는 좋은 것처럼 꾸며서 행동한다는 말.

- **겨 묻은 개가 똥 묻은 개를 나무란다**

결점이 있기는 마찬가지이면서, 조금 덜한 사람이 더한 사람을 흉볼 때에 변변하지 못하다고 지적하는 말.

- **경주 돌이면 다 옥석인가**

1. 좋은 일 가운데 궂은일도 섞여 있다는 말. 2. 사물을 평가할 때, 그것이 나는 곳이나 그 이름만을 가지고서 판단할 수 없다는 말.

- **곁가마가 먼저 끓는다**

끓어야 할 원래의 가마솥은 끓지 않고 곁에 있는 가마솥이 끓는다는 뜻으로, 당사자는 가만히 있는데 옆 사람이 오히려 신이 나서 떠들거나 참견하는 경우를 비유적으로 이르는 말.

- **고인 물이 썩는다**

흐르지 못하고 한곳에 고여 있는 물은 썩는다는 뜻으로, 사람은 부지런히 일하고 자기 자신을 발전시켜야지 그저 가만히 있으면 제자리에 머물러 있거나 남보다 뒤떨어지기 마련임을 비유적으로 이르는 말.

- **공교하기는 마디에 옹이라**

나무의 마디에 공교롭게도 또 옹이가 박혔다는 뜻으로, 일이 순조롭게 진행되지 않고 이러저러한 장애가 공교롭게 겹침을 이르는 말. ≒ 마디에 옹이, 흉년에 윤달, 기침에 재채기

- **곶감 꼬치에서 곶감 빼 먹듯**

  애써 알뜰히 모아 둔 재산을 조금씩 조금씩 헐어 써 없앰을 비유적으로 이르는 말.

- **관 옆에서 싸움한다**

  상갓집에서 관을 옆에 두고 서로 싸움질을 한다는 뜻으로, 예의도 모르고 무엄한 짓을 함을 비유적으로 이르는 말.

- **괄기는 인왕산 솔가지라**

  1. 성질이 몹시 거세고 급함을 비유적으로 이르는 말. 2. 성격이 너그럽지 못하고 몹시 깐깐함을 비유적으로 이르는 말.

- **구슬이 서 말이라도 꿰어야 보배라**

  아무리 훌륭하고 좋은 것이라도 다듬고 정리하여 쓸모 있게 만들어 놓아야 값어치가 있음을 비유적으로 이르는 말.

- **굴러 온 돌이 박힌 돌 뺀다**

  외부에서 들어온 지 얼마 안 되는 사람이 오래전부터 있던 사람을 내쫓거나 해치려 함을 비유적으로 이르는 말.

- **굿이나 보고 떡이나 먹지**

  남의 일에 쓸데없는 간섭을 하지 말고 되어 가는 형편을 보고 있다가 이익이나 얻도록 하라는 말.

- **귀한 것은 상량문**

  모든 것이 다 구비되어 있는데 한 가지 부족한 것을 비유적으로 이르는 말. ≒ 옥에 티

- **그물이 삼천 코라도 벼리가 으뜸**

  1. 사람이나 물건이 아무리 수가 많아도 주장되는 것이 없으면 소용없음을 비유적으로 이르는 말. 2. 아무리 재료가 많더라도 그것을 제대로 이용하여 옳게 결속 짓지 못하면 아무런 가치도 없음을 비유적으로 이르는 말.

- **긁어 부스럼**

  아무렇지도 않은 일을 공연히 건드려서 걱정을 일으킨 경우를 비유적으로 이르는 말.

- **급하면 바늘허리에 실 매어 쓸까**

  일에는 일정한 순서가 있고 때가 있는 것이므로, 아무리 급해도 순서를 밟아서 일해야 함을 비유적으로 이르는 말. ≒ 천리 길도 한걸음부터

- **까마귀 날자 배 떨어진다**

  아무 관계없이 한 일이 공교롭게도 때가 같아 어떤 관계가 있는 것처럼 의심을 받게 됨을 비유적으로 이르는 말.

- **꼬리가 길면 밟힌다**

  나쁜 일을 아무리 남모르게 한다고 해도 오래 두고 여러 번 계속하면 결국에는 들키고 만다는 것을 비유적으로 이르는 말.

- **꿈보다 해몽이 좋다**

  하찮거나 언짢은 일을 그럴듯하게 돌려 생각하여 좋게 풀이함을 비유적으로 이르는 말.

- **꿈에 나타난 돈도 찾아 먹는다**

  매우 깐깐하고 인색하여 제 몫은 어떻게 해서든지 찾아가고야 마는 경우를 비유적으로 이르는 말.

더 알고가기

유사한 의미의 속담과 한자성어 1

- 가난한 양반 씻나락 주무르듯 = 우유부단(優柔不斷), 수서양단(首鼠兩端)
- 가난할수록 기와집 짓는다 = 허장성세(虛張聲勢)
- 가는 말에 채찍질 = 주마가편(走馬加鞭)
- 가랑잎이 솔잎더러 바스락거린다고 한다 = 적반하장(賊反荷杖)
- 가자니 태산이요, 돌아서자니 숭산이라 = 진퇴양난(進退兩難), 진퇴유곡(進退維谷), 사면초가(四面楚歌)
- 가재는 게 편 = 초록동색(草綠同色), 유유상종(類類相從)
- 간에 붙었다 쓸개에 붙었다 한다 = 감탄고토(甘呑苦吐), 교언영색(巧言令色)
- 갈고리 맞은 고기 = 초미지급(焦眉之急), 풍전등화(風前燈火)
- 감나무 밑에 누워서 홍시 떨어지기를 기다린다 = 수주대토(守株待兔)
- 강원도 포수냐 = 함흥차사(咸興差使)
- 같은 값이면 다홍치마 = 동가홍상(同價紅裳)
- 개구멍에 망건 치기 = 소탐대실(小貪大失)
- 걸음새 뜬 소가 천 리를 간다 = 우공이산(愚公移山), 마부위침(磨斧爲針)
- 겉 다르고 속 다르다 = 표리부동(表裏不同), 양두구육(羊頭狗肉), 면종복배(面從腹背), 구밀복검(口蜜腹劍), 양질호피(羊質虎皮)
- 계란에도 뼈가 있다 = 계란유골(鷄卵有骨)
- 고려공사 사흘 = 조령모개(朝令暮改), 조변석개(朝變夕改)
- 고양이 목에 방울 달기 = 탁상공론(卓上空論), 묘두현령(猫頭縣鈴)
- 곤달걀 지고 성 밑으로 못 가겠다 = 기우(杞憂)
- 공교하기는 마디에 옹이라 = 설상가상(雪上加霜)
- 관 옆에서 싸움한다 = 후안무치(厚顔無恥), 철면피(鐵面皮)
- 구 년 홍수에 볕 기다리듯 = 학수고대(鶴首苦待)
- 구부러진 송곳 = 추풍선(秋風扇)
- 구운 게도 다리를 떼고 매 놓고 먹는다 = 유비무환(有備無患), 교토삼굴(狡兔三窟)
- 굴러 온 돌이 박힌 돌 뺀다 = 객반위주(客反爲主), 주객전도(主客顚倒)
- 귀에 걸면 귀걸이 코에 걸면 코걸이 = 이현령비현령(耳懸鈴鼻懸鈴)
- 그 나물에 그 밥 = 유유상종(類類相從), 초록동색(草綠同色)
- 급하면 바늘허리에 실 매어 쓸까 = 등고자비(登高自卑)
- 까마귀 게 발 던지듯 = 토사구팽(兔死狗烹)
- 까마귀 날자 배 떨어진다 = 오비이락(烏飛梨落)
- 꿀 먹은 벙어리 = 유구무언(有口無言)
- 꿩 먹고 알 먹는다 = 일석이조(一石二鳥), 일거양득(一擧兩得)

>>> 짚어보기 **속담의 특징**

- 형식상 극히 단순, 간결하다.
- 작자를 알 수 없는 사회적 산물이다.
- 풍부한 은유와 상징으로 언어생활을 윤택하게 한다.
- 보편적 의미를 강조하여 인생을 날카롭게 비판한다.
- 민족성, 인생관, 시대상, 사회상, 향토성 등을 반영한다.
- 사용자층이 광범위하고 사용빈도수가 높으며 분포상의 제약이 없다.

더하기 예제

다음 중 밑줄 친 속담의 뜻풀이가 바르지 않은 것은?

① 그 일은 고양이 목에 방울 걸기나 마찬가지다. → 실행하기 어려움.
② 창고에 그림을 걸어 놓으니 가게 기둥에 입춘인 셈이다. → 격에 맞지 않음.
③ 그 제품은 가물에 콩 나듯 찾을 수 있었다. → 매우 드물게 나타남.
④ 지독한 가난 탓에 그들은 개 보름 쇠듯 했다. → 먹지도 못하고 지냄.
⑤ 그는 맡긴 일을 개 머루 먹듯 했다. → 일을 매우 정확하게 처리함.

해설

'개 머루 먹듯 한다'는 '건성으로 일을 처리함.'을 뜻하는 속담이다.
① **고양이 목에 방울 달기** : 실행하기 어려운 것을 공연히 의논함을 이르는 말.
② **가게 기둥에 입춘** : 추하고 보잘것없는 가겟집 기둥에 '입춘대길(立春大吉)'이라 써 붙인다는 뜻으로, 제격에 맞지 않음을 비유적으로 이르는 말.
③ **가물에 콩 나듯** : 가뭄에는 심은 콩이 제대로 싹이 트지 못하여 드문드문 난다는 뜻으로, 어떤 일이나 물건이 어쩌다 하나씩 드문드문 있는 경우를 비유적으로 이르는 말.
④ **개 보름 쇠듯 한다** : 대보름날 개에게 음식을 주면 여름에 파리가 많이 꼬인다고 하여 개를 굶긴다는 뜻으로, 남들은 다 잘 먹고 지내는 명절 같은 날에 제대로 먹지도 못하고 지냄을 비유적으로 이르는 말.

정답 ⑤

② 자주 출제되는 속담 : ㄴ · ㄷ

- 나무라도 고목이 되면 오던 새도 아니 온다
  사람이 세도가 좋을 때는 늘 찾아오다가 그 처지가 보잘것없게 되면 찾아오지 아니함을 비유적으로 이르는 말.
- 나무에서 고기를 찾는다
  도저히 불가능한 일을 하려고 애쓰는 어리석음을 비유적으로 이르는 말.
- 낙숫물이 댓돌을 뚫는다
  작은 힘이라도 꾸준히 계속하면 큰일을 이룰 수 있음을 비유적으로 이르는 말.
- 낟알은 익을수록 고개를 숙인다
  교양이 있고 수양을 쌓은 사람일수록 겸손하고 남 앞에서 자기를 내세우려 하지 않는다는 것을 비유적으로 이르는 말. ≒ 벼 이삭은 익을수록 고개를 숙인다
- 남의 염병이 내 고뿔만 못하다
  남의 괴로움이 아무리 크다고 해도 자기의 작은 괴로움보다는 마음이 쓰이지 아니함을 비유적으로 이르는 말. ≒ 남의 생손은 제 살의 티눈만도 못하다
- 낫 놓고 기역 자도 모른다
  기역 자 모양으로 생긴 낫을 보면서도 기역 자를 모른다는 뜻으로, 아주 무식함을 비유적으로 이르는 말.
- 낮말은 새가 듣고 밤말은 쥐가 듣는다
  1. 아무도 안 듣는 데서라도 말조심해야 한다는 말. ≒ 밤말은 쥐가 듣고 낮말은 새가 듣는다. 2. 아무리 비밀히 한 말이라도 반드시 남의 귀에 들어가게 된다는 말.
- 내 코가 석 자
  내 사정이 급하고 어려워서 남을 돌볼 여유가 없음을 비유적으로 이르는 말.
- 냉수 먹고 이 쑤시기
  잘 먹은 체하며 이를 쑤신다는 뜻으로, 실속은 없으면서 무엇이 있는 체함을 이르는 말.
- 누울 자리 봐 가며 발을 뻗어라
  1. 어떤 일을 할 때 그 결과가 어떻게 되리라는 것을 생각하여 미리 살피고 일을 시작하라는 말. 2. 시간과 장소를 가려 행동하라는 말.
- 누워서 침 뱉기
  남을 해치려고 하다가 도리어 자기가 해를 입게 된다는 것을 비유적으로 이르는 말.
- 눈 가리고 아웅
  1. 얕은수로 남을 속이려 한다는 말. 2. 실제로 보람도 없을 일을 공연히 형식적으로 하는 체하며 부질없는 짓을 함을 비유적으로 이르는 말.
- 다 된 죽에 코 풀기
  1. 거의 다 된 일을 망쳐버리는 주책없는 행동을 비유적으로 이르는 말. 2. 남의 다 된 일을 악랄한 방법으로 방해하는 것을 비유적으로 이르는 말.
- 달면 삼키고 쓰면 뱉는다
  옳고 그름이나 신의를 돌보지 않고 자기의 이익만 꾀함을 비유적으로 이르는 말.

- **닭 쫓던 개 지붕 쳐다보듯**
  개에게 쫓기던 닭이 지붕으로 올라가자 개가 쫓아 올라가지 못하고 지붕만 쳐다본다는 뜻으로, 애써 하던 일이 실패로 돌아가거나 남보다 뒤떨어져 어찌할 도리가 없이 됨을 비유적으로 이르는 말. ≒ 닭 쫓던 개 울타리 넘겨다보듯, 닭 쫓던 개의 상
- **당장 먹기엔 곶감이 달다**
  1. 당장 먹기 좋고 편한 것은 그때 잠시뿐이지 정작 좋고 이로운 것은 못 된다는 말. 2. 나중에 가서야 어떻게 되든지 당장 하기 쉽고 마음에 드는 일을 잡고 시작함을 비유적으로 이르는 말.
- **대문 밖이 저승이라**
  사람은 언제 죽을지 모른다는 뜻으로, 사람의 목숨이 덧없음을 비유적으로 이르는 말.
- **도끼가 제 자루 못 찍는다**
  자기의 허물을 자기가 알아서 고치기 어려움을 비유적으로 이르는 말. ≒ 중이 제 머리 못 깎는다
- **도둑이 제 발 저리다**
  지은 죄가 있으면 자연히 마음이 조마조마하여짐을 비유적으로 이르는 말.
- **두 손뼉이 맞아야 소리가 난다**
  1. 무슨 일이든지 두 편에서 서로 뜻이 맞아야 이루어질 수 있다는 말. ≒ 도둑질을 해도 손발[눈]이 맞아야 한다. 2. 서로 똑같기 때문에 말다툼이나 싸움이 된다는 말.
- **뚝배기보다 장맛이 좋다**
  겉모양은 보잘것없으나 내용은 훨씬 훌륭함을 이르는 말.

더하기 예제

밑줄 친 속담과 바꿔 쓰기에 가장 적절한 것은?

그의 사정을 봐 주기에는 <u>내 코가 석 자였다.</u>

① 남을 돌볼 여유가 없다.
② 남과 다름이 없다.
③ 남보다 뛰어나다.
④ 남 보기에는 좋다.
⑤ 남에게 의지하다.

해설

'내 코가 석자다'는 '내 사정이 급하고 어려워서 남을 돌볼 여유가 없음.'을 뜻하는 속담이다.

정답 ❶

더 알고가기

유사한 의미의 속담과 한자성어 2

- 나귀는 샌님만 섬긴다 = 오상고절(傲霜孤節), 독야청청(獨也靑靑), 세한고절(歲寒孤節), 일편단심(一片丹心)
- 나무라도 고목이 되면 오던 새도 아니 온다 = 염량세태(炎凉世態), 감탄고토(甘呑苦吐)
- 나무에서 고기를 찾는다 = 연목구어(緣木求魚), 백년하청(百年河淸)
- 나중 난 뿔이 우뚝하다 = 후생가외(後生可畏), 청출어람(靑出於藍)
- 남의 떡에 설 쇤다 = 어부지리(漁父之利), 견토지쟁(犬兎之爭)
- 낫 놓고 기역 자도 모른다 = 목불식정(目不識丁), 어로불변(魚魯不辨)*, 숙맥불변(菽麥不辨)*, 일자무식(一字無識)
- 내 코가 석 자 = 오비삼척(吾鼻三尺)
- 냉수 먹고 이 쑤시기 = 허장성세(虛張聲勢)
- 녹비에 가로왈 = 반복무상(反覆無常)
- 누운 소 타기 = 이여반장(易如反掌)*
- 누워서 침 뱉기 = 자승자박(自繩自縛), 자업자득(自業自得)
- 누이 좋고 매부 좋다 = 일석이조(一石二鳥), 일거양득(一擧兩得)
- 눈썹에 불이 붙는다 = 초미지급(焦眉之急)
- 달리는 말에 채찍질 = 주마가편(走馬加鞭)
- 달면 삼키고 쓰면 뱉는다 = 감탄고토(甘呑苦吐)
- 닭 쫓던 개 지붕 쳐다보듯 = 만사휴의(萬事休矣), 망연자실(茫然自失)
- 대가리를 삶으면 귀까지 익는다 = 팽두이숙(烹頭耳熟)
- 대문 밖이 저승이라 = 인명재천(人命在天)
- 대한 끝에 양춘이 있다 = 고진감래(苦盡甘來)
- 대한 칠 년 비 바라듯 = 학수고대(鶴首苦待)
- 도토리 키 재기 = 오십보백보(五十步百步), 대동소이(大同小異)
- 두 손뼉이 맞아야 소리가 난다 = 고장난명(孤掌難鳴)
- 등잔 밑이 어둡다 = 등하불명(燈下不明)

*어로불변(漁撈不辨) : '어' 자와 '노' 자를 구별하지 못한다는 뜻으로, 아주 무식함을 비유적으로 이르는 말.
*숙맥불변(菽麥不辨) : 콩과 보리를 구별하지 못한다는 뜻으로, 사리 분별을 못하고 세상 물정을 잘 모름을 이르는 말.
*이여반장(易如反掌) : 쉽기가 손바닥 뒤집는 것과 같음.

1 주

③ 자주 출제되는 속담 : ㅁ · ㅂ

• **마른나무를 태우면 생나무도 탄다**
안 되는 일도 대세를 타면 잘될 수 있음을 비유적으로 이르는 말.

• **마른논에 물 대기**
일이 매우 힘들거나 힘들여 해 놓아도 성과가 없는 경우를 이르는 말.

• **마파람에 게 눈 감추듯**
음식을 매우 빨리 먹어 버리는 모습을 비유적으로 이르는 말. ≒ 남양 원님 굴회 마시듯, 두꺼비 파리 잡아먹듯

• **말 많은 집은 장맛도 쓰다**
1. 집안에 잔말이 많으면 살림이 잘 안 된다는 말. 2. 입으로는 그럴듯하게 말하지만 실상은 좋지 못하다는 말.

• **맑은 물에 고기 안 논다**
물이 너무 맑으면 고기가 모이지 않는다는 뜻으로 사람이 지나치게 결백하면 남이 따르지 않음을 비유적으로 이르는 말.

• **목마른 놈이 우물 판다**
제일 급하고 일이 필요한 사람이 그 일을 서둘러 하게 되어 있다는 말. ≒ 갑갑한 놈이 송사한다

• **미친개 범 물어 간 것 같다**
성가시게 굴거나 괴롭게 굴던 미친개를 범이 잡아가서 몹시 시원하다는 뜻으로, 성가시게 굴던 것이 없어져서 매우 시원함을 비유적으로 이르는 말.

• **밑구멍으로 호박씨 깐다**
겉으로는 점잖고 의젓하나 남이 보지 않는 곳에서는 엉뚱한 짓을 하는 경우를 비유적으로 이르는 말.

• **밑돌 빼서 윗돌 고인다**
기껏 한다는 짓이 밑에 있는 돌을 뽑아서 위에다 고여 나간다는 뜻으로, 일한 보람이 없이 어리석은 짓을 하는 경우를 비유적으로 이르는 말.

• **밑 빠진 독에 물 붓기**
밑 빠진 독에 아무리 물을 부어도 독이 채워질 수 없다는 뜻으로, 아무리 힘이나 밑천을 들여도 보람 없이 헛된 일이 되는 상태를 비유적으로 이르는 말.

• **바늘로 찔러도 피 한 방울 안 난다**
1. 사람이 매우 단단하고 야무지게 생겼음을 비유적으로 이르는 말. 2. 사람의 성격이 빈틈이 없거나 융통성이 없음을 비유적으로 이르는 말. 3. 지독한 구두쇠를 비유적으로 이르는 말.

• **바닷속의 좁쌀알 같다**
넓고 넓은 바닷속에 뜬 조그만 좁쌀알만 하다는 뜻으로, 그 존재가 대비도 안 될 만큼 보잘것없거나 매우 작고 하찮은 경우를 비유적으로 이르는 말.

• **바람 따라 돛을 단다**
1. 바람이 부는 형세를 보아 가며 돛을 단다는 뜻으로, 때를 잘 맞추어서 일을 벌여 나가야 성과를 거둘 수 있음을 비유적으로 이르는 말. 2. 일정한 신념과 주견이 없이 기회나 형편을 엿보다가 조건이 좋은 쪽을 따라 이리저리 흔들리는 모양을 비꼬는 말.

• **백장이 버들잎 물고 죽는다**
1. 고리백장은 죽을 때 제가 늘 쓰던 버들잎을 물고 죽는다는 뜻으로, 사람은 죽는 날까지 늘 하던 짓을 버리지

못함을 이르는 말. 2. 죽을 때를 당하여도 자기의 근본을 잊지 않음을 비유적으로 이르는 말.

- **범은 그려도 뼈다귀는 못 그린다**

  1. 비록 범은 그릴 수 있으나 가죽 속에 있는 범의 뼈는 그릴 수 없다는 뜻으로, 겉모양이나 형식은 쉽게 파악할 수 있어도 그 속에 담긴 내용은 알기가 어려움을 비유적으로 이르는 말. 2. 사람의 겉만 보고 그 사람의 속마음을 알 수 없음을 비유적으로 이르는 말.

- **벼룩도 낯짝이 있다**

  매우 작은 벼룩조차도 낯짝이 있는데 하물며 사람이 체면이 없어서야 되겠느냐는 말.

- **병 주고 약 준다**

  남을 해치고 나서 약을 주며 그를 구원하는 체한다는 뜻으로, 교활하고 음흉한 자의 행동을 비유적으로 이르는 말.

- **보기 좋은 떡이 먹기도 좋다**

  1. 내용이 좋으면 겉모양도 반반함을 비유적으로 이르는 말. 2. 겉모양새를 잘 꾸미는 것도 필요함을 비유적으로 이르는 말.

- **부뚜막의 소금도 집어넣어야 짜다**

  가까운 부뚜막에 있는 소금도 넣지 아니하면 음식이 짠맛이 날 수 없다는 뜻으로, 아무리 좋은 조건이 마련되었거나 손쉬운 일이라도 힘을 들이어 이용하거나 하지 아니하면 안 됨을 비유적으로 이르는 말.

- **비단옷 입고 밤길 가기**

  비단옷을 입고 밤길을 걸으면 아무도 알아주지 않는다는 뜻으로, 생색이 나지 않는 공연한 일에 애쓰고도 보람이 없는 경우를 비유적으로 이르는 말.

더 알고가기

유사한 의미의 속담과 한자성어 3

- 맑은 물에 고기 안 논다 = 수청무대어(水淸無大魚)
- 모기 보고 칼 뽑기 = 견문발검(見蚊拔劍), 노승발검(怒蠅拔劍)
- 목마른 놈이 우물 판다 = 갈이천정(渴而穿井), 임갈굴정(臨渴掘井)
- 물에 빠진 놈 건져 놓으니까 망건값 달라 한다 = 적반하장(賊反荷杖), 은반위수(恩反爲讐)
- 미꾸라짓국 먹고 용트림한다 = 허장성세(虛張聲勢)
- 밑구멍으로 호박씨 깐다 = 표리부동(表裏不同), 면종복배(面從腹背)
- 밑돌 빼서 윗돌 고인다 = 하석상대(下石上臺), 고식지계(姑息之計), 미봉책(彌縫策)
- 바늘 가는 데 실 간다 = 부창부수(夫唱婦隨), 막역지우(莫逆之友)
- 바늘구멍으로 하늘 보기 = 용관규천(用管窺天), 이관규천(以管窺天), 좌정관천(坐井觀天), 정저지와(井底之蛙)
- 바닷속의 좁쌀알 같다 = 창해일속(滄海一粟), 구우일모(九牛一毛)
- 배 먹고 이 닦기 = 일석이조(一石二鳥)
- 백지장도 맞들면 낫다 = 십시일반(十匙一飯)
- 번갯불에 콩 볶아 먹겠다 = 전광석화(電光石火)
- 범 잡은 포수 = 득의만면(得意滿面)
- 비단옷 입고 밤길 가기 = 금의야행(錦衣夜行)

더하기 예제

다음 밑줄 친 부분과 같은 뜻을 가진 한자성어는?

세상인심이라는 것이 결국에는 <u>달면 삼키고 쓰면 뱉는 것</u>이니 조심하지 않을 수 없다.

① 표리부동(表裏不同)
② 감탄고토(甘呑苦吐)
③ 고진감래(苦盡甘來)
④ 좌정관천(坐井觀天)
⑤ 주마간산(走馬看山)

해설
'달면 삼키고 쓰면 뱉는다'라는 뜻을 가진 한자성어는 '감탄고토(甘呑苦吐)'이다.
① **표리부동(表裏不同)** : 마음이 음흉하고 불량하여 겉과 속이 다름.
③ **고진감래(苦盡甘來)** : 쓴 것이 다하면 단 것이 온다는 뜻으로, 고생 끝에 즐거움이 옴을 이르는 말.
④ **좌정관천(坐井觀天)** : 우물 속에 앉아서 하늘을 본다는 뜻으로, 사람의 견문(見聞)이 매우 좁음을 이르는 말.
⑤ **주마간산(走馬看山)** : 말을 타고 달리며 산천을 구경한다는 뜻으로, 자세히 살피지 아니하고 대충대충 보고 지나감을 이르는 말.

정답 ❷

④ 자주 출제되는 속담 : ㅅ · ㅇ

- **사공이 많으면 배가 산으로 간다**
  여러 사람이 저마다 제 주장대로 배를 몰려고 하면 결국에는 배가 물로 못 가고 산으로 올라간다는 뜻으로, 주관하는 사람 없이 여러 사람이 자기주장만 내세우면 일이 제대로 되기 어려움을 비유적으로 이르는 말.
- **산 까마귀 염불한다**
  산에 있는 까마귀가 산에 있는 절에서 염불하는 것을 하도 많이 보고 들어서 염불하는 흉내를 낸다는 뜻으로, 무엇을 전혀 모르던 사람도 오랫동안 보고 듣노라면 제법 따라 할 수 있게 됨을 비유적으로 이르는 말.
- **삼밭에 쑥대**
  삼밭에 쑥을 심으면 쑥이 삼을 닮아 곧게 자란다는 뜻으로, 좋은 환경에서 자라면 좋은 영향을 받게 됨을 비유적으로 이르는 말.
- **서 발 막대 거칠 것 없다**
  1. 서 발이나 되는 긴 막대를 휘둘러도 아무것도 거치거나 걸릴 것이 없다는 뜻으로, 가난한 집안이라 세간이 아무것도 없음을 비유적으로 이르는 말. ≒ 휑한 빈 집에서 서 발 막대 거칠 것 없다 2. 주위에 조심스러운 사람도 없고 아무것도 거리낄 것이 없음을 비유적으로 이르는 말.
- **성난 황소 영각하듯**
  성난 황소가 크게 울듯이 무섭게 고함치는 모양을 비유적으로 이르는 말.

- **소금도 곰팡 난다**

절대 상하지 아니할 것이라고 생각하는 소금도 상할 때가 있다는 뜻으로, 무슨 일이든 절대 탈이 생기지 아니한다고 장담할 수는 없다는 말.

- **소도 언덕이 있어야 비빈다**

언덕이 있어야 소도 가려운 곳을 비비거나 언덕을 디뎌 볼 수 있다는 뜻으로, 누구나 의지할 곳이 있어야 무슨 일이든 시작하거나 이룰 수가 있음을 비유적으로 이르는 말. ≒ 도깨비도 수풀이 있어야 모인다

- **소문난 잔치에 먹을 것 없다**

떠들썩한 소문이나 큰 기대에 비하여 실속이 없거나 소문이 실제와 일치하지 아니하는 경우를 비유적으로 이르는 말.

- **솔 심어 정자라**

솔의 씨를 심어서 소나무가 자란 다음에 그것을 풍치 삼아 정자를 짓거나 또는 그것을 베어 정자를 짓는다는 뜻으로, 어떤 일을 시작하여 성공하기까지는 너무도 까마득함을 비유적으로 이르는 말.

- **송충이가 갈잎을 먹으면 죽는다**

1. 솔잎만 먹고 사는 송충이가 갈잎을 먹게 되면 땅에 떨어져 죽게 된다는 뜻으로, 자기 분수에 맞지 않는 짓을 하다가는 낭패를 봄을 비유적으로 이르는 말. 2. 제 할 일은 안 하고 딴마음을 먹었다가는 낭패를 봄을 비유적으로 이르는 말.

- **쇠귀에 경 읽기**

소의 귀에 대고 경을 읽어 봐야 단 한 마디도 알아듣지 못한다는 뜻으로, 아무리 가르치고 일러 주어도 알아듣지 못하거나 효과가 없는 경우를 이르는 말.

- **술 익자 체 장수 간다**

술이 익어 체로 걸러야 할 때에 마침 체 장수가 지나간다는 뜻으로, 일이 공교롭게 잘 맞아 감을 비유적으로 이르는 말.

- **아니 땐 굴뚝에 연기 날까**

1. 원인이 없으면 결과가 있을 수 없음을 비유적으로 이르는 말. 2. 실제 어떤 일이 있기 때문에 말이 남을 비유적으로 이르는 말.

- **약방에 감초**

한약에 감초를 넣는 경우가 많아 한약방에 감초가 반드시 있다는 데서, 어떤 일에나 빠짐없이 끼어드는 사람 또는 꼭 있어야 할 물건을 비유적으로 이르는 말.

- **어물전 망신은 꼴뚜기가 시킨다**

지지리 못난 사람일수록 같이 있는 동료를 망신시킨다는 말. ≒ 과실 망신은 모과가 시킨다

- **언 발에 오줌 누기**

언 발을 녹이려고 오줌을 누어 봤자 효력이 별로 없다는 뜻으로, 임시변통은 될지 모르나 그 효력이 오래가지 못할 뿐만 아니라 결국에는 사태가 더 나빠짐을 비유적으로 이르는 말.

- **얼음에 박 밀듯**

말이나 글을 거침없이 줄줄 내리읽거나 내리외는 모양을 비유적으로 이르는 말.

- **오뉴월 감주 맛 변하듯**

매우 빨리 변하여 못 쓰게 됨을 비유적으로 이르는 말.

- 오달지기는 사돈네 가을 닭이다

1. 사돈네 가을 닭이 아무리 살지고 좋아도 제게는 소용이 없으니 보기만 좋지 도무지 실속이 없음을 비유적으로 이르는 말. 2. 사람이 지나치게 야무지고 실속 차리기에 급급하여서 사돈집 가을마당의 씨암탉 넘보듯이 예사로 남을 괴롭힌다는 말.

- 우물 안 개구리

1. 넓은 세상의 형편을 알지 못하는 사람을 비유적으로 이르는 말. 2. 견식이 좁아 저만 잘난 줄로 아는 사람을 비꼬는 말.

- 우물에 가 숭늉 찾는다

모든 일에는 질서와 차례가 있는 법인데 일의 순서도 모르고 성급하게 덤빔을 비유적으로 이르는 말.

- 우물을 파도 한 우물을 파라

일을 너무 벌여 놓거나 하던 일을 자주 바꾸어 하면 아무런 성과가 없으니 어떠한 일이든 한 가지 일을 끝까지 하여야 성공할 수 있다는 말.

- 원수는 외나무다리에서 만난다

1. 꺼리고 싫어하는 대상을 피할 수 없는 곳에서 공교롭게 만나게 됨을 비유적으로 이르는 말. 2. 남에게 악한 일을 하면 그 죄를 받을 때가 반드시 온다는 말.

- 윗물이 맑아야 아랫물이 맑다

윗사람이 잘하면 아랫사람도 따라서 잘하게 된다는 말.

- 입은 비뚤어져도 말은 바로 해라

상황이 어떻든지 말은 언제나 바르게 하여야 함을 이르는 말. ≒ 입은 비뚤어져도 주라는 바로 불어라

더 알고가기

유사한 의미의 속담과 한자성어 4

- 세 사람만 우겨대면 없는 호랑이도 만들어 낼 수 있다 = 삼인성호(三人成虎)
- 소 잃고 외양간 고친다 = 망양보뢰(亡羊補牢), 사후약방문(死後藥方文)
- 쇠귀에 경 읽기 = 우이독경(牛耳讀經), 우이송경(牛耳誦經), 마이동풍(馬耳東風)
- 쇠뿔 잡다가 소 죽인다 = 교각살우(矯角殺牛), 교왕과직(矯枉過直), 소탐대실(小貪大失)
- 수박 겉 핥기 = 주마간산(走馬看山)
- 술에 술 탄 듯 물에 물 탄 듯 = 우유부단(優柔不斷), 수서양단(首鼠兩端)
- 술 익자 체 장수 간다 = 금상첨화(錦上添花)
- 언 발에 오줌 누기 = 동족방뇨(凍足放尿), 임기응변(臨機應變), 하석상대(下石上臺)
- 여우가 죽으니까 토끼가 슬퍼한다 = 동병상련(同病相憐)
- 열 번 찍어 아니 넘어가는 나무 없다 = 십벌지목(十伐之木)
- 우물 안 개구리 = 좌정관천(坐井觀天), 정저지와(井底之蛙)
- 우물을 파도 한 우물을 파라 = 초지일관(初志一貫), 일이관지(一以貫之)
- 울며 겨자 먹기 = 궁여지책(窮餘之策)

더하기 예제

다음 밑줄 친 부분의 뜻풀이로 바르지 않은 것은?

① 그는 바늘로 찔러도 피 한 방울 안 나올 사람이다. → 매우 인색하다.
② 그의 집은 서 발 막대 거칠 것이 없었다. → 매우 가난하다.
③ 그녀를 아무리 타일러도 쇠귀에 경 읽기다. → 효과가 없다.
④ 학문을 수박 겉핥기식으로 해서는 안 된다. → 하고 싶은 것만 하다.
⑤ 정부의 이번 대책은 모기보고 칼 뽑는 것이나 마찬가지다. → 과도하게 대응하다.

해설
'수박 겉핥기'는 맛있는 수박을 먹는다는 것이 딱딱한 겉만 핥고 있다는 뜻으로, 사물의 속 내용은 모르고 겉만 건드리는 일을 비유적으로 이르는 속담이다.

정답 ❹

1 주

⑤ 자주 출제되는 속담 : ㅈ · ㅊ

- **자라 보고 놀란 가슴 솥뚜껑 보고 놀란다**
  어떤 사물에 몹시 놀란 사람은 비슷한 사물만 보아도 겁을 냄을 이르는 말. ≒ 뜨거운 물에 덴 놈 숭늉 보고도 놀란다, 불에 놀란 놈이 부지깽이만 보아도 놀란다
- **자루 속의 송곳**
  송곳은 자루에 있어도 밖으로 삐져나와 송곳의 위치를 알 수 있다는 뜻으로, 아무리 숨기려 하여도 숨길 수 없고 그 정체가 드러나는 경우를 비유적으로 이르는 말.
- **자빠져도 코가 깨진다**
  일이 안되려면 하는 모든 일이 잘 안 풀리고 뜻밖의 큰 불행도 생긴다는 말.
- **작은 고추가 더 맵다**
  몸집이 작은 사람이 큰 사람보다 재주가 뛰어나고 야무짐을 비유적으로 이르는 말.
- **잘 자랄 나무는 떡잎부터 안다**
  잘될 사람은 어려서부터 남달리 장래성이 엿보인다는 말.
- **종로에서 뺨 맞고 한강에서 눈 흘긴다**
  1. 욕을 당한 자리에서는 아무 말도 못 하고 뒤에 가서 불평함을 비유적으로 이르는 말. 2. 노여움을 애매한 다른 데로 옮김을 비유적으로 이르는 말.
- **죽은 자식 나이 세기**
  이왕 그릇된 일을 자꾸 생각하여 보아야 소용없다는 말.

- **찬물도 위아래가 있다**
  무엇에나 순서가 있으니, 그 차례를 따라 하여야 한다는 말.
- **천 리 길도 한 걸음부터**
  무슨 일이나 그 일의 시작이 중요하다는 말. ≒ 첫술에 배부르랴
- **초록은 동색**
  풀색과 녹색은 같은 색이라는 뜻으로, 처지가 같은 사람들끼리 한패가 되는 경우를 비유적으로 이르는 말. ≒ 가재는 게 편
- **치마가 열두 폭인가**
  남의 일에 쓸데없이 간섭하고 참견함을 비꼬는 말.

더하기 예제

다음 중 속담을 상황에 맞게 사용하지 않은 것은?

① 산호 기둥에 호박 주추라 그랬어. 그의 삶은 '검소함' 그 자체였어.

② 10만 원 주고 산 구두의 수선비가 20만 원이라니, 기둥보다 서까래가 더 굵은 형국이구나.

③ 긁어 부스럼이라더니, 공연한 짓을 하여 화(禍)를 자초했구나.

④ 제발 개 머루 먹듯 제대로 알지도 못하면서 아는 체 좀 하지 마라.

⑤ 두 정당의 대표는 만나기만 하면 소 닭 보듯 쳐다도 보지 않는다니까.

해설

'산호 기둥에 호박 주추다'는 귀한 산호로 기둥을 세우고 호박으로 주춧돌을 놓았다는 뜻으로, 매우 사치스럽고 호화롭게 꾸미고 삶을 비유적으로 이르는 말이다. 따라서 이어지는 '검소함'과는 거리가 멀다.

② **기둥보다 서까래가 더 굵다** : 주(主)가 되는 것과 그에 따르는 것이 뒤바뀌어 사리에 어긋남을 비유적으로 이르는 말.

③ **긁어 부스럼** : 아무렇지도 않은 일을 공연히 건드려서 걱정을 일으킨 경우를 비유적으로 이르는 말.

④ **개 머루 먹듯** : 1. 참맛도 모르면서 바삐 먹어 치우는 것을 이르는 말. 2. 내용이 틀리거나 말거나 일을 건성건성 날려서 함을 비유적으로 이르는 말. 3. 뜻도 모르면서 아는 체함을 이르는 말.

⑤ **소 닭 보듯** : 서로 무심하게 보는 모양을 비유적으로 이르는 말.

정답 ❶

⑥ 자주 출제되는 속담 : ㅋ·ㅌ·ㅍ·ㅎ

- 코 막고 답답하다고 한다
  제힘으로 쉽게 할 수 있는 일을 어렵게 생각하여 다른 곳에서 해결책을 찾으려 함을 비유적으로 이르는 말.
- 콩 심은 데 콩 나고 팥 심은 데 팥 난다
  모든 일은 근본에 따라 거기에 걸맞은 결과가 나타나는 것임을 비유적으로 이르는 말.
- 터진 꽈리 보듯 한다
  사람이나 물건을 아주 쓸데없는 것으로 여겨 중요시하지 아니함을 비유적으로 이르는 말.
- 티끌 모아 태산
  아무리 작은 것이라도 모이고 모이면 나중에 큰 덩어리가 됨을 비유적으로 이르는 말.
- 파방에 수수엿 장수
  기회를 놓쳐서 이제는 별 볼 일 없게 된 사람이나 그런 경우를 비유적으로 이르는 말.
- 평안 감사도 저 싫으면 그만이다
  아무리 좋은 일이라도 당사자의 마음이 내키지 않으면 억지로 시킬 수 없음을 비유적으로 이르는 말.
- 핑계 없는 무덤이 없다
  아무리 큰 잘못을 저지른 사람도 그것을 변명하고 이유를 붙일 수 있다는 말. = 처녀가 아이를 낳아도 할 말이 있다
- 하늘 보고 손가락질한다
  상대가 되지도 아니하는 보잘것없는 사람이 건드려도 꿈쩍도 아니할 대상에게 무모하게 시비를 걸며 욕함을 비유적으로 이르는 말. ≒ 하늘에 돌 던지는 격, 달걀로 바위 치기
- 하루가 여삼추라
  하루가 삼 년과 같다는 뜻으로, 짧은 시간이 매우 길게 느껴짐을 비유적으로 이르는 말.
- 하룻강아지 범 무서운 줄 모른다
  철없이 함부로 덤비는 경우를 비유적으로 이르는 말.
- 함정에 든 범
  빠져나올 수 없는 곤경에 처하여서 마지막 운명만을 기다리고 있는 처지를 비유적으로 이르는 말.
- 혀가 짧아도 침은 길게 뱉는다
  제 분수에 비하여 지나치게 있는 체함을 비유적으로 이르는 말.
- 혀 아래 도끼 들었다
  말을 잘못하면 재앙을 받게 되니 말조심을 하라는 말.
- 호랑이도 제 말 하면 온다
  1. 깊은 산에 있는 호랑이조차도 저에 대하여 이야기하면 찾아온다는 뜻으로, 어느 곳에서나 그 자리에 없다고 남을 흉보아서는 안 된다는 말. 2. 다른 사람에 관한 이야기를 하는데 공교롭게 그 사람이 나타나는 경우를 이르는 말.
- 혹 떼러 갔다 혹 붙여 온다
  자기의 부담을 덜려고 하다가 다른 일까지도 맡게 된 경우를 비유적으로 이르는 말.
- 황소 뒷걸음치다가 쥐 잡는다
  어쩌다 우연히 이루거나 알아맞힘을 비유적으로 이르는 말.

(3) 한자성어(漢字成語)

한자성어는 우리 언어생활에서 큰 비중을 차지하고 있다. 상황에 대한 압축적인 전달뿐만 아니라 우회적 표현을 사용하여 문제의 본질을 꿰뚫는 통찰력을 보여주는 언어 표현에 이르기까지 한자성어는 우리의 언어생활을 보다 풍부하게 해 주고 있는 중요한 어휘 요소라고 할 수 있다. 한자성어와 관련하여서는 그 자체의 의미뿐만 아니라 구체적인 발화 상황에서 갖는 함축적 의미, 그리고 관련된 고사에 대한 이해, 유사한 의미의 속담 등도 함께 학습해 두는 것이 바람직하다.

① 자주 출제되는 한자성어 : ㄱ

- 가렴주구(苛斂誅求) : 세금을 가혹하게 거두어들이고, 무리하게 재물을 빼앗음.
- 가인박명(佳人薄命) : 미인은 불행하거나 병약하여 요절하는 일이 많음. ≒ 미인박명
- 각골난망(刻骨難忘) : 남에게 입은 은혜가 뼈에 새길 만큼 커서 잊히지 아니함.
- 각골통한(刻骨痛恨) : 뼈에 사무칠 만큼 원통하고 한스러움. 또는 그런 일.
- 각자무치(角者無齒) : 뿔이 있는 짐승은 이가 없다는 뜻으로, 한 사람이 여러 가지 재주나 복을 다 가질 수 없다는 말.
- 각주구검(刻舟求劍) : 융통성 없이 현실에 맞지 않는 낡은 생각을 고집하는 어리석음을 이르는 말.
- 간담상조(肝膽相照) : 서로 속마음을 털어놓고 친하게 사귐.
- 간두지세(竿頭之勢) : 대막대기 끝에 선 형세라는 뜻으로, 매우 위태로운 형세를 이르는 말.
- 갈이천정(渴而穿井) : 목이 마른 자가 우물을 판다는 뜻으로 절실하거나 필요한 사람이 일을 하게 되어 있다는 뜻.
- 갈충보국(竭忠報國) : 충성을 다하여서 나라의 은혜를 갚음. = 진충보국
- 감언이설(甘言利說) : 귀가 솔깃하도록 남의 비위를 맞추거나 이로운 조건을 내세워 꾀는 말.
- 감탄고토(甘呑苦吐) : 달면 삼키고 쓰면 뱉는다는 뜻으로, 자신의 비위에 따라서 사리의 옳고 그름을 판단함을 이르는 말.
- 갑남을녀(甲男乙女) : 갑이란 남자와 을이란 여자라는 뜻으로, 평범한 사람들을 이르는 말.
- 개과천선(改過遷善) : 지난날의 잘못이나 허물을 고쳐 올바르고 착하게 됨.
- 객반위주(客反爲主) : 손이 도리어 주인 노릇을 한다는 뜻으로, 부차적인 것을 주된 것보다 오히려 더 중요하게 여김을 이르는 말.
- 거안사위(居安思危) : 평안할 때에도 위험과 곤란이 닥칠 것을 생각하며 잊지말고 미리 대비해야 함을 이르는 말.
- 건곤일척(乾坤一擲) : 주사위를 던져 승패를 건다는 뜻으로, 운명을 걸고 단판걸이로 승부를 겨룸을 이르는 말.
- 격물치지(格物致知) : 실제 사물의 이치를 연구하여 지식을 완전하게 함.
- 견리망의(見利忘義) : 눈앞의 이익을 보면 의리를 잊음.
- 견리사의(見利思義) : 눈앞의 이익을 보면 의리를 먼저 생각함.
- 견문발검(見蚊拔劍) : 모기를 보고 칼을 뺀다는 뜻으로, 사소한 일에 크게 성내어 덤빔을 이르는 말.
- 견물생심(見物生心) : 어떠한 실물을 보게 되면 그것을 가지고 싶은 욕심이 생김.
- 견토지쟁(犬兎之爭) : 개와 토끼의 다툼이라는 뜻으로, 두 사람의 싸움에 제삼자가 이익을 봄을 이르는 말.
- 결초보은(結草報恩) : 풀을 맺어 은혜를 갚는다는 뜻으로 죽은 뒤에라도 은혜를 잊지 않고 갚음을 이르는 말.
- 경거망동(輕擧妄動) : 경솔하여 생각 없이 망령되게 행동함.

- **경이원지(敬而遠之)** : 공경하되 가까이하지는 않음. = 경원(敬遠)
- **경천근민(敬天勤民)** : 하늘을 공경하고 백성을 위하여 부지런히 일함.
- **계란유골(鷄卵有骨)** : 달걀에도 뼈가 있다는 뜻으로, 운수가 나쁜 사람은 모처럼 좋은 기회를 만나도 역시 일이 잘 안됨을 이르는 말.
- **계륵(鷄肋)** : 닭의 갈비라는 뜻으로, 그다지 큰 소용은 없으나 버리기에는 아까운 것을 이르는 말.
- **고군분투(孤軍奮鬪)** : 1. 따로 떨어져 도움을 받지 못하게 된 군사가 많은 수의 적군과 용감하게 잘 싸움. 2. 남의 도움을 받지 아니하고 힘에 벅찬 일을 잘해 나가는 것을 비유적으로 이르는 말.
- **고복격양(鼓腹擊壤)** : 태평한 세월을 즐김을 이르는 말. 중국 요 임금 때 한 노인이 배를 두드리고 땅을 치면서 요 임금의 덕을 찬양하고 태평성대를 즐겼다는 데서 유래함.
- **고성낙일(孤城落日)** : 외딴 성과 서산에 지는 해라는 뜻으로, 세력이 다하고 남의 도움이 없는 매우 외로운 처지를 이르는 말.
- **고육지책(苦肉之策)** : 자기 몸을 상해 가면서까지 꾸며 내는 계책이라는 뜻으로, 어려운 상태를 벗어나기 위해 어쩔 수 없이 꾸며 내는 계책을 이르는 말.
- **고장난명(孤掌難鳴)** : 외손뼉만으로는 소리가 울리지 아니한다는 뜻으로, 혼자의 힘만으로 어떤 일을 이루기 어려움을 이르는 말.
- **곡학아세(曲學阿世)** : 바른 길에서 벗어난 학문으로 세상 사람에게 아첨함.
- **과유불급(過猶不及)** : 정도를 지나침은 미치지 못함과 같음을 이르는 말.
- **관포지교(管鮑之交)** : 관중과 포숙의 사귐이란 뜻으로, 우정이 아주 돈독한 친구 관계를 이르는 말.
- **괄목상대(刮目相對)** : 눈을 비비고 상대편을 본다는 뜻으로, 남의 학식이나 재주가 놀랄 만큼 부쩍 늚을 이르는 말.
- **교각살우(矯角殺牛)** : 소의 뿔을 바로잡으려다가 소를 죽인다는 뜻으로, 잘못된 점을 고치려다가 그 방법이나 정도가 지나쳐 오히려 일을 그르침을 이르는 말.
- **교언영색(巧言令色)** : 아첨하는 말과 알랑거리는 태도.
- **교토삼굴(狡兔三窟)** : 교활한 토끼는 세 개의 숨을 굴을 파 놓는다는 뜻으로, 사람이 교묘하게 잘 숨어 재난을 피함을 이르는 말.
- **구사일생(九死一生)** : 아홉 번 죽을 뻔하다 한 번 살아난다는 뜻으로, 죽을 고비를 여러 차례 넘기고 겨우 살아남을 이르는 말.
- **구우일모(九牛一毛)** : 아홉 마리의 소 가운데 박힌 하나의 털이란 뜻으로, 매우 많은 것 가운데 극히 적은 수를 이르는 말.
- **군계일학(群鷄一鶴)** : 닭의 무리 가운데에서 한 마리의 학이란 뜻으로, 많은 사람 가운데서 뛰어난 인물을 이르는 말.
- **군맹무상(群盲撫象)** : 앞이 보이지 않는 사람 여럿이 코끼리를 만진다는 뜻으로, 사물을 좁은 소견과 주관으로 잘못 판단함을 이르는 말.
- **궁여지책(窮餘之策)** : 궁한 나머지 생각다 못하여 짜낸 계책.
- **권모술수(權謀術數)** : 목적 달성을 위하여 수단과 방법을 가리지 아니하는 온갖 모략이나 술책.
- **권불십년(權不十年)** : 권세는 십 년을 가지 못한다는 뜻으로, 아무리 높은 권세라도 오래가지 못함을 이르는 말.
- **권토중래(捲土重來)** : 땅을 말아 일으킬 것 같은 기세로 다시 온다는 뜻으로, 한 번 실패하였으나 힘을 회복하여 다시 쳐들어옴을 이르는 말.

- **근묵자흑(近墨者黑)** : 먹을 가까이하는 사람은 검어진다는 뜻으로, 나쁜 사람과 가까이 지내면 나쁜 버릇에 물들기 쉬움을 비유적으로 이르는 말.
- **금과옥조(金科玉條)** : 금이나 옥처럼 귀중히 여겨 꼭 지켜야 할 법칙이나 규정.
- **금란지교(金蘭之交)** : 친구 사이의 매우 두터운 정을 이르는 말. = 금란지계(金蘭之契)
- **금상첨화(錦上添花)** : 비단 위에 꽃을 더한다는 뜻으로, 좋은 일 위에 또 좋은 일이 더하여짐을 비유적으로 이르는 말.
- **금석지감(今昔之感)** : 지금과 옛날의 차이가 너무 심하여 생기는 느낌.
- **금의야행(錦衣夜行)** : 비단옷을 입고 밤길을 다닌다는 뜻으로, 자랑삼아 하지 않으면 생색이 나지 않음을 이르는 말.
- **금의환향(錦衣還鄕)** : 비단옷을 입고 고향에 돌아온다는 뜻으로, 출세를 하여 고향에 돌아가거나 돌아옴을 비유적으로 이르는 말.
- **기호지세(騎虎之勢)** : 호랑이를 타고 달리는 형세라는 뜻으로, 이미 시작한 일을 중도에서 그만둘 수 없는 경우를 비유적으로 이르는 말.

더 알고가기

권토중래(捲土重來)

이 말은 당나라 말기의 시인 두목(杜牧 : 803 ~ 852)의 시 〈제오강정(題烏江亭)〉에 나오는 마지막 구절이다.

勝敗兵家不可期 승패는 병가도 기약할 수 없으니
包羞忍恥是男兒 수치를 싸고 부끄럼을 참음이 남아로다
江東子弟多豪傑 강동의 자제 중에는 준재가 많으니
捲土重來未可知 '권토중래'는 아직 알 수 없네

오강(烏江)은 초패왕(楚霸王) 항우(項羽 : B.C 232 ~ 202)가 자결한 곳이다. 한왕(漢王) 유방(劉邦)과 해하(垓下)에서 펼친 '운명과 흥망을 건 한판 승부[乾坤一擲]'에서 패한 항우는 오강으로 도망가 정장(亭長)으로부터 "강동(江東)으로 돌아가 재기하라."는 권유를 받았다.

그러나 항우는 "혼자 '무슨 면목으로 강을 건너 강동으로 돌아가[無面渡江東]' 부형들을 대할 것인가?"라며 파란만장(波瀾萬丈)한 31년의 생애를 마쳤다.

항우가 죽은 지 1,000여 년이 지난 어느 날, 두목(杜牧)은 오강의 객사(客舍)에서 '강동의 부형에 대한 부끄러움을 참으면 강동은 준재가 많은 곳이므로 권토중래할 수 있는 기회가 있었을 텐데도 그렇게 하지 않고 31세의 젊은 나이로 자결한 항우를 애석히 여기며 이 시를 읊었다. 이 시는 항우를 읊은 시 중에서 가장 잘 알려진 것이다.

>>> 짚어보기 의미가 유사한 한자성어 1

- 가까운 사이 : 수어지교(水魚之交), 문경지교(刎頸之交), 죽마고우(竹馬故友), 금란지교(金蘭之交), 지음(知音)
- 아름다운 미인 : 경국지색(傾國之色), 화용월태(花容月態), 단순호치(丹脣皓齒), 녹의홍상(綠衣紅裳)
- 여럿 가운데 가장 뛰어남 : 군계일학(群鷄一鶴), 철중쟁쟁(鐵中錚錚), 태산북두(泰山北斗), 백미(白眉)
- 우열을 가리기 어려움 : 난형난제(難兄難弟), 막상막하(莫上莫下), 백중지간(伯仲之間), 용호상박(龍虎相搏), 춘란추국(春蘭秋菊)
- 이제까지 없었던 사건 : 미증유(未曾有), 전대미문(前代未聞), 전무후무(前無後無), 전인미답(前人未踏)
- 주변 환경의 중요성 : 귤화위지(橘化爲枳), 근묵자흑(近墨者黑), 마중지봉(麻中之蓬)
- 편안하고 태평한 세월 : 태평성대(太平聖代), 강구연월(康衢煙月), 요순시절(堯舜時節), 함포고복(含哺鼓腹), 고복격양(鼓腹擊壤)

1 주

더하기 예제

다음 밑줄 친 한자성어의 뜻풀이가 바르지 않은 것은?

① 그 일은 고식지계(姑息之計)로 해결될 문제가 아니다. → 남을 속임.

② 그는 교언영색(巧言令色)으로 윗사람에게 잘 보이려 했다. → 아첨하는 태도.

③ 그의 솜씨는 군계일학(群鷄一鶴)이라고 할 수 있다. → 여럿 가운데 가장 뛰어남.

④ 무너진 다리 밑에서 그녀는 구사일생(九死一生)으로 구조되었다. → 죽을 고비를 여러 번 넘김.

⑤ 그는 금의환향(錦衣還鄕)할 날만을 손꼽아 기다렸다. → 출세하여 돌아감.

해설

'고식지계(姑息之計)'는 한때의 안정을 얻기 위하여 임시로 둘러맞추어 처리하거나 이리저리 주선하여 꾸며 내는 계책을 의미하는 한자성어이다.

② **교언영색(巧言令色)** : 아첨하는 말과 알랑거리는 태도를 이르는 말.

③ **군계일학(群鷄一鶴)** : 닭의 무리 가운데에서 한 마리의 학이란 뜻으로, 많은 사람 가운데서 뛰어난 인물을 이르는 말.

④ **구사일생(九死一生)** : 아홉 번 죽을 뻔하다 한 번 살아난다는 뜻으로, 죽을 고비를 여러 차례 넘기고 겨우 살아남음을 이르는 말.

⑤ **금의환향(錦衣還鄕)** : 비단옷을 입고 고향에 돌아온다는 뜻으로, 출세를 하여 고향에 돌아가거나 돌아옴을 비유적으로 이르는 말.

정답 ❶

② 자주 출제되는 한자성어 : ㄴ · ㄷ

- **난형난제(難兄難弟)** : 누구를 형이라 하고 누구를 아우라 하기 어렵다는 뜻으로, 두 사물이 비슷하여 낫고 못함을 정하기 어려움을 이르는 말.
- **남가일몽(南柯一夢)** : 꿈과 같이 헛된 한때의 부귀영화를 이르는 말.
- **남부여대(男負女戴)** : 남자는 지고 여자는 인다는 뜻으로, 가난한 사람들이 살 곳을 찾아 이리저리 떠돌아다님을 비유적으로 이르는 말.
- **남선북마(南船北馬)** : 중국의 남쪽은 강이 많아서 배를 이용하고 북쪽은 산과 사막이 많아서 말을 이용한다는 뜻으로, 늘 쉬지 않고 여기저기 여행을 하거나 돌아다님을 이르는 말.
- **낭중지추(囊中之錐)** : 주머니 속의 송곳이라는 뜻으로, 재능이 뛰어난 사람은 숨어 있어도 저절로 사람들에게 알려짐을 이르는 말.
- **내우외환(內憂外患)** : 나라 안팎의 여러 가지 어려움.
- **노류장화(路柳墻花)** : 아무나 쉽게 꺾을 수 있는 길가의 버들과 담 밑의 꽃이라는 뜻으로, 기생을 비유적으로 이르는 말.
- **노심초사(勞心焦思)** : 몹시 마음을 쓰며 애를 태움.
- **녹의홍상(綠衣紅裳)** : 곱게 차려입은 젊은 여자의 옷차림을 이르는 말.
- **누란지세(累卵之勢)** : 층층이 쌓아 놓은 알의 형세라는 뜻으로, 몹시 위태로운 형세를 비유적으로 이르는 말. = 누란지위(累卵之危)
- **다기망양(多岐亡羊)** : 갈림길이 많아 잃어버린 양을 찾지 못한다는 뜻으로, 두루 섭렵하기만 하고 전공하는 바가 없어 끝내 성취하지 못함을 이르는 말.
- **다다익선(多多益善)** : 많으면 많을수록 더욱 좋음.
- **단금지계(斷金之契)** : 쇠라도 자를 만큼의 굳은 약속이라는 뜻으로, 매우 두터운 우정을 이르는 말. = 단금지교(斷金之交)
- **단기지계(斷機之戒)** : 학문을 중도에서 그만두면 짜던 베의 날을 끊는 것처럼 아무 쓸모 없음을 경계한 말.
- **단사표음(簞食瓢飮)** : 대나무로 만든 밥그릇에 담은 밥과 표주박에 든 물이라는 뜻으로, 청빈하고 소박한 생활을 이르는 말.
- **단표누항(簞瓢陋巷)** : 누항에서 먹는 한 그릇의 밥과 한 바가지의 물이라는 뜻으로, 선비의 청빈한 생활을 이르는 말.
- **당구풍월(堂狗風月)** : 서당에서 기르는 개가 풍월을 읊는다는 뜻으로, 그 분야에 대하여 경험과 지식이 전혀 없는 사람이라도 오래 있으면 얼마간의 경험과 지식을 가짐을 이르는 말.
- **당랑거철(螳螂拒轍)** : 제 역량을 생각하지 않고, 강한 상대나 되지 않을 일에 덤벼드는 무모한 행동거지를 비유적으로 이르는 말.
- **대기만성(大器晩成)** : 큰 그릇을 만드는 데는 시간이 오래 걸린다는 뜻으로, 크게 될 사람은 늦게 이루어짐을 이르는 말.
- **도청도설(道聽塗說)** : 길에서 듣고 길에서 말한다는 뜻으로, 길거리에 퍼져 돌아다니는 뜬소문을 이르는 말. = 가담항설(街談巷說)
- **동가홍상(同價紅裳)** : 같은 값이면 다홍치마라는 뜻으로, 같은 값이면 좋은 물건을 가짐을 이르는 말.
- **동고동락(同苦同樂)** : 괴로움도 즐거움도 함께함.

- **동량지재(棟梁之材)** : 기둥과 들보로 쓸 만한 재목이라는 뜻으로, 한 집안이나 한 나라를 떠받치는 중대한 일을 맡을 만한 인재를 이르는 말.
- **동병상련(同病相憐)** : 같은 병을 앓는 사람끼리 서로 가엾게 여긴다는 뜻으로, 어려운 처지에 있는 사람끼리 서로 가엾게 여김을 이르는 말.
- **동상이몽(同床異夢)** : 같은 자리에 자면서 다른 꿈을 꾼다는 뜻으로, 겉으로는 같이 행동하면서도 속으로는 각각 딴생각을 하고 있음을 이르는 말.
- **동분서주(東奔西走)** : 동쪽으로 뛰고 서쪽으로 뛴다는 뜻으로, 사방으로 이리저리 몹시 바쁘게 돌아다님을 이르는 말.
- **두문불출(杜門不出)** : 집에만 있고 바깥출입을 아니 함.
- **득롱망촉(得隴望蜀)** : 농(隴)을 얻고서 촉(蜀)까지 취하고자 한다는 뜻으로, 만족할 줄을 모르고 계속 욕심을 부리는 경우를 비유적으로 이르는 말.
- **등고자비(登高自卑)** : 높은 곳에 오르려면 낮은 곳에서부터 오른다는 뜻으로, 일을 순서대로 하여야 함을 이르는 말.
- **등하불명(燈下不明)** : 등잔 밑이 어둡다는 뜻으로, 가까이에 있는 물건이나 사람을 잘 찾지 못함을 이르는 말.
- **등화가친(燈火可親)** : 등불을 가까이할 만하다는 뜻으로, 서늘한 가을밤은 등불을 가까이 하여 글 읽기에 좋음을 이르는 말.

더 알고가기

난형난제(難兄難弟)

중국 동한(東漢)시기, 영천(潁川)의 허(許) 지방에 진식(陳寔)이라는 유명한 선비가 있었다. 그는 비록 가난한 집안 출신이었지만 어려서부터 배우기를 즐겨하고 매사에 공정한 인물이었으며 검소한 생활을 하였다.

진식에게는 두 아들이 있었는데 큰 아들의 이름은 기(紀)이고, 자(字)는 원방(元方)이었으며, 작은 아들은 이름이 담(湛)이고, 자(字)는 계방(季方)이었다. 이들 또한 모두 명망이 드높은 인물들이었다. 원방에게는 장문(長文)이라는 아들이 있었고, 계방에게는 충(忠)이라는 아들이 있었다.

어느 날, 그들은 각각 자신들의 아버지의 공적을 다투었는데, 끝내 해결할 수가 없어서, 할아버지인 진식에게 답을 구하였다. 이에 진식은 '원방은 형이 되기 어렵고, 계방은 동생이 되기 어렵다(元方難爲兄, 季方難爲弟)' 라고 대답하였다. 두 손자는 이 대답을 듣고 모두 만족하여 물러났다. 이처럼 난형난제(難兄難弟)란 누구를 형이라 하고 아우라 하기 어렵다는 뜻으로 서로 엇비슷하여 우열을 분간하기 어려움을 비유한 말이다.

>>> 짚어보기 **의미가 유사한 한자성어 2**

- **나라의 인재** : 동량지재(棟梁之材), 고굉지신(股肱之臣), 주석지신(柱石之臣)
- **소박하고 욕심 없는 삶** : 단표누항(簞瓢陋巷), 단사표음(簞食瓢飮), 안분지족(安分知足), 안빈낙도(安貧樂道), 빈이무원(貧而無怨)
- **인생의 덧없음** : 남가일몽(南柯一夢), 일장춘몽(一場春夢), 한단지몽(邯鄲之夢), 노생지몽(盧生之夢), 일취지몽(一炊之夢), 여옹침(呂翁枕)

③ 자주 출제되는 한자성어 : ㅁ · ㅂ

- **마부위침(磨斧爲針)** : 도끼를 갈아 바늘을 만든다는 뜻으로 아무리 이루기 힘든 일도 끊임없는 노력과 끈기 있는 인내로 성공하고야 만다는 뜻.
- **마이동풍(馬耳東風)** : 동풍이 말의 귀를 스쳐간다는 뜻으로, 남의 말을 귀담아듣지 아니하고 지나쳐 흘려버림을 이르는 말.
- **막역지우(莫逆之友)** : 서로 거스름이 없는 친구라는 뜻으로, 허물이 없이 아주 친한 친구를 이르는 말.
- **만시지탄(晩時之歎)** : 시기에 늦어 기회를 놓쳤음을 안타까워하는 탄식.
- **망양보뢰(亡羊補牢)** : 양을 잃고 우리를 고친다는 뜻으로, 이미 어떤 일을 실패한 뒤에 뉘우쳐도 아무 소용이 없음을 이르는 말.
- **망양지탄(亡羊之歎)** : 갈림길이 매우 많아 잃어버린 양을 찾을 길이 없음을 탄식한다는 뜻으로, 학문의 길이 여러 갈래여서 한 갈래의 진리도 얻기 어려움을 이르는 말.
- **망운지정(望雲之情)** : 자식이 객지에서 고향에 계신 어버이를 생각하는 마음. = 망운지회(望雲之懷)
- **맥수지탄(麥秀之嘆)** : 고국의 멸망을 한탄함을 이르는 말.
- **면종복배(面從腹背)** : 겉으로는 복종하는 체하면서 내심으로는 배반함.
- **명불허전(名不虛傳)** : 명성이나 명예가 헛되이 퍼진 것이 아니라는 뜻으로, 이름날 만한 까닭이 있음을 이르는 말.
- **명재경각(命在頃刻)** : 거의 죽게 되어 곧 숨이 끊어질 지경에 이름.
- **목불식정(目不識丁)** : 아주 간단한 글자인 '丁' 자를 보고도 그것이 '고무래'인 줄을 알지 못한다는 뜻으로, 아주 까막눈임을 이르는 말.
- **목불인견(目不忍見)** : 눈앞에 벌어진 상황 따위를 눈 뜨고는 차마 볼 수 없음.
- **무릉도원(武陵桃源)** : '이상향'이나 '별천지'를 비유적으로 이르는 말.
- **무위도식(無爲徒食)** : 하는 일 없이 놀고먹음.
- **무위자연(無爲自然)** : 사람의 힘을 더하지 않은 그대로의 자연. 또는 그런 이상적인 경지.
- **무지몽매(無知蒙昧)** : 아는 것이 없고 사리에 어두움.
- **문경지교(刎頸之交)** : 서로를 위해서라면 목이 잘린다 해도 후회하지 않을 정도의 사이라는 뜻으로, 생사를 같이할 수 있는 아주 가까운 사이, 또는 그런 친구를 이르는 말.
- **문일지십(聞一知十)** : 하나를 듣고 열 가지를 미루어 안다는 뜻으로, 지극히 총명함을 이르는 말.
- **문전성시(門前成市)** : 찾아오는 사람이 많아 집 문 앞이 시장을 이루다시피 함을 이르는 말.
- **물아일체(物我一體)** : 외물(外物)과 자아, 객관과 주관, 또는 물질계와 정신계가 어울려 하나가 됨.
- **반포지효(反哺之孝)** : 까마귀 새끼가 자라서 늙은 어미에게 먹이를 물어다 주는 효(孝)라는 뜻으로, 자식이 자란 후에 어버이의 은혜를 갚는 효성을 이르는 말.
- **발본색원(拔本塞源)** : 좋지 않은 일의 근본 원인이 되는 요소를 완전히 없애 버려서 다시는 그러한 일이 생길 수 없도록 함.
- **방휼지쟁(蚌鷸之爭)** : 도요새가 조개와 다투다가 다 같이 어부에게 잡히고 말았다는 뜻으로, 대립하는 두 세력이 다투다가 결국은 구경하는 다른 사람에게 득을 주는 싸움을 비유적으로 이르는 말.
- **백년하청(百年河淸)** : 중국의 황허 강[黃河江]이 늘 흐려 맑을 때가 없다는 뜻으로, 아무리 오랜 시일이 지나도 어떤 일이 이루어지기 어려움을 이르는 말.
- **백아절현(伯牙絶絃)** : 자기를 알아주는 참다운 벗의 죽음을 슬퍼함.

- **백안시(白眼視)** : 남을 업신여기거나 무시하는 태도로 흘겨봄.
- **백절불굴(百折不屈)** : 어떠한 난관에도 결코 굽히지 않음. = 백절불요(百折不撓)
- **백중지세(伯仲之勢)** : 서로 우열을 가리기 힘든 형세.
- **백척간두(百尺竿頭)** : 백 자나 되는 높은 장대 위에 올라섰다는 뜻으로, 몹시 어렵고 위태로운 지경을 이르는 말.
- **부창부수(夫唱婦隨)** : 남편이 주장하고 아내가 이에 잘 따름. 또는 부부 사이의 그런 도리.
- **부화뇌동(附和雷同)** : 줏대 없이 남의 의견에 따라 움직임.
- **분골쇄신(粉骨碎身)** : 뼈를 가루로 만들고 몸을 부순다는 뜻으로, 정성으로 노력함을 이르는 말.
- **불구대천(不俱戴天)** : 하늘을 함께 이지 못한다는 뜻으로, 이 세상에서 같이 살 수 없을 만큼 큰 원한을 가짐을 비유적으로 이르는 말. = 불공대천(不共戴天)
- **불립문자(不立文字)** : 불도의 깨달음은 마음에서 마음으로 전하는 것이므로 말이나 글에 의지하지 않는다는 말.
- **불문곡직(不問曲直)** : 옳고 그름을 따지지 아니함.
- **불철주야(不撤晝夜)** : 어떤 일에 몰두하여 조금도 쉴 사이 없이 밤낮을 가리지 아니함.
- **불치하문(不恥下問)** : 손아랫사람이나 지위나 학식이 자기만 못한 사람에게 모르는 것을 묻는 일을 부끄러워하지 아니함.
- **비분강개(悲憤慷慨)** : 슬프고 분하여 의분이 북받침.
- **비일비재(非一非再)** : 같은 현상이나 일이 한두 번이나 한둘이 아니고 많음.
- **빙자옥질(氷姿玉質)** : 얼음같이 맑고 깨끗한 살결과 구슬같이 아름다운 자질.
- **빙탄지간(氷炭之間)** : 얼음과 숯 사이라는 뜻으로, 서로 화합할 수 없는 사이를 이르는 말.

더 알고가기

맥수지탄(麥秀之嘆)

중국 고대 3왕조의 하나인 은(殷)나라의 주왕(紂王)이 폭정을 일삼자 이를 지성으로 간(諫)한 신하 중 삼인(三人)으로 불리던 세 왕족이 있었다. 미자(微子), 기자(箕子), 비간(比干)이 그들이다.

미자는 주왕의 형으로서 누차 간(諫)했으나 듣지 않자 국외로 망명했으며 기자 또한 망명하여 신분을 감추기 위해 거짓 미치광이가 되고, 또 노예로 전락하기도 했다. 그러나 왕자 비간은 끝까지 간하다가 결국 가슴을 찢기는 극형을 당하고 말았다.

이윽고 주왕은 삼공(三公)의 한 사람이었던 서백(西伯)의 아들 발(發)에게 주살(誅殺) 당하고 천하는 주왕조(周王朝)로 바뀌었다. 주나라의 시조가 된 무왕(武王) 발(發)은 은왕조(殷王朝)의 봉제사(奉祭祀)를 위해 미자를 송왕(宋王)으로 봉(封)했다. 그리고 기자도 무왕을 보좌하다가 조선왕(朝鮮王)으로 책봉되었다. 이에 앞서 기자가 망명지에서 무왕의 부름을 받고 주나라의 도읍으로 가던 도중 은나라의 옛 도읍지를 지나게 되었다. 번화했던 옛 모습은 간데없고 궁궐터엔 보리와 기장만이 무성했다. 금석지감(今昔之感)을 금치 못한 기자는 다음과 같은 시 한 수를 읊었다.

麥秀漸漸兮	보리 이삭은 무럭무럭 자라나고
禾黍油油兮	벼와 기장도 윤기가 흐르는구나.
彼狡童兮	교활한 저 철부지[紂王]가
不與我好兮	내 말을 듣지 않았음이 슬프구나.

>>> 짚어보기 의미가 유사한 한자성어 3

- **겉과 속이 다름** : 면종복배(面從腹背), 이율배반(二律背反), 양두구육(羊頭狗肉), 경이원지(敬而遠之), 구밀복검(口蜜腹劍), 표리부동(表裏不同)
- **매우 좋지 않은 사이** : 빙탄지간(氷炭之間), 견원지간(犬猿之間), 불구대천(不俱戴天)
- **무례함** : 방약무인(傍若無人), 안하무인(眼下無人), 후안무치(厚顔無恥)
- **부모에 대한 마음** : 망운지정(望雲之情), 풍수지탄(風樹之嘆), 노래지희(老萊之戱), 호천망극(昊天罔極), 반포지효(反哺之孝)
- **분노** : 각골지통(刻骨之痛), 비분강개(悲憤慷慨), 절치부심(切齒腐心), 천인공노(天人共怒), 함분축원(含憤蓄怨)

더하기 예제

다음 중 밑줄 친 부분의 상황과 어울리지 않는 한자성어는?

어쩌다 우리 사회가 이렇게 삭막해졌는지 모르겠습니다. 지난 15일 한낮 대로에서 뇌출혈로 쓰러진 노인이 다섯 시간 동안 방치되었다가 사망한 사건이 발생했습니다. ㉠ 순찰하던 경찰이 발견했을 때는 이미 숨이 거의 멎은 상태여서 손을 쓸 수 없었습니다. 담당의사는 ㉡ 쓰러진 즉시 병원으로 옮겨졌다면 생명에는 지장이 없었을 것이란 말을 했습니다. 많은 행인들과 상점 주인들이 쓰러진 노인을 보았지만 모두들 ㉢ "노숙자인 줄 알았다.", "가족이 곧 나타날 줄 알았다.", ㉣ "경찰이 알아서 할 거라 생각했다."라는 말을 할 뿐이었습니다. ㉤ 우리 모두 처지를 바꾸어 생각해 보아야 합니다. 거리에서 허무하게 죽어갔던 노인이 바로 우리들의 부모님일 수도 있습니다.

① ㉠ 속수무책(束手無策)
② ㉡ 풍수지탄(風樹之歎)
③ ㉢ 불요불급(不要不急)
④ ㉣ 수수방관(袖手傍觀)
⑤ ㉤ 역지사지(易地思之)

해설

'풍수지탄(風樹之歎)'은 효도를 다하지 못한 채 어버이를 여읜 자식의 슬픔을 이르는 한자성어이다. 따라서 시기를 놓쳐서 노인을 살릴 기회를 놓친 것을 안타까워하는 ㉡의 상황과는 어울리지 않는다. ㉡의 상황을 잘 표현하는 한자성어는 시기에 늦어 기회를 놓쳤음을 안타까워하는 탄식을 뜻하는 '만시지탄(晩時之歎)'이다.

① **속수무책(束手無策)** : 손을 묶은 것처럼 어찌할 도리가 없어 꼼짝 못함을 이르는 말.
③ **불요불급(不要不急)** : 필요하지도 않고 급하지도 않음을 이르는 말.
④ **수수방관(袖手傍觀)** : 팔짱을 끼고 보고만 있다는 뜻으로, 간섭하거나 거들지 아니하고 그대로 버려둠을 이르는 말.
⑤ **역지사지(易地思之)** : 처지를 바꾸어서 생각하여 봄을 이르는 말.

정답 ❷

④ 자주 출제되는 한자성어 : ㅅ

- **사고무친(四顧無親)** : 의지할 만한 사람이 아무도 없음.
- **사면초가(四面楚歌)** : 아무에게도 도움을 받지 못하는, 외롭고 곤란한 지경에 빠진 형편을 이르는 말.
- **사상누각(沙上樓閣)** : 모래 위에 세운 누각이라는 뜻으로, 기초가 튼튼하지 못하여 오래 견디지 못할 일이나 물건을 이르는 말.
- **사필귀정(事必歸正)** : 모든 일은 반드시 바른길로 돌아감.
- **살신성인(殺身成仁)** : 자기의 몸을 희생하여 인(仁)을 이룸.
- **삼고초려(三顧草廬)** : 인재를 맞아들이기 위하여 참을성 있게 노력함.
- **삼삼오오(三三五五)** : 서너 사람 또는 대여섯 사람이 떼를 지어 다니거나 무슨 일을 함. 또는 그런 모양.
- **삼순구식(三旬九食)** : 삼십 일 동안 아홉 끼니밖에 먹지 못한다는 뜻으로, 몹시 가난함을 이르는 말.
- **삼인성호(三人成虎)** : 세 사람이 짜면 거리에 범이 나왔다는 거짓말도 꾸밀 수 있다는 뜻으로, 근거 없는 말이라도 여러 사람이 말하면 곧이듣게 됨을 이르는 말.
- **상전벽해(桑田碧海)** : 뽕나무밭이 변하여 푸른 바다가 된다는 뜻으로, 세상일의 변천이 심함을 비유적으로 이르는 말.
- **새옹지마(塞翁之馬)** : 인생의 길흉화복은 변화가 많아서 예측하기가 어렵다는 말.
- **선견지명(先見之明)** : 어떤 일이 일어나기 전에 미리 앞을 내다보고 아는 지혜.
- **선공후사(先公後私)** : 공적인 일을 먼저 하고 사사로운 일은 뒤로 미룸.
- **설상가상(雪上加霜)** : 눈 위에 서리가 덮인다는 뜻으로, 난처한 일이나 불행한 일이 잇따라 일어남을 이르는 말.
- **설왕설래(說往說來)** : 서로 변론을 주고받으며 옥신각신함. 또는 말이 오고 감.
- **소탐대실(小貪大失)** : 작은 것을 탐하다가 큰 것을 잃음.
- **속수무책(束手無策)** : 손을 묶은 것처럼 어찌할 도리가 없어 꼼짝 못함.
- **수구초심(首丘初心)** : 여우가 죽을 때에 머리를 자기가 살던 굴 쪽으로 둔다는 뜻으로, 고향을 그리워하는 마음을 이르는 말.
- **수불석권(手不釋卷)** : 손에서 책을 놓지 아니하고 늘 글을 읽음.
- **수서양단(首鼠兩端)** : 구멍에서 머리를 내밀고 나갈까 말까 망설이는 쥐라는 뜻으로, 머뭇거리며 진퇴나 거취를 정하지 못하는 상태를 이르는 말.
- **수어지교(水魚之交)** : 물이 없으면 살 수 없는 물고기와 물의 관계라는 뜻으로, 아주 친밀하여 떨어질 수 없는 사이를 비유적으로 이르는 말.
- **수원수구(誰怨誰咎)** : 누구를 원망하고 누구를 탓하겠냐는 뜻으로, 남을 원망하거나 탓할 것이 없음을 이르는 말.
- **수주대토(守株待兔)** : 한 가지 일에만 얽매여 발전을 모르는 어리석은 사람을 비유적으로 이르는 말.
- **순망치한(脣亡齒寒)** : 입술이 없으면 이가 시리다는 뜻으로, 서로 이해관계가 밀접한 사이에 어느 한쪽이 망하면 다른 한쪽도 그 영향을 받아 온전하기 어려움을 이르는 말.
- **식자우환(識字憂患)** : 학식이 있는 것이 오히려 근심을 사게 됨.
- **심기일전(心機一轉)** : 어떤 동기가 있어 이제까지 가졌던 마음가짐을 버리고 완전히 달라짐.
- **십벌지목(十伐之木)** : 열 번 찍어 베는 나무라는 뜻으로, 열 번 찍어 안 넘어가는 나무가 없음을 이르는 말.
- **십시일반(十匙一飯)** : 밥 열 술이 한 그릇이 된다는 뜻으로, 여러 사람이 조금씩 힘을 합하면 한 사람을 돕기 쉬움을 이르는 말.

더 알고가기

순망치한(脣亡齒寒)

중국 춘추시대 말 진(晉)나라 문공(文公)의 아버지 헌공(獻公)이 괵·우 두 나라를 공략할 때의 일이다. 괵나라를 치기로 결심한 헌공은 진나라와 괵나라의 중간에 위치한 우나라의 우공(虞公)에게 길을 빌려 주면 많은 보상을 하겠다고 제의했다. 우공이 이 제의를 수락하려 하자 중신 궁지기(宮之奇)가 극구 간했다.

"전하, 괵나라와 우나라는 한몸이나 다름없는 사이입니다. 괵나라가 망하면 우나라도 망할 것이옵니다. 옛 속담에도 덧방나무와 수레는 서로 의지하고[輔車相依], 입술이 없어지면 이가 시리다[脣亡齒寒]란 말이 있사온데, 이는 곧 괵나라와 우나라를 두고 한 말이라고 생각되옵니다. 그런 가까운 사이인 괵나라를 치려는 진나라에 길을 빌려 준다는 것은 언어도단(言語道斷)이옵니다."

그러나 재물에 눈이 먼 우공은 결국 진나라에 길을 내주고 말았다. 그러자 궁지기는 화(禍)가 미칠 것을 두려워하여 일가권속(一家眷屬)을 이끌고 우나라를 떠났다. 그 해 12월, 괵나라를 멸하고 돌아가던 진나라 군사는 궁지기의 예언대로 단숨에 우나라를 공략하고 우공을 포로로 잡아갔다.

>>> 짚어보기 **주의해서 써야 할 한자성어**

- 고군분투(孤軍奮鬪) (○) / 고분분투 (×)
- 동병상련(同病相憐) (○) / 동병상린 (×)
- 삼수갑산(三水甲山) (○) / 산수갑산 (×)
- 아연실색(啞然失色) (○) / 아연질색 (×)
- 야반도주(夜半逃走) (○) / 야밤도주 (×)
- 양수겸장(兩手兼將) (○) / 양수겹장 (×)
- 일사불란(一絲不亂) (○) / 일사분란 (×)
- 절체절명(絕體絕命) (○) / 절대절명 (×)
- 점입가경(漸入佳境) (○) / 전입가경 (×)
- 주야장천(晝夜長川) (○) / 주야장창 (×)
- 포복절도(抱腹絕倒) (○) / 포복졸도 (×)
- 풍비박산(風飛雹散) (○) / 풍지박산 (×)
- 혈혈단신(孑孑單身) (○) / 홀홀단신 (×)

⑤ 자주 출제되는 한자성어 : ㅇ

- **안하무인(眼下無人)** : 눈 아래에 사람이 없다는 뜻으로, 방자하고 교만하여 다른 사람을 업신여김을 이르는 말.
- **양두구육(羊頭狗肉)** : 양의 머리를 걸어 놓고 개고기를 판다는 뜻으로, 겉보기만 그럴듯하게 보이고 속은 변변하지 아니함을 이르는 말.
- **양약고구(良藥苦口)** : 좋은 약은 입에 쓰다는 뜻으로, 충언(忠言)은 귀에 거슬리나 자신에게 이로움을 이르는 말.
- **어부지리(漁父之利)** : 두 사람이 이해관계로 서로 싸우는 사이에 엉뚱한 사람이 애쓰지 않고 가로챈 이익을 이르는 말.
- **어불성설(語不成說)** : 말이 조금도 사리에 맞지 아니함.
- **연목구어(緣木求魚)** : 나무에 올라가서 물고기를 구한다는 뜻으로, 도저히 불가능한 일을 굳이 하려 함을 비유적으로 이르는 말.
- **염화시중(拈華示衆)** : 말로 통하지 아니하고 마음에서 마음으로 전하는 일. = 염화미소(拈華微笑)
- **오리무중(五里霧中)** : 오 리나 되는 짙은 안개 속에 있다는 뜻으로, 무슨 일에 대하여 방향이나 갈피를 잡을 수 없음을 이르는 말.
- **오비이락(烏飛梨落)** : 까마귀 날자 배 떨어진다는 뜻으로, 아무 관계도 없이 한 일이 공교롭게도 때가 같아 억울하게 의심을 받거나 난처한 위치에 서게 됨을 이르는 말.
- **오월동주(吳越同舟)** : 서로 적의를 품은 사람들이 한자리에 있게 된 경우나 서로 협력하여야 하는 상황을 비유적으로 이르는 말.
- **오합지졸(烏合之卒)** : 까마귀가 모인 것처럼 질서가 없이 모인 병졸이라는 뜻으로, 임시로 모여들어서 규율이 없고 무질서한 병졸 또는 군중을 이르는 말.
- **와신상담(臥薪嘗膽)** : 불편한 섶에 몸을 눕히고 쓸개를 맛본다는 뜻으로, 원수를 갚거나 마음먹은 일을 이루기 위하여 온갖 어려움과 괴로움을 참고 견딤을 비유적으로 이르는 말.
- **용두사미(龍頭蛇尾)** : 용의 머리와 뱀의 꼬리라는 뜻으로, 처음은 왕성하나 끝이 부진한 현상을 이르는 말.
- **우이독경(牛耳讀經)** : 쇠귀에 경 읽기라는 뜻으로, 아무리 가르치고 일러 주어도 알아듣지 못함을 이르는 말.
- **유구무언(有口無言)** : 입은 있어도 말은 없다는 뜻으로, 변명할 말이 없거나 변명을 못함을 이르는 말.
- **은반위수(恩反爲讐)** : 은혜를 베푼 것이 도리어 원수가 됨. = 은반위구(恩反爲仇)
- **은인자중(隱忍自重)** : 마음속에 감추어 참고 견디면서 몸가짐을 신중하게 행동함.
- **읍참마속(泣斬馬謖)** : 큰 목적을 위하여 자기가 아끼는 사람을 버림을 이르는 말.
- **이여반장(易如反掌)** : 손바닥을 뒤집는 것과 같다는 뜻으로, 일이 매우 쉬움을 이르는 말.
- **이율배반(二律背反)** : 서로 모순되어 양립할 수 없는 두 개의 명제. = 모순(矛盾)
- **인면수심(人面獸心)** : 사람의 얼굴을 하고 있으나 마음은 짐승과 같다는 뜻으로, 마음이나 행동이 몹시 흉악함을 이르는 말.
- **일도양단(一刀兩斷)** : 칼로 무엇을 대번에 쳐서 두 도막을 낸다는 뜻으로 어떤 일을 머뭇거리지 않고 선뜻 결정함을 비유적으로 이르는 말.
- **일장춘몽(一場春夢)** : 한바탕의 봄꿈이라는 뜻으로, 헛된 영화나 덧없는 일을 비유적으로 이르는 말.
- **일촉즉발(一觸卽發)** : 한 번 건드리기만 해도 폭발할 것같이 몹시 위급한 상태.
- **임갈굴정(臨渴掘井)** : 목이 말라야 우물을 판다는 뜻으로, 평소에 준비 없이 있다가 일을 당하여 허둥지둥 서두름을 이르는 말.

>>> 짚어보기 의미가 유사한 한자성어 4

- **마음이 통함** : 이심전심(以心傳心), 염화시중(拈華示衆), 불립문자(不立文字)
- **실패를 딛고 회복함** : 절차탁마(切磋琢磨), 권토중래(捲土重來), 와신상담(臥薪嘗膽)
- **엉뚱한 사람이 이득을 봄** : 어부지리(漁父之利), 견토지쟁(犬兎之爭), 방휼지쟁(蚌鷸之爭)
- **융통성이 없고 어리석은 사람** : 수주대토(守株待兎), 연목구어(緣木求魚), 백년하청(百年河淸), 각주구검(刻舟求劍)
- **이러지도 저러지도 못함** : 진퇴양난(進退兩難), 진퇴유곡(進退維谷), 기호지세(騎虎之勢), 사면초가(四面楚歌)
- **임시로 취하는 행동** : 임기응변(臨機應變), 임시방편(臨時方便), 동족방뇨(凍足放尿), 하석상대(下石上臺), 미봉책(彌縫策)
- **편협한 사고를 가진 사람** : 좌정관천(坐井觀天), 정저지와(井底之蛙), 용관규천(用管窺天), 이관규천(以管窺天)

더하기 예제

다음 제시된 글의 핵심 내용을 잘 표현한 한자성어는?

기술 혁신의 역사를 돌아보고 그 의미를 되짚는 이유는, 그러한 위험 요인들을 예측하고 적절히 통제할 수 있는 능력을 갖춘 자만이 앞으로 다가올 기술 혁신을 주도할 수 있으리라는 믿음 때문이다.

① 동상이몽(同床異夢) ② 어부지리(漁父之利)
③ 온고지신(溫故知新) ④ 사면초가(四面楚歌)
⑤ 오비이락(烏飛梨落)

해설

제시된 글의 핵심은 과거의 역사를 통해 교훈을 얻어 미래를 대비한다는 내용이다. 이러한 내용을 잘 표현하는 한자성어는 옛 것을 익혀 새것을 안다는 뜻의 '온고지신(溫故知新)'이다.

① **동상이몽(同床異夢)** : 같은 자리에 자면서 다른 꿈을 꾼다는 뜻으로, 겉으로는 같이 행동하면서도 속으로는 각각 딴생각을 하고 있음을 이르는 말.
② **어부지리(漁父之利)** : 두 사람이 이해관계로 서로 싸우는 사이에 엉뚱한 사람이 애쓰지 않고 가로챈 이익을 이르는 말.
④ **사면초가(四面楚歌)** : 아무에게도 도움을 받지 못하는, 외롭고 곤란한 지경에 빠진 형편을 이르는 말.
⑤ **오비이락(烏飛梨落)** : 까마귀 날자 배 떨어진다는 뜻으로, 아무 관계도 없이 한 일이 공교롭게도 때가 같아 억울하게 의심을 받거나 난처한 위치에 서게 됨을 이르는 말.

정답 ❸

⑥ 자주 출제되는 한자성어 : ㅈ · ㅊ

- 자가당착(自家撞着) : 같은 사람의 말이나 행동이 앞뒤가 서로 맞지 아니하고 모순됨.
- 자강불식(自强不息) : 스스로 힘써 몸과 마음을 가다듬어 쉬지 아니함.
- 자승자박(自繩自縛) : 자기의 줄로 자기 몸을 옭아 묶는다는 뜻으로, 자기가 한 말과 행동에 자기 자신이 옭혀 곤란하게 됨을 비유적으로 이르는 말.
- 자화자찬(自畵自讚) : 자기가 그린 그림을 스스로 칭찬한다는 뜻으로, 자기가 한 일을 스스로 자랑함을 이르는 말.
- 작심삼일(作心三日) : 단단히 먹은 마음이 사흘을 가지 못한다는 뜻으로, 결심이 굳지 못함을 이르는 말.
- 장삼이사(張三李四) : 장씨(張氏)의 셋째 아들과 이씨(李氏)의 넷째 아들이라는 뜻으로, 이름이나 신분이 특별하지 아니한 평범한 사람들을 이르는 말.
- 적반하장(賊反荷杖) : 도둑이 도리어 매를 든다는 뜻으로, 잘못한 사람이 아무 잘못도 없는 사람을 나무람을 이르는 말.
- 전대미문(前代未聞) : 이제까지 들어 본 적이 없음.
- 전전긍긍(戰戰兢兢) : 몹시 두려워서 벌벌 떨며 조심함.
- 절차탁마(切磋琢磨) : 옥이나 돌 따위를 갈고 닦아서 빛을 낸다는 뜻으로, 부지런히 학문과 덕행을 닦음을 이르는 말.
- 점입가경(漸入佳境) : 들어갈수록 점점 재미가 있음. 또는 시간이 지날수록 더욱 꼴불견임을 비유적으로 이르는 말.
- 조령모개(朝令暮改) : 아침에 명령을 내렸다가 저녁에 다시 고친다는 뜻으로, 법령을 자꾸 고쳐서 갈피를 잡기가 어려움을 이르는 말.
- 조삼모사(朝三暮四) : 간사한 꾀로 남을 속여 희롱함을 이르는 말.
- 종두득두(種豆得豆) : 콩을 심으면 반드시 콩이 나온다는 뜻으로, 원인에 따라 결과가 생김을 이르는 말.
- 좌불안석(坐不安席) : 앉아도 자리가 편안하지 않다는 뜻으로, 마음이 불안하거나 걱정스러워서 한군데에 가만히 앉아 있지 못하고 안절부절못하는 모양을 이르는 말.
- 좌정관천(坐井觀天) : 우물 속에 앉아서 하늘을 본다는 뜻으로, 사람의 견문(見聞)이 매우 좁음을 이르는 말.
- 주경야독(晝耕夜讀) : 낮에는 농사짓고, 밤에는 글을 읽는다는 뜻으로, 어려운 여건 속에서도 꿋꿋이 공부함을 이르는 말.
- 주마가편(走馬加鞭) : 달리는 말에 채찍질한다는 뜻으로, 잘하는 사람을 더욱 장려함을 이르는 말.
- 주마간산(走馬看山) : 말을 타고 달리며 산천을 구경한다는 뜻으로, 자세히 살피지 아니하고 대충대충 보고 지나감을 이르는 말.
- 죽마고우(竹馬故友) : 대말을 타고 놀던 벗이라는 뜻으로, 어릴 때부터 같이 놀며 자란 벗.
- 중구난방(衆口難防) : 뭇사람의 말을 막기가 어렵다는 뜻으로, 막기 어려울 정도로 여럿이 마구 지껄임을 이르는 말.
- 중언부언(重言復言) : 이미 한 말을 자꾸 되풀이함. 또는 그런 말.
- 지기지우(知己之友) : 자기의 속마음을 참되게 알아주는 친구. = 지기(知己), 지음(知音)
- 지란지교(芝蘭之交) : 지초(芝草)와 난초(蘭草)의 교제라는 뜻으로, 벗 사이의 맑고도 고귀한 사귐을 이르는 말.
- 지록위마(指鹿爲馬) : 사슴을 가리켜 말이라고 한 데서 유래한 말로 윗사람을 농락하여 권세를 마음대로 함을 이르는 말.

- **진퇴양난(進退兩難)** : 이러지도 저러지도 못하는 어려운 처지. = 진퇴유곡(進退維谷)
- **천고마비(天高馬肥)** : 하늘이 높고 말이 살찐다는 뜻으로, 하늘이 맑아 높푸르게 보이고 온갖 곡식이 익는 가을철을 이르는 말.
- **천려일실(千慮一失)** : 천 번 생각에 한 번 실수라는 뜻으로, 슬기로운 사람이라도 여러 가지 생각 가운데에는 잘못되는 것이 있을 수 있음을 이르는 말.
- **천신만고(千辛萬苦)** : 천 가지 매운 것과 만 가지 쓴 것이라는 뜻으로, 온갖 어려운 고비를 다 겪으며 심하게 고생함을 이르는 말.
- **천인공노(天人共怒)** : 하늘과 사람이 함께 노한다는 뜻으로, 누구나 분노할 만큼 증오스럽거나 도저히 용납할 수 없음을 이르는 말.
- **천재일우(千載一遇)** : 천 년 동안 단 한 번 만난다는 뜻으로, 좀처럼 만나기 어려운 좋은 기회를 이르는 말.
- **천태만상(千態萬象)** : 천 가지 모습과 만 가지 형상이라는 뜻으로, 세상 사물이 한결같지 아니하고 각각 모습·모양이 다름을 이르는 말.
- **천편일률(千篇一律)** : 여럿이 개별적 특성이 없이 모두 엇비슷한 현상을 비유적으로 이르는 말.
- **청출어람(靑出於藍)** : 쪽에서 뽑아낸 푸른 물감이 쪽보다 더 푸르다는 뜻으로, 제자나 후배가 스승이나 선배보다 나음을 비유적으로 이르는 말.
- **초동급부(樵童汲婦)** : 땔나무를 하는 아이와 물을 긷는 아낙네라는 뜻으로, 평범한 사람을 이르는 말.
- **초미지급(焦眉之急)** : 눈썹에 불이 붙었다는 뜻으로, 매우 급함을 이르는 말.
- **초지일관(初志一貫)** : 처음에 세운 뜻을 끝까지 밀고 나감.
- **침소봉대(針小棒大)** : 작은 일을 크게 불리어 떠벌림.

더 알고가기

조삼모사(朝三暮四)

송(宋)나라에 저공(狙公)이라는 사람이 있었다. '저(狙)'란 원숭이를 뜻하는데 그 이름이 말해 주듯이 저공은 많은 원숭이를 기르고 가족의 양식까지 퍼다 먹일 정도로 원숭이를 좋아했다. 원숭이들 또한 저공을 따랐고 그의 마음까지 헤아릴 줄 알았다고 한다. 그런데 워낙 많은 원숭이를 기르다 보니 먹이를 대는 일이 날로 어려워졌다. 그래서 저공은 원숭이에게 나누어 줄 먹이를 줄이기로 했다. 그러나 먹이를 줄이면 원숭이들이 자기를 싫어할 것 같아 그는 우선 원숭이들에게 이렇게 말했다.

"너희들에게 나누어 주는 도토리를 앞으로는 아침에 세 개, 저녁에 네 개(朝三暮四)씩 줄 생각인데 어떠냐?"

그러자 원숭이들은 한결같이 화를 내었다. '아침에 도토리 세 개로는 배가 고프다.' 라는 불만임을 안 저공은 '됐다' 싶어 이번에는 이렇게 말했다.

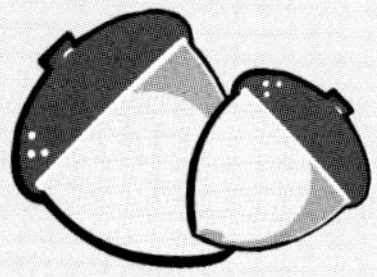

"그럼 아침에 네 개, 저녁에 세 개(朝四暮三)씩 주마."

그러자 원숭이들은 모두 기뻐했다고 한다.

더하기 예제

다음 중 ㉠~㉣에 들어갈 한자성어가 바르게 연결된 것은?

• 그 교수님의 강의 내용은 작년 것과 (㉠)하다.
• 선거가 코앞인데도 정치권은 여전히 (㉡)를 계속하고 있었다.
• 모두가 그의 탓이었으므로 그는 (㉢)이었다.
• (㉣)이라더니 내가 가지지 못한 것을 보니 욕심이 생겼다.

	㉠	㉡	㉢	㉣
①	大同小異	泥田鬪狗	有口無言	見物生心
②	大同少異	泥田鬪狗	有口無焉	見物生心
③	大同小異	泥田鬪狗	有口無焉	見勿生心
④	大同少異	尼田鬪狗	有口無言	見物生心
⑤	大同小異	尼田鬪求	有口無言	見物生心

해설

상황에 알맞은 한자성어를 찾아내고, 그 구성 한자어까지 정확하게 알아야 해결할 수 있는 문항이다.
㉠ **大同小異(클 대, 한 가지 동, 작을 소, 다를 이)** : 큰 차이 없이 거의 같음을 이르는 말.
㉡ **泥田鬪狗 (진흙 이, 밭 전, 싸울 투, 개 구)** : 자기의 이익을 위하여 비열하게 다툼을 비유적으로 이르는 말.
㉢ **有口無言(있을 유, 입 구, 없을 무, 말씀 언)** : 입은 있어도 말은 없다는 뜻으로 변명할 말이 없거나 변명을 못함을 이르는 말.
㉣ **見物生心(볼 견, 물건 물, 날 생, 마음 심)** : 어떠한 실물을 보게 되면 그것을 가지고 싶은 욕심이 생김을 이르는 말.

정답 ①

⑦ 자주 출제되는 한자성어 : ㅋ · ㅌ · ㅍ · ㅎ

- **쾌도난마(快刀亂麻)** : 잘 드는 칼로 마구 헝클어진 삼 가닥을 자른다는 뜻으로, 어지럽게 뒤얽힌 사물을 강력한 힘으로 명쾌하게 처리함을 이르는 말.
- **타산지석(他山之石)** : 다른 산의 나쁜 돌이라도 자신의 산의 옥돌을 가는 데에 쓸 수 있다는 뜻으로, 본이 되지 않은 남의 말이나 행동도 자신의 지식과 인격을 수양하는 데에 도움이 될 수 있음을 비유적으로 이르는 말.
- **탁상공론(卓上空論)** : 현실성이 없는 허황한 이론이나 논의.
- **토사구팽(兎死狗烹)** : 토끼가 죽으면 토끼를 잡던 사냥개도 필요 없게 되어 주인에게 삶아 먹힌다는 뜻으로, 필요할 때는 쓰고 필요 없을 때는 야박하게 버리는 경우를 이르는 말.
- **파죽지세(破竹之勢)** : 대를 쪼개는 기세라는 뜻으로, 적을 거침없이 물리치고 쳐들어가는 기세를 이르는 말.
- **팽두이숙(烹頭耳熟)** : 머리를 삶으면 귀까지 익는다는 뜻으로, 한 가지 일이 잘되면 다른 일도 저절로 이루어짐을 비유적으로 이르는 말.
- **폐포파립(敝袍破笠)** : 해어진 옷과 부서진 갓이란 뜻으로, 초라한 차림새를 비유적으로 이르는 말.
- **표리부동(表裏不同)** : 마음이 음흉하고 불량하여 겉과 속이 다름.
- **풍수지탄(風樹之嘆)** : 효도를 다하지 못한 채 어버이를 여읜 자식의 슬픔을 이르는 말. = 풍목지비(風木之悲), 풍수지감(風樹之感), 풍수지비(風樹之悲)
- **풍전등화(風前燈火)** : 바람 앞의 등불이라는 뜻으로, 사물이 매우 위태로운 처지에 놓여 있음을 비유적으로 이르는 말.
- **풍비박산(風飛雹散)** : 사방으로 날아 흩어짐.
- **하석상대(下石上臺)** : 아랫돌 빼서 윗돌 괴고 윗돌 빼서 아랫돌 괸다는 뜻으로, 임시변통으로 이리저리 둘러맞춤을 이르는 말.
- **학수고대(鶴首苦待)** : 학의 목처럼 목을 길게 빼고 간절히 기다림.
- **한단지몽(邯鄲之夢)** : 인생과 영화의 덧없음을 이르는 말.
- **한우충동(汗牛充棟)** : 짐으로 실으면 소가 땀을 흘리고, 쌓으면 들보에까지 찬다는 뜻으로, 가지고 있는 책이 매우 많음을 이르는 말.
- **함흥차사(咸興差使)** : 심부름을 가서 오지 아니하거나 늦게 온 사람을 이르는 말.
- **허심탄회(虛心坦懷)** : 품은 생각을 터놓고 말할 만큼 아무 거리낌이 없고 솔직함.
- **허장성세(虛張聲勢)** : 실속은 없으면서 큰소리치거나 허세를 부림.
- **혈혈단신(孑孑單身)** : 의지할 곳이 없는 외로운 홀몸.
- **형설지공(螢雪之功)** : 반딧불 · 눈과 함께 하는 노력이라는 뜻으로, 고생을 하면서 부지런하고 꾸준하게 공부하는 자세를 이르는 말.
- **호가호위(狐假虎威)** : 남의 권세를 빌려 위세를 부림.
- **호사다마(好事多魔)** : 좋은 일에는 흔히 방해되는 일이 많음. 또는 그런 일이 많이 생김.
- **호사유피(虎死留皮)** : 호랑이는 죽어서 가죽을 남긴다는 뜻으로, 사람은 죽어서 명예를 남겨야 함을 이르는 말.
- **호언장담(豪言壯談)** : 호기롭고 자신 있게 말함. 또는 그 말.
- **혹세무민(惑世誣民)** : 세상을 어지럽히고 백성을 미혹하게 하여 속임.
- **혼정신성(昏定晨省)** : 밤에는 부모의 잠자리를 보아 드리고 이른 아침에는 부모의 밤새 안부를 묻는다는 뜻으로, 부모를 잘 섬기고 효성을 다함을 이르는 말.

- **화룡점정(畵龍點睛)** : 무슨 일을 하는 데에 가장 중요한 부분을 완성함을 비유적으로 이르는 말.
- **화사첨족(畵蛇添足)** : 뱀을 다 그리고 나서 있지도 아니한 발을 덧붙여 그려 넣는다는 뜻으로, 쓸데없는 군짓을 하여 도리어 잘못되게 함을 이르는 말. = 사족(蛇足)
- **환골탈태(換骨奪胎)** : 뼈대를 바꾸어 끼고 태를 바꾸어 쓴다는 뜻으로, 고인의 시문의 형식을 바꾸어서 그 짜임새와 수법이 먼저 것보다 잘되게 함을 이르는 말.
- **회자정리(會者定離)** : 만난 자는 반드시 헤어짐.
- **후생가외(後生可畏)** : 젊은 후학들을 두려워할 만하다는 뜻으로, 후진들이 선배들보다 젊고 기력이 좋아, 학문을 닦음에 따라 큰 인물이 될 수 있으므로 가히 두렵다는 말.
- **후회막급(後悔莫及)** : 이미 잘못된 뒤에 아무리 후회하여도 다시 어찌할 수가 없음.
- **흥진비래(興盡悲來)** : 즐거운 일이 다하면 슬픈 일이 닥쳐온다는 뜻으로, 세상일은 순환되는 것임을 이르는 말.

1 주

더하기 예제

다음 밑줄 친 부분에 해당하는 한자성어는?

외환위기가 닥치자 국내의 많은 기업들이 매우 위태로운 상황에 처하게 되었다.

① 畵龍點睛
② 虛張聲勢
③ 表裏不同
④ 風前燈火
⑤ 靑出於藍

해설

'風前燈火(풍전등화)'는 바람 앞의 등불이라는 뜻으로, 사물이 매우 위태로운 처지에 놓여 있음을 비유적으로 이르는 말이다.
① **畵龍點睛(화룡점정)** : 무슨 일을 하는 데에 가장 중요한 부분을 완성함을 비유적으로 이르는 말.
② **虛張聲勢(허장성세)** : 실속은 없으면서 큰소리치거나 허세를 부림.
③ **表裏不同(표리부동)** : 마음이 음흉하고 불량하여 겉과 속이 다름.
⑤ **靑出於藍(청출어람)** : 쪽에서 뽑아낸 푸른 물감이 쪽보다 더 푸르다는 뜻으로, 제자나 후배가 스승이나 선배보다 나음을 비유적으로 이르는 말.

정답 ④

4 외래어 · 귀화어 · 순화어

우리말은 고유어와 한자어 외에도 다양한 외래어가 유입되어 있으며 그중에서는 우리말의 일부로 귀화어가 된 경우도 있다. 그러나 이러한 외래어의 유입은 우리말을 위축시키고 과도하게 사용할 경우 의사소통에 어려움을 주는 경우도 있어 정책적으로 이를 순화하려는 노력 또한 지속적으로 이루어지고 있다. 특히 순화어의 경우 외래어가 범람하는 언어현실을 바로잡으려는 의도로 선정된 어휘들이므로 올바른 언어생활을 위해서 반드시 학습해 두어야 한다.

출제 유형

- 국어 순화 사례를 잘못 제시한 것은?
- 다음 밑줄 친 부분을 같은 뜻의 다른 용어로 순화한 것이다. 적절하지 않은 것은?
- 다음은 국어 순화의 입장에서 고쳐 쓴 것이다. 바르게 고쳤다고 볼 수 없는 것은?
- 다음 광고에 나타난 무분별한 외래어 표기를 고치기 위해 토의한 내용으로 가장 적절한 것은?

(1) 외래어

외래어는 우리말에 존재하지 않는 개념이나 사물을 지칭하기 위해 또는 다른 필요에 의해 차용한 어휘들로 이후 우리말로 정착된 어휘들이다. 외래어는 외국어와 달리 우리말이 되는 과정에서 우리말의 음운변동 규칙에 적용을 받거나 본래의 외국어와는 다른 형태로 정착하는 경우가 많다. 이렇게 정착된 외래어는 우리말의 빈자리를 채우거나 고유어 및 한자어와 유의어체계를 이루면서 우리의 어휘체계를 보다 풍부하게 만들고 있다. 하지만 우리말이 존재함에도 불구하고 과시 또는 차별을 주기 위해 무분별하게 들어오는 외래어들도 적지 않다. 더욱이 이러한 외래어들이 고유어를 위축시킨다는 점이 문제점으로 지적되고 있다.

(2) 귀화어

귀화어란 외래어로서 우리말에 차용되어 들어왔으나 오랜 기간 동안 우리말에 쓰이면서 점차 우리말에 동화되어 현재는 마치 우리말과 같이 인식되고 있는 어휘들이다. 따라서 이들은 현재 외래어라는 인식이 거의 없는 어휘들이다. 귀화어는 그 국적에 따라 중국어, 일본어, 몽골어, 여진어, 포르투갈어 등 다양하게 존재한다.

>>> 짚어보기 귀화어의 종류

중국어를 차용한 어휘	붓, 먹, 종이, 짐승, 마냥, 고약, 김치, 배추, 고추, 상추, 호주머니, 호떡, 차반, 어차피, 급기야, 하필, 당연, 도대체, 심지어, 무려, 근근, 무진장, 순식간, 별안간, 좌우간, 섭씨, 화씨
여진어를 차용한 어휘	두만, 수수, 메주, 가위, 호미, 가마니
몽골어를 차용한 어휘	가라말(흑마), 구렁말(밤색말), 보라매, 송골매, 수라
일본어를 차용한 어휘	고구마, 냄비, 구두, 낭만주의
범어(고대 인도어)를 차용한 어휘	부처, 미륵, 찰나, 달마, 절, 중, 만다라, 불타, 석가, 보살, 사리, 아미타, 열반, 탑, 바라문
기타 서구어를 차용한 어휘	빵, 고무, 남포, 담배, 가방

(3) 순화어

순화어란 지나치게 어려운 말이나 규범에 어긋나는 말, 외래어 따위를 알기 쉽고 규범적인 상태 또는 고유어로 순화한 말을 이른다. 특히 외래어가 아직 완전히 우리말로서의 지위를 획득하지 못했거나 비정상적으로 정착되어 바른 우리말로 되돌릴 필요가 있을 때 정책적으로 순화하는 작업이 꾸준히 진행되어 오고 있다. 이는 말이 현실에 미치는 영향을 고려한 것으로 해방 이후 꾸준히 전개되어 왔다. 특히 일제강점기를 겪으면서 우리말 깊숙이 자리한 일본어의 잔재를 몰아내려는 정치적 동기가 강하게 작용하고 언중의 공감을 얻으면서 국어 순화 운동은 힘을 얻게 되었고 성과를 거두기도 하였다. 현재는 일본어 이외에도 한자어, 영어, 프랑스어 등 많은 외래어들이 순화의 대상이 되었고, 이러한 외래어를 순화하려는 노력 또한 다양하게 이루어지고 있다. 특히 정책적으로 〈국어기본법〉을 제정하고 어려운 행정 용어나 전문용어들을 순화하려는 노력들이 계속되어 왔다.

하지만 국어 순화 운동에 대해 긍정적인 시각만 있는 것은 아니다. 외래어가 우리말의 어휘 체계를 더욱 풍부하게 한다는 긍정적인 측면을 제기하는 사람들도 있고 언중이 자연스럽게 사용하고 있는 어휘체계를 의도적으로 변화시키는 것이 과연 올바른 것인가에 대한 의문을 제기하는 사람들도 있기 때문이다. 특히 고유어로 순화할 경우 고유어가 담당할 수 없는 외래어의 의미 분화 기능이 소멸되어 고도의 엄밀성을 요구하는 법률용어나 학술용어의 혼란을 초래할 수 있다는 문제점이 제기되기도 하였다. 따라서 외래어 순화는 단순하게 외래어를 고유어로 대체하는 방식보다는 외래어를 순화하였을 때 순기능이 훨씬 많고 의미혼란을 막을 수 있는 것인지 신중하게 고려하여 이루어져야 할 것이다.

① 영어 순화어

순화 대상어	순화어	순화 대상어	순화어	순화 대상어	순화어
가드레일	보호 난간	리더	지도자	벤치마킹	견주기/성능시험
가이드북	안내서	리더십	지도력/통솔력	보너스	상여금
개런티	출연료	리드하다	이끌다/주도하다	보이콧	거절/불참
게놈	유전체	리메이크	개작/재제작	부스	칸
게스트	손님/특별 출연자	리모델링	구조 변경	부킹	예약
그라운드	운동장	리모트 컨트롤	원격(조정기)	북마크	바로찾기
깁스	석고 붕대	리뷰	비평/평론	붐	대유행/성황
내러티브	줄거리	리셉션	축하연/피로연	브랜드	상표
넘버원	으뜸	리셋	재시동	브리핑	요약 보고
네일아트	손톱관리	리스크	위험	블랙리스트	감시 대상
노하우	비법/비결	리스트	목록/명단	블루칩	우량주
다운되다	멈추다	리조트	휴양지	버전	판
다운로드	내려받기	리퀘스트	신청/요청	빌트인	설치형/붙박이
다이어리	비망록/일기장	리플	댓글/답글	사이버 머니	전자 화폐
듀얼	양/이중	리필	되채우기	서바이벌 게임	생존 게임
디테일	부분/세부	리허설	예행연습	서포터스	응원단/후원자
딜레마	궁지	립싱크	입술연기	세트메뉴	한상차림
라벨	상표	링크	연결	스캔들	추문
라이벌	맞수/경쟁자	마스터	통달	셋톱박스	위성(방송) 수신기
라이선스	사용권/면허장	마인드	개념/인식	셔틀버스	순환버스
라인	선/줄/금	마인드 컨트롤	심리 통제/조절	소호몰	가상 가게
래프팅	급류타기	마초	근육질	쇼윈도	진열장
랜드마크	표지물	멀티미디어	다중/복합 매체	쇼핑몰	상점가
램프	표시등/등	메이커	제작자/제조업체	쇼핑 카트	장보기 밀차/수레
러닝머신	달리기틀	메이크업	화장	쇼 호스트	방송 판매자
러닝타임	상영시간	메이킹 필름	제작편	스킨십	피부 접촉
러시	봇물/붐빔	메카	요람/중심지	스타일	유형/모양새
레시피	요리법	멘터	지도자	스토커	과잉 접근자
레임덕	권력 누수(현상)	모기지론	미국형 주택담보대출	스티커	붙임 딱지/부착지
렌터카	임대 차/빌림 차	모니터링	감시/검색	스파	온천
로그아웃	접속 해지	모닝콜	깨우기 전화	스폰서	후원자/광고주
로그인	접속	모델 하우스	본보기집	슬럼프	부진/침체
로드맵	(단계별)이행안	모바일	이동 통신	시너지 효과	상승 효과
로열티	사용료/인세	미디어플레이어	매체 재생기	시리얼 넘버	(제조)일련 번호
로커 룸	탈의실/대기실	바코드	막대표시	시뮬레이션	모의 실험
로펌	법률회사	발레파킹	대리주차	시이오(CEO)	최고 경영자

순화 대상어	순화어	순화 대상어	순화어	순화 대상어	순화어
아이템	소재/품목	커넥션	결탁/연계	파트타임	시간제 근무
애널리스트	분석가	커닝	부정 행위	파티	연회/모임
애니메이션	만화영화	커미션	수수료/중개료	패널	토론자
애드리브	즉흥 대사/연기	커버 스토리	표지 기사	패닉 상태	공황 상태
액세서리	장식물/노리개	커서	깜박이/반디	패밀리 레스토랑	가족 식당
앤티크풍	고풍	커트라인	합격선/한계선	패치 프로그램	보완 프로그램
어닝 시즌	실적 발표 기간	커플	쌍/짝/부부	패키지	꾸러미/묶음
업데이트	갱신	컨설턴트	상담사	펜션	고급 민박
에이전시	대리인/대행인	컨소시엄	연합체	포털 사이트	들머리 사이트
엑소더스	탈출/대이동	컴백	복귀	포퓰리즘	대중 영합 주의
엠블럼	상징(표)	코너	꼭지(방송용어)	푸드코트	먹을거리장터
M&A	기업 인수 합병	코너 워크	회전 기술	퓨전	혼합/융합
오너 드라이버	손수 운전자	코멘트	평/논평	프랜차이즈	연쇄점/가맹점
오디션	심사/검사	코스튬플레이	의상 연출/연기	프로모션	흥행
오프 더 레코드	비보도 기자회견	콜 서비스	호출 지원	프리랜서	자유계약자
오픈베타	공개 시험	콜센터	전화 상담실	플래카드	현수막
옵션	선택(품목)	쿠폰	교환권/이용권	피켓	손팻말
워크북	익힘책	퀘스트	공동 과제	피트니스센터	건강 센터
워크아웃	기업 개선 작업	큐레이터	전시 기획자	필터링	여과
웨딩 플래너	결혼 설계사	크로스오버	넘나들기	하이브리드	혼합형
윈윈 전략	상생 전략	클라이언트	고객	하이테크	첨단 기술
유턴	되돌리기/선회	클리닉	진료소/진료실	하이힐	뾰족구두
이니셜	머리글자	키워드	핵심어	해프닝	웃음거리/우발사건
이머징 마켓	신흥 시장	키친 타월	종이 행주	핸디캡	약점/단점
이슈	쟁점/관심사	타이틀곡	표제곡	허브	중심 축
인스턴트 식품	즉석식품	테스크 포스 팀	전략팀/기획팀	허브사이트	굴대 사이트
인테리어	실내 장식	터닝포인트	전환점	헤드라인	표제/제목
인트라넷	내부 전산망	테마 송	주제가/주제곡	헤드 헌팅	인력 중개(인)
인프라	기반 시설	테이크아웃	사 가기	헬멧	안전모
임플란트	인공치아(이식)	텔레마케터	전화 판촉 사원	헬스	(기구)운동
재테크	재산관리	템포	박자/속도	호러	공포(물)
점프	도약	템플 스테이	절/사찰 체험	홈 뱅킹	안방 은행/거래
채널	경로/통로	토크 쇼	이야기 쇼	홈 쇼핑	안방 구매
채팅	대화	투어	순회	홈스테이	민박
카메오	단역	트레이드	선수 교환	홈시어터	안방 극장
카탈로그	목록/상품안내서	트렌드	유행	히트 상품	인기 상품
카풀	함께 타기	티저광고	호기심 유발 광고	홈페이지	누리집

더하기 예제

다음은 국어 순화의 입장에서 고쳐 쓴 것이다. 바르게 고쳤다고 볼 수 없는 것은?

① 준호는 은행 구좌를 개설하려고 순서를 기다렸다.
→ 준호는 은행 계좌를 개설하려고 순서를 기다렸다.

② 준희는 포스트잇에 담긴 내용을 이모티콘으로 다시 정리했다.
→ 준희는 붙임쪽지에 담긴 내용을 그림말로 다시 정리했다.

③ 독도 해양주권 수호를 위한 장기적 마스터플랜이 필요하다는 주장이 나왔다.
→ 독도 해양주권 수호를 위한 장기적 세부 지침이 필요하다는 주장이 나왔다.

④ 검찰에서는 악덕 상인들의 매점 행위를 집중 단속하고, 해결 안 된 사건을 수사하기로 했다.
→ 검찰에서는 악덕 상인들의 사재기 행위를 집중 단속하고, 해결 안 된 사건을 수사하기로 했다.

⑤ 혜선이는 새로 산 곤색 가방에 기스가 나서 기분이 상했다.
→ 혜선이는 새로 산 진남색 가방에 흠이 나서 기분이 상했다.

해설

'마스터플랜(master plan)'은 '기본 설계 또는 종합계획'으로 순화하는 것이 적절하다.
① '구좌(口座, こうざ)'는 일본어투이므로 '계좌'로 순화하는 것이 적절하다.
② '포스트잇(Post-it)'과 '이모티콘(emoticon)'은 각각 '붙임쪽지'와 '그림말'로 순화한다.
④ '매점(買占, かいしめ)'은 일본어투이므로 '사재기'로 순화한다.
⑤ '곤색(紺色, こんいろ)'과 '기스(傷, きず)'는 일본어투이므로 각각 '감색 또는 진남색', '흠(집)'으로 순화한다.

정답 ❸

② 일본어 순화어

순화 대상어	순화어	순화 대상어	순화어	순화 대상어	순화어
가감	**더하고 빼기**	내역	**명세**	백미러	**뒷거울**
가다	**틀**	노가다	**노동자**	부락	**마을**
가라	**가짜**	노견	**갓길**	부지	**터**
가리	**임시**	노깡	**토관/하수도관**	불하	**매각**
가오	**얼굴/체면**	노임	**품삯**	뻰찌	**자름집게**
가처분	**임시 처분**	다대기	**다진 양념**	삐끼	**호객꾼**
간수	**교도관**	다반사	**예삿일**	사라	**접시**
거래선	**거래처**	다이	**받침대**	사물함	**개인 보관함**
건폐율	**대지 건물 비율**	단도리	**준비/채비**	사바사바	**속닥속닥**
검사역	**검사원**	닭도리탕	**닭볶음탕**	사시미	**생선회**
검침원	**(계량기)조사원**	담합	**짬짜미**	사양서	**설명서**
견습	**수습**	대금	**값**	상신	**여쭘**
견양	**서식/보기**	대절	**전세**	생애	**일생**
견출지	**찾아보기표**	대하	**큰 새우**	서약서	**다짐글**
결석계	**결석 신고서**	대합실	**기다리는 곳**	석식	**저녁**
계주	**이어달리기**	도비라	**속표지**	선착장	**나루(터)**
고데	**인두**	도합	**합계**	세대	**가구**
고수부지	**둔치**	돈가스	**돼지고기 튀김**	세면	**세수**
고지	**알림**	뗑깡	**생떼**	쇼부	**흥정/승부**
고참	**선임자**	레자	**인조가죽**	수당	**일삯**
곤로	**화로**	레지	**(다방)종업원**	수주	**주문**
곤색	**감색**	마호병	**보온병**	수하물	**잔짐**
공장도 가격	**공장값**	만땅	**가득 채움**	시다	**보조원**
구루마	**수레**	매립	**메움**	식상	**싫증 남**
구좌	**계좌**	매물	**팔 물건**	신병인수	**사람 넘겨받음**
궐석재판	**결석재판**	매상	**판매**	실인	**도장/인장**
급사	**사환**	매점	**가게**	십장	**감독/반장**
기도	**문지기**	맥고모자	**밀짚모자**	십팔번	**단골 노래**
기라성	**빛나는 별**	멸실	**없어짐**	아나고	**붕장어**
기스	**흠/상처**	명도	**내어줌/넘겨줌**	아다리	**수/적중**
기지	**생천/옷감**	명일	**내일**	언도	**선고**
기합	**벌주기**	모찌떡	**찹살떡**	오뎅	**꼬치(안주)**
꼬붕	**부하**	몸뻬	**일 바지**	오야봉	**우두머리**
낑깡	**금귤**	무뎃뽀	**막무가내**	오지	**두메**
납기일	**내는 날**	미싱	**재봉틀**	와꾸	**틀/테두리**
납득	**이해**	백묵	**분필**	와사비	**고추냉이**

순화 대상어	순화어	순화 대상어	순화어	순화 대상어	순화어
요지	**이쑤시개**	자바라	**주름**	추월	**앞지르기**
우동	**가락국수**	잔고	**잔액**	축제	**잔치/모꼬지**
우라	**안감**	절취선	**자르는 선**	취입	**녹음**
유도리	**융통성**	조로	**물뿌리개**	하명	**명령**
유휴지	**노는 땅**	지라시	**(낱장)광고**	할증료	**웃돈/추가금**
육교	**구름다리**	짬뽕	**초마면**	함바	**현장 식당**
이서	**뒷보증**	차출	**뽑아냄**	회람	**돌려보기**
인상	**올림**	천정	**천장**	흑판	**칠판**
임파선	**림프샘**	촌지	**작은 뜻**	히마리	**맥**

더하기 예제

다음 밑줄 친 단어를 바꿔 쓴 것으로 적절하지 않은 것은?

① 종교시설도 불황을 피하지 못하고 경매 매물로 쏟아지고 있다. → 팔 물건

② 그는 우동 한 그릇을 비우고 길을 나섰다. → 가락국수

③ 한강의 고수부지에서 불꽃놀이가 시작되었다. → 둔치

④ 우리는 오지에 사는 아이들에게 책을 보냈다. → 섬

⑤ 초밥을 먹을 때는 와사비와 함께 먹는다. → 고추냉이

해설

'오지'는 도회에서 멀리 떨어져 사람이 많이 살지 않는 변두리나 깊은 곳을 뜻하는 '두메'로 순화해야 한다.

정답 ❹

둘 어휘의 관계

개별 어휘들은 각각 고유한 의미를 가지고 있으면서도 다른 어휘들과 일정한 관계를 맺고 있다. 이러한 어휘들 간의 관계는 상하 관계에서부터 유의 관계 또는 반의 관계까지 매우 다양하다. 따라서 이러한 어휘들의 의미 관계를 파악하는 것은 어휘력을 신장시키는 가장 좋은 학습 방법이다.

어휘의 의미나 관계는 시간의 흐름에 따라 변화하는데 기존의 의미 관계가 변화를 겪기도 하고 관계를 맺고 있던 어휘들이 소멸되거나 새로운 어휘가 탄생하여 주변 어휘의 의미 관계에 영향을 주기도 한다.

출제 유형

- 밑줄 친 단어의 쓰임이 다른 것은?
- 다음 두 단어의 관계가 이질적인 것은?
- 다음 밑줄 친 단어를 유사한 의미의 다른 표현으로 바꾼 것 중 바르지 않은 것은?

1 어휘 간의 의미 관계

어휘들은 각각 고유한 의미를 가지지만 문장 안에서 어휘의 의미는 독립적으로 존재하는 것이 아니라 다른 어휘들과의 관계 속에서 정의된다. 따라서 어떤 어휘의 의미를 보다 명확하게 정의하기 위해서는 그 어휘를 둘러싼 어휘들과의 관계를 파악해야 하며, 이들 어휘들이 맺는 관계의 체계나 구조를 이해해야 한다. 이러한 어휘들의 의미 관계는 어휘들의 의미 성분에 따라 다양한 양상을 보인다.

(1) 상하 관계(上下關係)

한 어휘는 그 어휘를 포함한 의미의 집단을 형성하게 되고, 그 의미 집단 안에서 하위의 개념들을 포함하거나 상위의 개념에 포함되기도 한다. 한 어휘가 의미 집단 내에서 하위의 개념들을 지닌 어휘들을 포함하게 될 때 상위어(上位語)라 하고, 반대로 한 어휘가 동위어들과 함께 의미 집단 내에서 상위의 개념을 지닌 어휘에 포함될 경우 하위어(下位語)라고 한다. 물론 이러한 상위어와 하위어의 개념은 절대적인 것은 아니며 의미 관계에 따라 달라지는 상대적인 관계이다. 예를 들어 '곤충'이라는 어휘를 생각해 보자. '곤충'에는 '잠자리'도 있고 '메뚜기'도 있으며 '파리', '모기' 등도 포함된다. 이 경우 '잠자리', '메뚜기', '파리', '모기'는 동위어가 되고 이들에 있어서 '곤충'은 상위어가 된다. 반면 '곤충'은 '포유류', '조류' 등의 동위어와 함께 '동물'이라는 어휘에 포함된다. 이때 '곤충'은 '동물'에 대해 하위어가 된다.

더하기 예제

다음 제시된 단어들 사이의 관계가 ㉠ : ㉡의 관계와 가장 이질적인 것은?

올림픽 경기 중에서 가장 각광을 받고 있는 종목은 ㉠ 구기 종목이다. 구기 종목 중에서도 특히 ㉡ 축구는 전 세계적으로 이목이 집중되는 종목이다.

① 낙동강 : 바다
② 색상 : 노랑
③ 필기구 : 볼펜
④ 예술 : 음악
⑤ 도로(道路) : 고속도로

해설
㉠과 ㉡의 관계는 상하 관계이다. ㉠(구기 종목)은 상위어, ㉡(축구)은 하위어에 해당한다. ①의 '낙동강'과 '바다'는 '물'이라는 의미를 공유하며 '강물'이 '바다'로 흘러가 합류한다는 의미상 연관성을 가질 뿐 하위어와 상위어의 포함 관계가 성립한다고 보기 어렵다.

정답 ①

(2) 공유 관계(共有關係)

두 어휘의 의미가 동일하지 않더라도 일정한 의미성분을 공유하게 되는 경우가 있다. 예를 들어 '아버지', '아저씨', '장끼', '수탉'은 서로 의미가 일치하는 것은 아니지만 '남성(수컷)'이라는 의미성분을 공유하고 있다. 또한 '춤추다', '달리다', '걷다', '기어가다'라는 어휘의 경우 '움직임'이라는 의미성분을 공유한다. 이처럼 일정한 의미성분을 공유하는 어휘들의 관계를 공유 관계라 한다.

(3) 유의 관계(類義關係)와 동의 관계(同議關係)

형태가 다른 두 어휘들 간에 의미가 유사성을 띠고 상호 교체될 수 있는 경우 유의 관계에 있다고 한다. 예를 들어 '낯'과 '얼굴'의 경우 '사람의 눈, 코, 입이 붙어 있는 머리의 앞면'을 의미한다는 점에서는 의미가 유사하다. 그리고 '낯이 뜨겁다.', '얼굴이 뜨겁다.'와 같이 문맥에서 교체가 가능하기 때문에 유의 관계로 볼 수 있다. 하지만 이와 달리 '낯이 크다.', '얼굴이 크다.'에서와 같이 문맥에 따라 교체가 어려운 경우도 발생한다. 따라서 이러한 경우는 유의 관계에 있다고 할 수 없다. 한편 형태가 다른 두 어휘가 의미가 동일하며 모든 문맥에서 교체가 가능한 경우 동의 관계에 있다고 한다. 하지만 엄밀한 의미에서 모든 문맥에서 교체가 가능한 어휘 관계는 없다는 점에서 유의 관계로 보기도 한다.

>>> 짚어보기 유의 관계의 양상

- 높임체계에 따른 유의 관계 : 밥/진지, 주다/드리다, 먹다/잡수시다.
- 고유어와 한자어의 대립에 따른 유의 관계 : 생각/사고(思考), 슬픔/비애(悲哀), 사람/인간(人間), 말미/휴가(休嘉).
- 고유어와 외래어의 대립에 따른 유의 관계 : 만남/미팅(meeting), 동아리/써클(circle), 집/아파트(apartment).
- 표준어와 방언에 따른 유의 관계 : 옥수수/강냉이, 고깃간/푸줏간.
- 사회 계층에 따른 유의 관계 : 소변/오줌.

(4) 반의 관계(反義關係)와 대립 관계(對立關係)

어떤 어휘들 간의 관계에서 하나의 요소를 제외한 나머지 의미요소가 동일할 때, 반의 관계에 있다고 한다. 예를 들어 '처녀'와 '총각'이란 어휘를 살펴보면 '+사람, +미혼'이라는 점은 동일하지만 오직 '여성', '남성'이라는 성의 요소만 차이가 나기 때문에 반의 관계에 해당한다.

통상 반의 관계와 대립 관계를 혼동하는 경우가 많은데 '하늘'과 '땅'은 공통된 의미요소가 없다. 다만 '위', '아래'라는 위치요소만 대립하는 어휘이다. 따라서 '하늘'과 '땅'은 반의 관계로 보기 힘든 것이다.

더 알고가기

반의어의 종류

반의 관계는 의미 관계의 양상에 따라 상보적 반의어, 등급적 반의어, 상관적 반의어로 구분할 수 있다.

- **상보적 반의어** : 두 어휘들 사이에 중간항을 허용하지 않는 경우에 해당한다. 예를 들어 '남자'와 '여자'의 경우 성별에서 의미가 반대되지만 두 어휘 간의 중간항은 허용되지 않는다.
- **등급적 반의어** : '뜨겁다'와 '차다'의 경우 '온도'에서 정도의 차이에 따른 반의 관계를 형성하지만 '남자'와 '여자' 같이 중간항이 허용되지 않는 것은 아니다. '미지근하다'와 같은 중간항이 존재하기 때문이다. 따라서 '뜨겁지 않다'와 같이 한 낱말의 부정형이 반의 관계에 있는 어휘인 '차갑다'와 일치하지 않는다. 이러한 반의 관계에 있는 어휘들을 등급적 반의어라 한다.
- **상관적 반의어** : 반의 관계에 있는 두 낱말이 서로 대칭적 관계에 있는 경우를 말한다. 이러한 상관적 반의어에서는 주체와 객체의 관계를 바꾸면 의미가 동일해지는 특징이 있다. 가령 '형', '동생'의 경우 'A가 B의 형이다.'라는 문장에서 A와 B의 관계를 바꾸어 'B가 A의 동생이다.'로 바꾸면 의미가 동일해지는 것이다. 또한 '사다', '팔다'의 경우도 이에 해당하는데 'A가 B에게 C를 팔다.'를 'B가 A에게 C를 사다.'로 바꾸면 역시 의미가 동일해진다.

더하기 예제

다음 중 단어들의 관계가 가장 이질적인 것은?

① 팽창(膨脹) : 수축(收縮)
② 부상(浮上) : 추락(墜落)
③ 무산(霧散) : 평형(平衡)
④ 증가(增加) : 감소(減少)
⑤ 지속(持續) : 단절(斷絕)

해설

'무산(霧散)'은 안개가 걷히듯 흩어져 없어짐. 또는 그렇게 흐지부지 취소된다는 뜻이고 '평형(平衡)'은 '사물이 한쪽으로 기울지 않고 안정해 있다는 의미이다.

① **팽창(膨脹)** : 1. 부풀어서 부피가 커짐. 2. 수량이 본디의 상태보다 늘어나거나 범위, 세력 따위가 본디의 상태보다 커지거나 크게 발전함.
수축(收縮) : 1. 근육 따위가 오그라듦. 2. 부피나 규모가 줄어듦.
② **부상(浮上)** : 1. 물 위로 떠오름. 2. 어떤 현상이 관심의 대상이 되거나 어떤 사람이 훨씬 좋은 위치로 올라섬.
추락(墜落) : 1. 높은 곳에서 떨어짐. 2. 위신이나 가치 따위가 떨어짐. 3. 할아버지나 아버지의 공덕에 미치지 못하고 떨어짐.
④ **증가(增加)** : 양이나 수치가 늚.
감소(減少) : 양이나 수치가 줆. 또는 양이나 수치를 줄임.
⑤ **지속(持續)** : 어떤 상태가 오래 계속됨. 또는 어떤 상태를 오래 계속함.
단절(斷絕) : 1. 유대나 연관 관계를 끊음. 2. 흐름이 연속되지 아니함.

정답 ❸

(5) 다의 관계(多義關係)와 동음이의 관계(同音異義關係)

어떤 어휘에 대응하는 의미가 여럿일 경우 다의 관계에 있다고 한다. 다의 관계에 있는 어휘들은 중심 의미를 바탕으로 주변 의미로 확장되거나 비유에 의해 의미가 확장되기도 한다. '길'의 경우 중심 의미는 '사람이나 짐승이 걸어 다니는 공간'이지만 '성인의 길을 걸었다.', '그 일을 막을 길이 없다.'와 같이 '삶', '방법' 등 주변적 의미로 확장되어 다의 관계를 형성하기도 하고, '저승길을 가다.'와 같이 비유적인 의미로 확장되어 다의 관계를 형성하기도 한다.

반면 서로 다른 의미를 지닌 어휘가 시간의 흐름에 따라 발음이 변화하여 우연히 형태가 같아진 경우가 있는데 '배'의 경우 '과일의 한 종류'나 '사람의 가슴 아래 부분(腹部)', '바다에서 사람이나 화물을 수송하는 교통수단(船)' 모두가 같은 형태를 지니고 있다. 하지만 이들은 모두 어원이 같지 않아 의미상의 연관성이 없으며 중심 의미에서 주변 의미로 확장된 것으로 볼 수 없다. 이러한 경우 다의 관계와 구분하여 '동음이의 관계'에 있다고 하며 사전에서도 서로 다른 어휘로 취급한다.

더하기 예제

밑줄 친 부분과 동일한 의미로 쓰인 것은?

수치 지도는 토지 이용도, 지적도, 지하 시설물 위치도, 도로 지도, 기상도, 식생도와 같은 주제도(主題圖)에 널리 활용되고 있는데, 이와 같이 수치 지도를 활용하는 체계를 '지리 정보 시스템[GIS]'이라고 부른다.

① 운동을 할 때는 날씨 같은 것을 고려해야 해.
② 하늘의 별과 같은 너의 눈동자.
③ 도대체 사람 같은 사람이 없다.
④ 마치 귀신이 나올 것만 같은 분위기이다.
⑤ 그들은 같은 동아리에 소속되어 있었다.

해설

'같다' (형용사)
㉠ 서로 다르지 않고 하나이다. 예 나는 그와 키가 같다.
㉡ 다른 것과 비교하여 그것과 다르지 않다. 예 백옥 같은 피부.
㉢ 그런 부류에 속한다는 뜻을 나타내는 말. 예 신혼여행은 으레 제주도나 설악산 같은 곳에 가야 한다는 고정 관념이 있다.
㉣ '기준에 합당한'이라는 뜻을 나타내는 말. 예 말 같은 말을 해야지.
밑줄 친 ㉠의 '같은'은 ㉢의 의미로 쓰였다. 이러한 의미를 지닌 것은 ①이다.
②, ④는 ㉡, ③은 ㉣, ⑤는 ㉠의 의미로 각각 쓰였다.

정답 ①

2 의미 변화의 원인

언어는 역사성을 가지고 있어 생성 · 성장 · 소멸의 단계를 거치게 된다. 단어의 의미 역시 이러한 역사성에 의해 변화하게 된다. 이는 오랜 시간을 두고 서서히 변화하기도 하고 때로는 짧은 시간에 변화하기도 한다. 이러한 단어의 의미 변화는 어느 날 갑자기 이루어지는 것은 아니고 언어 자체의 원인이나 심리적 원인, 역사적 원인, 사회적 원인 등의 다양한 요인에 의해 변화하게 된다.

(1) 언어적 원인

언어적 원인에 의한 의미 변화란 특정한 단어가 인접한 단어와 연계되어 쓰이는 과정에서 한 단어의 의미

가 다른 단어의 의미로 옮겨감으로써 의미 변화가 생기는 것을 말한다. 이러한 의미 변화는 전염이나 생략, 감염 등의 방식으로 일어나게 된다.

우선 전염에 의한 의미 변화는 '결코', '별로'와 같은 단어에서 볼 수 있다. '결코'는 '아니다'라는 부정어와 호응하면서 부정적 의미가 감염되어 '결코' 역시 부정적 의미로 쓰이게 되었다. '별로' 역시 긍정과 부정에 다 쓰이던 말이지만 부정어와 빈번하게 호응하면서 부정적 의미가 감염되어 부정적 의미로만 쓰이게 되었다.

생략에 의한 의미 변화는 인접해 쓰이던 단어들 가운데 한 단어가 생략되고, 그 의미가 남은 단어에 옮겨가는 경우이다. '코', '아침'이 그러한 예인데 '코'의 경우 '콧물'에서 '물'이 생략되고 '코'가 '콧물'의 의미를 갖게 된 경우이고, '아침'은 '아침밥'에서 '밥'이 생략되고 '아침'에 '아침밥'의 의미가 옮겨가게 된 경우이다.

마지막으로 민간어원에 의한 의미 변화는 민간에서 단어를 잘못 분석하거나 단어의 어원을 자의적으로 해석하여 의미가 뜻하지 않게 확대된 경우로, '행주치마'를 예로 들 수 있다. '행주치마'의 '행주'는 원래 '힝즈'에서 온 말로 임진왜란 이전부터 쓰이고 있었다. 그러나 임진왜란 당시 행주산성 전투의 '행주'라는 지명과 '행주치마'를 연관 지으면서 '행주치마'는 본래의 의미 외의 다른 의미를 추가로 얻게 되었다.

(2) 역사적 원인

역사적 원인은 실제 지시대상에 비해 언어형식이 갖는 보수성으로 인해 발생하는 변화를 말한다. 언어의 의미, 즉 지시 내용은 변화하지만 언어형식이 함께 변화하지 않아 언어의 의미가 변화하게 된 것이다. '배(船)'의 경우 과거에는 '목선(木船)'만을 의미하였으나 이후 배와 관련된 기술이 발전하면서 목선뿐만 아니라 증기선에서 항공모함, 잠수함에 이르기까지 다양한 재료를 가진 배가 만들어졌고, 자연히 '배(船)'의 의미도 확장되었다. 이는 실제 사물의 변화에 비해 언어형식이 보수적이어서 발생하는 의미변화의 예이다.

(3) 사회적 원인

사회적 원인에 의한 의미 변화는 특정 단어가 일반적으로 널리 쓰이다가 특정 계층에서 쓰이면서 의미가 변화되는 경우나 역으로 특정 계층의 언어가 일반화되면서 의미가 변화하는 경우를 말한다. '왕(王)'이 대표적인 사례인데, 이 단어는 원래 봉건제도 아래에서 통치자에게만 쓰이던 단어였지만 봉건제도가 사라지고 일반화되면서 '암산 왕, 줄넘기 왕'과 같이 '특정 분야에서 뛰어난 능력을 지닌 사람'이라는 말로 의미가 확대되어 쓰이고 있다. 한편 '출혈'과 같은 단어는 원래는 '피를 흘린다.'라는 뜻인데 경제용어로 쓰이면서 '손해를 본다.'라는 뜻으로 쓰이게 되었다.

(4) 심리적 원인

심리적 원인에 의한 의미 변화는 대상에 대한 언중의 심리적 태도와 밀접하게 연관되어 있다. 대표적으로 은유에 의한 것을 들 수 있는데 '곰'을 예로 들면 '곰'의 생태와 관련하여 언중이 이를 '미련한 사람'으로

비유하면서 '곰'의 의미가 확대되었다.

한편 금기에 의해 의미가 변화한 것도 있는데 '마마'가 대표적이다. '마마'는 '천연두'를 가리키는 말로 과거에는 '천연두'가 매우 심각한 병이었기 때문에 이를 '마마'라는 높임 표현으로 완곡하게 표현하면서 의미가 변화한 예이다.

3 의미 변화의 양상

어휘는 앞서 살펴본 다양한 원인들에 의해 그 의미가 변화하게 된다. 이때 어휘의 의미는 기존 의미에서 파생된 다른 의미를 포함하거나 대상의 변화나 인식의 변화에 따라 어휘의 외연(外延)이 확장되기도 하고, 기존 어휘의 의미 중에 일부가 사라지거나 이탈하여 의미가 축소되기도 한다. 또한 어휘의 의미가 여러 요인에 의해 전혀 다른 의미로 전성(轉成)되기도 한다.

(1) 의미의 확장

단어가 가진 본래의 의미보다 확장되는 것을 말한다. '영감'이라는 단어는 과거에는 높은 관직에 오른 지체 높은 사람을 가리키는 말이었는데 현재는 '나이가 많은 사람'이라는 뜻으로 두루 쓰이면서 그 범위가 확대되었다. 또한 '지갑(紙匣)'의 경우 '종이'로 만든 것만을 의미하였는데 시대의 변화에 따라 지갑을 만드는 소재가 다양해지면서 이제는 가죽이나 천으로 만든 것도 모두 '지갑'이라고 하여 그 의미가 확장되었다. 이 외에도 '아침(아침밥)', '배(船)', '왕(王)' 등도 의미가 확장된 어휘에 속한다.

(2) 의미의 축소

단어가 본래 가졌던 의미보다 축소되는 것을 말한다. '놈'은 과거에는 '일반적인 사람들'을 의미하는 말이었으나 현재는 비하의 의미로만 쓰여 그 의미가 축소되었다. '계집' 역시 과거에는 아내를 의미하는 말이었으나 현재는 '여자'를 낮잡아 부르는 말로 그 의미가 축소되었다. '얼굴' 또한 의미가 축소된 경우이다. '얼굴'은 원래 몸 전체를 의미하는 말이었지만 시간이 지남에 따라 '안면(顔面)'만을 의미하게 되었다.

(3) 의미의 전성

한 단어의 의미가 그와는 전혀 다른 의미로 바뀌는 것을 전성(轉成)이라 한다. 예를 들어 과거에 '어리다'는 '어리석다'라는 뜻이었지만 지금은 '나이가 적다.'라는 뜻이 되었다. 또한 '어엿브다' 역시 과거에는 '불쌍하다'라는 뜻이었지만 현재는 '예쁘다'라는 뜻으로 변화하였다. '씩씩하다'도 과거에는 '엄하다'라는 뜻이었지만 현재는 '씩씩하다'라는 의미로 바뀌어 쓰이고 있다. 그리고 '감투를 쓰다' 또한 본래 의미에서 현재는 '벼슬이나 지위를 얻는다.'라는 의미로 변화하여 쓰이고 있다. 이러한 의미 변화의 양상을 보이는 단어에는 '수작(酬酌)'[잔을 주고받다. → 말을 주고받다.], '내외(內外)'[안과 밖 → 부부], '인정(人情)'[뇌물 → 사람의 정] 등이 있다.

4 어휘의 사전적 의미와 문맥적 의미

어휘의 의미는 사전적 의미와 문맥적 의미로 나눌 수 있다. 사전적 의미는 어휘 자체의 고유한 의미이며 사전에 등재되어 있기 때문에 사전적 의미라고 한다. 반면 사전에 실린 뜻과는 달리 문장 안에서 갖는 새로운 의미를 문맥적 의미라고 하며, 이는 사전적 의미보다는 문맥을 고려해야 명확한 의미를 발견할 수 있다.

(1) 어휘의 사전적 의미

사전적 의미란 한 언어가 지닌 기본적인 의미로 상황이나 문맥과는 관련이 없기 때문에 객관적인 의미이다. 가령, '꽃'이라는 어휘의 경우 사전에는 '종자 식물의 번식 기관.'이라고 설명되어 있는데 이것이 바로 사전적 의미이다. 우리의 언어생활은 주로 이러한 사전적 의미를 중심으로 이루어지고 있으므로 사전적 의미의 이해는 결국 의사소통의 기본이 된다. 특히 법조문이나 학술 용어와 같이 엄밀성을 요구하는 분야에서는 무엇보다 명확한 사전적 의미의 활용이 필수적이다. 사전적 의미는 지시적 의미나 외연적 의미라고도 부른다.

(2) 어휘의 문맥적 의미

문맥적 의미는 사전적 의미와는 달리 담화나 문장의 맥락이나 상황을 고려해야 파악할 수 있는 의미이다. 즉 어휘의 중심적 의미에서 벗어나 이를 확장하여 사용하거나 주변적 의미로 사용하는 경우이다. 가령 '영희는 우리 동네의 꽃이다.' 라는 문장에서 '꽃'은 ' 종자식물의 번식 기관.'이라는 사전적 의미로 사용된 것이 아니라 '우리 동네에서 소중한 존재이다.' 혹은 '우리 동네에서 가장 예쁘다.'와 같은 의미로 사용된 것인데 이러한 의미가 곧 문맥적 의미이다. 문맥적 의미는 그 어휘가 사용된 앞뒤문장이나 상황을 충분히 고려해야 의미를 파악할 수 있다.

더 알고가기

어휘의 문맥적 의미 추론 방법

- **해당 어휘가 어떤 범주에 속하는 것인지 확인한다.** : 문맥적 의미가 유사하다는 것은 곧 어휘가 내포하는 의미의 범주가 일치한다는 것을 의미하므로 해당 어휘가 동사인지 형용사인지, 혹은 해당 어휘가 정신적인 것인지 물리적인 것인지 등을 파악해 본다.
- **해당 어휘를 다른 어휘로 교체해 본다.** : 어휘를 교체하였을 경우 의미가 서로 통하면 문맥적 의미가 유사한 것으로 볼 수 있다. 가령 '그 철학자는 운명에 대해 깊이 생각 중이다.' 라는 문장에서 '생각'의 문맥적 의미를 추론하고자 할 때 이와 유사한 어휘를 교체해 보면 보다 의미가 명확해 질 수 있다. 즉, '그 철학자는 운명에 대해 깊이 사색 중이다.'는 비교적 자연스럽지만 '그 철학자는 운명에 대해 깊이 인식(認識) 중이다.' 라는 표현은 부자연스럽다. 따라서 위 문장에서 '생각'의 문맥적 의미는 '사색(思索)'에 가깝다고 볼 수 있다.
- **반의어를 점검해 본다.** : 반의어가 일치하면 유의 관계가 성립하므로 문맥적 의미를 보다 쉽게 파악할 수 있다. 예를 들어 '작다(小) – 적다(少)'의 경우 반의어를 살펴보면 '크다(大) – 많다(多)'의 대립이 성립하므로 '작다'는 크기와, 적다는 양과 관련된 의미를 내포하고 있음을 알 수 있다.

셋 어휘 영역 주관식 유형

1 십자말풀이

더하기 예제

제시된 뜻풀이를 참고하여 빗금 친 부분에 알맞은 단어를 쓰시오.

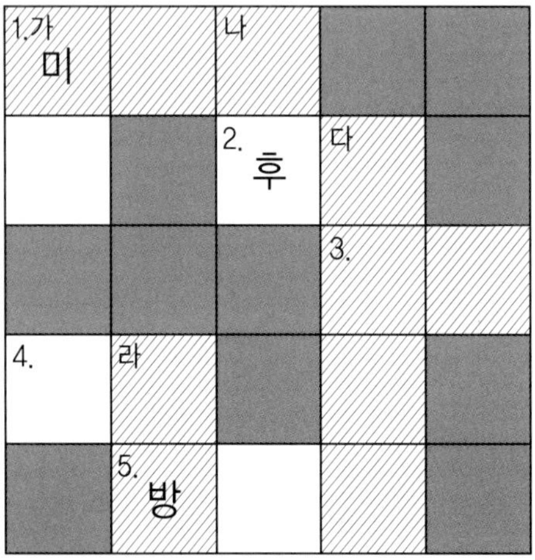

[가로 열쇠]

1. 아닌 게 아니라 과연.
2. 두껍고 얇음.
3. 하얗게 센 머리 또는 그런 사람을 이르는 말.
4. 어느 부분이 없거나 잘못되어서 불완전함.
5. 어떤 문자가 특정한 값을 취할 때에만 성립하는 등식.

[세로 열쇠]

가. 사건, 문제 따위가 얽혀서 쉽게 해결하지 못하게 된 상태.
나. 영원토록 변하거나 없어지지 아니함을 비유적으로 이르는 말.
다. 학식이 넓고 아는 것이 많음.
라. 아주 할 줄 모르는 솜씨를 이르는 고유어.

가로 1. ( )
가로 3. ( )
세로 다. ( )
세로 라. ( )

해설

미	상	불		
궁		후	박	
			학	발
결	손		다	
	방	정	식	

[가로]

- 1 : '아닌게 아니라 과연'의 뜻을 가진 말은 '미상불(未嘗不)'이다.
- 2 : 첫 음절이 '후'이고, '두껍고 얇음'이란 뜻을 지닌 말은 '후박(厚薄)'이다.
- 3 : 첫 음절이 '학'이고, 하얗게 센 머리 또는 그런 사람을 이르는 말은 '두루미의 깃털같이 희다.'라는 뜻의 '학발(鶴髮)'이다.
- 4 : 끝 음절이 '손'이고, '어느 부분이 없거나 잘못되어서 불완전함'을 뜻하는 말은 '결손(缺損)'이다.
- 5 : 끝 음절이 '식'이고, 어떤 문자가 특정한 값을 취할 때에만 성립하는 등식을 이르는 말은 '방정식(方程式)'이다.

[세로]

- 가 : 첫 음절이 '미'이고 사건이나 문제 따위가 얽혀서 쉽게 해결하지 못하게 된 상태를 의미하는 말은 '미궁(迷宮)'이다.
- 나 : 첫 음절을 '불'로 시작하고, 영원토록 변하거나 없어지지 아니함을 비유적으로 이르는 말은 '썩지 않음'의 뜻을 가진 '불후(不朽)'이다.
- 다 : 첫 음절이 '박'이고, 학식이 넓고 아는 것이 많음이란 뜻을 가진 사자성어는 '박학다식(博學多識)'이다.
- 라 : '방'으로 끝나고 아주 할 줄 모르는 솜씨를 의미하는 말은 '손방'이다.

정답

가로 1. (미상불)
가로 3. (학발)
세로 다. (박학다식)
세로 라. (손방)

2 짧은 글짓기

더하기 예제 주관식

다음 제시된 단어 또는 구절을 모두 사용하여 한 문장으로 된 글을 지으시오.

[예시]

사회(社會), 수행(遂行), 구성원(構成員), 방향(方向)

→ 사회 구성원들이 자신의 위치에서 맡은 바를 성실히 수행할 때 우리 사회는 바른 방향으로 나아갈 것이다.

[제시어]

발전(發展), 인터넷, 기여(寄與), 정보(情報)

예시답안

인터넷의 발달은 누구나 정보를 손쉽고 빠르게 찾아볼 수 있게 만들어 사회의 발전에 큰 기여를 했다.

해설

짧은 글짓기 유형의 답안 작성 시 문장구조가 분명하고 문장이 길어지지 않도록 주의해야 한다. 또한 주어진 제시어를 알맞게 사용하는 것도 중요하지만 맞춤법 등 기본적인 요건을 충족해야 함을 잊어서는 안 된다.

첫째 마당. 어휘

매듭짓기

01 다음 밑줄 친 한자어 중 쓰임이 적절하지 않은 것은?

① 정부는 국유지를 개발하여 주택단지를 조성할 계획이다.
인간은 타고난 소질을 계발하여 자아를 실현할 때 행복을 느낀다.

② 백화점에서는 현금으로 결재하는 경우 할인혜택을 준다.
그 안건은 아직 사장님의 결제를 받지 못했다.

③ 동물의 성을 구별하는 일은 그리 쉬운 일이 아니다.
안개가 짙어서 물체를 식별하기가 매우 어려웠다.

④ 은행원이 금액을 혼동하는 바람에 손해를 보았다.
태초에 우주는 혼돈 상태에 놓여 있었다.

⑤ 그는 멀리 북한산의 정상을 응시하고 있었다.
경찰이 혐의자의 행동을 주시하고 있었다.

02 다음 밑줄 친 고유어를 다른 단어로 바꾼 것 중 바르지 않은 것은?

① 그는 팔씨름에서 내리 이겨 기고만장했다. → 계속.

② 그는 단박에 자리를 박차고 나가버렸다. → 거칠게.

③ 어머니는 애오라지 자식 생각만 하고 계셨다. → 오로지.

④ 아저씨는 짐짓 모르는 척 하고 계셨다. → 일부러.

⑤ 어찌된 영문인지 짜장 알 수가 없다. → 정말로.

03 〈보기〉의 빈칸 안에 공통으로 들어갈 말로 뜻풀이에 해당하는 단어는?

보기

- 운동 후에는 근육을 충분히 (   )시켜 주어야 한다.
- 판소리는 (   )과(와) 긴장의 조화를 통한 미의식을 보여준다.
- 이번 사태로 조직의 결속력이 (   )되었다.

[뜻풀이]
1. 바짝 조였던 정신이 풀려 늦추어짐.
2. 잘 조성된 분위기 따위가 흐트러져 느슨해짐.
3. 굳어서 뻣뻣하게 된 근육 따위가 원래의 상태로 풀어짐.

① 해이(解弛)
② 이완(弛緩)
③ 완만(緩慢)
④ 해소(解消)
⑤ 해갈(解渴)

04 밑줄 친 부분을 한자어로 바꾼 것 중 적절하지 않은 것은?

① 그는 외국에서 보고 들은 것이 많아 아는 것이 많았다. → 견문(見聞)
② 심한 가뭄으로 농사에 쓸 물이 말라 없어지고 있었다. → 고갈(枯渴)되고
③ 어떤 말이라도 꺼리지 말고 발표해라. → 기탄(忌憚)없이
④ 그 학자는 낡은 이론을 아직까지 주장하고 있었다. → 노후(老朽)한
⑤ 그녀는 모임을 앞장서서 이끌어 나가고 있었다. → 주도(主導)하고

05 다음 밑줄 친 속담의 의미와 유사한 한자성어가 바르게 연결되지 않은 것은?

① 회사 간부들의 일처리는 늘 수박 겉 핥기 식이었다. → 주마간산(走馬看山)

② 그가 무죄로 밝혀지자 경찰은 닭 쫓던 개 지붕 쳐다보는 격이 되었다. → 망연자실(茫然自失)

③ 아무리 급해도 언 발에 오줌 누는 식의 일처리는 곤란하다. → 백년하청(百年河淸)

④ 그 일은 배 먹고 이 닦는 식으로 잘 풀렸다. → 일석이조(一石二鳥)

⑤ 까마귀 날자 배 떨어진다더니 공연히 내가 의심을 받게 되었다. → 오비이락(烏飛梨落)

06 〈보기〉의 밑줄 친 부분의 뜻풀이에 해당하는 것은?

보기

가을은 만물이 이별하는 계절이다. 나무와 이별하고 떨어져 내린 낙엽들이 수북하게 쌓인 마당으로 가을바람이 소슬(蕭瑟)하게 몰려들고 있었다.

① 으스스하고 쓸쓸하게

② 기운이 맑고 깨끗하게

③ 탐스럽고 먹음직스럽게

④ 현실과 무관하여 의젓하게

⑤ 단정하고 아담하게

07 다음 중 밑줄 친 관용구의 뜻풀이가 바르지 않은 것은?

① 아들이 수술에 들어간 후 어머니는 피를 말리는 시간을 보냈다. → 몹시 애가 타게 만들다.

② 오늘은 무슨 일이 있어도 아퀴를 짓겠다고 마음먹었다. → 일이나 말을 끝마무리하다.

③ 정부는 공공기관의 문턱을 낮추겠다고 발표했다. → 인력이나 비용을 줄이다.

④ 그는 부장의 눈 밖에 나서 승진이 어렵게 됐다. → 신임을 잃고 미움을 받다.

⑤ 올림픽에 참가한 우리 선수단이 개가를 올렸다. → 큰 성과를 올리다.

08 〈보기〉의 밑줄 친 부분과 바꿔 쓸 수 있는 말로 적절한 것은?

보기

자신을 속인 친구를 찾지 못하고 집으로 돌아온 그는 부레가 끓어 도무지 잠을 이룰 수가 없었다.

① 성이 나서
② 후회가 되어
③ 연민이 생겨
④ 몹시 그리워
⑤ 매우 막막하여

09 다음 일본식 표현을 바르게 순화한 것은?

① 그는 판매할 물건을 택배로 부쳤다. → 문앞 배달
② 2012년 이후 모든 은행이 기업 대출보다 가계 대출에 주력하고, 국채 등 안전 채권 선호 현상이 더욱 심화하고 있다고 지적했다. → 나랏빚
③ 퇴원 수속을 밟으려면 병원비를 모두 내야 합니다. → 절차
④ 식구가 늘어나니 식비 부담도 만만치 않다. → 밥값
⑤ 여자 친구에게 백일 기념으로 액세서리를 선물했다. → 악세사리

10 〈보기〉의 밑줄 친 부분을 바꿔 쓴 것으로 가장 적절한 것은?

보기

자산의 붓놀림은 어느새 스승인 지운의 그것보다 섬세함이 더해가고 있었다. 10여 년의 긴 세월이었다. 그간 묵묵히 지운의 가르침을 따랐던 자산의 그림에서 지운은 자신이 표현하지 못했던 그 어떤 것을 보고 있었다. '나중 난 뿔이 우뚝하다'라는 말이 결코 헛말은 아님을 실감하는 순간이었다.

① 유유상종(類類相從)
② 청출어람(青出於藍)
③ 금상첨화(錦上添花)
④ 장유유서(長幼有序)
⑤ 두문불출(杜門不出)

11 〈보기〉의 공문서에서 어려운 표현을 쉬운 표현으로 바꾼 것 중 적절하지 않은 것은?

보기

공문

- **수신자** : 참조(무단 적치자 및 불법 가건물 설치자)
- **제목** : 거리 미화 사업에 따른 무단 적치물 압수 및 불법 가건물 철거에 따른 공고

1. 현재 00구청에서는 거리 미화 사업을 통해 쾌적한 환경을 조성하여 구민들의 삶의 질을 높이기 위하여 노력하고 있습니다.
2. 거리 미화 사업 진행에 따라 도로에 무단으로 ㉠ 적치(積置)한 물품들은 구청에서 압수하여 처분할 예정입니다.
3. 압수한 물품의 경우 일주일 이내에 소유주에게 반환할 예정이며, 만일 소유주의 ㉡ 거소(居所)가 불명확한 경우 3개월 보관 후 폐기합니다.
4. ㉢ 시건장치(施鍵裝置)가 되어 있는 물품의 경우 이를 강제로 해체하여 내용물을 압수합니다.
5. 당 기관에서 허가하지 아니한 ㉣ 가건물(假建物) 역시 철거 예정이며, 이로 인해 발생하는 재산상 피해는 당 기관에서 책임지지 않습니다.
6. 금번 사업 기간 동안 통행을 방해하는 ㉤ 입목(立木)들도 함께 제거할 예정이오니 다소 통행에 불편이 있더라도 협조하여 주시기 바랍니다.

- **시행 일시** : 2018년 0월 0일 ~ 2018년 0월 0일
- **시행 부처** : 00구청 건설계

① ㉠ 적치(積置)한 → 내버려 둔

② ㉡ 거소(居所) → 사는 곳

③ ㉢ 시건장치(施鍵裝置) → 잠금장치

④ ㉣ 가건물(假建物) → 임시건물

⑤ ㉤ 입목(立木) → 서 있는 나무

12 다음 밑줄 친 ㉠의 문맥적 의미와 가장 유사한 것은?

보기

제2차 세계대전 중, 태평양의 한 전투에서 일본군은 미군의 흑인 병사들에게 자신들은 유색인과 전쟁할 의도가 없으니 투항하라고 선전하였다. 이 선전물을 본 백인 장교들은 그것이 흑인 병사들에게 미칠 영향을 우려하여 급하게 부대를 철수시켰다. 사회학자인 데이비슨은 이 사례에서 아이디어를 ㉠ 얻어서 대중매체가 수용자에게 미치는 영향과 관련한 '제3자 효과(third－person effect)' 이론을 발표하였다.

① 남편은 친구에게 돈을 얻어 빚을 갚았다.

② 지난 번 여행에서 얻은 병이 아직도 낫지 않았다.

③ 그들은 십 년 만에 얻은 자식 앞에서 흐뭇한 미소를 지었다.

④ 교과서에서 얻은 지혜가 모두 쓸모없는 것은 아니다.

⑤ 회의 규칙상 먼저 발언권을 얻어야 자신의 생각을 발표할 수 있다.

13 다음 중 단어들의 관계가 ⓐ와 ⓑ의 관계와 이질적인 것은?

보기

이러한 추세를 고려할 때 앞으로 산업을 정의하거나 분류할 때에는 고정된 기준이나 체계보다 신축적이고 실질적인 접근 방식을 많이 사용할 것으로 보인다. 또, 기술 혁신이 가속화되고 구매력을 가진 인구의 구성이 달라지면 새로운 산업이 ⓐ 생겨나고 오래된 산업이 ⓑ 사라지는 현상도 더 활발히 일어나게 될 것이다.

① 차갑다 : 뜨겁다

② 살다 : 죽다

③ 가다 : 오다

④ 오르다 : 내리다

⑤ 열다 : 닫다

14 밑줄 친 단어 가운데 〈보기〉의 ㉠과 같이 확장된 의미로 쓰인 것은?

보기

> '덜다'는 본래 '밥을 덜다.'에서처럼 구체적인 행동을 가리키지만, 때로는 그 의미가 확장되어 '근심을 ㉠ 덜다'에서처럼 추상적인 행동이나 상태를 나타내기도 한다.

① 바람에 날아가지 않도록 서류를 책으로 눌러 덮었다.

② 밤새 내리던 눈이 멎은 이른 새벽이었다.

③ 부정 시합을 한 선수들은 스스로 자신들의 위신을 깎는 행동을 했다.

④ 그는 담뱃갑을 꺼내 한 개비를 뽑고 나서 옆 사람에게 내밀었다.

⑤ 나는 읽던 페이지를 접어놓고 소설책을 덮었다.

15 다음 단어를 시작으로 고유어와 한자어 명사(고유명사 제외)만 활용하여 끝말잇기를 하시오. (단, ㄹ의 두음법칙을 허용한다.) 주관식

1. 세대 – □ – □ – □ – □ – □

2. 격차 – □ – □ – □ – □ – □

3. 허공 – □ – □ – □ – □ – □

1. ....

2. ....

3. ....

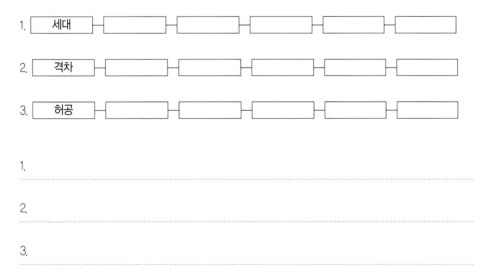

16 〈보기〉의 설명을 참고하여 빈금 친 부분에 들어갈 알맞은 단어를 쓰시오. 주관식

보기

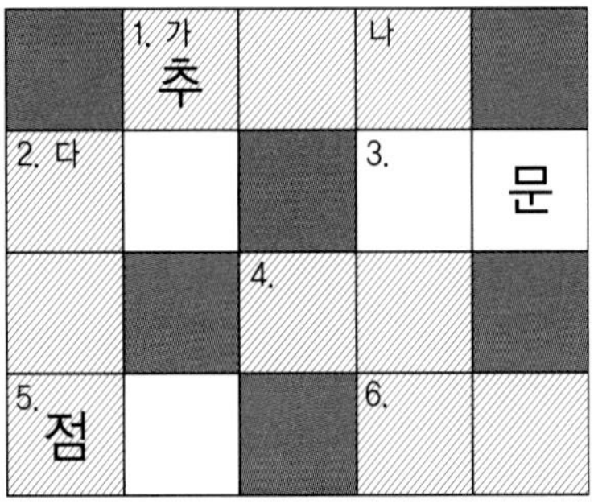

[가로 열쇠]
1. 철이 지나 쓸모가 없어진 물건을 비유하는 말.
2. 편들어 감싸주고 보호함.
3. 떠도는 소문
4. 명확하게 결말을 내지 않고 일시적으로 감추거나 흐지부지 덮어 버림을 비유적으로 이르는 말.
5. 끈적끈적한 성질
6. 익살을 부리는 가운데 어떤 교훈을 주는 일.

[세로 열쇠]
가. 매우 적거나 조금을 비유적으로 이르는 말.
나. 남달리 뛰어나고 고아(高雅)한 풍채를 이르는 말.
다. 액체가 끓어오르는 온도.

가로 1. (　　　　　　　　　　)　　가로 4. (　　　　　　　　　　)

가로 6. (　　　　　　　　　　)　　세로 다. (　　　　　　　　　　)

17 다음 제시된 한자어 또는 한자성어를 모두 사용하여 한 문장으로 된 글을 지으시오. 주관식

보기

協力,　必然,　吳越同舟

첫째 마당. 어휘

매듭짓기 해설

▶어휘 126p

01 ②	02 ②	03 ②	04 ④	05 ③	06 ①	07 ③	08 ①	09 ⑤	10 ②
11 ①	12 ④	13 ①	14 ③	15 ~ 17 해설 참조					

01 정답 ②

정답 해설 '결제(決濟)'는 '증권 또는 대금을 주고받아 매매 당사자 사이의 거래 관계를 끝맺는 일'을 뜻하는 말이다. 한편 '결재(決裁)'는 '결정할 권한이 있는 상관이 부하가 제출한 안건을 검토하여 허가하거나 승인함'을 뜻하는 말이다.

오답 해설
① **개발(開發)** : 1. 토지나 천연자원 따위를 유용하게 만듦. 2. 지식이나 재능 따위를 발달하게 함.
계발(啓發) : 슬기나 재능, 사상 따위를 일깨워 줌.
③ **구별(區別)** : 성질이나 종류에 따라 차이가 남. 또는 성질이나 종류에 따라 갈라놓음.
식별(識別) : 분별하여 알아봄.
④ **혼동(混同)** : 구별하지 못하고 뒤섞어서 생각함.
혼돈(混沌) : 마구 뒤섞여 있어 갈피를 잡을 수 없음. 또는 그런 상태.
⑤ **응시(凝視)** : 눈길을 모아 한 곳을 똑바로 바라봄.
주시(注視) : 1. 어떤 목표물에 주의를 집중하여 봄. 2. 어떤 일에 온 정신을 모아 자세히 살핌.

02 정답 ②

정답 해설 '단박'은 흔히 '단박에' 꼴로 쓰여 그 자리에서 바로를 이르는 말이다.

오답 해설
① **내리** : 1. 위에서 아래로. 2. 잇따라 계속. 3. 사정없이 마구.
③ **애오라지** : 1. '겨우'를 강조하여 이르는 말. 2. '오로지'를 강조하여 이르는 말.
④ **짐짓** : 1. 마음으로는 그렇지 않으나 일부러 그렇게. 2. 과연.
⑤ **짜장** : 과연 정말로.

03 정답 ②

정답 해설 빈칸 안에 공통으로 들어갈 수 있는 어휘는 '이완(弛緩)'이다.

오답 해설
① '해이(解弛)'는 긴장이나 규율 따위가 풀려 마음이 느슨함을 이르는 말이다.
③ '완만(緩慢)은 '움직임이 느리거나 경사가 급하지 않다.'라는 뜻을 가진 '완만하다'의 어근이다.
④ '해소(解消)'는 어려운 일이나 문제가 되는 일을 해결하거나 관계를 끝냄 또는 단체나 조직 따위를 없앰을 뜻하는 어휘이다.
⑤ '해갈(解渴)'은 갈증이나 가뭄을 풀어 해소함을 뜻하는 어휘이다.

04 정답 ④

정답 해설 '이론이나 사상, 표현 등이 낡아서 새롭지 못하다.' 라는 의미를 지닌 단어는 '진부(陳腐)하다' 이다. '노후(老朽)하다' 는 주로 기계나 물건이 오래되고 낡아 제구실을 못할 경우에 사용하는 단어이다.

오답 해설 ① **견문(見聞)** : 1. 보고 들음. 2. 보거나 듣거나 하여 깨달아 얻은 지식.
② **고갈(枯渴)** : 1. 물이 말라서 없어짐. 2. 어떤 일의 바탕이 되는 돈이나 물자, 소재, 인력 따위가 다하여 없어짐. 3. 느낌이나 생각 따위가 다 없어짐.
③ **기탄(忌憚)** : 어렵게 여겨 꺼림.
⑤ **주도(主導)** : 주동적인 처지가 되어 이끎.

05 정답 ③

정답 해설 '언 발에 오줌 눈다' 라는 속담은 상황이 급박하여 임기응변(臨機應變)식으로 일을 처리하는 것을 뜻하는 속담이다. 이와 유사한 의미를 가진 한자성어로는 '하석상대(下石上臺), 고식지계(姑息之計), 동족방뇨(凍足放尿)' 등이 있다. 반면 '백년하청(百年河淸)' 은 황허[黃河] 강의 물이 맑아지기를 기다린다는 뜻으로 가능성이 없는 일을 터무니없이 기다리는 경우를 이르는 한자성어이다.

오답 해설 ① **수박 겉 핥기** : 일을 대충대충 보아 넘기거나 처리하는 것을 뜻하는 속담이다. 이에 해당하는 한자성어로는 '달리는 말에서 산을 바라본다.' 라는 뜻의 '주마간산(走馬看山)' 이 있다.
② **닭 쫓던 개 지붕 쳐다본다** : '진행하던 일이 모두 의미 없게 되었다.' 라는 뜻으로 이러한 상황에 맞는 한자성어는 '망연자실(茫然自失)', '만사휴의(萬事休矣)' 가 있다.
④ **배 먹고 이 닦는다** : '한 가지 일을 하였으나 두 가지 이익이 있다.' 라는 뜻을 가진 속담으로 '일석이조(一石二鳥)' 와 의미가 통한다.
⑤ **까마귀 날자 배 떨어진다** : 어떤 일이나 행위가 우연히 동시에 일어나 공연한 의심을 받게 된다는 뜻으로 '오비이락(烏飛梨落)' 과 의미가 통한다.

06 정답 ①

정답 해설 '소슬(蕭瑟)하다' 는 '으스스하고 쓸쓸하다.' 라는 뜻을 가진 단어이다.

오답 해설 ② '기운이 맑고 깨끗하다.' 라는 뜻을 가진 단어는 '소쇄(瀟灑)하다' 이다.
③ '생김새가 탐스럽거나 음식이 풍족하여 먹음직함.' 을 이르는 단어는 '소담하다' 이다.
④ '현실과 무관하여 의젓하다.' 라는 뜻을 가진 단어는 '초연(超然)하다' 이다.
⑤ '단정하고 아담하다.' 라는 뜻을 가진 단어는 '단아(端雅)하다' 이다.

07 정답 ③

정답 해설 '문턱을 낮추다' 는 '쉽고 편하게 접할 수 있게 만들다.' 라는 뜻의 관용구이다. 반면 '인력이나 비용을 줄이다.' 라는 뜻을 가진 말로는 '감원(減員)' 또는 '긴축(緊縮)' 등이 있다.

08 정답 ①

정답 해설 '부레가 끓다'는 '몹시 성나다.'라는 뜻의 관용구이다.

09 정답 ⑤

정답 해설 '악세사리[アクセサリー]'는 액세서리(accessory)의 일본식 표현이다. 따라서 '장식물, 노리개, 액세서리'로 사용하는 것이 적절하다.

10 정답 ②

정답 해설 '나중 난 뿔이 우뚝하다'는 '나중에 생긴 것이 먼저 것보다 훨씬 나음.'을 비유적으로 이르는 말이다. 이와 유사한 의미의 한자성어는 '청출어람(靑出於藍)'이다. '청출어람(靑出於藍)'은 '쪽에서 뽑아낸 푸른 물감이 쪽보다 더 푸르다.'라는 뜻으로, 제자나 후배가 스승이나 선배보다 나음을 비유적으로 이르는 말이다.

오답 해설
① **유유상종(類類相從)** : 같은 무리끼리 서로 사귐을 이르는 말이다.
③ **금상첨화(錦上添花)** : 비단 위에 꽃을 더한다는 뜻으로, 좋은 일 위에 또 좋은 일이 더하여짐을 비유적으로 이르는 말이다.
④ **장유유서(長幼有序)** : 오륜(五倫)의 하나. 어른과 어린이 사이의 도리는 엄격한 차례가 있고 복종해야 할 질서가 있음을 이른다.
⑤ **두문불출(杜門不出)** : 집에만 있고 바깥출입을 아니 함을 이르는 말이다.

11 정답 ①

정답 해설 적치(積置)는 '쌓다'와 '두다'라는 뜻을 지닌 한자어가 결합된 어휘로 '쌓아 두다'가 적절한 순화어이다. 반면 '내버려 두다'는 '방치(放置)하다'에 해당하는 말이다.

12 정답 ④

정답 해설 밑줄 친 ㉠의 '얻어서'는 '구하거나 찾아서 가지다.'라는 뜻으로 쓰였다. 문맥상 이와 유사한 의미로 쓰인 것은 ④이다.

오답 해설
① '돈을 빌리다.'라는 의미로 쓰였다.
② '병을 앓게 되다.'라는 의미로 쓰였다.
③ '사위, 며느리, 자식, 남편, 아내 등을 맞다.'라는 의미로 쓰였다.
⑤ '권리나 결과·재산 따위를 차지하거나 획득하다.'라는 의미로 쓰였다.

13 정답 ①

정답 해설 〈보기〉의 ⓐ와 ⓑ는 상보적 반의어에 해당한다. 반면 ①은 등급적 반의어이다.

오답 해설 ②, ③, ④, ⑤ 상보적 반의어이다.

14 정답 ③

정답 해설 '칼 따위로 물건의 거죽이나 표면을 얇게 벗겨 내다.' 라는 '깎다' 의 기본적 의미에서 확장되어 '체면이나 명예를 상하게 하다.' 라는 의미로 사용되었다.

오답 해설
① '물체의 전체 면이나 부분에 대하여 힘이나 무게를 가하다.' 라는 뜻으로 '누르다' 의 기본적 의미로 쓰였다.
② '멈추다' 라는 기본적인 의미로 쓰였다.
④ '박힌 것을 잡아당기어 빼내다.' 라는 '뽑다' 의 기본적 의미로 쓰였다.
⑤ '천이나 종이 따위를 꺾어서 겹치다.' 라는 '접다' 의 기본적 의미로 쓰였다.

15 주관식

예시 답안
1. 대면, 면역, 역전, 전환, 환경
2. 차별, 별명, 명칭, 칭찬, 찬성
3. 공감, 감독, 독신, 신체, 체험

16 주관식

정답 해설

	추	풍	선	
비	호		풍	문
등		호	도	
점	성		골	계

[가로]
- 1 : 철이 지나 쓸모가 없어진 물건을 비유하는 말은 '가을 부채' 를 뜻하는 '추풍선(秋風扇)' 이다.
- 2 : 끝음절이 '호' 이고, '편들어 감싸주고 보호함.' 을 뜻하는 말은 '비호(庇護)' 이다.
- 3 : 첫 음절이 '풍' 이고, 떠도는 소문이란 뜻을 '바람' 에 비유한 말은 '풍문(風聞)' 이다.
- 4 : 확실하게 결말을 내지 않고 일시적으로 감추거나 흐지부지 덮어 버림을 비유적으로 이르는 말은 '풀을 바름.' 이라는 뜻을 가진 '호도(糊塗)' 이다.
- 5 : 첫 음절이 '점' 이고, '끈적끈적한 성질을 의미하는 말은 '점성(黏性)' 이다.
- 6 : 첫 음절이 '골' 이고, 익살을 부리는 가운데 어떤 교훈을 주는 일을 뜻하는 말은 '골계(滑稽)' 이다.

[세로]
- 가 : 첫음절이 '추' 이고, 매우 적거나 조금을 비유적으로 이르는 말은 '가을철에 털갈이하여 새로 돋아난 짐승의 가는 털' 을 뜻하는 '추호(秋毫)' 이다.
- 나 : 첫 음절이 '선' 이고, 남달리 뛰어나고 고아(高雅)한 풍채를 이르는 말로 '신선의 풍채와 도인의 골격' 이란 의미를 가진 말은 '선풍도골(仙風道骨)' 이다.
- 다 : 액체가 끓어오르는 온도를 의미하는 어휘는 '비등점(沸騰點)' 이다.

17 주관식

예시 답안 이윤이 최대 목적이자 경쟁이 必然인 기업 간에 '원수지간이지만 부득이하게 協力한다.' 라는 吳越同舟의 상황은 다반사로 일어난다.

해설 주어진 한자어 또는 한자성어의 의미를 정확하게 알고, 이를 활용하여 문장을 구성할 수 있어야 한다.
- **必然(필연)** : 틀림없이 꼭.
- **協力(협력)** : 힘을 합하여 서로 도움.
- **吳越同舟(오월동주)** : 서로 적의를 품은 사람들이 한자리에 있게 된 경우나 서로 협력하여야 하는 상황을 비유적으로 이르는 말이다.

Test of Korean Language

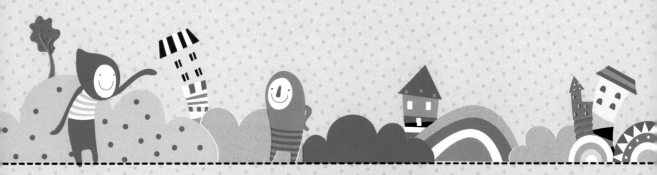

토클 ToKL 1주

둘째 마당

문법요소와 어법

둘째 마당 문법요소와 어법

우리말의 문법요소와 어법은 한국어를 쓰는 사람이라면 당연히 알고, 정확히 사용해야 함에도 불구하고, 다른 영역에 비해 상대적으로 소홀하게 취급되어 왔다. 따라서 국어능력인증시험에서는 어법에 대한 깊이 있는 사고와 이해력을 묻는 유형이 지속적으로 출제되고 있다.

출제 유형

㉠ 생략
- 다음은 광고 문구이다. 필요한 문장 성분을 모두 갖추어 내용과 어법상 자연스러운 것은?
- 어법이나 표현에 문제가 없는 것은?

㉡ 중복
- 불필요한 요소가 중복되지 않고 어법에 맞는 것은?
- 불필요한 성분이 중복되어 있지 않은 문장은?

㉢ 호응
- 주어와 서술어의 호응이 바르지 않은 문장은?
- 밑줄 친 동사를 수정한 것으로 적절하지 않은 것은?
- 다음 중 표현을 교정한 것으로 적절하지 않은 것은?

㉣ 중의성 : 문장이 두 가지 의미 이상으로 풀이될 가능성이 가장 적은 것은?

㉤ 기타
- 어법상 틀린 곳이 없는 문장은?
- 높임법 사용이 바른 것은?
- 밑줄 친 호칭과 지칭이 바르게 사용된 것은?

문법요소와 어법에서는 주로 어법 문항이 출제되고 있다. 따라서 문법요소만을 깊이 있게 학습할 필요는 없지만 어법 문항이 기본적인 문법요소를 바탕으로 출제되고 있으므로 문법의 기본적인 개념에 대해서는 학습해 두는 것이 바람직하다. 즉 음운과 형태소 및 단어의 개념이나 특성을 비롯하여 기본적인 문법 범주인 높임 표현, 시간 표현, 부정 표현, 사동이나 피동 표현 등에 대해서 학습해 두어야 어법 문항에서 이를 종합적으로 적용하여 수월하게 문항을 해결할 수 있다.

하나 문법요소

문법요소를 학습하기 위해서는 우선 음운, 음절, 형태소와 같은 기본 개념들을 반드시 이해해야 한다. 이 개념들은 그 자체에 대한 이해도 중요하지만 다른 문법요소들을 이해하는 바탕이 되기 때문이다.

1 음운(音韻)

(1) 음운과 음운 체계

음운은 크게 '자음'과 '모음'으로 나눌 수 있다. 먼저 자음은 장애음이고 모음은 비장애음이다. 즉, 자음은 소리를 낼 때 공깃길을 막아 장애를 받고 나오는 소리이고, 모음은 공깃길을 막지 않아 장애를 받지 않고 나오는 소리이다.

① 음운

㉠ **자음(子音)** : 자음은 통상 소리 내는 자리와 소리 내는 방법에 따라 분류되는데 이러한 기준에 따라 체계화하면 아래의 표와 같이 정리할 수 있다.

[자음의 종류]

조음 방법 \ 조음 위치			두 입술	윗잇몸, 혀끝	센입천장, 혓바닥	여린입천장, 혀 뒤	목청 사이
안울림소리(無聲音)	파열음(破裂音)	예사소리	ㅂ	ㄷ		ㄱ	
		된소리	ㅃ	ㄸ		ㄲ	
		거센소리	ㅍ	ㅌ		ㅋ	
	파찰음(破擦音)	예사소리			ㅈ		
		된소리			ㅉ		
		거센소리			ㅊ		
	마찰음(摩擦音)	예사소리		ㅅ			ㅎ
		된소리		ㅆ			
울림소리(有聲音)	비음(鼻音)		ㅁ	ㄴ		ㅇ	
	유음(流音)			ㄹ			

㉡ **모음(母音)** : 모음은 혀의 위치와 혀의 높이, 입술의 모양에 따라 분류할 수 있는데 발음할 때 혀의 위치나 높이, 입술의 모양 등이 바뀌지 않고 한번에 내는 소리를 단모음이라 하고, 발음할 때 혀의 위치나 높낮이, 입술의 모양이 변화하는 소리를 이중 모음이라고 한다. 우리말의 단모음과 이중 모음 체계를 정리하면 다음의 표와 같다.

[단모음 체계]

혀의 앞뒤 / 입술 모양 / 혀의 높이	전설모음		후설모음	
	평순	원순	평순	원순
고모음	ㅣ	ㅟ	ㅡ	ㅜ
중모음	ㅔ	ㅚ	ㅓ	ㅗ
저모음	ㅐ		ㅏ	

[이중 모음 체계]

'ㅣ'계	ㅑ, ㅕ, ㅛ, ㅠ, ㅒ, ㅖ
'ㅗ/ㅜ'계	ㅘ, ㅙ, ㅝ, ㅞ
'ㅡ'+'ㅣ'	ㅢ

더 알고가기

단모음 'ㅚ/ㅟ'의 발음

우리말에서 'ㅚ, ㅟ'는 단모음으로 분류된다. 하지만 일반적으로 'ㅚ, ㅟ'는 이중 모음으로 발음할 수 있고 그렇게 발음하는 경우가 있으므로 이중 모음으로 발음하는 것도 허용하고 있다. 가령 '참외'를 발음할 때의 'ㅚ'는 한번에 발음되며 혀의 위치나 입술의 모양이 바뀌지 않고 소리 나므로 단모음으로 발음하게 된다. 하지만 '외야수' 같은 어휘의 '외'는 일반적으로 이중 모음으로 발음하고 있다. 따라서 이러한 경우에는 이중 모음으로 발음할 수 있도록 한 것이다.

② **음절(音節)** : 음절이란 소리 낼 수 있는 최소의 단위로 정의된다. 음운의 경우 의미의 변별적 기능은 갖지만 그 자체로는 발음하기 어렵다. 따라서 이들 음운이 합쳐져야 비로소 발음이 가능한데 이처럼 발음이 이루어질 수 있는 최소의 단위가 곧 음절이다. 국어는 음절 단위로 모아쓰기를 하기 때문에 다른 언어에 비해 음절의 구분이 비교적 쉽다는 특징이 있다. 음절을 형성할 때 가장 중요한 것은 '모음'이다. 음절 구성에서 모음은 필수적인 요소이므로 모음의 여부가 음절 여부를 결정한다고 볼 수 있는 것이다. 이런 의미에서 모음을 '성절음(成節音)'이라고 하기도 한다. 즉, 하나의 음절은 최소한 하나의 모음을 포함한다.

③ **형태소(形態素)** : 형태소란 '뜻을 지닌 가장 작은 말의 단위'로 정의할 수 있으며 단어는 '자립할 수 있는 말이나 자립할 수 있는 형태소에 붙어서 쉽게 분리될 수 있는 말'로 정의할 수 있다. 이때, '뜻'은 두 가지 의미를 지닌다. 우선 '책, 강, 먹[食]-' 등과 같이 실질적 의미를 지닌 것이 있고, '철수가'에서 '-가', '먹다'의 '-다'와 같이 실질적 의미는 없지만 문법적 의미를 더해주는 것이 있다. 이처럼 실질적 의미를 지닌 형태소를 '실질형태소'라 하고 조사나 어미, 접사처럼 실질적인 의미는 없으나 문법적 의미를 더해주는 것을 '형식형태소'라고 한다. 따라서 형태소는 의미의 성격에 따라 '실질형태소'와 '형식형태소'로 나눌 수 있다.

또한 형태소는 홀로 쓰일 수 있는 것과 그렇지 않은 것으로 나눌 수 있는데, '책, 강' 등과 같이 홀로 쓰일 수 있는 형태소를 '자립형태소'라 하고 '먹[食]-', '가-', '-다'와 같이 홀로 쓰일 수 없는 형태소를 '의존(비자립)형태소'라고 한다. 즉, 형태소는 그 자립성 유무에 따라 '자립형태소'와 '의존(비자립)형태소'로 나누어 진다.

[형태소의 분류]

형태소	의미의 성격	실질형태소	체언, 용언의 어간, 수식언, 독립언 등
		형식형태소	조사, 어미, 접사
	자립성 여부	자립형태소	체언, 수식언, 독립언 등
		의존형태소	조사, 어간, 어미, 접사

더 알고가기

'어간(語幹)'의 형태소

어간은 용언에서 실질적인 의미를 지닌 부분으로 '먹다'의 '먹-', '곱다'의 '곱-' 등이 이에 해당한다. 이들은 용언에서 실질적인 의미를 나타내는 부분이므로 실질형태소에 속한다. 그러나 어간 홀로 온전한 의미를 나타내기는 어렵고 항상 어미와 결합해야만 의미를 나타낼 수 있기 때문에 자립성을 인정하기는 어렵다. 따라서 의존형태소로 분류하게 된다. 즉 어간은 의미 면에서는 실질형태소이지만 자립성 면에서는 의존형태소인 것이다. 이는 대부분의 의존형태소(조사나 어미, 접사)가 일반적으로 형식형태소인 점과 구별된다.

(2) 음운(音韻)의 변동(變動)

음운과 음운이 만날 때 음운이 다른 음운으로 교체되거나 탈락하기도 하며 두 음운이 한 음운으로 줄거나 새로운 음운이 생겨나기도 한다. 이러한 현상을 음운의 변동이라 한다. 음운의 변동은 일반적으로 발음을 좀 더 편하게 하려는 경제성의 원리가 적용되지만 때에 따라서는 의사 전달을 명확히 하기 위한 강화(强化)의 원리가 적용되는 경우도 있다.

① **교체(交替)** : 교체는 하나의 음운이 다른 음운으로 바뀌는 음운 현상이다. 이러한 교체에는 '음절의 끝소리 규칙'이 있는데 우리말에서 음절의 끝에서 발음될 수 있는 자음은 'ㄱ, ㄴ, ㄷ, ㄹ, ㅁ, ㅂ, ㅇ'의 일곱 개뿐이다. 따라서 음절 끝에 이 일곱 개 이외의 자음이 오는 경우, 위의 일곱 개 자음으로 교체되어 발음된다. 이를 '음절의 끝소리 규칙'이라 한다.

닥[닥], 닦[닥], 부엌[부억]	ㄱ, ㄲ, ㅋ → [ㄱ]
받[받], 밭[받], 뱃[받], 곶[곧], 꽃[꼳], 히읗[히읃]	ㄷ, ㅌ, ㅅ, ㅈ, ㅊ, ㅎ → [ㄷ]
입[입], 잎[입]	ㅂ, ㅍ → [ㅂ]

② 동화(同化)

㉠ **자음동화** : 자음동화는 두 자음이 만나 하나의 자음이 다른 자음과 비슷해지는 음운 현상이다. 이러한 자음동화에는 비음화와 설측음화(유음화)가 있는데 이들은 필연적인 음운변동이므로 표준 발음으로 인정된다.

- 비음화 : 무성자음인 'ㄱ, ㄷ, ㅂ'이 비음인 'ㅁ, ㄴ'을 만나 같은 비음인 'ㅁ, ㄴ, ㅇ'으로 교체되는 현상이다. 예를 들어 '국물'의 경우 [궁물]로 발음되는데 이는 받침 'ㄱ'이 비음인 'ㅁ'을 만나 같은 비음인 'ㅇ'으로 교체된 것이므로 비음화에 해당한다.
- 설측음화 : 비음인 'ㄴ'이 설측음(유음)인 'ㄹ'의 앞이나 뒤에서 같은 설측음(비음)인 'ㄹ'로 교체되는 현상이다. 가령 '신라'의 발음은 [실라]인데, 이 경우 비음인 'ㄴ'이 설측음(유음)인 'ㄹ'을 만나 'ㄹ'로 교체된 것이므로 설측음화(유음화)에 해당한다.

음운 변동		음운 규칙
각목 → [강목]	ㄱ + ㅁ → ㅇ + ㅁ	비음화
맏며느리 → [만며느리]	ㄷ + ㅁ → ㄴ + ㅁ	
법문 → [범문]	ㅂ + ㅁ → ㅁ + ㅁ	
난로 → [날로]	ㄴ + ㄹ → ㄹ + ㄹ	유음화/설측음화
칼날 → [칼랄]	ㄹ + ㄴ → ㄹ + ㄹ	

>>> **짚어보기** **동화의 종류**

- 자음동화는 동화의 방향과 동화의 정도에 따라 나누어지는데 앞의 자음이 교체되는 경우를 역행동화, 뒤의 자음이 교체되를 경우를 순행동화, 두 자음이 모두 교체되는 경우를 상호동화라 한다.

동화의 방향	내용	예
순행동화	앞의 음의 영향으로 뒤의 음이 변함.	칼날[칼랄], 종로[종노]
역행동화	뒤의 음의 영향으로 앞의 음이 변함.	국민[궁민], 밥물[밤물]
상호동화	서로 영향을 주고받아 앞뒤 음이 모두 변함.	백로[뱅노], 협로[혐노]

- 자음이 교체될 때 같은 자음으로 교체되는 경우는 완전동화, 다른 자음으로 교체되는 경우는 불완전동화라 하여 구별하기도 한다.

동화의 정도	내용	예
완전동화	두 자음이 서로 같은 자음 소리로 발음 됨.	진리[질리], 밥물[밤물]
불완전동화	두 자음이 서로 비슷한 자음으로 발음 됨.	국물[궁물], 먹는[멍는]

더하기 예제

다음 중 밑줄 친 단어의 발음이 바르지 않은 것은?

① 그는 옷 안[오단]에 돈을 숨겨두었다.
② 아버지께서는 따뜻한 국물[궁물]을 좋아하신다.
③ 어린아이도 독립된[동립된] 인격체이다.
④ 다음 정차할 역은 선릉[설릉]이다.
⑤ 겨울에는 난로[날로]를 피워 사무실을 따뜻하게 했다.

해설
'독립' 은 앞뒤의 두 음이 서로 영향을 끼치는 상호동화 작용으로 [동닙]으로 발음된다.
① '옷 안' 은 실질형태소(옷)와 결합하였기 때문에 음절의 끝소리 규칙을 먼저 적용한 뒤에 연음하여 [오단]으로 발음해야 한다.

정답 ❸

㉡ **모음동화** : 모음동화는 두 모음이 연달아 발음될 경우 하나의 모음이 다른 모음에 영향을 받아 비슷한 모음으로 바뀌는 현상이다. 대표적으로 'ㅣ'모음 역행동화가 있는데 '어미'를 '에미'로, '아기'를 '애기'로 발음하는 경우가 그 예이다. 이 경우 선행하는 후설모음인 'ㅓ'와 'ㅏ'가 후행하는 모음 'ㅣ'의 영향을 받아 같은 전설모음인 'ㅔ'와 'ㅐ'로 바뀌었다. 그러나 이러한 모음동화는 표준 발음으로 인정하지 않는다. 다만, '-쟁이(장인)', '-내기', '동댕이치다', '(불을)댕기다', '냄비'의 경우는 예외적으로 이를 인정한 것이다.

③ **구개음화** : 설단음(혀끝소리)인 'ㄷ, ㅌ' 은 'ㅣ'모음과 만나는 경우 경구개음(센입천장소리)인 'ㅈ, ㅊ' 으로 교체된다. 이는 'ㅣ'모음과 경구개음인 'ㅈ, ㅊ'이 소리 내는 자리가 더 가깝기 때문에 발음의 편이를 위해 일어나는 현상이다. 즉 '굳이, 같이' 는 '구디, 가티'가 된 뒤 [구지], [가치]로 발음되는 것이다. 이러한 구개음화는 특이하게 자음이 모음을 만나 모음에 동화되어 비슷한 음운으로 교체되는 현상이다.

④ **모음조화** : 우리말은 양성 모음과 음성 모음으로 구분되며 이들은 같은 성질의 모음끼리 어울리려는 성질이 있는데 이것을 모음조화라고 한다. 현대 국어에서 모음조화는 많이 문란해졌지만 언중들이 아직까지는 이를 인식하여 일부 어간과 어미의 결합에서나 음성 상징어 등에서 아직 남아 있다. '깡충깡충', '오뚝이' 와 같이 아예 모음조화가 지켜지지 않은 형태를 표준어로 삼은 것도 있고, '오순도순/오손도손' 과 같이 양쪽 모두를 표준어로 삼은 경우도 있다.

⑤ **두음법칙** : 국어에서는 첫소리에 'ㄴ'이나 'ㄹ'이 오는 것을 꺼리는 면이 있는데 이러한 음운 현상을 '두음법칙'이라 한다. 이때 'ㄹ'은 'ㄴ'이나 'ㅇ'으로 교체되고, 'ㄴ'은 'ㅇ'으로 교체된다. 특히 두음법칙은 말 그대로 어두(語頭), 즉 말의 첫머리에서 일어나는 현상이므로 둘째 음절 이하에서는 적용되지 않는다.

음운 변동	교체 현상
시론(時論) → 논리(論理)	[ㄹ]→[ㄴ]
이력(履歷) → 역사(歷史)	[ㄹ]→[ㅇ]
남녀(男女) → 여인(女人)	[ㄴ]→[ㅇ]

⑥ **축약(縮約)** : 음운의 축약은 두 개의 자음이나 모음이 만나 하나의 자음이나 모음으로 줄어드는 음운 현상이다. 자음 축약은 'ㅎ'과 'ㄱ, ㄷ, ㅂ, ㅈ'이 만나 'ㅋ, ㅌ, ㅍ, ㅊ'으로 줄어드는 것이고, 모음 축약은 '오 + 아 → 와' 처럼 두 모음이 하나의 모음으로 줄어드는 것이다.

음운 변동		축약된 형태
자음 축약	놓다 → [노타]	ㅎ + ㄷ → [ㅌ]
	접히다 → [저피다]	ㅂ + ㅎ → [ㅍ]
	젖히다 → [저치다]	ㅈ + ㅎ → [ㅊ]
모음 축약	비추- + -어 → [비춰]	ㅜ + ㅓ → [ㅝ]
	오- + -아서 → [와서]	ㅗ + ㅏ → [ㅘ]
	사리- + -어 → [사려]	ㅣ + ㅓ → [ㅕ]

⑦ **탈락(脫落)** : 음운의 탈락이란 두 자음이 만나 하나의 자음이 탈락하거나 두 모음이 만나 하나의 모음이 탈락하는 음운 현상을 말한다. 자음이 탈락하는 경우는 비교적 명확하지만 모음이 탈락하는 경우는 축약과 혼동될 수 있으므로 주의해야 한다.

음운 변동		탈락한 음운
자음 탈락	불+나방 → [부나방]	/ ㄹ / 탈락
	울- + -시고 → [우시고]	/ ㄹ / 탈락
	놓- + -이다 → [노이다]	/ ㅎ / 탈락
모음 탈락	가- + -아서 → [가서]	/ ㅏ / 탈락
	배- + -어 → [배]	/ ㅓ / 탈락
	면하- + -지 → [면치]	/ ㅏ / 탈락
	멀- + -으면 → [멀면]	/ ㅡ / 탈락
	푸- + -어 → [퍼]	/ ㅜ / 탈락

더하기 예제

다음 중 밑줄 친 단어가 바르게 쓰이지 않은 것은?

① 그는 멋쟁이로 소문이 나 있었다.

② 창문에 부나방들이 몰려들었다.

③ 그는 오뚝이처럼 다시 일어났다.

④ 상대팀의 전략을 역이용해야 한다.

⑤ 꿈에서 쌍용이 날아오르는 것을 보았다.

해설

두음법칙은 첫째 음절에만 적용되기 때문에 '쌍룡'으로 써야 바른 표기이다.

① '-쟁이'는 'ㅣ'모음 역행동화가 일어난 것이다. 우리말에서 'ㅣ'모음 역행동화는 일반적으로 인정하지 않지만 '-쟁이', '동댕이치다', '-내기'와 같은 경우에는 예외적으로 인정한다.

② '부나방'은 '소나무', '따님'처럼 'ㄴ' 앞에서 'ㄹ' 탈락이 일어난 단어이다.

④ '역이용'의 '역(逆)'과 같이 접두사처럼 쓰이는 한자어가 붙어서 만들어진 단어는 두음법칙을 적용하여 표기한다.

정답 ⑤

⑧ **첨가(添加)와 된소리되기** : 국어에서 첨가가 일어나는 대표적인 현상은 '사잇소리 현상'이다. 사잇소리 현상은 된소리가 되거나 'ㄴ'이나 'ㄴㄴ'이 첨가되는 경우에 해당한다. 특히 사잇소리 현상은 발음이 어려워서 일어나는 현상이 아니기 때문에 수의적(임의적) 변동에 해당한다.

사잇소리 현상이 일어나는 조건은 첫째, 합성어이어야 하고, 둘째 앞말의 끝소리가 유성음이어야 한다. 셋째, 뒷말의 첫소리는 된소리가 되거나 'ㄴ' 또는 'ㄴㄴ'이 첨가되어야 하며, 넷째, 합성이 되는 단어 가운데 적어도 하나는 고유어이어야 한다. 이 네 조건을 모두 만족해야 사잇소리 현상이라고 할 수 있다.

'국밥'이란 어휘를 살펴보면 합성어(첫째)이고, 뒷말의 첫소리가 된소리로 나며(셋째), '국'과 '밥' 모두 고유어(넷째)이지만 결국 앞말의 끝소리가 유성음이어야 한다는 둘째 조건을 만족시키지 못해 사잇소리로 볼 수 없고 된소리되기가 된다. 된소리되기는 교체 현상으로 볼 수 있으나 여기서는 사잇소리와 유사한 점이 많아 함께 묶어서 제시하기로 하였다.

반면 '산길'의 경우 합성어(첫째)이고, 앞말의 끝소리가 'ㄴ'(유성음)으로 끝나며(둘째), 뒷말의 첫소리가 된소리로 발음되고(셋째), '山(산)'은 한자이지만 '길'은 고유어(넷째)이므로 모든 조건을 만족하고 있어 사잇소리 현상으로 볼 수 있다. '시냇물' 역시 '시내 + 물'로 분석되는 합성어(첫째)이고, 앞말의 끝소리가 'ㅐ'로 모음(유성음)이며(둘째), 'ㄴ'이 첨가되어 발음되고(셋째), '시내'와 '물' 모두 고유어(넷째)이므로 사잇소리 현상의 조건을 만족한다. 다만, '시내'가 모음으로 끝났으므로 이 경우에는 사이시옷(ㅅ)을 모음 뒤에 첨가하여 표기한다.

사잇소리 현상이 일어나는 조건	
• 합성어 [A+B] • 앞말(A)의 끝소리가 유성음. [모음 포함] • 뒷말의 첫소리가 바뀜. [된소리/ㄴ첨가] • 적어도 둘 중 하나 이상이 고유어.	한자어끼리 결합하였지만 사이시옷을 쓰는 예외 곳간(庫間), 셋방(貰房), 숫자(數字), 찻간(車間), 툇간(退間), 횟수(回數)

2 단어(單語)

단어는 자립할 수 있는 말이나 자립할 수 있는 형태소에 붙어서 쉽게 분리될 수 있는 말이다. 즉 단어의 첫째 기준이 '자립성'임을 알 수 있는데 우리가 '사람, 하늘, 땅' 등을 단어로 보는 것은 그것이 자립성을 지니고 있어서 단독으로 쓰여도 의미를 나타낼 수 있기 때문이다. 한편 단어는 더 이상 분석하면 그 의미를 잃어버리는 특성도 지니고 있다. 가령 '철수'라는 단어를 '철'과 '수'로 나눈다면 '철수'의 의미를 잃어버리게 되므로 '철수'가 하나의 단어가 되는 것이다. 또한 단어의 두 번째 특성은 '분리성'이다. 단어는 쉽게 다른 형태소와 분리될 수 있다는 특성이 있다. 특히 이 '분리성'은 '조사'를 염두에 둔 정의라고 볼 수 있는데 '조사'는 그 자체로 자립성이 있다고 볼 수는 없지만 늘 체언에 붙어서 체언과 쉽게 분리되므로 '분리성' 면에서 단어로 인정될 수 있는 것이다.

(1) **품사(品詞)**

단어를 일정한 기준에 따라 분류한 것을 품사라 한다. 품사의 분류 기준은 '형태, 기능, 의미' 세 가지이다. 우리말의 품사 분류를 체계적으로 정리하면 다음과 같다.

구분	기능과 의미에 따른 분류	
불변어	체언	• 명사 • 대명사 • 수사
	수식언	• 관형사 • 부사
	독립언	• 감탄사
	관계언	• 조사
가변어	서술격 조사(-이다)	
	용언	• 동사 • 형용사

① **체언** : 체언은 문장에서 주로 주어가 되는 자리에 오며, 때로는 조사와 결합하여 목적어, 보어, 관형어, 부사어, 서술어 등으로도 기능할 수 있다. 이러한 체언에는 명사, 대명사, 수사가 있다.

㉠ **명사** : 명사는 사람이나 사물의 이름을 가리키는 말로, 가리키는 범위에 따라 특정한 대상을 지칭하기 위한 고유명사와 특정한 속성을 공유하는 대상에 두루 쓰이는 보통명사가 있다. 또한 자립성 여부에 따라 홀로 자립해 쓰일 수 있는 자립명사와 반드시 앞에 관형어의 수식을 받아야만 하는 의존명사로 분류할 수 있다. 특히 의존명사는 그 기능과 성격에 따라 다시 세분될 수 있으며 띄어 써야 하므로 유의해야 한다.

>>> 짚어보기 **고유명사와 의존명사**

㉠ 고유명사의 제한사항
- 고유명사는 복수 표현이 어렵다. 예 한강들이 흘렀다. (×)
- 고유명사는 관형사와 결합하기 힘들고 수와 관련된 말과 결합할 수 없다. 예 두 조선이 있었다. (×)

㉡ 고유명사의 보통명사화
- 고유명사가 복수형이 되면 보통명사가 된다. 예 이 아이들은 장래의 장영실들이다.

㉢ 의존명사의 분류
- **보편성 의존명사** : 다양한 문장성분으로 쓰일 수 있는 의존명사
  예 아는 것이 힘이다. (주어)
  원하는 것이 바로 이것이다. (서술어)
  아는 것을 말해라. (목적어)
- **서술성 의존명사** : 주로 서술어로 쓰이는 의존명사 예 그 일은 그가 할 따름이다.
- **목적성 의존명사** : 주로 목적어로 쓰이는 의존명사 예 그는 그것을 처리할 줄을 모른다.
- **부사성 의존명사** : 주로 부사어로 쓰이는 의존명사 예 실내에는 안경을 쓴 채로 들어오면 안 된다.
- **단위성 의존명사** : 수량의 의미를 가진 의존명사 예 연필 열 자루, 나무 세 그루

㉡ **대명사** : 대명사는 대상을 대신하여 가리키는 말이다. 대명사는 사물 혹은 장소, 시간을 대신하는 지시대명사와 사람을 대신하는 인칭대명사로 나눌 수 있다.

지시대명사의 경우 '이것, 그것, 저것' 등과 같이 사물을 대신하는 대명사와 '여기, 거기, 저기'와 같이 장소를 대신하는 대명사, '어느 때, 언제' 등과 같이 시간을 나타내는 대명사로 나눌 수 있다.

한편 사람을 대신하는 인칭대명사는 대신하는 대상에 따라 1인칭, 2인칭, 3인칭, 미지칭, 부정칭, 재귀칭으로 나눌 수 있다.

>>> 짚어보기 지시대명사와 인칭대명사

㉠ 지시대명사

지시대명사	예
사물대명사	이것, 그것, 저것, 무엇, 아무것
공간대명사	여기, 거기, 저기, 이곳, 그곳, 저곳, 어디
시간대명사	입때, 접때, 언제

㉡ 인칭대명사

인칭대명사	높임 정도	예
1인칭 대명사	평칭	나, 본인(本人), 우리(복수)
	낮춤	저, 저희, 소인(小人), 과인(寡人)
2인칭 대명사	평칭	너, 그대, 너희, 당신, 자네
	존대	여러분, 댁(宅), 귀하(貴下), 선생, 어른, 어르신, 선생님
	낮춤	이자, 그자, 저자, 이 애, 그 애, 저 애
3인칭 대명사	평칭	그, 저, 이들, 그들, 저들, 자기, 자신, 저, 제, 저희
	존칭	이이, 그이, 저이, 이분, 그분, 저분,
미지칭 대명사	평칭	누구
부정칭 대명사	평칭	아무
재귀대명사	존칭	당신

㉢ 수사 : 수사는 사물의 수량이나 순서를 가리키는 말이다. '하나, 둘, 셋' 등과 같이 사물의 수량을 나타내는 것은 양수사이며 '첫째, 둘째, 셋째'와 같이 사물의 순서를 나타내는 것은 서수사이다.

더하기 예제 01

다음 중 띄어쓰기가 바르지 않은 것은?

① 네가 나에게 그럴 수가 있니?
② 그는 옷을 입은 채로 잠이 들었다.
③ 내 마음을 이해해주는 것은 너 뿐이다.
④ 나는 그에게 감사할 따름이다.
⑤ 식목일에 나무 세 그루를 심었다.

해설

체언 뒤에 쓰이는 '뿐'은 조사이므로 앞의 체언에 붙여 써야 한다. 따라서 '~은 너뿐이다.'와 같이 써야 한다.

정답 ❸

더하기 예제 02

다음 중 밑줄 친 단어의 의미가 다른 것은?

① 지난 결혼기념일에 당신이 선물한 반지를 잃어버렸어요.

② 그것은 내가 당신한테 맡겼던 물건이에요.

③ 결국 당신도 나와 마찬가지 신세가 되었군요.

④ 할아버지께서는 생전에 당신의 개를 무척 사랑하셨다.

⑤ 집으로 돌아가지 않으면 당신들 모두 신고하겠습니다.

해설

'당신'은 주로 2인칭 대명사로 쓰이지만 3인칭 재귀대명사로 자신보다 윗사람을 지칭하는 대명사로 쓰이기도 한다. ④의 당신은 돌아가신 할아버지를 지칭하는 3인칭 재귀대명사이다.

①, ②, ③, ⑤ 청자를 가리키는 2인칭 대명사이다.

정답 ❹

② **관계언(조사)** : 조사는 체언 뒤에 붙어서 문법적 관계를 나타내거나 특별한 의미를 더하는 말이다. 조사는 기능과 의미에 따라 격조사와 보조사, 접속조사로 나눌 수 있다. 격조사는 앞의 체언을 어떤 문장성분으로 만드는가에 따라 주격 조사, 목적격 조사, 부사격 조사, 관형격 조사, 보격 조사, 서술격 조사로 나눌 수 있으며, 보조사는 그 의미와 기능에 따라 나눌 수 있다.

㉠ **격조사** : 격조사란 앞에 오는 체언이 문장 안에서 일정한 자격을 가지도록 하여 주는 조사이다. 격조사는 그 기능에 따라 다음과 같이 분류할 수 있다.

구분	예
주격 조사	이/가, 께서(높임), 에서(단체)
목적격 조사	을/를
보격 조사	이/가
서술격 조사	이다
관형격 조사	의
부사격 조사	에, 에서, 에게, (으)로
호격 조사	야, 아, 이여

㉡ **접속조사** : 두 단어를 같은 자격으로 이어 주는 기능을 하는 조사로 문어에서 주로 쓰이는 '–와/과', 구어에서 주로 쓰이는 '–(이)랑, –하고'가 있다.

㉢ **보조사** : 보조사는 앞말에 특별한 뜻을 더하여 주는 조사로 보조사들이 더하여 주는 의미를 살펴보면 다음과 같다.

은/는	만/뿐	조차	부터	도	까지/마저	마다	그려
대조	단독	첨가	시작	동일	한계	균등	감탄

더 알고가기

서술격 조사 '이다'

조사는 원래 불변어이다. 따라서 형태 변화를 하지 않는다. 하지만 서술격 조사 '이다'의 경우 체언과 결합할 때 용언의 어미처럼 다양한 형태로 변화한다. 즉 '이것은 책이다', '이것은 책이니', '이것은 책이고' 등과 같이 활용을 하는 것이다. 이러한 점에서 조사 '이다'를 조사로 보지 않는 견해도 있지만 일반적으로 '이다'는 체언과 결합하며 분리성이 인정되므로 조사로 보고 있다. 하지만 '이다'가 활용을 하는 서술격 조사인 반면 그와 반대되는 어휘인 '아니다'는 형용사로 처리하므로 유의해야 한다.

더하기 예제

다음 중 밑줄 친 부분과 가장 유사한 의미로 쓰인 것은?

평상시에는 코로 숨을 쉬지만 잠을 잘 때는 자신도 모르게 입을 벌리고 자거나 입으로 호흡하는 사람도 적지 않다.

① 그녀는 서울로 떠났다.
② 그는 칼로 나무를 깎고 있었다.
③ 그는 목사로 임명되었다.
④ 이사회는 내일로 연기되었다.
⑤ 지구는 대부분 물로 구성되어 있다.

해설

제시문의 밑줄 친 '-로'는 수단이나 방법을 의미하는 부사격 조사이다. 이와 가장 유사한 것은 ②이다.
① 방향이나 장소, ③ 신분이나 자격 또는 지위, ④ 시간, ⑤ 구성이나 그 구성비를 의미하는 조사이다.

정답 ❷

③ 용언(用言) : 용언은 활용을 하는 말로 동사나 형용사가 이에 해당한다.

㉠ 동사 : 용언에 속하며 주체의 동작이나 행위의 과정을 나타내는 말을 동사라 한다.

- 기능에 따른 구분 : 본동사(자립성, 실질적 의미), 보조 동사
- 형태에 따른 구분 : 규칙동사, 불규칙 동사, 불완전 동사
- 주체 동작의 성질에 따른 구분 : 주동사(主動詞), 사동사(使動詞), 능동사(能動詞), 피동사(被動詞)

㉡ 형용사 : 용언에 속하며 주체의 성질이나 상태를 나타내는 말을 형용사라 한다.

- 성상 형용사 : 성질이나 상태를 나타내는 형용사.
- 지시 형용사 : 사물의 성질, 모양, 상태를 지시하는 형용사.

>>> 짚어보기 **용언의 분류**

- **형태와 의미에 따른 분류** : 동사(동작 · 작용을 나타냄.), 형용사(성질 · 상태를 나타냄.)로 나누어진다.
- **문장 안에서의 쓰임에 따른 분류** : 본용언과 보조 용언으로 나누어진다.
- **활용의 규칙성 여부에 따른 분류** : 규칙 용언과 불규칙 용언으로 나누어진다.

㉢ 보조 용언 : 자립하여 쓰이지 않고 앞의 용언에 접속되어 그 의미를 도와주는 용언으로 단독으로 문장의 서술어가 될 수 없다.

- 보조 동사 : 용언 뒤에 기대어 그 말의 문법적 의미를 더해주는 동사이다.
  예 그 일은 잘 되어 간다.
- 보조 형용사 : 보조 동사와 같은 기능을 하지만 형용사와 같은 활용 행태를 보인다.
  예 그 영화는 나도 보고 싶다.

㉣ 용언의 활용 : '활용'이란 어간과 어미가 결합할 때 어미가 교체되는 현상을 말한다. 용언의 활용은 활용 시 용언의 어간이나 어미의 형태가 유지되거나 음운 규칙으로 설명할 수 있는 규칙 용언과, 용언이나 어미의 형태가 유지되지 않고 그러한 형태 변화를 음운 규칙으로 설명할 수 없는 불규칙 용언으로 나눌 수 있다. 예를 들어 '묻다[埋]'의 경우 '묻고, 묻으니, 묻어서, 묻으면, 묻어라' 등과 같이 활용 시 어간이나 어미의 형태 변화가 일어나지 않는다. 또한 '벌다'처럼 '벌고, 벌어서, 벌면, 버니'와 같이 활용하며 '버니'에서 'ㄴ' 앞 'ㄹ'이 탈락하는 것은 보편적인 음운 규칙에 해당한다. 이와 같이 활용하는 경우를 '규칙 활용'이라고 한다.

하지만 '묻다[問]'의 경우 '묻고, 묻지, 물으면, 물어서'와 같이 활용하면서 어간 '묻-'이 '물-'로 형태가 변화하는데 '묻다[埋]'와 비교할 때 '묻-'이 '물-'로 변화하는 현상을 음운 규칙으로 설명할 수 없다. 이러한 활용을 '불규칙 활용'이라고 한다. 불규칙 활용의 종류는 다음과 같다.

[어간이 바뀌는 경우]

갈래	내용(조건)	용례	규칙 활용 예
'ㅅ' 불규칙	'ㅅ'이 모음 어미 앞에서 탈락함.	• 긋 + 어 → 그어 • 붓 + 어 → 부어	벗어, 씻어
'ㄷ' 불규칙	'ㄷ'이 모음 어미 앞에서 'ㄹ'로 변함.	• 걷(步) + 어 → 걸어 • 묻(問) + 어 → 물어	묻어[埋], 얻어
'ㅂ' 불규칙	'ㅂ'이 모음 어미 앞에서 '오/우'로 변함.	• 줍 + 어 → 주워 • 굽 + 어 → 구워 • 돕 + 아 → 도와 • 덥 + 어 → 더워	잡아, 뽑아
'르' 불규칙	'르'가 모음 어미 앞에서 'ㄹㄹ' 형태로 변함.	• 흐르 + 어 → 흘러 • 이르 + 어 → 일러(謂, 早) • 빠르 + 아 → 빨라	따라, 치러
'우' 불규칙	'우'가 모음 어미 앞에서 탈락함.	푸 + 어 〉 퍼	주어, 누어

[어미가 바뀌는 경우]

갈래	내용(조건)	용례	규칙 활용 예
'여' 불규칙	'하–' 뒤에 오는 어미 '–아/–어'가 '–여'로 변함.	공부하 + 어 → 공부하여	차 + 아 → 차
'러' 불규칙	어간이 '르'로 끝나는 일부 용언에서, 어미 '–어'가 '러'로 변함.	• 이르(至) + 어 → 이르러 • 푸르 + 어 → 푸르러	치르 + 어 → 치러
'너라' 불규칙	명령형 어미인 '–거라'가 '–너라'로 변함.	오 + 거라 → 오너라	가거라, 있거라
'오' 불규칙	'달–/다–'의 명령형 어미가 '–오'로 변함.	다 + 어라 → 다오	주어라

[어간과 어미가 모두 바뀌는 경우]

갈래	내용(조건)	용례	규칙 활용 예
'ㅎ' 불규칙	'ㅎ'으로 끝나는 어간에 '–아/–어'가 오면 어간의 일부인 'ㅎ'이 없어지고 어미도 변함.	• 하얗 + 아서 → 하얘서 • 파랗 + 아 → 파래	좋 + 아서 → 좋아서

더 알고가기

동사와 형용사의 구분

- 현재 시제 선어말어미 '-는-/ -ㄴ-'과 결합이 가능하면 동사이고, 불가능하면 형용사이다.
- 관형사형 어미 '-는'과 결합이 가능하면 동사이고, 불가능하면 형용사이다.
- 의도를 나타내는 어미 '-려', '-러'와 결합이 가능하면 동사이고, 불가능하면 형용사이다.
- 명령형 어미 '-(어)라', 청유형 어미 '-자'와 결합이 가능하면 동사이고, 불가능하면 형용사이다.

>>> 짚어보기 **어미의 종류**

㉠ **어말어미** : 단어의 끝에 위치하여 문법적 성격을 나타내는 어미.
- **종결어미** : 평서형(-다), 의문형(-(느)냐), 감탄형(-구나), 명령형(-(어)라), 청유형(-자)
- **연결어미** : 대등적 연결어미(-고, -며), 종속적 연결어미(-니, -어서, -게), 보조적 연결어미(-아/어, -게, -지, -고)
- **전성어미** : 명사형 전성어미(-(으)ㅁ, -기), 관형사형 전성어미(-(으)ㄴ, -는, -(으)ㄹ, -던), 부사형 전성어미(-이, -게, -도록, -(아)서)

㉡ **선어말어미** : 어간과 어말어미 사이에 놓여 문법적 성격을 나타내는 어미.
- **주체 높임 선어말어미** : -시-
- **시제 선어말어미** : -는-(현재), -았/었-(과거), -겠-(미래, 의지)
- **공손 선어말어미** : -(사)옵-
- **기타 선어말어미** : -리-(의지), -더-(회상)

더하기 예제

다음 밑줄 친 단어의 활용이 바르지 않은 것은?

① 수업이 끝나면 곧장 집으로 오거라.
② 그는 숙소에 이르러 짐을 풀었다.
③ 그녀의 옷이 너무 하얘서 눈이 부시다.
④ 불쌍한 이웃을 서로 도와야 한다.
⑤ 그 일로 우리나라는 홍역을 치렀다.

해설

'오다'는 명령형 어미 '-거라' 대신에 '-너라'를 쓰는 불규칙 활용을 하는 단어이다. 따라서 '오너라'가 바른 활용이다.

정답 ❶

④ 수식언

㉠ 관형사 : 관형사란 체언 앞에서 주로 체언을 수식하는 말이다. 관형사는 수사 및 조사와 결합할 수 없으며, 그 의미와 기능에 따라 성질이나 상태를 수식하는 성상관형사와 어떤 대상을 가리키는 지시관형사, 대상의 수량을 나타내는 수관형사로 나누어진다.

구분	예
성상관형사	온갖, 새, 헌, 헛, 겨우, 진짜, 단지 등
지시관형사	이, 그, 저, 이런, 그런, 저런, 다른, 무슨, 아무 등
수관형사	한, 두, 세, 네, 첫, 둘째, 셋째, 제일, 제이, 몇몇, 여러 등

더 알고가기

'다른'의 품사

'다른'은 그 의미에 따라 관형사로 쓰이기도 하고 형용사로 쓰이기도 한다. 즉, '다른'이 '다르다[異]'의 뜻으로 쓰이면 형용사이고, '또 하나의'라는 뜻으로 쓰이면 관형사이다.

예 호랑이와 사자는 다르다. (형용사)
다른 것 하나 보여주세요. (관형사)

㉡ 부사 : 용언이나 관형사를 꾸미거나 문장 전체를 꾸미는 말을 부사라고 한다. 부사는 조사와 결합할 수 없으며 문장에서의 역할에 따라 성분부사와 문장부사로 나눌 수 있다. 문장에서 특정 성분을 수식하는 성분부사는 다시 성상부사와 지시부사, 부정문에 쓰이는 부정부사, 음성 상징어와 같은 의성부사, 의태부사로 나눌 수 있다.

구분			용례
성분부사	성상부사		잘, 바로, 겨우, 아주, 너무, 다, 참, 너무, 특히 등
	지시부사	공간	이리, 그리, 저리, 이리저리, 요리조리, 어디, 여기저기 등
		시간	장차, 언제, 아까, 곧, 이미, 바야흐로, 문득, 매일 등
	부정부사		못, 안(아니)
	의성부사		쿵쿵, 철썩, 데굴데굴, 깡충깡충 등
	의태부사		죽죽, 훨훨, 사뿐사뿐, 성큼성큼 등
문장부사	양태부사		과연, 설마, 제발, 정말, 결코, 모름지기 등
	접속부사		그러나, 그러니까, 하지만, 곧, 즉, 또한 등

>>> 짚어보기 **품사의 통용**

일부 품사는 하나의 품사로만 쓰이는 것이 아니라 문장 내에서의 기능과 의미에 따라 다양한 품사로 바뀌어 쓰이기도 한다. 이를 품사의 통용이라 한다.

- 이는 마땅히 우리가 해야 할 일입니다. (대명사)
  이 새는 날지 못한다. (관형사)
- 이번에 참가한 인원은 다섯이다. (수사)
  먼저 다섯 명을 선발하였다. (관형사)
- 여기가 어딘지 모르겠다. (대명사)
  그것은 여기에 놓아라. (부사)
- 네가 먹을 만큼 먹어라. (의존명사)
  나도 너만큼 할 수 있다. (조사)

⑤ 독립언 : 감탄사란 화자의 부름이나 대답, 느낌, 놀람 등을 나타내는 데 쓰이는 말이다. 감탄사는 다른 품사에 비해 위치가 비교적 자유롭다는 특성이 있다.

㉠ 감탄사로 인정되는 것

- 하나의 문장 대신 쓰이며 말하는 이의 놀람이나 느낌을 나타내는 단어. 예 불!
- 동물을 부르는 소리. 예 이랴!(소 모는 소리), 구구(닭 부르는 소리)
- '천만에' 등과 같은 형태가 문장 안에서 감탄의 뜻으로 쓰일 때.
  예 정말로(정말 + 로), 웬걸(웬 + 것을)

㉡ 감탄사로 인정되지 않는 것

- 감탄형 어미가 붙어 감탄의 뜻을 나타냄.
  예 드디어 봄은 왔도다.
- 느낌을 표시하는 조사가 붙어 감탄의 뜻을 나타내는 말.
  예 보름이라 달도 밝네.
- 문장 첫 머리에 놓이는 제시어 및 표제어.
  예 청춘. 듣기만 하여도 설레는 이 말.
- 실제적인 이름으로 상대방을 부르는 말.
  예 지성아, 아버지께서 부르셔.

(2) 단어의 형성

단어는 크게 하나의 어근으로 이루어진 단일어와 두 개 이상의 어근이 결합하여 이루어지는 복합어로 나누어진다. 복합어는 다시 그 형성 방법에 따라 합성어와 파생어로 나누어지는데 합성어는 어근과 어근이 결합하여 형성된 단어이며, 파생어는 어근과 접사가 결합하여 형성된 단어이다.

① **합성어** : 합성어는 접사의 개입 없이 어근과 어근의 결합으로 이루어진 말이다. 합성어의 경우 어근과 어근의 결합 방식에 따라 통사적 합성어와 비통사적 합성어로 나누어지고, 어근과 어근이 결합할 때 그 의미 관계에 따라 대등합성어, 종속합성어, 융합합성어로 나누어진다.

㉠ 어간과 어근의 결합 방식에 따른 분류

- 통사적 합성어 : 통사적 합성어에서 '통사적(統辭的)' 이란 국어의 일반적인 문장이나 구, 절 등의 구성 방식과 일치하는 것을 의미한다. 예를 들어 명사와 명사가 결합한 합성어의 경우 '철수와 영희' 에서 보듯 국어의 정상적인 단어 형성 방법과 일치하므로 통사적 합성어로 볼 수 있다.
- 비통사적 합성어 : 비통사적 합성어에서 '비통사적(非統辭的)' 이란 국어의 일반적인 문장이나 구, 절 등의 구성 방식과 일치하지 않는 것을 의미한다. 예를 들어 '늦더위' 와 같은 경우 '늦-' 은 형용사의 어간이고, '더위' 는 명사인데 우리말에서 용언의 어간은 반드시 어미와 결합하는 것이 정상적인 형태이므로 어간과 명사가 결합한 '늦더위' 는 비통사적 합성어에 해당한다.

구분	용례
통사적 합성어	밤낮(명사 + 명사), 오고가다(어간 + 어미 + 어간 + 어미), 첫사랑(관형사 + 명사), 힘들다(명사 + 동사)
비통사적 합성어	늦잠(어간 + 명사), 여닫다(어간 + 어간 + 어미), 부슬비(부사 + 명사)

㉡ 어근과 어근이 결합할 때 의미 결합 관계에 따른 분류

- **대등합성어** : 대등합성어란 두 단어의 의미가 서로 대등하게 결합되는 합성어이다. 이때 결합되는 두 단어의 의미는 그대로 유지된다.

  예 남녀(男女), 안팎, 높낮이, 비바람, 강약(强弱), 오가다
- **종속합성어** : 종속합성어란 두 단어의 의미가 결합할 때, 어느 한 단어의 의미가 주(主)가 되고 다른 한 단어의 의미가 이에 종속되는 합성어이다.

  예 디딤돌, 폭우(暴雨), 돌개바람, 돌층계, 목마(木馬), 먹구름, 보름달
- **융합합성어** : 융합합성어란 두 단어가 결합하여 두 단어의 의미와는 다른 새로운 의미를 갖게 되는 합성어이다.

  예 연세(年歲)[나이], 흑백(黑白)[옳고 그름], 천지(天地)[세상], 내외(內外)[부부], 쥐며느리[곤충], 풍파(風波)[시련], 돌아가다[죽다], 수족(手足)[부하], 밤낮[늘]

  ※ [ ] 안은 파생된 의미임.

>>> 짚어보기 **합성어와 구의 구별**

두 개의 단어가 결합하여 형성되었다는 점에서 합성어와 구를 변별하기 어려운 경우가 있다. 이를 구별하기 위해서는 합성어와 구의 특성에 대해 알아두어야 한다.

㉠ 합성어
- 하나의 단어이므로 붙여 써야 한다.
- 두 어근 사이에 다른 성분이 들어갈 수 없다.
- 두 단어가 합쳐져 특수한 의미가 형성된다.

㉡ 구(句)
- 두 단어 사이에 다른 성분이 개입할 수 있다.
- 두 단어이므로 띄어 써야 한다.
- 두 단어가 자신의 의미를 유지한다. (사전적 의미)

예 합성어 : 작은집(아버지의 남동생의 집)
구 : 작은 집(크기가 작은 집)

더하기 예제

다음 밑줄 친 합성어의 의미를 풀이한 것으로 적절하지 않은 것은?

① 그의 말은 앞뒤가 맞지 않아 믿을 수 없다. (→ 서열)
② 그는 밤낮 실수를 하고도 반성하지 않는다. (→ 늘)
③ 이번 사건은 엄격한 조사를 통해 흑백을 가려야 한다. (→ 옳고 그름)
④ 그는 물불을 가리지 않고 덤벼들었다. (→ 위험)
⑤ 이 자리에 오르기까지 숱한 고초와 풍파를 겪었다. (→ 세상살이의 어려움)

해설
'앞뒤'는 융합합성어로 문맥상 '논리'나 '조리'의 뜻을 갖는다. '앞뒤가 맞지 않는다'라는 관용적 표현은 '논리나 조리에 맞지 않다.'라는 의미이다. 따라서 '서열'과는 의미상 거리가 멀다.

정답 ❶

② 파생어 : 파생어는 어근과 접사가 결합되어 이루어진 말로 접사에는 어근 앞에서 어근의 의미를 더해주는 접두사와 어근의 뒤에 붙어서 의미를 더하거나 품사를 바꾸는 접미사가 있다.

㉠ 접사의 종류에 따른 파생어 구분
- 접두 파생어 : 어근의 앞에 '시-', '강-', '치-', '들-' 등과 같은 접두사가 붙어서 만들어진 말이

다. '시퍼렇다', '강마르다', '치솟다', '들볶다'와 같이 접두사는 어근의 의미를 강조하는 역할을 한다.

예 군말, 설익다, 드높다, 헛걸음, …

- 접미 파생어 : 어근의 뒤에 '-기', '-보', '-이-', '-히-' 등과 같은 접미사가 붙어서 만들어진 말로 '먹기', '꾀보', '죽이다', '입히다'에서와 같이 접미사는 어근의 품사를 바꾸기도 하고 유지하기도 하며 어근의 문법적 성격을 변화시켜 문장의 구성에 영향을 미치기도 한다.

  예 구경꾼, 높다랗다, 벌이, 다행히, …

ⓛ 접사의 성격에 따른 파생어 구분

- 한정적 접사 : 어근에 붙어서 어근의 의미를 더해주는 접사로 어근의 품사를 바꾸지 않는 접사이다. 예를 들어 '새파랗다'에서 '새-'는 '파랗다'라는 어근 앞에서 그 의미를 보충하는 역할을 하지만 어근의 품사를 바꾸지는 않는다. 이렇게 한정적 접사가 결합하여 이루어진 파생어를 비통사적 파생어라 부르기도 한다.
- 지배적 접사 : 어근에 붙어서 어근의 품사를 바꾸어 주는 접사이다. 예를 들어 '먹기'는 동사 '먹다'의 어간인 '먹-'에 접미사 '-기'가 붙어서 이루어진 말로 품사가 동사에서 명사로 바뀌었다. 이렇게 접사에 의해 품사가 바뀌는 파생어를 통사적 파생어라 부르기도 한다.

더하기 예제

다음과 같은 식으로 만들어진 단어는?

융합합성어 : 둘 이상의 낱말이 어울려 각각 원래의 뜻을 벗어나 한 덩어리의 새 뜻을 나타내는 합성어.

예 膾 : 날고기 + 炙 : 구운 고기 → 회자(膾炙) : 칭찬을 받으며 사람의 입에 자주 오르내림.

① 형제(兄弟) : 형과 아우를 아울러 이르는 말.

② 내외(內外) : 남편과 아내를 아울러 이르는 말.

③ 자매(姊妹) : 언니와 아우를 아울러 이르는 말.

④ 남매(男妹) : 오빠와 누이를 아울러 이르는 말.

⑤ 숙질(叔姪) : 아저씨와 조카를 아울러 이르는 말.

해설

'안(內)'과 '밖(外)'이라는 낱말이 어울려 '남자와 여자' 또는 '부부(夫婦)'라는 새 뜻을 나타내는 융합합성어이다.

정답 ❷

>>> 짚어보기 단어의 갈래

- 단어(單語)
  - 단일어(單一語) 예 땅, 하늘, 사람
  - 복합어(複合語)
    - 합성어(合成語) 예 논밭, 작은집
    - 파생어(派生語) 예 대낮, 헛간

3 문장(文章)

생각이나 감정을 완결된 내용으로 표현하는 최소의 언어 형식을 문장이라 하고, 문장을 구성하는 요소들을 문장성분이라 한다.

(1) 문장성분

문장성분 가운데 일반적으로 문장에서 꼭 필요로 하는 문장성분을 주성분이라고 하고, 생략해도 되는 문장성분을 부속성분이라고 한다. 주성분에는 '주어', '서술어', '목적어', '보어'가 있다. 그리고 부속성분에는 '부사어', '관형어'가 있으며, 독립성분으로는 '독립어'가 있다.

① **주어** : 주어는 '나는 웃는다.'에서 '나는'과 같이 문장에서 '누가', '무엇이'에 해당하는 성분으로 특정 행위나 성질의 주체가 되는 문장성분이다. 일반적으로 문장에서 필수적으로 요구되는 주성분이지만 문장에서 생략되는 경우도 있다. 특히 구어에서는 자주 생략되기도 한다.

② **목적어** : 목적어는 '나는 밥을 먹는다.'에서 '밥을'과 같이 '누구를', '무엇을'에 해당하는 성분으로 특정 행위나 성질의 객체가 되는 문장성분이다. 일반적으로 문장에서 필수적으로 요구되는 주성분이며 청자와 화자가 충분히 인지하고 있거나 문맥상 충분히 추리가 가능할 경우 생략될 수도 있다.

③ **서술어** : 서술어는 '나는 노래한다.'에서 '노래한다'와 같이 '어찌하다', '어떠하다'에 해당하는 성분으로 주체의 행위나 성질 등을 설명하는 문장성분이다. 일반적으로 문장에서 필수적으로 요구되는 주성분이며 청자와 화자가 충분히 인지하고 있거나 문맥상 충분히 추리가 가능할 경우 생략될 수도 있다.

④ **보어** : 보어는 '얼음이 물이 되다.'라는 문장에서 '물이'와 같이 '되다', '아니다' 앞에 오는 문장성분으로 '되다', '아니다'의 내용을 보충하는 기능을 한다. 보어 역시 문장에서 필수적으로 요구되는 주성분이며, 문장에서 좀처럼 생략하기 어렵다.

⑤ **부사어** : 부사어는 '나는 바쁘게 걸었다.'에서 '바쁘게'와 같이 주로 서술어를 수식하는 성분으로 문장에서 필수적으로 요구되는 것은 아니므로 부속성분에 해당한다.

⑥ **관형어** : 관형어는 '나는 큰 집을 지었다.' 에서 '큰' 과 같이 문장에서 주어나 목적어를 수식하는 성분으로 부사어와 같이 문장에서 필수적으로 요구되는 것은 아니므로 부속성분에 해당한다.

⑦ **독립어** : 독립어란 '흥, 이럴 수가!' 에서 '흥' 과 같이 다른 문장성분과 직접적인 관계없이 사용되는 문장성분으로 독립성분에 해당한다.

>>> **짚어보기** **품사와 문장성분**

품사와 문장성분에 대하여 혼동하는 경우가 종종 있다. 우선 품사는 단어의 형태와 기능, 의미에 따라 결정된 단어 분류의 형태이다. 대체로 품사는 단어의 탄생과 함께 정해진 것으로 볼 수 있다. 그러나 특정 품사에 속하는 단어라 하더라도 문장에서 하는 역할 또는 기능에 따라 문장성분은 변할 수 있다. 이 점을 고려하여야 품사와 문장성분의 혼동을 피할 수 있다.

예
- 나는 예쁜 꽃을 보았다. [형용사/관형어]
- 철수의 누나가 예쁘게 웃었다. [형용사/부사어]
- 그 여배우는 예쁘다. [형용사/서술어]
- 그녀의 손톱이 예쁘게 손질 되었다. [형용사/보어]

(2) 서술어의 자릿수

서술어의 자릿수란 서술어가 문장에서 필수적으로 요구하는 문장성분의 수를 말한다. 예를 들어 '놀다' 의 경우 '철수가 논다.' 와 같이 필수적으로 요구되는 문장성분은 '철수가' (주어) 뿐이다. 이런 경우 한 자리 서술어가 된다. 반면 '철수가 밥을 먹는다.' 에서 '먹는다' 는 주어인 '철수가' , 목적어인 '밥을' 과 같이 두 개의 문장성분을 필수적으로 요구하므로 두 자리 서술어가 된다. 그리고 '그가 나에게 선물을 주었다.' 에서 '주었다' 는 주어인 '그가' , 목적어인 '선물을' 외에 부사어인 '나에게' 도 필수적으로 요구한다. 이렇게 '주었다' 는 세 개의 문장성분을 필수적으로 요구하고 있으므로 세 자리 서술어가 된다. 이때 '나에게' 처럼 부속성분인 부사어이지만 문장에서 필수적으로 요구되는 부사어를 필수부사어라 하고, 서술어의 자릿수에 포함시킨다.

예
- **한 자리 서술어** : 철수가 간다 / 영희가 온다 / 개가 짖는다.
- **두 자리 서술어** : 철수가 국을 마신다 / 영희가 그림을 그린다 / 은희가 노래를 부른다.
- **세 자리 서술어** : 민호가 나에게 선물을 주었다 / 주희가 철수를 친구로 여겼다.

더 알고가기

자릿수의 변동

동일한 서술어라 하더라도 문맥에 따라 서술어의 자릿수가 변동되기도 한다. 예를 들어 '철수가 신나게 논다.' 에서 '논다' 의 경우 부사어인 '신나게' 를 제외하면 주어인 '철수가' 를 필수적으로 요구하는 한 자리 서술어이다. 그러나 '철수가 윷을 논다.' 에서의 '논다' 는 주어인 '철수가' 이외에 '윷을' 이라는 목적어를 필수적으로 요구하는 두 자리 서술어이다. 이처럼 서술어의 자릿수는 문맥에 따라 바뀔 수 있음을 유의해야 한다.

(3) 문장의 짜임

문장은 하나의 문장으로 이루어진 '홑문장'과 두 개 이상의 문장으로 이루어진 '겹문장'으로 나눌 수 있다. 즉 홑문장은 주어와 서술어의 관계가 문장 내에서 한 번만 맺어지고 겹문장은 주어와 서술어의 관계가 문장 내에서 두 번 이상 맺어지게 된다. 예를 들어 '새가 높이 난다.'의 경우 문장에서 주어와 서술어가 한 번씩 나타나며 이는 홑문장이다. 반면 '철수가 노래하고 영희는 춤을 춘다.'라는 문장에서는 주어와 서술어의 관계가 두 번 맺어지고 있다. 즉 '철수가'(주어)와 '노래하다'(서술어), '영희는'(주어)과 '춘다'(서술어)의 관계가 이루어진 것이다. 이를 정리해 보면 다음과 같다.

- 철수가 노래한다. → 홑문장
  (주어) (서술어)
- 철수는 노래하고, 영희는 춤을 춘다. → 겹문장
  (주어) (서술어) (주어) (서술어)

이처럼 겹문장에서 결합된 문장들을 '절'이라 한다. 즉, 위의 겹문장은 '철수는 노래한다.'와 '영희는 춤을 춘다.'라는 두 개의 절로 이루어진 문장이다. 한편, 이 겹문장은 다시 결합 관계에 따라 이어진 문장과 안은 문장으로 나누어진다.

① 이어진 문장 : 이어진 문장은 연속된 두 절이 서로 독립적이거나 종속적인 관계로 결합된 문장이다. 따라서 두 절이 서로 독립적인 관계로 맺어진 문장을 대등하게 이어진 문장이라고 하고, 두 절이 밀접한 관계 즉 종속적인 관계로 맺어진 문장을 종속적으로 이어진 문장이라고 한다.

대등하게 이어진 문장은 '-고, -며, -요' 등과 같은 연결어미로 연결되며, 앞의 절과 뒤의 절은 서로 독립적인 성격이 강하다. 예를 들어 '철수는 빵을 먹고, 영희는 물을 마신다.'라는 문장의 경우 '철수가 빵을 먹는다.'와 '영희는 물을 마신다.'라는 두 문장이 서로 독립적이며 철수가 빵을 먹지 않는다고 해서 영희가 물을 마시지 않거나 철수가 빵을 먹기 때문에 영희가 물을 마시는 것은 아니다. 이와 같이 독립적으로 이어진 문장을 대등하게 이어진 문장이라고 한다.

종속적으로 이어진 문장은 두 절의 관계가 인과 관계나 조건 등의 관계로 긴밀히 연결되는 문장이다. 예를 들어 '철수가 아파서 어머니께서 걱정하신다.'에서 '철수가 아프다.'와 '어머니께서 걱정하신다.'가 인과 관계로 결합되어 있다. 즉 철수가 아픈 것이 어머니께서 걱정하시는 것의 원인인 것이다. 이와 같이 결합된 두 문장이 종속적인 관계로 결합된 경우를 종속적으로 이어진 문장이라고 한다.

예 대등하게 이어진 문장
- 정수는 학교에 가고, 인화는 유치원에 간다. (나열)
- 하늘도 맑고, 구름도 없다. (나열)
- 식물원에 가든지 놀이동산에 가든지 어서 결정하십시오. (대조)
- 열심히 공부하였지만 시험에 떨어졌다. (대조)

예 **종속적으로 이어진 문장**

- 마감시간이 다 되어서 나는 되돌아갔다. (원인)
- 내일 비가 오면 소풍은 취소된다. (조건)
- 설악산의 단풍을 보려고, 우리는 서둘러 떠났다. (의도)
- 비록 눈이 내릴지라도, 우리는 변함없이 출근한다. (양보)

② **안은 문장** : 안은 문장은 하나의 절이 다른 한 문장 안에 문장성분으로 안겨 있는 것을 말한다. 예를 들어 '철수는 영희가 범인임을 알았다.'라는 문장에서는 '영희가 범인이다.' 라는 문장이 '철수는 알았다.' 라는 문장 속에 목적어로 안겨 있다. 이와 같은 구성으로 이루어진 문장을 안은 문장이라 하고, 이는 안긴 문장이 문장 내에서 하는 기능에 따라 다시 명사절을 안은 문장, 관형절을 안은 문장, 부사절을 안은 문장, 서술절을 안은 문장, 인용절을 안은 문장으로 나누어진다.

명사절을 안은 문장은 안긴 문장이 문장 내에서 주어나 목적어로 기능하는 경우인데 주로 '-음, -것, -기' 등의 어미와 함께 쓰인다. 관형절을 안은 문장은 안긴 문장이 문장 내에서 명사를 수식하는 역할을 하는 경우이며, 부사절을 안은 문장은 안긴 문장이 문장 내에서 서술어를 수식하는 경우이고, 서술절을 안은 문장은 안긴 문장이 문장 내에서 서술어의 기능을 하는 경우이다. 또한 인용절을 안은 문장은 안긴 문장이 '-고, -라고' 와 같은 연결어미와 결합하여 인용문의 기능을 하는 경우이다.

예 ㄱ. 철수가 범인임이 밝혀졌다. (명사절을 안은 문장)
ㄴ. 철수는 밝은 빛을 보았다. (관형절을 안은 문장)
ㄷ. 철수는 발이 아프도록 돌아다녔다. (부사절을 안은 문장)
ㄹ. 철수는 키가 크다. (서술절을 안은 문장)
ㅁ. 민호는 "영희가 집에 있다."고 외쳤다. (인용절을 안은 문장)

'ㄱ' 은 명사절을 안은 문장인데 '철수가 범인임' 은 '철수가 범인이다.' 라는 문장이 명사절로 안기며 문장에서 주어 역할을 하는 경우이다.

'ㄴ'은 '철수가 빛을 보았다.'와 '빛이 밝다.'라는 두 문장이 결합되면서 '빛이 밝다.'에서 두 문장의 공통된 요소인 '빛이' 가 생략되면서 '밝은 빛' 이라는 관형절의 형태로 안긴 문장이다.

'ㄷ' 은 '발이 아프다.'가 '발이 아프도록'의 부사절로 안기면서 '돌아다녔다'를 수식하고 있다.

'ㄹ' 에서 '키가 크다.'는 하나의 문장이면서 그 자체가 '철수는' 이라는 주어와 결합하여 서술어의 역할을 하는 경우이다.

'ㅁ' 은 "영희가 집에 있다."라는 문장이 '민호는 외쳤다.' 와 결합하면서 인용절로 안긴 경우에 해당한다.

>>> 짚어보기 **관형절과 구의 구분**

절과 구의 구분은 주어와 서술어가 갖추어져 있는가, 그렇지 않은가에 달려 있다. 절은 주어와 서술어를 갖추어야 하기 때문이다. 그러나 관형절로 안긴 문장에서는 관형절과 구의 구분이 쉽지 않은 경우가 있다.

ㄱ. 철수가 예쁜 집을 지었다.
ㄴ. 철수가 새 차를 샀다.

위의 두 문장에서 'ㄱ'의 경우 '예쁜 집'을 어떻게 볼 것인가가 문제인데 이 경우 '집이 예쁘다.'와 같이 한 문장으로 재구성이 가능하며 이를 주어가 생략되고 관형절로 안긴 것으로 볼 수 있으므로 절로 보아야 한다. 하지만 'ㄴ'의 경우 'ㄱ'과 구조가 유사하지만 '차가 새다.*'와 같은 문장은 성립하지 않으므로 하나의 절로 보기 어렵다. 이런 경우에는 구로 보아야 한다.

1 주

(4) 종결 표현

문장은 종결 표현에 따라 문장 전체의 의미가 달라지는데 이러한 종결 표현은 종결어미를 통해 드러나게 된다.

① **평서문** : 평서문은 화자가 자신의 생각이나 느낌 등을 단순하게 진술하는 문장으로 일반적으로 평서형 종결어미 '-다'에 의해 실현된다.

> 예 오늘은 하늘이 푸르다.

② **의문문** : 의문문이란 화자가 청자에게 답변을 요구하는 문장 표현으로 '-냐/느냐, -니' 등의 어미에 의해 실현된다. 의문문은 그 성격에 따라 설명의문문, 판정의문문, 수사의문문으로 나눌 수 있는데 설명의문문은 의문사가 포함되어 청자에게 구체적인 설명을 요구하는 의문문으로 특성상 '예', '아니요'로 답변할 수 없는 의문문이다. 판정의문문은 긍정이나 부정의 답변을 요구하는 의문문으로 '예', '아니요'로 답변이 가능한 의문문이다. 수사의문문은 답변을 요구는 것이 아니라 서술이나 명령의 효과를 가지고 있는 의문문이다.

> 예 • 너는 언제 왔니? (설명의문문)
> • 민수는 집에 갔니? (판정의문문)
> • 그렇게 하면 얼마나 좋겠니? (수사의문문)

③ **명령문** : 명령문은 화자가 청자에게 특정한 행동이나 반응을 요구하는 문장이다. 명령문에서 주어는 청자이다. 명령문은 다시 대면 상태에서 이루어지는 직접 명령문과 직접 대면하지 않고 매체를 통해 명령하는 간접 명령문으로 나누어 볼 수 있다.

예 • 어서 이리 와 보아라. (직접 명령문)
• 정부는 보육 지원을 속히 시행하라. (간접 명령문)

④ **청유문** : 화자가 청자에게 어떤 일을 함께 하도록 요청하는 문장 종결 형식이다. 주어에는 화자와 청자가 함께 포함된다.

예 우리 다음 주에 식물원에 가자.

⑤ **감탄문** : 화자가 청자를 의식하지 않거나 독백 상태와 같이 자신의 느낌을 표현하는 문장 종결 형식이다.

예 아 봄이구나!

(5) 높임 표현

화자가 청자의 신분이나 서열 등에 따라 높이거나 낮추는 문장 표현 방식을 높임 표현이라 한다. 높임 표현은 선어말어미의 개입, 종결어미의 개입, 높임의 어휘 사용 등 다양한 방법에 의해 실현된다. 또한 높임의 대상이나 주어와 청자의 관계에 따라 주체 높임, 객체 높임, 상대 높임으로 나누어 지기도 한다.

① **주체 높임법** : 주체 높임은 문장의 주어(주체)를 높이는 방법이다. 주체 높임은 주어에 '께서', '께'를 결합하거나 주체 높임의 선어말어미 '-(으)시-'의 결합, '계시다'와 같은 높임의 특수 어휘 사용 등을 통해서 실현된다.

주체 높임은 높임의 방식에 따라 직접 높임과 간접 높임, 압존법으로 나누어 진다. 직접 높임은 주어를 직접 높이는 방법으로 주로 선어말어미 '-시-'의 결합을 통해 실현된다. 그리고 간접 높임은 주어가 높임의 대상이 아니라 높임 대상의 소유물이거나 신체의 일부인 경우에 사용되는 방법으로 '-으시-'를 결합하여 실현한다. 끝으로 압존법은 문장의 주어보다 청자가 서열이나 지위가 높아 주어에 대한 높임을 생략하는 경우이다.

[주체 높임의 종류]

종류	예문
직접 높임	할아버지께서 집에 오시었다(오셨다). (주어)
간접 높임	아버지의 말씀이 있으셨다(있으시었다). (주어)
압존법	할아버지, 아버지가 왔습니다. (청자) (주어) (높임 생략)

② **객체 높임법** : 객체 높임은 문장의 목적어나 부사어 즉, 서술어의 객체를 높이는 방법이다. 이 경우 어휘를 높임의 특수 어휘로 교체하여 높임을 표현한다.

㉠ 조사 '에게'가 '께'로 바뀐다.

㉡ '모시다', '드리다', '여쭙다'와 같은 특수한 어휘나 동사가 사용된다.

예 • 철수는 아버지께 물을 드렸다. (부사어를 높임.)
• 영희는 할머니를 집까지 모셨다. (목적어를 높임.)

③ **상대 높임법** : 상대 높임은 국어의 높임법 가운데 가장 발달한 높임 방법으로 화자와 청자의 관계에 따라 다양하게 분화되어 있다.

㉠ 격식체와 비격식체

• 격식체 : 화자와 청자의 관계가 공식적이고 심리적 거리가 멀 경우 격식체를 사용한다. 직접적이며 단정적이고 객관적이라는 특징이 있다.

• 비격식체 : 화자와 청자의 관계가 비공식적이고 심리적 거리가 가까울 경우 비격식체를 사용한다. 부드럽고 비단정적이며 주관적이라는 특징이 있다.

㉡ 상대 높임의 종결어미 : 격식체의 경우 화자와 청자의 관계나 서열에 따라 아주 높임에 해당하는 '하십시오체(합쇼체)', 예사 높임에 해당하는 '하오체', 예사 낮춤에 해당하는 '하게체', 아주 낮춤에 해당하는 '해라체'로 나뉘며 비격식체의 경우 두루 높임에 해당하는 '해요체'와 두루 낮춤에 해당하는 '해체'로 나뉜다. 일반적으로 상대 높임은 종결어미에 의해 결정되는데 상대 높임에 따른 종결어미를 정리해 보면 다음과 같다.

구분	격식체				비격식체	
	해라체	하게체	하오체	합쇼체	해	해요
평서형	-(는/ㄴ)다.	-네.	-오.	-(습)니다.	-어.	-어요.
의문형	-(느)냐?	-는가?	-오?	-습니까?	-어?	-요?
감탄형	-구나!	-(는)구먼!	-(는)구려!	-	-어!	-군요!
명령형	-어라.	-게.	-오.	-보시오.	-어.	-어요.
청유형	-자.	-세.	-ㅂ시다.	-시지요.	-어.	-어요.

더 알고가기

비격식체 '해요'체

유치원이나 초등학교 선생님들이 자신보다 어린 학생들에게 '해요'체를 쓰는 경우가 있는데, 이는 '해요'체가 일반적으로 불특정 다수를 상대로 할 경우에 쓸 수 있는 높임 표현이기 때문이다. 이때는 화자와 청자의 개별적 관계로 보지 않고 화자와 '다수'의 관계로 보며 이에 따라 실제적인 나이나 서열과는 관계없이 두루 높임인 '해요'체를 사용한다.

더하기 예제

다음 제시된 문장 ㉠~㉢에서 높임의 대상을 바르게 지적한 것은?

㉠ 할아버지께서 오늘 오전에 우리집에 들르셨다.

㉡ 준희야 너희 어머니께 신문을 갖다 드려라.

㉢ 저희 아버지께서는 내일 귀국하십니다.

㉠	㉡	㉢
① 주체	객체	청자
② 객체	청자	주체
③ 주체	주체, 청자	주체, 객체
④ 객체	주체	청자, 객체
⑤ 주체	객체	주체, 청자

해설

㉠은 주체를 ㉡은 객체를 ㉢은 주체와 청자를 높이는 표현이다.

- ㉠ : 주어(주체)인 '할아버지께서'를 높이는 표현으로 '들르다'에 주체 높임의 선어말어미 '-시-'가 쓰였다.
- ㉡ : 주체나 청자는 높임의 대상이 아니며 객체인 '어머니'를 높이는 표현으로 '주다'에 대응하는 높임의 어휘인 '드리다'를 사용하였다.
- ㉢ : 주체인 '아버지께서'를 높이기 위해 주체 높임의 선어말어미 '-시-'를 사용하였고, 아울러 청자를 높이기 위해 '하십시오체'의 종결어미인 '-ㅂ니다'를 사용하였다.

정답 ❺

(6) 시간 표현

시간 표현은 발화나 행위가 시간과 맺는 관계를 표현하기 위한 문법 범주이다. 일반적으로 시제는 과거 시제, 현재 시제, 미래 시제로 나눈다. 또한 행위나 사건이 현재 진행 중이냐 완료되었느냐에 따라 진행상과 완료상으로 나누기도 한다.

① **과거 시제** : 과거 시제는 사건시(사건이 발생한 시점)가 발화시보다 앞서는 경우에 해당한다. 이 경우 과거 시제 선어말어미 '-았/었-', '-더-' 등이나 '어제', '그제'와 같은 시간을 나타내는 부사어, 그리고 관형사형 어미 '-는-'에 의해 실현된다.

② **현재 시제** : 현재 시제는 발화시와 사건시가 일치하며 현재 시제 선어말어미 '-는-/-ㄴ-'과 관형사형 어미 '-는-' 또는 '오늘'과 같은 현재를 나타내는 부사어 등을 통해 실현된다.

③ **미래 시제** : 미래 시제는 사건시가 발화시 이후인 경우에 해당하며 선어말어미 '-겠-, -리-' 등이나 '-(으)ㄹ'과 같은 관형사형 어미, '내일'과 같이 미래를 나타내는 부사어를 통해 실현된다. 하지만 선어말어미 '-겠-'은 단지 미래를 의미하는 것이 아니라 미래의 사건에 대한 추측의 의미가 강하고, '-리-'의 경우도 미래의 사건에 대한 화자의 의지라는 의미가 강하게 내포되어 있다.

예 • 어제 비가 많이 왔다. (과거 시제)
• 오늘 길이 많이 막힌다. (현재 시제)
• 나는 내일 고궁에 가겠다. (미래 시제)

④ **동작상** : 발화시를 기준으로 하여 동작이 진행되고 있는지 완료되었는지를 표현하는 방법이 동작상이다. 동작상은 주로 보조용언의 일부나 연결어미를 통해 실현된다. 동작상은 일정 시점에서 특정 행위나 동작 등이 지속되고 있음을 표현하는 진행상과 일정 시점에서 동작이나 행위가 완료된 완료상으로 나뉜다. 완료상의 경우 '-어 버리다, -아 있다'와 같은 보조용언이나 '-고서'와 같은 연결어미에 의해 실현되며 진행상은 '-고 있다', '-어 가다'와 같은 보조용언이나, '-으면서'와 같은 연결어미를 통해 실현된다.

예

㉠ **완료상**
• 그가 국을 다 마셔 버렸다.
• 예린이가 의자에 앉아 있다.
• 그녀가 밥을 먹고 집을 나섰다.

㉡ **진행상**
• 뜰에서 여학생들이 이야기를 나누고 있다.
• 도현이는 숙제를 다 해 간다.
• 그녀가 웃으면서 대답하였다.

더 알고가기

절대 시제와 상대 시제

시제는 발화시를 기준으로 하는 절대 시제와 사건시를 기준으로 하는 상대 시제로 나눌 수 있다. 다음의 문장을 보자.

철수는 어제 노래하는 영희를 보았다.

위의 문장에서 '보았다'는 발화시를 기준으로 하였을 때 어제 일어난 일이므로 선어말어미 '-았'을 사용하여 과거 시제로 표현하였다. 이 경우 발화시를 기준으로 하였으므로 '절대 시제'에 해당한다.

그러나, '노래하는'은 사건이 어제 일어난 과거의 사건임에도 불구하고 현재 시제로 표현하였다. 이것은 '노래하는'이 발화시가 아닌 '사건시'를 기준으로 하였기 때문이다. 즉 영희를 보았다는 사건을 기준으로 할 때, 영희는 그 시점에서 노래하고 있었으므로 사건시를 기준으로는 현재가 되는 것이다. 이를 '상대 시제'라고 한다.

더하기 예제

다음 중 시제의 표현이 어색한 것은?

① 다래는 어제 수영을 하는 태환이를 보았다.
② 지구는 태양 주위를 돈다.
③ 나는 내일 부산으로 출발한다.
④ 보고 싶던 친구를 만나서 기분이 좋겠다.
⑤ 나는 지금부터 말을 하지 않는다.

해설

현재부터 이후의 일을 나타내므로 미래 시제를 사용하는 것이 적절하다. 따라서 '나는 지금부터 말을 하지 않겠다.'와 같이 표현해야 한다.
① 상대 시제가 사용되었다.
② 널리 알려진 상식이나 과학적 사실이므로 현재 시제로 표현해야 한다.
③ 내용상 미래의 일이지만 확실한 미래의 경우 현재 시제를 사용할 수 있으므로 허용되는 표현이다.
④ 선어말어미 '-겠-'이 추측의 의미로 사용되었다.

정답 ⑤

(7) 능동 표현과 피동 표현

① 능동 : 주어가 어떤 행위나 동작을 제 힘으로 하는 뜻을 가진 동사를 능동사라 한다.

② 피동 : 주어가 다른 주체에 의해서 어떤 행위나 동작을 당하게 되는 뜻을 가진 동사를 피동사라 한다.

ㄱ. 경찰이 범인을 잡았다. (능동)
(타동사)
ㄴ. 범인이 경찰에게 잡혔다. (피동)
(피동사)

'ㄱ'은 주체(주어)인 '경찰'이 '잡았다'는 동작을 직접 행하고 있으므로 능동 표현에 해당한다. 반면 'ㄴ'은 주체인 '범인'이 경찰에게 '잡다'라는 행위를 당하게 되는 경우이므로 피동 표현에 해당한다. 두 문장을 비교해 보면 능동 표현이 피동 표현으로 바뀔 경우 능동 표현의 주어는 피동 표현의 부사어가 되고, 능동 표현의 목적어가 피동 표현의 주어가 됨을 알 수 있다.

③ 피동 표현을 만드는 방법 : 접사를 결합시키는 파생적 피동 표현과 문장 구성을 바꾸어 피동 표현을 만드는 통사적 피동 표현으로 나눌 수 있다. 파생적 피동 표현은 접미사를 결합하여 피동 표현을 만드는 경우이며, 이때 '-이-, -히-, -리-, -기-'와 같은 접미사를 결합하여 피동 표현을 만든다. 반면 통사적 피동 표현은 문장의 구성을 변화시키는데 '~게 되다', '~어 지다'와 같은 보조적 연결어미와 보조동사를 결합하여 피동 표현을 실현하게 된다.

예 • 철수는 영희에게 밀렸다. (밀 + 리 + 었 + 다) (파생적 피동)
• 철수는 시험에 떨어지게 되었다. (통사적 피동)

더 알고가기

상응하는 능동문이 없는 피동문

피동문의 형식을 띠고 있지만 동작의 주체가 분명하게 누구인지 알 수 없는 경우가 있다. 이 경우 피동문이기는 하지만 이에 상응하는 능동문이 없는 경우이다.

예 날씨가 벌써 풀렸다.
옷이 문에 걸렸다.
어느새 마음이 진정되었다.

(8) 주동 표현과 사동 표현

① **주동** : 주어가 동작이나 행위를 직접 하는 뜻을 지닌 동사를 주동사라 한다.

② **사동** : 주어가 동작이나 행위를 다른 사람에게 시키는 뜻을 간직한 동사를 사동사라 한다.

ㄱ. 어머니께서 옷을 입으셨다. (주동 표현)

ㄴ. 어머니께서 동생에게 옷을 입히셨다. (사동 표현)
(부사어)

'ㄱ'은 어머니가 직접 옷을 입는 행위를 행하고 있으므로 주동 표현에 해당한다. 반면 'ㄴ'은 어머니가 동생에게 옷을 입도록 시킨 경우에 해당하므로 사동 표현에 해당한다. 두 문장을 비교해 보면 주동 표현이 사동 표현으로 바뀔 경우 주어와 목적어의 변동 없이 새로운 부사어가 개입되고, 서술어가 사동 표현으로 바뀜을 알 수 있다.

③ **사동 표현을 실현하는 방법** : 접미사를 결합시키는 방법과 문장의 구성을 바꾸는 두 가지 방법이 있는데 전자를 '파생적 사동'이라 하고, 후자를 '통사적 사동'이라 한다. 파생적 사동의 경우 접미사 '–이–, –히–, –리–, –기–, –우–, –구–, –추–'를 결합시켜 실현시키고 통사적 사동의 경우 '–게 하다', '–게 시키다'와 같이 보조적 연결어미와 보조용언을 결합시켜 실현한다.

ㄱ. 어머니께서 동생에게 옷을 입히셨다. (파생적 사동 표현)

ㄴ. 어머니께서 동생에게 옷을 입게 하셨다. (통사적 사동 표현)

위의 두 문장에서 'ㄱ'은 파생적 사동 표현이고, 'ㄴ'은 통사적 사동 표현이다. 파생적 사동 표현의 경우 다음의 두 가지 의미로 해석이 된다. 첫째, 어머니께서 동생에게 옷을 직접 입혀주셨다. 둘째, 어머니께서 동생에게 시켜서 동생 스스로 옷을 입도록 하셨다. 즉, 파생적 사동의 경우 사동 표현으로 인해 자연스럽게 중의성을 갖게 되는 것이다. 이때 첫 번째 의미를 가질 경우를 직접사동, 두 번째 의미를 가질 경우를 간접사동으로 구별한다. 반면 통사적 사동의 경우 직접사동의 의미는 사라지고 간접사동의 의미만을 갖게 된다. 따라서 자연히 중의성은 해소된다.

더 알고가기

대응하는 주동문이 없는 사동 표현

사동 표현 가운데 대응하는 주동 표현이 없는 경우가 있는데 가령, '아버지께서는 소를 먹이셨다.'와 같은 문장에서 '먹이셨다'가 사동 표현이기는 하지만 그 의미가 '먹게 하다'라는 의미보다는 '사육하다'라는 의미로 바뀌었다. 이런 경우 주동문으로 바꿀 수가 없으므로 사동 표현에 대응하는 주동문이 존재하지 않는다.

더하기 예제 01

다음 중 밑줄 친 부분의 표현이 적절한 것은?

① 그 이야기를 잘 듣다 보면 아버지의 모습이 어느덧 떠오르게 된다.
② 이번 연말부터 정부에서 실시되는 제도는 문제가 많은 것으로 드러났다.
③ 검찰은 이번 사건의 배후에 누가 있는지 아직 밝혀지지 않았다.
④ 요즘에는 학생들에게 흥미롭게 읽혀지는 책을 찾기가 어렵다.
⑤ 새로 짓는 아파트의 공사가 언제 시작되고, 언제 완공될지 알 수 없었다.

해설
피동 표현의 적절성을 판단하는 문항을 해결하기 위해서는 주어와 서술어의 관계를 잘 따져 보아야 한다.
② '정부에서'가 주어이고 '실시되는'이 서술어이며, 주동 관계에 있으므로 '실시하는'으로 표현하는 것이 적절하다.
③ 주어는 '검찰은'이며 서술어는 '밝혀지지'이다. 이 역시 주동 관계에 있으므로 '밝히지 못했다.' 정도가 적절한 표현이다.
④ 피동 관계가 있기는 하지만 '읽히는'이 이미 피동 표현이므로 '읽혀지는'은 과도한 피동 표현에 해당한다.
⑤ 밑줄 친 서술어 '완공되다'의 주어는 아파트이다. 그러나 주어가 '공사가'이므로 피동으로 표현하기 어렵다. 따라서 '아파트가'라는 주어를 추가하거나 서술어를 '끝날지'로 바꾸는 것이 적절하다.

정답 ❶

더하기 예제 02

다음 중 밑줄 친 부분의 표현이 적절한 것은?

① 회사는 정전으로 중단되었던 공장을 다시 가동시켰다.
② 그 선수의 뒤에는 10년간 그를 교육시킨 스승이 있었다.
③ 그 직원은 불만을 토로하는 고객을 차분하게 설득시켰다.
④ 그는 자신의 친구에게 그녀를 소개시켜 주었다.
⑤ 그는 한국의 과학기술을 발전시키기 위해 일생을 바쳤다.

해설
①, ②, ③, ④ '가동하다', '교육하다', '설득하다', '소개하다'는 모두 사동의 의미를 내포하고 있는 단어들이다. 따라서 주어를 고려하지 않으면 무리한 사동 표현이 되기 쉽다. 그러므로 밑줄 친 표현은 각각 '가동했다', '교육한', '설득했다', '소개해'로 바꿔 써야 한다.

정답 ❺

(9) 부정 표현

부정 표현은 문장에 표현된 의미를 부정하는 문법 범주이다. 우리말에서 부정문은 부정 부사 '안'과 '못'을 활용하여 실현하며 이에 따라 '안' 부정문과 '못' 부정문으로 나눌 수 있다. 또한 '안'과 '못'을 서술어 앞에 위치시키는 짧은 부정문과 '아니하다', '못하다'를 개입시키는 긴 부정문으로 나누기도 한다.

① **'안' 부정문** : 부정 부사 '안'을 개입하여 실현하는 '안' 부정문은 '나는 그곳에 안 갔다.', '나는 집에 안 갔다.'와 같이 주체의 의지를 부정하는 부정문이다. 이 경우 '나는 그곳에 안 갔다.'와 같이 짧은 부정문으로 실현할 수도 있으며, '나는 그곳에 가지 않았다.'와 같이 긴 부정문으로 실현할 수도 있다.

② **'못' 부정문** : 부정 부사 '못'을 개입하여 실현하는 '못' 부정문은 '나는 결혼식에 못 갔다.', '나는 학교에 못 갔다.'와 같이 주체의 능력을 부정하는 부정문이다. 즉, 상황이나 다른 주체에 의해 주체가 행위나 행동을 시행하지 못했음을 의미하는 부정문인 것이다. 이 역시 '나는 결혼식에 못 갔다.'와 같이 짧은 부정문으로 실현할 수 있으며, '나는 집에 가지 못했다.'와 같이 긴 부정문으로 실현할 수도 있다.

종류		예문
'안' 부정문	상태 부정	오늘 비가 안 왔다.
	의지 부정	나는 학교에 안 갔다.
'못' 부정문	다른 원인	아파서 글을 못 썼다.
	능력 부정	나는 상자를 못 들었다.

더 알고가기

부정문의 사용 제약

- **'안' 부정문** : '견디다, 알다, 깨닫다' 등 의미 충돌이 일어나는 동사는 '안' 부정문이 성립할 수 없다.
- **'못' 부정문** : '고민하다, 노심초사하다, 걱정하다, 잃다, 망하다, 변하다' 등은 의미상 충돌이 일어나 '못' 부정문이 성립될 수 없는 동사이다.

>>> 짚어보기 **짧은 부정문과 긴 부정문**

종류		예문
'안' 부정문	짧은 부정	나는 빵을 안 먹었다.
	긴 부정	나는 빵을 먹지 않았다.
'못' 부정문	짧은 부정	그는 집에 못갔다.
	긴 부정	그는 집에 가지 못했다.

③ **부정문의 중의성** : 부정문은 부정어가 미치는 범위에 따라 여러 가지 의미를 갖게 된다. 또한 '다, 모두'와 같이 수량을 나타내는 부사와 함께 쓰이면 이 부사들이 부정의 범위에 포함되는가 그렇지 않은가에 따라 중의성을 띠게 된다.

ㄱ. 나는 어제 기차를 타지 않았다.
  a. 어제 기차를 타지 않은 것은 '나'이다.
  b. 내가 기차를 타지 않은 것은 '어제'이다.
  c. 내가 어제 타지 않은 것은 '기차'이다.
  d. 나는 어제 기차를 타지 않고 바라보기만 했다.

ㄴ. 회원들이 다 오지 않았다.
  a. 회원들이 모두 오지 않았다.
  b. 회원들이 일부만 왔다.

'ㄱ'은 부정이 미치는 범위에 따라 a~d와 같이 해석할 수 있으며, 'ㄴ'의 경우 '다'를 부정에 포함하는 경우와 그렇지 않은 경우에 따라 a, b와 같이 해석할 수 있다.

>>> 짚어보기 부정 표현의 특성

㉠ **부정 표현의 제한**

'모르다', '없다'는 긴 부정문은 가능하지만 짧은 부정문은 불가능하다. 이는 '모르다', '없다'가 이미 부정문인데다가 부정의 범위가 문장 전체이기 때문이다.

예 모르지 않다, 없지 않다. (○)
안 모르다, 안 없다. (×)

㉡ **관용적으로 굳어진 부정 표현**

- 그렇게 행동하면 못쓴다. (바르지 않다.)
- 그는 나만 못하다. (능력 따위가 부족하다.)

㉢ **부정문의 중의성 해소 방법**

- 어느 하나에 강세를 주어 읽는다.
  예 나는 어́제 집에 가지 않았다.
- 보조사 '는, 도, 만'을 넣어 중의성을 해소한다.
  예 나는 어제 집에<u>는</u> 가지 않았다.

더하기 예제 01

다음 중 두 가지 이상의 의미로 해석될 가능성이 없는 것은?

① 회의시간이 되었지만 참석자들이 다 오지는 않았다.
② 철수는 어제 공원에서 민수를 만나지 않았다.
③ 그 직원은 웃으면서 들어오는 손님을 맞았다.
④ 아름다운 그녀의 동생과 지하철에서 만났다.
⑤ 철수와 영희는 어제 결혼식을 올렸다.

해설
'~다 오지는 않았다.'와 같이 보조사 '는'을 결합하여 중의성을 해소하였다.

정답 ❶

더하기 예제 02

다음 중 ㉠~㉤에 대한 설명으로 적절하지 않은 것은?

㉠ 그는 배가 고팠지만 입맛이 없어서 식사를 안 했다.
㉡ 논바닥이 갈라지고 있는데도, 비는 여전히 오지 않았다.
㉢ 다시는 실패하지 않겠다는 각오로 많은 준비를 했다.
㉣ 태훈이는 자신의 완주 기록을 30분 단축시키고 싶지만 아직은 달성하지 못했다.
㉤ 내일까지 서울에 꼭 가야 하는데, 폭설이 내려 도저히 못 갈 것 같다.

① ㉠ : 동작 주체의 의지가 반영될 때, '안' 부정문이 쓰일 수 있다.
② ㉡ : 부정하는 대상이 객관적인 사실일 때, '안' 부정문이 쓰일 수 있다.
③ ㉢ : 말하는 이의 기대에 미치지 못할 때 '안' 부정문이 쓰일 수 있다.
④ ㉣ : 동작 주체의 능력이 부족할 때, '못' 부정문이 쓰일 수 있다.
⑤ ㉤ : 외부의 상황이 원인일 때, '못' 부정문이 쓰일 수 있다.

해설
㉢에서 '실패하지 않겠다.'라는 것은 '말하는 사람의 기대'가 아닌 '말하는 사람의 의지'를 담고 있다.

정답 ❸

둘 어법

1 어휘의 활용

문장의 의미를 명확히 하기 위해서는 문맥에 알맞은 정확한 어휘를 사용해야 한다. 그렇지 않을 경우 비문이 되거나 어색한 문장이 되어 의사소통에 문제가 발생할 수 있다. 따라서 문맥과 상황에 맞게 적절한 어휘를 선택하여 사용할 수 있어야 한다.

(1) 적절한 어휘의 사용

올바른 언어 사용을 위해서는 가장 먼저 어휘의 의미를 정확히 파악하고, 이를 적절히 활용할 수 있어야 한다. 가령 '작다'는 주로 크기와 관련된 어휘이고, '적다'는 양과 관련된 어휘이므로 이들을 구별해서 써야 한다. 즉 '나는 키가 적다.*', '나는 실수가 작다.*'는 어휘의 쓰임이 적절하지 않은 문장이다. 따라서 '나는 키가 작다.', '나는 실수가 적다.'와 같이 고쳐 써야 올바른 문장이 된다.

더 알고가기

어휘의 바른 사용

㉠ 구별해서 써야 할 말들

- 우리는 그 소년이 부모를 만나기를 바랐다. / 그 옷은 빛이 바래서 버려야겠다.
- 그는 옛 기억을 되살렸다. / 그 노래는 예부터 전해오는 것이다.
- 오늘 주가가 일제히 상승했다. / 노력한 만큼 성적도 많이 향상되었다.
- 그녀는 손으로 범인을 가리켰다. / 그는 신입사원을 가르치는 일을 맡았다.
- 철수는 사과 껍질을 좋아했다. / 영희는 굴 껍데기를 한데 모았다.
- 보상과 배상은 다른 개념이다. / 여직원의 계산이 틀렸다.
- 햇빛이 환하게 비추고 있었다. / 화초가 따가운 햇볕에 말라 죽었다.

㉡ 주의해서 써야 할 말들

- 나는 어제 묘령(妙齡)의 중년 여인을 만났다. (묘령은 스무 살 안팎의 여자 나이를 이르는 말이다.)
  → 나는 어제 중년 여인을 만났다.
- 그는 그녀의 소식을 기다리며 안절부절하였다. ('안절부절못하다'가 맞는 표현이다.)
  → 그는 그녀의 소식을 기다리며 안절부절못했다.
- 그녀는 요즘 한숨을 짓는 기회가 잦다. ('기회'는 주로 긍정적인 일에 쓰인다.)
  → 그녀는 요즘 한숨을 짓는 일이 잦다.
- 하루에 커피를 한 잔 이상 마시지 않는 것이 좋다. ('이상'은 제시된 수량을 포함하는 말이다.)
  → 하루에 커피를 두 잔 이상 마시지 않는 것이 좋다.

더하기 예제

다음 중 밑줄 친 단어의 쓰임이 적절한 것은?

① 태권도와 가라데는 그 기원부터가 틀리다.

② 그의 바램은 이번 시험에서 그의 아들이 합격하는 것이다.

③ 노인이 손가락으로 가르치는 곳에는 꽃 한 송이가 피어 있었다.

④ 가을 햇볕이 방안을 환하게 비춰주고 있었다.

⑤ 남편은 우체국에 들러 편지를 부치고 돌아왔다.

해설

'붙이다'는 '우표를 붙이다.', '책상을 벽에 붙이다.'와 같이 접착이나 맞닿게 하는 것을 의미하고, '편지를 보내다.'라는 의미의 단어는 '부치다'이다.

① '틀리다'는 '셈이나 계산이 이치에 맞지 않다.'라는 의미이며, '차이가 있다.'라는 의미의 단어는 '다르다'이다.

② '바래다'는 '색이 변하다.'라는 의미이며, '희망하다', '소망하다'라는 뜻의 단어는 '바라다'이다.

③ '가르치다'는 '지식이나 비밀 등을 설명하여 알게 하다.'라는 뜻이고, '지시하다'라는 뜻의 단어는 '가리키다'이다.

④ '햇볕'은 해의 뜨거운 기운을 의미하는 단어이고, '해의 밝은 기운'을 의미하는 것은 '햇빛'이다.

정답 ⑤

(2) 활용의 오류

용언의 경우 그 활용형에 대한 이해가 필요하다. 용언의 활용형을 잘못 사용하게 되면 문장의 의미를 정확히 전달할 수 없기 때문이다. 예를 들어 '날다'의 경우 '날고, 나니, 나는, 날아서' 등과 같이 활용하는데 이를 무시하고 '하늘을 나르는 새*'와 같이 사용한다며 비문이 되는 것이다. 특히 '나르는'은 '(사물을)나르다.'의 활용형이므로 위의 문장은 결국 '하늘을 운반하는 새'라는 의미를 갖게 되어 어색한 문장이 된다. 또한 어떤 일을 '삼가하다'라는 말을 자주 사용하는데 이는 기본형이 '삼가다'이며, '삼가다, 삼가니, 삼가고' 등과 같이 활용하므로 역시 주의해야 한다.

더 알고가기

주의해야 할 동사·형용사의 활용형

- 그는 불을 끌려고 소화기부터 먼저 찾았다. (→ 끄려고)
- 앞으로는 저에 대한 험담을 삼가해 주십시오. (→ 삼가주십오)
- 그는 해외여행의 설레임으로 잠을 설쳤다. (→ 설렘)
- 날이 개이면 경기가 계속될 것이다. (→ 개면)

- 감기약을 먹었더니 졸립다. (→ 졸리다)
- 많은 돈을 갖을 것이다. (→ 가질)
- 아침이면 출근 준비로 바뻤다. (→ 바빴다)
- 기름진 음식을 먹지 말아라. (→ 마라)
- 일을 하면서 여러 친구를 사겼다. (→ 사귀었다)
- 차에 짐을 싫어 나르다. (→ 실어)
- 전학 와서 모든 게 낯섧니다. (→ 낯섭니다)
- 내일은 일찍 일어날려고 한다. (→ 일어나려고)
- 학생들 성적이 나뻔대요. (→ 나쁜데요)
- 아랫목에 누으면 잠이 온다. (→ 누우면)
- 밤새우지 마란 말이야. (→ 말란)

※ (   ) 안이 바른 표현임.

더하기 예제

다음 중 밑줄 친 활용형이 바른 것은?

① 그는 하늘을 날으는 새들을 보며 상념에 잠겼다.

② 처음으로 해외여행을 앞두고 마음이 설레었다.

③ 도서관에서는 잡담을 삼가해야 한다.

④ 아이들이 푸르른 들판에서 자유롭게 뛰놀고 있었다.

⑤ 그는 어떤 말이든 서슴치 않고 내뱉는다.

해설

동사나 형용사의 경우 활용에 유의하여 써야 한다. '설레다'가 기본형이므로 '설레었다'와 같이 써야 한다.

① '날다'는 '나는'으로 활용한다.

③ '삼가다'가 기본형이므로 '삼가야'와 같이 써야 한다.

④ '푸르다'의 활용형은 '푸른'이다.

⑤ '서슴다'가 기본형이므로 '서슴지'로 써야 한다.

정답 ❷

2 호응

문장 안에서 문장을 구성하는 문장성분들은 서로 긴밀한 관계를 맺고 있다. 문장 안에서 문장성분들의 이러한 연관 관계를 '호응'이라고 한다. 문장성분들의 호응을 무시할 경우 비문이 될 가능성이 높으므로 평소 문장성분들 간의 호응 관계에 주의를 기울여야 한다. 특히 문장의 길이가 길어질 경우 호응 관계를 파악하기가 어려워지므로 가급적 문장을 간략하고 명료하게 쓰도록 해야 한다.

(1) 주어와 서술어의 호응

① 철수는 길에 넘어진 아이를 달래주었는데 인사도 없이 떠났다.

→ 철수는 길에 넘어진 아이를 달래주었는데 그 아이는 인사도 없이 떠났다.

② 단편 영화는 길이가 짧은 대신 장편 영화가 줄 수 없는 강한 인상이다.

→ 단편 영화는 길이가 짧은 대신 장편 영화가 줄 수 없는 강한 인상을 준다.

(2) 목적어와 서술어의 호응

① 상쾌한 바람과 맑은 계곡물을 바라보면서 우리는 산을 올랐다.

→ 상쾌한 바람을 쐬고 맑은 계곡물을 바라보면서 우리는 산을 올랐다.

② 이 배는 사람이나 짐을 싣고 하루에 두 번씩 강을 건넌다.

→ 이 배는 사람을 태우거나 짐을 싣고 하루에 두 번씩 강을 건넌다.

(3) 부사어와 서술어의 호응

① 입학 원서는 절대로 직접 제출해야 한다.

→ 입학 원서는 반드시 직접 제출해야 한다.

② 이제 바야흐로 독서의 계절이 올 것이다.

→ 이제 바야흐로 독서의 계절이다.

(4) 높임법의 호응

① 할머니께서는 이빨이 좋으시다.

→ 할머니께서는 치아가 좋으시다.

② 아저씨께서는 예쁜 손녀가 계시다지요?

→ 아저씨께서는 예쁜 손녀가 있으시다지요?

③ 할아버지, 아버지께서 돌아오셨습니다.

→ 할아버지, 아버지께서 돌아왔습니다.

④ 철수야, 선생님께서 너 오시래.

→ 철수야, 선생님께서 너 오라셔.

(5) 시제의 호응

① 그는 요즘 과거의 순수함을 잃어가는 것 같아 슬퍼지는 때가 있었다.

→ 그는 요즘 과거의 순수함을 잃어가는 것 같아 슬퍼지는 때가 있다.

② 그는 어제 식당을 운영하는 친구와 늦도록 술을 마신다.

→ 그는 어제 식당을 운영하는 친구와 늦도록 술을 마셨다.

(6) 조사의 호응

① 형규는 축구선수치고 공을 잘 찬다.

→ 형규는 축구선수치고 공을 잘 못 찬다.

② 사람으로써 어찌 그런 일을 할 수 있나?

→ 사람으로서 어찌 그런 일을 할 수 있나?

더하기 예제

다음 중 문장성분의 호응이 바른 문장은?

① 어머니의 주름진 얼굴을 보았을 때 그는 참기 힘든 서글픈 마음이었다.

② 인간은 제도를 만들기도 하고 종속되기도 한다.

③ 재인이는 하겠다고 말한 것은 결코 해내는 사람이다.

④ 이제 바야흐로 낙엽의 계절이었다.

⑤ 성희는 너무 아파서 학교에 가지 못했다.

해설

'너무'는 주로 부정어와 호응하는 부사이므로 ⑤는 바르게 쓰인 문장이다. (부사어 '너무'는 긍정적인 의미로도 사용할 수 있다.)

① 주어 '그는'과 서술어 '마음이었다.'는 호응되지 않는다.

② 목적어 '제도를'과 '만들다'는 호응이 바르지만 '종속되다'는 호응이 되지 않는다. 따라서 '제도에'라는 부사어를 추가해 주어야 한다.

③ '결코'는 부정어와 호응되는 말이다.

④ '바야흐로'는 '이제 막 한창'이라는 뜻을 갖는 단어이므로 과거 시제와는 호응하지 않는다.

정답 ⑤

3 생략 · 중복

(1) 생략

올바른 문장이 되기 위해서는 문장에 필요한 성분들이 모두 갖추어져 있어야 한다. 그러나 경우에 따라서 중복되는 문장성분이나 문맥에 따라 충분히 인지할 수 있는 문장성분을 생략할 수 있다. 다만 중복되지 않은 문장성분을 부당하게 생략하지 않도록 유의해야 한다.

① 인간은 자연을 지배하기도 하고 복종하기도 한다.

→ 인간은 자연을 지배하기도 하고 자연에 복종하기도 한다.

② 무엇보다 중요한 점은 과학의 발전이 가속화될수록 인간을 존중해야 한다.

→ 무엇보다 중요한 점은 과학의 발전이 가속화될수록 인간을 존중해야 한다는 점이다.

③ 허리가 아파서 형과 함께 병원에 갔는데 형의 친구였다.

→ 허리가 아파서 형과 함께 병원에 갔는데 의사선생님이 형의 친구였다.

④ 국가의 복지 정책은 마땅히 자국민의 보호를 목적으로 그에 따라 정책을 수행한다.

→ 국가의 복지 정책은 마땅히 자국민의 보호를 목적으로 하며, 그에 따라 정책이 수행된다.

⑤ 로스쿨 입학기준을 살펴보면 우선 전공과는 무관하게 4년제 정규 대학교를 졸업해야 한다.

→ 로스쿨 입학기준을 살펴보면 우선 지원자들은 전공과는 무관하게 4년제 정규 대학교를 졸업해야 한다.

⑥ 많은 국가에서 결혼의 신성함과 여성의 권리가 인정됐으며 아동복리법, 노동법, 노예제도의 폐지가 이뤄졌다.

→ 많은 국가에서 결혼의 신성함과 여성의 권리가 인정되었으며 아동복리법, 노동법이 신설됐고 노예제도의 폐지가 이뤄졌다.

⑦ 노조는 일을 더 하는 대신 생산과 투자, 그리고 2012년까지 인위적인 감원(減員)을 하지 않겠다는 약속을 회사 측으로부터 받아냈다.

→ 노조는 일을 더 하는 대신 생산과 투자를 확대하고, 2012년까지 인위적인 감원(減員)을 하지 않겠다는 약속을 회사 측으로부터 받아냈다.

⑧ 문학은 다양한 삶의 체험을 보여 주는 예술의 장르로서 문학을 즐길 예술적 본능을 지닌다.

→ 문학은 다양한 삶의 체험을 보여 주는 예술의 장르로서 인간은 문학을 즐길 예술적 본능을 지닌다.

더하기 예제 01

다음 중 문장성분을 모두 갖추어 자연스러운 문장은?

① 사람들이 침착하게 행동하는 모습을 보자 구조대는 마음을 놓을 수 있었다.

② 한글과 다른 문자들을 비교해 볼 때, 매우 과학적이고 체계적인 문자라는 점을 잘 알 수 있다.

③ 심각한 홍수로 피해를 본 사람들에게 수해복구를 위한 비용을 지원하기로 했다.

④ 이 열차는 사람과 짐을 싣고 하루에 두 번씩 운행한다.

⑤ 철수는 영희가 생일이라는 것을 알고 꽃다발을 선물했다.

해설

② 주어인 '한글이'가 생략되어 과학적이고 체계적인 문자의 주체가 무엇인지 모호하다.
③ 주어 '정부는(에서)'이 생략되어 주체를 알 수 없다.
④ '사람'에게 해당하는 서술어 '태우고'가 생략되어 어법에 맞지 않다.
⑤ 철수가 꽃다발을 선물한 대상 '영희에게'가 생략되었다.

정답 ❶

더하기 예제 02

필요한 문장 성분을 모두 갖추어 내용과 어법상 자연스러운 것은?

① 회사에서 사원들의 건강과 능률을 높이기 위해 공기청정기를 설치하였다.

② 두 선수의 대결이 관심을 모았으나 부상으로 무산되었다.

③ 일을 끝낸 뒤 철수는 급하게 물과 음식을 먹었다.

④ PSY로 인해 유럽에서 한국 가수들에 대한 인식의 변화와 관심이 높아지고 있다.

⑤ 그 음악은 한국인들에게 낯설지만 외국인들에게는 비교적 친숙하다.

해설

① '능률을 높이다.'는 바른 표현이지만 '건강을 높이다.'는 성립하지 않는다. 따라서 '건강을'에 대한 서술어가 부당하게 생략된 문장이다.
② '부상으로'의 주체가 누구인지 명확하지 않아 주어가 보충되어야 할 문장이다.
③ '음식을 먹었다.'는 자연스럽지만 '물'은 '마시다'가 적절한 서술어이므로 '물을 마시고 음식을 먹었다.'와 같이 바꿔 써야 한다.
④ '관심이 높아지다.'는 자연스러운 표현이지만 '인식의 변화가 높아지다.'는 적절하지 않은 표현이다. '인식이 변화하고 있다.'가 적절한 표현이므로 '인식이 변화하고 관심이 높아지고 있다.'로 바꿔 써야 한다.

정답 ❺

(2) 중복

올바른 문장은 문장 내에 불필요한 요소가 없어야 한다. 그러나 관습적으로 또는 어휘의 의미를 정확히 이해하지 못해 중복되는 어휘나 문장성분을 반복하여 사용하는 경우가 있다. 이러한 표현을 잉여적 표현이라 한다. 예를 들어 '역전 앞에서 만나자.' 라는 문장은 '역전(驛前)' 에 이미 '앞[前]' 이라는 의미가 포함되어 있음에도 불구하고 습관적으로 '앞' 을 의미하는 '전(前)' 을 중복해서 사용한 경우이다. 따라서 올바른 표현이 되기 위해서는 중복된 표현을 삭제하고, '역 앞에서 만나자.' 혹은 '역전에서 만나자.' 와 같이 써야 한다. 이처럼 의미의 불필요한 중복을 막기 위해서는 어휘의 의미를 정확히 이해해야 한다.

① 경연 대회에서 우승을 한 여성 자매는 기쁨의 눈물을 흘렸다.
→ 경연 대회에서 우승을 한 자매는 기쁨의 눈물을 흘렸다.

② 자연 재해를 미리 예방하는 것이 최선의 방법이다.
→ 자연 재해를 예방하는 것이 최선의 방법이다.

③ 그 순간 좋은 생각이 뇌리 속을 스쳤다.
→ 그 순간 좋은 생각이 뇌리를 스쳤다.

더 알고가기

의미가 중복된 표현

- 간단히 요약(要約)하다. → 요약(要約)하다
- 같은 동족(同族) → 동족(同族)
- 고목(古木)나무 → 고목(古木)
- 과반수(過半數) 이상 → 과반수(過半數)
- 남은 여생(餘生) → 남은 삶, 여생(餘生)
- 넓은 광장(廣場) → 광장(廣場)
- 더러운 누명(陋名) → 누명(陋名)
- 동해(東海) 바다 → 동해(東海)
- 따뜻한 온정(溫情) → 온정(溫情)
- 박수(拍手)를 치다. → 손뼉을 치다.
- 밖으로 표출(表出)하다. → 표출(表出)하다
- 서로 상충(相衝)되다. → 상충되다
- 외갓(外家)집 → 외가(外家)
- 축구(蹴球)를 찬다. → 축구를 하다.

더하기 예제

다음 중 중복된 표현이 없는 문장은?

① 이번에 새로 나온 신제품은 소비자들의 반응이 좋은 편이다.

② 그 노부부는 한적한 시골 마을에서 남은 여생을 평화롭게 보내고 있었다.

③ 일본 언론은 우리나라 연예인의 독도 관련 발언에 대해 불쾌감을 밖으로 표출하였다.

④ 이번 안건은 제적 인원의 과반수가 찬성하면 통과된다.

⑤ 그는 더러운 누명을 씻기 위해 법정 싸움을 계속하고 있다.

해설

'과반(過半)'은 '반 이상'이라는 표현으로 의미가 중복되지 않았다.
① '새로 나온'과 '신(新)제품'이 중복된 표현이다.
② '남은'과 '여(餘)생'이 중복된 표현이다.
③ '밖으로'와 '표출(出)'이 중복된 표현이다.
⑤ '더러운'과 '누(陋)명'이 중복된 표현이다.

정답 ④

4 중의적 표현

하나의 문장이 두 가지 의미로 해석되는 것을 문장의 중의성이라고 한다. 이러한 문장의 중의성은 수식어구의 수식 범위가 모호해서 발생하기도 하고, '와/과'로 연결되는 구문이나 비교 구문의 구조가 모호해서 발생하는 경우도 있으며, 어휘 자체가 중의성을 가지는 경우도 있다.

(1) 수식어구의 모호성

① 사람들이 많은 도시를 다니다 보면 신기한 일이 많을 것이다.

→ 사람들이 직접 많은 도시를 다니다 보면 신기한 일이 많을 것이다.

→ 사람들이 많이 사는 도시를 다니다 보면 신기한 일이 많을 것이다.

② 그 점원은 웃으면서 들어오는 손님에게 인사를 하였다.

→ 그 점원은 웃으면서, 들어오는 손님에게 인사를 하였다. (점원이 웃음)

→ 그 점원은, 웃으면서 들어오는 손님에게 인사를 하였다. (손님이 웃음)

(2) 병렬 구문의 모호성

① 철수와 영희는 어제 결혼식을 올렸다.

→ 철수와 영희는 어제 각자의 배우자와 결혼식을 올렸다.

→ 신랑인 철수와 신부인 영희는 어제 결혼식을 올렸다.

② 어머니는 철수에게 사과와 귤 두 개를 주셨다.

→ 어머니는 철수에게 사과 한 개와 귤 한 개를 주셨다.

→ 어머니는 철수에게 사과와 귤을 각각 두 개씩 주셨다.

(3) 비교 구문의 모호성

① 딸아이는 나보다 만화를 더 좋아한다.

→ 나와 딸아이 중에 딸아이가 더 만화를 좋아한다.

→ 딸아이는 나와 만화 중에 만화를 더 좋아 한다.

② 어머니는 아버지보다 자식을 더 사랑한다.

→ 어머니는 아버지와 자식 중에 자식을 더 사랑한다.

→ 어머니는 아버지가 자식을 사랑하는 것보다 더 자식을 사랑한다.

(4) 부정문의 모호성

① 초대한 사람들이 다 참석하지 않았다.

→ 초대한 사람들이 한 사람도 참석하지 않았다.

→ 초대한 사람들 중 일부만 참석했다.

② 나는 어제 택시를 타지 않았다.

→ 내가 택시를 탄 것은 어제가 아니다.

→ 내가 어제 탄 것은 택시가 아니다.

→ 나는 어제 그 택시를 타지 않았다.

③ 우연치 않게 철수를 만났다.

→ 우연히 철수를 만났다.

→ 철수를 만난 것은 우연이 아니다.

(5) 보조용언의 중의성

① 철수가 신발을 신고 있다.

→ 철수가 신발을 신은 채로 있다.

→ 철수가 신발을 신고 있는 중이다.

더하기 예제

다음 중 중의적 표현이 없는 문장은?

① 그녀의 남편은 그녀보다 공포 영화를 더 좋아한다.
② 한결같이 어려운 이웃을 돕는 사람들이 많다.
③ 시장에서 돌아오신 어머니는 아영이에게 과자와 사탕을 세 개 주셨다.
④ 그가 돌아오지 않을지도 모른다는 불길한 생각이 그녀의 뇌리를 스쳤다.
⑤ 주희는 어제 집에 돌아올 때 택시를 타지 않았다.

해설
① 비교 대상이 모호한 문장이다. 즉 비교 대상이 '그녀와 남편'인지 '그녀와 공포영화'인지 분명하지 않다.
② '한결같이'가 수식하는 대상이 '어려운'인지, '돕는'인지, '많다'인지 분명하지 않다.
③ 과자와 사탕의 수를 합하여 세 개인지 각각 세 개인지 모호한 문장이다.
⑤ 부정하는 대상이 '어제'인지, '집에 돌아올 때'인지, '택시'인지 분명하지 않아 모호하다.

정답 ④

5 기타

(1) 조사나 어미의 쓰임

조사나 어미는 문장 안에서 단어와 단어 간의 관계를 나타내며 특정한 용법을 가지고 있다. 따라서 이러한 조사나 어미의 특성을 이해하고 올바르게 사용해야 문장의 의미가 명확해진다. 특히 조사나 어미는 쓰임에 일정한 제한이 있는 경우가 있으므로 이러한 제약도 익혀 두어야 문장의 오류를 막을 수 있다. 예를 들어 부사격 조사 '에게'는 '나는 철수에게 물을 주었다.'와 같이 사람이나 동물에게 사용할 수 있지만 '나는 꽃에게 물을 주었다.*'와 같이 식물에는 쓰일 수 없다. 따라서 식물에는 '나는 꽃에 물을 주었다.' 처럼 조사 '에'를 사용해야 한다.

① 시민단체는 이 문제를 정부에게 강력히 항의하였다.
→ 시민단체는 이 문제를 정부에 강력히 항의하였다.

② 그는 우리나라의 대표로써 그 회의에 참석했다.
→ 그는 우리나라의 대표로서 그 회의에 참석했다.

③ 정부는 금리를 낮춤으로서 경제를 활성화하려 했다.

→ 정부는 금리를 낮춤으로써 경제를 활성화하려 했다.

④ 여기서 멈추던지 계속 진행하던지 결정해야 한다.

→ 여기서 멈추든지 계속 진행하든지 결정해야 한다.

⑤ 나의 살던 집은 오래된 한옥이었다.

→ 내가 살던 집은 오래된 한옥이었다.

더하기 예제

다음 중 조사의 쓰임이 적절한 문장은?

① 그는 회장으로써 회의를 진행하였다.

② 우리 정부는 교과서 왜곡 문제를 일본에게 강력히 항의하였다.

③ 어머니는 아침마다 꽃에게 물을 주셨다.

④ 준결승전에서 한국대가 신라대를 1:0으로 이겼다.

⑤ 그녀의 목소리가 아직도 귓전에 생생하게 울린다.

해설

'~이/가 ~을/를 ~로 이겼다.'는 문장은 문장의 구조와 조사의 쓰임이 적절하게 사용되었다.

① '로써'는 수단이나 도구를 의미하는 조사이므로 자격을 의미할 때는 '로서'를 써야 한다.

② 단체일 경우는 '~에게'가 아니라 '~에'를 써야 한다.

③ '~에게'는 유정물에 사용하는 조사이며 무정물에는 '~에'를 써야 한다.

⑤ '귓전을 울린다'가 적절한 표현이다.

정답 ④

(2) 부당한 피동 표현/사동 표현

피동 표현은 문장의 주체가 어떤 행위를 당하는 경우에 사용되는 표현이다. 그러나 우리말의 경우 피동 표현보다는 능동 표현이 주를 이루기 때문에 피동 표현을 무분별하게 사용하면 어색한 문장이 된다. 사동 표현 또한 피동 표현과 마찬가지이다. 특히 이미 사동의 의미를 지닌 어휘들이 있어 이를 사동 표현으로 바꾸게 되면 문장이 어색해지는 경우가 있으므로 주의해야 한다.

① 무분별한 피동 표현

- 이것이 최근 직장인들에게 많이 읽혀지는 책이다.
  → 이것이 최근 직장인들이 많이 읽는 책이다.
- 버스가 곧 도착됩니다.
  → 버스가 곧 도착합니다.

② 무분별한 사동 표현

- 그 회사는 어제부터 공장을 정상적으로 가동시켰다.
  → 그 회사는 어제부터 공장을 정상적으로 가동하였다.
- 선생님께서는 우리를 교육시키기 위해 노력하고 계신다.
  → 선생님께서는 우리를 교육하기 위해 노력하고 계신다.
- 영희는 내게 좋은 친구를 소개시켜 주었다.
  → 영희는 내게 좋은 친구를 소개해 주었다.

더하기 예제

다음 제시문을 참고할 때 적절하지 않은 문장은?

사동 표현이나 피동 표현을 사용할 때는 주어와의 호응 관계를 잘 살펴야 한다. 주어와의 호응 관계를 잘 살피지 않고 사동 표현이나 피동 표현을 사용하면 비문이 되기 쉽다.

① 버스가 곧 도착된다는 안내방송이 들렸다.
② 어제부터 발전소를 정상적으로 가동했다.
③ 어머니께서는 동생에게 옷을 입히셨다.
④ 어머니께서는 자식들을 교육하기 위해 장사를 하셨다.
⑤ 선생님께서는 새로 전학 온 친구를 소개해 주셨다.

해설
주어가 '버스가'이므로 서술어로 '도착한다'가 적절하다. '도착된다'는 무리한 피동 표현이다.

정답 ①

(3) 구문의 논리적 연관성

문장과 문장의 연결은 서로 긴밀한 논리적 연관성이 있어야 한다. 비록 문장 자체에 큰 문제가 없더라도 의미상 논리적 연관성이 부족한 경우 올바른 문장으로 보기 어렵다. 가령 '철수는 배가 아프고, 영희는 동물원에 갔다.' 와 같은 문장을 보면 '철수가 배가 아프다.' 와 '영희는 동물원에 갔다.' 라는 두 문장 사이에 논리적 연관성을 찾아 보기 힘들다. 이러한 문장은 올바른 문장으로 보기 어렵고, 그 의미도 명확히 이해하기 어렵다.

① 누나는 모범생이며, 형은 냉면을 좋아한다.

→ 누나는 모범생인데 형은 그렇지 못하다.

② 어제는 몸이 아프니까 학교에 가지 못했다.

→ 어제는 몸이 아파서 학교에 가지 못했다.

(4) 지나친 명사화 구문

지나친 명사화 구문은 두 가지 유형으로 나누어진다. 먼저 '복지 혜택 확대 방안' 과 같이 명사를 나열하는 경우와 둘째, '형이 방에 있음을 확인했다.' 와 같이 '-음, -것, -기' 와 같은 명사형 어미를 사용하여 불필요한 명사절을 만드는 경우이다. 이러한 표현은 의미가 분명하지 않을 뿐만 아니라 어색한 문장이 되기 쉽다. 따라서 명사가 나열되는 경우 '복지의 혜택을 확대하는 방안' 과 같이 적절한 조사나 접미사를 사용하여 단어들의 관계를 명확히 하고, 불필요한 명사절의 경우 '형이 방에 있었다.' 와 같이 표현하여 어색한 표현이 되지 않도록 해야 한다.

① 정부는 수해 방지 대책 마련에 최선을 다하겠다고 발표했다.

→ 정부는 수해를 방지할 수 있는 대책을 마련하기 위해 최선을 다하겠다고 발표했다.

② 그가 그 사건을 명쾌하게 해결할 것으로 예상되는 것이다.

→ 그가 그 사건을 명쾌하게 해결할 것으로 예상된다.

(5) 지나친 관형화 구문

수식어를 계속 나열하는 경우도 문장을 모호하게 하고 어색하게 하므로 피해야 한다. 가령 '*이 수술은 고도의 안전한 저렴한 방법이다.' 와 같은 문장은 '고도의', '안전한', '저렴한' 이라는 관형어가 반복되어 의미가 모호하고 어색하다. 이런 경우 관형어를 부사어로 바꾸거나 연결어미를 활용하여 문장을 나누는 것이 바람직하다. 즉 '이 수술은 고도로 안전하고 저렴한 방법이다.' 와 같이 바꾸어 쓰는 것이 좋다.

① 유구한 빛나는 전통 문화를 단절시킬 가능성이 큰 융통성이 없는 문화 정책은 재고되어야 한다.

→ 유구하고 빛나는 전통 문화를 단절시킬 가능성이 크고 융통성이 없는 문화 정책은 재고되어야 한다.

② 독립 영화에 대한 우리 자신의 선입관을 버려야 한다.

→ 우리 자신이 독립 영화에 대해서 가지고 있는 선입관을 버려야 한다.

(6) 외래어 번역 투

근대 이후 외국어의 번역이 활발하게 이루어지면서 우리말과 글에 번역 투의 문장이 무분별하게 쓰이게 되었다. 그러나 이러한 번역 투 문장은 외국어를 그대로 번역한 것이어서 우리말의 어법과는 맞지 않는 경우가 많다.

① 일본어 번역 투

- 그 분은 이 분야에서 선각자에 다름 아니다.
  → 그 분은 이 분야에서 선각자라 할 만하다.
- 그의 작품은 이러한 주목에 값한다.
  → 그의 작품은 주목할 만한 가치가 있다.
- 나는 학생들에 대하여 많은 관심을 기울이고 있다.
  → 나는 학생들에게 관심이 많다.
- 학생 회의에 있어 진지하게 참여하는 것이 중요하다.
  → 학생 회의에 진지하게 참여하는 것이 중요하다.
- 나의 살던 고향은 꽃 피는 산골.
  → 내가 살던 고향은 꽃 피는 산골.
- 평화의 파괴는 죄악이다.
  → 평화를 파괴하는 것은 죄악이다.
- 마르크스 주의는 시민 사회 모순의 지양(止揚)을 목표로 한다.
  → 마르크스 주의는 시민 사회의 모순을 긍정적으로 발전시키는데 목표가 있다.
- 새로 개통된 7호선의 많은 이용 있으시길 바랍니다.
  → 새로 개통된 7호선을 많이 이용해 주시기 바랍니다.
- 산 속의 바람은 매서웠다.
  → 산 속에서 부는 바람은 매서웠다.
- 자기 나름대로의 기준을 세워야 한다.
  → 자기 나름의 기준을 세워야 한다.
- 학술지에 실린 인도 출신 학자의 논문은 주목을 요(要)한다.
  → 학술지에 실린 인도 출신 학자의 논문은 주목해야 한다.

② 영어 번역 투

- 내일 오전에 회의를 갖도록 합시다.
  → 내일 오전에 회의를 합시다.
- 불조심은 아무리 강조해도 지나치지 않다.
  → 언제나 불조심을 해야 한다.

- 이제는 유가를 내릴 필요가 있다.
  → 이제는 유가를 내려야 한다.
- 사람들의 대부분은 그 말을 믿지 않았다.
  → 대부분의 사람들은 그 말을 믿지 않았다.
- 학교로부터 버림받은 청소년들은 마음 붙일 곳이 없어 거리에서 방황한다. (영어 전치사 'from'의 영향)
  → 학교에서 버림받은 청소년들은 마음 붙일 곳이 없어 거리에서 방황한다.
- 그는 시민들의 직선에 의해서 뽑힌 대표이다.
  → 그는 시민들이 직선으로 뽑은 대표이다.
- 난민들이 우리 지원을 필요로 하고 있다.
  → 우리가 난민들을 지원해야 한다.
- 나는 아이 셋을 갖고 있다.
  → 나에게는 아이가 셋이 있다.
- 유익한 시간을 가지게 되어서 기뻤습니다.
  → 유익한 시간을 보내서 기뻤습니다.
- 그의 당선이 유력함을 설문 결과는 말해 주고 있다.
  → 그의 당선이 유력함을 설문 결과를 보아 알 수 있다.
- 이 환자는 제1번 요추에 저밀도의 음영이 보이고 있습니다.
  → 이 환자는 제1번 요추에 저밀도의 음영이 보입니다.
- 어제는 싸웠지만 그럼에도 불구하고 우리는 가장 친한 친구다.
  → 어제는 비록 싸웠지만, 우리는 가장 친한 친구다.
- 태풍이 곧 상륙할 것으로 예상되고 있습니다.
  → 태풍이 곧 상륙할 것으로 예상합니다.
- 시스컴 본사는 금천구에 위치하고 있습니다.
  → 금천구에 시스컴의 본사가 있습니다.
- 자원개발에 관한 문제점이 많다.
  → 자원개발에 문제점이 많다.
- 기업이 자본가의 지배로부터 벗어나고 있다.
  → 기업이 자본가의 지배에서 벗어나고 있다.

더하기 예제 01

다음 문장들 중 가장 어법에 맞는 것은?

① 나는 영어를 좋아하고, 누나의 특기는 배구이다.

② 정부는 수해 방지 대책 마련에 최선을 다하겠다고 발표했다.

③ 그 분은 이 분야에서 선각자에 다름 아니다.

④ 그의 미술 작품은 이러한 주목에 값한다.

⑤ 내일 오전에 회의를 하도록 합시다.

해설

① 대등하게 이어진 문장의 경우 두 절이 대등하게 이어져야 하는데 '영어를 좋아하다.'와 '특기는 배구이다.'는 대등하지 않다.
② '수해 방지 대책 마련'은 명사를 과도하게 나열한 명사화 구문이다.
③ 일본식 번역 투 문장이므로 '다름이 없다.', '~나 마찬가지이다.'와 같이 바꿔 써야 한다.
④ 일본식 번역 투 문장이므로 '주목할 만하다.'와 같이 바꿔 써야 한다.

정답 ⑤

더하기 예제 02

다음 중 어법상 틀린 곳이 없는 문장은?

① 겨울철에 불조심은 아무리 강조해도 지나치지 않는다.

② 그의 선행은 한 기자에 의해 알려졌다.

③ 정당 간 회의에 있어 진지하게 참여하는 것이 필요하다.

④ 대부분의 한국인은 미신을 믿지 않는다.

⑤ 선장은 배의 침몰과 함께 사망하였다.

해설

① 영어 번역 투인 '아무리 ~해도 지나치지 않는다.'는 '늘 ~해야 한다.', '매우 중요하다.' 정도로 고쳐 쓰는 것이 좋다.
→ 겨울철에는 늘 불조심을 해야 한다.
② 영어식 표현으로 '~의해'를 사용하여 사물을 주어로 만드는 것보다는 사람을 주어로 하여 능동 표현으로 바꾸는 것이 적절하다.
→ 한 기자가 그의 선행을 알렸다.
③ 일본어 번역 투인 '~에 있어'는 '~에'로 바꾸어 쓰는 것이 적절하다. → 정당 간 회의에 진지하게 참여해야 한다.
⑤ 영어 번역 투인 '~함께'를 인과 관계로 바꾸는 것이 적절하다. → 선장은 배가 침몰해서 사망하였다.

정답 ④

매듭짓기

01 다음 중 가장 자연스러운 문장은?

① 한국화와 서양화를 여러 측면에서 비교해 볼 때 매우 독창적이고, 높은 정신적 경지를 보여주는 그림이라는 사실은 널리 알려져 있다.

② 그가 수영에 집착하는 것은 단순히 체력을 단련하기 위해서라기보다 삶의 아픔을 잠시라도 잊어보려는 행동에 불과하다.

③ 음악은 자신의 다양한 감정을 타인에게 전달할 뿐만 아니라 인간의 삶에서 우러나는 다양한 감정을 순화하기도 한다.

④ 철학적 관점에서 공리주의적 관점을 다양한 사회문제에 대한 유일한 대안으로 인식하는 것을 우려하고 있다.

⑤ 학습의 운영은 마땅히 학생들의 성적과 전인적 자아를 계발하는 것을 목적으로 하여 그 방향에 따라 이루어져야 한다.

02 다음 중 밑줄 친 단어를 고쳐 쓴 것 중 적절하지 않은 것은?

① 나는 어제 하늘을 날으는 꿈을 꾸었다. → 나는 어제 하늘을 나는 꿈을 꾸었다.

② 누가 우리 아이를 나무라. → 누가 우리 아이를 나무래.

③ 맹수들은 거칠은 들판을 힘차게 달렸다. → 맹수들은 거친 들판을 힘차게 달렸다.

④ 첫 해외여행의 설레임으로 잠을 이루지 못했다. → 첫 해외여행의 설렘으로 잠을 이루지 못했다.

⑤ 눈앞에 푸르른 바다가 펼쳐져 있다. → 눈앞에 푸른 바다가 펼쳐져 있다.

03 제시된 단어들을 활용하여 문장을 만든 것으로 적절하지 않은 것은?

① 거치다 : 그들은 수원을 거쳐 서울로 돌아왔다.
걷히다 : 올해는 성금이 잘 걷히지 않아 걱정이다.

② 다리다 : 약은 정성껏 다려야 한다.
달이다 : 내일 입을 옷을 달이고 있다.

③ 저리다 : 다리가 저려서 걷기가 힘들구나.
절이다 : 어머니께 배추를 절이는 방법을 배웠어.

④ 맞히다 : 그는 화살을 과녁에 정확히 맞혔다.
맞추다 : 우리는 퍼즐의 조각을 맞추고 있었다.

⑤ 묻히다 : 아이들이 옷에 흙을 묻혀서 돌아왔다.
무치다 : 어머니께서 나물을 무치고 계셨다.

04 다음 중 어법에 맞게 표현된 문장은?

① 이 열차는 하루에 두 번 사람이나 화물을 실어 나릅니다.

② 대부분 사람들의 가장 큰 바람은 가족의 건강이다.

③ 일을 이렇게 벌려 놓고 수습을 하지 않으니 걱정이다.

④ 점원은 웃으면서 들어오는 관광객에게 인사를 했다.

⑤ 정부에서는 긴급 재난 방지 대책을 마련하기로 해다.

05 다음 중 잘못된 문장 표현을 고치기 위한 방안으로 적절하지 않은 것은?

① 아름다운 그녀의 여동생은 병원에서 일한다. → '아름다운'의 대상이 모호하므로 '아름다운, 그녀의 여동생은'과 같이 고친다.

② 그녀는 방학 기간 동안 수영을 배웠다. → '기간'과 '동안'은 의미상 중복이므로 '방학 동안'으로 고친다.

③ 청년은 모름지기 진취적이다. → '모름지기'는 당위의 의미를 나타내므로 서술어를 '진취적이어야 한다'로 고쳐야 한다.

④ 아내는 나보다 딸을 더 좋아한다. → 비교 대상이 모호하므로 '아내는 나와 딸 중에 딸을 더 좋아한다.'로 고친다.

⑤ 원서는 반드시 직접 접수시켜야 한다. → '직접'이라는 말과 '접수시키다'가 호응하지 않으므로 '접수시키다'를 '접수하다'로 고친다.

06 〈보기〉의 ㉠~㉤을 고쳐 쓰기 위한 의견으로 알맞지 않은 것은?

보기

서로 다툼이 벌어진 상황에 무작정 ㉠ <u>끼어들었다가</u> 오히려 자신이 다툼에 휘말려 큰 낭패를 보는 경우가 종종 있다. 그러다 보면 ㉡ <u>분명히</u> 상대방과 관계가 어색해지기도 한다. ㉢ <u>그런데</u> 이런 경우에는 무작정 관여하기 보다는 사태를 좀 더 정확하고 객관적으로 판단한 후 ㉣ <u>개입시켜야</u> 한다. 그래야 다툼이 진정되고 오해가 ㉤ <u>풀려지기</u> 때문이다.

① ㉠은 주어와 호응하지 않으므로 '끼여들었다가'로 고쳐 쓰자.

② ㉡은 문맥상 어색한 부사어이므로 '때로는'으로 고쳐 쓰자.

③ ㉢은 앞 문장과 뒷 문장의 관계에 적합하지 않은 접속어이므로 '따라서'로 고쳐 쓰자.

④ ㉣은 문맥상 사동 표현을 쓸 수 없으므로 '개입해야'로 고쳐 쓰자.

⑤ ㉤은 문맥상 무리하게 피동 표현을 쓴 경우이므로 '풀리기'로 고쳐 쓰자.

07 다음 중 고쳐 쓸 필요가 없는 문장은?

① 오랫동안 준비한 시험을 보기 위해 그는 내일 첫차로 떠난다.

② 어머니께서는 하루종일 친지들에게 나눠줄 김치를 담궜다.

③ 나는 꽃에게 물을 주었다.

④ 선생님께서는 우리를 사랑으로 교육시키시는 분이다.

⑤ 만찬에 초대받은 사람들이 다 오지 않았다.

08 다음 중 높임 표현에 어긋난 것은?

① 할아버지, 어머니가 늦게 온답니다.

② 사장님이 기르시는 강아지가 참 예쁘십니다.

③ 철수야, 너 선생님께서 오라셔.

④ 그분께서는 생전에 당신의 펜을 아끼셨지.

⑤ 어머니께서 나에게 할아버지께 물을 드리라고 하셨다.

09 다음 중 중의적으로 해석될 수 있는 문장은?

① 아버지께서 다리를 다친 철수에게 바지를 입혀 주셨다.

② 그의 회사에서 거래처가 가까워 다니기가 무척 편하다.

③ 지금 내가 쓴 모자는 얼마 전에 백화점에서 구입한 것이다.

④ 건축 기술이 뛰어난 불국사의 대웅전을 감상하는 사람들이 많다.

⑤ 할아버지께서는 이가 아직 튼튼하셔서 틀니를 하지 않으셔도 됩니다.

10 다음 밑줄 친 단어들 가운데 〈보기〉의 ㉠에 해당하는 것은?

보기

명사는 보통 모든 조사와 결합할 수 있다. 그러나 '미연(未然)'은 조사와의 결합이 제한적이어서 ㉠ 원칙적으로 '에' 이외의 조사와는 결합하지 않는 명사로, '미연에 방지하다'처럼 사용될 뿐 '미연이', '미연을', '미연이다'와 같이 다른 조사를 결합한 형태는 사용되지 않는다.

① 사람이 죽어가는 판국에 더 이상 지체할 수는 없다.
② 목사님 덕분에 아이들이 꿈을 가지게 되었습니다.
③ 모든 것이 순식간에 일어난 일이라 기억이 잘 나지 않는다.
④ 그는 그의 사위가 마음에 들지 않았다.
⑤ 사람들은 대번에 그가 수상하다는 것을 알아차렸다.

11 다음 중 어법에 가장 맞는 것은?

① 한 달간의 긴 파업이 극적으로 타결되자, 회사는 내일부터 공장을 가동시키기로 결정했다.
② 들판에 누워 맑은 가을 하늘에 흰 양떼구름이 흘러가는 모습을 보면서 그가 먼저 고백을 하였다.
③ 그들에게 지금 가장 중요한 일은 어려운 환경을 극복하고 새롭게 시작하는 것이다.
④ 겨울철에 불조심을 해야 한다는 것은 아무리 강조해도 지나침이 없다.
⑤ 우리가 그녀를 처음 만난 것은 바야흐로 만물이 소생하여 아름다운 자태를 한껏 뽐내던 봄이었다.

12 다음 중 번역 투 문장이 아닌 것은?

① 그가 뇌물을 받은 것이 사실임이 한 기자에 의해 밝혀졌다.
② 우리는 내일 오후에 회의를 갖기로 했다.
③ 악사들은 타이타닉호의 침몰과 함께 사망했다.
④ 김 의원의 발언은 책임 회피에 다름 아니다.
⑤ 우리는 시간에 맞춰 회의에 참석했다.

13 다음은 제품 구매에 대하여 항의하는 글의 초고이다. 이를 수정 및 보완하는 방안으로 적절하지 않은 것은?

제조사명	○○의류	제품명	원피스 ad-124
하자 및 불만 사항	구입하여 착용한 지 일주일도 되지 않은 옷을 빨았는데 변색이 되었습니다. 이 문제에 대해 항의하기 위해 구입처를 찾아갔습니다. ㉠ 그리고 구입처에서는 본인의 부주의로 일어난 일이고 이미 착용을 하였기 때문에 교환이나 환불이 불가능하다고 합니다. 옷의 품질도 문제지만 이런 무성의한 서비스와 직원들의 불친절한 태도는 저를 더욱 화나게 만들었습니다. 이 문제에 대해 정식으로 항의하겠다고 했더니 ㉡ 마음대로 하라며 언성을 높이더군요. 그 순간 저는 ㉢ 엄청 열을 받았습니다.		
요구사항	옷은 변색이 되어 얼룩도 지고 더 이상 착용할 수 없게 되었습니다. ㉣ 다른 손님들도 항의하는 것을 몇 번 보았습니다. 해당 업체가 신속하게 제품을 ㉤ 교환하거나 환불받도록 조치해 주시기 바랍니다. 또 제가 구입처에서 입은 정신적 상처에 대해서도 보상받고 싶습니다.		

① ㉠은 앞뒤 문맥을 고려하여 '그래서'로 고쳐야 한다.
② ㉡은 행위의 주체가 명확하지 않으므로 '직원이'와 같은 주어를 추가해야 한다.
③ ㉢은 비속어이므로 삭제해야 한다.
④ ㉣은 요구사항과는 직접적으로 관련이 없으므로 생략해야 한다.
⑤ ㉤은 주어와의 호응을 고려하여 '교환해 주거나 환불할 수 있도록'으로 고쳐야 한다.

14 다음 중 문장을 바르게 고쳐 쓴 것으로 적절하지 않은 것은?

① 그는 매일 화투 놀음에 빠져 재산을 탕진했다. → 그는 매일 화투 노름에 빠져 재산을 탕진했다.
② 태풍이 지나간 후 맑게 갠 하늘을 볼 수 있었다. → 태풍이 지나간 후 맑게 개인 하늘을 볼 수 있었다.
③ 이제부터 교장선생님의 말씀이 계시겠습니다. → 이제부터 교장선생님의 말씀이 있으시겠습니다.
④ 그는 한결같이 불쌍한 이웃을 돕고 있다. → 그는 불쌍한 이웃을 한결같이 돕고 있다.
⑤ 내가 당부하고 싶은 것은 언제나 희망을 잃지 말자. → 내가 당부하고 싶은 것은 언제나 희망을 잃지 말자는 것이다.

15 〈보기〉의 밑줄 친 어휘들에 대한 설명으로 적절하지 않은 것은?

보기

㉠ 제가 부탁드릴 것이 있어서요. ㉡ 저는 ㉢ 그쪽이 ㉣ 저희 할아버지의 원고를 맡아 주셨으면 해요. 물론 이것은 ㉤ 할아버지께서 생전에 원하시던 일이기도 합니다. 할아버지께서는 ㉥ 당신의 소중한 원고를 그쪽에서 맡아서 출판하거나 기증하기를 바라셨어요. ㉦ 당신이 ㉧ 당신의 글을 가장 잘 이해하고 있다고 믿으셨던 거죠.

① 문맥을 보니 ㉠은 '저의'를 줄인 말이겠군.
② ㉢과 ㉦은 결국 가리키는 대상이 같군.
③ ㉠과 ㉡, ㉣은 결국 ㉢에 대해 자신을 낮춘 말이군.
④ ㉤은 앞에 나온 말이니까 '당신께서'로 바꾸어 써도 되겠군.
⑤ ㉢과 ㉧은 결국 동일 인물을 가리키는군.

16 다음 중 문장에 어색함이 없는 것은?

① 그의 작품에는 한 인간이 그의 삶의 과정 속에서 겪어야만 하는 온갖 종류의 희로애락을 담고 있다.
② 이번 도로 공사로 환경 파괴가 우려되자 시민단체들은 정부에 강력히 항의하였다.
③ 그 선수가 이번 대회에 참가하지 않더라도 그의 명성은 계속되기 힘들 것이다.
④ 이번에 국회에 제출된 법안을 통과시키기 위해서는 국회의원의 과반수 이상이 참석해야 한다.
⑤ 어젯밤의 행적을 묻는 경찰의 질문에 그는 자신이 택시를 타지 않았다고 말했다.

17 **〈보기〉는 자기 소개서의 초고이다. 어법에 맞지 않는 부분을 고쳐 쓰기 위한 방안으로 적절하지 않은 것은?**

보기

저는 부모님이 일찍 돌아가셔서 작은 산골 마을에 있는 ㉠ 외갓집에서 자랐기 때문에 조기교육이나 과외와 같은 교육 혜택을 받지 못하고 자랐습니다. ㉡ 그래서 마을을 둘러싼 산의 정기와 탁 트인 벌판, 철따라 옷을 갈아입는 대자연의 아름다움을 보고 느끼면서 도시인들과는 다른 남다른 감수성을 갖게 되었습니다. 이러한 성장기의 경험은 제가 입사해서 도전하고자 하는 의상디자인 분야에서 장점이 될 수 있을 것이라고 믿습니다. ㉢ 의상 디자인은 소비자의 취향이나 색채를 선택하는 일이 중요하기 때문입니다. 더욱이 스카이라인과 같은 도시의 삭막한 구성이 아닌 자연이 주는 편안하고 온화한 구성은 저의 디자인을 다른 회사의 디자인과 구별해 줄 수 있는 저의 가장 큰 장점이라고 생각합니다. ㉣ 특히 제가 수많은 디자인 회사들 가운데 OO사에 입사하고자 하는 이유는 OO사의 디자인에 대한 신념이 제가 추구하는 디자인과 일치합니다. OO사의 일원이 되어 자연을 닮은 옷을 만들겠다는 저의 꿈을 마음껏 펼치는 것이 저의 가장 큰 ㉤ 바람입니다.

① ㉠은 '외가(外家)'의 '가(家)'와 '집'의 의미가 중복된 표현이므로 '외가에서'로 고쳐 쓴다.

② ㉡은 앞뒤 문장들의 의미를 고려할 때 어색하므로 '하지만'으로 고쳐 쓴다.

③ ㉢은 문장성분들 간의 호응이 이루어지지 않으므로 '소비자의 취향에 맞게 색채를 선택하는'으로 고쳐 쓴다.

④ ㉣은 서술어와 주어의 호응이 적절하지 않으므로 '~디자인과 일치하기 때문입니다.'로 고쳐 쓴다.

⑤ ㉤은 어휘의 쓰임이 적절하지 않으므로 '바램'으로 고쳐 쓴다.

18 〈보기〉는 교지에 싣기 위해 쓴 '고마운 교감 선생님'이라는 내용의 글이다. 글을 고쳐 쓰기 위한 방안으로 적절하지 않은 것은?

보기

교감선생님께서는 제일 먼저 ㉠ 등교해서 학교 주변을 청소하시고, 학교 여기저기를 누비며 고장 난 시설을 찾아내어 ㉡ 수리한다. 한번은, 사물함 열쇠를 집에 두고 와서 발을 동동 ㉢ 굴르다가 교감선생님께 말씀 드렸더니 직접 절단기를 가져와 사물함을 열어 주셨다. ㉣ 교감선생님께서는 바쁜 업무 속에서도 연구를 열심히 하셔서 대통령 표창을 받기도 하셨다. 또 ㉤ 지난 여름 방학 기간에 학교 축제를 위해 강당에 무대장치를 할 때도, 늦게까지 남아서 우리들을 격려해 주셨다.

① ㉠은 부적절한 어휘이므로 '출근'으로 바꾼다.
② ㉡은 '수리한다'의 주체가 '교감선생님'이므로 '수리하신다'로 쓴다.
③ ㉢은 '르' 불규칙 동사이므로 '구르다가'로 수정한다.
④ ㉣은 주제와 거리가 먼 내용이므로 삭제한다.
⑤ ㉤은 중복된 표현이므로 중복된 어휘를 삭제한다.

19 다음 문장을 고쳐 쓰기 위한 방안으로 적절하지 않은 것은?

① 그는 자신의 아들과 딸에 대하여 많은 관심을 기울이고 있다. → 번역 투 표현이므로 우리말답게 문장을 다듬어야 한다.
② 할아버지께서는 나이가 많으시다. → 높임 표현을 써야 하므로 어휘를 높임의 어휘로 고쳐 써야 한다.
③ 그녀는 집안일에 열심이고 남편은 스키를 좋아한다. → 문장의 논리적 관계가 부적절하므로 논리적 관계에 맞게 문장을 고쳐 써야 한다.
④ 각 당의 후보들은 법인세를 높임으로써 복지 예산을 충당코자 했다. → 조사의 쓰임이 어색하므로 적절한 조사로 고쳐 써야 한다.
⑤ 아버지께서는 당신의 오랜 친구분을 내게 소개시켜 주셨다. → 무리하게 사동 표현이 쓰였으므로 능동 표현으로 고쳐 써야 한다.

20 다음 문장을 어법에 맞게 고쳐 쓴 것으로 적절하지 않은 것은?

① 어제 방송국에 견학을 갔는데 마침 아버지와 절친한 분이셨다.
→ 어제 방송국에 견학을 갔는데 마침 안내를 담당하시던 분이 아버지와 절친한 분이셨다.

② 민호는 어제 정수와 철수를 만났다.
→ 어제 민호는 정수와 함께 철수를 만났다.

③ 그 영화는 특수효과를 사용하지 않았지만 액션 영화에서 볼 수 없는 잔잔한 감동이었다.
→ 그 영화는 특수효과를 사용하지 않았지만 액션 영화에서 볼 수 없는 잔잔한 감동을 주었다.

④ 벌금을 내시던지 소송을 하시던지 먼저 결정을 하셔야 합니다.
→ 벌금을 내시든지 소송을 하시든지 먼저 결정을 하셔야 합니다.

⑤ 그녀는 언제라도 자신의 주장을 서슴지 않고 밝혔다.
→ 그녀는 언제라도 자신의 주장을 서슴치 않고 밝혔다.

둘째 마당. 문법요소와 어법

매듭짓기 해설

▶문법요소와 어법 194p

01 ③	02 ②	03 ②	04 ②	05 ⑤	06 ①	07 ①	08 ②	09 ④	10 ⑤
11 ②	12 ⑤	13 ①	14 ②	15 ⑤	16 ②	17 ⑤	18 ⑤	19 ④	20 ⑤

01 정답 ③

오답 해설

① 부당하게 주어가 생략된 문장으로 '독창적이고, 높은 정신적 경지를 보여주는 그림'이 무엇인지 명확하지 않다. → 한국화와 서양화를 여러 측면에서 비교해 볼 때 한국화가 매우 독창적이고, 높은 정신적 경지를 보여주는 그림이라는 사실은 널리 알려져 있다.

② '~에 불과하다.'는 부정적인 의미를 갖는 서술어로 주어가 큰 의미가 없거나 생각한 것에 미치지 못함을 의미하는 말이다. 따라서 문맥을 고려할 때 서술어의 쓰임이 적절하지 않다. 또한 뒤에 서술된 내용이 이유에 해당하므로 전절의 서술어와 일치시켜 서술하는 것이 좋다. → 그가 수영에 집착하는 것은 단순히 체력을 단련하기 위해서라기보다 삶의 아픔을 잠시라도 잊어보기 위해서이다.

④ '~우려하고 있다.'의 주어가 부당하게 생략되어 있다. → 철학자들은 공리주의적 관점을 다양한 사회문제에 대한 유일한 대안으로 인식하는 것을 우려하고 있다.

⑤ '성적'이라는 목적어는 서술어 '계발하다'와 호응할 수 없다. 따라서 '성적'과 호응하는 서술어가 부당하게 생략된 문장이다. → 학습의 운영은 마땅히 학생들의 성적을 향상시키고, 전인적 자아를 계발하는 것을 목적으로 하여 그 방향에 따라 이루어져야 한다.

02 정답 ②

정답 해설

용언의 활용형이 적절한지 묻는 문항이다. 밑줄 친 단어의 기본형은 '나무라다'이고, 활용형은 '나무라'이다.

오답 해설

① 기본형은 '날다'이며, 활용형은 '나는'이 적절하다.
③ 기본형은 '거칠다'이고, 관형형은 '거친'이 맞다.
④ 기본형이 '설레다'이므로 명사형은 '설렘'이 맞다.
⑤ 기본형은 '푸르다'이고, 관형형은 '푸른'이 맞다.

03 정답 ②

정답 해설

옷 따위의 구겨진 부분을 펴는 행위를 이르는 말은 '다리다'이다. 반면 약 따위를 끓이는 행위는 '달이다'이다. 따라서 '약은 정성껏 달여야 한다.', '내일 입을 옷을 다리고 있다.'와 같이 써야 한다.

오답 해설

① '거치다'는 어떠한 과정이나 여정을 거쳐 오는 것을 의미하고, '걷히다'는 '걷다'의 피동형으로 돈이나 곡식 따위를 거두어들이는 것을 의미한다.

③ '저리다'는 팔이나 다리 등에 피가 잘 통하지 않아 감각이 둔해지는 상태를 의미하고, '절이다'는 소금 따위에 채소나 육류 등을 묻혀서 배어들게 하는 행위를 의미한다.

④ '맞히다'는 '맞다'의 사동형으로 '맞게 하다'라는 뜻으로 쓰이고, '맞추다'는 '짝을 맞추다.'와 같이 서로 꼭 들어맞게 하는 것을 의미한다.

⑤ '묻히다'는 '묻다'의 사동형으로 '(이물질 등이) 묻게 하다'라는 뜻이며, '무치다'는 나물 따위를 양념 등에 버무리는 것을 의미한다.

04 정답 ②

정답 해설 '희망하다'의 뜻을 가진 '바라다'의 명사형은 '바람'이다.

오답 해설
① '실어 나르다'는 '화물'에만 해당하는 서술어이다. 사람은 서술어로 '태우다'를 써야 한다.
③ '간격을 넓게 하다.'라는 뜻을 가진 말은 '벌리다'이고, '어떤 일을 시작하다.'라는 뜻을 가진 말은 '벌이다'이다.
④ 구조적 중의성을 가진 문장이다. '웃으면서'의 주체가 '점원'인지 '관광객'인지 알 수 없다.
⑤ '긴급한 재난을 방지하기 위한 대책을'과 같이 써야 자연스러운 문장이 된다.

05 정답 ⑤

정답 해설 '접수하다'는 어떤 대상을 '받아들이다'라는 뜻이다. 따라서 주체가 원서를 내는 사람이 아니라 원서를 받는 쪽이어야 한다. 또한 '접수시키다'는 사동 표현이므로 '직접'이라는 부사어와 호응할 수 없다. 따라서 '원서는 반드시 직접 제출해야 한다.'로 바꿔 써야 한다.

오답 해설
① 수식어구의 수식 대상이 모호하므로 쉼표를 찍어 수식 대상이 '여동생'임을 분명히 하거나 수식어의 위치를 바꾸어 '그녀의 아름다운 여동생은'이라고 하면 모호성이 해소된다.
② '기간'과 '동안'은 의미가 중복되므로 둘 중 하나를 생략하는 것이 적절하다.
③ '모름지기'는 당위의 의미를 나타내므로 서술어를 수정하는 것이 적절하다.
④ 비교 대상이 '아내'와 '나'인지, '나'와 '딸'인지 모호하므로 비교 대상이 분명하도록 바꿔 써야 한다.

06 정답 ①

정답 해설 '끼여들다'는 '끼이어들다'의 준말로 피동접미사 '-이'가 사용되었다. 그러나 문맥상 주체가 직접 행하는 것이므로 능동 표현으로 써야 한다. 따라서 '끼어들었다가'로 쓰는 것이 적절하다.

오답 해설
② '분명히'는 명백하고 확실한 사건에 쓰이는 부사어이다. 문맥상 '어색해지기도 한다.'는 분명하고 확실한 사건이 아니라 개연성이 있는 사건이므로 '분명히'보다는 '때로는'이 더 적절하다.
③ 앞 문장의 내용은 '다툼에 무작정 끼어들었다가 상대방과 관계가 어색해질 수 있다.'라는 것이고 뒷 문장의 내용은 '사태를 정확하고 객관적으로 판단한 후 개입해야 한다.'라는 것이다. 두 문장의 관계는 앞 문장이 전제이고, 뒷 문장이 결론에 해당하므로 '따라서, 그러므로'와 같은 접속어가 들어가는 것이 적절하다.
④ '개입시켜야'는 사동 표현이다. 문장의 주체와의 관계를 고려할 때 주동 표현이 적절하므로 '개입해야'로 고치는 것이 타당하다.
⑤ '풀리다'는 '풀다'의 피동 표현이다. 따라서 이미 피동 표현이 쓰인 어휘에 다시 피동 표현을 첨가하여 '풀리어지기'와 같은 이중 피동이 되었으므로 '풀리기'로 고치는 것이 타당하다.

07 정답 ①

정답 해설 확실한 미래에 해당하는 경우 현재형 표현을 쓸 수 있다.

오답 해설 ② 김치를 만든다는 뜻의 어휘의 기본형은 '담그다'이고 과거형은 '담그았다'이다. 따라서 '담그았다'의 준말인 '담갔다'로 써야 한다.

③ '꽃'은 사람이나 동물이 아닌 무정명사이므로 '~에'를 써야 한다.

④ '교육시키다'는 사동 표현으로 다른 대상에게 교육하도록 시킨다는 뜻이다. 제시문은 주체가 선생님이므로 '교육하다'와 같이 써야 한다.

⑤ '안' 부정문의 경우 부정의 범위에 따라 의미가 모호해질 수 있다. 즉 초대받은 사람들이 '모두' 오지 않은 것인지, '일부'가 오지 않은 것인지 모호하다. 따라서 '만찬에 초대받은 사람들 모두가 오지 않았다.' 또는 '만찬에 초대받은 사람들 중 일부가 오지 않았다.'와 같이 써야 의미가 명확해진다.

08 정답 ②

정답 해설 '-으시-'는 주어가 높임 대상의 신체 일부이거나 소유물인 경우에 사용하는 간접 높임의 선어말어미이다. 하지만 '강아지'까지 간접 높임을 써서 높이는 것은 과도한 높임에 해당하므로 적절하지 않다.

오답 해설 ① 청자가 '할아버지'이고 주어가 '어머니'이므로 문장의 주체가 화자보다는 높지만 청자보다는 낮은 경우이다. 이런 경우에는 압존법을 써서 높임을 생략하는 것이 어법에 맞다.

③ '오라셔'는 '오라고 하셔.'의 준말이다. '오다'의 주체는 철수이고, '하다'의 주체는 선생님이므로 '하다'만을 높여 '오라셔'와 같이 표현하는 것이 어법에 맞다.

④ '당신'은 앞의 '그분'을 받는 높임의 대명사이다.

⑤ '드리다'는 객체인 할아버지를 높이기 위한 것이고, '하셨다'는 주체인 어머니를 높이기 위한 것이므로 어법에 어긋난 점이 없다.

09 정답 ④

정답 해설 수식어구의 모호성을 지닌 문장이다. '건축 기술이 뛰어난'이 수식하는 대상이 '불국사'인지 '대웅전'인지 명확하지 않다. 따라서 중의적으로 해석될 수 있다.

10 정답 ⑤

정답 해설 '대번에'는 ㉠과 같이 조사 결합에 제약이 따르는 말이다. '대번이다', '대번으로', '대번이' 등과 같이 활용할 수 없다. 나머지는 '~판국이다', '~덕분이다', '~순식간이다', '~마음이다'와 같이 다른 조사와 결합이 가능하다.

11 정답 ②

오답 해설 ① '가동시키다'는 사동 표현으로 회사가 다른 대상을 시켜 '가동하도록 하다.'라는 뜻이 된다. 문맥상 회사가 주체에 해당하며 주동 표현이 적절하므로 '가동하기로'가 맞는 표현이다.

③ '시작하다'의 목적어가 부당하게 생략되어 있으므로 '사업을'과 같은 목적어가 추가되어야 한다.

④ '아무리 강조해도 지나침이 없다.'는 영어 번역 투의 문장이다. 따라서 '매우 중요하다.'와 같이 바꿔 써야 우리말다운 문장이 된다.

⑤ '바야흐로'는 '이제 막, 한창'이라는 뜻을 가진 어휘로 항상 현재형과 호응하는 부사이므로 적절하지 않은 문장이다.

12 정답 ⑤

오답 해설
① '~의해 ~지다.'와 같은 표현은 영어의 수동태 표현을 그대로 번역한 것이다. 따라서 '한 기자가 그가 뇌물을 받은 사실을 밝혀냈다.'와 같이 써야 우리말다운 표현이 된다.

② '회의를 갖다.'는 영어의 'have a meeting'을 그대로 번역한 것이다. 따라서 우리말답게 고치려면 '우리는 내일 회의를 하기로 했다.'와 같이 써야 한다.

③ 부대상황을 나타내는 'with'를 그대로 번역한 표현이다. '배의 침몰'이 '사망'의 원인이므로 이에 맞게 '선장은 배의 침몰로 사망했다.'와 같이 써야 우리말다운 표현이 된다.

④ '~에 다름 아니다.'는 일본어 번역 투이다. 따라서 '김 의원의 발언은 책임 회피나 다름이 없다.' 또는 '김 의원의 발언은 책임 회피이다.'와 같이 쓰는 것이 바람직하다.

13 정답 ①

정답 해설 뒷문장의 내용은 앞 문장에 서술된 행위에서 예상하지 못했던 것이므로 '그러나', '그런데'와 같은 접속어를 사용하는 것이 적절하다.

오답 해설
② 언성을 높인 것이 누구인지 명확하게 밝히는 것이 글의 성격상 적절하므로 주어를 첨가하는 것이 타당하다.

③ '엄청', '열받다'와 같은 표현은 비속어이므로 가급적 쓰지 않아야 한다.

④ ㉣은 현재 자신이 요구하는 사항이 아니며 쟁점과는 무관한 것이므로 삭제하는 것이 타당하다.

⑤ 주어가 '해당 업체'이고, '교환'이나 '환불'은 해당 업체가 해야 할 일이므로 능동 표현으로 쓰는 것이 적절하다.

14 정답 ②

정답 해설 비나 눈 따위가 그치고 날씨가 맑아진다는 뜻을 가진 어휘는 '개다'이다. '개다'의 관형형은 '갠'이다. '개이다'는 불필요한 피동 표현에 해당한다.

오답 해설
① '놀다'의 명사형은 '놀음'이지만 '도박'의 의미를 갖는 명사는 '노름'으로 써야 한다.

③ '말씀'은 높임이나 낮춤에 두루 쓰이는 말이며 '계시다'는 주어가 높임의 대상일 때만 사용해야 한다. 따라서 주어가 '말씀이'이므로 '있으시겠습니다'와 같이 간접 높임을 사용하는 것이 적절하다.

④ '한결같이'가 수식하는 '돕다'가 문장 내에서 너무 멀리 떨어져 있어 의미가 모호해진 경우이므로 '한결같이'를 '돕다'와 가깝게 위치시키는 것이 적절하다.

⑤ 주어가 '내가 당부하고 싶은 것은'이므로 '~이다'의 형태를 가진 서술어가 와야 한다.

15 정답 ⑤

정답 해설 ㉢은 필자가 할아버지의 원고를 맡아주기를 원하는 대상으로 2인칭 대명사이고, ㉤은 '할아버지'를 가리키는 높임 표현으로 3인칭 대명사에 해당한다. 따라서 ㉢과 ㉤은 지칭하는 대상이 일치하지 않는다.

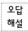

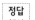

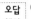

오답 해설 ① ㉠의 '제'는 '나의'의 낮춤말인 '저의'의 준말이다.
② ㉢은 필자가 원고를 맡아주기를 바라는 대상이고, ㉦은 '그쪽'을 지칭하는 2인칭 대명사이다.
③ '저', '제', '저희'는 모두 '나', '나의', '우리'의 낮춤말로 청자에 대해 자신을 낮추는 말이다.
④ '할아버지께서'는 앞에 이미 언급되었으므로 높임의 3인칭 대명사인 '당신께서'로 바꾸어 써도 무방하다.

16 정답 ②

정답 해설 대상이 유정물이 아닌 무정물이거나 단체일 경우에는 조사 '에'를 써야 한다. ②는 문맥상 어색함이 없는 문장이다.

오답 해설 ① '희로애락을 담고 있다.'의 주어가 문장에 나타나지 않는다. 따라서 '그의 작품에는'을 '그의 작품은'으로 바꾸어 주어를 보충해 주어야 한다.
③ '~지라도, ~더라도'는 양보의 의미를 갖는 어미로 뒤에 앞의 내용과는 상반된 내용이 오는 것이 일반적이다. 즉, '그 선수가 이번 대회에 참가하지 않더라도 그의 명성은 계속될 것이다.'와 같이 써야 호응상 올바른 문장이 된다.
④ '과반수(過半數)'는 '반수(半數) 이상'이라는 뜻을 가진 어휘로 이미 단어에 '이상[過]'의 의미를 포함하고 있으므로 '과반수 이상'은 중복된 표현이다. 따라서 '과반수가 참석해야 한다.'와 같이 써야 올바른 문장이 된다.
⑤ '안' 부정문의 경우 부정의 범위에 따라 의미가 모호해질 수 있다. 즉 택시를 타지 않은 것이 자신이라는 의미, 자신이 탄 것은 택시가 아니라는 의미, 자신은 택시를 잡기는 했지만 타지는 않았다는 의미 등으로 해석할 수 있다. 이러한 모호성은 부사어를 첨가하거나 어순의 조절, 특정 어구의 강조 등을 통해 해소될 수 있다.

17 정답 ⑤

정답 해설 '희망하다'의 뜻을 가진 어휘는 '바라다'이다. 따라서 명사형은 '바람'이 맞다. '바램'은 옷감이나 물건의 색이 퇴색하다라는 의미를 지닌 '바래다'의 명사형이다.

오답 해설 ① '외가(外家)'의 '가(家)'는 우리말로 '집'에 해당하므로 '외갓집'은 '집'의 의미가 중복된 표현이다. 따라서 '외가'로 쓰는 것이 어법에 맞다.
② 앞 문장의 내용은 교육의 혜택을 받지 못했다는 것이고 이어지는 문장은 도시인들과 다른 감수성을 갖게 되었다는 내용이므로 서로 대립하는 내용이다. 따라서 접속어는 '그러나', '하지만'을 써야 문맥상 어색하지 않다.
③ 문맥상 '소비자의 취향'을 선택하는 것은 아니므로 '소비자의 취향에 맞게' 정도로 쓰는 것이 문맥상 적절하다.
④ 주어가 '~이유는'이므로 이에 호응하는 서술어인 '~때문이다'로 끝을 맺어야 자연스러운 문장이 된다.

18 정답 ⑤

정답 해설 ㉤에는 중복된 표현이 없다.

오답 해설 ① 교감선생님은 학교에 공부하기 위해 다니는 것이 아니므로 '출근'이라는 어휘가 적절하다.
② 교감선생님은 높임의 대상이므로 '수리한다'를 주체 높임 표현인 '수리하신다'로 고치는 것이 적절하다.
③ '구르다'는 모음어미를 만나면 '굴러'와 같이 활용하는 '르' 불규칙 용언이다. 그러나 자음어미를 만났을 때는 '구르다'와 같이 활용해야 한다.

④ 글의 주제가 교감선생님께서 학생들에게 고마운 분이라는 것이므로 교감선생님의 연구 업적은 글의 통일성을 저해하는 문장이다.

19 정답 ④

정답 해설 '수단, 방법'을 의미하는 조사는 '(으)로써'이고 '자격'을 의미하는 조사는 '(으)로서'이다. ④의 '법인세를 높임'은 복지 예산 충당의 수단 혹은 방법에 해당하므로 '높임으로써'와 같이 쓰는 것이 적절하다. 따라서 ④는 고칠 필요가 없는 문장이다.

오답 해설
① '~대하여 관심을 기울이다.'는 번역 투 문장이다. 따라서 '그는 자신의 아들과 딸에게 관심이 많다.'와 같이 써야 우리말다운 문장이 된다.
② 할아버지는 높임의 대상이므로 '나이'보다는 '연세'라는 높임의 어휘를 사용하는 것이 어법에 맞고 자연스럽다.
③ '그녀가 집안일에 열심인 것'과 '남편이 스키를 좋아하는 것' 사이에는 아무런 논리적 연관을 찾을 수 없다. 이러한 경우 논리적 연관을 고려하여 '그녀는 집안일에 열심이지만 남편은 스키에만 관심이 있다.' 정도로 고쳐 써야 어색하지 않은 문장이 된다.
⑤ '소개하다'는 이미 사동의 의미가 내포된 어휘이므로 굳이 사동 표현으로 써야 할 이유가 없다. 따라서 '아버지께서는 당신의 오랜 친구분을 내게 소개해 주셨다.' 정도로 고쳐 쓰는 것이 좋다.

20 정답 ⑤

정답 해설 '말이나 행동을 머뭇거리거나 분명하게 제시하지 않는다'라는 뜻을 가진 어휘의 기본형은 '서슴다'이다. 따라서 활용할 경우 '서슴지'가 되어야 한다. '서슴치'는 기본형을 '서슴하다'로 착각하여 나온 말이므로 잘못된 표현이다.

오답 해설
① '아버지와 절친한 분이셨다.'와 호응하는 주어가 존재하지 않는 문장이므로 '안내를 담당하시던 분이'와 같이 주어를 첨가하면 올바른 문장이 된다.
② '민호'와 '정수'가 함께 '철수'를 만난 것인지 '민호'가 '정수'와 '철수'를 만난 것인지 모호하므로 이를 분명히 해야 한다.
③ '잔잔한 감동이었다.'의 주어가 존재하지 않으므로 이에 해당하는 주어를 바꾸거나 주어 '그 영화는'에 맞게 '잔잔한 감동을 주었다.'로 바꿔 써야 한다.
④ '~던지'는 회상을 의미하는 어미이고, 선택의 의미를 지닌 어미는 '~든지'이다. 따라서 '벌금을 내시든지 소송을 하시든지'와 같이 써야 한다.

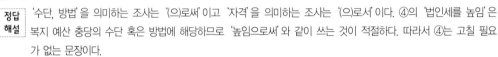

Test
of
Korean
Language

2주

토클 ToKL

셋째 마당

어문규정

셋째 마당 어문규정

국어의 4대 어문규정은 '한글 맞춤법', '표준어', '외래어 표기법', '로마자 표기법'이다. 이들 어문규정에 대한 문항은 많이 출제되지는 않지만 빠지지 않고 출제되고 있으므로 유의하여 학습해야 한다. 특히 이들 규정은 내용이 방대하여 단기간에 학습하기가 어렵고 문법지식이 바탕이 되어야 원리를 이해할 수 있으므로 문법지식과 연계하여 학습하는 것이 효과적이다.

출제 유형

- 다음 중 맞춤법에 어긋난 표현은?
- 다음 중 밑줄 친 단어가 어문규정에 어긋난 것은?
- 다음 중 문장 부호의 쓰임이 바르지 않은 것은?

일상에서 자주 쓰이는 어휘들을 중심으로 학습하되, 문항이 출제될 때 일상적 언어활동과 연계하여 출제되고 있으므로 구체적인 문장이나 담화 속에서 이를 확인할 수 있도록 학습해 두어야 한다.

하나 한글 맞춤법

1 한글 맞춤법의 역사

(1) **훈민정음 단계**

훈민정음의 창제와 함께 이를 표기하기 위한 맞춤법으로, 당시 맞춤법은 《훈민정음》에 나타나 있다.

(2) **국문연구의정안 단계**

19세기 말 주시경, 지석영을 비롯한 몇몇 위원들로 구성된 국문연구소는 〈국문연구의정안〉을 내놓았다.

(3) **언문철자법 단계**

조선총독부는 3회에 걸쳐 《(보통학교용) 언문철자법(대요)》을 제정, 개정하여 당시의 보통학교용 교과서에 채용하였다.

(4) **한글맞춤법통일안 단계**

1930년 조선총독부에서 제3회 개정의 〈언문철자법〉이 제정되어 《보통학교조선어독본》 등이 이에 따라 개정되기 시작하였는데, 1933년에 이르러서 조선어학회의 〈한글맞춤법통일안〉이 나와 일반사회에 보급되었다. 〈한글맞춤법통일안〉(1933)은 몇 차례에 걸쳐 수정 또는 개정되었다. 한글학회가 개정본의 전문을 순한글로 바꾸어 〈한글맞춤법통일안〉의 한글판(1948)을 간행하였고, 문교부에서 1980년 〈한글맞춤법〉이라 하여 규정을 쉽게 이해할 수 있도록 고쳐 새로 간행하였다.

(5) **한글맞춤법 단계**

1988년 1월 19일 〈표준어규정〉과 함께 〈한글맞춤법〉이 문교부에 고시 제88-1호로 관보 제10837호에 고시되었으며, 1989년 3월 1일부터 이 새로운 맞춤법이 시행되었다.

2 한글 맞춤법의 주요 규정

제1장 총 칙

제1항 | 한글 맞춤법은 표준어를 소리대로 적되, 어법에 맞도록 함을 원칙으로 한다.

총칙에서는 한글 맞춤법의 기본 원칙이 제시되어 있다. 우선 한글 맞춤법의 대상은 표준어라는 점을 명시하였고 소리대로 적는 것을 원칙으로 하되 어법에 맞도록 함을 원칙으로 한다는 보완 규정을 두었다. 소리대로 적을 경우 말과 표기가 일치하여 언어생활이 수월해지는 면도 있지만, 언어생활의 대부분을 차지하는 읽기에서 의미파악이 어려워져 독해의 효율성이 떨어질 수 있다. 따라서 한글 맞춤법은 소리대로 적되 전통성과 합리성을 고려하여 어법에 맞도록 하고 있다. 다만, 한자어의 경우 결합한 글자는 각기 독립적인 뜻을 표시하는 것이므로, 각 글자의 음을 밝혀 적는다.

더 알고가기

한글 맞춤법에 적용된 표기 원리

소리대로 적되 (표음주의적 표기) + 어법에 맞도록 (형태주의적 표기) = 형태음소적 표기

제2항 | 문장의 각 단어는 띄어 씀을 원칙으로 한다.

단어는 독립된 의미를 지니고 있기 때문에 띄어쓰기를 하는 것이 의미를 파악하는 데 효율적이다. 다만, 조사는 단어임에도 불구하고 붙여 써야 한다. 왜냐하면 조사는 단어와 단어의 문법적 관계를 나타낼 뿐 그 자체가 독립된 실질적 의미를 갖지 않을 뿐 아니라 자립하여 쓰일 수 없기 때문이다.

제3장 소리에 관한 것

제1절 된소리

제5항 | 한 단어 안에서 뚜렷한 까닭 없이 나는 된소리는 다음 음절의 첫소리를 된소리로 적는다.

1. 두 모음 사이에서 나는 된소리

소쩍새	어깨	오빠	으뜸
아끼다	기쁘다	깨끗하다	어떠하다
해쓱하다*	거꾸로	부썩*	어찌
이따금			

2. 'ㄴ, ㄹ, ㅁ, ㅇ' 받침 뒤에서 나는 된소리

산뜻하다	잔뜩	살짝	훨씬
담뿍	움찔	몽땅	엉뚱하다

※ 'ㄱ, ㅂ' 받침 뒤에서 나는 된소리는, 같은 음절이나 비슷한 음절이 겹쳐 나는 경우가 아니면 된소리로 적지 아니한다.

국수	깍두기	딱지	색시
싹둑(~싹둑)	법석	갑자기	몹시

우리말에서 된소리가 나는 경우는 사잇소리현상이 일어나는 경우나 된소리되기가 일어나는 경우이다. 그러나 사잇소리현상은 합성어일 경우에 일어나기 때문에 5항에서 규정한 '한 단어 안에서' 라는 조건에 해당하지 않는다.

한편 된소리되기의 경우 무성자음과 무성자음이 만나 뒤의 자음이 된소리가 되는 경우인데, 유성자음과 무성자음이 만나서 된소리가 나는 경우는 이로 설명할 수 없다. 즉, 뚜렷한 까닭이 없이 나는 된소리에 해당하는 것이다. 이러한 경우 국어의 음운현상으로 설명할 수 없으므로 소리 나는 대로 된소리로 적어야 한다.

하지만 'ㄱ, ㅂ' 받침 뒤에서 무성자음이 된소리로 나는 것은 된소리되기로 설명할 수 있으므로 된소리로 적지 않는다.

어휘풀이

- **부썩** : 마른 물건이 가볍게 부스러지는 소리. 또는 그 모양.
- **해쓱하다** : 얼굴에 핏기나 생기가 없어 파리하다.

더하기 예제

다음 중 밑줄 친 부분의 표기가 어문규정에 어긋난 것은?

① 그녀는 오랜 투병생활로 해쓱해졌다.

② 집안 어른들은 동생이 없어졌다고 야단법석이었다.

③ 길을 걷고 있는데 갑짜기 돌이 날아왔다.

④ 외국생활을 오래 하다 보니 어머니가 몹시 그리웠다.

⑤ 세상이 거꾸로 돌아가는 것 같다.

해설

'ㄱ, ㅂ' 받침 뒤에서 나는 된소리는, 같은 음절이나 비슷한 음절이 겹쳐 나는 경우가 아니면 된소리로 적지 않는다. 따라서 '갑자기'로 써야 한다.

정답 ❸

제3절 'ㄷ' 받침 소리

제7항 | 'ㄷ' 소리로 나는 받침 중에서 'ㄷ'으로 적을 근거가 없는 것은 'ㅅ'으로 적는다.

덧저고리	돗자리	엇셈*	웃어른
핫옷*	무릇	사뭇	얼핏
자칫하면	뭇[衆]*	옛	첫
헛			

우리말에서 'ㄷ'과 'ㅅ'은 받침으로 쓰일 때 중화되어 발음이 같으므로 혼동이 있을 수 있다. 7항에서는 이러한 경우 'ㄷ'으로 적어야 할 이유가 없다면 'ㅅ'으로 적도록 하고 있다. 이는 처음 맞춤법을 제정할 당시 종전의 표기를 따라 'ㅅ'으로 적는 관습을 유지하기로 하였기 때문이다.

어휘풀이

- **뭇** : 수효가 매우 많은.
- **엇셈** : 1. 서로 주고받을 것을 비겨 없애는 셈. 2. 제삼자에게 셈을 넘겨 당사자끼리 서로 비겨 없애는 셈.
- **핫옷** : 안에 솜을 두어 만든 옷.

더 알고가기

호전현상(互轉現像)

호전현상은 비슷한 음운끼리 서로 교체되는 음운 현상으로 '음운 상통'이라고 하기도 한다. 국어에서 'ㄹ'과 'ㄷ'은 조음 위치가 비슷하여 자주 교체되어 사용된다. '설달', '술가락' 등이 '섣달', '숟가락'으로 바뀐 것이 호전현상의 대표적인 사례이다. 현대 국어에서는 이러한 호전현상이 일어난 단어의 경우 바뀐 대로 표기하도록 하고 있다.

제4절 모음

제8항 | '계, 례, 몌, 폐, 혜'의 'ㅖ'는 'ㅔ'로 소리 나는 경우가 있더라도 'ㅖ'로 적는다. (ㄱ을 취하고, ㄴ을 버림.)

ㄱ	ㄴ	ㄱ	ㄴ
계수(桂樹)	게수	혜택(惠澤)	헤택
사례(謝禮)	사레	계집	게집
연몌(連袂)*	연메	핑계	핑게
폐품(廢品)	페품	계시다	게시다

※ 다음 말은 본음대로 적는다.

게송(偈頌)* 게시판(揭示板) 휴게실(休憩室)

'계, 례, 몌, 폐, 혜'의 이중 모음 'ㅖ'는 현실적으로 [게, 레, 메, 페, 헤]와 같이 단모음으로 발음되고 있다. 하지만 이들을 모두 현실 발음대로 적을 경우 이중 모음을 가진 어휘와 단모음을 가진 어휘들이 구별되지 않아 표기가 동일한 어휘들이 많이 늘어날 수 있으며, 이로 인해 독해의 효율성을 떨어뜨릴 수 있기 때문에 '계, 례, 몌, 폐, 혜'로 적도록 규정하고 있는 것이다. 다만, '게송, 게시판, 휴게실'의 경우 한자의 본음이 '게(偈)'이며 발음도 [게]로 나기 때문에 구별하여 적도록 규정하였다.

어휘풀이

- **게송(偈頌)** : 부처의 공덕이나 가르침을 찬탄하는 노래.
- **연몌(連袂)** : 나란히 서서 함께 가거나 옴. 행동을 같이 함을 뜻한다.

제9항 | '의' 나, 자음을 첫소리로 가지고 있는 음절의 'ㅢ' 는 'ㅣ' 로 소리 나는 경우가 있더라도 'ㅢ' 로 적는다. (ㄱ을 취하고 ㄴ을 버림.)

ㄱ	ㄴ	ㄱ	ㄴ
의의(意義)	의이	닁큼*	닝큼
본의(本意)	본이	띄어쓰기	띠어쓰기
무늬[紋]	무니	씌어	씨어
보늬*	보니	틔어	티어
오늬*	오니	희망(希望)	히망
하늬바람*	하니바람	희다	히다
늴리리*	닐리리	유희(遊戲)	유히

표준 발음법에서는 'ㅢ' 단모음화 현상을 인정하여 다양한 발음을 허용하고 있다. 하지만 'ㅢ' 가 단어의 첫음절에 오는 경우 '의자, 의도' 를 '이자, 이도' 로 적을 수 없듯이 분명한 변별적 자질을 가지고 있다. 따라서 단어의 첫음절에 쓰인 '의' 나 자음 뒤에 쓰인 '의' 는 관용에 따라 [의]로 발음하도록 규정한 것이다. 또한 우리말에서 'ㄴ' 은 'ㅣ(ㅑ, ㅕ, ㅛ, ㅠ)' 앞에 결합하면, 필연적으로 구개음화가 일어나는데 9항에서 예로 든 '무늬, 늴리리' 는 구개음화하지 않는 치경음을 첫소리로 가진 음절로 발음된다.

더 알고가기

다양한 'ㅢ'의 발음

표준 발음법 제5항 다만 3, 4에서는 ㉠ 자음을 첫소리로 가지고 있는 음절의 'ㅢ' 는 [ㅣ]로 발음하고, ㉡ 단어의 첫음절 이외의 'ㅢ' 는 [이]로, ㉢ 조사 'ㅢ' 는 [에]로 발음할 수 있다고 규정하였다. 예를 들어 '민주주의의 의의' 는 원음 그대로 발음하려고 하면 어렵고 오히려 어색해진다. 따라서 '민주주의의 의의' 를 [민주주이에 의이]로 발음할 수 있도록 허용한 것이다. 이를 정리해 보면 아래와 같다.

- **어말 '의' 발음** : [이]를 허용. 예 고의 [고이/고의], 저의 [저이/저의]
- **조사 '의' 발음** : [에]를 허용. 예 바람의 아들 [바람에 아들]

어휘풀이

- **늴리리** : 퉁소, 나발, 피리 따위 관악기의 소리를 흉내 낸 소리.
- **닁큼**: 머뭇거리지 않고 단번에 빨리.
- **보늬** : 밤이나 도토리 따위의 속껍질.
- **오늬** : 화살의 머리를 활시위에 끼도록 에어 낸 부분.
- **하늬바람** : 서풍.

더하기 예제

다음 밑줄 친 단어를 맞춤법에 맞게 고쳐 쓴 것으로 바르지 않은 것은?

① 사람은 모름지기 윤어른을 공경할 줄 알아야 한다. → 웃어른

② 선생님은 휴게실에서 쉬고 계셨다. → 휴계실

③ 동생과 페품을 팔아 과자를 사 먹었다. → 폐품

④ 급한 일이니 닝큼 다녀오도록 해라. → 닁큼

⑤ 푸른색이 들어가 산듯하게 느껴진다. → 산뜻하게

해설

① 'ㄷ' 소리로 나는 받침 중에서 'ㄷ'으로 적을 근거가 없는 것은 'ㅅ'으로 적어야 한다.
③ '계, 례, 몌, 폐, 혜'의 'ㅖ'는 'ㅔ'로 소리 나는 경우가 있더라도 'ㅖ'로 적는다. 따라서 '폐품'이 맞춤법에 맞는 표기이다.
④ 'ㅢ'나, 자음을 첫소리로 가지고 있는 음절의 'ㅢ'는 'ㅣ'로 소리 나는 경우가 있더라도 'ㅢ'로 적는다.
⑤ 한 단어 안에서 뚜렷한 까닭 없이 나는 된소리는 다음 음절의 첫소리를 된소리로 적는다.

정답 ❷

제5절 두음법칙

제10항 | **한자음 '녀, 뇨, 뉴, 니'가 단어 첫머리에 올 적에는 두음법칙에 따라 '여, 요, 유, 이'로 적는다. (ㄱ을 취하고 ㄴ을 버림.)**

ㄱ	ㄴ	ㄱ	ㄴ
여자(女子)	녀자	유대(紐帶)	뉴대
연세(年歲)	년세	이토(泥土)	니토

※ 다음과 같은 의존명사에서는 '냐, 녀' 음을 인정한다.

냥(兩)　냥쭝(兩-)　년(年)(몇 년)

- **붙임 1** : 단어의 첫머리 이외의 경우에는 본음대로 적는다.

  남녀(男女)　당뇨(糖尿)　결뉴(結紐)　은닉(隱匿)

- **붙임 2** : 접두사처럼 쓰이는 한자가 붙어서 된 말이나 합성어에서, 뒷말의 첫소리가 'ㄴ' 소리로 나더라도 두음법칙에 따라 적는다.

  신여성(新女性)　공염불(空念佛)　남존여비(男尊女卑)

- **붙임 3** : 둘 이상의 단어로 이루어진 고유명사를 붙여 쓰는 경우에도 붙임 2에 준하여 적는다.

  한국여자대학　대한요소비료회사

10항은 두음법칙에 관한 규정으로 본음상 'ㄴ'을 첫소리로 가지고 있는 한자어가 단어의 첫음절에 올 때 이를 'ㅇ'으로 바꾸어 발음한다는 내용이다. 이 규정에서 유의해야 할 것은 '두음법칙'은 말 그대로 첫음절에서만 일어나므로 둘째 음절 이하에서는 적용되지 않는다는 것이다. 예를 들어 '女'의 경우, 첫음절에 올 때에는, '여자(女子)'라고 쓸 수 있지만 둘째 음절 이하에 올 때는 '남여(男女)'로 쓸 수 없고 '남녀(男女)'로 써야 한다는 것이다.

다만, 'ㄴ'으로 시작하는 의존명사는 그 성격상 독립적으로 쓰이는 경우가 거의 없으므로 첫음절로 보기 어렵다는 인식 때문에 '냐, 녀'를 인정하고 있다. 이와 달리 '붙임 2'와 '붙임 3'에서는 둘 이상의 단어가 결합하는 경우, 그 단어들이 독립된 단어로 쓰일 수 있다면 두음법칙을 적용하도록 규정하고 있다. 가령 '설립'과 '연도'가 결합할 경우 '설립'과 '연도'를 독립된 의미로 볼 수 있으므로 둘째 음절 이하라도 '설립연도'로 적어야 하는 것이다.

제11항 | 한자음 '랴, 려, 례, 료, 류, 리'가 단어의 첫머리에 올 적에는 두음법칙에 따라 '야, 여, 예, 요, 유, 이'로 적는다. (ㄱ을 취하고 ㄴ을 버림.)

ㄱ	ㄴ	ㄱ	ㄴ
양심(良心)	량심	용궁(龍宮)	룡궁
역사(歷史)	력사	유행(流行)	류행
예의(禮儀)	례의	이발(理髮)	리발

※ 다음과 같은 의존명사는 본음대로 적는다.

리(里) : 몇 리냐?

리(理) : 그럴 리가 없다.

- **붙임 1** : 단어의 첫머리 이외의 경우에는 본음대로 적는다.

개량(改良)	선량(善良)	수력(水力)	협력(協力)
사례(謝禮)	혼례(婚禮)	와룡(臥龍)	쌍룡(雙龍)
하류(下流)	급류(急流)	도리(道理)	진리(眞理)

※ 모음이나 'ㄴ' 받침 뒤에 이어지는 '렬', '률'은 '열', '율'로 적는다. (ㄱ을 취하고 ㄴ을 버림.)

ㄱ	ㄴ	ㄱ	ㄴ
나열(羅列)	나렬	분열(分裂)	분렬
치열(齒列)	치렬	선열(先烈)	선렬
비열(卑劣)	비렬	진열(陳列)	진렬
규율(規律)	규률	선율(旋律)	선률
비율(比率)	비률	전율(戰慄)	전률
실패율(失敗率)	실패률	백분율(百分率)	백분률

- **붙임 2** : 외자로 된 이름을 성에 붙여 쓸 경우에도 본음대로 적을 수 있다.

신립(申砬)	최린(崔麟)	채륜(蔡倫)	하륜(河崙)

- **붙임 3** : 준말에서 본음으로 소리 나는 것은 본음대로 적는다.

국련(국제연합)	대한교련(대한교육연합회)

- **붙임 4** : 접두사처럼 쓰이는 한자가 붙어서 된 말이나 합성어에서 뒷말의 첫소리가 'ㄴ' 또는 'ㄹ' 소리가 나더라도 두음법칙에 따라 적는다.

역이용(逆利用)	연이율(年利率)	열역학(熱力學)	해외여행(海外旅行)

- **붙임 5** : 둘 이상의 단어로 이루어진 고유명사를 붙여 쓰는 경우나 십진법에 따라 쓰는 수(數)도 붙임 4에 준하여 적는다.

서울여관	신흥이발관	육천육백육십육(六千六百六十六)

11항 역시 본음상 'ㄹ'을 첫소리로 가진 경우 두음법칙을 적용한다는 규정으로 10항의 내용과 크게 다르지 않다. 다만 '렬/열', '률/율'의 구분에는 유의할 필요가 있다.

더 알고가기

주의해야 할 '량(量)'의 표기

두음법칙에서 유의할 것 중의 하나가 '량(量)'의 표기이다. '량(量)'은 결합하는 단어의 성격에 따라 표기가 달라지기 때문이다. 우선 고유어나 외래어와 결합할 때는 한자어인 '량(量)'을 독립된 하나의 단어로 볼 수 있기 때문에 두음법칙을 적용하여 '구름양', '몰핀양'과 같이 '양'으로 적는다. 하지만 한자어와 결합할 때는 '량(量)'이 마치 접미사처럼 쓰여 독립된 단어로 보는데 어려움이 있으므로 '원자량(原子量)'과 같이 두음법칙을 적용하지 않고 '량'으로 적는다.

제12항 | **한자음 '라, 래, 로, 뢰, 루, 르'가 단어의 첫머리에 올 적에는 두음법칙에 따라 '나, 내, 노, 뇌, 누, 느'로 적는다. (ㄱ을 취하고 ㄴ을 버림).**

ㄱ	ㄴ	ㄱ	ㄴ
낙원(樂園)	락원	뇌성(雷聲)	뢰성
내일(來日)	래일	누각(樓閣)	루각
노인(老人)	로인	능묘(陵墓)	릉묘

- **붙임 1** : 단어의 첫머리 이외의 경우는 본음대로 적는다.

쾌락(快樂)	극락(極樂)	거래(去來)	왕래(往來)
부로(父老)	연로(年老)	지뢰(地雷)	낙뢰(落雷)
고루(高樓)	광한루(廣寒樓)	동구릉(東九陵)	가정란(家庭欄)

- **붙임 2** : 접두사처럼 쓰이는 한자가 붙어서 된 단어는 뒷말을 두음법칙에 따라 적는다.
  내내월(來來月) 상노인(上老人) 중노동(重勞動) 비논리적(非論理的)

더 알고가기

릉(陵)과 란(欄)

두음법칙은 단어의 첫음절에만 적용이 되므로, 둘째 음절 이하에서는 본음대로 적는다. '왕릉(王陵), 정릉(貞陵), 독자란(讀者欄), 비고란(備考欄)' 등에서 쓰이는 '릉(陵)'과 '란(欄)'은 한 음절로 된 한자어 형태소로, 한자어 뒤에 결합할 때에는 통상 하나의 단어로 인식되지 않기 때문에 본음대로 적기로 한 것이다. 따라서 [왕능], [정능], [독자난], [비고난]으로 읽거나 표기해서는 안 된다.

더하기 예제

다음 중 맞춤법에 맞는 단어를 찾아 바르게 묶은 것은?

㉠ 쌍룡 ㉡ 확율 ㉢ 환율
㉣ 열력학 ㉤ 광한루 ㉥ 닐리리

① ㉠, ㉢, ㉤
② ㉠, ㉢, ㉥
③ ㉠, ㉣, ㉥
④ ㉡, ㉢, ㉣
⑤ ㉡, ㉤, ㉥

해설

㉡, ㉣, ㉥은 틀린 표기이고, ㉠, ㉢, ㉤은 맞는 표기이다.
- ㉡ : 'ㄴ' 받침 뒤나 모음 뒤의 '렬/률'은 '열/율'로 적고, 그 외에는 '렬/률'로 적어야 하므로 '확률'이 맞는 표기이다.
- ㉣ : 접두사처럼 쓰이는 한자가 붙어서 된 말이나 합성어에서 뒷말의 첫소리가 'ㄴ' 또는 'ㄹ' 소리가 나더라도 두음법칙에 따라 적어야 하므로 '역학'이 바른 표기이다.
- ㉥ : '의'나, 자음을 첫소리로 가지고 있는 음절의 'ㅢ'는 'ㅣ'로 소리 나는 경우가 있더라도 'ㅢ'로 적어야 하기 때문에 '늴리리'가 맞는 표기이다.

정답 ①

제6절 겹쳐 나는 소리

제13항 | 한 단어 안에서 같은 음절이나 비슷한 음절이 겹쳐 나는 부분은 같은 글자로 적는다. (ㄱ을 취하고 ㄴ을 버림.)

ㄱ	ㄴ	ㄱ	ㄴ
딱딱	딱닥	꼿꼿하다	꼿곳하다
쌕쌕	쌕색	놀놀하다	놀롤하다
씩씩	씩식	눅눅하다	눙눅하다
똑딱똑딱	똑닥똑닥	밋밋하다	민밋하다
쓱싹쓱싹	쓱삭쓱삭	싹싹하다	싹삭하다
연연불망(戀戀不忘)	연련불망	쌉쌀하다	쌉살하다
유유상종(類類相從)	유류상종	씁쓸하다	씁슬하다
누누이(屢屢-)	누루이	짭짤하다	짭잘하다

13항은 비슷한 음절이 겹쳐나는 경우 같은 형태로 적도록 규정함으로써 독해의 효율을 높이도록 한 규정이다. 가령 '쌕쌕'과 '쌕색'이 발음상 같다 하더라도 이는 사실상 같은 음절이 겹쳐나는 것으로 볼 수 있으므로 '쌕쌕'이라고 적는 것이 의미 파악에 효과적이다. 주의할 것은 '연연불망, 유유상종, 누누이'는 11항과 12항에 규정된 두음법칙과는 모순되는 표기라는 점이다. 이는 이들의 실제 발음이 '연년불망, 유류상종, 누루이'가 아니라 '연연불망, 유유상종, 누누이'로 난다는 것에서 실제 발음에 따라 적도록 한 것이다. 반면 '열렬하다'는 같은 글자로 적을 수 없는데 이는 실제 발음이 '열렬'이기 때문이며, '늠름하다'의 경우 발음이 '늠늠'으로 나더라도 음운동화에 따라 뒤의 'ㄹ'이 'ㄴ'으로 바뀐 것이기 때문에 역시 같은 글자로 적을 수 없다.

제4장 형태에 관한 것

제2절 어간과 어미

제15항 | 용언의 어간과 어미는 구별하여 적는다.

- **붙임 1** : 두 개의 용언이 어울려 한 개의 용언이 될 적에, 앞말의 본뜻이 유지되고 있는 것은 그 원형을 밝히어 적고, 그 본뜻에서 멀어진 것은 밝히어 적지 아니한다.

(1) 앞말의 본뜻이 유지되고 있는 것

넘어지다	늘어나다	늘어지다	돌아가다
되짚어가다	들어가다	떨어지다	벌어지다
엎어지다	접어들다	틀어지다	흩어지다

(2) **본뜻에서 멀어진 것**

드러나다 사라지다 쓰러지다

- **붙임 2** : 종결형에서 사용되는 어미 '-오'는 '요'로 소리 나는 경우가 있더라도 그 원형을 밝혀 '오'로 적는다. (ㄱ을 취하고 ㄴ을 버림.)

ㄱ	ㄴ
이것은 책이오.	이것은 책이요.
이리로 오시오.	이리로 오시요.
이것은 책이 아니오.	이것은 책이 아니요.

- **붙임 3** : 연결형에서 사용되는 '이요'는 '이요'로 적는다. (ㄱ을 취하고 ㄴ을 버림.)

ㄱ	ㄴ
이것은 책이요, 저것은 붓이요, 또 저것은 먹이다.	이것은 책이오, 저것은 붓이오, 또 저것은 먹이다.

15항에서는 용언의 어간과 어미를 구별하여 적도록 규정하고 있다. 어간은 의미를 가진 실질형태소이고, 어미는 문법적 관계를 나타내는 형식형태소이므로 이 둘을 구별하여 적는 것이 단어의 의미나 문법적 성격을 보다 명확히 할 수 있기 때문이다. 그러나 (2)와 같은 경우에는 이미 본뜻에서 멀어져 어간과 어미를 구별하더라도 의미 파악에 도움을 줄 수 없으므로 소리 나는 대로 적도록 규정하고 있다. '붙임 2'와 '붙임 3'에서는 종결형에서는 '오'로, 연결형에서는 '요'로 적도록 규정하고 있으므로 유의해야 한다.

더 알고가기

상대높임법(해요체)에서의 '요'

우리말에서 '했어요', '보여요' 등과 같은 상대높임법(해요체)에 사용되는 '요'는 종결어미가 아니라 조사이다. 가령 '했어요'의 경우, '요'를 제외하고 '했어'(해체)만으로도 독립적인 의미를 가지기 때문에 뒤에 결합된 '요'를 어미로 볼 수 없다. 따라서 상대높임법(해요체)에 사용된 '요'는 종결어미 뒤에 붙는 조사로 보아야 한다.

>>> 짚어보기 용언의 어간과 어미

- 어간 : 용언에서 실질적 의미를 지닌 부분(실질형태소).
- 어미 : 용언에서 문법적 의미를 지녔으며, 활용하여 변하는 부분(형식형태소).

예 가(어간) + 다(어미) → 가다

제18항 | 다음과 같은 용언들은 어미가 바뀔 경우, 그 어간이나 어미가 원칙에 벗어나면 벗어나는 대로 적는다.

1. 어간의 끝 'ㄹ'이 줄어질 적

갈다	가니	간	갑니다	가시다	가오
놀다	노니	논	놉니다	노시다	노오
불다	부니	분	붑니다	부시다	부오
둥글다	둥그니	둥근	둥급니다	둥그시다	둥그오
어질다	어지니	어진	어집니다	어지시다	어지오

• **붙임** : 다음과 같은 말에서도 'ㄹ'이 준 대로 적는다.

마지못하다	마지않다	(하)다마다	(하)자마자	(하)지 마라	(하)지 마(아)

2. 어간의 끝 'ㅅ'이 줄어질 적

긋다	그어	그으니	그었다
낫다	나아	나으니	나았다
잇다	이어	이으니	이었다
짓다	지어	지으니	지었다

3. 어간의 끝 'ㅎ'이 줄어질 적

그렇다	그러니	그럴	그러면	그러오
까맣다	까마니	까말	까마면	까마오
동그랗다	동그라니	동그랄	동그라면	동그라오
퍼렇다	퍼러니	퍼럴	퍼러면	퍼러오
하얗다	하야니	하얄	하야면	하야오

4. 어간의 끝 'ㅜ, ㅡ'가 줄어질 적

푸다	퍼	펐다
뜨다	떠	떴다
끄다	꺼	껐다
크다	커	컸다
담그다	담가	담갔다
고프다	고파	고팠다
따르다	따라	따랐다
바쁘다	바빠	바빴다

5. 어간의 끝 'ㄷ'이 'ㄹ'로 바뀔 적

걷다[步]	걸어	걸으니	걸었다
듣다[聽]	들어	들으니	들었다
묻다[問]	물어	물으니	물었다
싣다[載]	실어	실으니	실었다

6. 어간의 끝 'ㅂ'이 'ㅜ'로 바뀔 적

깁다	기워	기우니	기웠다
굽다[炙]	구워	구우니	구웠다
가깝다	가까워	가까우니	가까웠다
괴롭다	괴로워	괴로우니	괴로웠다
맵다	매워	매우니	매웠다
무겁다	무거워	무거우니	무거웠다
밉다	미워	미우니	미웠다
쉽다	쉬워	쉬우니	쉬웠다

※ '돕-, 곱-'과 같은 단음절 어간에 어미 '-아'가 결합되어 '와'로 소리 나는 것은 '-와'로 적는다.

돕다[助]	도와	도와서	도와도	도왔다
곱다[麗]	고와	고와서	고와도	고왔다

7. '하다'의 활용에서 어미 '-아'가 '-여'로 바뀔 적

하다	하여	하여서	하여도	하여라	하였다

8. 어간의 끝음절 '르' 뒤에 오는 어미 '-어'가 '-러'로 바뀔 적

이르다[至]	이르러	이르렀다
노르다	노르러	노르렀다
누르다	누르러	누르렀다
푸르다	푸르러	푸르렀다

9. 어간의 끝음절 '르'의 'ㅡ'가 줄고, 그 뒤에 오는 어미 '-아/-어'가 '-라/-러'로 바뀔 적

가르다	갈라	갈랐다
부르다	불러	불렀다
거르다	걸러	걸렀다
오르다	올라	올랐다
구르다	굴러	굴렀다
이르다	일러	일렀다
벼르다	별러	별렀다

제3절 접미사가 붙어서 된 말

제19항 | 어간에 '-이'나 '-음/-ㅁ'이 붙어서 명사로 된 것과 '-이'나 '-히'가 붙어서 부사로 된 것은 그 어간의 원형을 밝히어 적는다.

1. '-이'가 붙어서 명사로 된 것

길이	깊이	높이	다듬이
땀받이	달맞이	먹이	미닫이
벌이	벼훑이	살림살이	쇠붙이

2. '-음/-ㅁ'이 붙어서 명사로 된 것

걸음	묶음	믿음	얼음
엮음	울음	웃음	졸음
죽음	앎	만듦	

3. '-이'가 붙어서 부사로 된 것

같이	굳이	길이	높이
많이	실없이	좋이	짓궂이

4. '-히'가 붙어서 부사로 된 것

밝히	익히	작히

※ 어간에 '-이'나 '-음'이 붙어서 명사로 바뀐 것이라도 그 어간의 뜻과 멀어진 것은 그 원형을 밝히어 적지 아니한다.

굽도리*	다리[髢]*	목거리(목병)	무녀리
코끼리	거름[비료]	고름[膿]	노름(도박)

- **붙임** : 어간에 '-이'나 '음' 이외의 모음으로 시작된 접미사가 붙어서 다른 품사로 바뀐 것은 그 어간의 원형을 밝히어 적지 아니한다.

(1) **명사로 바뀐 것**

귀머거리	까마귀	너머	뜨더귀*
마감	마개	마중	무덤
비렁뱅이	쓰레기	올가미	주검

(2) **부사로 바뀐 것**

거뭇거뭇	너무	도로	뜨덤뜨덤
바투	불긋불긋	비로소	오긋오긋*
자주	차마		

(3) 조사로 바뀌어 뜻이 달라진 것

나마　　　　부터　　　　조차

'-이' 나 '-음/-ㅁ' 이 붙어서 명사로 파생되거나 '-이' 나 '-히' 가 붙어서 부사로 파생되는 것은 파생의 일반적인 방법이다. 이러한 일반적인 파생은 비교적 규칙적으로 결합하며 특히 '-이'와 '-음'이 붙어 파생된 명사형은 본디 어간 형태소의 뜻이 그대로 유지된다. 따라서 소리와 표기가 다르더라도 이를 쉽게 인식할 수 있으며 표기에 큰 어려움을 겪지 않는다.

하지만 '-이' 나 '-음' 이외의 접미사가 붙은 경우는 일반적인 접미사가 아니기 때문에 쉽게 그 원형을 유추하기 어렵다. 따라서 '-이' 나 '-음' 이외의 접미사가 붙어서 파생된 단어는 소리 나는 대로 적도록 규정하고 있는 것이다. 또한 '-이' 나 '-음' 이 붙어서 명사로 바뀐 것이라도 원뜻에서 멀어진 경우 소리 나는 대로 적도록 하고 있는데, 이는 원뜻에서 멀어진 경우 원형을 밝혀 적더라도 독해의 효율을 높일 수 없기 때문이다.

한편 조사로 바뀌어 뜻이 달라진 것은 각각 '남다, 붙다, 좇다' 의 부사형 '남아, 붙어, 좇아' 가 허사화한 것이다. 이는 형식 형태소인 조사이므로 소리 나는 대로 적으며 '마저(← 마자 ← 맞아)' 도 이에 해당된다.

어휘풀이

- **굽도리** : 방 안 벽의 밑부분.
- **다리(髢)** : 예전에 여자들의 머리숱이 많아 보이라고 덧넣었던 딴머리.
- **뜨더귀** : 조각조각으로 뜯어내거나 가리가리 찢어 내는 짓 또는 그 조각.
- **오긋오긋** : 여럿이 다 안으로 조금 오그라진 듯한 모양.

더 알고가기

명사형과 파생명사의 구분

용언의 서술성을 잃어버리게 되면 파생명사가 되고 그렇지 않으면 명사형이 된다.

- **명사형** : 용언이 명사와 같은 구실을 하게 하는 활용형으로, 용언의 어근에 명사형 어미 '-ㅁ', '-음', '-기' 가 붙어 형성된다.
- **파생명사** : 용언의 파생접사 또는 접미사 '-ㅁ', '-이', '-기' 등이 붙어서 형성된다.

ⓐ 깊은 잠을 자고 나니 피로가 풀렸다. (파생명사)

ⓑ 깊이 잠으로써 피로가 풀렸다. (명사형)

→ ⓐ에서의 '잠' 은 서술어의 기능이 없고 관형어의 수식을 받으므로 파생명사이다. 그에 비해 ⓑ에서의 '잠' 은 서술어의 기능이 있고 부사어의 수식을 받으므로 명사형이다.

더하기 예제

다음 중 맞춤법에 어긋난 표기가 있는 것은?

① 철수는 급히 뛰어가다 넘어졌다.

② 어디서 떨어져 나왔는지 쇠붙이 하나가 뒹굴고 있었다.

③ 창문 넘어로 푸른 들판이 보였다.

④ 그는 투전판을 전전하며 노름을 하느라고 날이 새는 줄도 몰랐다.

⑤ 올바른 앎이 우리의 삶을 건강하게 만든다.

해설

어간에 '-이'나 '음' 이외의 모음으로 시작된 접미사가 붙어서 다른 품사로 바뀐 것은 그 어간의 원형을 밝히어 적지 아니한다. '너머'는 '넘+어'로 분석되므로 원형을 밝혀 적지 않고 '너머'로 표기해야 한다.

정답 ❸

제20항 | **명사 뒤에 '-이'가 붙어서 된 말은 그 명사의 원형을 밝히어 적는다.**

1. 부사로 된 것

곳곳이	낱낱이	몫몫이	샅샅이
앞앞이	집집이		

2. 명사로 된 것

곰배팔이	바둑이	삼발이	애꾸눈이
육손이	절뚝발이/절름발이		

• **붙임 :** '-이' 이외의 모음으로 시작된 접미사가 붙어서 된 말은 그 명사의 원형을 밝히어 적지 아니한다.

꼬락서니	끄트머리	모가치*	바가지
바깥	사타구니	싸라기*	이파리
지붕	지푸라기	짜개*	

명사 뒤에 붙어서 부사나 명사로 파생시키는 접미사 '-이'는 널리 쓰이고 있으며 언중들 역시 일반적으로 의식하고 있으므로 원형을 밝혀 적어 의미나 문법적 관계를 명확히 하는 것이 합리적인 방법이다. 하지만 '-이' 이외의 일반적으로 널리 쓰이지 않는 접미사들, 즉 쓰임이 한정적인 접미사들은 원형을 밝히지 않고 소리 나는 대로 쓰도록 규정하였다. 한편 '모가치'와 같이 '-아치'가 붙어서 된 '벼슬아치', '반빗아치'는 벼슬, 반빗의 형태를 언중들이 분명하게 인식하고 있기 때문에 예외적으로 적는다.

어휘풀이

- **모가치** : 몫으로 돌아오는 물건.
- **싸라기** : 부스러진 쌀알.
- **짜개** : 콩이나 팥 따위를 둘로 쪼갠 것의 한 쪽.

제21항 | **명사나 혹은 용언의 어간 뒤에 자음으로 시작된 접미사가 붙어서 된 말은 그 명사나 어간의 원형을 밝히어 적는다.**

1. 명사 뒤에 자음으로 시작된 접미사가 붙어서 된 것

값지다	홑지다*	넋두리	빛깔
옆댕이*	잎사귀		

2. 어간 뒤에 자음으로 시작된 접미사가 붙어서 된 것

낚시	늙정이*	덮개	뜯게질
갉작갉작하다	갉작거리다	뜯적거리다	뜯적뜯적하다
굵다랗다	굵직하다	깊숙하다	넓적하다
높다랗다	늙수그레하다	얽죽얽죽하다*	

※ 다음과 같은 말은 소리대로 적는다.

(1) 겹받침의 끝소리가 드러나지 아니하는 것

할짝거리다*	널따랗다	널찍하다	말끔하다
말쑥하다	말짱하다	실쭉하다*	실큼하다
얄따랗다	얄팍하다	짤따랗다	짤막하다

(2) 어원이 분명하지 아니하거나 본뜻에서 멀어진 것

넙치	올무*	골막하다*	납작하다

명사나 용언의 어간 뒤에 자음으로 시작된 접미사가 붙을 경우 자음으로 시작하기 때문에 연음이 되지 않으며 자음의 발음이 분명히 나타난다. 따라서 이런 경우 원형을 밝혀 적는 것이 합리적이다.
한편 '핥다', '넓다', '맑다', '싫다', '얇다', '짧다' 등의 경우 접미사와 결합할 때 겹받침의 마지막 자음은 발음되지 않는다. 이런 경우 발음 되지 않는 자음을 굳이 표기에 반영할 필요는 없다고 판단하여 소리 나는 대로 쓰도록 규정한 것이다.

어휘풀이

- **골막하다** : 담긴 것이 가득 차지 아니하고 조금 모자란 듯하다.
- **늙정이** : '늙은이'를 속되게 이르는 말.
- **실쭉하다** : 1. 어떤 감정을 나타내면서 입이나 눈이 한쪽으로 약간 실그러지게 움직이다. 또는 그렇게 되게 하다. 2. 마음에 차지 아니하여서 약간 고까워하는 태도를 드러내다.
- **얽죽얽죽하다** : 얼굴에 잘고 굵은 것이 섞이어 깊게 얽은 자국이 많다.
- **옆댕이** : '옆'을 속되게 이르는 말.
- **올무** : 1. 새나 짐승을 잡기 위하여 만든 올가미. 2. 제철보다 일찍 되는 무.
- **할짝거리다** : 혀끝으로 잇따라 조금씩 가볍게 핥다.
- **홑지다** : 1. 복잡하지 않고 단순하다. 2. 성격이 옹졸한 데가 있다.

더 알고가기

'뜯게질'과 '뜨개질'

'뜯게질'은 낡거나 해져서 입지 못하게 된 옷이나 빨래할 옷의 솔기를 뜯어내는 일을 의미한다. 반면 '뜨개질'은 실이나 털실 따위로 옷이나 장갑, 목도리 등을 떠서 만드는 일을 의미한다. 따라서 이 두 단어를 구별해서 적어야 한다. 특히 '뜯게질'은 'ㅔ'를 사용하고 '뜨개질'은 'ㅐ'를 사용한다는 것도 유의해야 한다.

더하기 예제

다음 중 맞춤법에 맞는 것끼리 바르게 묶인 것은?

㉠ 끝으머리	㉡ 이파리	㉢ 지푸라기
㉣ 잎사귀	㉤ 낙시	㉥ 덥개

① ㉠, ㉡, ㉥
② ㉠, ㉢, ㉤
③ ㉡, ㉢, ㉣
④ ㉡, ㉣, ㉥
⑤ ㉢, ㉣, ㉤

해설

'-이' 이외의 모음으로 시작된 접미사가 붙어서 된 말은 그 명사의 원형을 밝혀 적지 않는다. 따라서 ㉠은 '끄트머리'와 같이 표기해야 한다. 한편 어간 뒤에 자음으로 시작된 접미사가 붙어서 된 것은 원형을 밝혀 적어야 한다. 따라서 ㉤과 ㉥은 각각 '낚다', '덮다'의 원형을 밝혀 ㉤은 '낚시', ㉥은 '덮개'와 같이 표기해야 한다.

정답 ❸

제22항 | 용언의 어간에 다음과 같은 접미사들이 붙어서 이루어진 말들은 그 어간을 밝히어 적는다.

1. '-기-, -리-, -이-, -히-, -구-, -우-, -추-, -으키-, -이키-, -애-'가 붙는 것

맡기다	옮기다	웃기다	쫓기다
뚫리다	울리다	낚이다	쌓이다
핥이다	굳히다	굽히다	넓히다
앉히다	얽히다	잡히다	돋구다*
솟구다	돋우다*	갖추다	곧추다
맞추다	일으키다	돌이키다	없애다

※ '-이-, -히-, -우-'가 붙어서 된 말이라도 본뜻에서 멀어진 것은 소리대로 적는다.

도리다(칼로~)	드리다(용돈을~)	고치다	바치다(세금을~)
부치다(편지를~)	거두다	미루다	이루다

2. '-치-, -뜨리-, -트리-'가 붙는 것

놓치다	덮치다	떠받치다	받치다
밭치다	부딪치다	뻗치다	엎치다
부딪뜨리다/부딪트리다	쏟뜨리다/쏟트리다	젖뜨리다/젖트리다	찢뜨리다/찢트리다
흩뜨리다/흩트리다			

- **붙임** : '-업-, -읍-, -브-'가 붙어서 된 말은 소리대로 적는다.

미덥다	우습다	미쁘다

용언의 어간에 1과 같은 접미사들이 붙을 경우 사동사나 피동사가 된다. 사동사와 피동사는 원동사의 의미와 밀접한 관계가 있으며, 원형을 밝혀 적을 경우 단어의 문법적 특성이 분명히 드러나므로 원형을 밝혀 적는 것이 합리적이다. 반면 '도리다'와 같이 원뜻에서 멀어진 단어들은 굳이 원형을 밝혀 적을 필요가 없으므로 소리 나는 대로 적도록 규정하였다.

한편 2에 제시된 접미사들은 문법적 성격을 지닌 것은 아니지만 의미를 강조하는 접미사로써 비교적 생산적으로 사용되고 있으므로 1과 같이 원형을 밝혀 적는 것을 합리적으로 볼 수 있다. 그러나 '-업-, -읍-, -브-'와 같은 접미사가 붙는 말들은 어간을 구분하기가 어렵기 때문에 소리 나는 대로 적도록 규정하고 있다.

어휘풀이

- **돋구다** : 안경의 도수 따위를 더 높게 하다.
- **돋우다** : 1. 위로 끌어 올려 도드라지거나 높아지게 하다. 2. 밑을 괴거나 쌓아올려 도드라지거나 높아지게 하다.

2주

더 알고가기

'깨뜨리다'와 '깨트리다'

현행 표준어규정에서는 '깨뜨리다'와 '깨트리다'를 모두 표준어로 인정하고 있다(복수표준어). 따라서 어느 쪽으로 써도 무방하다.

제23항 | **'-하다'나 '-거리다'가 붙는 어근에 '-이'가 붙어서 명사가 된 것은 그 원형을 밝히어 적는다. (ㄱ을 취하고, ㄴ을 버림.)**

ㄱ	ㄴ	ㄱ	ㄴ
깔쭉이*	깔쭈기	살살이	살사리
꿀꿀이	꿀꾸리	쌕쌕이	쌕쌔기
눈깜짝이	눈깜짜기	오뚝이	오뚜기
더펄이*	더퍼리	코납작이	코납자기
배불뚝이	배불뚜기	푸석이*	푸서기
삐죽이	삐주기	홀쭉이	홀쭈기

- **붙임** : '-하다'나 '-거리다'가 붙을 수 없는 어근에 '-이'나 또는 다른 모음으로 시작되는 접미사가 붙어서 명사가 된 것은 그 원형을 밝히어 적지 아니한다.

개구리	귀뚜라미	기러기	깍두기
꽹과리	날라리	누더기	동그라미
두드러기	딱따구리	매미	부스러기
뻐꾸기	얼루기	칼싹두기*	

'꿀꿀이', '오뚝이' 등은 원형을 밝혀 적음으로써 원형인 '꿀꿀하다', '오뚝하다'와의 의미적 연관을 쉽게 파악할 수 있다. 하지만 이를 일률적으로 적용할 경우 '개구리', '귀뚜라미' 등을 '개굴이', '귀뚤아미' 등으로 적어야 하는 문제가 발생한다. 따라서 이렇게 무리한 확대 적용을 막기 위한 기준으로 원형을 밝혀 적어야 할 것과 소리 나는 대로 적어야 할 것을 구별하였다. 즉, 이들 어근에 '-하다'나 '-거리다'가 붙을 수 있는가에 따라서 붙을 수 있는 것은 원형을 밝혀 적고, 그렇지 않은 것은 소리 나는 대로 적도록 규정하고 있다.

어휘풀이

- **깔쭉이** : 가장자리를 톱니처럼 깔쭉깔쭉하게 만든 주화(鑄貨)를 속되게 이르는 말.
- **더펄이** : 성미가 침착하지 못하고 덜렁대는 사람.
- **칼싹두기** : 메밀가루나 밀가루 반죽 따위를 방망이로 밀어서 굵직굵직하고 조각 지게 썰어서 끓인 음식.
- **푸석이** : 1. 거칠고 단단하지 못해 부스러지기 쉬운 물건. 2. 옹골차지 못하고 아주 무르게 생긴 사람을 놀림조로 이르는 말.

>>> 짚어보기 **원형을 밝혀 적는 경우와 그렇지 않은 경우**

㉠ 원형을 밝혀 적는 경우
- 어근 + 하다/거리다 : 가능함. • 어근 + '-이' → 명사 예 꿀꿀이, 배불뚝이, 홀쭉이 등

㉡ 원형을 밝혀 적지 않는 경우
- 어근 + 하다/거리다 : 불가능함. • 어근 + '-이' 나 다른 모음으로 시작되는 접미사 → 명사 예 딱따구리, 얼루기 등

제25항 | '-하다' 가 붙는 어근에 '-히' 나 '-이' 가 붙어서 부사가 되거나, 부사에 '-이' 가 붙어서 뜻을 더하는 경우에는 그 어근이나 부사의 원형을 밝히어 적는다

1. '-하다' 가 붙는 어근에 '-히' 나 '-이' 가 붙는 경우

급히 꾸준히 도저히 딱히

어렴풋이 깨끗이

- **붙임** : '-하다' 가 붙지 않는 경우에는 소리대로 적는다.

갑자기 반드시(꼭) 슬며시

2. 부사에 '-이' 가 붙어서 역시 부사가 되는 경우

곰곰이* 더욱이 생긋이 오뚝이

일찍이 해죽이*

25항에서 굳이 '-하다' 가 붙는 어근을 따로 규정한 것은 '-하다' 가 붙어서 용언이 된 경우 원형을 밝혀 적도록 하고 있기 때문이다. 즉, '-하다' 가 붙어서 용언이 되는 경우와 '-히', '-이' 가 붙어서 부사가 되는 경우의 통일성을 유지하기 위한 것이다. 가령, 예로 제시된 '딱하다'의 경우 '따카다'로 적지 않고 원형을 밝혀 적고 '-히' 가 붙는 '딱히' 역시 원형을 밝힘으로써 통일성을 유지하여 독해의 효율성을 높이고자 한 것이다. 부사에 '-이' 가 붙는 경우 또한 원래 부사의 원형을 밝혀 적음으로써 독해의 효율성을 높이도록 하였다.

어휘풀이

- **곰곰이** : 여러모로 깊이 생각하는 모양.
- **해죽이** : 만족스러운 듯이 귀엽게 살짝 한 번 웃는 모양.

더 알고가기

원형을 밝혀 적는 경우

- 어근에 '-하다'가 붙는 경우, 어근에 '-히'나 '-이'가 붙어 부사가 되는 경우 예 꾸준히
- 부사에 '-이'가 붙어 부사가 되는 경우 예 곰곰이

제26항 | '-하다' 나 '-없다' 가 붙어서 된 용언은 그 '-하다' 나 '-없다' 를 밝히어 적는다.

1. '-하다' 가 붙어서 용언이 된 것

딱하다　숱하다*　착하다　텁텁하다*　푹하다*

2. '-없다' 가 붙어서 용언이 된 것

부질없다　상없다*　시름없다　열없다*　하염없다

26항 역시 25항과 같이 표기의 통일성을 위한 규정이라고 볼 수 있다. '-하다' 나 '-없다' 가 붙어서 된 용언의 경우 이들이 붙는 어근의 원형을 밝혀 적는다고 해도 특별히 의미를 명확히 하거나 독해의 효율성을 가져다주는 것은 아니다. 하지만 관습적으로 '-하다' 와 '-없다'를 밝혀 적고 있기 때문에 원형을 밝혀 적기로 하였다.

어휘풀이

- **상없다** : 보통의 이치에서 벗어나 막되고 상스럽다.
- **숱하다** : 아주 많다.
- **열없다** : 1. 좀 겸연쩍고 부끄럽다. 2. 담이 작고 겁이 많다.
- **텁텁하다** : 1. 입안이 시원하거나 깨끗하지 못하다. 2. 눈이 흐릿하고 깨끗하지 못하다.
- **푹하다** : 겨울 날씨가 퍽 따뜻하다.

더하기 예제

다음 밑줄 친 단어가 맞춤법에 어긋난 것은?

① 그는 텅 빈 들판에 오뚝이 서 있었다.

② 공부는 꾸준히 해야 효과가 높다.

③ 무엇이 옳은 일인지 곰곰히 생각해 보자.

④ 나들이 갈 여유가 없다. 더욱이 날씨도 좋지 않다.

⑤ 그가 돌아왔을 때, 집안은 깨끗이 청소되어 있었다.

해설

부사에 '-이' 가 붙어서 뜻을 더하는 경우에는 그 어근이나 부사의 원형을 밝히어 적는다. '곰곰이' 는 부사 '곰곰' 에 접미사 '-이' 가 붙어서 부사가 된 경우이므로 '곰곰이' 로 적어야 한다.

정답 ❸

제4절 합성어 및 접두사가 붙은 말

제27항 | 둘 이상의 단어가 어울리거나 접두사가 붙어서 이루어진 말은 각각 그 원형을 밝히어 적는다.

국말이	꺾꽂이	꽃잎	끝장
물난리	밑천	부엌일	싫증
옷안	웃옷	젖몸살	첫아들
칼날	팥알	헛웃음	홀아비
홑몸	흙내		
값없다*	겉늙다	굶주리다	낮잡다
맞먹다	받내다*	벋놓다*	빗나가다
빛나다	새파랗다	샛노랗다	시꺼멓다
싯누렇다	엇나가다	엎누르다	엿듣다
옻오르다*	짓이기다	헛되다	

- **붙임 1** : 어원은 분명하나 소리만 특이하게 변한 것은 변한 대로 적는다.

할아버지	할아범

- **붙임 2** : 어원이 분명하지 아니한 것은 원형을 밝히어 적지 아니한다.

골병	골탕	끌탕*	며칠
아재비*	오라비	업신여기다	부리나케

- **붙임 3** : '이[齒, 虱]'가 합성어나 이에 준하는 말에서 '니' 또는 '리'로 소리 날 때에는 '니'로 적는다.

간니*	덧니	사랑니	송곳니
앞니	어금니	윗니	젖니
톱니	틀니	가랑니	머릿니

27항은 합성어와 파생어를 적을 때 그 원형을 밝혀 적음으로써 독해의 능률을 높이려는 것으로 볼 수 있다. 합성어와 파생어를 소리 나는 대로 적을 경우 결합된 각 단어의 의미가 파악이 되지 않아 독해의 능률을 떨어뜨릴 수 있다. 가령 '꺾꽂이'는 '꺾다'와 '꽂다'의 뜻을, '엎누르다'는 '엎다'와 '누르다'의 뜻을 드러나게 하기 위함이라 할 수 있다.

'붙임 1'에서는 소리만 특이하게 변한 경우 이를 설명할 수 있는 뚜렷한 음운법칙이 없으므로 소리 나는 대로 적도록 규정하고 있다.

한편 '붙임 2'와 같이 어원이 분명하지 않은 것들도 소리 나는 대로 적도록 규정하였다. 가령 '며칠'이 실질 형태소인 '몇'과 '일(日)'이 결합한 형태라면 [면닐]로 발음이 되어야 하는데, 실질적으로는 'ㅊ' 받침이 이어져 [며칠]로 발음이 된다. 이는 형식형태소의 접미사나 어미, 조사가 결합하는 방식과 마찬가지이다. 그 밖에 '오라비'도 접두사 '올-'과 '아비'로 분석되지 않으며, '부리나케' 또한 '불이 나게'에서 바뀐

것으로 볼 수도 있으나 [부리나케]로 발음되는 것을 설명할 수 없다. 따라서 이와 같이 어원이 분명하지 않은 단어들을 소리 나는 대로 적도록 규정한 것이다.

'붙임 3' 에서는 치아를 뜻하는 '이[齒]' 가 '니' 나 '리' 로 소리 날 때 '니' 로 적도록 하였다. 이는 '이' 의 형태 때문인데 '이' 가 주격 조사 '이' 와 혼동될 수 있기 때문이다.

어휘풀이

- **간니** : 젖니가 빠지고 나는 이.
- **값없다** : 1. 물건 따위가 너무 흔하여 가치가 별로 없다. 2. 물건이 값을 칠 수 없을 정도로 아주 귀하고 가치가 높다.
- **끌탕** : 속을 태우는 걱정.
- **받내다** : 몸을 움직이지 못하는 사람의 대소변 따위를 받아 처리하다.
- **번놓다** : 1. 다잡아 기르거나 가르치지 아니하고, 제멋대로 올바른 길에서 벗어나게 내버려 두다. 2. 잠을 자야 할 때에 자지 아니하고 그대로 지나가다.
- **아재비** : 아저씨의 낮춤말.
- **옻오르다** : 살갗에 옻의 독기가 오르다.

제28항 | **끝소리가 'ㄹ' 인 말과 딴 말이 어울릴 적에 'ㄹ' 소리가 나지 아니하는 것은 아니 나는 대로 적는다.**

다달이(달-달-이)	따님(딸-님)	마되(말-되)	마소(말-소)
무자위(물-자위)*	바느질(바늘-질)	부나비(불-나비)	부삽(불-삽)
부손(불-손)*	소나무(솔-나무)	싸전(쌀-전)*	여닫이(열-닫이)
우짖다(울-짖다)	화살(활-살)		

우리말에서 'ㄹ' 은 'ㄴ, ㄷ, ㅅ, ㅈ' 앞에서 탈락하는 경우가 많다. 이것은 이들 음운이 소리 나는 자리가 유사하여 'ㄹ' 이 제대로 발음되지 않기 때문이다. 따라서 이 'ㄹ' 을 굳이 밝혀 적음으로써 얻게 되는 뚜렷한 이익이 없다면 실제 발음에 충실하게 표기하는 것이 현실적이므로 'ㄹ' 을 밝혀 적지 않기로 정한 것이다.

어휘풀이

- **무자위** : 물을 높은 곳으로 퍼 올리는 기계 = 양수기.
- **부손** : 화로에 꽂아 두고 쓰는 작은 부삽.
- **싸전** : 쌀과 그 밖의 곡식을 파는 가게.

더 알고가기

한자 '불(不)'에서 'ㄹ'의 탈락

한자어 '불(不)' 역시 한글 맞춤법 28항과 유사한 적용을 받는다. '불발(不發), 불치하문(不恥下問), 불가(不可)' 등에서는 [불]로 발음되어 '불' 로 적지만, '부재(不在), 부도덕(不道德)' 과 같이 'ㄷ, ㅈ' 앞에서는 [부]로 발음되고 '부' 로 적는다.

제29항 | 끝소리가 'ㄹ'인 말과 딴 말이 어울릴 적에 'ㄹ' 소리가 'ㄷ' 소리로 나는 것은 'ㄷ'으로 적는다.

반짇고리(바느질~)	사흗날(사흘~)	삼짇날(삼질~)	섣달(설~)
숟가락(술~)	이튿날(이틀~)	잗주름(잘~)	푿소(풀~)*
섣부르다(설~)	잗다듬다(잘~)	잗다랗다(잘~)	

우리말에서 'ㄹ'과 'ㄷ'은 소리 나는 자리는 같고, 소리 내는 방법만 다르다. 이러한 음성적 유사성으로 인해 'ㄹ'과 'ㄷ'은 서로 넘나드는 경향이 있다. 물론 'ㄷ' 소리가 나는 것은 역사적 이유에서 보자면 'ㅅ'에서 온 것이지만 관습적으로 'ㄷ'으로 적어 왔고, 'ㄹ'과 'ㄷ'이 넘나드는 현상이 있으므로 이를 고려하여 'ㄷ'으로 적도록 규정한 것이다.

2주

어휘풀이

• **푿소** : 여름에 생풀만 먹고 사는 소.

더 알고가기

'숟가락'의 표기

밥의 양을 표현할 때, '한 술, 두 술'과 같이 표현한다. 하지만 '술'과 '가락'이 결합하는 경우 '숟가락'이 된다. 원래 음은 'ㄹ'이지만 'ㄷ'으로 소리 나므로 '숟'으로 적는 것이다.

더하기 예제

다음 중 밑줄 친 단어가 맞춤법에 어긋난 것은?

① 들판에는 이름 모를 꽃들이 <u>잔다랗게</u> 피어나고 있었다.
② 사람들이 광장으로 <u>부나비</u>처럼 모여들고 있었다.
③ 맹수들은 날카로운 <u>송곳니</u>를 가지고 있다.
④ 아버지께서는 <u>몇일</u> 동안 여행을 다녀오겠다고 하셨다.
⑤ 부장님은 전화를 받자마자 <u>부리나케</u> 사무실을 떠나셨다.

해설
둘 이상의 단어가 어울리거나 접두사가 붙어서 이루어진 말은 각각 그 원형을 밝히어 적는다. 다만 어원이 분명하지 않을 경우에는 소리 나는 대로 적어야 한다. '며칠'은 어원이 분명하지 않은 경우에 해당하므로 소리 나는 대로 '며칠'로 적어야 한다.

정답 ④

제30항 | 사이시옷은 다음과 같은 경우에 받치어 적는다.

1. 순 우리말로 된 합성어로서 앞말이 모음으로 끝난 경우

(1) 뒷말의 첫소리가 된소리로 나는 것

고랫재*	귓밥	나룻배	나뭇가지
냇가	댓가지	뒷갈망*	맷돌
머릿기름	모깃불	못자리	바닷가
뱃길	볏가리*	부싯돌	선짓국
쇳조각	아랫집	우렁잇속*	잇자국
잿더미	조갯살	찻집	쳇바퀴
킷값	핏대	햇볕	혓바늘

(2) 뒷말의 첫소리 'ㄴ, ㅁ' 앞에서 'ㄴ' 소리가 덧나는 것

멧나물	아랫니	텃마당	아랫마을
뒷머리	잇몸	깻묵	냇물

(3) 뒷말의 첫소리 모음 앞에서 'ㄴㄴ' 소리가 덧나는 것

도리깻열*	뒷윷*	두렛일*	뒷일
뒷입맛	베갯잇	욧잇	깻잎
나뭇잎	댓잎		

2. 순 우리말과 한자어로 된 합성어로서 앞말이 모음으로 끝난 경우

(1) 뒷말의 첫소리가 된소리로 나는 것

귓병	머릿방	뱃병	봇둑
사잣밥*	샛강	아랫방	자릿세
전셋집	찻잔	찻종지	촛국
콧병	탯줄	텃세	핏기

(2) 뒷말의 첫소리 'ㄴ, ㅁ' 앞에서 'ㄴ' 소리가 덧나는 것

곗날	제삿날	훗날	툇마루

(3) 뒷말의 첫소리 모음 앞에서 'ㄴㄴ' 소리가 덧나는 것

가욋일	사삿일	예삿일	훗일

3. 두 음절로 된 다음 한자어

곳간(庫間)	셋방(貰房)	숫자(數字)	찻간(車間)
툇간(退間)	횟수(回數)		

사잇소리현상은 합성어를 이룰 때 앞말의 끝소리가 울림소리(ㄴ, ㄹ, ㅁ, ㅇ)이고, 뒷말의 첫소리가 안울림 예사소리이면 뒤의 예사소리가 된소리로 변하는 현상을 말한다. 이러한 사잇소리현상을 표시하기 위해 앞말이 모음으로 끝날 때 'ㅅ'을 덧붙여 적는다. 사잇소리현상으로는 합성어일 때 뒷말의 첫소리가 된소리로 나는 경우, 앞말이 모음으로 끝나고 뒷말이 'ㄴ, ㅁ'으로 시작할 때 'ㄴ' 소리가 첨가되는 경우, 앞말의 음운과 상관없이 뒷말이 모음으로 시작될 때 'ㄴㄴ'이 첨가되는 경우가 있다. 여기서 주의해야 할 점은 'ㅅ'(사이시옷)이 붙어서 된소리가 되거나 'ㄴ' 또는 'ㄴㄴ'이 덧붙어 발음되는 것이 아니라 그 반대라는 것이다.

한편, 한자로 이루어진 합성어의 경우에는 사잇소리현상이 일어나더라도 사이시옷을 사용하지 않는 것이 원칙이다. 하지만 여섯 단어 '곳간(庫間), 셋방(貰房), 숫자(數字), 찻간(車間), 툇간(退間), 횟수(回數)'는 예외적으로 인정하고 있다. 이들 단어는 'ㅅ'을 적지 않으면 실제 발음과 멀어질 뿐만 아니라 다른 단어와 혼동될 가능성이 있어 예외로 인정한 것이다.

2주

어휘풀이

- **고랫재** : 방고래에 모여 쌓인 재.
- **도리깻열** : 도리깨의 한 부분. 곧고 가느다란 나뭇가지 두세 개로 만들며, 이 부분을 위아래로 돌리어 곡식을 두드려 낟알을 떤다.
- **두렛일** : 여러 사람이 두레를 짜서 함께 하는 농사일.
- **뒷갈망** : 일의 뒤끝을 맡아서 처리함 = 뒷감당.
- **뒷윷** : 윷판에서 뒷밭의 네 번째 자리.
- **볏가리** : 벼를 베어서 가려 놓거나 볏단을 차곡차곡 쌓은 더미.
- **사잣밥** : 초상난 집에서 죽은 사람의 넋을 부를 때 저승사자에게 대접하는 밥.
- **우렁잇속** : 내용이 복잡하여 헤아리기 어려운 일을 비유적으로 이르는 말.

>>> 짚어보기 사잇소리현상

㉠ **조건**

- 합성어일 것.
- 앞말의 끝소리가 유성음(모음이거나 'ㄴ, ㄹ, ㅁ, ㅇ')일 것.
- 뒷말의 첫소리가 된소리가 되거나 또는 뒷말에 'ㄴ' 또는 'ㄴㄴ'이 덧날 것.
- 합성이 되는 두 단어 중 적어도 하나는 고유어일 것.

※ 위의 조건을 만족시킬 때 앞말의 끝소리가 모음이면 사이시옷을 덧붙임.

㉡ **의미 분화** : 사잇소리현상은 필연적 규칙이 아니라 임의적(수의적) 규칙이므로 경우에 따라서 사잇소리현상이 일어나기도 하고 일어나지 않기도 한다. 이런 경우 사잇소리현상이 일어나는가 그렇지 않은가에 따라 의미가 분화되기도 하는데, 가령 '나무집'은 '나무로 만든 집'을 의미하지만, '나뭇집'은 '나무를 파는 집'을 의미한다. 또한 '고기배'는 '고기의 배(복부)'를 의미하지만 '고깃배'는 '고기 잡는 배'를 의미한다.

더하기 예제

다음 단어들 가운데 표기법에 어긋난 것끼리 묶인 것은?

㉠ 아랫니　　㉡ 깻잎　　㉢ 초불　　㉣ 전세집　　㉤ 숫자

① ㉠, ㉡　　② ㉠, ㉣

③ ㉡, ㉤　　④ ㉢, ㉣

⑤ ㉢, ㉤

해설

- ㉢ : '초'와 '불'의 합성어인 '촛불'은 [초뿔]과 같이 앞말의 끝소리가 유성음(모음)이고 뒷말의 첫소리가 된소리로 발음되며, '불'은 고유어이다. 따라서 사잇소리현상이 일어나므로 사이시옷을 받치어 '촛불'과 같이 적는 것이 옳은 표기이다.
- ㉣ : '전세집'은 한자어인 '전세'와 고유어인 '집'이 합쳐진 합성어로써 사잇소리현상이 일어날 수 있는 조건을 충족시키고 있으므로 '전셋집'과 같이 사이시옷을 받치어 적는 것이 옳은 표기이다.

정답 ❹

제31항 | 두 말이 어울릴 적에 'ㅂ' 소리나 'ㅎ' 소리가 덧나는 것은 소리대로 적는다.

1. 'ㅂ' 소리가 덧나는 것

댑싸리(대ㅂ싸리)	멥쌀(메ㅂ쌀)	볍씨(벼ㅂ씨)	입때(이ㅂ때)
입쌀(이ㅂ쌀)	접때(저ㅂ때)	좁쌀(조ㅂ쌀)	햅쌀(해ㅂ쌀)

2. 'ㅎ' 소리가 덧나는 것

머리카락(머리ㅎ가락)	살코기(살ㅎ고기)	수캐(수ㅎ개)	수컷(수ㅎ것)
수탉(수ㅎ닭)	안팎(안ㅎ밖)	암캐(암ㅎ개)	암컷(암ㅎ것)

31항에서 1의 'ㅂ' 소리는 중세 국어에서 'ᄡᅡ리', 'ᄡᆞᆯ', 'ᄡᅵ', 'ᄣᅢ'로 표기되던 단어들이 변화를 겪으면서 'ㅂ'이 탈락하고 '싸리, 쌀, 씨, 때'로 변화했던 것이 다른 단어 또는 접두사와 결합할 때 되살아난 것이다. 2는 이른바 'ㅎ종성체언'으로 불리는 어휘들인데 중세 국어에서 'ㅎ'을 종성으로 가지고 있던 것들이다. 이들 역시 현대 국어에 와서 특정한 단어와 결합할 때 소멸했던 'ㅎ'이 되살아나 뒷말의 예사소리와 결합하여 거센소리로 나는 것이다. 그런데 이러한 현상은 일부 합성명사에서만 나타나므로 발음 현실을 고려하여 소리 나는 대로 적도록 하였다.

더 알고가기

'암'과 '수'의 'ㅎ'

'암'과 '수'는 중세 국어에서 'ㅎ'을 종성으로 갖는 단어들이었다. 따라서 이 'ㅎ'의 흔적이 살아나 뒤의 예사소리와 결합하여 거센소리가 되는 것이다. 이는 '암'과 '수'에 모두 적용된다.

예 수캉아지/암캉아지, 수키와/암키와, 수탕나귀/암탕나귀, 수퇘지/암퇘지 등

더하기 예제

다음 밑줄 친 단어 중 맞춤법에 어긋난 표기는?

① 너는 입때까지 뭐 하고 있었니?
② 할아버지께서는 볍씨를 뿌리고 계셨다.
③ 이 음식은 햅쌀로 만들어서 맛이 좋다.
④ 철수는 암캐를 키우고 있었다.
⑤ 사냥꾼이 수퀑을 잡아왔다.

해설
두 말이 어울릴 적에 'ㅂ' 소리나 'ㅎ' 소리가 덧나는 것은 소리대로 적는다. 하지만 '수꿩'은 뒷말의 첫소리가 된소리이므로 'ㅎ' 소리가 덧나지 않는다. 따라서 '수퀑'으로 표기할 수 없다.

정답 ⑤

제5절 준말

제35항 | 모음 'ㅗ, ㅜ'로 끝난 어간에 '-아/-어, -았-/-었-'이 어울려 'ㅘ/ㅝ, ㅘㅆ/ㅝㅆ'으로 될 때에는 준 대로 적는다.

(본말)	(준말)	(본말)	(준말)
꼬아	꽈	꼬았다	꽜다
보아	봐	보았다	봤다
쏘아	쏴	쏘았다	쐈다
두어	둬	두었다	뒀다
쑤어	쒀	쑤었다	쒔다
주어	줘	주었다	줬다

- **붙임 1 :** '놓아'가 '놔'로 줄 적에는 준 대로 적는다.
- **붙임 2 :** 'ㅚ' 뒤에 '-어, -었-'이 어울려 'ㅙ, ㅙㅆ'으로 될 적에도 준 대로 적는다.

(본말)	(준말)	(본말)	(준말)
괴어	괘	괴었다	괬다
되어	돼	되었다	됐다
뵈어	봬	뵈었다	뵀다
쇠어	쇄	쇠었다	쇘다
쐬어	쐐	쐬었다	쐤다

35항은 준말에 대한 규정이다. 여기서 주의할 것은 '붙임 2'의 단어들이다. 이 가운데서 특히 주의할 것은 '되어'의 준말인 '돼'이다. '돼'는 종종 '되'와 혼동되는 경우가 많다. 하지만 '돼'는 분명히 '되어'의 준말이므로 '되어'가 쓰일 수 있는 자리에서만 쓸 수 있다.

더 알고가기

'돼'와 '되'의 구분

'돼'를 써야 할지 '되'를 써야 할지 혼동될 때가 많다. 이 경우 '되어'의 준말이 '돼'이므로 '되어'가 들어갈 자리인지 살펴보는 것이 좋다. 또한 이들을 구별하는 다른 방법도 있는데 '하'가 들어갈 자리라면 '되'를 쓰고 '해'가 들어갈 자리면 '돼'를 쓰는 것이다. 예를 들어 보자. '일이 그렇게 되지만 않았다면 좋았을 텐데.'라는 문장에서 '되지만'인지 '돼지만'인지 구별하기 위해서 '되/돼' 자리에 '하'와 '해'를 넣어 보자. '하'를 넣어보면 '하지만'이 되어 말이 되는데 비해 '해'를 넣어보면 '해지만'이 되어 어색하다. 그렇다면 여기서는 '되지만'이 맞다. 이번에는 '그렇게 하면 돼요.'라는 문장에서 '돼요'가 맞는지 '되요'가 맞는지 구분해 보자. 우선 '하'를 넣어보면 '하요'가 되어 어색하다. 하지만 '해'를 넣어 '해요'가 되면 어색하지 않다. 따라서 여기는 '돼요'를 써야 맞다.

제39항 | 어미 '- 지' 뒤에 '않 -'이 어울려 '- 잖 -'이 될 적과 '- 하지' 뒤에 '않 -'이 어울려 '- 찮 -'이 될 적에는 준 대로 적는다.

(본말)	(준말)	(본말)	(준말)
그렇지 않은	그렇잖은	만만하지 않다	만만찮다
적지 않은	적잖은	변변하지 않다	변변찮다

'-지 않-', '-치 않-'의 줄어진 형태가 하나의 단어처럼 다루어지는 경우에는 원형과 결부된 과정의 형태를 밝힐 필요가 없다는 점에서 '잖'과 '찮'으로 적기로 하였다. 또한 '귀찮-, 점잖-'과 같이 어간의 끝소리가 'ㅎ'인 경우에는 '귀찮잖다, 점잖잖다'로 적는다.

제40항 | 어간의 끝음절 '하'의 'ㅏ'가 줄고 'ㅎ'이 다음 음절의 첫소리와 어울려 거센소리로 될 적에는 거센소리로 적는다.

(본말)	(준말)	(본말)	(준말)
간편하게	간편케	다정하다	다정타
연구하도록	연구토록	정결하다	정결타
가하다	가타	흔하다	흔타

- **붙임 1** : 'ㅎ'이 어간의 끝소리로 굳어진 것은 받침으로 적는다.

않다	않고	않지	않든지
그렇다	그렇고	그렇지	그렇든지
아무렇다	아무렇고	아무렇지	아무렇든지
어떻다	어떻고	어떻지	어떻든지
이렇다	이렇고	이렇지	이렇든지
저렇다	저렇고	저렇지	저렇든지

- **붙임 2** : 어간의 끝음절 '하'가 아주 줄 적에는 준 대로 적는다.

(본말)	(준말)	(본말)	(준말)
거북하지	거북지	넉넉하지 않다	넉넉지 않다
생각하건대	생각건대	못하지 않다	못지않다
생각하다 못해	생각다 못해	섭섭하지 않다	섭섭지 않다
깨끗하지 않다	깨끗지 않다	익숙하지 않다	익숙지 않다

- **붙임 3** : 다음과 같은 부사는 소리대로 적는다.

결단코	결코	기필코	무심코
하여튼	요컨대	정녕코	필연코
하마터면	하여튼	한사코	

40항에서는 '끝음절 '하'의 'ㅏ'가 줄고 'ㅎ'이 다음 음절의 첫소리와 어울려 거센소리로 될 적에는 거센소리로 적는다.'라고 하였고 '붙임 2'에서는 '어간의 끝음절 '하'가 아주 줄 적에는 준 대로 적는다.'고 하였다. 여기서 중요한 것은 끝음절 '하'에서 'ㅏ'만 줄 경우와 '하'가 줄 경우를 구별하는 것이다. '붙임 2'에서의 '하'가 줄어드는 경우는 안울림소리(ㄱ, ㄷ, ㅂ, ㅅ, ㅈ, ㅊ, ㅋ, ㅌ, ㅍ, ㅎ) 받침 뒤에서 나타난다. 하지만 그 외의 'ㅏ' 소리만 줄어드는 경우에는 소리 나는 대로 거센소리로 적는다.

한편 '붙임 3'은 활용형이 부사로 굳어진 경우이다. 이런 단어들의 경우 서술 기능을 지니지 않을 뿐 아니라 원뜻에서 이미 멀어져 그 연관성이 약해졌기 때문에 소리 나는 대로 적도록 규정하였다.

더하기 예제

다음 밑줄 친 부분이 맞춤법에 어긋난 것은?

① 민호야, 여기서는 떠들면 안 돼.

② 그녀는 오랜만에 바깥바람을 쐤다.

③ 우리는 하마터면 길을 잃을 뻔 했다.

④ 이 제품은 조작이 간편케 만들어졌다.

⑤ 그는 남을 도울 만큼 넉넉치 못했다.

해설

어간의 끝음절 '하'가 아주 줄 적에는 준 대로 적는다. 어간의 끝소리가 유성음인 경우 '하'와 연결될 때 'ㅏ'만 줄지만, 어간의 끝소리가 무성음인 경우 '하'와 연결될 때 '하'가 완전히 줄어들고 이를 표기에 반영해야 한다. 따라서 '넉넉지'가 옳은 표기이다.

정답 ⑤

제5장 띄어쓰기

제1절 조사

제42항 | **의존명사는 띄어 쓴다.**

아는 **것**이 힘이다.	나도 할 **수** 있다.
먹을 **만큼** 먹어라.	아는 **이**를 만났다.
네가 뜻한 **바**를 알겠다.	그가 떠난 **지**가 오래다.

의존명사란 명사이지만 자립해서 쓰일 수 없고 관형어의 수식을 받아야만 하는 단어를 말한다. 자립해서 쓰이기 어렵다는 점에서 명사로 보기 어렵다고 생각할 수 있지만 관형어의 수식을 받는 점을 고려할 때 단어로 인정하는 것이 보다 합리적이므로 명사로 분류하는 것이다. 따라서 의존명사를 띄어 쓰는 것은 '모든 단어는 띄어 쓴다.'라는 맞춤법 규정에 부합하는 것이다.

더 알고가기

의존명사와 조사의 구별

㉠ **조사** : 자립성이 없기 때문에 다른 말에 의존해서만 나타날 수 있다. 조사는 결합하는 체언의 문법적 기능을 표시하는 역할을 하기 때문에 띄어 쓰지 않는다.

㉡ **의존명사** : 명사이지만 자립할 수 없으므로 관형어의 수식을 받아야만 하므로 띄어 써야 한다.

㉢ **의존명사와 조사의 구별** : 의존명사와 조사의 형태가 같기 때문에 그 구별이 어려운 경우가 있다. 의존명사는 띄어 써야 하며, 조사는 붙여 써야 하므로 이들의 문장 내에서의 문법적 성격을 통해 구별해야 한다.

- 관형어의 수식을 받고 있으면 의존명사이다. 예 나도 할 만큼 했다. (띄어 써야 한다)
- 체언과 연결되면 조사이다. 예 나도 너만큼 한다. (붙여 써야 한다)

>>> 짚어보기 **의존명사**

의존명사는 자립성은 약하지만 분리성이 강하기 때문에 명사로 분류되며 이에 따라 반드시 띄어 써야 한다. 의존명사에는 다음과 같은 것들이 있다.

- **보편성 의존명사** : 것, 분, 이, 데, 바, 따위 등
- **주어성 의존명사** : 지, 수, 리, 나위 등
- **서술성 의존명사** : 터, 뿐, 때문, 따름 등
- **부사성 의존명사** : 대로, 만큼, 줄, 듯, 양, 채, 둥, 뻔, 만 등
- **단위성 의존명사** : 마리, 명, 송이, 권, 자루 등

제43항 | **단위를 나타내는 명사는 띄어 쓴다.**

한 **개**	차 한 **대**	금 서 **돈**	소 한 **마리**
옷 한 **벌**	열 **살**	조기 한 **손**	연필 한 **자루**
버선 한 **죽**	집 한 **채**	신 두 **켤레**	북어 한 **쾌**

※ 순서를 나타내는 경우나 숫자와 어울리어 쓰이는 경우에는 붙여 쓸 수 있다.

두**시** 삼십**분** 오**초**	제일**과**	삼**학년**	육**층**
1446**년** 10**월** 9**일**	2**대대**	16**동** 502**호**	제1**실습실**
80**원**	10**개**	7**미터**	

43항은 단위명사를 띄어 쓰도록 규정하고 있다. 단위명사는 그 자체의 의미는 독립적이지만 반드시 수량을 나타내는 관형사와 함께 쓰이기 때문에 붙여 쓰는 오류를 범하기 쉽다. 하지만 단위명사 역시 명사에 해당하므로 띄어 쓰는 것이 원칙에 맞다. 다만, '(개)년, 개월, 일(간), 시간' 등은 붙여 쓰지 않는다. 아울러 숫자와 어울리는 경우는 붙여 쓸 수 있다고 예외를 두었다.

제44항 | **수를 적을 적에는 '만(萬)' 단위로 띄어 쓴다.**

십이억 삼천사백오십육만 칠천팔백구십팔 12억 3456만 7898

수를 적을 때의 규정으로 '만(萬)'이 띄어쓰기 단위임을 규정하고 있다. 이 규정을 유추하여 적용하면 다음에 띄어 쓰는 단위는 '억(億)'임을 알 수 있다. 이와 같이 띄어 쓰는 이유는 십 단위나 백 단위 등으로 띄어 쓸 경우 독해의 능률이 저하될 수 있기 때문이다.

제45항 | **두 말을 이어 주거나 열거할 적에 쓰이는 다음의 말들은 띄어 쓴다.**

국장 **겸** 과장	열 **내지** 스물	청군 **대** 백군
책상, 걸상 **등**이 있다.	이사장 **및** 이사들	사과, 배, 귤 **등등**
사과, 배 **등속**	부산, 광주 **등지**	

두 말을 이어주거나 열거할 때 쓰이는 말들을 띄어 쓰도록 하고 있다. 이는 곧 독해의 능률을 높이기 위한 것이다.

제45항 | **단음절로 된 단어가 연이어 나타날 적에는 붙여 쓸 수 있다.**

그때 그곳 좀더 큰것 이말 저말 한잎 두잎

위에 제시된 단어들은 모두 띄어 쓰는 것을 원칙으로 한다. 즉 '그 때 그 곳', '좀 더 큰 것', '이 말 저 말', '한 잎 두 잎'으로 써야 하는 것이다. 그러나 짧은 어구에서 띄어쓰기가 자주 반복되면 의미 파악이나 표기의 효율성이 떨어지므로 예외적으로 붙여 쓸 수 있도록 허용했다. 허용 규정이므로 반드시 붙여 써야 하는 것은 아니다.

제3절 보조용언

제47항 | **보조용언은 띄어 씀을 원칙으로 하되, 경우에 따라 붙여 씀도 허용한다. (ㄱ을 원칙으로 하고 ㄴ을 허용함.)**

ㄱ	ㄴ
불이 꺼져 **간다.**	불이 꺼져**간다.**
내 힘으로 막아 **낸다.**	내 힘으로 막아**낸다.**
어머니를 도와 **드린다.**	어머니를 도와**드린다.**
그릇을 깨뜨려 **버렸다.**	그릇을 깨뜨려**버렸다.**

ㄱ	ㄴ
비가 올 **듯하다.**	비가 올**듯하다.**
그 일은 할 **만하다.**	그 일은 할**만하다.**
일이 될 **법하다.**	일이 될**법하다.**
비가 올 **성싶다.**	비가 올**성싶다.**
잘 아는 **척한다.**	잘 아는**척한다.**

※ 앞말에 조사가 붙거나 앞말이 합성동사인 경우, 그리고 중간에 조사가 들어갈 적에는 그 뒤에 오는 보조용언은 띄어 쓴다.

잘도 놀아만 **나는구나!**	책을 읽어도 **보고…**
네가 덤벼들어 **보아라.**	강물에 떠내려가 **버렸다.**
그가 올 듯도 **하다.**	잘난 체를 **한다.**

2주

우리말에서 실질적 의미를 지니고 사용된 용언을 본용언이라 하고 본용언의 의미를 강화하거나 보충하는 용언을 보조용언이라고 한다. 본용언이나 보조용언 모두 하나의 단어이므로 원칙적으로는 띄어 써야 한다. 하지만 본용언과 보조용언을 붙여 쓰는 경우도 허용하였다. 여기에서 주의할 점은 독해의 능률을 위해 반드시 띄어 써야 하는 경우인데 정리해 보면 첫째, 앞말(본용언)에 조사가 붙은 경우 둘째, '덤벼들어 보아라'에서처럼 앞말(본용언)이 합성동사인 경우이다.

더하기 예제

다음 중 띄어쓰기가 바르지 않은 것은?

① 그는 믿을 수 없을 만큼 빠른 속도로 달려왔다.
② 그는 이곳을 떠난지가 오래되었다.
③ 그는 이번에 코치 겸 선수로 임명되었다.
④ 그는 알면서도 일부러 모르는 척했다.
⑤ 아이의 신발이 강물에 떠내려가 버렸다.

해설

'그가 떠날지 모르겠다.'에서 '지'는 어미 '-ㄹ지'의 일부이므로 붙여 써야 하지만 시간의 의미를 갖는 '지'는 의존명사이므로 띄어 써야 한다. 따라서 '그는 이곳을 떠난 지가 오래되었다.'와 같이 써야 한다.

정답 ②

第6장 그 밖의 것

제51항 | 부사의 끝음절이 분명히 '이'로만 나는 것은 '-이'로 적고, '히'로만 나거나 '이'나 '히'로 나는 것은 '-히'로 적는다.

1. '이'로만 나는 것

가붓이*	깨끗이	나붓이*	느긋이
둥긋이*	따뜻이	반듯이	버젓이
산뜻이	의젓이	가까이	고이
날카로이	대수로이	번거로이	많이
적이	헛되이	겹겹이	번번이
일일이	집집이	틈틈이	

2. '히'로만 나는 것

극히	급히	딱히	속히
작히	족히	특히	엄격히

3. '이, 히'로 나는 것

솔직히	가만히	간편히	나른히
무단히*	각별히	소홀히	쓸쓸히
정결히	과감히	꼼꼼히	심히
열심히	급급히	답답히	섭섭히
공평히	능히	당당히	분명히
상당히	조용히	간소히	고요히

51항은 접미사인 '-이'나 '-히'가 붙어서 부사가 된 단어들의 발음에 따른 표기를 규정한 것이다. 중요한 것은 '이'로만 나는 경우인데 이는 네 가지로 정리할 수 있다. 첫째, '-하다'가 붙는 어근의 끝소리가 'ㅅ'인 경우, 둘째, 'ㅂ' 불규칙 형용사의 어간인 경우, 셋째, 규칙적인 활용을 하는 형용사의 어간인 경우, 넷째, 같은 말이 겹쳐진 첩어로 뒤에 '-하다'가 오지 못하는 경우이다.

반면 '이, 히'로 소리 나는 경우는 모두 '-하다'가 붙는 어근 다음에서인데 끝소리가 'ㅅ'인 경우는 '이'로만 소리 나므로 제외된다.

어휘풀이

- **가붓이** : 조금 가벼운 듯하게.
- **나붓이** : 조금 나부죽하게.
- **둥긋이** : 둥근 듯하게.
- **무단히** : 사전에 허락이 없이. 또는 아무 사유가 없이.

더 알고가기

부사의 끝음절 '이'와 '히'의 구분

㉠ '이'로만 나는 것 → 이
- 어근 + '-하다'(가능), 어근의 끝소리가 'ㅅ' 예 깨끗(하다) + 이 〉 깨끗이
- 'ㅂ' 불규칙 형용사의 어간 예 가깝(다) + 이 〉 가까이
- 규칙활용을 하는 형용사의 어간 예 많(다) + 이 〉 많이
- 첩어 + '-하다'(불가능) 예 겹겹(첩어) + 이 〉 겹겹이

㉡ '이'/ '히'로 나는 것 → 히
- 어근 + '-하다'(가능) 예 솔직(하다) + 히 〉 솔직히

2주

제52항 | 한자어에서 본음으로도 나고 속음으로도 나는 것은 각각 그 소리에 따라 적는다.

(본음으로 나는 것)	(속음으로 나는 것)
승낙(承諾)	수락(受諾), 쾌락(快諾), 허락(許諾)
만난(萬難)	곤란(困難), 논란(論難)
안녕(安寧)	의령(宜寧), 회령(會寧)
분노(忿怒)	대로(大怒), 희로애락(喜怒哀樂)
토론(討論)	의논(議論)
오륙십(五六十)	오뉴월, 유월(六月)
목재(木材)	모과(木瓜)
십일(十日)	시방정토(十方淨土), 시왕(十王), 시월(十月)
팔일(八日)	초파일(初八日)

'속음'이란 한자어에서 본래의 음과는 달리 언중이 관습적으로 사용하는 음을 말한다. 예를 들어 '승낙(承諾)'의 '낙(諾)'은 '락(落)'과는 달리 본음이 '낙'이지만 관습적으로 '락'으로 발음하는 단어들이 있으므로 종래의 관습을 존중하여 이를 속음인 '락'으로 적는 것을 허용한 것이다. 이러한 단어들은 본음으로 나는 것이 있고 속음으로 나는 것이 있으므로 구별하여 적어야 한다.

제53항 | 다음과 같은 어미는 예사소리로 적는다. (ㄱ을 취하고, ㄴ을 버림.)

ㄱ	ㄴ
-(으)ㄹ거나	-(으)ㄹ꺼나
-(으)ㄹ걸	-(으)ㄹ껄
-(으)ㄹ게	-(으)ㄹ께
-(으)ㄹ세	-(으)ㄹ쎄
-(으)ㄹ세라	-(으)ㄹ쎄라
-(으)ㄹ수록	-(으)ㄹ쑤록
-(으)ㄹ시	-(으)ㄹ씨
-(으)ㄹ지	-(으)ㄹ찌
-(으)ㄹ지니라	-(으)ㄹ찌니라
-(으)ㄹ지라도	-(으)ㄹ찌라도
-(으)ㄹ지어다	-(으)ㄹ찌어다
-(으)ㄹ지언정	-(으)ㄹ찌언정
-(으)ㄹ진대	-(으)ㄹ찐대
-(으)ㄹ진저	-(으)ㄹ찐저
-올시다	-올씨다

※ 의문을 나타내는 다음 어미들은 된소리로 적는다.

-(으)ㄹ까?　　-(으)ㄹ꼬?　　-(스)ㅂ니까?　　-(으)리까?

-(으)ㄹ쏘냐?

53항은 어미에 관한 규정으로 된소리로 소리가 나더라도 예사소리로 적어야 하는 경우와 발음대로 된소리로 적어야 하는 경우를 구별하고 있다. 이들 간의 차이는 결국 의문형 어미인가 아닌가이다. 따라서 의문형 어미는 된소리로 적지만 의문형 어미가 아닌 경우는 예사소리로 적어야 한다.

제54항 | 다음과 같은 접미사는 된소리로 적는다. (ㄱ을 취하고 ㄴ을 버림.)

ㄱ	ㄴ
심부름꾼	심부름군
익살꾼	익살군
일꾼	일군
장난꾼	장난군

ㄱ	ㄴ
지게꾼	지겟군
때깔	땟갈
빛깔	빛갈
성깔	성갈
귀때기	귓대기
볼때기	볼대기
판자때기	판잣대기
뒤꿈치	뒷굼치
팔꿈치	팔굼치
이마빼기	이맛배기
코빼기	콧배기
객쩍다*	객적다
겸연쩍다*	겸연적다

54항에서는 된소리로 나는 접미사들은 된소리로 적도록 규정하고 있다. 이때 유의할 점은 '-배기'와 '-빼기'를 구별하여 적는 것인데, [배기]로 발음되는 경우는 '-배기'로 적고, 5항의 규정에 따라 'ㄱ, ㅂ' 받침 뒤에서 나는 된소리 역시 '-배기'로 적는다. 그 외에 다른 형태소 뒤에서 [빼기]로 발음되는 것은 모두 '-빼기'로 적어야 한다.

어휘풀이

- **객쩍다** : 말이나 행동, 생각이 쓸데없고 싱겁다.
- **겸연쩍다** : 쑥스럽거나 미안하여 어색하다.

더 알고가기

'배기'와 '빼기'

우선 '-배기'는 접미사로 '그 나이를 먹은 아이', '무엇이 들어 있거나 차 있음', '그런 물건'이란 의미를 지닌다. 반면, 접미사 '-빼기'는 '앞말의 특징이 있는 사람이나 사물', '앞말을 속되게 이름'의 뜻을 가지고 있다. 따라서 '-배기'와 '-빼기'는 단지 발음상의 문제가 아니라 서로 다른 단어이므로 그 의미에 따라서도 구별해 써야 한다.

예

- 뚝배기 / 나이배기 / 대짜배기 / 진짜배기 / 두 살배기
- 곱빼기 / 밥빼기 / 악착빼기 / 코빼기

제56항 | '–더라, –던'과 '–든지'는 다음과 같이 적는다.

1. 지난 일을 나타내는 어미는 '–더라, –던'으로 적는다. (ㄱ을 취하고 ㄴ을 버림.)

ㄱ	ㄴ
지난겨울은 몹시 춥더라.	지난겨울은 몹시 춥드라.
깊던 물이 얕아졌다.	깊든 물이 얕아졌다.
그렇게 좋던가?	그렇게 좋든가?
그 사람 말 잘하던데!	그 사람 말 잘하든데!
얼마나 놀랐던지 몰라.	얼마나 놀랐든지 몰라.

2. 물건이나 일의 내용을 가리지 아니하는 뜻을 나타내는 조사와 어미는 '(–)든지'로 적는다. (ㄱ을 취하고 ㄴ을 버림.)

ㄱ	ㄴ
배든지 사과든지 마음대로 먹어라.	배던지 사과던지 마음대로 먹어라.
가든지 오든지 마음대로 해라.	가던지 오던지 마음대로 해라.

56항의 내용을 간단히 정리해 보면 회상의 의미를 가지고 있을 때는 '–더라', '–던'으로 적고, 선택의 의미를 지닐 때는 '–든지'로 적는다는 것이다.

더하기 예제

다음 밑줄 친 부분을 고쳐 쓴 것으로 바르지 않은 것은?

① 어제 그녀의 말은 솔직이 이해가 안 간다. → 솔직히
② 그 문제에 대해서는 곰곰히 생각해 보기로 하자. → 곰곰이
③ 나도 여기 일을 마무리 하고 내일은 그곳에 갈게. → 갈께
④ 운동을 심하게 해서 뒷굼치에 상처를 입었다. → 뒤꿈치
⑤ 그녀가 얼마나 열심히 공부하든지 말도 못 붙였다. → 공부하던지

해설
의문문을 만드는 어미가 아니면 된소리로 쓰지 않는다. 따라서 '그곳에 갈게.'는 의문문이 아니므로 '갈께'와 같이 쓸 수 없다.

정답 ③

제57항 | 다음 말들은 각각 구별하여 적는다.

가름	둘로 가름.
갈음	새 책상으로 갈음하였다.
거름	풀을 썩힌 거름.
걸음	빠른 걸음.
거치다	영월을 거쳐 왔다.
걷히다	외상값이 잘 걷힌다.
걷잡다	걷잡을 수 없는 상태.
겉잡다	겉잡아서 이틀 걸릴 일.
그러므로(그러니까)	그는 부지런하다. 그러므로 잘 산다.
그럼으로(써) (그렇게 하는 것으로)	그는 열심히 공부한다. 그럼으로(써) 은혜에 보답한다.
노름	노름판이 벌어졌다.
놀음(놀이)	즐거운 놀음.
느리다	진도가 너무 느리다.
늘이다	고무줄을 늘인다.
늘리다	수출량을 더 늘린다.
다리다	옷을 다린다.
달이다	약을 달인다.
다치다	부주의로 손을 다쳤다.
닫히다	문이 저절로 닫혔다.
닫치다	문을 힘껏 닫쳤다.
마치다	벌써 일을 마쳤다.
맞히다	여러 문제를 더 맞혔다.
목거리	목거리가 덧났다.
목걸이	금 목걸이, 은 목걸이.

바치다	나라를 위해 목숨을 바쳤다.
받치다	우산을 받치고 간다. 책받침을 받친다.
받히다	쇠뿔에 받혔다.
밭치다	술을 체에 밭친다.
반드시	약속은 반드시 지켜라.
반듯이	고개를 반듯이 들어라.
부딪치다	차와 차가 마주 부딪쳤다.
부딪히다	마차가 화물차에 부딪혔다.
부치다	힘이 부치는 일이다. 편지를 부치다. 논밭을 부친다. 빈대떡을 부친다. 식목일에 부치는 글. 회의에 부치는 안건. 인쇄에 부치는 원고. 삼촌 집에 숙식을 부친다.
붙이다	우표를 붙이다. 책상을 벽에 붙였다. 흥정을 붙인다. 불을 붙인다. 감시원을 붙인다. 조건을 붙인다. 취미를 붙인다. 별명을 붙인다.
시키다	일을 시킨다.
식히다	끓인 물을 식히다.
아름	세 아름 되는 둘레.
알음	전부터 알음
앎	앎이 힘이다.

안치다	밥을 안친다.
앉히다	윗자리에 앉힌다.
어름	두 물건의 어름에서 일어난 현상.
얼음	얼음이 얼었다.
이따가	이따가 오너라.
있다가	돈은 있다가도 없다.
저리다	다친 다리가 저리다.
절이다	김장 배추를 절인다.
조리다	생선을 조린다. 통조림, 병조림.
졸이다	마음을 졸인다.
주리다	여러 날을 주렸다.
줄이다	비용을 줄인다.
하노라고	하노라고 한 것이 이 모양이다.
하느라고	공부하느라고 밤을 새웠다.
-느니보다(어미)	나를 찾아오느니보다 집에 있거라.
-는 이보다(의존명사)	오는 이가 가는 이보다 많다.
-(으)리만큼(어미)	나를 미워하리만큼 그에게 잘못한 일이 없다.
-(으)ㄹ 이만큼(의존명사)	찬성할 이도 반대할 이만큼이나 많을 것이다.
-(으)러(목적)	공부하러 간다.
-(으)려(의도)	서울 가려 한다.
-(으)로서(자격)	사람으로서 그럴 수는 없다.
-(으)로써(수단)	닭으로써 꿩을 대신했다.
-(으)므로(어미)	그가 나를 믿으므로 나도 그를 믿는다.
(-ㅁ, -음)으로(써)(조사)	그는 믿음으로(써) 산 보람을 느꼈다.

이렇게 별도의 항목으로 규정한 이유는 이들 단어들의 어원이 다를 뿐만 아니라 원뜻에서 멀어진 말들이 많아 혼동을 일으킬 경우 독해의 효율성을 떨어뜨리기 때문이다. 단어를 구분하는 기본적인 원칙은 원뜻을 유지하는 경우 기본형을 밝혀 적는 것이다. 가령, '우표를 붙이다.' 라는 문장에서 '붙다' 는 접착이나 근접의 의미를 가지고 있으므로 '붙이다' 로 적은 것이고, '편지를 부치다.' 의 경우 '붙다' 의 의미를 지니지 않으며 설령 '붙다' 가 어원에 해당하더라도 원뜻에서 멀어진 상황이므로 굳이 원형을 밝혀 적을 필요가 없어 소리 나는 대로 적은 것이다.

더하기 예제

다음 중 밑줄 친 부분이 바르지 않은 것은?

① 어느새 일이 걷잡을 수 없이 커져버렸다.
② 이사회에서는 올해 매출 목표량을 늘리기로 결정했다.
③ 그들은 반듯이 돌아올 것이다.
④ 우리는 그 안건을 표결에 부치기로 했다.
⑤ 철수는 어제 공부를 하느라고 잠을 못 잤다.

해설

'반드시' 는 '기필코', '틀림없이 꼭' 의 의미를 가진 단어이고, '반듯이' 는 작은 물체 또는 생각이나 행동 따위가 비뚤어지거나 기울거나 굽지 아니하고 바르게의 뜻을 가진 단어이다. 따라서 문맥을 고려할 때 '반드시' 로 고치는 것이 적절하다.

정답 ❸

부록 : 문장부호(2015년 1월 1일 시행)

1. 마침표(.)

(1) 서술, 명령, 청유 등을 나타내는 문장의 끝에 쓴다.

젊은이는 나라의 기둥입니다.

제 손을 꼭 잡으세요.

집으로 돌아갑시다.

가는 말이 고와야 오는 말이 곱다.

[붙임 1] 직접 인용한 문장의 끝에는 쓰는 것을 원칙으로 하되, 쓰지 않는 것을 허용한다.(ㄱ을 원칙으로

하고, ㄴ을 허용함.)

ㄱ. 그는 "지금 바로 떠나자."라고 말하며 서둘러 짐을 챙겼다.

ㄴ. 그는 "지금 바로 떠나자"라고 말하며 서둘러 짐을 챙겼다.

다만, 제목이나 표어에는 쓰지 않음을 원칙으로 한다.

압록강은 흐른다

꺼진 불도 다시 보자

건강한 몸 만들기

(2) 아라비아 숫자만으로 연월일을 표시할 때 쓴다.

1919. 3. 1. 10. 1.~10. 12.

(3) 특정한 의미가 있는 날을 표시할 때 월과 일을 나타내는 아라비아 숫자 사이에 쓴다.

3.1 운동 8.15 광복

[붙임] 이때는 마침표 대신 가운뎃점을 쓸 수 있다.

3·1 운동 8·15 광복

(4) 장, 절, 항 등을 표시하는 문자나 숫자 다음에 쓴다.

가. 인명 ㄱ. 머리말

Ⅰ. 서론 1. 연구 목적

[붙임] '마침표' 대신 '온점'이라는 용어를 쓸 수 있다.

2. 물음표(?)

(1) 의문문이나 의문을 나타내는 어구의 끝에 쓴다.

점심 먹었어?

이번에 가시면 언제 돌아오세요?

제가 부모님 말씀을 따르지 않을 리가 있겠습니까?

남북이 통일되면 얼마나 좋을까?

다섯 살짜리 꼬마가 이 먼 곳까지 혼자 왔다?

지금? 뭐라고? 네?

[붙임 1] 한 문장 안에 몇 개의 선택적인 물음이 이어질 때는 맨 끝의 물음에만 쓰고, 각 물음이 독립적일 때는 각 물음의 뒤에 쓴다.

너는 중학생이냐, 고등학생이냐?

너는 여기에 언제 왔니? 어디서 왔니? 무엇하러 왔니?

[붙임 2] 의문의 정도가 약할 때는 물음표 대신 마침표를 쓸 수 있다.

도대체 이 일을 어쩐단 말이냐. 이것이 과연 내가 찾던 행복일까.

다만, 제목이나 표어에는 쓰지 않음을 원칙으로 한다.

역사란 무엇인가 아직도 담배를 피우십니까

(2) 특정한 어구의 내용에 대하여 의심, 빈정거림 등을 표시할 때, 또는 적절한 말을 쓰기 어려울 때 소괄호 안에 쓴다.

우리와 의견을 같이할 사람은 최 선생(?) 정도인 것 같다.

30점이라, 거참 훌륭한(?) 성적이군.

우리 집 강아지가 가출(?)을 했어요.

(3) 모르거나 불확실한 내용임을 나타낼 때 쓴다.

최치원(857~?)은 통일 신라 말기에 이름을 떨쳤던 학자이자 문장가이다.

조선 시대의 시인 강백(1690?~1777?)의 자는 자청이고, 호는 우곡이다.

3. 느낌표(!)

(1) 감탄문이나 감탄사의 끝에 쓴다.

이거 정말 큰일이 났구나!

어머!

[붙임] 감탄의 정도가 약할 때는 느낌표 대신 쉼표나 마침표를 쓸 수 있다.

어, 벌써 끝났네.

날씨가 참 좋군.

(2) 특별히 강한 느낌을 나타내는 어구, 평서문, 명령문, 청유문에 쓴다.

청춘! 이는 듣기만 하여도 가슴이 설레는 말이다.

이야, 정말 재밌다!

지금 즉시 대답해!

앞만 보고 달리자!

(3) 물음의 말로 놀람이나 항의의 뜻을 나타내는 경우에 쓴다.

이게 누구야! 내가 왜 나빠!

(4) 감정을 넣어 대답하거나 다른 사람을 부를 때 쓴다.

네! 네, 선생님!

흥부야!

4. 쉼표(,)

(1) 같은 자격의 어구를 열거할 때 그 사이에 쓴다.

근면, 검소, 협동은 우리 겨레의 미덕이다.

충청도의 계룡산, 전라도의 내장산, 강원도의 설악산은 모두 국립 공원이다.

집을 보러 가면 그 집이 내가 원하는 조건에 맞는지, 살기에 편한지, 망가진 곳은 없는지 확인해야 한다.

5보다 작은 자연수는 1, 2, 3, 4이다.

다만,

(가) 쉼표 없이도 열거되는 사항임이 쉽게 드러날 때는 쓰지 않을 수 있다.

아버지 어머니께서 함께 오셨어요.

네 돈 내 돈 다 합쳐 보아야 만 원도 안 되겠다.

(나) 열거할 어구들을 생략할 때 사용하는 줄임표 앞에는 쉼표를 쓰지 않는다.

광역시: 광주, 대구, 대전……

(2) 짝을 지어 구별할 때 쓴다.

닭과 지네, 개와 고양이는 상극이다.

(3) 이웃하는 수를 개략적으로 나타낼 때 쓴다.

5, 6세기　　　　6, 7, 8개

(4) 열거의 순서를 나타내는 어구 다음에 쓴다.

첫째, 몸이 튼튼해야 한다.

마지막으로, 무엇보다 마음이 편해야 한다.

(5) 문장의 연결 관계를 분명히 하고자 할 때 절과 절 사이에 쓴다.

콩 심은 데 콩 나고, 팥 심은 데 팥 난다.

저는 신뢰와 정직을 생명과 같이 여기고 살아온바, 이번 비리 사건과는 무관하다는 점을 분명히 밝힙니다.

떡국은 설날의 대표적인 음식인데, 이걸 먹어야 비로소 나이도 한 살 더 먹는다고 한다.

더 알고가기

대등절과 종속절

- **대등절** : 두 개의 문장이 이어진 문장에서 앞의 절과 뒤의 절이 대등하게 이어진 경우, 앞의 절과 뒤의 절을 대등절이라 한다.
  예 철수는 밥을 먹고, 영희는 국을 먹는다. → 대등하게 이어진 문장(대등절)
- **종속절** : 두 절의 내용이 종속적으로 이어진 문장에서 중심이 되는 절의 이유나 근거, 조건 등이 되는 절을 종속절이라고 한다. 예 철수는 배가 고파서 밥을 먹었다. → 종속적으로 이어진 문장

(6) 같은 말이 되풀이되는 것을 피하기 위하여 일정한 부분을 줄여서 열거할 때 쓴다.

여름에는 바다에서, 겨울에는 산에서 휴가를 즐겼다.

(7) 부르거나 대답하는 말 뒤에 쓴다.

지은아, 이리 좀 와 봐.

네, 지금 가겠습니다.

(8) 한 문장 안에서 앞말을 '곧', '다시 말해' 등과 같은 어구로 다시 설명할 때 앞말 다음에 쓴다.

책의 서문, 곧 머리말에는 책을 지은 목적이 드러나 있다.

원만한 인간관계는 말과 관련한 예의, 즉 언어 예절을 갖추는 것에서 시작된다.

호준이 어머니, 다시 말해 나의 누님은 올해로 결혼한 지 20년이 된다.

나에게도 작은 소망, 이를테면 나만의 정원을 가졌으면 하는 소망이 있어.

(9) 문장 앞부분에서 조사 없이 쓰인 제시어나 주제어의 뒤에 쓴다.

돈, 돈이 인생의 전부이더냐?

열정, 이것이야말로 젊은이의 가장 소중한 자산이다.

지금 네가 여기 있다는 것, 그것만으로도 나는 충분히 행복해.

저 친구, 저러다가 큰일 한번 내겠어.

그 사실, 넌 알고 있었지?

(10) 한 문장에 같은 의미의 어구가 반복될 때 앞에 오는 어구 다음에 쓴다.

그의 애국심, 몸을 사리지 않고 국가를 위해 헌신한 정신을 우리는 본받아야 한다.

(11) 도치문에서 도치된 어구들 사이에 쓴다.

이리 오세요, 어머님.

다시 보자, 한강수야.

(12) 바로 다음 말과 직접적인 관계에 있지 않음을 나타낼 때 쓴다.

갑돌이는, 울면서 떠나는 갑순이를 배웅했다.

철원과, 대관령을 중심으로 한 강원도 산간 지대에 예년보다 일찍 첫눈이 내렸습니다.

(13) 문장 중간에 끼어든 어구의 앞뒤에 쓴다.

나는, 솔직히 말하면, 그 말이 별로 탐탁지 않아.

영호는 미소를 띠고, 속으로는 화가 치밀어 올라 잠시라도 견딜 수 없을 만큼 괴로웠지만, 그들을 맞았다.

[붙임 1] 이때는 쉼표 대신 줄표를 쓸 수 있다.

나는 — 솔직히 말하면 — 그 말이 별로 탐탁지 않아.

영호는 미소를 띠고 — 속으로는 화가 치밀어 올라 잠시라도 견딜 수 없을 만큼 괴로웠지만 — 그들을 맞았다.

[붙임 2] 끼어든 어구 안에 다른 쉼표가 들어 있을 때는 쉼표 대신 줄표를 쓴다.

이건 내 것이니까 — 아니, 내가 처음 발견한 것이니까 — 절대로 양보할 수가 없다.

(14) 특별한 효과를 위해 끊어 읽는 곳을 나타낼 때 쓴다.

내가, 정말 그 일을 오늘 안에 해낼 수 있을까?

이 전투는 바로 우리가, 우리만이, 승리로 이끌 수 있다.

(15) 짧게 더듬는 말을 표시할 때 쓴다.

선생님, 부, 부정행위라니요? 그런 건 새, 생각조차 하지 않았습니다.

[붙임] '쉼표' 대신 '반점'이라는 용어를 쓸 수 있다.

더하기 예제

쉼표의 사용이 올바르지 않은 것은?

① 철수야, 잠시 쉬어라.

② 어쨌든, 우리는 그 일을 끝냈다.

③ 사랑, 그것은 인생의 참된 가치이다.

④ 우리는 국가와, 민족과 가족을 지켜야 한다.

⑤ 쌀은 시장에서, 반찬은 백화점에서 샀다.

해설

사실 나열이 될 경우 반점은 접속조사 '와'의 기능을 하므로 '와'가 쓰인 다음에 반점을 쓸 필요는 없다.

정답 ④

5. 가운뎃점(·)

(1) 열거할 어구들을 일정한 기준으로 묶어서 나타낼 때 쓴다.

민수 · 영희, 선미 · 준호가 서로 짝이 되어 윷놀이를 하였다.

지금의 경상남도 · 경상북도, 전라남도 · 전라북도, 충청남도 · 충청북도 지역을 예부터 삼남이라 일러 왔다.

(2) 짝을 이루는 어구들 사이에 쓴다.

한(韓) · 이(伊) 양국 간의 무역량이 늘고 있다.

우리는 그 일의 참 · 거짓을 따질 겨를도 없었다.

빨강 · 초록 · 파랑이 빛의 삼원색이다.

다만, 이때는 가운뎃점을 쓰지 않거나 쉼표를 쓸 수도 있다.

한(韓) 이(伊) 양국 간의 무역량이 늘고 있다.

우리는 그 일의 참 거짓을 따질 겨를도 없었다.

빨강, 초록, 파랑이 빛의 삼원색이다.

(3) 공통 성분을 줄여서 하나의 어구로 묶을 때 쓴다.

상 · 중 · 하위권　　금 · 은 · 동메달　　통권 제54 · 55 · 56호

[붙임] 이때는 가운뎃점 대신 쉼표를 쓸 수 있다.

상, 중, 하위권　　금, 은, 동메달　　통권 제54, 55, 56호

6. 쌍점(:)

(1) 표제 다음에 해당 항목을 들거나 설명을 붙일 때 쓴다.

문방사우: 종이, 붓, 먹, 벼루

일시: 2014년 10월 9일 10시

흔하진 않지만 두 자로 된 성씨도 있다.(예: 남궁, 선우, 황보)

올림표(#): 음의 높이를 반음 올릴 것을 지시한다.

(2) 희곡 등에서 대화 내용을 제시할 때 말하는 이와 말한 내용 사이에 쓴다.

김 과장: 난 못 참겠다.

아들: 아버지, 제발 제 말씀 좀 들어 보세요.

(3) 시와 분, 장과 절 등을 구별할 때 쓴다.

오전 10:20(오전 10시 20분)　　두시언해 6:15(두시언해 제6권 제15장)

(4) 의존명사 '대'가 쓰일 자리에 쓴다.

65:60(65 대 60)　　청군:백군(청군 대 백군)

[붙임] 쌍점의 앞은 붙여 쓰고 뒤는 띄어 쓴다. 다만, (3)과 (4)에서는 쌍점의 앞뒤를 붙여 쓴다.

7. 빗금(/)

(1) 대비되는 두 개 이상의 어구를 묶어 나타낼 때 그 사이에 쓴다.

먹이다/먹히다

남반구/북반구

금메달/은메달/동메달

(　)이/가 우리나라의 보물 제1호이다.

(2) 기준 단위당 수량을 표시할 때 해당 수량과 기준 단위 사이에 쓴다.

100미터/초　　　　1,000원/개

(3) 시의 행이 바뀌는 부분임을 나타낼 때 쓴다.

산에 / 산에 / 피는 꽃은 / 저만치 혼자서 피어 있네

다만, 연이 바뀜을 나타낼 때는 두 번 겹쳐 쓴다.

산에는 꽃 피네 / 꽃이 피네 / 갈 봄 여름 없이 / 꽃이 피네 // 산에 / 산에 / 피는 꽃은 / 저만치 혼자서 피어 있네

[붙임] 빗금의 앞뒤는 (1)과 (2)에서는 붙여 쓰며, (3)에서는 띄어 쓰는 것을 원칙으로 하되 붙여 쓰는 것을 허용한다. 단, (1)에서 대비되는 어구가 두 어절 이상인 경우에는 빗금의 앞뒤를 띄어 쓸 수 있다.

8. 큰따옴표(“ ”)

(1) 글 가운데서 직접 대화를 표시할 때 쓴다.

“어머니, 제가 가겠어요.”

“아니다. 내가 다녀오마.”

(2) 말이나 글을 직접 인용할 때 쓴다.

나는 “어, 광훈이 아니냐?” 하는 소리에 깜짝 놀랐다.

밤하늘에 반짝이는 별들을 보면서 “나는 아무 걱정도 없이 가을 속의 별들을 다 헬 듯합니다.”라는 시구를 떠올렸다.

편지의 끝머리에는 이렇게 적혀 있었다.

“할머니, 편지에 사진을 동봉했다고 하셨지만 봉투 안에는 아무것도 없었어요.”

더 알고가기

직접인용과 간접인용

직접인용이란 큰따옴표를 사용하여 남의 말이나 생각을 그대로 옮기는 것이고, 간접인용은 인용의 어미를 사용하여 남의 말이나 생각을 간접적으로 옮기는 것이다.

예 철수가 "바람이 분다."라고 말했다. (직접인용)
철수가 바람이 분다고 말했다. (간접인용)

9. 작은따옴표(' ')

(1) 인용한 말 안에 있는 인용한 말을 나타낼 때 쓴다.

그는 "여러분! '시작이 반이다.' 라는 말 들어 보셨죠?" 라고 말하며 강연을 시작했다.

(2) 마음속으로 한 말을 적을 때 쓴다.

나는 '일이 다 틀렸나 보군.' 하고 생각하였다.

'이번에는 꼭 이기고야 말겠어.' 호연이는 마음속으로 몇 번이나 그렇게 다짐하며 주먹을 불끈 쥐었다.

10. 소괄호(( ))

(1) 주석이나 보충적인 내용을 덧붙일 때 쓴다.

니체(독일의 철학자)의 말을 빌리면 다음과 같다.

2014. 12. 19.(금)

문인화의 대표적인 소재인 사군자(매화, 난초, 국화, 대나무)는 고결한 선비 정신을 상징한다.

(2) 우리말 표기와 원어 표기를 아울러 보일 때 쓴다.

기호(嗜好), 자세(姿勢)

커피(coffee), 에티켓(étiquette)

(3) 생략할 수 있는 요소임을 나타낼 때 쓴다.

학교에서 동료 교사를 부를 때는 '선생(님)'이라는 말을 덧붙인다.

광개토(대)왕은 고구려의 전성기를 이끌었던 임금이다.

(4) 희곡 등 대화를 적은 글에서 동작이나 분위기, 상태를 드러낼 때 쓴다.

현우: (가쁜 숨을 내쉬며) 왜 이렇게 빨리 뛰어?

"관찰한 것을 쓰는 것이 습관이 되었죠. 그러다 보니, 상상력이 생겼나 봐요." (웃음)

(5) 내용이 들어갈 자리임을 나타낼 때 쓴다.

우리나라의 수도는 (　　)이다.

다음 빈칸에 알맞은 조사를 쓰시오.

민수가 할아버지(　) 꽃을 드렸다.

(6) 항목의 순서나 종류를 나타내는 숫자나 문자 등에 쓴다.

사람의 인격은 (1) 용모, (2) 언어, (3) 행동, (4) 덕성 등으로 표현된다.

(가) 동해,　(나) 서해,　(다) 남해

11. 중괄호({ })

(1) 같은 범주에 속하는 여러 요소를 세로로 묶어서 보일 때 쓴다.

주격 조사 {이, 가}

국가의 성립 요소 {영토, 국민, 주권}

(2) 열거된 항목 중 어느 하나가 자유롭게 선택될 수 있음을 보일 때 쓴다.

아이들이 모두 학교{에, 로, 까지} 갔어요.

12. 대괄호([ ])

(1) 괄호 안에 또 괄호를 쓸 필요가 있을 때 바깥쪽의 괄호로 쓴다.

어린이날이 새로 제정되었을 당시에는 어린이들에게 경어를 쓰라고 하였다.[윤석중 전(1988), 70쪽 참조]

이번 회의에는 두 명[이혜정(실장), 박철용(과장)]만 빼고 모두 참석했습니다.

(2) 고유어에 대응하는 한자어를 함께 보일 때 쓴다.

나이[年歲]　　낱말[單語]　　손발[手足]

(3) 원문에 대한 이해를 돕기 위해 설명이나 논평 등을 덧붙일 때 쓴다.

그것[한글]은 이처럼 정보화 시대에 알맞은 과학적인 문자이다.

신경준의 《여암전서》에 "삼각산은 산이 모두 돌 봉우리인데, 그 으뜸 봉우리를 구름 위에 솟아 있다고 백운(白雲)이라 하며 [이하 생략]"

그런 일은 결코 있을 수 없다.[원문에는 '업다'임.]

13. 겹낫표(『 』)와 겹화살괄호(《 》)

책의 제목이나 신문 이름 등을 나타낼 때 쓴다.

우리나라 최초의 민간 신문은 1896년에 창간된 『독립신문』이다.

『훈민정음』은 1997년에 유네스코 세계 기록 유산으로 지정되었다.

《한성순보》는 우리나라 최초의 근대 신문이다.

윤동주의 유고 시집인 《하늘과 바람과 별과 시》에는 31편의 시가 실려 있다.

[붙임] 겹낫표나 겹화살괄호 대신 큰따옴표를 쓸 수 있다.

우리나라 최초의 민간 신문은 1896년에 창간된 "독립신문"이다.

윤동주의 유고 시집인 "하늘과 바람과 별과 시"에는 31편의 시가 실려 있다.

14. 홑낫표(「 」)와 홑화살괄호(〈 〉)

소제목, 그림이나 노래와 같은 예술 작품의 제목, 상호, 법률, 규정 등을 나타낼 때 쓴다.

「국어 기본법 시행령」은 「국어 기본법」에서 위임된 사항과 그 시행에 필요한 사항을 규정함을 목적으로 한다.

이 곡은 베르디가 작곡한 「축배의 노래」이다.

사무실 밖에 「해와 달」이라고 쓴 간판을 달았다.

〈한강〉은 사진집 《아름다운 땅》에 실린 작품이다.

백남준은 2005년에 〈엄마〉라는 작품을 선보였다.

[붙임] 홑낫표나 홑화살괄호 대신 작은따옴표를 쓸 수 있다.

사무실 밖에 '해와 달'이라고 쓴 간판을 달았다.

'한강'은 사진집 "아름다운 땅"에 실린 작품이다.

15. 줄표(—)

제목 다음에 표시하는 부제의 앞뒤에 쓴다.

이번 토론회의 제목은 '역사 바로잡기 — 근대의 설정 —'이다.

'환경 보호 — 숲 가꾸기 —'라는 제목으로 글짓기를 했다.

다만, 뒤에 오는 줄표는 생략할 수 있다.

이번 토론회의 제목은 '역사 바로잡기 — 근대의 설정'이다.

'환경 보호 — 숲 가꾸기'라는 제목으로 글짓기를 했다.

[붙임] 줄표의 앞뒤는 띄어 쓰는 것을 원칙으로 하되, 붙여 쓰는 것을 허용한다.

더하기 예제

다음 중 문장 부호 규정에 대한 설명과 예시가 적절하지 않은 것은?

	규정	예시
①	소제목, 그림이나 노래와 같은 예술 작품의 제목, 상호, 법률, 규정 등을 나타낼 때 겹낫표(『 』)를 쓴다.	이 곡은 베르디가 작곡한 『축배의 노래』이다.
②	제목 다음에 표시하는 부제의 앞뒤에 줄표(—)를 쓴다.	이번 토론회의 제목은 '역사 바로잡기 — 근대의 설정 —'이다.
③	두 개 이상의 어구가 밀접한 관련이 있음을 나타내고자 할 때 붙임표(-)를 쓴다.	드디어 서울-북경의 항로가 열렸다.
④	괄호 안에 또 괄호를 쓸 필요가 있을 때 바깥쪽의 괄호로 대괄호([ ])를 쓴다.	이번 회의에는 두 명[이혜정(실장), 박철용(과장)]만 빼고 모두 참석했습니다.
⑤	희곡 등 대화를 적은 글에서 동작이나 분위기, 상태를 드러낼 때 소괄호(( ))를 쓴다.	현우: (가쁜 숨을 내쉬며) 왜 이렇게 빨리 뛰어?

해설

홑낫표(「 」)와 홑화살괄호(〈 〉)에 대한 설명이다. 겹낫표(『 』)와 겹화살괄호(《 》)는 책의 제목이나 신문 이름 등을 나타낼 때 쓴다.

정답 ❶

16. 붙임표(-)

(1) 차례대로 이어지는 내용을 하나로 묶어 열거할 때 각 어구 사이에 쓴다.

멀리뛰기는 도움닫기-도약-공중 자세-착지의 순서로 이루어진다.

김 과장은 기획-실무-홍보까지 직접 발로 뛰었다.

(2) 두 개 이상의 어구가 밀접한 관련이 있음을 나타내고자 할 때 쓴다.

드디어 서울-북경의 항로가 열렸다.

원-달러 환율

남한-북한-일본 삼자 관계

17. 물결표(~)

기간이나 거리 또는 범위를 나타낼 때 쓴다.

9월 15일~9월 25일　　김정희(1786~1856)

2 주

서울~천안 정도는 출퇴근이 가능하다. 이번 시험의 범위는 3~78쪽입니다.

[붙임] 물결표 대신 붙임표를 쓸 수 있다.

9월 15일-9월 25일 김정희(1786-1856)

서울-천안 정도는 출퇴근이 가능하다. 이번 시험의 범위는 3-78쪽입니다.

18. 드러냄표(˙)와 밑줄(__)

문장 내용 중에서 주의가 미쳐야 할 곳이나 중요한 부분을 특별히 드러내 보일 때 쓴다.

글의 본디 이름은 훈민정음이다.

중요한 것은 왜 사느냐가 아니라 어떻게 사느냐이다.

지금 필요한 것은 <u>지식</u>이 아니라 <u>실천</u>입니다.

다음 보기에서 명사가 <u>아닌</u> 것은?

[붙임] 드러냄표나 밑줄 대신 작은따옴표를 쓸 수 있다.

한글의 본디 이름은 '훈민정음'이다.

중요한 것은 '왜 사느냐'가 아니라 '어떻게 사느냐'이다.

지금 필요한 것은 '지식'이 아니라 '실천'입니다.

다음 보기에서 명사가 '아닌' 것은?

19. 숨김표(○, ×)

(1) 금기어나 공공연히 쓰기 어려운 비속어임을 나타낼 때, 그 글자의 수효만큼 쓴다.

배운 사람 입에서 어찌 ○○○란 말이 나올 수 있느냐?

그 말을 듣는 순간 ×××란 말이 목구멍까지 치밀었다.

(2) 비밀을 유지해야 하거나 밝힐 수 없는 사항임을 나타낼 때 쓴다.

1차 시험 합격자는 김○영, 이○준, 박○순 등 모두 3명이다.

육군 ○○ 부대 ○○○ 명이 작전에 참가하였다.

그 모임의 참석자는 김×× 씨, 정×× 씨 등 5명이었다.

20. 빠짐표(□)

(1) 옛 비문이나 문헌 등에서 글자가 분명하지 않을 때 그 글자의 수효만큼 쓴다.

大師爲法主□□賴之大□薦

(2) 글자가 들어가야 할 자리를 나타낼 때 쓴다.

훈민정음의 초성 중에서 아음(牙音)은 □□□의 석 자다.

21. 줄임표(……)

(1) 할 말을 줄였을 때 쓴다.

"어디 나하고 한번……." 하고 민수가 나섰다.

(2) 말이 없음을 나타낼 때 쓴다.

"빨리 말해!"

"……."

(3) 문장이나 글의 일부를 생략할 때 쓴다.

'고유'라는 말은 문자 그대로 본디부터 있었다는 뜻은 아닙니다. …… 같은 역사적 환경에서 공동의 집단생활을 영위해 오는 동안 공동으로 발견된, 사물에 대한 공동의 사고방식을 우리는 한국의 고유 사상이라 부를 수 있다는 것입니다.

(4) 머뭇거림을 보일 때 쓴다.

"우리는 모두…… 그러니까…… 예외 없이 눈물만…… 흘렸다."

[붙임 1] 점은 가운데에 찍는 대신 아래쪽에 찍을 수도 있다.

"어디 나하고 한번......." 하고 민수가 나섰다.

"실은...... 저 사람...... 우리 아저씨일지 몰라."

[붙임 2] 점은 여섯 점을 찍는 대신 세 점을 찍을 수도 있다.

"어디 나하고 한번…." 하고 민수가 나섰다.

"실은... 저 사람... 우리 아저씨일지 몰라."

[붙임 3] 줄임표는 앞말에 붙여 쓴다. 다만, (3)에서는 줄임표의 앞뒤를 띄어 쓴다.

2주

더 알고가기

숨김표와 빠짐표

- **숨김표** : 알고 있지만 의도적으로 해당하는 단어나 구절을 숨기고자 할 때 사용하게 된다. 이유는 검열을 피하기 위한 방법으로, 사회적으로 용인되지 않는 내용인 경우, 또는 특정인이나 단체의 신분을 보호해야 하는 경우 등 다양하다.
- **빠짐표** : 자리를 비워 둠을 의미한다. 빠짐표를 사용하는 이유는 우선 해당 어휘나 구절을 알 길이 없을 경우, 또는 문제 등을 위해 빈칸으로 두어야 하는 경우 등이다.

둘 표준어 규정

모든 언어는 시간의 흐름과 함께 끊임없이 변화한다. 이러한 변화에 따라 한 언어 안에서 특정 지역의 말이 다른 지역의 말과 달라지기도 하는데 이를 '방언'이라 한다. 방언과 방언의 차이가 커지면 방언 상호 간의 의사소통은 상대적으로 어렵게 된다. 국가에서는 이를 극복하기 위해서 표준어를 제정하여 사용하고 있다. 즉 대립되는 말을 하나로 정하여 국민의 의사소통을 원활하게 하고 올바른 언어생활을 유도하기 위하여 표준어를 제정한 것이다.

1 표준어 사정 원칙

제1장 총칙

제1항 | 표준어는 교양 있는 사람들이 두루 쓰는 현대 서울말로 정함을 원칙으로 한다.

제2항 | 외래어는 따로 사정한다.

1항의 규정에는 표준어의 조건이 제시되어 있다. 여기서 제시된 표준어의 조건은 크게 계층적 조건, 시대적 조건, 지역적 조건 세 가지이다. 우선 표준어를 '교양 있는 사람들이 쓰는 말로 제한하여 계층 조건을 제시하고 있는데, 이는 표준어가 공용어인 점을 감안하여 교양 있는 언어사용을 유도할 수 있도록 한 것이다. '현대'라는 시대적 조건은 표준어가 현대인들의 언어생활과 관련된 것이기 때문이며 과거의 역사적 표기 형태를 표준어의 범위에서 제외시킴으로써 표준어 사용의 현실성과 실용성을 높이고 있다. 끝으로 '서울말'이라는 지역적 조건을 명시하고 있는데 이는 서울이 역사적으로 오랫동안 우리나라의 정치, 사회, 문화의 중심지였다는 점과 현재 인구 구성 면에서도 최다성을 보이고 있다는 점을 고려한 것이다.

제2장 발음 변화에 따른 표준어 규정

제1절 자음

제3항 | 다음 단어들은 거센소리를 가진 형태를 표준어로 삼는다. (ㄱ을 표준어로 삼고, ㄴ을 버림.)

ㄱ	ㄴ	비고
끄나풀	끄나불	
나팔-꽃	나발-꽃	
녘	녁	동~, 들~, 새벽~, 동틀~.
부엌	부억	
살-쾡이	삵-괭이	

ㄱ	ㄴ	비고
칸	간	1. ~막이, 빈~, 방 한~.
		2. '초가삼간, 윗간'의 경우에는 '간'임.
털어-먹다	떨어-먹다	재물을 다 없애다.

3항에서는 어원을 고려하더라도 그 변화가 두드러져 종래의 형태를 그대로 인정할 수 없는 경우 새로운 형태를 표준어로 삼도록 하고 있다. 가령, '나팔꽃'은 나발꽃이 바뀐것이나, '나발'과 '나팔'은 독립적으로 쓰인다. 또한 '살쾡이'의 경우 역사적으로 '삵'이 원형이었으나 현실 발음이 '살쾡이'로 굳어져 이를 되돌릴 수 없기 때문에 '살쾡이'를 표준어로 삼고 '삵'은 어원 의식을 고려하여 제26항에서 복수 표준어로 규정하고 있는 것이다.

제5항 | **어원에서 멀어진 형태로 굳어져서 널리 쓰이는 것은, 그것을 표준어로 삼는다. (ㄱ을 표준어로 삼고, ㄴ을 버림.)**

ㄱ	ㄴ	비고
강낭-콩	강남-콩	
고삿	고샅	겉~, 속~.
사글-세	삭월-세	'월세'는 표준어임.
울력-성당	위력-성당	떼를 지어서 으르고 협박하는 일.

※ 어원적으로 원형에 더 가까운 형태가 아직 쓰이고 있는 경우에는, 그것을 표준어로 삼는다. (ㄱ을 표준어로 삼고, ㄴ을 버림.)

ㄱ	ㄴ	비고
갈비	가리	~구이, ~찜, 갈빗-대.
갓모	갈모	1. 사기 만드는 물레 밑 고리.
		2. '갈모'는 갓 위에 쓰는, 유지로 만든 우비.
굴-젓	구-젓	
말-곁*	말-겻	
물-수란*	물-수랄	
밀-뜨리다	미-뜨리다	
적이	저으기	적이-나, 적이나-하면.
휴지	수지	

5항은 어원이 뚜렷하지만 이미 언중들이 어원에서 멀어진 형태로 발음하고 있는 것을 인정하여 표준어로 인정한 경우이다. 다만, 어원 의식이 남아 그 형태가 널리 쓰이고 있는 것들은 어원을 고려하여 어원에 따른 말을 표준어로 삼고 있다. '꽤 어지간한 정도로'의 뜻을 지닌 '적이'의 경우, '적다'와는 의미적으로 거리가 있으나 '적다'와의 관계를 완전히 부정하기 어렵다는 점을 감안하여 '적이'를 표준어로 삼고 있다.

어휘풀이

- **말결** : 남이 말하는 옆에서 덩달아 참견하는 말.
- **물수란** : 달걀을 깨뜨려 그대로 끓는 물에 넣어 반쯤 익힌 음식.

더 알고가기

'사글세'와 '강낭콩'

사글세의 어원은 '삭월세'이다. '삭월(朔月)'은 달을 뜻하는 '삭(朔)'과 '월(月)'이 합쳐져 이루어진 말로, 다달이 내는 세를 의미하는 말이었다. 그러나 현실 발음이 '사글세'로 굳어지면서 '삭월세'를 버리고 '사글세'를 표준어로 삼은 것이다. 표준어 중에는 이처럼 원래 어원을 고려하여 적는 것이 말의 뜻을 이해하는 데 훨씬 효율적임에도 불구하고 현실 발음을 존중하여 발음대로 표기하도록 정한 것들이 있다. '강낭콩' 역시 그러한 예이다. 어원적으로 보면 중국 '강남(江南)' 지방에서 재배되던 것이 우리나라로 들어왔기 때문에 '강남(江南)콩'이었으나 이 역시 언중의 현실 발음을 중시하여 '강낭콩'으로 표기하도록 하였다.

제6항 | 다음 단어들은 의미를 구별함이 없이, 한 가지 형태만을 표준어로 삼는다. (ㄱ을 표준어로 삼고, ㄴ을 버림.)

ㄱ	ㄴ	비고
돌	돐	생일, 주기.
둘-째	두-째	'제2, 두 개째'의 뜻.
셋-째	세-째	'제3, 세 개째'의 뜻.
넷-째	네-째	'제4, 네 개째'의 뜻.
빌리다	빌다	1. 빌려 주다, 빌려 오다.
		2. '용서를 빌다'는 '빌다'임.

※ '둘째'는 십 단위 이상의 서수사에 쓰일 때에는 '두째'로 한다.

ㄱ	ㄴ	비고
열두-째	열둘-째	열두 개째의 뜻은 '열둘째'로 함.
스물두-째	스물둘-째	스물두 개째의 뜻은 '스물둘째'로 함.

6항에 제시된 어휘들은 예전에는 용법상 차이를 인정하여 두 형태를 구별하여 써 왔던 말들이다. 가령, '돌'은 '생일'을, '돐'은 '주기'를 의미하는 말로 구분하여 써 왔던 것인데 이들의 의미 구분에 실용성이 떨어져 '돌'로 통일한 것이다. '빌다' 역시 '빌리다'와 의미를 구분하여 써 오던 것을 '빌려 오다', '빌려 주다'와 같이 '빌리다'로 형태를 통일하도록 규정하고 있다. 다만, 차례를 나타내는 '열두째, 스물두째, 서른두째' 등은 '둘째' 앞에 다른 수가 올 경우 받침 'ㄹ'이 탈락하는 경향이 뚜렷하므로 종래의 구분대로 구별하여 표기하도록 하였다.

더하기 예제

다음 밑줄 친 부분이 어문규정에 어긋난 것은?

① 그는 어제 조카의 돌잔치에 다녀왔다.
② 신문에 강낭콩이 몸에 좋다는 기사가 나왔다.
③ 어머니께서는 부엌에서 음식을 만드신다.
④ 하루 종일 돌아다녀도 사글셋방을 구하기 어려웠다.
⑤ 빈대 잡으려다가 초가삼칸 다 태운다고 했다.

해설
'칸'은 거센소리를 가진 형태를 표준어로 삼는 경우에 해당한다. 하지만 '초가삼간'과 '윗간'은 '간'을 표준어로 삼는다.

정답 ⑤

제7항 | 수컷을 이르는 접두사는 '수-'로 통일한다. (ㄱ을 표준어로 삼고, ㄴ을 버림.)

ㄱ	ㄴ	비고
수-꿩	수-퀑, 숫-꿩	'장끼'도 표준어임.
수-나사	숫-나사	
수-놈	숫-놈	
수-사돈	숫-사돈	
수-소	숫-소	'황소'도 표준어임.

※ 1. 다음 단어에서는 접두사 다음에서 나는 거센소리를 인정한다. 접두사 '암-'이 결합되는 경우에도 이에 준한다. (ㄱ을 표준어로 삼고, ㄴ을 버림.)

ㄱ	ㄴ	비고
수-캉아지	숫-강아지	
수-캐	숫-개	
수-컷	숫-것	
수-키와	숫-기와	
수-탉	숫-닭	
수-탕나귀	숫-당나귀	
수-톨쩌귀	숫-돌쩌귀	
수-퇘지	숫-돼지	
수-평아리	숫-병아리	

※ 2. 다음 단어의 접두사는 '숫-'으로 한다. (ㄱ을 표준어로 삼고, ㄴ을 버림.)

ㄱ	ㄴ	비고
숫-양	수-양	
숫-염소	수-염소	
숫-쥐	수-쥐	

'수'의 경우 사잇소리현상과 연관되어 '숫'과 그 형태에 대한 논란이 있을 수 있다. 하지만 본 항에서는 '수'로 통일하여 그러한 혼란을 없애고 하나의 형태로 고정시킴으로써 언어생활의 효율성을 기하고 있다. 다만, '※ 2'에서 제시된 '숫양', '숫염소', '숫쥐'의 경우 사잇소리 경향을 인정하여 '숫'의 형태를 쓸 수 있도록 인정하였다. '암'은 '수'에 준하므로 '암' 또한 위의 규정에 따라 써야 한다.

역사적으로 '암'과 '수'는 ㅎ종성체언으로 뒷말과 결합할 때 'ㅎ'이 덧나는 대표적인 어휘였다. 이러한 역사적 관습이 남아 현재에도 '암/수'와 예사소리가 결합할 때에는 거센소리로 소리 나는 경향이 뚜렷하다. 하지만 이것을 어디까지 인정할 것인가는 논란의 여지가 있다. 따라서 본 항에서는 '암', '수' 뒤에서 'ㅎ'과 결합하여 거센소리로 나는 것을 인정하여 표기하되 '※ 1'에 제시된 단어들로 국한하였다.

더 알고가기

ㅎ종성체언

우리말에서는 체언과 조사가 결합할 때 특정한 상황에서 'ㅎ'이 덧생기는 체언들이 있었다. 이러한 체언들을 'ㅎ종성체언' 또는 'ㅎ곡용어'라고 불렀다. 중세 국어의 '바랗[海], 우[上], 내[川], 돌[石] 등의 많은 단어들이 이에 속하는데 현대 국어로 오면서 이러한 현상은 사라졌다. 그러나 몇몇 단어는 특정 어휘와 결합할 때 이러한 현상이 나타나는 경우가 있다. '암', '수' 외에도 '머리'가 '가락'과 결합할 때 '머리카락'이 되고 '살'이 '고기'와 결합할 때 '살코기'가 되는 경우가 그것이다. 결국 과거에 사라졌던 어휘의 특성이 언중의 의식 속에 남아 있다가 특정 어휘들에 국한하여 그 흔적이 드러나는 셈이다.

제2절 모음

제8항 | 양성 모음이 음성 모음으로 바뀌어 굳어진 다음 단어는 음성 모음 형태를 표준어로 삼는다. (ㄱ을 표준어로 삼고, ㄴ을 버림.)

ㄱ	ㄴ	비고
깡충-깡충	깡총-깡총	큰말은 '껑충껑충'임.
-둥이	-동이	← 童-이. 귀-, 막-, 선-, 쌍-, 검-, 바람-, 흰-.
발가-숭이	발가-송이	센말은 '빨가숭이', 큰말은 '벌거숭이, 뻘거숭이'임.
봉죽	봉족	← 奉足. ~꾼, ~들다.
뻗정-다리	뻗장-다리	
아서, 아서라	앗아, 앗아라	하지 말라고 금지하는 말.
오뚝-이	오똑-이	부사도 '오뚝-이'임.
주추	주초	← 柱礎. 주춧-돌.

※ 어원 의식이 강하게 작용하는 다음 단어에서는 양성 모음 형태를 그대로 표준어로 삼는다. (ㄱ을 표준어로 삼고, ㄴ을 버림.)

ㄱ	ㄴ	비고
부조(扶助)	부주	~금, 부좃-술.
사돈(査頓)	사둔	밭~, 안~.
삼촌(三寸)	삼춘	시~, 외~, 처~.

모음조화가 지켜지지 않는 말들에 대해서 언어 현실을 받아들여 음성 모음화 현상을 인정하여 표기하도록 규정하고 있다. 다만 '부조, 사돈, 삼촌'은 '부주, 사둔, 삼춘'이 널리 쓰이고 있는 것이 현실이지만 아직 어원 의식이 강하게 남아있다고 판단하여 음성 모음으로 바꾸는 것을 허용하지 않았다.

>>> 짚어보기 **모음조화의 파괴**

- **첩어** : 깡충깡충, 오순도순*, 보슬보슬, 소곤소곤, 꼼질꼼질, 몽실몽실, 산들산들, 반들반들, 남실남실, 자글자글, 대굴대굴, 생글생글, 아웅다웅(아옹다옹), 맨숭맨숭/맹숭맹숭(맨송맨송)*
- **어휘** : 오뚝이, 막둥이
- **ㅂ불규칙 용언** : 'ㅂ' 불규칙 용언들이 어미 '-아/-어'와 결합할 때 '-와/-워'가 되는데 2음절 이하에서 이들은 모음조화를 철저히 지켜 '고와, 주워' 처럼 사용되었다. 그러나 3음절 이상에서는 '고마워, 반가워, 아름다워' 처럼 모음조화와 상관없이 '워'로 통일하였다.

* 2011년 추가된 표준어에서는 모음조화가 적용된 '오손도손'도 포함되어 있다.

* '아웅다웅, 맨숭맨숭, 맹숭맹숭'은 원래 모음조화를 지켜서 '아옹다옹, 맨송맨송'으로 표기하였으나 2011년 추가된 표준어에서 모음조화가 지켜지지 않은 표기도 인정하도록 하였다.

더하기 예제

다음 밑줄 친 말이 표준어가 아닌 것은?

① 수소와 암소는 가격에 차이가 있다.
② 그녀는 기뻐서 깡총깡총 뛰었다.
③ 그는 오뚝이처럼 다시 일어났다.
④ 어제 길에서 사돈어른을 만났다.
⑤ 요즘은 결혼식이 많아 부조금이 부담된다.

해설
양성 모음이 음성 모음으로 바뀌어 굳어진 단어는 음성 모음 형태를 표준어로 삼는다. 따라서 '깡충깡충'이 표준어이다.

정답 ❷

제9항 | 'ㅣ' 역행동화 현상에 의한 발음은 원칙적으로 표준 발음으로 인정하지 아니하되, 다만 다음 단어들은 그러한 동화가 적용된 형태를 표준어로 삼는다. (ㄱ을 표준어로 삼고, ㄴ을 버림.)

ㄱ	ㄴ	비고
-내기	-나기	서울-, 시골-, 신출-, 풋-
냄비	남비	
동댕이-치다	동당이-치다	

- **붙임 1** : 다음 단어는 'ㅣ' 역행 동화가 일어나지 아니한 형태를 표준어로 삼는다. (ㄱ을 표준어로 삼고, ㄴ을 버림.)

ㄱ	ㄴ	비고
아지랑이	아지랭이	

- **붙임 2** : 기술자에게는 '-장이', 그 외에는 '-쟁이'가 붙는 형태를 표준어로 삼는다. (ㄱ을 표준어로 삼고, ㄴ을 버림.)

ㄱ	ㄴ	비고
미장이	미쟁이	
유기장이	유기쟁이	
멋쟁이	멋장이	
소금쟁이	소금장이	

ㄱ	ㄴ	비고
담쟁이-덩굴	담장이-덩굴	
골목쟁이	골목장이	
발목쟁이	발목장이	

'ㅣ'모음 역행동화란 '아기'를 '애기'로 발음하는 것과 같이 뒤음절의 전설모음 'ㅣ'의 영향으로 앞의 후설모음 'ㅏ, ㅓ, ㅗ, ㅜ'가 'ㅐ, ㅔ, ㅚ, ㅟ'와 같은 전설모음으로 바뀌는 현상이다. 이는 발음의 편이를 위해 일어나는 현상이다. 하지만 이러한 음운현상은 필연적으로 일어나는 것도 아니고 '아기'와 같은 형태를 발음할 수 없거나 어원적으로 쓰지 못할 이유도 없기 때문에 'ㅣ'모음 역행동화의 경우 표준어로 인정하지 않는 것이다. 다만 9항에서는 예외적으로 언어 현실상 'ㅣ'모음 역행동화가 일어난 형태가 굳어져 'ㅣ'모음 역행동화가 일어난 형태를 표준어로 삼는 단어들을 제시하고 있다.

>>> 짚어보기 'ㅣ'모음 역행동화(전설모음화)

'ㅣ'모음 역행동화는 흔히 '전설모음화'라고도 부른다. 'ㅣ'모음 역행동화라고 부르는 것은 후행하는 'ㅣ'모음의 영향으로 선행하는 모음이 변화하였기 때문에 동화의 방향을 고려하여 붙여진 이름이고, '전설모음화'는 뒤 음절의 전설모음 'ㅣ'의 영향을 받아 앞 음절의 후설모음(ㅏ, ㅓ, ㅗ, ㅜ, ㅡ)이 전설모음(ㅐ, ㅔ, ㅚ, ㅟ, ㅣ)으로 변화하기 때문에 붙여진 이름이다. 특히 우리말에서 'ㅣ'모음 역행동화는 표준어나 표준 발음으로 인정되지 않기 때문에 위에 제시된 어휘들을 제외하고는 표기나 발음에 유의해야 한다.

제10항 | 다음 단어는 모음이 단순화한 형태를 표준어로 삼는다. (ㄱ을 표준어로 삼고, ㄴ을 버림.)

ㄱ	ㄴ	비고
괴팍-하다	괴퍅-하다/괴팩-하다	
-구먼	-구면	
미루-나무	미류-나무	←美柳~.
미륵	미력	←彌勒. ~보살, ~불, 돌~.
여느	여늬	
온-달	왼-달	만 한 달.
으레	으례	
케케-묵다	켸켸-묵다	
허우대	허위대	
허우적-허우적	허위적-허위적	허우적-거리다.

이중 모음을 단모음으로 발음하거나 복잡한 모음을 보다 단순한 모음으로 바꿔 발음하는 현상은 일부 방언에서 볼 수 있는 현상이었다. 하지만 10항에 제시된 단어들은 비록 원형 자체가 '미류(美柳)~', '의례(依例)' 등과 같이 이중 모음을 가진 것인데 언어 현실상 이중 모음으로 발음하지 않고 모음이 단순화한 형태로 발음되고 있으므로 이러한 현실을 고려하여 모음이 단순화한 형태를 표준어로 삼도록 하고 있다.

제11항 | 다음 단어에서는 모음의 발음 변화를 인정하여, 발음이 바뀌어 굳어진 형태를 표준어로 삼는다. (ㄱ을 표준어로 삼고, ㄴ을 버림.)

ㄱ	ㄴ	비고
-구려	-구료	
깍쟁이	깍정이	1. 서울~, 알~, 찰~. 2. 밤나무, 떡갈나무 따위의 열매를 싸고 있는 술잔 모양의 받침은 '깍정이'임.
나무라다	나무래다	
미수	미시	미숫-가루.
바라다	바래다	'바램[所望]'은 비표준어임.
상추	상치	~쌈.
시러베-아들	실업의-아들	
주책	주착	←主着. ~망나니, ~없다.
지루-하다	지리-하다	←支離.
튀기	트기	
허드레	허드래	허드렛-물, 허드렛-일.
호루라기	호루루기	

11항에 제시된 단어들은 8항~10항의 규정에서 설명하기 어려운 것들을 모아 규정하고 있다. '구려'와 '구료'는 의미 구분이 명확치 않다고 판단하여 '구려'만 인정하였고, '깍쟁이'는 원단어가 '깍정이'인 점을 고려하면 'ㅣ' 모음 역행동화를 인정하더라도 '깍젱이'가 되어야겠지만 현실적으로 '깍쟁이'가 사용되고 있어 9항에서 제외하여 본항에서 다루고 있는 것이다. 다만 '도토리', '상수리' 등에서 사용하는 '깍정이'는 그대로 인정하였다.

한편, '나무래다', '바래다'는 방언으로 보아 '나무라다', '바라다'를 표준어로 삼도록 하였다. 따라서 '누가 우리 아들을 나무래.'에서의 '나무래'나 '우리의 바램은 통일'에서 '바램' 등은 모두 '누가 우리 아들을 나무라.', '우리의 바람은 통일'과 같이 써야 한다.

'미싯가루'나 '상치'는 'ㅅ', 'ㅊ' 뒤에서 'ㅣ' 모음화가 일어난 것으로 보아 원래 형태인 '미수'와 '상추'

를 표준어로 삼은 것이다. 반면, '튀기'와 '트기'의 경우 모음이 단순화한 형태를 표준어로 삼을 수도 있으나 원형이 아직 쓰이고 있다고 보아 '튀기'를 표준어로 삼았다. 반대로 '주책'과 '지루하다'는 한자어의 어원을 인식할 수 있으나 현실 발음을 존중하여 표준어로 삼은 것이며, '시러베아들', '허드레', '호루라기' 역시 현실 발음을 받아들여 표준어로 삼은 것이다.

더 알고가기

활용 시 주의해야 할 어휘들

- 바람[所望] (○) – 바램 (×)
- 삼가다 (○) – 삼가하다 (×)
- 나무라 (○) – 나무래 (×)
- 설렘 (○) – 설레임 (×)
- 앎 (○) – 암 (×)

제12항 | '웃-' 및 '윗-'은 명사 '위'에 맞추어 '윗-'으로 통일한다. (ㄱ을 표준어로 삼고, ㄴ을 버림.)

ㄱ	ㄴ	비고
윗-눈썹	~~웃-눈썹~~	
윗-니	~~웃-니~~	
윗-도리	~~웃-도리~~	
윗-동아리*	~~웃-동아리~~	준말은 '윗동'임.
윗-목	~~웃-목~~	

※ 1. 된소리나 거센소리 앞에서는 '위-'로 한다. (ㄱ을 표준어로 삼고, ㄴ을 버림.)

ㄱ	ㄴ	비고
위-짝	~~웃-짝~~	
위-쪽	~~웃-쪽~~	
위-채	~~웃-채~~	
위-층	~~웃-층~~	
위-치마	~~웃-치마~~	
위-턱	~~웃-턱~~	~구름(上層雲)
위-팔	~~웃-팔~~	

※ 2. '아래, 위'의 대립이 없는 단어는 '웃-'으로 발음되는 형태를 표준어로 삼는다. (ㄱ을 표준어로 삼고, ㄴ을 버림.)

ㄱ	ㄴ	비고
웃-국	~~윗-국~~	
웃-기*	~~윗-기~~	

웃-돈	윗-돈	
웃-비*	윗-비	~걷다.
웃-어른	윗-어른	
웃-옷	윗-옷	

12항에서는 '웃'과 '윗'의 혼란을 없애기 위해 '윗'을 표준어로 삼고 있다. 이는 '우'와 '위' 중 '위'가 표준어임을 감안하여 '윗'을 표준어로 삼은 것이므로 합리적인 선택이라고 볼 수 있다. 또한 된소리나 거센소리 앞에서는 사잇소리가 일어나지 않으므로 '※ 1'과 같이 '위'를 쓰도록 하고 있다. 단지, '웃'이 현실 발음으로 굳어져 버린 경우에 대해서는 현실 발음을 존중하되 아래와 위의 대립이 없는 경우로 제한하여 언어 생활의 효율성을 꾀하고 있다. 즉, '웃어른'은 있으나 '아랫어른'이 없는 것과 같이 '아래', '위'의 대립이 없는 경우 '웃'으로 쓰도록 규정하여 '웃'과 '윗'의 혼란을 최소화하고 있다.

어휘풀이

- **웃기** : 1. 흰떡에 물을 들여 만든 도병(擣餠)의 하나. = 웃기떡. 2. 떡, 포, 과일 따위를 괸 위에 모양을 내기 위하여 얹는 재료. 주악, 화전 따위가 있다.
- **웃비** : 아직 우기(雨氣)는 있으나 좍좍 내리다가 그친 비.
- **윗동아리** : 1. 긴 물체의 위쪽 부분. 2. 둘로 갈라진 토막의 위쪽 동아리.

더 알고가기

웃옷과 윗옷

'웃옷'은 그에 대응하는 '아래옷'이 없다는 뜻이므로 이는 위와 아래의 구별이 없는 어휘이다. 따라서 '웃옷'은 '겉옷'의 의미로 쓰는 것이고 이에 대립하는 말은 '속옷'이 된다. 반면 '윗옷'은 '아래옷'이 있다는 뜻이고, 이 경우 '윗옷'은 '하의(下衣)'와 대립하여 '상의(上衣)'에 해당하는 말이다.

더하기 예제

다음 밑줄 친 부분이 표준어가 아닌 것은?

① 불에 올려놓은 냄비가 끓고 있었다.
② 그 말은 으레 하는 말이니 너무 신경 쓰지 말아라.
③ 그는 주책없이 아무 일에나 나선다.
④ 어머니께서는 텃밭에 상추를 심으셨다.
⑤ 그는 우리를 웃목에 앉혔다.

해설

아래와 위의 대립이 없는 경우는 '웃'을 쓰지만 아래와 위의 대립이 있는 경우에는 '윗'을 써야 한다. ⑤의 경우 '아랫목'이 있으므로 '윗목'으로 써야 한다.

정답 ⑤

제13항 | 한자 '구(句)'가 붙어서 이루어진 단어는 '귀'로 읽는 것을 인정하지 아니하고, '구'로 통일한다. (ㄱ을 표준어로 삼고, ㄴ을 버림.)

ㄱ	ㄴ	비고
구법(句法)	귀법	
구절(句節)	귀절	
결구(結句)	결귀	
경구(警句)	경귀	
대구(對句)	대귀	~법(對句法).
문구(文句)	문귀	
시구(詩句)	시귀	
인용구(引用句)	인용귀	
절구(絕句)	절귀	

※ 다음 단어는 '귀'로 발음되는 형태를 표준어로 삼는다. (ㄱ을 표준어로 삼고, ㄴ을 버림.)

ㄱ	ㄴ	비고
귀-글	구-글	
글-귀	글-구	

13항에서는 혼동이 심했던 '귀'와 '구'를 '구(句)'로 통일하여 언어 생활의 효율성을 기하고 있다. 다만 '句'의 경우 '글귀 구'로 훈과 음을 사용하고 있으므로 이를 반영하여 '귀글', '글귀'와 같이 예외를 인정하였다.

제3절 준말

제14항 | 준말이 널리 쓰이고 본말이 잘 쓰이지 않는 경우에는, 준말만을 표준어로 삼는다. (ㄱ을 표준어로 삼고, ㄴ을 버림.)

ㄱ	ㄴ	비고
귀찮다	귀치 않다	
김	기음	~매다.
똬리	또아리	
무	무우	~강즙, ~말랭이, ~생채, 가랑~, 갓~, 왜~, 총각~.
미다	무이다	1. 털이 빠져 살이 드러나다. 2. 찢어지다.
뱀	배암	
뱀-장어	배암-장어	
빔	비음	설~, 생일~.
샘	새암	~바르다, ~바리.
생-쥐	새앙-쥐	
솔개	소리개	
온-갖	온-가지	
장사-치	장사-아치	

14항에서는 본말을 충분히 인식하고 있으나 본말의 형태가 현실에서 거의 쓰이지 않고 준말의 형태가 널리 쓰이고 있는 경우 준말을 표준어로 쓰도록 함으로써 언어 생활의 효율성을 높이고 있다.

더 알고가기

'무'와 '무우'

원래 '무'의 고어는 '무수'이다. 여기에서 'ㅿ'이 탈락하고, 'ㅇ'으로 바뀌면서 '무우'의 형태가 쓰였는데 고어의 형태와 연관된 '무우'보다 '무'가 널리 쓰이게 되자 '무우'를 버리고 '무'를 표준어로 규정하게 된 것이다.

제15항 | 준말이 쓰이고 있더라도, 본말이 널리 쓰이고 있으면 본말을 표준어로 삼는다. (ㄱ을 표준어로 삼고, ㄴ을 버림.)

ㄱ	ㄴ	비고
경황-없다	경-없다	
궁상-떨다	궁-떨다	

ㄱ	ㄴ	비고
낌새	낌	
낙인-찍다	낙-하다/낙-치다	
내왕-꾼*	냉-꾼	
돗-자리	돗	
뒤웅-박	뒝-박	
뒷물-대야	뒷-대야	
마구-잡이	막-잡이	
귀이-개	귀-개	
맵자-하다	맵자다	모양이 제격에 어울리다.
살얼음-판	살-판	
수두룩-하다	수둑-하다	
암-죽*	암	
어음	엄	
일구다	일다	
죽-살이*	죽-살	
부스럼	부럼	정월 보름에 쓰는 '부럼'은 표준어임.
퇴박-맞다*	퇴-맞다	
한통-치다*	통-치다	

※ 다음과 같이 명사에 조사가 붙은 경우에도 이 원칙을 적용한다. (ㄱ을 표준어로 삼고, ㄴ을 버림.)

ㄱ	ㄴ	비고
아래-로	알-로	

15항은 14항과 반대로 준말보다 본말이 널리 쓰이고 있는 경우 본말만을 표준어로 삼는다는 규정이다. 이 경우 준말이 쓰인다고 하더라도 제한적이고 그 형태 또한 교양이 느껴지지 않기 때문에 준말을 버리고 본말만을 표준어로 삼게 된 것이다. 이는 명사와 조사의 결합에서도 적용하도록 하고 있다.

어휘풀이

- **내왕꾼** : 절에서 심부름하는 일반 사람.
- **암죽** : 곡식이나 밤의 가루로 묽게 쑨 죽.
- **죽살이** : 1. 삶과 죽음을 아울러 이르는 말. = 생사. 2. 죽고 사는 것을 다투는 정도의 고생.
- **퇴박맞다** : 마음에 들지 아니하여 거절당하거나 물리침을 받다.
- **한통치다** : 나누지 아니하고 한곳에 합치다.

제16항 | 준말과 본말이 다 같이 널리 쓰이면서 준말의 효용이 뚜렷이 인정되는 것은, 두 가지를 다 표준어로 삼는다. (ㄱ은 본말이며, ㄴ은 준말임.)

ㄱ	ㄴ	비고
거짓-부리	거짓-불	작은말은 '가짓부리, 가짓불'임.
노을	놀	저녁~.
막대기	막대	
망태기*	망태	
머무르다	머물다	모음 어미가 연결될 때에는 준말의 활용형을 인정하지 않음.
서두르다	서둘다	
서투르다	서툴다	
석새-삼베	석새-베	
시-누이	시-뉘/시-누	
오-누이	오-뉘/오-누	
외우다	외다	외우며, 외워 : 외며, 외어.
이기죽-거리다*	이죽-거리다	
찌꺼기	찌끼	'찌꺽지'는 비표준어임.

16항에서는 앞의 14, 15항과는 달리 본말과 준말이 함께 쓰이고 있다고 판단하여 양쪽 모두를 표준어로 삼고 있다. 특히 '외우다/외다'는 원래 '외다'가 쓰이다가 본말인 '외우다'가 살아난 경우이다. 하지만 '개다'의 경우 '개이다'를 잘못된 발음으로 보고 '개다'만을 표준어로 인정하였다.

'비고'에서는 '모음의 어미가 연결될 때 준말의 활용형을 인정하지 않는다.'라고 규정하여 준말의 활용을 제한하고 있다. 예를 들어 '가지다'의 준말 '갖다'의 모음 어미 활용형 '갖아, 갖으오' 등이 성립하지 않으므로 활용형을 제한한 것이다. 따라서 '머무르다, 서두르다, 서투르다'의 활용형인 '머물러, 서둘러, 서툴러'와 같이 쓰도록 하였다.

어휘풀이

- **망태기/망태** : 물건을 담아 들거나 어깨에 메고 다닐 수 있도록 만든 그릇.
- **이기죽거리다/이죽거리다** : 자꾸 밉살스럽게 지껄이며 짓궂게 빈정거리다.

제17항 | 비슷한 발음의 몇 형태가 쓰일 경우, 그 의미에 아무런 차이가 없고 그중 하나가 더 널리 쓰이면, 그 한 형태만을 표준어로 삼는다. (ㄱ을 표준어로 삼고, ㄴ을 버림.)

ㄱ	ㄴ	비고
거든-그리다	거둥-그리다	1. 거든하게 거두어 싸다. 2. 작은말은 '가든-그리다'임.
구어-박다	구워-박다	사람이 한 군데에서만 지내다.
귀-고리	귀엣-고리	
귀-띔	귀-틤	
귀-지	귀에-지	
까딱-하면	까땍-하면	
꼭두-각시	꼭둑-각시	
내색	나색	감정이 나타나는 얼굴빛.
내숭-스럽다	내흉-스럽다	
냠냠-거리다	얌냠-거리다	냠냠-하다
냠냠-이	얌냠-이	
너[四]	네	~돈, ~말, ~발, ~푼
넉[四]	너/네	~냥, ~되, ~섬, ~자
다다르다	다닫다	
댑-싸리	대-싸리	
-던	-든	선택, 무관의 뜻을 나타내는 어미는 '-든'임. 가-든(지) 말-든(지), 보-든(가), 말-든(가)
-던가	-든가	
-던걸	-든걸	
-던고	-든고	
-던데	-든데	
-던지	-든지	
-(으)려고	-(으)ㄹ려고/-(으)ㄹ라고	
-(으)려야	-(으)ㄹ려야/-(으)ㄹ래야	
망가-뜨리다	망그-뜨리다	
멸치	며루치/메리치	
반빗-아치	반비-아치	'반빗' 노릇을 하는 사람. 찬비(饌婢). '반비'는 밥 짓는 일을 맡은 계집종.

2 주

ㄱ	ㄴ	비고
보습	보십/보섭	
본새	뽄새	
봉숭아	봉숭화	'봉선화' 도 표준어임.
뺨-따귀	뺌-따귀/뺨-따구니	
뻐개다[斫]	뻐기다	두 조각으로 가르다.
뻐기다[誇]	뻐개다	뽐내다.
사자-탈	사지-탈	
상-판대기	쌍-판대기	
서[三]	세/석	~돈, ~말, ~발, ~푼.
석[三]	세	~냥, ~되, ~섬, ~자.
설령(設令)	서령	
-습니다	-읍니다	먹습니다, 갔습니다, 없습니다, 있습니다, 좋습니다. 모음 뒤에는 '-ㅂ니다' 임.
시름-시름	시늠-시늠	
씀벅-씀벅*	썸벅-썸벅	
아궁이	아궁지	
아내	안해	
어-중간	어지-중간	
오금-팽이*	오금탱이	
오래-오래	도래-도래	돼지 부르는 소리.
-올시다	-올습니다	
옹골-차다*	공골-차다	
우두커니	우두머니	작은말은 '오도카니' 임.
잠-투정	잠-투세/잠-주정	
재봉-틀	자봉-틀	발~, 손~.
짓-무르다	짓-물다	
짚-북데기	짚-북세기	'짚북더기' 도 비표준어임.
쪽	짝	편(便). 이~, 그~, 저~ ※ '아무-쪽' 은 '짝' 임.
천장(天障)	천정	'천정부지(天井不知)' 는 '천정' 임.
흉-업다*	흉-헙다	

17항은 두 단어의 의미 차이가 없는 경우 한쪽이 널리 쓰인다면 널리 쓰이는 쪽을 표준어로 삼는다는 지극히 합리적인 규정이다. 이 규정에서는 비고의 내용을 고려하여 주의해야 할 단어들이 많이 제시되어 있으므로 유의해야 한다.

어휘풀이

- **씀벅씀벅** : 눈꺼풀을 움직이며 눈을 자꾸 감았다 떴다 하는 모양.
- **오금팽이** : 구부러진 물건에서 오목하게 굽은 자리의 안쪽.
- **옹골차다** : 매우 실속이 있게 속이 꽉 차 있다.
- **흉업다** : 말이나 행동 따위가 불쾌할 정도로 흉하다.

더 알고가기

'천정'과 '천장'

원래 '천장(天障)'으로 쓰이던 것이 일본말의 영향을 받아 '천정(天井)'으로 쓰였다. 그러다가 17항에서 이를 다시 '천장(天障)'으로 되돌린 것이다.

더하기 예제

다음 중 표준어만을 바르게 묶은 것은?

천정　　놀　　오뉘　　봉숭화　　귀거리　　꼭두각시　　또아리

① 천정, 오뉘, 봉숭화　　② 천정, 놀, 또아리
③ 놀, 오뉘, 꼭두각시　　④ 놀, 귀거리, 또아리
⑤ 오뉘, 봉숭화, 꼭두각시

해설

'천정'은 '천정부지'를 제외하고는 '천장'으로 써야 한다. '놀'과 '오뉘'는 각각 '노을'과 '오누이'의 준말로 복수표준어이다. '봉숭화'는 비표준어이며 '봉숭아', '봉선화'가 표준어이다. '귀거리'는 '귀고리'가 표준어이며 '꼭두각시'는 표준어이다. '또아리'는 준말인 '똬리'를 표준어로 삼는다. 따라서 표준어에 해당하는 것은 '놀', '오뉘', '꼭두각시'이다.

정답 ③

제18항 | 다음 단어는 ㄱ을 원칙으로 하고, ㄴ도 허용한다.

ㄱ	ㄴ	비고
네	예	
쇠-	소-	-가죽, -고기, -기름, -머리, -뼈.
괴다	고이다	물이 ~, 밑을 ~.
*꾀다	꼬이다	어린애를 ~, 벌레가 ~.
쐬다	쏘이다	바람을 ~.
죄다	조이다	나사를 ~.
쬐다	쪼이다	볕을 ~.

* '꾀다'를 속되게 이르는 말인 '꼬시다'도 표준어로 인정함.

18항은 일반적으로 두 형태 모두 널리 쓰이고 있는 경우 양쪽 모두를 표준어로 삼도록 한 규정이다. 종전에는 '예'만이 표준어였지만 '네'가 더 보편적으로 쓰이자(특히 서울말에서) '예'와 '네'를 모두 표준어로 인정하였다. '쇠'와 '소'의 경우도 '쇠고기'와 같이 '쇠'가 역사적으로 널리 쓰이던 말이지만 '소'도 널리 쓰이자 모두 표준어로 삼았다.

더 알고가기

쇠고기

'쇠고기'는 어원상 '소의 고기'에서 온 말이다. 옛말에서 '~의'를 뜻하는 조사로 'ㅣ'를 사용하기도 하였는데 '소의'를 뜻하는 '소+ㅣ'가 '쇠'로 쓰이면서 '쇠고기'의 형태가 나타났다.

제19항 | 어감의 차이를 나타내는 단어 또는 발음이 비슷한 단어들이 다 같이 널리 쓰이는 경우에는, 그 모두를 표준어로 삼는다. (ㄱ, ㄴ을 모두 표준어로 삼음.)

ㄱ	ㄴ	비고
거슴츠레-하다	게슴츠레-하다	
고까	꼬까	~신, ~옷.
고린-내	코린-내	
구린-내	쿠린-내	
꺼림-하다	께름-하다	
나부랭이	너부렁이	

우리말에서는 예사소리보다 거센소리나 된소리가 더 강한 어감을 주는 소리이다. 가령 '캄캄하다'에 비해 '컴컴하다'가 좀 더 큰 말이고 '깜깜하다' 보다 어감이 더 강하기 때문에 사전에서는 이들을 각각 다른 단어로 취급하고 있다. 하지만 19항에 제시된 단어들의 경우 어원 자체가 동일하고 그 어감의 차이 또한 뚜렷하지 않다는 점을 고려하여 복수표준어로 규정하고 있다. 또한 '나부랭이/너부렁이'와 견주어 볼 때 '너부렝이'가 아니고 '너부렁이'를 표준어로 삼은 점은 유의해야 한다.

더 알고가기

어감의 차이

우리말에는 모음이나 자음의 성격에 따라 어감의 차이가 분화되는 경우가 많다. 우선 자음의 경우 예사소리보다는 된소리가, 그 보다는 거센소리가 어감이 더 크다. 한편 모음의 경우 양성 모음보다는 음성 모음의 어감이 크다. 특히 양성 모음의 경우 밝고, 경쾌하고, 가볍고, 빠르고, 날카롭고, 작은 느낌을 주는 반면 음성 모음은 어둡고, 무겁고, 느리고, 둔하고, 큰 느낌을 주는 것이 일반적이다.

제3장 어휘 선택의 변화에 따른 표준어 규정
제1절 고어

제20항 | 사어(死語)가 되어 쓰이지 않게 된 단어는 고어로 처리하고, 현재 널리 사용되는 단어를 표준어로 삼는다. (ㄱ을 표준어로 삼고, ㄴ을 버림.)

ㄱ	ㄴ	비고
난봉	봉	
낭떠러지	낭	
설거지-하다	설겆다	
애달프다	애닯다	
오동-나무	머귀-나무	
자두	오얏	

20항에서는 같은 뜻을 가진 다른 형태들의 어휘들 중 발음의 변화가 아니라 어휘적으로 형태를 달리하는 단어들을 사정의 대상으로 삼았다. 특히 현실적으로 널리 쓰이지 않게 된 사어(死語)들을 고어로 처리하여 표준어에서 배제하고 있다. '설거지-하다'의 경우 이 말이 '설겆-'이 어간이라는 점을 인식하기 어렵기 때문에 이를 사어(死語)로 처리하고 '설거지'를 하나의 명사로 처리하고 있다. '애달프다' 역시 '애닯으니', '애닯아서', '애닯은' 과 같은 형태로 활용할 수 없다는 점에서 이를 고어로 처리하고, 널리 쓰이고 있는 '애달프다'를 표준어로 삼았다. 한편 '오얏'은 자두의 일종이며 '오얏 리(李)'를 제외하고는 잘 쓰이지 않음을 감안하여 '자두' 를 표준어로 삼았다.

더 알고가기

'설거지'의 어원

문헌적으로 볼 때 '설거지'는 원래 '설다'와 '걷다'가 합쳐진 말에 다시 접미사 '-이'가 결합된 어휘로 볼 수 있다. '설다'는 원래 '수습하다, 정리하다'라는 뜻을 가진 말이었고, '걷다' 역시 이와 유사한 의미로 사용되던 말로 추측된다. 이 '수습하다, 정리하다'라는 말이 후대에 와서 한자어로 대치되면서 현재 '음식을 먹은 후 뒷정리를 하는 것'의 의미로 현재까지 쓰이고 있다.

더하기 예제

다음 밑줄 친 단어 중 어문규정에 어긋난 것은?

철수는 어머니를 도와 ㉠ 설겆이를 하였다. 철수는 먹다 남은 ㉡ 찌개와 ㉢ 온갖 반찬 찌꺼기를 쓰레기통에 버리려고 하였다. 그때 ㉣ 쇠고기를 다지고 ㉤ 계시던 어머니께서 놀라며 말씀을 하셨다.

"얘. 안 돼. 분리수거를 해야지."

① ㉠ ② ㉡ ③ ㉢ ④ ㉣ ⑤ ㉤

해설

'설겆다'는 사어(死語)로 현재는 사용되고 있지 않으므로 널리 쓰이고 있는 '설거지'를 표준어로 삼았다.

정답 ❶

제2절 한자어

제21항 | 고유어 계열의 단어가 널리 쓰이고 그에 대응되는 한자어 계열의 단어가 용도를 잃게 된 것은, 고유어 계열의 단어만을 표준어로 삼는다. (ㄱ을 표준어로 삼고, ㄴ을 버림.)

ㄱ	ㄴ	비고
가루약	말-약	
구들-장	방-돌	
길품-삯	보행-삯	
까막-눈	맹-눈	
꼭지-미역*	총각-미역	

ㄱ	ㄴ	비고
나뭇-갓*	시장-갓	
늙-다리	노닥다리	
두껍-닫이*	두껍-창	
떡-암죽	병-암죽	
마른-갈이	건-갈이	
마른-빨래	건-빨래	
메-찰떡	반-찰떡	
사래*-논	사래-답	묘지기나 마름이 부쳐 먹는 땅.
사래-밭	사래-전	
삯-말	삯-마	
성냥	화곽	
솟을-무늬	솟을-문	
외-지다	벽-지다	
움-파*	동-파	
잎-담배	잎-초	
잔-돈	잔-전	
조-당수	조-당죽	
죽데기	피-죽	'죽더기'도 비표준어임.
지겟-다리	목-발	지게 동발의 양쪽 다리.
짐-꾼	부지-군(負持-)	
푼-돈	분-전/푼-전	
흰-말	백-말/부루-말	'백마'는 표준어임.
흰-죽	백-죽	

21항에서는 고유어와 한자어 가운데 고유어가 더 널리 쓰이는 경우, 그 과정에서 한자어가 용도를 잃은 것으로 판단하고 한자어를 버리고 고유어를 표준어로 삼도록 하고 있다.

어휘풀이

- **꼭지미역** : 한 줌 안에 들어올 만큼을 모아서 잡아맨 미역.
- **나뭇갓** : 나무를 가꾸는 말림갓.
- **두껍닫이** : 미닫이를 열 때, 문짝이 옆벽에 들어가 보이지 아니하도록 만든 것.
- **사래** : 이랑의 길이.
- **움파** : 1. 겨울에 움 속에서 자란, 빛이 누런 파. 2. 베어 낸 줄기에서 다시 줄기가 나온 파.

더하기 예제

다음 밑줄 친 단어가 표준어가 아닌 것은?

① 어머니께서 쌀 서 되를 사오라고 하셨다.

② 구제역이 돌아 쇠고기 수요가 많이 줄었다.

③ 영희는 저녁을 먹고 설거지를 도왔다.

④ 어머니를 그리는 아이를 보니 마음이 애달프다.

⑤ 그녀의 집은 외진 곳에 있었다.

해설

'~돈, ~말, ~발, ~푼'에는 '서[三]'를 쓰고 '~냥, ~되, ~섬 ~자'에는 '석[三]'을 쓴다.

정답 ❶

제22항 | 고유어 계열의 단어가 생명력을 잃고 그에 대응되는 한자어 계열의 단어가 널리 쓰이면, 한자어 계열의 단어를 표준어로 삼는다. (ㄱ을 표준어로 삼고, ㄴ을 버림.)

ㄱ	ㄴ	비고
개다리-소반*	개다리-밥상	
겸-상	맞-상	
고봉-밥	높은-밥	
단-벌	홑-벌	
마방-집*	마바리-집	馬房~.
민망-스럽다	민주-스럽다/면구-스럽다	
방-고래	구들-고래	
부항-단지*	뜸-단지	
산-누에	멧-누에	
산-줄기	멧-줄기/멧-발	
수-삼*	무-삼	
심-돋우개	불-돋우개	
양-파	둥근-파	
어질-병	어질-머리	

ㄱ	ㄴ	비고
윤-달	군-달	
장력-세다	장성-세다	
제-석	젯-돗	
총각-무	알-무/알타리-무	
칫-솔	잇-솔	
포수	총-댕이	

22항은 21항과는 반대로 한자어가 더 널리 쓰이면서 고유어의 용도가 사라진 것으로 보고 한자어를 표준어로 삼은 경우이다.

어휘풀이

- **개다리소반** : 상다리 모양이 개의 다리처럼 휜 막치 소반.
- **마방집** : 말을 두고 삯짐 싣는 일을 업으로 하는 집.
- **부항단지** : 부항을 붙이는 데 쓰는 작은 단지.
- **수삼** : 말리지 아니한 인삼.

더 알고가기

'산(山)'과 '멧'

'멧누에, 멧줄기' 등에 나타나는 '메(멧)'는 '산(山)'의 옛말이다. 일반적으로 '메(멧)'와 '산' 중 널리 쓰이는 '산'을 표준어로 삼지만 '메/멧'을 모두 '산'으로 바꿔야 하는 것은 아니다. '멧돼지'와 '멧부리'와 같은 어휘들은 아직 '메(멧)'의 형태가 널리 쓰여 표준어로 인정되고 있기 때문이다.

제3절 방언

제23항 | 방언이던 단어가 표준어보다 더 널리 쓰이게 된 것은, 그것을 표준어로 삼는다. 이 경우, 원래의 표준어는 그대로 표준어로 남겨 두는 것을 원칙으로 한다. (ㄱ을 표준어로 삼고, ㄴ도 표준어로 남겨 둠.)

ㄱ	ㄴ	비고
멍게	우렁쉥이	
물-방개	선두리	
애-순	어린-순	

23항은 방언이던 말들이 점차 널리 쓰이게 되어 표준어보다 많이 쓰이게 되는 경우 표준어를 그대로 둔

채 널리 쓰이는 방언 역시 표준어로 삼는다는 규정이다. 예를 들어 표준어는 '우렁쉥이'이지만 방언인 '멍게'가 널리 쓰이고 있으므로 이 역시 표준어로 삼기로 한 것이다. 방언을 표준어로 인정하되 기존의 표준어 역시 그대로 표준어로 두었으므로 결국 복수 표준어가 되는 셈이다.

더 알고가기

방언과 표준어

현행 표준어 규정에서는 '서울말'로 표준어의 범위를 제한하여 표준어에서 방언을 제외하고 있다. 하지만 표준어의 범위를 제한했다고 해서 방언의 가치가 서울말보다 떨어지는 것은 아니다. 인구 구성 면이나 지리적, 역사적 조건을 고려하여 서울 지역의 말을 표준어로 삼았을 뿐 그것이 영구불변한 조건은 아니기 때문이다. 따라서 방언이 표준어보다 널리 쓰인다면 표준어로 인정될 수 있다. 이는 지역 방언에만 국한된 것이 아니라 특정 계층에서 사용하는 계층 방언에도 마찬가지로 해당되는 이야기이다. 특정 계층에서 주로 쓰이는 말이 보편적으로 널리 쓰이게 된다면 표준어가 될 수 있는 것이다. 그러나 한때 널리 쓰였다고 해서 곧바로 표준어로 인정한다면 표준어의 안정성이 떨어지고 혼란이 가중될 수밖에 없다. 따라서 이러한 방언들이 표준어가 되기까지는 상당한 시일이 필요하다.

第24항 | 방언이던 단어가 널리 쓰이게 됨에 따라 표준어이던 단어가 안 쓰이게 된 것은, 방언이던 단어를 표준어로 삼는다. (ㄱ을 표준어로 삼고, ㄴ을 버림.)

ㄱ	ㄴ	비고
귀밑-머리*	귓-머리	
까-뭉개다	까-무느다	
막상	마기	
빈대-떡	빈자-떡	
생인-손*	생안-손	준말은 '생-손'임.
역-겹다	역-스럽다	
코-주부	코-보	

24항에서는 23항과 달리 방언이던 단어가 널리 쓰이게 되는 과정에서 표준어의 용도가 사라졌다고 보고 널리 쓰이게 된 방언만을 표준어로 삼도록 하고 있다.

어휘풀이

- **귀밑머리** : 1. 이마 한가운데를 중심으로 좌우로 갈라 귀 뒤로 넘겨 땋은 머리. 2. 뺨에서 귀의 가까이에 난 머리털.
- **생인손** : 손가락 끝에 종기가 나서 곪는 병.

더 알고가기

민간어원설

'빈대떡'의 어원은 중국떡의 일종인 '병자(餠者)'에서 온 것으로 보는 견해가 유력하다. 혹자는 이를 '빈자(貧者)' 즉, 가난한 사람들이 먹는 떡에서 왔다고 말하기도 한다. 그러나 이는 근거가 희박한 민간어원설(民間語源說)에 불과하다.
이러한 민간어원설의 또 다른 예로 '행주치마'가 있다. 민간어원설에서는 '행주치마'의 '행주'가 임진왜란 때 '행주산성'에서 부녀자들이 돌을 나르던 데서 왔다고 하지만 실제 문헌에는 임진왜란 이전에 '힝ᄌᆞ쵸마'라는 말이 있었으며 이를 통해 임진왜란 이전에 이미 존재하였던 말임을 알 수 있다. 따라서 '행주치마'의 '행주'는 고어인 '힝ᄌᆞ'가 음운의 변동을 일으켜 우연히 '행주산성'의 '행주'와 표기가 같아진 것으로 볼 수 있다.

제4절 단수 표준어

제25항 | 의미가 똑같은 형태가 몇 가지 있을 경우, 그중 어느 하나가 압도적으로 널리 쓰이면, 그 단어만을 표준어로 삼는다. (ㄱ을 표준어로 삼고, ㄴ을 버림.)

ㄱ	ㄴ	비고
-게끔	-게시리	
겸사-겸사	겸지-겸지/겸두-겸두	
고구마	참-감자	
고치다	낫우다	병을 ~.
골목-쟁이	골목-자기	
광주리	광우리	
국-물	멀-국/말-국	
길-잡이	길-앞잡이	'길라잡이'도 표준어임.
까다롭다	까닭-스럽다/ 까탈-스럽다	
까치-발	까치-다리	선반 따위를 받치는 물건.
나룻-배	나루	'나루[津]'는 표준어임.
다사-스럽다	다사-하다	간섭을 잘 하다.
다오	다구	이리~.
담배-꽁초	담배-꼬투리/담배-꽁치/ 담배-꽁추	
대장-일*	성냥-일	
뒤져-내다	뒤어-내다	

ㄱ	ㄴ	비고
뒤통수–치다	뒤꼭지–치다	
등–나무	등–칡	
등잔–걸이	등경–걸이	
떡–보	떡–충이	
매–만지다	우미다	
며느리–발톱*	뒷–발톱	
목–메다	목–맺히다	
밀짚–모자	보릿짚–모자	
부항–단지	부항–항아리	부스럼에서 피고름을 빨아내기 위하여 부항을 붙이는 데 쓰는 자그마한 단지.
붉으락–푸르락	푸르락–붉으락	
빠–뜨리다	빠–치다	'빠트리다'도 표준어임.
새앙–손이*	생강–손이	
샛–별	새벽–별	
선–머슴	풋–머슴	
속–말	속–소리	국악 용어 '속소리'는 표준어임.
손목–시계	팔목–시계/팔뚝–시계	
손–수레	손–구루마	'구루마'는 일본어임.
숙성하다	숙–지다	
순대	골집	
식은–땀	찬–땀	
쏜살–같이	쏜살–로	
신기–롭다	신기–스럽다	'신기하다'도 표준어임.
아주	영판	
안다미–씌우다	안다미–시키다	제가 담당할 책임을 남에게 넘기다.
안쓰럽다	안–슬프다	
안절부절–못하다	안절부절–하다	
애–벌레	어린–벌레	
언제나	노다지	
입–담*	말–담	

ㄱ	ㄴ	비고
주책-없다	주책-이다	'주착 → 주책'은 제11항 참조.
쥐락-펴락	펴락-쥐락	
-지만	-지만서도	← -지마는.
청대-콩	푸른-콩	
칡-범*	갈-범	

의미가 같은 두 형태가 쓰이고 있지만 이 중 어느 한 쪽이 압도적으로 많이 쓰일 경우 언어 사용의 혼란을 막기 위해 한 형태만을 표준어로 삼는다는 규정이다. 대체로 제시된 단어들 가운데 널리 쓰이지 않는 단어들은 눈에 익지 않으므로 널리 쓰이는 형태를 구별하는데 크게 어려움은 없다. 다만, '붉으락푸르락/푸르락붉으락', '안절부절못하다/안절부절하다', '주책없다/주책이다'의 경우는 혼동하기 쉬우므로 유의해야 한다.

어휘풀이

- **대장일** : 수공업적인 방법으로 쇠를 달구어 연장 따위를 만드는 일.
- **며느리발톱** : 1. 새끼발톱 뒤에 덧달린 작은 발톱. 2. 말이나 소 따위 짐승의 뒷발에 달린 발톱
- **새앙손이** : 손가락의 모양이 생강처럼 생긴 사람.
- **입담** : 말하는 솜씨나 힘.
- **칡범** : 몸에 칡덩굴 같은 어룽어룽한 줄무늬가 있는 범.

더 알고가기

주책없다

'주책'은 두 가지 의미를 갖는다. 첫째 '일정하게 자리 잡힌 주장이나 판단력'을, 둘째 '일정한 줏대가 없이 되는대로 하는 짓'을 뜻한다. 따라서 '주책이다'라고 할 때는 '일정한 줏대가 없이 되는대로 하다.'라는 뜻이 되고 '주책없다'라고 할 때는 '일정하게 자리 잡힌 주장이나 판단력이 없다.'라는 뜻이 된다. 따라서 '주책이다'와 '주책없다'는 의미상 유사하다고 볼 수 있다. 그러나 이 경우 의미는 같지만 '주책없다'가 널리 쓰이고 있으므로 '주책없다'를 표준어로 삼게 된 것이다.

>>> 짚어보기 -롭다/ -스럽다/ -답다

'-롭다', '-스럽다', '-답다'는 의미의 차이가 크게 없는 접미사들이다. 그나마 '-롭다'는 모음으로 끝나는 일부 어근 뒤에 붙는다는 조건이 있어 어느 정도 구별이 가능하지만, '-답다'와 '-스럽다'를 구별하는 일은 쉽지 않다. 그러나 용법상 차이가 나는 점은 있다.

우선 '-답다'는 일부 명사 뒤에 붙어 '그런 성질이나 특성이 있음'의 뜻을 더하고 형용사를 만드는 접미사다. "겨울은 추워야 겨울답고 여름은 더워야 여름답다."처럼 '-답다'가 설명하는 주어는 '-답다' 앞에 오는 명사와 동일해야 잘 어

울린다. 특히 '-답다' 앞의 명사가 사람일 경우 '~의 자격이 있다.', '~의 신분이나 특성에 잘 어울린다.'라는 뜻을 나타낸다.

'-스럽다'도 일부 명사 뒤에 붙어 '그러한 성질이 있음'의 뜻을 더하고 형용사를 만드는 접미사다. 여기까지 봐서는 '-답다'와 '-스럽다'를 구별하기가 어렵다.

하지만 '-답다'와 달리 '-스럽다'라는 술어가 설명하는 주어는 '-스럽다' 앞에 오는 명사와 그 종류가 다른 경우에 쓰인다. 또한 '-답다'에는 그 앞 명사의 성질이나 특성이 가득 차 있는 느낌이지만, '-스럽다'에는 그런 성질이 있으나 미흡한 느낌이 있다.

- **'-롭다'** : 모음으로 끝나는 일부 어근 뒤에 붙어서 '그러함' 또는 '그럴 만함'의 뜻을 더하고 형용사를 만드는 접미사.
- **'-스럽다'** : 일부 명사 뒤에 붙어서 '그러한 성질이 있음'의 뜻을 더하고 형용사를 만드는 접미사.
- **'-답다'** : 일부 명사 뒤에 붙어서 '성질이나 특성이 있음'의 뜻을 더하고 형용사를 만드는 접미사.

제5절 복수 표준어

제26항 | **한 가지 의미를 나타내는 형태 몇 가지가 널리 쓰이며 표준어 규정에 맞으면, 그 모두를 표준어로 삼는다.**

복수 표준어	비고
가는-허리/잔-허리	
가락-엿/가래-엿	
가뭄/가물	
가엾다/가엽다	가엾어/가여워, 가엾은/가여운.
감감-무소식/감감-소식	
개수-통/설거지-통	'설겆다'는 '설거지-하다'로 쓰임.
개숫-물/설거지-물	
갱-엿/검은-엿	
-거리다/-대다	가물-, 출렁-.
것/해	내~, 네~, 뉘~.
게을러-빠지다/게을러-터지다	
고깃-간/푸줏-간	'고깃-관, 푸줏-관, 다림-방'은 비표준어임.
곰곰/곰곰-이	
관계-없다/상관-없다	
교정-보다/준-보다	

복수 표준어	비고
귀퉁-머리/귀퉁-배기	'귀퉁이'의 비어임.
극성-떨다/극성-부리다	
기세-부리다/기세-피우다*	
기승-떨다/기승-부리다*	
깃-저고리/배내-옷/배냇-저고리	
꼬까/때때/고까	~신, ~옷.
꼬리-별/살-별	
나귀/당-나귀	
내리-글씨/세로-글씨	
넝쿨/덩굴	'덩쿨'은 비표준어임.
녘/쪽	동~, 서~.
눈-대중/눈-어림/눈-짐작	
느리-광이/느림-보/늘-보	
늦-모/마냥-모	← 만이앙-모.
다기-지다/다기-차다*	
다달-이/매-달	
-다마다/-고말고	
다박-나룻/다박-수염	
닭의-장/닭-장	
댓-돌/툇-돌	
덧-창/겉-창	
독장-치다/독판-치다*	
동자-기둥/쪼구미*	
돼지-감자/뚱딴지	
되우/된통/되게	
뒷-갈망/뒷-감당	
뒷-말/뒷-소리	
들락-거리다/들랑-거리다	
들락-날락/들랑-날랑	

복수 표준어	비고
딴-전/딴-청	
땅-콩/호-콩	
땔-감/땔-거리	
-뜨리다/-트리다	깨-, 떨어-, 쏟-.
마-파람/앞-바람	
만큼/만치	
말-동무/말-벗	
매-갈이/매-조미*	
매-통/목-매*	
먹-새/먹음-새	'먹음-먹이'는 비표준어임.
멀찌감치/멀찌가니/멀찍이	
멱통/산-멱/산-멱통*	
면-치레/외면-치레*	
모-내다/모-심다	모-내기/모-심기.
모쪼록/아무쪼록	
목화-씨/면화-씨	
무심-결/무심-중	
물-봉숭아/물-봉선화	
물-부리/빨-부리	
물-심부름/물-시중	
물추리-나무/물추리-막대	
물-타작/진-타작*	
민둥-산/벌거숭이-산	
밑-층/아래-층	
바깥-벽/밭-벽	
바른/오른[右]	~손, ~쪽, ~편.
발-모가지/발-목쟁이	'발목'의 비속어임.
버들-강아지/버들-개지	
벌레/버러지	'벌거지, 벌러지'는 비표준어임.
변덕-스럽다/변덕-맞다	

복수 표준어	비고
보-조개/볼-우물	
보통-내기/여간-내기/예사-내기	'행-내기'는 비표준어임.
볼-따구니/볼-퉁이/볼때-기	'볼'의 비속어임.
부침개-질/부침-질/지짐-질	'부치개-질'은 비표준어임.
불똥-앉다/등화-지다/등화-앉다*	
불-사르다/사르다	
비발/비용(費用)	
뾰두라지/뾰루지	
살-쾡이/삵	삵-피.
삽살-개/삽사리	
상두-꾼/상여-꾼	'상도-꾼, 향도-꾼'은 비표준어임.
생/새앙/생강	
생-철/양-철	1. '서양-철'은 비표준어임. 2. '生鐵'은 '무쇠'임.
서럽다/섧다	'설다'는 비표준어임.
성글다/성기다	
-(으)세요/-(으)셔요	
송이/송이-버섯	
수수-깡/수숫-대	
-스레하다/-스름하다	거무-, 발그-.
시늉-말/흉내-말	
신/신발	
심술-꾸러기/심술-쟁이	
씁쓰레-하다/씁쓰름-하다	
아귀-세다/아귀-차다*	
아래-위/위-아래	
아무튼/어떻든/어쨌든/하여튼/여하튼	
알은-척/알은-체	
애꾸눈-이/외눈-박이	'외대-박이, 외눈-퉁이'는 비표준어임.
양념-감/양념-거리	

2 주

복수 표준어	비고
어금버금-하다/어금지금-하다	
어림-잡다/어림-치다	
어이-없다/어처구니-없다	
어저께/어제	
언덕-바지/언덕-배기	
얼렁-뚱땅/엄벙-뗑	
여왕-벌/장수-벌	
여쭈다/여쭙다	
여태/입때	'여직' 은 비표준어임.
역성-들다/역성-하다	'편역-들다' 는 비표준어임.
연-달다/잇-달다	
엿-가락/엿-가래	
오사리-잡놈/오색-잡놈	'오합-잡놈' 은 비표준어임.
옥수수/강냉이	~떡, ~묵, ~밥, ~튀김.
외겹-실/외올-실/홑-실	'홑겹-실, 올-실' 은 비표준어임.
욕심-꾸러기/욕심-쟁이	
우레/천둥	우렛-소리/천둥-소리.
우지/울-보	
을러-대다/을러-메다	
의심-스럽다/의심-쩍다	
-이에요/-이어요	
일찌감치/일찌거니	
입찬-말/입찬-소리*	
자리-옷/잠-옷	
자물-쇠/자물-통	
장가-가다/장가-들다	'서방-가다' 는 비표준어임.
재롱-떨다/재롱-부리다	
제-가끔/제-각기	
좀-처럼/좀-체	'좀-체로, 좀-해선, 좀-해' 는 비표준어임.
중신/중매	

복수 표준어	비고
쪽/편	오른~, 왼~.
책-씻이/책-거리*	
척/체	모르는~, 잘난~.
천연덕-스럽다/천연-스럽다	
철-따구니/철-딱서니/철-딱지	'철-때기'는 비표준어임.
추어-올리다/추어-주다	'추켜-올리다'는 비표준어임.
축-가다/축-나다	
침-놓다/침-주다	
통-꼭지/통-젖	통에 붙은 손잡이.
파자-쟁이/해자-쟁이	점치는 이.
편지-투/편지-틀*	
한턱-내다/한턱-하다	
해웃-값/해웃-돈*	'해우-차'는 비표준어임.
혼자-되다/홀로-되다	
흠-가다/흠-나다/흠-지다	

26항은 같은 의미를 지닌 둘 이상의 단어가 양쪽 모두 널리 쓰일 경우 양쪽 모두를 표준어로 삼도록 규정하고 있다.

더 알고가기

우레

'우레'는 고유어로 '울게'에서 온 말이다. 이것이 음운 변화를 거쳐 '우레'가 된 것이다. 하지만 사람들이 이를 한자어로 착각하면서 '우뢰'로 쓰이게 되었다. 그러나 표준어 규정에서는 이를 원래의 어형대로 '우레'로 되돌렸다. 따라서 '우뢰와 같은 박수'가 아니라 '우레와 같은 박수'로 적어야 한다.

어휘풀이

- **기세부리다/기세피우다(氣勢~)** : 남에게 영향을 끼칠 기운이나 태도를 드러내 보이다.
- **기승떨다/기승부리다(氣勝~)** : 성미가 억척스럽고 굳세어 좀처럼 굽히려고 하지 않는다.
- **다기지다/다기차다(多氣~)** : 마음이 굳고 야무지다.
- **독장치다/독판치다** : 1. 어떠한 판을 혼자서 휩쓸다. 2. 다른 사람은 무시하듯 혼자서 고래고래 떠들다.
- **동자기둥(童子~)/쪼구미** : 들보 위에 세워 다른 들보를 받쳐 주는 짧은 기둥.
- **매갈이/매조미** : 벼를 매통에 갈아서 왕겨만 벗기고 속겨는 벗기지 아니한 쌀을 만드는 일.
- **매통/목매** : 곡식의 겉꺼풀을 벗길 때 쓰는 농기구.
- **멱통/산멱/산멱통** : 살아 있는 동물의 목구멍.
- **면치레/외면치레(外面~)** : 체면이 서도록 일부러 어떤 행동을 함. 또는 그 행동.
- **물타작/진타작(~打作)** : 베어 말릴 사이 없이 물벼 그대로 이삭을 떨어서 낟알을 거둠. 또는 그 타작 방법.
- **불똥앉다/등화앉다(燈火~)** : 촛불이나 등잔불의 심지 끝에 엉긴 덩어리가 빨갛게 타다.
- **아귀세다/아귀차다** : 마음이 굳세어 남에게 잘 꺾이지 아니하다.
- **입찬말/입찬소리** : 자기의 지위나 능력을 믿고 지나치게 장담하는 말.
- **책씻이/책거리(冊~)** : 글방에서 읽던 책을 다 떼었을 때 스승과 동료들에게 한턱을 내는 일.
- **편지투/편지틀(便紙~)** : 편지글의 격식이나 본보기. 또는 그것을 적은 책.
- **해웃값/해웃돈** : 기생, 창기 따위와 관계를 가지고 그 대가로 주는 돈.

● 더하기 예제

다음 밑줄 친 부분이 표준어가 아닌 것은?

① 공공장소에서 <u>담배꽁초</u>를 버리면 벌금을 내야한다.
② 속담에 호박이 <u>덩쿨째</u> 굴러들어 온다는 말이 있다.
③ 엄마를 잃은 아이가 <u>가엽게</u> 보였다.
④ 그녀는 실수로 병을 <u>깨트렸다</u>.
⑤ 그는 자신을 <u>추어올리는</u> 말을 좋아했다.

해설
'덩굴', '넝쿨'은 표준어이지만 '덩쿨'은 표준어가 아니다.

정답 ❷

2 표준 발음법

제1장 총칙

제1항 | 표준 발음법은 표준어의 실제 발음을 따르되, 국어의 전통성과 합리성을 고려하여 정함을 원칙으로 한다.

1항에서는 표준 발음법의 대상이 명시되어 있다. 우선 표준 발음법은 표준어를 대상으로 한다. 즉 방언이나 외래어는 표준 발음법으로 규정하지 않는다는 의미이다. 다음으로 표준 발음법의 원칙이 제시되어 있는데 그것은 '실제 발음'이다. 즉 언중의 실제 발음을 존중하겠다는 의미이다. 그러나 무조건 실제 발음만을 따르는 것은 아니다. 국어의 전통과 합리성을 고려하여 실제 발음과 다르더라도 표준 발음으로 정할 수 있다는 여지를 주었다.

제2장 자음과 모음

제5항 | 'ㅑ, ㅒ, ㅕ, ㅖ, ㅘ, ㅙ, ㅛ, ㅝ, ㅞ, ㅠ, ㅢ'는 이중 모음으로 발음한다.

※ 1. 용언의 활용형에 나타나는 '져, 쪄, 쳐'는 [저, 쩌, 처]로 발음한다.

가지어 → 가져[가저]　　찌어 → 쪄[쩌]　　다치어 → 다쳐[다처]

※ 2. '예, 례' 이외의 'ㅖ'는 [ㅔ]로도 발음한다.

계집[계:집/게:집]	계시다[계:시다/게:시다]
시계[시계/시게](時計)	연계[연계/연게](連繫)
메별[메별/메별](袂別)	개폐[개폐/개페](開閉)
혜택[혜:택/헤:택](惠澤)	지혜(지혜/지헤)(智慧)

※ 3. 자음을 첫소리로 가지고 있는 음절의 'ㅢ'는 [ㅣ]로 발음한다.

늴리리	닁큼	무늬	띄어쓰기
씌어	틔어	희어	희떱다
희망	유희		

※ 4. 단어의 첫음절 이외의 '의'는 [ㅣ]로, 조사 '의'는 [ㅔ]로 발음함도 허용한다.

주의[주의/주이]	협의[혀븨/혀비]
우리의[우리의/우리에]	강의의[강:의의/강:이에]

이중 모음에 관한 발음 규정이다. 이중 모음은 발음할 때 혀의 위치나 입술의 모양이 바뀌는 모음을 말한다.
'※ 1'에서는 용언의 활용형에 나타나는 '져, 쪄, 쳐'는 [저, 쩌, 처]로 발음한다고 규정하고 있다. 우리말의 특성상 'ㅈ, ㅉ, ㅊ'과 같은 센입천장소리(경구개음) 다음의 'ㅕ'는 'ㅓ'와 구별하기 어렵기 때문이다.
'※ 2'에서는 '예, 례'의 'ㅖ'를 [ㅔ]로 발음할 수 있음을 보이고 있다. 이는 언중이 '예, 례'를 [에, 레]로도 발음하고 있기 때문에 이를 인정한 결과이다.

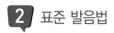

'※ 3'과 '※ 4'에서는 'ㅢ'의 발음에 대한 규정을 두고 있다. 우선 자음 뒤에 오는 'ㅢ'는 [ㅣ]로 발음할 수 있도록 허용하였으나 'ㅢ'를 [ㅓ]나 [ㅡ]로 발음할 수는 없다. 또한 단어의 첫음절 이외의 'ㅢ'는 [ㅣ]로 발음할 수 있도록 하였는데 이는 뒤집어 보면 '의미'처럼 단어의 첫음절에 나타나는 '의'는 [ㅢ]로 발음해야 함을 의미하는 것이기도 하다. 또한 조사로 쓰이는 '의'는 [ㅔ]로 발음할 수 있도록 허용하였다. 이는 형태와 발음이 현저한 차이를 보이는 문제점에도 불구하고 현실 발음을 존중한 결과이다.

제3장 음의 길이

제6항 | **모음의 장단을 구별하여 발음하되, 단어의 첫 음절에서만 긴소리가 나타나는 것을 원칙으로 한다.**

(1) 눈보라[눈:보라]　말씨[말:씨]　밤나무[밤:나무]　많다[만:타]
　멀리[멀:리]　벌리다[벌:리다]

(2) 첫눈[천눈]　참말[참말]　쌍동밤[쌍동밤]　수많이[수:마니]
　눈멀다[눈멀다]　떠벌리다[떠벌리다]

※ 합성어의 경우에는 둘째 음절 이하에서도 분명한 긴소리를 인정한다.
　반신반의[반:신 바:늬/반:신 바:니]　재삼재사[재:삼 재:사]

• **붙임** : 용언의 단음절 어간에 어미 '-아/어'가 결합되어 한 음절로 축약되는 경우에도 긴소리로 발음한다.
　보아 → 봐[봐:]　기어 → 겨[겨:]　되어 → 돼[돼:]　두어 → 둬[둬:]
　하여 → 해[해:]

※ '오아 → 와, 지어 → 져, 찌어 → 쪄, 치어 → 쳐' 등은 긴소리로 발음하지 않는다.

단어는 자음이나 모음과 같은 분절음은 아니지만 그 길이에 따라 의미 분화가 가능하므로 구별하여 쓰도록 한 규정이다. 아울러 긴소리는 단어의 첫 음절에서만 나타나고 둘째 음절 이하에서는 나타나지 않는 것을 원칙으로 하였다. 다만 합성어의 경우에는 예외적으로 둘째 음절 이하에서도 긴소리를 인정한다고 하였다. 즉, '눈[눈:][雪], 말[말:][言], 밤[밤:][栗]'은 물론이며 '눈뭉치, 말장난, 밤송이' 등에서의 '눈, 말, 밤' 모두 긴소리로 발음하지만, '첫눈, 참말, 쌍동밤' 등에서의 '눈, 말, 밤'은 각각 짧게 발음한다. '멀다' 이외의 파생어인 '멀리, 멀어서'의 '멀', '벌다' 이외의 '벌리다'의 '벌'도 마찬가지이다. 합성동사의 경우에도 마찬가지로 둘째 동사의 첫음절은 본래의 긴소리에 관계없이 짧게 발음한다. 가령 '껴안다, 내뱉다'에서의 '안'과 '뱉'은 각각 짧게 발음해야 한다.

'붙임'에서는 용언의 단음절 어간과 어미 '-아/어'가 결합되어 축약될 때 긴소리로 발음하도록 한 반면 '와, 져, 쪄, 쳐'는 제외하였다. '와'는 현실 발음상 긴소리로 나지 않기 때문이며 '져, 쪄, 쳐'는 5항에서 보았듯이 이미 [저, 쩌, 처]와 같이 단모음으로 발음하기 때문이다.

>>> 짚어보기 소리의 길이에 따른 의미 구분

- 말:[言] – 말[馬]
- 눈:[雪] – 눈[目]
- 밤:[栗] – 밤[夜]
- 발:[簾] – 발[足]
- 성:(姓) – 성(城)
- 굴:(窟) – 굴[石花]
- 벌:[蜂] – 벌(罰)
- 거:리(距離) – 거리[街]
- 성:인(聖人) – 성인(成人)
- 묻:다[問] – 묻다[埋]

더하기 예제

다음 밑줄 친 말이 긴소리로 발음되지 않는 것은?

① 사람은 모름지기 말을 함부로 하지 말아야 한다.
② 가을에는 아이들이 뒷동산의 밤을 따곤 했다.
③ 정직해야 한다는 것은 성인들의 오랜 가르침이다.
④ 벌통을 건드리자 벌들이 달려들었다.
⑤ 오늘 밤에 첫눈이 내린다는 예보가 있었다.

해설

'눈[雪]'은 긴소리로 발음해야 하지만 단어의 첫 음절에서만 긴소리가 나타나는 것을 원칙으로 한다. '첫눈'에서 '눈'은 둘째 음절 이하이므로 [천눈]과 같이 짧게 발음해야 한다.

정답 ⑤

2주

제7항 | 긴소리를 가진 음절이라도, 다음과 같은 경우에는 짧게 발음한다.

1. 단음절인 용언 어간에 모음으로 시작된 어미가 결합되는 경우

감다[감:따] – 감으니[가므니]　　밟다[밥:따] – 밟으면[발브면]

신다[신:따] – 신어[시너]　　알다[알:다] – 알아[아라]

※ 다음과 같은 경우에는 예외적이다

끌다[끌:다] – 끌어[끄:러]　　떫다[떨:다] – 떫은[떨:븐]

벌다[벌:다] – 벌어[버:러]　　썰다[썰:다] – 썰어[써:러]

없다[업:따] – 없으니[업:쓰니]

2. 용언 어간에 피동, 사동의 접미사가 결합되는 경우

감다[감:따] – 감기다[감기다]　　꼬다[꼬:다] – 꼬이다[꼬이다]

밟다[밥:따] – 밟히다[발피다]

※ 다음과 같은 경우에는 예외적이다

끌리다[끌:리다]　　벌리다[벌:리다]　　없애다[업:쌔다]

- **붙임** : 다음과 같은 합성어에서는 본디의 길이에 관계없이 짧게 발음한다.

밀–물　　썰–물　　쏜–살–같이　　작은–아버지

7항에서는 긴소리를 가진 음절임에도 불구하고 짧게 발음하는 경우를 규정해 놓았다. '괴다[괴:다] – 괴어[괴어], 뉘다[뉘:다] – 뉘어[뉘어], 쏘다[쏘:다] – 쏘아[쏘아]' 등과 같이 받침이 없는 용언 어간의 경우에도 마찬가지이지만 이들이 한 음절로 축약되어 발음이 될 때에는 긴소리로 발음한다.

'붙임' 에서는 활용형에서 긴소리를 가졌음에도 불구하고 짧게 발음하는 예를 제시하였는데 '밀, 썰, 쏜, 작은' 이 그렇다. 이들은 활용할 때에는 [밀:다], [썰:다], [쏜:다], [작:다]와 같이 긴소리로 발음되지만 합성어를 이루는 경우에는 짧게 발음된다.

더하기 예제

다음 중 밑줄 친 부분의 발음이 바르지 않은 것은?

① 낙엽을 <u>밟으면</u>[발:브면] 기분 좋은 소리가 난다.

② 그럴 일은 <u>없으니</u>[업:쓰니] 안심해도 된다.

③ 줄이 몸에 <u>감기니</u>[감기니] 움직일 수가 없었다.

④ 새끼 새가 입을 <u>벌리고</u>[벌:리고] 있었다.

⑤ 그는 하루 <u>벌어</u>[버:러] 하루 먹고 살았다.

해설

긴소리를 가진 음절이라도 단음절인 용언 어간에 모음으로 시작된 어미가 결합되는 경우에는 짧게 발음해야 한다. 따라서 '밟다' 가 [밥:따]로 소리 나더라도 '밟으면[발브면]' 은 짧게 발음해야 한다.

정답 ❶

제4장 받침의 발음

제8항 | 받침소리로는 'ㄱ, ㄴ, ㄷ, ㄹ, ㅁ, ㅂ, ㅇ'의 7개 자음만 발음한다.

이른바 음절의 끝소리 규칙과 관련된 발음 규정이다. 우리말에서는 자음들이 끝소리에 놓이게 되면 위에 제시된 일곱 자음으로 교체되어 발음되기 때문에 실제 발음에서도 이들 일곱 자음으로만 발음하도록 규정하였다.

제9항 | 받침 'ㄲ, ㅋ', 'ㅅ, ㅆ, ㅈ, ㅊ, ㅌ', 'ㅍ'은 어말 또는 자음 앞에서 각각 대표음 [ㄱ, ㄷ, ㅂ]으로 발음한다.

닦다[닥따]	키읔[키윽]	키읔과[키윽꽈]	옷[옫]
웃다[욷:따]	있다[읻따]	젖[젇]	빚다[빋따]
꽃[꼳]	쫓다[쫃따]	솥[솓]	뱉다[밷:따]
앞[압]	덮다[덥따]		

8항에서 말한 대표음으로 교체되는 자음의 예를 들어 놓은 것이다. 받침 'ㄲ, ㅋ'은 [ㄱ]으로, 'ㅅ, ㅆ, ㅈ, ㅊ, ㅌ'은 [ㄷ]으로, 'ㅍ'은 [ㅂ]으로 교체되어 발음하고, 이외의 'ㄴ, ㄹ, ㅁ, ㅇ'은 본음대로 [ㄴ, ㄹ, ㅁ, ㅇ]으로 발음하면 된다.

제10항 | 겹받침 'ㄳ', 'ㄵ', 'ㄼ, ㄽ, ㄾ', 'ㅄ'은 어말 또는 자음 앞에서 각각 [ㄱ, ㄴ, ㄹ, ㅂ]으로 발음한다.

넋[넉]	넋과[넉꽈]	앉다[안따]	여덟[여덜]
넓다[널따]	외곬[외골]	핥다[할따]	값[갑]

※ '밟-'은 자음 앞에서 [밥]으로 발음하고, '넓-'은 다음과 같은 경우에 [넙]으로 발음한다.

(1) 밟다[밥:따]	밟소[밥:쏘]	밟지[밥:찌]	밟는[밥:는 → 밤:는]
밟게[밥:께]	밟고[밥:꼬]		
(2) 넓-죽하다[넙쭈카다]	넓-둥글다[넙뚱글다]		

겹받침의 발음을 규정한 것으로 시험에 자주 출제되므로 주의해야 한다. 우선 어말이나 자음 앞에서 받침 'ㄳ', 'ㄵ', 'ㄼ, ㄽ, ㄾ', 'ㅄ'은 앞 자음인 [ㄱ, ㄴ, ㄹ, ㅂ]으로 발음된다고 규정하였다. 이는 우리말에 있어서 같은 위치에서 두 개의 자음이 발음될 수 없기 때문이다. 따라서 자음 앞에서는 두 자음 중 하나가 탈락해 대표음으로 발음하지만, 모음으로 시작되는 형식형태소, 즉 조사나 어미가 올 경우에는 두 자음 중 뒤의 자음이 연음이 되어 발음이 된다. 특히 '※'에서 'ㄼ' 받침을 가지고 있지만 앞서 제시한 단어들과 달리 뒤의 자음인 [ㅂ]으로 발음하는 단어들과 '넓죽하다, 넓둥글다'는 주의해야 할 단어이다.

제11항 | **겹받침 'ㄺ, ㄻ, ㄿ'은 어말 또는 자음 앞에서 각각 [ㄱ, ㅁ, ㅂ]으로 발음한다.**

닭[닥]	흙과[흑꽈]	맑다[막따]	늙지[늑찌]
삶[삼:]	젊다[점:따]	읊고[읍꼬]	읊다[읍따]

※ 용언의 어간 말음 'ㄺ'은 'ㄱ' 앞에서 [ㄹ]로 발음한다.

맑게[말께]	묽고[물꼬]	얽거나[얼꺼나]

10항의 겹받침들이 주로 앞의 자음으로 발음된 것과 달리 11항의 겹받침 'ㄺ, ㄻ, ㄿ'은 어말 또는 자음 앞에서 뒤의 자음이 남고 앞의 자음이 탈락하여 각각 [ㄱ, ㅁ, ㅂ]으로 발음된다. '※'에서는 용언의 어간 말음인 'ㄺ'을 예외적으로 'ㄱ' 앞에서만 [ㄹ]로 발음하도록 규정하였다. 즉, '맑다'와 같이 'ㄷ'과 만났을 때는 [막따]로 발음하지만 '맑고'와 같이 'ㄱ'과 만났을 때는 [말꼬]로 발음해야 한다.

>>> 짚어보기 **겹받침의 발음 정리**

㉠ **'ㄳ', 'ㄵ', 'ㄼ, ㄽ, ㄾ', 'ㅄ'** : 앞의 자음 [ㄱ], [ㄴ], [ㄹ], [ㅂ]으로 발음함.

- **'밟-'** : 뒤의 자음 [ㅂ]으로 발음함.
- **'넓-'** : '넓죽하다', '넓둥글다'의 경우만 뒤의 자음 [ㅂ]으로 발음함.

㉡ **'ㄺ, ㄻ, ㄿ'** : 뒤의 자음 [ㄱ, ㅁ, ㅂ]으로 발음함.

- **받침 'ㄺ'** : 'ㄱ' 앞에서는 [ㄹ]로 발음하고, 그 외의 자음 앞에서는 [ㄱ]으로 발음함.

더하기 예제

다음 중 표준 발음이 아닌 것은?

① 선거는 민주주의[민주주이]의 근간이다.
② 우리학교 운동장은 매우 넓다[널따].
③ 이 놀이는 금을 밟지[발:찌] 않고 달려야 한다.
④ 그가 달밤에 시를 읊고[읍꼬] 있었다.
⑤ 비가 그치자 하늘이 맑게[말께] 갰다.

해설

'밟-'은 자음 앞에서는 [밥]으로, 모음 앞에서는 [발]로 발음한다. '밟지'는 자음과 연결되었으므로 [밥:찌]로 발음해야 한다.

정답 ❸

제12항 | 받침 'ㅎ'의 발음은 다음과 같다.

1. 'ㅎ(ㄶ, ㅀ)' 뒤에 'ㄱ, ㄷ, ㅈ'이 결합되는 경우에는, 뒤 음절 첫소리와 합쳐서 [ㅋ, ㅌ, ㅊ]으로 발음한다.

   놓고[노코] 좋던[조:턴] 쌓지[싸치] 많고[만:코]

   않던[안턴] 닳지[달치]

- **붙임 1** : 받침 'ㄱ(ㄺ), ㄷ, ㅂ(ㄼ), ㅈ(ㄵ)'이 뒤 음절 첫소리 'ㅎ'과 결합되는 경우에도, 역시 두 소리를 합쳐서 [ㅋ, ㅌ, ㅍ, ㅊ]으로 발음한다.

   각하[가카] 먹히다[머키다] 밝히다[발키다] 맏형[마텽]

   좁히다[조피다] 넓히다[널피다] 꽂히다[꼬치다] 앉히다[안치다]

- **붙임 2** : 규정에 따라 'ㄷ'으로 발음되는 'ㅅ, ㅈ, ㅊ, ㅌ'의 경우에는 이에 준한다.

   옷 한 벌[오탄벌] 낮 한때[나탄때] 꽃 한 송이[꼬탄송이] 숱하다[수타다]

2. 'ㅎ(ㄶ, ㅀ)' 뒤에 'ㅅ'이 결합되는 경우에는, 'ㅅ'을 [ㅆ]으로 발음한다.

   닿소[다쏘] 많소[만:쏘] 싫소[실쏘]

3. 'ㅎ' 뒤에 'ㄴ'이 결합되는 경우에는, [ㄴ]으로 발음한다.

   놓는[논는] 쌓네[싼네]

- **붙임 3** : 'ㄶ, ㅀ' 뒤에 'ㄴ'이 결합되는 경우에는, 'ㅎ'을 발음하지 않는다.

   않네[안네] 않는[안는] 뚫네[뚤네 → 뚤레] 뚫는[뚤는 → 뚤른]

   * 뚫네[뚤네 → 뚤레], 뚫는[뚤는 → 뚤른]'에 대해서는 제20항 참조.

4. 'ㅎ(ㄶ, ㅀ)' 뒤에 모음으로 시작된 어미나 접미사가 결합되는 경우에는, 'ㅎ'을 발음하지 않는다.

   낳은[나은] 놓아[노아] 쌓이다[싸이다] 많아[마:나]

   않은[아는] 닳아[다라] 싫어도[시러도]

12항은 'ㅎ' 받침에 대한 발음 규정이다. 'ㅎ'은 끝소리에서 다양한 음운현상을 보인다. 우선 1은 축약을 설명하고 있다. 'ㅎ'은 대립하는 거센소리를 가지고 있는 'ㄱ, ㄷ, ㅈ'과 만나면 'ㅋ, ㅌ, ㅊ'과 같이 거센소리로 축약하여 발음된다. 이는 겹받침에서도 마찬가지이다. '붙임 1'은 선행 자음 'ㄱ, ㄷ, ㅂ, ㅈ'이 뒤의 'ㅎ'과 만났을 경우 역시 축약이 일어남을 규정한 것이다. '붙임 2'에서는 음절의 끝소리 규칙에 따라 [ㄷ]으로 교체된 뒤에 'ㅎ'을 만나더라도 역시 축약하여 발음하도록 규정하고 있다.

2는 'ㅎ'과 거센소리가 없는 'ㅅ'이 만났을 때 뒤의 'ㅅ'이 된소리로 발음됨을 규정한 것이다.

3은 'ㅎ' 뒤에 'ㄴ'이 결합하는 경우 'ㅎ'을 [ㄴ]으로 발음하도록 규정하였다. '붙임 3'은 겹받침에 쓰인 'ㅎ'이 탈락하는 경우이다.

4 역시 겹받침 'ㅎ'이나 'ㅎ' 뒤에 모음으로 시작되는 어미나 접사가 결합될 때 'ㅎ'이 탈락하는 경우이다.

제13항 | **홑받침이나 쌍받침이 모음으로 시작된 조사나 어미, 접미사와 결합되는 경우에는, 제 음가대로 뒤 음절 첫소리로 옮겨 발음한다.**

깎아[까까]	옷이[오시]	있어[이써]	낮이[나지]
꽂아[꼬자]	꽃을[꼬츨]	쫓아[쪼차]	밭에[바테]
앞으로[아프로]	덮이다[더피다]		

홑받침이나 쌍받침(ㄲ, ㅆ)이 모음으로 시작된 조사나 어미, 접사와 결합할 경우 연음하여 발음하도록 한 규정이다. 여기서 주의해야 할 것은 이러한 연음은 조사, 어미, 접사와 같은 형식 형태소와 결합했을 경우에만 가능하다는 것이다 즉, 실질 형태소와 결합할 경우에는 그것이 모음으로 시작하더라도 바로 연음할 수 없다.

제14항 | **겹받침이 모음으로 시작된 조사나 어미, 접미사와 결합되는 경우에는 뒤엣것만을 뒤 음절 첫소리로 옮겨 발음한다. (이 경우, 'ㅅ'은 된소리로 발음함.)**

넋이[넉씨]	앉아[안자]	닭을[달글]	젊어[절머]
곬이[골씨]	핥아[할타]	읊어[을퍼]	값을[갑쓸]
없어[업:써]			

겹받침의 경우도 13항과 같이 적용하여 발음하도록 규정하고 있다.

제15항 | **받침 뒤에 모음 'ㅏ, ㅓ, ㅗ, ㅜ, ㅟ' 들로 시작되는 실질 형태소가 연결되는 경우에는, 대표음으로 바꾸어서 뒤 음절 첫소리로 옮겨 발음한다.**

밭 아래[바다래]	늪 앞[느밥]	젖어미[저더미]	맛없다[마덥다]
겉옷[거돋]	헛웃음[허두슴]	꽃 위[꼬뒤]	

※ '맛있다, 멋있다'는 [마싣따], [머싣따]로도 발음할 수 있다.

- **붙임** : 겹받침의 경우에는 그중 하나만을 옮겨 발음한다.

넋 없다[너겁따]	닭 앞에[다가페]	값어치[가버치]	값있는[가빈는]

받침 뒤에 모음으로 시작되는 실질 형태소가 결합되는 경우 음절의 끝소리 규칙을 적용한 후에 연음해야 함을 밝히고 있다. 겹받침의 경우 그중 하나만을 옮겨 발음한다고 규정하였는데 이때 연음되는 발음은 당연히 대표음이다.

더 알고가기

'맛있다, 멋있다'는 [마딛따], [머딛따]일까, [마싣따], [머싣따]일까?

원칙적으로 '맛있다, 멋있다'는 뒤에 결합한 '있다'가 실질 형태소이므로 표준 발음법 15항의 규정에 따라 음절의 끝소리 규칙을 적용한 뒤에 연음이 이루어져야 하므로 [마딛따], [머딛따]가 맞는 발음이다. 이를 정리해 보면 아래와 같다.

- 맛있다 – [맏읻다] – [마딛따]
- 멋있다 – [먿읻다] – [머딛따]

그러나 실제 발음에서 음절의 끝소리 규칙을 적용하지 않고 연음하는 [마싣따], [머싣따]가 널리 쓰이므로 현실 발음을 존중하여 양쪽 모두를 표준 발음으로 인정하게 되었다. 즉, [마딛따], [머딛따]와 [마싣따], [머싣따] 모두가 표준 발음인 것이다.

제5장 음의 동화

제17항 | 받침 'ㄷ, ㅌ(ㄾ)'이 조사나 접미사의 모음 'ㅣ'와 결합되는 경우에는, [ㅈ, ㅊ]으로 바꾸어서 뒤 음절 첫소리로 옮겨 발음한다.

곧이듣다[고지듣따] 굳이[구지] 미닫이[미다지] 땀받이[땀바지]
밭이[바치] 벼훑이[벼훌치]

- **붙임** : 'ㄷ' 뒤에 접미사 '히'가 결합되어 '티'를 이루는 것은 [치]로 발음한다.

굳히다[구치다] 닫히다[다치다] 묻히다[무치다]

구개음화(口蓋音化)에 관한 규정이다. 혀끝소리인 'ㄷ, ㅌ'이 전설모음인 'ㅣ'와 결합하는 경우 센입천장소리(경구개음)인 [ㅈ, ㅊ]으로 바뀌게 되는데 이를 센입천장소리 또는 구개음화라고 한다. '붙임'의 내용은 'ㄷ'이 '히'와 결합 후 축약되어 'ㅌ'이 된 경우도 구개음화를 인정한다는 것이다.

다만, 구개음화는 조사나 접미사와 결합할 경우에만 일어나고, 받침 'ㄷ, ㅌ' 다음에 '이'로 시작하는 단어가 결합할 때는 일어나지 않는다. 즉, '밭이랑[바디랑], 홑이불[혼니불]'과 같은 합성어의 경우 적용되지 않는다.

>>> 짚어보기 구개음화

구개음화란 자음이 후행하는 'ㅣ'모음과 만나 'ㅣ'모음이 소리 나는 자리와 유사한 자리에서 소리 나는 자음으로 바꾸어 발음의 경제성을 높이려는 음운변동이다. 우리말의 구개음에는 연구개음과 경구개음이 있는데 'ㄱ, ㅋ'은 연구개음이고, 'ㅈ, ㅊ'은 경구개음이다. 따라서 엄밀히 말하면 구개음화는 연구개음화와 경구개음화를 모두 말하는 것이다. 그런데 연구개음화의 경우 역사적으로 일어난 현상일 뿐 음운변동상으로는 나타나지 않으며 방언에서만 일부 보이므로 실제적으로 표준 발음법에 해당하지 않는다. 따라서 구개음화라고 하면 자연히 경구개음화만을 의미하게 된 것이다. 특히 구개음화는 음운변동 면에서 특이한데 대부분 자음과 자음이 만나거나 모음과 모음이 만나 동화가 일어나지만 구개음화는 자음과 모음이 만나 동화가 일어난다는 특징이 있다.

더하기 예제

다음 밑줄 친 부분의 발음이 바르지 않은 것은?

① 그가 선두와의 간격을 좁히기[조피기] 시작했다.
② 오랜 가뭄으로 꽃 한 송이[꼬탄송이] 피지 않았다.
③ 아버지께서는 닭을[다글] 기르셨다.
④ 어머니께서 만들어주신 음식이 제일 맛있다[마싣따].
⑤ 멧돼지가 내려와 밭이[바치] 망가졌다.

해설
겹받침을 가진 단어가 조사나 어미와 결합할 경우에는 겹받침 중의 하나를 뒷말의 첫소리로 옮겨 발음한다. '닭을'은 조사와 결합하였으므로 'ㄱ'을 뒷말의 첫소리로 옮겨 [달글]로 발음해야 한다.

정답 ❸

제18항 | **받침 'ㄱ(ㄲ, ㅋ, ㄳ, ㄺ), ㄷ(ㅅ, ㅆ, ㅈ, ㅊ, ㅌ, ㅎ), ㅂ(ㅍ, ㄼ, ㄿ, ㅄ)'은 'ㄴ, ㅁ' 앞에서 [ㅇ, ㄴ, ㅁ]으로 발음한다.**

먹는[멍는]	국물[궁물]	깎는[깡는]	키읔만[키응만]
몫몫이[몽목씨]	긁는[긍는]	흙만[흥만]	닫는[단는]
짓는[진:는]	옷맵시[온맵시]	있는[인는]	맞는[만는]
젖멍울[전멍울]	쫓는[쫀는]	꽃망울[꼰망울]	붙는[분는]
놓는[논는]	잡는[잠는]	밥물[밤물]	앞마당[암마당]
밟는[밤는]	읊는[음는]	없는[엄:는]	값 매다[감매다]

• **붙임** : 두 단어를 이어서 한 마디로 발음하는 경우에도 이와 같다.

책 넣는다[챙넌는다]	흙 말리다[흥말리다]	옷 맞추다[온마추다]	밥 먹는다[밤멍는다]
값 매기다[감매기다]			

비음화(鼻音化)에 관한 규정이다. 안울림 예사소리인 자음들이 'ㄴ, ㅁ'과 같은 비음(콧소리)과 결합하면 비음에 동화되어 [ㅇ, ㄴ, ㅁ]으로 발음된다. 이러한 비음화는 우리말에서 필연적으로 일어나는 변동이므로 표준 발음으로 인정한다.

'붙임'은 비음화가 이어진 어절 사이에서도 일어남을 규정한 것이다. 특히 '키읔만', '있는'과 같이 대표음이 아닌 자음과 만났을 경우에는 음절의 끝소리 규칙을 적용하여 [키읃만', 읻는]이 된 후에 동화가 일어나게 된다는 점도 유의해야 한다.

제19항 | **받침 'ㅁ, ㅇ' 뒤에 연결되는 'ㄹ'은 [ㄴ]으로 발음한다.**

담력[담:녁] 침략[침냑] 강릉[강능] 항로[항:노]
대통령[대:통녕]

- **붙임** : 받침 'ㄱ, ㅂ' 뒤에 연결되는 'ㄹ'도 [ㄴ]으로 발음한다.

막론[막논 → 망논] 백리[백니 → 뱅니] 협력[협녁 → 혐녁] 십리[십니 → 심니]

역시 비음화에 관한 규정으로 비음인 'ㅁ, ㅇ' 뒤에 연결되는 'ㄹ'은 [ㄴ]으로 동화된다. '붙임'에서는 받침 'ㄱ, ㅂ' 뒤에 연결되는 'ㄹ'도 [ㄴ]으로 발음한다고 규정하였다. 이는 'ㄹ'을 첫소리로 가진 한자의 경우 'ㄴ, ㄹ' 외의 받침 뒤에서는 언제나 'ㄹ'이 [ㄴ]으로 발음되기 때문이다. 이때, 뒤의 'ㄹ'이 [ㄴ]으로 발음되면서 앞의 자음 'ㄱ, ㅂ'은 비음화를 겪게 된다는 점도 유의해야 한다.

더 알고가기

비음(鼻音)과 설측음(舌側音)

우리말에서 'ㄴ, ㄹ, ㅁ, ㅇ'은 모두 성대를 울려 소리 내는 유성음(有聲音)에 해당한다. 하지만 소리 내는 방법에 있어서 'ㄴ, ㅁ, ㅇ'은 코로 공기를 내보내어 소리 내므로 '비음(鼻音)'으로 분류하지만 'ㄹ'은 코로 공기를 내보내지 않고 혀의 양옆으로 공기를 내보내며 소리를 내기 때문에 '설측음(舌側音)'이라고 한다.

제20항 | **'ㄴ'은 'ㄹ'의 앞이나 뒤에서 [ㄹ]로 발음한다.**

(1) 난로[날:로] 신라[실라] 천리[철리] 광한루[광:할루]
(2) 칼날[칼랄] 물난리[물랄리] 줄넘기[줄럼끼] 할는지[할른지]

- **붙임** : 첫소리 'ㄴ'이 'ㅀ', 'ㄾ' 뒤에 연결되는 경우에도 이에 준한다.

닳는[달른] 뚫는[뚤른] 핥네[할레]

※ 다음과 같은 단어들은 'ㄹ'을 [ㄴ]으로 발음한다.

의견란[의:견난] 임진란[임:진난] 생산량[생산냥] 결단력[결딴녁]
공권력[공꿘녁] 동원령[동:원녕] 상견례[상견녜] 횡단로[횡단노]
이원론[이:원논] 입원료[이뵌뇨] 구근류[구근뉴]

20항은 설측음화(舌側音化)에 대한 규정으로 비음인 'ㄴ'은 'ㄹ'의 앞뒤에서 설측음인 [ㄹ]로 발음 된다. 이 경우도 필연적인 변동이므로 표준 발음으로 인정한다. '붙임'은 'ㄴ'이 'ㄹ'을 포함하는 겹받침과 만났을 경우에도 설측음화를 인정하여 'ㄴ'을 [ㄹ]로 동화시켜 발음한다는 규정이다.
'※'은 한자어에서 'ㄴ'과 'ㄹ'이 만났을 때 'ㄹ'이 'ㄴ'으로 동화되어 [ㄴㄴ]으로 발음되는 경우를 따로 규정한 것이다.

더하기 예제

다음 중 밑줄 친 부분의 발음이 바르지 않은 것은?

① 봄이 되자 꽃들이 꽃망울[꼳망울]을 터트리기 시작했다.

② 우리는 포항에서 강릉[강능]까지 차를 타고 갔다.

③ 학생들은 남원의 광한루[광:할루]를 견학했다.

④ 폭우에 물난리[물랄리]가 나서 사람들이 대피했다.

⑤ 폭력 시위가 계속되자 정부는 공권력[공꿘녁]을 투입했다.

해설

꽃망울은 우선 '꽃'이 음절의 끝소리 규칙의 적용을 받아 [꼳]으로 발음되고, 받침의 'ㄷ'이 다시 '망'의 'ㅁ'과 만나 비음화가 일어나게 된다. 따라서 [꼰망울]이 올바른 발음이다.

정답 ❶

제21항 | 위에서 지적한 이외의 자음동화는 인정하지 않는다.

감기[감:기] (×[강:기]) 옷감[옫깜] (×[옥깜]) 있고[읻꼬] (×[익꼬]) 꽃길[꼳낄] (×[꼭낄])

젖먹이[전머기] (×점머기]) 문법[문뻡] (×[뭄뻡]) 꽃밭[꼳빧] (×[꼽빧])

표준 발음에서 허용하지 않는 다양한 동화 발음을 제시하여 무리하게 동화시켜 발음하는 것을 막고 있다. 즉, '감기'는 충분히 [감기]로 발음할 수 있는데 경우에 따라 [강기]로 발음하여 'ㅁ'을 [ㅇ]으로 바꾸어 발음할 수 없다는 것이다.

제22항 | 다음과 같은 용언의 어미는 [어]로 발음함을 원칙으로 하되, [여]로 발음함도 허용한다.

되어[되어/되여] 피어[피어/피여]

- **붙임** : '이오, 아니오'도 이에 준하여 [이요], [아니요]로 발음함을 허용한다.

모음으로 끝난 용언 어간에 모음으로 시작된 어미가 결합할 때의 발음을 규정한 것이다. 이 경우에는 충분히 본음대로 발음할 수 있음에도 불구하고 바꾸어 발음하는데 이는 모음 충돌을 피하려는 현상 때문이다. 따라서 '피어'의 경우 'ㅣ'와 'ㅓ'가 겹쳐 나므로 뒤의 'ㅓ'를 'ㅕ'로 바꾸어 발음하는 것을 현실적으로 허용하고 있다.

제6장 경음화

제23항 | 받침 'ㄱ(ㄲ, ㅋ, ㄳ, ㄺ), ㄷ(ㅅ, ㅆ, ㅈ, ㅊ, ㅌ), ㅂ(ㅍ, ㄼ, ㄿ, ㅄ)' 뒤에 연결되는 'ㄱ, ㄷ, ㅂ, ㅅ, ㅈ'은 된소리로 발음한다.

국밥[국빱]	깎다[깍따]	넋받이[넉빠지]	삯돈[삭똔]
닭장[닥짱]	칡범[칙뻠]	뻗대다[뻗때다]	옷고름[옫꼬름]
있던[읻떤]	꽂고[꼳꼬]	꽃다발[꼳따발]	낯설다[낟썰다]
밭갈이[받까리]	솥전[솓쩐]	곱돌[곱똘]	덮개[덥깨]
옆집[엽찝]	넓죽하다[넙쭈카다]	읊조리다[읍쪼리다]	값지다[갑찌다]

우리말에서 [ㄱ, ㄷ, ㅂ]으로 발음되는 받침 뒤에 안울림 예사소리가 결합할 때 필연적으로 이들 안울림 예사소리는 된소리로 발음되는데 이를 된소리되기(경음화)라고 한다. 이는 한 단어 안에서뿐만 아니라 용언의 활용에서도 예외 없이 적용된다.

제24항 | 어간 받침 'ㄴ(ㄵ), ㅁ(ㄻ)' 뒤에 결합되는 어미의 첫소리 'ㄱ, ㄷ, ㅅ, ㅈ'은 된소리로 발음한다.

신고[신:꼬]	껴안다[껴안따]	앉고[안꼬]	얹다[언따]
삼고[삼:꼬]	더듬지[더듬찌]	닮고[담:꼬]	젊지[점:찌]

※ 피동, 사동의 접미사 '-기-'는 된소리로 발음하지 않는다.

안기다	감기다	굶기다	옮기다

울림소리인 'ㄴ, ㅁ' 뒤에 안울림 예사소리가 결합하여 된소리로 발음되는 경우이다. 얼핏 사잇소리 현상과 유사하지만 사잇소리 현상이 합성어에서 일어나는 반면 위에 제시된 된소리되기는 용언의 어간과 어미의 결합에서 일어난다는 점에서 차이가 있다.

'※'에서는 '피동, 사동'의 접미사 '-기-'가 결합된 경우 된소리되기가 일어날 수 있는 환경임에도 불구하고 된소리로 발음하지 않음을 규정하고 있다.

더 알고가기

된소리되기와 사잇소리 현상의 구분

된소리되기와 사잇소리 현상은 모두 안울림 예사소리가 된소리가 된다는 공통점이 있다. 그런데 사잇소리 현상은 반드시 합성어일 때만 가능하지만 된소리되기는 한 단어 안에서 일어난다는 점이 다르고, 합성어일지라도 사잇소리 현상은 '울림소리+안울림 예사소리'의 환경에서 일어나는데 된소리되기는 '안울림소리+안울림 예사소리'의 환경에서 일어난다는 점이 다르다.

제25항 | 어간 받침 'ㄼ, ㄾ' 뒤에 결합되는 어미의 첫소리 'ㄱ, ㄷ, ㅅ, ㅈ'은 된소리로 발음한다.

넓게[널께]	핥다[할따]	훑소[훌쏘]	떫지[떨:찌]

어간의 겹받침 'ㄼ, ㄾ' 뒤에서 일어나는 된소리되기를 규정하고 있다. 이는 'ㄼ, ㄾ'이 대표음 'ㄹ'로 발음되어 일어나는 현상으로, 이 된소리되기는 용언 어간에서 일어나는 현상으로 국한하고 있다. 그 이유는 '여덟과[여덜과]'와 같이 체언과 조사가 결합하는 경우에는 된소리 발음이 나타나지 않기 때문이다.

제26항 | 한자어에서, 'ㄹ' 받침 뒤에 결합되는 'ㄷ, ㅅ, ㅈ'은 된소리로 발음한다.

갈등[갈뜽]	발동[발똥]	절도[절또]	말살[말쌀]
불소(弗素)[불쏘]	일시[일씨]	갈증[갈쯩]	물질[물찔]
발전[발쩐]	몰상식[몰쌍식]	불세출[불쎄출]	

※ 같은 한자가 겹쳐진 단어의 경우에는 된소리로 발음하지 않는다.

허허실실[허허실실](虛虛實實)　　절절-하다[절절하다](切切-)

한자어의 'ㄹ' 받침 뒤에서 일어나는 된소리되기를 규정하고 있다. '※'에서는 같은 한자어가 겹쳐진 단어의 경우에는 된소리로 발음할 수 있는 환경이라도 된소리로 발음하지 않도록 규정하고 있다. 한자어 중에서는 'ㄹ' 받침 뒤에서라도 된소리로 발음되지 않는 예가 많으므로 이와 구별하여 주의해야 한다.

더 알고가기

한자어의 'ㄹ' 뒤에서 된소리되기가 일어나지 않는 예

결과(結果)	물건(物件)	불복(不服)	설계(設計)
열기(熱氣)	절기(節氣)	출고(出庫)	팔경(八景)

제27항 | 관형사형 '-(으)ㄹ' 뒤에 연결되는 'ㄱ, ㄷ, ㅂ, ㅅ, ㅈ'은 된소리로 발음한다.

할 것을[할꺼슬]	갈 데가[갈떼가]	할 바를[할빠를]	할 수는[할쑤는]
할 적에[할쩌게]	갈 곳[갈꼳]	할 도리[할또리]	만날 사람[만날싸람]

※ 끊어서 말할 적에는 예사소리로 발음한다.

- **붙임** : '-(으)ㄹ'로 시작되는 어미의 경우에도 이에 준한다.

할걸[할껄]	할밖에[할빠께]	할세라[할쎄라]	할수록[할쑤록]
할지라도[할찌라도]	할지언정[할찌언정]	할진대[할찐대]	

관형사형 '-ㄹ, -(으)ㄹ' 다음에서는 'ㄱ, ㄷ, ㅂ, ㅅ, ㅈ'이 예외 없이 된소리로 발음된다. '-(으)ㄹ' 다음에 오는 것이 명사가 아니라 보조용언일 경우에도 역시 그 다음 자음을 된소리로 발음해야 한다. '※'에서는 끊어서 발음할 경우 앞말의 영향을 받지 않으므로 예사소리로 발음하도록 규정하였다. 한편 '붙임'에서는 '-(으)ㄹ' 뒤에 오는 말이 체언(의존명사나 명사)이 아니라 어미일 때도 이에 준하여 발음하도록 하였다. 이와 달리 의문형의 경우에는 '-(으)ㄹ까, -(으)ㄹ꼬, -(으)ㄹ쏘냐'와 같이 된소리 발음 자체를 표기에 반영한다.

제28항 | 표기상으로는 사이시옷이 없더라도, 관형격 기능을 지니는 사이시옷이 있어야 할(휴지가 성립되는) 합성어의 경우에는, 뒤 단어의 첫소리 'ㄱ, ㄷ, ㅂ, ㅅ, ㅈ'을 된소리로 발음한다.

문-고리[문꼬리]	눈-동자[눈똥자]	신-바람[신빠람]	산-새[산쌔]
손-재주[손째주]	길-가[길까]	물-동이[물똥이]	발-바닥[발빠닥]
굴-속[굴:쏙]	술-잔[술짠]	바람-결[바람껼]	그믐-달[그믐딸]
아침-밥[아침빱]	잠-자리[잠짜리]	강-가[강까]	초승-달[초승딸]
등-불[등뿔]	창-살[창쌀]	강-줄기[강쭐기]	

2주

더하기 예제

다음 중 밑줄 친 부분의 발음이 바르지 않은 것은?

① 아침에 국밥을 먹고 집을 나섰다. → [국빱]
② 그의 얼굴은 넓죽하다. → [넙쭈카다]
③ 부부 간의 갈등의 골이 깊다. → [갈뜽]
④ 어제는 피곤해서 일찍 잠자리에 들었다. → [잠자리]
⑤ 음식을 짜게 먹었는지 갈증이 심하다. → [갈쯩]

해설
곤충의 일종인 '잠자리'는 [잠자리]로 발음하지만, '잠을 자는 곳'의 의미를 지닌 합성어 '잠자리'는 [잠짜리]로 발음해야 한다.

정답 ④

제7장 음의 첨가

제29항 | 합성어 및 파생어에서, 앞 단어나 접두사의 끝이 자음이고 뒤 단어나 접미사의 첫 음절이 '이, 야, 여, 요, 유'인 경우에는, 'ㄴ' 소리를 첨가하여 [니, 냐, 녀, 뇨, 뉴]로 발음한다.

솜-이불[솜:니불]	홑-이불[혼니불]	막-일[망닐]	삯일[상닐]
맨-입[맨닙]	꽃-잎[꼰닙]	내복-약[내:봉냑]	한-여름[한녀름]
남존-여비[남존녀비]	신-여성[신녀성]	색-연필[생년필]	직행-열차[지캥녈차]
늑막-염[능망념]	콩-엿[콩녇]	담-요[담:뇨]	눈-요기[눈뇨기]
영업-용[영엄뇽]	식용-유[시굥뉴]	국민-윤리[궁민뉼리]	밤-윷[밤:뉻]

※ 다음과 같은 말들은 'ㄴ' 음을 첨가하여 발음하되, 표기대로 발음할 수 있다.

이죽-이죽[이중니죽/이주기죽]	야금-야금[야금냐금/야그먀금]
검열[검:녈/거:멸]	욜랑-욜랑[욜랑뇰랑/욜랑욜랑]
금융[금늉/그뮹]	

- **붙임 1** : 'ㄹ' 받침 뒤에 첨가되는 'ㄴ' 음은 [ㄹ]로 발음한다.

들-일[들:릴]	솔-잎[솔립]	설-익다[설릭따]	물-약[물략]
불-여우[불려우]	서울-역[서울력]	물-엿[물렫]	휘발-유[휘발류]
유들-유들[유들류들]			

- **붙임 2** : 두 단어를 이어서 한 마디로 발음하는 경우에는 이에 준한다.

한 일[한닐]	옷 입다[온닙따]	서른 여섯[서른녀섣]	3연대[삼년대]
먹은 엿[머근녇]	할 일[할릴]	잘 입다[잘립따]	스물 여섯[스물려섣]
1연대[일련대]	먹을 엿[머글렫]		

※ 다음과 같은 단어에서는 'ㄴ(ㄹ)' 소리를 첨가하여 발음하지 않는다.

6 · 25[유기오]	3 · 1절[사밀쩔]	송별연[송:벼련]	등용-문[등용문]

합성어 및 접두 파생어에서 접두사나 앞말의 끝소리가 자음으로 끝나고 뒷말의 첫소리가 'ㅣ, ㅑ, ㅕ, ㅛ, ㅠ'인 경우에 'ㄴ'을 첨가시켜 발음하도록 규정하고 있다. 그러나 이 경우 'ㄴ'이 참가되지 않고 연음이 일어나기도 하는데 '※'에서는 이렇게 연음시켜 발음하는 것을 허용하는 말들을 제시하였다.

'붙임 1'에서는 'ㄹ' 받침 뒤에서 'ㄴ'이 첨가된 뒤에 다시 'ㄹ'에 동화되어 [ㄹ]로 발음하는 경우를 제시하고 있다. 한편 '붙임 2'에서는 이러한 음운변동이 두 단어 사이의 경계에서도 일어날 수 있으며 이런 경우 앞의 규정에 따라 발음하도록 하고 있다.

'※'에서는 'ㄴ'이나 'ㄹ'의 첨가가 일어나지 않는 예외적인 경우를 제시하고 있다. 위의 규정은 비교적 뚜렷한 법칙이 존재하지 않으므로 그 발음을 주의 깊게 익혀두어야 한다.

더 알고가기

'이오?'의 발음

'이것은 책이오?' 라고 할 때 '-이오?'를 줄여서 '-요?' 라고 할 경우에는 'ㄴ'이나 'ㄹ'을 첨가하지 않고 연음하여 발음해야 된다. 예를 들어 '문요?', '상요?', '물요?'와 같은 경우 연음하여 발음하므로 [무뇨], [상요], [무료]와 같이 발음하게 된다.

제30항 | **사이시옷이 붙은 단어는 다음과 같이 발음한다.**

1. 'ㄱ, ㄷ, ㅂ, ㅅ, ㅈ'으로 시작하는 단어 앞에 사이시옷이 올 때는 이들 자음만을 된소리로 발음하는 것을 원칙으로 하되, 사이시옷을 [ㄷ]으로 발음하는 것도 허용한다.

냇가[내:까/낻:까]	샛길[새:낄/샏:낄]
빨랫돌[빨래똘/빨랟똘]	콧등[코뜽/콛뜽]
깃발[기빨/긷빨]	대팻밥[대:패빱/대:팯빱]
햇살[해쌀/핻쌀]	뱃속[배쏙/밷쏙]
뱃전[배쩐/밷쩐]	고갯짓[고개찓/고갣찓]

2. 사이시옷 뒤에 'ㄴ, ㅁ'이 결합되는 경우에는 [ㄴ]으로 발음한다.

콧날[콛날 → 콘날]	아랫니[아랟니 → 아랜니]
툇마루[퇻:마루 → 퇸:마루]	뱃머리[밷머리 → 밴머리]

3. 사이시옷 뒤에 '이' 음이 결합되는 경우에는 [ㄴㄴ]으로 발음한다.

베갯잇[베갣닏 → 베갠닏]	깻잎[깯닙 → 깬닙]
나뭇잎[나묻닙 → 나문닙]	도리깻열[도리깯녈 → 도리깬녈]
뒷윷[뒫:뉻 → 뒨:뉻]	

사이시옷의 발음에 대한 규정이다. 1은 뒷말의 첫소리가 된소리로 나는 경우인데 주의할 것은 사이시옷을 [ㄷ]으로 발음해도 되고 이를 발음하지 않아도 된다는 점이다. 원칙적으로 사이시옷은 발음 때문에 붙이는 것이지 사이시옷이 있어서 된소리로 발음되는 것은 아니다. 따라서 이를 형태소로 볼 수 없으므로 발음하지 않는 것을 원칙으로 삼은 것이다. 하지만 현실 발음과 국어의 음운변동에 따른 합리성을 고려하여 사이시옷을 [ㄷ]으로 발음하는 것도 허용하기로 하였다.

한편 2는 [ㄴ] 소리가 첨가되는 경우인데 이 경우에는 [ㄷ]이 첨가된 뒤 다시 뒤의 비음과 동화되므로 이를 [ㄴ]으로 발음하도록 규정하였다. 3에서는 사이시옷 뒤에 '이'가 결합하면 [ㄴ]이 첨가되기 때문에 [ㄴㄴ]으로 발음 하도록 규정했다.

3 추가된 표준어(2011. 8. 31.)

(1) 기존 표준어와 같은 뜻으로 추가된 표준어

추가된 표준어	기존 표준어	뜻
간지럽히다	간질이다	살갗을 문지르거나 건드려 간지럽게 하다.
남사스럽다	남우세스럽다	남에게 놀림과 비웃음을 받을 듯하다.
등물	목물	팔다리를 뻗고 엎드린 사람의 허리 위에서부터 목까지 물로 씻어 주는 일.
맨날	만날	매일같이 계속하여서.
묫자리	묏자리	뫼를 쓸 자리. 또는 쓴 자리.
복숭아뼈	복사뼈	발목 부근에 안팎으로 둥글게 나온 뼈.
세간살이	세간	집안 살림에 쓰는 온갖 물건.
쌉싸름하다	쌉싸래하다	조금 쓴 맛이 있는 듯하다.
토란대	고운대	토란의 줄기
허접쓰레기	허섭스레기	좋은 것이 빠지고 난 뒤에 남은 허름한 물건.
흙담	토담	흙으로 쌓아 만든 담.

(2) 기존 표준어와 별도의 표준어로 추가로 인정한 것.

추가된 표준어	기존 표준어	뜻 차이
~길래	~기에	**~길래** : '~기에'의 구어적 표현.
개발새발	괴발개발	'괴발개발'은 '고양이의 발과 개의 발'이라는 뜻이고, '개발새발'은 '개의 발과 새의 발'이라는 뜻임.
나래	날래	'나래'는 '날개'의 문학적 표현.
내음	냄새	'내음'은 향기롭거나 나쁘지 않은 냄새로 제한됨.
눈꼬리	눈초리	• **눈꼬리** : 눈의 귀 쪽으로 째진 부분. • **눈초리** : 어떤 대상을 바라볼 때 눈에 나타나는 표정. 예 '매서운 눈초리'
떨구다	떨어뜨리다	'떨구다'에 '시선을 아래로 향하다.'라는 뜻이 있음.
뜨락	뜰	'뜨락'에는 추상적 공간을 비유하는 뜻이 있음.
먹거리	먹을거리	**먹거리** : 사람이 살아가기 위하여 먹는 음식을 통틀어 이름.
메꾸다	메우다	'메꾸다'에 '무료한 시간을 적당히 또는 그럭저럭 흘러가게 하다.'라는 뜻이 있음.
손주	손자(孫子)	• **손주** : 손자와 손녀를 아울러 이르는 말. • **손자** : 아들의 아들. 또는 딸의 아들.
어리숙하다	어수룩하다	'어수룩하다'는 '순박함/순진함'의 뜻이 강한 반면에, '어리숙하다'는 '어리석음'의 뜻이 강함.
연신	연방	'연신'이 반복성을 강조한다면, '연방'은 연속성을 강조함.

휑하니	힁허케	**힁허케** : '휑하니'의 예스러운 표현.
걸리적거리다	거치적거리다	자음 또는 모음의 차이로 인한 어감 및 뜻 차이 존재.
끄적거리다	끼적거리다	〃
두리뭉실하다	두루뭉술하다	〃
맨숭맨숭/맹숭맹숭	맨송맨송	〃
바둥바둥	바동바동	〃
새초롬하다	새치름하다	〃
아웅다웅	아옹다옹	〃
야멸차다	야멸치다	〃
오손도손	오순도순	〃
찌뿌둥하다	찌뿌듯하다	〃
추근거리다	치근거리다	〃

(3) **두 가지 표기를 모두 표준어로 인정한 것(3개)**

추가된 표준어	기존 표준어	비고
택견	태껸	우리나라 고유의 전통 무예 가운데 하나.
품새	품세	태권도에서 공격과 방어의 기본 기술을 연결한 연속 동작.
짜장면	자장면	중화요리의 하나로 고기와 채소를 넣어 볶은 중국 된장에 국수를 비벼 먹는다.

2주

더하기 예제

다음 중 밑줄 친 부분이 어문규정에 어긋난 것은?

① 나이를 먹어 이런 일을 하자니 남우세스럽구나.
② 아이가 종이에 개발새발 써 놓은 글씨를 보았다.
③ 방안에서 뭔가 썩는 듯한 내음이 났다.
④ 그는 책을 읽으며 시간을 메꾸고 있었다.
⑤ 일가족이 오순도순 살아가는 모습이 아름답다.

해설
'내음'은 복수 표준어로 인정된 단어이다. 하지만 향기롭거나 나쁘지 않은 냄새로 제한하여 써야 한다. '뭔가 썩는 듯한'은 향기롭지 않고 나쁘다는 의미를 내포하고 있으므로 '냄새'를 써야 한다.

정답 ❸

〈새로 추가된 표준어2〉

국립국어원은 국민들이 실생활에서 많이 사용하고 있으나 그동안 표준어로 인정되지 않았던 13항목의 어휘를 표준어로 인정한다는 내용의 「2014년 표준어 추가 사정안」을 발표하였다.

(1) 현재 표준어와 같은 뜻을 가진 표준어로 인정한 것(5개)

추가된 표준어	현재 표준어
구안와사	구안괘사
굽신*	굽실
눈두덩이	눈두덩
삐지다	삐치다
초장초	작장초

* '굽신'이 표준어로 인정됨에 따라, '굽신거리다, 굽신대다, 굽신하다, 굽신굽신, 굽신굽신하다' 등도 표준어로 함께 인정됨.

(2) 현재 표준어와 뜻이나 어감이 차이가 나는 별도의 표준어로 인정한 것(8개)

추가된 표준어	현재 표준어	뜻
개기다	개개다	• 개기다 : (속되게) 명령이나 지시를 따르지 않고 버티거나 반항하다. • 개개다 : 성가시게 달라붙어 손해를 끼치다.
꼬시다	꾀다	• 꼬시다 : '꾀다'를 속되게 이르는 말. • 꾀다 : 그럴듯한 말이나 행동으로 남을 속이거나 부추겨서 자기 생각대로 끌다.
놀잇감	장난감	• 놀잇감 : 놀이 또는 아동 교육 현장 따위에서 활용되는 물건이나 재료. • 장난감 : 아이들이 가지고 노는 여러 가지 물건.
딴지	딴죽	• 딴지 : (주로 '걸다, 놓다'와 함께 쓰여) 일이 순순히 진행되지 못하도록 훼방을 놓거나 어기대는 것. • 딴죽 : 이미 동의하거나 약속한 일에 대하여 딴전을 부림을 비유적으로 이르는 말.
사그라들다	사그라지다	• 사그라들다 : 삭아서 없어져 가다. • 사그라지다 : 삭아서 없어지다.
섬찟*	섬뜩	• 섬찟 : 갑자기 소름이 끼치도록 무시무시하고 끔찍한 느낌이 드는 모양. • 섬뜩 : 갑자가 소름이 끼치도록 무섭고 끔찍한 느낌이 드는 모양.
속앓이	속병	• 속앓이 : 1. 속이 아픈 병. 또는 속에 병이 생겨 아파하는 일. 2. 겉으로 드러내지 못하고 속으로 걱정하거나 괴로워하는 일. • 속병 : 1. 몸속의 병을 통틀어 이르는 말. 2. '위장병'을 일상적으로 이르는 말. 3. 화가 나거나 속이 상하여 생긴 마음의 심한 아픔.
허접하다	허접스럽다	• 허접하다 : 허름하고 잡스럽다. • 허접스럽다 : 허름하고 잡스러운 느낌이 있다.

* '섬찟'이 표준어로 인정됨에 따라, '섬찟하다, 섬찟섬찟, 섬찟섬찟하다' 등도 표준어로 함께 인정됨.

셋 외래어 표기법/로마자 표기법

1 외래어 표기법

(1) 외래어 표기법의 특징

외래어 표기법은 우리말이 아닌 외래어를 우리문자로 표기하는 방법을 규정한 것으로 외래어 표기를 통일함으로써 우리나라 사람들의 언어생활의 경제성과 편이성을 높이기 위해 제정된 것이다. 외래어 표기법의 문항은 표기 원칙과 관련된 문항들이 주를 이루며 세부 규정에 대한 내용은 복잡할 뿐만 아니라 다양한 나라의 언어들에 대한 규정들이 따로 제정되어 있어 문항화하기 어려운 점이 있다. 따라서 주로 표기 원칙의 내용과 일상에서 자주 사용하는 외래어들을 중심으로 학습해 두는 것이 효과적이다.

(2) 외래어 표기법의 주요 규정

외래어 표기법은 제1장 표기의 원칙과 제2장 표기 일람표, 제3장 표기세칙, 제4장 인명, 지명 표기의 원칙 등으로 구성되어 있다. 하지만 시험에 주로 출제되는 부분은 제1장의 표기의 원칙과 제3장의 표기세칙에서 1절 영어의 표기 부분, 그리고 제4장에서 인명, 지명의 표기 원칙이므로 이 부분을 중심으로 다루고자 한다.

(3) 표기의 원칙

> 제1항 | 외래어는 국어의 현용 24 자모만으로 적는다.

제1항의 '외래어를 국어의 현용 24 자모만으로 적는다.'라는 규정은 외래어가 비록 우리말에 동화된 말이며 우리말의 일부로 자리 잡고 있지만 우리말과 완전히 일치하는 것은 아니기 때문에 이러한 차이를 해소하기 위해 외래어를 표기하기 위한 새로운 문자를 만들거나 고안하지 않겠다는 의미이다. 가령, 영어에서 [v]발음과 일치하는 우리말 자음이 없으므로 이를 표기하기 위해 'ㅸ' 과 같은 음운을 만들거나 고안할 수 없다는 것이다. 이는 국어의 음운 체계에 혼란을 가져올 수 있을 뿐만 아니라 외래어가 우리의 음운현상에 동화된 어휘라는 점에서도 이치에 맞지 않는다.

> 제2항 | 외래어의 1음운은 원칙적으로 1기호로 적는다.

제2항에서 외래어의 1음운을 원칙적으로 1기호로 적겠다는 것은 표기의 통일성을 기하기 위한 것이다. 외래어의 한 음운이 음운환경에 따라 우리말의 여러 음운과 대응하게 되는 경우가 있을 수도 있으나 이를

무조건 허용하였을 경우 외래어 표기의 통일성을 기하기 어려워지기 때문에 1음운은 1기호로 적는 것을 원칙으로 정하였다. 가령, [f]를 음운환경에 따라 'film'은 '휠름'으로 적고 'face'는 '페이스'로 적는다면 음운환경에 따른 'f'의 표기를 기억하고 있어야 하는 문제가 생기므로 이를 일관된 1기호 'ㅍ'으로 적어 표기의 효율성을 높이고자 하는 것이다.

제3항 | **받침에는 'ㄱ, ㄴ, ㄹ, ㅁ, ㅂ, ㅅ, ㅇ'만을 쓴다.**

외래어 표기의 받침을 'ㄱ, ㄴ, ㄹ, ㅁ, ㅂ, ㅅ, ㅇ'만으로 쓰도록 한 것은 다른 받침을 가진 외래어들이 모음으로 시작되는 조사가 연결될 때에도 이들 받침으로 발음되는 경우가 많기 때문이다. 이는 외래어가 국어의 음절의 끝소리 규칙에 준하여 발음되기 때문이기도 하다. 그런데 우리말에서 음절 끝소리 규칙에서 끝소리로 올 수 있는 자음은 사실 'ㅅ'이 아니라 'ㄷ'이다. 그럼에도 불구하고 'ㅅ'을 쓰도록 한 것은 외래어의 실제 발음이 그렇지 않기 때문이다. 가령 'disket'에 조사 '이'가 결합하게 될 경우 [디스케디]가 아니라 [디스케시]로 발음해야 한다. 이런 점을 고려하여 외래어 표기에서 받침은 'ㄷ'이 아니라 'ㅅ'을 사용하는 것이 실제 발음과 가깝고 합리적이기 때문에 'ㄷ'이 아닌 'ㅅ'을 끝소리로 인정하였다.

제4항 | **파열음 표기에는 된소리를 쓰지 않는 것을 원칙으로 한다.**

외래어 표기에서 된소리를 인정하지 않는 것은 우리말의 음운 체계와 외국어의 음운 체계가 일치하지 않기 때문이다. 우리말의 경우 '예사소리-된소리-거센소리'가 대립하는 3계열의 음운 체계를 갖추고 있는 반면 대부분의 외국어는 '울림소리-안울림소리'의 2계열 대립을 보인다. 따라서 이러한 차이를 고려하여 외국어의 울림소리는 국어의 예사소리에 대응시키고 안울림소리는 국어의 거센소리에 대응시키기로 한 것이다. 자연히 외국어의 음운과 대응하지 않는 된소리는 표기에서 제외되었다. 따라서 'Paris'의 경우 외국인들이 '빠리'라고 발음하더라도 외래어 표기법에서는 '파리'라고 적도록 한 것이다.

더 알고가기

동남아시아어의 표기

현행 외래어 표기법에서는 된소리 표기를 할 수 없도록 되어 있다. 하지만 동남아시아어의 표기 시 현지 발음과 너무도 동떨어져 널리 사용되지 않았기 때문에 동남아시아어 표기에 한해 현지 발음에 가깝도록 된소리 표기를 인정하였다. 이에 따라 '푸케트'는 '푸껫(Phuket)'으로 '호치민'은 '호찌민(Ho Chi Minh[胡志明])'으로 표기하도록 규정하였다.

더하기 예제

다음 밑줄 친 단어 중 외래어 표기가 바르지 않은 것은?

① 요즘 사진기는 훨름이 쓰이지 않는다.

② 방송에서 귀에 익은 재즈 음악이 흘러나왔다.

③ 우리 선수들이 파리에서 열리는 경기에 참가하였다.

④ 그들은 푸껫으로 신혼여행을 떠났다.

⑤ 그 자료들을 디스켓에 저장해야 한다.

해설

외래어의 1음운은 1기호로 통일하여 써야 한다. 따라서 'Film'의 표기는 '필름'으로 적어야 한다.
②, ③ 외래어 표기에서 된소리를 쓰지 않는 것이 원칙이므로 '재즈', '파리'와 같이 써야 한다.
④ 동남아시아어 표기에서는 된소리 표기를 인정하고 있으므로 '푸껫(Phuket)'이 바른 표기이다.
⑤ 받침에서는 'ㄷ'이 쓰일 수 없고, 'ㅅ'을 써야 하므로 '디스켓'은 바른 표기이다.

정답 ❶

2주

제5항 | 이미 굳어진 외래어는 관용을 존중하되, 그 범위와 용례는 따로 정한다.

어떤 언어든 관용으로 굳어진 것은 쉽게 바꾸기 어렵다. 따라서 외래어 표기에서도 이미 관용으로 굳어진 말들은 이를 존중하되 그 범위와 용례를 따로 정하여 한계를 명확히 함으로써 외래어 표기의 혼란을 최소화하고자 하였다.

'라디오(radio)'의 발음을 예로 들어보자. 이를 원음에 가깝게 '레이디오'와 같이 적을 경우 '라디오'라는 표기에 익숙한 한국인들은 적지 않은 혼란을 겪게 될 것이 분명하다. 외래어 표기법이 한국인들을 대상으로 한 것이라는 점을 고려하면 이는 모순되는 일이다. 따라서 이미 언중에게 널리 쓰여 굳어진 것이라면 관용을 존중하여 표기하는 것이 합리적이기 때문에 제5항과 같은 규정을 둔 것이다.

더 알고가기

관용적 표기의 사례

- accent 악센트
- banana 바나나
- camera 카메라
- cider 사이다
- credit 크레디트
- locker 로커
- marathon 마라톤
- omelet 오믈렛
- perma 파마
- socket 소켓
- technology 테크놀로지
- vitamin 비타민
- announcer 아나운서
- bargain sale 바겐세일
- carpet 카펫
- cinema 시네마
- family 패밀리
- mania 마니아
- model 모델
- orange 오렌지
- radio 라디오
- stamina 스태미나
- tomato 토마토
- web 웹
- bag 백
- big 빅
- Catholic 가톨릭
- condenser 콘덴서
- gongfu 쿵후
- mannequin 마네킹
- nostalgia 노스탤지어
- panda 판다
- rocket 로켓
- stapler 스테이플러
- type 타입
- yogurt 요구르트

– 국립국어원 누리집 참고

(4) 영어의 표기

제1항 | 무성 파열음 ([p], [t], [k])

1. 짧은 모음 다음의 어말 무성 파열음([p], [t], [k])은 받침으로 적는다.

   gap[gæp] 갭　　cat[kæt] 캣　　book[buk] 북

2. 짧은 모음과 유음 · 비음([l], [r], [m], [n]) 이외의 자음 사이에 오는 무성 파열음([p], [t], [k])은 받침으로 적는다.

   apt[æpt] 앱트　　setback[setbæk] 셋백　　act[ækt] 액트

3. 위 경우 이외의 어말과 자음 앞의 [p], [t], [k]는 '으'를 붙여 적는다.

   stamp[stæmp] 스탬프　　cape[keip] 케이프　　nest[nest] 네스트
   part[pɑːt] 파트　　desk[desk] 데스크　　make[meik] 메이크
   chipmunk[tʃipmʌŋk] 치프멍크
   sickness[siknis] 시크니스

구분	위치	표기
[p], [t], [k]	• 짧음 모음 다음의 어말. • 짧은 모음과 무성 자음 사이.	받침으로 적는다.
	그 외 어말이나 자음 앞.	'으'를 붙여 적는다.

제2항 | 유성 파열음([b], [d], [g])

어말과 모든 자음 앞에 오는 유성 파열음은 '으'를 붙여 적는다.

bulb[bʌlb] 벌브 land[lænd] 랜드 zigzag[zigzæg] 지그재그

lobster[lɑbstər] 로브스터 kidnap[kidnæp] 키드냅 signal[signl] 시그널

제3항 | 마찰음([s], [z], [f], [v], [θ], [ð], [ʃ], [ʒ])

1. 어말 또는 자음 앞의 [s], [z], [f], [v], [θ], [ð]는 '으'를 붙여 적는다.

mask[mɑːsk] 마스크 jazz[dʒæz] 재즈 graph[græf] 그래프

olive[ɔliv] 올리브 thrill[θril] 스릴 bathe[beið] 베이드

2. 어말의 [ʃ]는 '시'로 적고, 자음 앞의 [ʃ]는 '슈'로, 모음 앞의 [ʃ]는 뒤따르는 모음에 따라 '샤', '섀', '셔', '셰', '쇼', '슈', '시'로 적는다.

flash[flæʃ] 플래시 shrub[ʃrʌb] 슈러브 shark[ʃɑːrk] 샤크

shank[ʃæŋk] 섕크 fashion[fæʃən] 패션 sheriff[ʃerif] 셰리프

shopping[ʃɔpiŋ] 쇼핑 shoe[ʃuː] 슈 shim[ʃim] 심

3. 어말 또는 자음 앞의 [ʒ]는 '지'로 적고, 모음 앞의 [ʒ]는 'ㅈ'으로 적는다.

mirage[mirɑːʒ] 미라지 vision[viʒən] 비전

구분	위치	표기
[b], [d], [g]	어말 또는 자음 앞.	'으'를 붙여 적는다.
[s], [z], [f], [v], [θ], [ð]	어말 또는 자음 앞.	'으'를 붙여 적는다.
[ʃ]	어말.	'시'로 적는다.
	자음 앞.	'슈'로 적는다.
	모음 앞.	'샤, 섀, 셔, 셰, 쇼, 슈, 시'로 적는다.
[ʒ]	어말 또는 자음 앞.	'지'로 적는다.
	모음 앞.	'ㅈ'로 적는다.

제4항 | 파찰음([ts], [dz], [tʃ], [dʒ])

1. 어말 또는 자음 앞의 [ts], [dz]는 '츠', '즈'로 적고, [tʃ], [dʒ]는 '치', '지'로 적는다.

Keats[kiːts] 키츠 odds[ɔdz] 오즈 switch[switʃ] 스위치

bridge[bridʒ] 브리지 Pittsburgh[pitsbəːrg] 피츠버그 hitchhike[hitʃhaik] 히치하이크

2. 모음 앞의 [tʃ], [dʒ]는 'ㅊ', 'ㅈ'로 적는다.

chart[tʃɑːrt] 차트 virgin[vəːrdʒin] 버진

구분	위치	표기
[ts]	어말 또는 자음 앞.	'ㅊ'로 적는다.
[dz]		'ㅈ'로 적는다.
[tʃ]		'치'로 적는다.
[dʒ]		'지'로 적는다.
[tʃ]	모음 앞.	'ㅊ'로 적는다.
[dʒ]		'ㅈ'로 적는다.

제5항 | 비음([m], [n], [ŋ])

1. 어말 또는 자음 앞의 비음은 모두 받침으로 적는다.

steam[stiːm] 스팀 corn[kɔːn] 콘 ring[riŋ] 링

lamp[læmp] 램프 hint[hint] 힌트 ink[iŋk] 잉크

2. 모음과 모음 사이의 [ŋ]은 앞 음절의 받침 'ㅇ'으로 적는다.

hanging[hæŋiŋ] 행잉 longing[lɔŋiŋ] 롱잉

구분	위치	표기
[m], [n], [ŋ]	어말 또는 자음 앞.	받침으로 적는다.
[ŋ]	모음과 모음 사이.	받침 'ㅇ'으로 적는다.

제6항 | 유음([l])

1. 어말 또는 자음 앞의 [l]은 받침으로 적는다.

hotel[houtel] 호텔 pulp[pʌlp] 펄프

2. 어중의 [l]이 모음 앞에 오거나, 모음이 따르지 않는 비음([m], [n]) 앞에 올 때에는 'ㄹㄹ'로 적는다.

※ 비음([m], [n]) 뒤의 [l]은 모음 앞에 오더라도 'ㄹ'로 적는다.

slide[slaid] 슬라이드 film[film] 필름 helm[helm] 헬름

swoln[swouln] 스월른 Hamlet[hæmlit] 햄릿 Henley[henli] 헨리

구분	위치	표기
[l]	어말 또는 자음 앞.	받침으로 적는다.
	모음 앞이거나 모음이 없는 비음 앞.	'ㄹㄹ'로 적는다.
	비음 뒤.	'ㄹ'로 적는다.

더하기 예제

다음 밑줄 친 외래어 표기가 적절하지 않은 것은?

① 사진기자들이 모여들더니 여기저기서 플래쉬가 터졌다.
② 그 문은 스위치를 눌러야 열리게 되어 있다.
③ 만년필에 잉크가 없어서 아무것도 쓸 수가 없다.
④ 그녀의 패션은 언제나 사람들을 놀라게 한다.
⑤ 먼지가 많은 곳에서는 마스크를 꼭 착용해야 한다.

해설
어말의 [ʃ]는 '시'로 적어야 한다. 따라서 '플래쉬'가 아니라 '플래시'가 맞는 표기이다.

정답 ❶

2주

제7항 | 장모음

장모음의 장음은 따로 표기하지 않는다.

team[ti:m] 팀　　route[ru:t] 루트

제8항 | 중모음 ([ai], [au], [ei], [ɔi], [ou], [auə])

중모음은 각 단모음의 음가를 살려서 적되, [ou]는 '오'로, [auə]는 '아워'로 적는다.

time[taim] 타임　　house[haus] 하우스　　skate[skeit] 스케이트
oil[ɔil] 오일　　boat[bout] 보트　　tower[tauə] 타워

구분		표기
장모음의 장음		장음은 따로 표기하지 않는다.
중모음	[ou]	'오'로 적는다.
	[auə]	'아워'로 적는다.

제9항 | 반모음([w], [j])

1. [w]는 뒤따르는 모음에 따라 [wɔ], [wə], [wou]는 '워', [wɑ]는 '와', [wæ]는 '왜', [we]는 '웨', [wi]는 '위', [wu]는 '우'로 적는다.

   word[wəːd] 워드　want[wɔnt] 원트　woe[wou] 워
   wander[wɑndə] 완더　wag[wæg] 왜그　west[west] 웨스트
   witch[witʃ] 위치　wool[wul] 울

2. 자음 뒤에 [w]가 올 때에는 두 음절로 갈라 적되, [gw], [hw], [kw]는 한 음절로 붙여 적는다.

   swing[swiŋ] 스윙　twist[twist] 트위스트　penguin[peŋgwin] 펭귄
   whistle[hwisl] 휘슬　quarter[kwɔːtə] 쿼터

3. 반모음 [j]는 뒤따르는 모음과 합쳐 '야', '얘', '여', '예', '요', '유', '이'로 적는다.

※ [d], [l], [n] 다음에 [jə]가 올 때에는 각각 '디어', '리어', '니어'로 적는다.

   yard[jɑːd] 야드　yank[jæŋk] 얭크　yearn[jəːn] 연
   yellow[jelou] 옐로　yawn[jɔːn] 욘　you[juː] 유
   year[jiə*r*] 이어　Indian[indjən] 인디언　battalion[bətæljən] 버탤리언
   union[juːnjən] 유니언

구분		표기
[w]	[wɔ], [wə], [wou]일 때	'워'로 적는다.
	[wa]일 때	'와'로 적는다.
	[wæ]일 때	'왜'로 적는다.
	[wə]일 때	'웨'로 적는다.
	[wi]일 때	'위'로 적는다.
	[wu]일 때	'우'로 적는다.
	자음 뒤	두 음절로 갈라 적는다.
	[gw], [hw], [kw]	한 음절로 붙여 적는다.
[j]	뒤이은 모음과 합쳐질 때	'야', '얘', '여', '예', '요', '유', '이'로 적는다.
[jə]	[d], [l], [n] 다음에 올 때	각각 '디어', '리어', '니어'로 적는다.

더하기 예제

다음 중 외래어 표기법에 맞는 것만을 골라 바르게 묶은 것은?

㉠ time[taim] 타임
㉡ skate[skeit] 스케이트
㉢ boat[bout] 보우트
㉣ whistle[hwisl] 휘슬
㉤ tower[tauə] 타우어
㉥ yellow[jelou] 옐로우
㉦ union[juːnjən] 유니언

① ㉠, ㉡, ㉣, ㉦
② ㉠, ㉢, ㉤, ㉥
③ ㉠, ㉣, ㉤, ㉦
④ ㉡, ㉢, ㉣, ㉥
⑤ ㉡, ㉣, ㉥, ㉦

해설
중모음은 각 단모음의 음가를 살려서 적되, [ou]는 '오'로, [auə]는 '아워'로 적어야 한다. 따라서 ㉢은 '보트', ㉤은 '타워', ㉥은 '옐로'로 표기해야 맞는 표기이다.

정답 ❶

제10항 | 복합어

1. 따로 설 수 있는 말의 합성으로 이루어진 복합어는 그것을 구성하고 있는 말이 단독으로 쓰일 때의 표기대로 적는다.

cuplike[kʌplaik] 컵라이크
bookend[bukend] 북엔드
headlight[hedlait] 헤드라이트
touchwood[tʌtʃwud] 터치우드
sit-in[sitin] 싯인
bookmaker[bukmeikə] 북메이커
flashgun[flæʃgʌn] 플래시건
topknot[tɔpnɔt] 톱놋

2. 원어에서 띄어 쓴 말은 띄어 쓴 대로 한글 표기를 하되, 붙여 쓸 수도 있다.

Los Alamos[lɔs æləmous] 로스 앨러모스/로스앨러모스
top class[tɔpklæs] 톱 클래스/톱클래스

더하기 예제

다음 밑줄 친 단어를 어문규정에 맞게 고친 것으로 적절하지 않은 것은?

① 이번의 밀림 탐사는 정말 <u>쓰릴</u>이 있어 좋았다. → 스릴

② 기업은 <u>비젼</u>이 있는 사업에 투자해야 성공할 수 있다. → 비전

③ 우리는 각자의 <u>티임</u>을 열심히 응원하였다. → 팀

④ 그들은 학교에서 <u>톱 클래스</u>에 드는 학생들이다. → 탑 클래스

⑤ 자동차 <u>해드라이트</u>가 고장나서 교체하였다. → 헤드라이트

해설

'top(tɔp)'은 '톱'으로 써야 한다.

① 외래어 표기에는 된소리를 쓸 수 없으므로 '스릴(θril)'로 써야 한다.

② 반모음 [j]에 뒤따르는 모음이 아니면 단모음으로 적어야 하므로 '비전(vision[viʒən])'이 맞는 표기이다.

③ 장모음의 장음은 따로 표기하지 않으므로 '팀(team[tiːm])'이 맞는 표기이다.

⑤ [e]는 'ㅔ'로 적어야 하므로 '헤드라이트(headlight[hedlait])'가 맞는 표기이다.

정답 ❹

(5) 인명 · 지명의 표기

제1항 | 외국의 인명, 지명의 표기는 제1장, 제2장, 제3장의 규정을 따르는 것을 원칙으로 한다.

제2항 | 제3장에 포함되어 있지 않은 언어권의 인명, 지명은 원지음을 따르는 것을 원칙으로 한다.

Ankara 앙카라 Gandhi 간디

1항은 외국의 인명, 지명 표기는 앞 장의 규정에 따르고 이를 위해 새로운 표기법을 두지 않는다는 규정이다. 2항은 제3장에서 제시한 언어권에 속해 있지 않은 경우 아직 표기 원칙이 마련되지 않았으므로 원지음을 따르도록 한 것이다. 제시된 예는 '터키'의 지명과 '인도'의 인명이다. 따라서 제3장에서 제시되지 않은 언어권의 인명과 지명은 표기법과 관련된 규정이 마련될 때까지 현지의 발음에 따라 표기해야 한다. 그러나 외래어 용례의 표기 원칙 제8장에서는 기타 언어 표기의 일반원칙을 규정하여 어느 정도 표기의 통일성을 꾀하고 있다.

제3항 | 원지음이 아닌 제3국의 발음으로 통용되고 있는 것은 관용을 따른다.

Hague 헤이그 Caesar 시저

네덜란드의 도시인 'Hague'와 로마 공화정 말기의 인물인 'Caesar'는 네덜란드어의 표기 원칙과 이탈리아어의 표기 원칙에 따라 표기하는 것이 마땅하지만 영어식 발음으로 굳어져 널리 통용되고 있으므로 이를 존중하여 '헤이그'와 '시저'로 적도록 규정하였다.

제4항 | 고유명사의 번역명이 통용되는 경우 관용을 따른다.

Pacific Ocean 태평양 Black Sea 흑해

중국이나 일본을 통해 들어온 고유명사의 경우 한자어로 번역되어 들어오는 경우가 많았으며 이들은 실제 외래어보다 먼저 한국에 들어와 우리말화 되었으므로 우리말 속에서 깊게 뿌리내리고 있는 경우가 많다. 따라서 이러한 고유명사의 경우 번역명이 널리 통용되고 있다면 관용에 따라 적을 수 있도록 하였다.

2주

(6) 동양의 인명, 지명 표기

제1항 | 중국 인명은 과거인과 현대인을 구분하여 과거인은 종전의 한자음대로 표기하고, 현대인은 원칙적으로 중국어 표기법에 따라 표기하되, 필요한 경우 한자를 병기한다.

제2항 | 중국의 역사 지명으로서 현재 쓰이지 않는 것은 우리 한자음대로 하고, 현재 지명과 동일한 것은 중국어 표기법에 따라 표기하되, 필요한 경우 한자를 병기한다.

제3항 | 일본의 인명과 지명은 과거와 현대의 구분 없이 일본어 표기법에 따라 표기하는 것을 원칙으로 하되, 필요한 경우 한자를 병기한다.

제4항 | 중국 및 일본의 지명 가운데 한국 한자음으로 읽는 관용이 있는 것은 이를 허용한다.

東京 도쿄, 동경 京都 교토, 경도 上海 상하이, 상해

臺灣 타이완, 대만 黃河 황허, 황하

중국과 일본의 인명과 지명에 관한 표기 원칙이다. 이들 나라는 역사적으로 우리나라와 오랜 세월 교류하여 왔으며 일찍부터 이들 나라의 인명과 지명이 우리나라에 널리 알려진 상태였다. 특히 중국의 경우 우리나라에 알려진 과거 인물이나 지명이 많고 우리의 한자음대로 표기하였으므로 이제 와서 이를 되돌린다는 것은 거의 불가능하다. '공자(孔子)', '맹자(孟子)'를 비롯하여 삼국지에 등장하는 수많은 인명과 지명을 현대 중국어 표기법으로 돌린다면 적지 않은 혼란이 예상되기 때문이다. 따라서 1항에서는 과거인과 현대인을 나누어 과거인들은 종전의 표기대로 표기하고 현대인들은 현대 중국어 표기법에 따라 표기하도록 하여 절충안을 제시한 것이다.

2항에서는 중국의 역사 지명 중 현재 쓰이지 않는 경우는 우리 한자음대로 표기하고 현재 지명과 동일한 경우에는 중국어 표기법에 따라 적도록 함으로써 점진적으로 중국어 표기법에 따른 표기가 가능하도록 하였다. 그리고 필요한 경우 한자를 병기하여 혼란을 최소화하도록 하였다.

3항은 일본의 인명과 지명에 대한 규정인데 과거 우리나라에 일본이 중국보다는 상대적으로 영향력이 적었으므로 일본의 인명과 지명은 과거인과 현대인의 구별 없이 일본어 표기 원칙에 따라 표기하도록 하였으며, 역시 한자를 병기하여 혼란을 최소화하고자 하였다.

끝으로 4항에서는 중국이나 일본의 지명 중 한자음으로 읽는 관용이 있을 경우 이를 존중하여 허용하도록 하였다. 대부분 이들 지명은 한국인들에게 과거부터 익숙한 지명들이다.

(7) 바다, 섬, 강, 산 등의 표기 원칙

제1항 | '해', '섬', '강', '산' 등이 외래어에 붙을 때에는 띄어 쓰고, 우리말에 붙을 때에는 붙여 쓴다.

카리브 해　　북해　　발리 섬　　목요섬

제2항 | 바다는 '해(海)'로 통일한다.

제3항 | 우리나라를 제외하고 섬은 모두 '섬'으로 통일한다.

타이완 섬　　코르시카 섬　　(우리나라 : 제주도, 울릉도)

1항에서는 외래어와 '해, 섬, 강, 산'이 결합하는 경우, 외래어와 우리말을 구별해 주는 것이 합리적일 뿐만 아니라 자칫 그 말 자체가 외래어에 포함되어 인식될 수 있으므로 외래어에 붙을 경우 띄어 쓰도록 규정하였다.

3항에서는 섬을 모두 '섬'으로 표기하여 통일성을 기하되 우리나라의 경우 '섬'에 해당하는 한자어 '도(島)'가 널리 쓰이고 있으므로 이를 인정하여 '도'로 쓰도록 규정하였다.

제4항 | 한자 사용 지역(일본, 중국)의 지명이 하나의 한자로 되어 있을 경우, '강', '산', '호', '섬' 등은 겹쳐 적는다.

온타케 산(御岳)　　주장 강(珠江)　　도시마 섬(利島)

하야카와 강(早川)　　위산 산(玉山)

제5항 | 지명이 산맥, 산, 강 등의 뜻이 들어 있는 것은 '산맥', '산', '강' 등을 겹쳐 적는다.

Rio Grande 리오그란데 강　　Monte Rosa 몬테로사 산

Mont Blanc 몽블랑 산　　Sierra Madre 시에라마드레 산맥

4항에서는 한자 사용 지역의 지명에 이미 '강, 산, 호, 섬'의 의미가 포함되어 있더라도 다시 이를 겹쳐 적음으로써 지명의 성격을 분명히 하도록 규정하였다. 마찬가지로 5항 역시 한자 이외의 외래어에서도 '산맥', '산', '강' 등을 겹쳐 적도록 하였다.

2 로마자 표기법

(1) 로마자 표기법의 특징

로마자 표기법은 외국인을 대상으로 우리말을 로마자로 표기하는 규정을 통해 표기의 통일성을 이루기 위한 것이다. 따라서 우리가 사용하는 실제 발음을 중심으로 표기법이 제정되었다. 로마자 표기법은 기본 표기 원칙에 따라 적용하면 쉽게 표기를 확인할 수 있으므로 로마자 표기의 원칙을 충실하게 학습하면 어렵지 않게 해결할 수 있다. 특히 인명보다는 주요 지명이나 문화재 등의 표기를 중심으로 학습해 두고, 표준 발음법과 연계하여 학습해 두어야 효과적이다.

(2) 로마자 표기법의 주요 규정

로마자 표기법은 제1장 표기의 기본원칙과 제2장 표기 일람표, 제3장 표기상의 유의점 이렇게 총 3장으로 구성되어 있다. 시험에 꾸준히 출제되고 있는 영역이므로 표기의 기본원칙과 표기 일람을 먼저 학습해 두어야 이해가 쉽다.

(3) 표기의 기본원칙

제1항 | 국어의 로마자 표기는 국어의 표준 발음법에 따라 적는 것을 원칙으로 한다.

제2항 | 로마자 이외의 부호는 되도록 사용하지 않는다.

로마자 표기는 외국인을 대상으로 하므로 표준 발음법에 따라 발음 나는 대로 표기하는 것이 원칙이다. 외국인의 경우 우리말의 형태소 개념을 이해하기 어려울 뿐만 아니라 원형을 밝혀 적을 경우 이들의 표기와 발음상의 차이로 혼동을 일으킬 가능성이 높기 때문에, 이를 고려하여 표준 발음법에 따라 소리 나는 대로 적는 것을 원칙으로 규정하였다. 다만 로마자 이외의 부호는 되도록 사용하지 않음으로써 표기상의 통일성을 기하고 있다.

(4) 표기 일람

제1항 | 모음은 다음 각 호와 같이 적는다.

1. 단모음

ㅏ	ㅓ	ㅗ	ㅜ	ㅡ	ㅣ	ㅐ	ㅔ	ㅚ	ㅟ
a	eo	o	u	eu	i	ae	e	oe	wi

2. 이중모음

ㅑ	ㅕ	ㅛ	ㅠ	ㅒ	ㅖ	ㅘ	ㅙ	ㅝ	ㅞ	ㅢ
ya	yeo	yo	yu	yae	ye	wa	wae	wo	we	ui

- **붙임 1** : 'ㅢ'는 'ㅣ'로 소리 나더라도 'ui'로 적는다.

  (보기) 광희문 Gwanghuimun

- **붙임 2** : 장모음의 표기는 따로 하지 않는다.

로마자 표기법에서는 그 발음과 표기가 비교적 일치하도록 노력하였으나 'ㅓ', 'ㅡ', 'ㅐ', 'ㅚ', 'ㅟ'는 단모음임에도 한 글자로 표기할 수 없어 두 글자로 표기하였다. '붙임 1'에서는 로마자 표기법은 표준 발음법에 따라 적기 때문에 표준 발음의 규정상 'ㅢ'는 'ㅣ'로 날 수 있으므로 그러한 경우 'i'로 적어야 하지만 그럴 경우 'ㅢ'와 'ㅣ' 사이에 혼동이 발생하므로 부득이하게 어원의식을 존중하여 'ui'로 적는다는 예외를 두었다.

제2항 | **자음은 다음 각 호와 같이 적는다.**

1. 파열음

ㄱ	ㄲ	ㅋ	ㄷ	ㄸ	ㅌ	ㅂ	ㅃ	ㅍ
g, k	kk	k	d, t	tt	t	b, p	pp	p

2. 파찰음

ㅈ	ㅉ	ㅊ
j	jj	ch

3. 마찰음

ㅅ	ㅆ	ㅎ
s	ss	h

4. 비음

ㄴ	ㅁ	ㅇ
n	m	ng

5. 유음

ㄹ
r, l

- **붙임 1** : 'ㄱ, ㄷ, ㅂ'은 모음 앞에서는 'g, d, b'로, 자음 앞이나 어말에서는 'k, t, p'로 적는다. ([ ] 안의 발음에 따라 표기함.)

  구미 Gumi　영동 Yeongdong　백암 Baegam

  옥천 Okcheon　합덕 Hapdeok　호법 Hobeop

  월곶[월곧] Wolgot　벚꽃[벋꼳] Beotkkot　한밭[한받] Hanbat

• **붙임 2** : 'ㄹ'은 모음 앞에서는 'r'로, 자음 앞이나 어말에서는 'l'로 적는다. 단, 'ㄹㄹ'은 'll'로 적는다.

구리 Guri	설악 Seorak	칠곡 Chilgok
임실 Imsil	울릉 Ulleung	대관령[대괄령] Daegwallyeong

'붙임 1'의 규정에 따르면 결국 'ㄱ, ㄷ, ㅂ'은 첫소리에서는 'g, d, b'로 쓰고 끝소리에서는 'k, t, p'로 적도록 규정하고 있다. 이는 첫소리와 끝소리에서 나는 'ㄱ, ㄷ, ㅂ'의 발음이 그 성격상 확연히 차이가 나고 이를 언중이 충분히 인식하고 있기 때문에 이를 고려한 것이다.

'붙임 2'는 '설측음'의 표기 규정이다. 모음 앞에서는 'r'로 적지만 자음 앞이나 어말에서는 'l'로 적으며 특히 'ㄹ'이 겹쳐나는 경우는 'll'로 적는다고 규정하였다. 이때 유의할 점은 설측음화인데 설측음화가 일어난 어휘들은 'll'로 적는다. 가령 '대관령'의 표준 발음은 [대괄령]이다. 따라서 설측음화가 일어난 [대괄령]에 충실하게 'Daegwallyeong'으로 적는 것이 바른 로마자 표기이다.

2주

더 알고가기

'백암'의 로마자 표기는?

로마자 표기법에 있어 가장 유의할 점은 표기가 아니라 발음이다. 예를 들어 '백암'의 경우 그대로 쓰면 'Baek+am'이다. 따라서 이를 그대로 이어붙이면 'Baekam' [배캄]이 된다. 하지만 '백암'의 실제 발음은 '백'의 'ㄱ'이 뒤의 첫소리로 연음된 [배감]이다. 따라서 이 표준 발음을 기준으로 로마자 표기를 하면 'Baegam'이 되는데 이는 다른 어휘에서도 마찬가지이다.

더하기 예제

다음 밑줄 친 지명을 로마자로 표기한 것으로 적절하지 않은 것은?

① 휴가 기간 <u>영동</u>고속도로가 몸살을 앓았다. → Yeongdong

② 우리는 <u>백암</u> 휴게소에 들러 점심을 먹었다. → Baegam

③ 가을에는 <u>설악</u>을 물들이는 단풍이 대단하다. → Seorak

④ 그의 고향은 <u>대관령</u>과 가까운 곳이었다. → Daegwanlyeong

⑤ 그들은 <u>구미</u>를 거쳐 부산으로 내려갔다. → Gumi

해설

'대관령'은 설측음화가 일어나 [대괄령]으로 발음되며 이에 따라 'Daegwallyeong'으로 표기해야 한다.

정답 ❹

(5) 표기상의 유의점

제1항 | 음운 변화가 일어날 때에는 변화의 결과에 따라 다음 각 호와 같이 적는다.

1. 자음 사이에서 동화 작용이 일어나는 경우

백마[뱅마] Baengma　　신문로[신문노] Sinmunno　　종로[종노] Jongno

왕십리[왕심니] Wangsimni　　별내[별래] Byeollae　　신라[실라] Silla

2. 'ㄴ, ㄹ'이 덧나는 경우

학여울[항녀울] Hangnyeoul　　알약[알략] allyak

3. 구개음화가 되는 경우

해돋이[해도지] haedoji　　같이[가치] gachi　　맞히다[마치다] machida

4. 'ㄱ, ㄷ, ㅂ, ㅈ'이 'ㅎ'과 합하여 거센소리로 소리 나는 경우

좋고[조코] joko　　놓다[노타] nota　　잡혀[자펴] japyeo

※ 체언에서 'ㄱ, ㄷ, ㅂ' 뒤에 'ㅎ'이 따를 때에는 'ㅎ'을 밝혀 적는다.

묵호 Mukho　　집현전 Jiphyeonjeon

- **붙임** : 된소리되기는 표기에 반영하지 않는다.

압구정 Apgujeong　　낙동강 Nakdonggang　　죽변 Jukbyeon

낙성대 Nakseongdae　　합정 Hapjeong　　팔당 Paldang

샛별 saetbyeol　　울산 Ulsan

음운 변화가 일어난 발음을 기준으로 로마자로 표기한다는 규정이다. 1은 비음화와 설측음화의 예들이고, 2는 'ㄴ, ㄹ'의 첨가가 일어나는 경우이다. 이들 역시 발음에서 첨가된 대로 적는다. 3은 구개음화를 적용하여 표기한 경우이고, 4는 자음 축약에 관한 표기 규정이다. 특히 4의 축약은 어간과 어미에서 인정하며 '※'에서는 체언에서 일어나는 축약은 표기에 반영하지 않았다. 이는 어간과 어미의 경우는 혼동의 여지가 별로 없지만 고유명사의 경우 자칫 표기와 발음이 혼동을 일으킬 가능성이 있으므로 이를 피하기 위해 표기에 반영하지 않기로 한 것이다. 가령 '묵호'는 [무코]로 발음하므로 이에 따라 'Muko'로 적을 경우 실제 명칭이 '무코'인지 '묵호'인지 혼동이 올 수 있다. 따라서 체언, 특히 고유명사 안에서는 축약을 인정하지 않기로 하였다.

한편 '붙임'에서 된소리표기는 반영하지 않는다고 하였으므로 유의하여야 한다. 첫소리에서의 된소리, 예를 들어 '똑', '뚝' 등은 원래부터 된소리이므로 'ttok', 'ttuk'과 같이 쓸 수 있지만 '압구정[압꾸정]'과 같이 음운과 음운이 만나 일어나는 된소리되기는 표기에 반영하지 않아야 한다.

더하기 예제

다음 밑줄 친 부분의 로마자 표기가 바르지 않은 것은?

① 시민단체들은 내일 종로에서 집회를 하기로 결의했다. → Jongno
② 경주는 천 년 동안 신라의 수도였던 곳이다. → Silla
③ 우리는 바닷가에서 해돋이를 구경하였다. → haedoji
④ 낙동강은 경상도의 젖줄이라고 할 수 있다. → Nakddonggang
⑤ 우리는 학여울역에서 만나기로 했다. → Hangnyeoul

해설
로마자 표기에서는 된소리되기를 표기에 반영하지 않는다. 따라서 '낙동강'은 [낙똥강]으로 발음되어 된소리되기가 나타나더라도 'Nakdonggang'과 같이 표기해야 한다.

정답 ❹

제2항 | **발음상 혼동의 우려가 있을 때에는 음절 사이에 붙임표(-)를 쓸 수 있다.**

중앙 Jung-ang　　반구대 Ban-gudae　　세운 Se-un
해운대 Hae-undae

붙임표 사용에 관한 규정이다. 'Jungang'의 경우 붙임표가 없으면 'Jun-gang'(준강)인지 'Jung-ang'(중앙)인지 혼동이 있을 수 있으므로 이를 피하기 위해 붙임표를 써서 혼동을 없애도록 한 것이다.

제3항 | **고유명사는 첫 글자를 대문자로 적는다.**

부산 Busan　　세종 Sejong

우리말에는 대문자와 소문자의 구별이 없지만 일반적으로 로마자를 이용하여 자국의 언어를 표기하는 언어권에서는 고유명사의 첫 글자를 대문자로 쓰고 있으므로 이에 따른 것이다. 이는 표기의 보편성을 고려한 것이다.

제4항 | **인명은 성과 이름의 순서로 띄어 쓴다. 이름은 붙여 쓰는 것을 원칙으로 하되 음절 사이에 붙임표(-)를 쓰는 것을 허용한다. [(　) 안의 표기를 허용함.]**

민용하 Min Yongha (Min Yong-ha)　　송나리 Song Nari (Song Na-ri)

(1) 이름에서 일어나는 음운 변화는 표기에 반영하지 않는다.

한복남 Han Boknam (Han Bok-nam)　　홍빛나 Hong Bitna (Hong Bit-na)

(2) 성의 표기는 따로 정한다.

제5항 | **'도, 시, 군, 구, 읍, 면, 리, 동'의 행정 구역 단위와 '가'는 각각 'do, si, gun, gu, eup, myeon, ri, dong, ga'로 적고, 그 앞에는 붙임표(-)를 넣는다. 붙임표(-) 앞뒤에서 일어나는 음운 변화는 표기에 반영하지 않는다.**

충청북도 Chungcheongbuk-do　　제주도 Jeju-do

의정부시 Uijeongbu-si　　양주군 Yangju-gun

도봉구 Dobong-gu　　신창읍 Sinchang-eup

삼죽면 Samjuk-myeon　　인왕리 Inwang-ri

당산동 Dangsan-dong　　봉천 1동 Bongcheon 1(il)-dong

종로 2가 Jongno 2(i)-ga　　퇴계로 3가 Toegyero 3(sam)-ga

• **붙임** : '시, 군, 읍'의 행정 구역 단위는 생략할 수 있다.

청주시 Cheongju　　함평군 Hampyeong

순창읍 Sunchang

행정구역 단위와 '가'는 그 앞에 붙임표를 넣도록 하였다. 이는 실제 지명과 행정구역 단위를 구별하여 혼동을 없애기 위한 것이다. 이 사이의 음운 변화를 반영하지 않은 것 역시 행정구역 단위를 명확히 하기 위해서이다.

제6항 | **자연 지물명, 문화재명, 인공 축조물명은 붙임표(-) 없이 붙여 쓴다.**

남산 Namsan　　속리산 Songnisan　　금강 Geumgang

독도 Dokdo　　경복궁 Gyeongbokgung　　무량수전 Muryangsujeon

연화교 Yeonhwagyo　　극락전 Geungnakjeon　　안압지 Anapji

남한산성 Namhansanseong　　화랑대 Hwarangdae　　불국사 Bulguksa

현충사 Hyeonchungsa　　독립문 Dongnimmun　　오죽헌 Ojukheon

촉석루 Chokseongnu　　종묘 Jongmyo　　다보탑 Dabotap

제7항 | 인명, 회사명, 단체명 등은 그동안 써 온 표기를 쓸 수 있다.

자연 지물명이나 문화재명, 인공 축조물의 경우 뒤에 오는 요소가 무엇인지 일률적으로 정하기 어렵기 때문에 붙임표 없이 쓰도록 통일한 규정이다. 이는 후행 요소가 다양하여 이들을 모두 구별하여 표기하거나 이해하는 것이 사실상 외국인들에게는 적합하지 않기 때문이다.

더하기 예제

다음 중 로마자 표기가 바른 것끼리 묶인 것은?

㉠ 속리산 Sonkrisan	㉡ 독도 Dokdo
㉢ 불국사 Bulgukssa	㉣ 독립문 Dongnimmun
㉤ 촉석루 Chokseongru	㉥ 종묘 Jongmyo
㉦ 다보탑 Dabotap	㉧ 집현전 Jiphyeonjoen

① ㉠, ㉢, ㉤, ㉦
② ㉠, ㉣, ㉤, ㉥
③ ㉡, ㉣, ㉥, ㉦
④ ㉡, ㉢, ㉤, ㉥
⑤ ㉢, ㉤, ㉥, ㉦

해설

- ㉠ : '속리산'은 비음화가 일어나 [송니산]으로 발음되므로 'Songnisan'이 바른 표기이다.
- ㉢ : '불국사'는 [불국싸]로 발음되지만 된소리되기는 표기에 반영하지 않으므로 'Bulguksa'가 바른 표기이다.
- ㉤ : 비음화가 일어나 [촉썽누]로 발음되므로 'Chokseongnu'로 표기해야 한다.
- ㉧ : '집현전'은 축약과 연음이 일어나 [지편전]으로 발음되며 'ㅓ'에 해당하는 로마자 표기는 'eo'이므로 'Jiphyeonjeon'으로 표기해야 한다.

정답 ❸

매듭짓기

01 다음 밑줄 친 단어 중 맞춤법에 어긋난 것은?

보기

우리나라 사람들은 과정이야 ㉠ 어쨌든 결과만 빨리 얻으면 된다고 생각하는 경향이 있다. 과정을 ㉡ 소홀히 하고 결과만을 빨리 얻으려는 이러한 결과우선의 사고는 과학 기술 분야에서도 예외가 아니다. 기초 과학 분야에 대한 인식을 새롭게 하지 않으면 안 된다. 우리는 지금까지 ㉢ 나날이 발전하는 첨단 기술이라는 열매를 어떻게 하면 빨리 딸 수 ㉣ 있을는지만 생각했지, 그 열매가 어떤 기후에서, 어떤 자양으로, 어떻게 자라게 되는지에 대해서는 외면해 왔다. 그럴수록 과학 기술의 결과우선주의가 공헌한 바가 없는 것은 아니나, 기초 과학 분야를 도외시한 ㉤ 채 당장 써먹을 수 있다는 이유로 응용과학 분야만을 추구하는 것은 바보 같은 짓이다.

① ㉠ 어쨌든
② ㉡ 소홀히
③ ㉢ 나날이
④ ㉣ 있을는지만
⑤ ㉤ 채

02 다음 중 밑줄 친 부분이 어법에 어긋난 것은?

① 어머니는 동사무소 게시판에서 문화교실 일정을 확인하셨다.
② 그녀는 그가 자신의 오라비라는 말에 깜짝 놀랐다.
③ 형이 다쳤다는 전화를 받고 아버지는 병원으로 부리나케 달려가셨다.
④ 집 안팎이 소란해서 그런지 일이 손에 잡히지 않았다.
⑤ 그는 넉넉치 않은 형편에도 꾸준히 불우이웃을 도왔다.

03 다음 밑줄 친 단어가 어법에 맞지 않은 것은?

① 진수는 하루 종일 코빼기도 보이지 않는구나.
② 새로 이사한 집은 마당이 아주 널찍해서 좋다.
③ 아버지는 위층에서 책을 읽고 계신다.
④ 할머니는 곳간에서 곶감을 챙겨 오셨다.
⑤ 그의 말은 요컨데 배가 고프다는 것이다.

04 다음 중 밑줄 친 단어의 쓰임이 적절하지 않은 것은?

① 너무 오래 운동을 하면 다리가 저려서 괴롭다.
② 어머니께서는 밥을 앉히고 국을 끓이셨다.
③ 형의 차가 벽에 부딪혀서 크게 파손되었다.
④ 영수가 편지에 우표를 붙이지 않아서 반송이 되었다.
⑤ 그 선수에게 섣불리 덤볐다가는 낭패를 보기 쉽다.

05 다음 중 밑줄 친 표기를 바르게 수정하지 않은 것은?

① 의사는 그가 꾸준이 치료를 받아야 한다고 말했다. → 꾸준히
② 그녀는 어제부터 어금이가 아파서 고통스러워했다. → 어금니
③ 무엇이 잘못되었는지 곰곰이 생각해 보았다. → 곰곰히
④ 집주인은 달달이 집세를 받아갔다. → 다달이
⑤ 김치가 떨어져 깍둑이로 대신하였다. → 깍두기

06 다음 〈보기 1〉을 바탕으로 할 때 〈보기 2〉의 밑줄 친 단어 중 바르지 않은 것은?

보기 1

'한글 맞춤법'은 '표준어를 소리대로 적되, 어법에 맞도록 함'을 원칙으로 하고 있다. 여기서 '어법에 맞도록 함'의 취지는 글을 읽을 때 이해하기 쉽게 하는 것이다. 즉 '꽃'을 '꼬치, 꼬츨'처럼 소리 나는 대로 적기보다 '꽃이, 꽃을'처럼 '꽃'의 표기를 고정해서 적는 것이 뜻을 신속하게 파악할 수 있다는 말이다.

그러나 어원이 불분명하며 의미 연관성이 적고, 뜻을 파악하는데 도움이 되지 않을 때에는 그냥 소리대로 적는다. '설거지'의 경우 '설겆다'라는 말이 없으므로 굳이 소리와 달리 '설겆이'로 적을 이유가 없다. 따라서 '설거지'로 적는 것이다.

보기 2

① <u>며칠</u> 전에 친구 집에 들러서 늦게까지 놀다가 집에 급하게 간 일이 있다. 급한 마음에 빨리 가려고 뒷길로 뛰어갔다. 그러나 운이 없었던지 '공사 중이니 돌아가 주십시오.'라는 푯말이 앞을 ② <u>막았다</u>. 마음 ③ <u>조리며</u> 집에 ④ <u>들어갔더니</u> 어머니께서는 몹시 걱정을 하셨다며 늦게 귀가하는 일을 앞으로 ⑤ <u>삼가라고</u> 하셨다.

07 다음 중 문장부호의 쓰임이 적절하지 않은 것은?

① 제가 감히 그럴 리가 있겠습니까?

② 너는 한국인이냐? 중국인이냐?

③ 영희와 철수, 민호와 지영이가 한 팀이 되었다.

④ "여러분. '민심은 천심이다.'라는 말이 있습니다."

⑤ 중요한 것은 '사회'가 아니라 '개인'이다.

08 다음 중 밑줄 친 부분이 어문규정에 어긋나는 것은?

① 고국에 돌아간다고 생각하니 설레이는 마음에 잠을 이루지 못했다.
② 그녀가 기르는 수캉아지는 말썽을 자주 피웠다.
③ 그와 나는 쌍둥이처럼 닮아서 사람들의 오해를 사곤 했다.
④ 선생님께서 반장을 나무라고 계셨다.
⑤ 우리 민족의 바람은 언제나 통일이었다.

09 다음 중 밑줄 친 단어가 표준어가 아닌 것은?

① 나의 물음에 그는 딴전만 부리고 있었다.
② 그는 아직 이 분야에서 풋나기에 불과했다.
③ 올해는 멸치가 비싸서 살 엄두가 나지 않는다.
④ 그녀는 동네에서 소문난 멋쟁이였다.
⑤ 어려서 어머니를 잃은 아이들이 가엽게 느껴졌다.

10 다음 〈보기〉의 규정을 참고할 때 밑줄 친 준말의 표기가 적절하지 않은 것은?

보기

- 모음 'ㅗ, ㅜ'로 끝난 어간에 '-아/-어, -았-/-었-'이 어울려 'ㅘ/ㅝ, ㅘㅆ/ㅝㅆ'으로 될 때에는 준 대로 적는다.
- 'ㅚ' 뒤에 '-어, -었-'이 어울려 'ㅙ, ㅙㅆ'으로 될 적에도 준 대로 적는다.

① 구덩이가 깊게 패여 있었다.
② 새로운 자동차를 선뵀다.
③ 물이 얼음이 됐다.
④ 그에게 돈을 줬다.
⑤ 사냥감을 향해 총을 쐈다.

11 〈보기 1〉과 같은 표준어 규정을 바탕으로 〈보기 2〉를 이해한 학생들의 반응으로 적절하지 않은 것은?

보기 1

양성 모음이 음성 모음으로 바뀌어 굳어진 단어는 음성 모음 형태를 표준어로 삼는다.

예 오똑이(×) → 오뚝이(○), 쌍동이(×) → 쌍둥이(○)

다만, 어원 의식이 강하게 작용하는 다음 단어에서는 양성 모음 형태를 그대로 표준어로 삼는다. (ㄱ을 표준어로 삼고, ㄴ을 버림.)

ㄱ	ㄴ	비 고
부조(扶助)	부주	~금, 부좃-술.
사돈(査頓)	사둔	밭~, 안~.
삼촌(三寸)	삼춘	시~, 외~, 처~.

보기 2

㉠ 그 아이는 좋아서 깡충깡충 뛰며 어쩔 줄 몰라 했다.
㉡ 그는 내가 그 애와 똑같다며 쌍둥이가 아니냐고 내게 묻곤 했다.
㉢ 어릴 때부터 삼촌은 나의 든든한 후원자였다.

① ㉠의 '깡충깡충'을 '깡총깡총' 대신 표준어로 정한 것도 이 규정에 따른 것이겠군.

② ㉡의 '쌍둥이'를 보니 '막둥이'나 '귀둥이'도 예전에는 '막동이', '귀동이'였겠군.

③ ㉢의 '삼촌' 대신 '삼춘'이라고 하는 사람도 있지만, 어원을 고려하여 '삼촌'으로 사용하라는 것이군.

④ ㉠의 '깡충깡충'과 ㉢의 '삼촌'은 둘 다 음성 모음 형태로 발음하는 습관을 반영한 것이겠군.

⑤ 대다수 언중들의 발음 습관이 달라져 바뀐 어휘가 굳어지면, 그 어휘들의 표준 어형도 달라질 수 있겠군.

12 다음 중 밑줄 친 단어를 바꾸어 쓴 것으로 적절하지 않은 것은?

① 어머니께서는 부억에서 음식을 만들고 계셨다. → 거센소리를 가진 단어는 거센소리를 표준어로 삼기 때문에 '부엌'으로 써야 한다.

② 방 안에는 수평아리 세 마리가 돌아다니고 있었다. → '병아리'에는 '숫'을 써야 하며 발음할 때 [숟뼝아리]와 같이 된소리가 덧나므로 '숫병아리'로 쓰는 것이 맞다.

③ 봄에는 산에 들에 아지랭이가 피어오른다. → 'ㅣ' 모음 역행동화는 몇몇 단어를 제외하고는 표기에 반영하지 않으므로 '아지랑이'와 같이 써야 한다.

④ 그녀는 집 안의 허드랫일을 도맡아 하였다. → 모음의 발음 변화를 인정하여, 발음이 바뀌어 굳어진 형태를 표준어로 삼은 경우에 해당하므로 '허드렛일'로 써야 한다.

⑤ 쌀독 주변에 새앙쥐가 돌아다니는 것을 보았다. → 준말을 표준어로 인정한 단어에 속하므로 '생쥐'가 맞는 표기이다.

13 다음 중 밑줄 친 단어의 발음이 적절하지 않은 것은?

① 그 모임에는 여덟 명의 회원이 참석하였다. → [여덜]

② 할머니는 밭에서 감자를 캐고 계셨다. → [바테서]

③ 여기서 광주까지는 못해도 백 리는 될 것이다. → [뱅니는]

④ 그는 운동을 한 후 일찍 잠자리에 들었다. → [잠자리에]

⑤ 부장님이 전근을 가시게 되서 송별연을 열었다. → [송벼려늘]

14 다음 중 밑줄 친 단어의 발음에 대한 설명으로 바르지 않은 것은?

① 우리 가족은 어제 대관령으로 여행을 다녀왔다. → '대관령' 은 설측음화가 일어나므로 [대괄령]으로 발음해야 한다.

② 빗방울이 맑고 고운 소리를 내며 떨어지고 있다. → 'ㄺ' 의 발음은 'ㄱ' 앞에서는 [ㄹ]로 발음해야 하므로 [말꼬]로 발음해야 한다.

③ 이곳의 잔디를 밟지 말라는 경고문이 붙었다. → 'ㄼ' 의 발음은 자음 앞에서 [ㅂ]으로 발음해야 하므로 [밥찌]로 발음해야 한다.

④ 최 씨네 벼를 홀태에 훑고 쿵더쿵쿵더쿵 디딜방아를 찧었다. → 'ㄾ' 의 발음은 자음 앞에서 [ㄷ]으로 발음하므로 [훋꼬]로 발음해야 한다.

⑤ 날이 더워 삼베 홑이불만 덮었다. → '홑이불' 은 합성어로 'ㄴ' 소리가 덧나는 사잇소리 현상이 일어나므로 [혼니불]로 발음해야 한다.

15 다음 중 밑줄 친 단어의 발음이 적절하지 않은 것은?

① 어제 첫눈이 내려 친구와 약속한 장소에서 만났다. → [첟눈]

② 아버지께서 벌초를 하다가 벌에 쏘여 입원하셨다. → [벌:]

③ 너도 이제 성인이 되었으니 네 일은 알아서 하도록 해라. → [성인]

④ 도시의 밤거리는 휘황한 불빛과 이를 좇는 젊은이들로 가득했다. → [밤]

⑤ 사람이 말을 많이 하면 종국에는 신임을 얻지 못한다. → [말]

16 〈보기〉의 단어들 가운데 표준 발음이 아닌 것을 모두 고른 것은?

보기

㉠ 밝히다[발키다]	㉡ 뚫는[뚤는]	㉢ 미닫이[미:다지]	㉣ 선릉[선능]
㉤ 물난리[물랄리]	㉥ 문법[뭄뻡]	㉦ 국밥[국빱]	㉧ 금융[그뮹]

① ㉠, ㉢, ㉤
② ㉡, ㉣, ㉥
③ ㉢, ㉤, ㉦
④ ㉠, ㉤, ㉧
⑤ ㉡, ㉥, ㉦

17 다음 중 밑줄 친 단어가 표준어가 아닌 것은?

① 너는 남우세스럽게 그런 말을 할 수 있니?
② 작은형은 공부는 안 하고 맨날 놀기만 한다.
③ 어느새 주식가격이 천장부지로 치솟았다.
④ 담벼락에 개발새발 휘갈긴 낙서들이 가득했다.
⑤ 큰아버지께서는 이번에 손주를 보셨다.

18 다음 중 밑줄 친 단어가 표준어가 아닌 것은?

① 그는 그런 속임수도 분별하지 못할 만큼 어수룩했다.
② 가을 기운이 완연한 뜨락에는 낙엽이 수북했다.
③ 아기 엄마들은 아이들 먹거리에 대해 무척 신경을 썼다.
④ 온 가족이 오손도손 살았으면 좋으련만.
⑤ 그는 가난해서 삭월세방을 전전해야 했다.

19 다음 중 밑줄 친 외래어 표기가 바르지 않은 것은?

① 그분은 째즈를 주로 연주하시는 분입니다.

② 그 선수는 거친 행동으로 옐로카드를 받았다.

③ 우리는 시내 커피숍에서 만나기로 했다.

④ 무더위가 계속되자 시원한 주스가 많이 팔렸다.

⑤ 부장님은 파리로 출장을 떠나셨다.

20 〈보기〉의 외래어 표기에 대한 설명으로 적절하지 않은 것은?

보기

㉠ 마켓 ㉡ 바나나 ㉢ 초콜릿 ㉣ 피에로 ㉤ 호찌민

① ㉠은 받침에 'ㄱ, ㄴ, ㄹ, ㅁ, ㅂ, ㅅ, ㅇ'만 쓸 수 있다는 규정에 따른 것이다.

② ㉡은 실제 발음과는 차이가 있지만 관용을 존중하여 표기를 인정한 것이다.

③ ㉢과 같이 표기하는 이유는 'ㅈ, ㅊ' 뒤에서 단모음과 이중 모음의 구별이 없기 때문이다.

④ ㉣과 같이 표기하는 이유는 파열음 표기에서 된소리를 쓸 수 없기 때문이다.

⑤ ㉤과 같이 표기하는 이유는 현지 발음보다 우리말의 발음이 더 중요하기 때문이다.

21 다음 중 밑줄 친 부분의 로마자 표기로 적절하지 않은 것은?

① 탐사대가 어제 아침에 울릉도에 도착했다는 소식이 들렸다. → Ulleungdo

② 해마다 부산에서는 국제 영화제가 열리고 있다. → Busan

③ 그가 다니는 회사는 선릉역 근처에 있다. → Sulleung

④ 크리스마스가 되면 종로는 젊은이들로 붐볐다. → Jongro

⑤ 우리는 학여울역에서 내려 버스로 갈아타야 한다. → Hangnyeoul

22 〈보기〉의 로마자 표기 가운데 바르게 쓰인 것을 알맞게 고른 것은?

보기

㉠ 해돋이 haedoji	㉡ 신라 Sinla	㉢ 묵호 Mukho	㉣ 낙동강 Nakddonggang
㉤ 중앙 Jung-ang	㉥ 속리산 Sokrisan	㉦ 독도 Tokdo	㉧ 좋고 joko

① ㉠, ㉢, ㉤, ㉧

② ㉠, ㉣, ㉤, ㉥

③ ㉡, ㉣, ㉥, ㉦

④ ㉡, ㉤, ㉦, ㉧

⑤ ㉢, ㉤, ㉥, ㉧

셋째 마당. 어문규정

매듭짓기 해설

▶ 어문규정 344p

01 ①	02 ⑤	03 ⑤	04 ②	05 ③	06 ③	07 ②	08 ①	09 ②	10 ①
11 ④	12 ②	13 ④	14 ④	15 ⑤	16 ②	17 ③	18 ⑤	19 ①	20 ⑤
21 ④	22 ①								

01 정답 ①

정답 해설 ㉠의 '어쨌든'은 '어찌했든'의 준말이므로 '어찌했든'과 같이 받침에 'ㅆ'을 써야 한다.

오답 해설
② ㉡ : 분명히 '히'로 발음되는 경우는 '히'로 써야 하므로 '소홀히'가 맞다.
③ ㉢ : '나날이'는 '다달이'와 같이 '날날이'에서 'ㄹ'이 탈락한 경우이므로 '나날이'로 써야 맞는 표기이다.
④ ㉣ : '-ㄹ는지'는 받침 없는 어간에 붙어서 추측의 의미를 나타내는 연결어미이다. 어간과 어미는 원형을 밝혀 적어야 하므로 '있을는지만'과 같이 표기하는 것이 맞다.
⑤ ㉤ : 관형어 뒤에서 어떤 상태가 지속되는 상황을 의미하는 말은 '채'이다.

02 정답 ⑤

정답 해설 '넉넉하지'의 준말은 '하'가 완전히 준 '넉넉지'로 써야 한다.

오답 해설
① '계, 례, 몌, 폐, 혜'는 'ㅔ'로 소리나는 경우가 있더라도 'ㅖ'로 적는 것이 원칙이다. 하지만 '게송, 게시판, 휴게실'은 예외적으로 본음대로 적는다.
②, ③ '오라비'와 '부리나케'는 어원이 분명치 않기 때문에 소리 나는 대로 쓴다.
④ 두 말이 어울릴 적에 'ㅂ' 소리나 'ㅎ' 소리가 덧나는 것은 소리대로 적는다. '안팎'은 'ㅎ' 소리가 덧나는 경우이다.

03 정답 ⑤

정답 해설 '요컨대'는 소리 나는 대로 써야 하는 부사이다.

오답 해설
① '-빼기'와 같은 접미사는 '코빼기'와 같이 된소리로 적어야 한다.
② '널찍하다'는 겹받침 소리가 드러나지 않으므로 소리 나는 대로 적는다.
③ 거센소리와 된소리 앞에서는 '위'로 써야 하므로 '위층'이 맞는 표기이다.
④ '곳간(庫間), 찻간(車間), 툇간(退間), 숫자(數字), 횟수(回數), 셋방(貰房)'은 한자어끼리 결합한 말이지만 예외적으로 사이시옷을 써야 한다.

04 정답 ②

정답 해설 '앉히다'는 '앉게 하다'라는 뜻이고 '안치다'는 '밥, 떡, 구이, 찌개 따위를 만들기 위하여 그 재료를 솥이나 냄비 따위에 넣고 불 위에 올리다.'라는 뜻이다.

오답 해설
① '저리다'는 뼈마디나 몸의 일부가 오래 눌려 피가 잘 통하지 못하여 감각이 둔하고 아리는 것을 의미하고, '절이다'는 푸성귀나 생선 따위에 소금기나 식초, 설탕 따위가 배어드는 것을 의미한다.
③ '부딪히다'는 피동의 의미로 어떤 대상이 다른 대상에 부딪힘을 당하는 것을 의미하고, '부딪치다'는 두 대상이 마주 부딪는 것을 의미한다.
④ '붙이다'는 접착이나 근접의 상황에 사용하는 말이고 '부치다'는 어떤 문제를 다른 곳에 넘기어 맡기거나 편지 따위를 보내는 것 등을 의미한다.
⑤ '섣부르다'는 솜씨가 어설프거나 서투른 것을 의미하는 말로, '설다'에서 나온 말이지만 'ㄷ'으로 소리 나기 때문에 '섣불리'와 같이 써야 한다.

2주

05 정답 ③

정답 해설 '-하다'가 붙는 어근에 '-히'나 '-이'가 붙어서 부사가 되거나, 부사에 '-이'가 붙어서 뜻을 더하는 경우에는 그 어근이나 부사의 원형을 밝히어 적어야 한다. '곰곰이'는 '곰곰'이라는 부사에 '이'가 붙어서 다시 부사가 된 것이므로 원형을 밝혀 적는 것이 맞다.

오답 해설
① '-하다'가 붙는 어근에 '히'가 붙어서 부사가 된 경우에 해당되며, 분명히 '히'로 소리 나므로 '꾸준히'로 적어야 한다.
② '이[齒, 虱]'가 합성어나 이에 준하는 말에서 '니' 또는 '리'로 소리 날 때에는 '니'로 적어야 한다. '어금'과 '이'가 합성된 말은 '이'가 '니'로 소리 나므로 '어금니'로 적어야 한다.
④ 끝소리가 'ㄹ'인 말과 딴 말이 어울릴 적에 'ㄹ' 소리가 나지 않는 것은 나지 않는 대로 적어야 하므로 '다달이'로 적어야 한다.
⑤ '-하다'나 '-거리다'가 붙을 수 없는 어근에 '-이'나 다른 모음으로 시작되는 접미사가 붙어서 명사가 된 것은 그 원형을 밝히어 적지 않는다. '깍둑'은 '-하다'나 '-거리다'가 붙을 수 없으며 모음으로 시작되는 접미사 '-이'가 붙어서 명사가 된 경우에 해당하므로 '깍두기'와 같이 원형을 밝혀 적지 않는다.

06 정답 ③

정답 해설 '조리다'는 생선, 채소 따위를 양념하여 국물이 거의 없게 바짝 끓이는 것을 의미하고, '졸이다'는 속을 태우다시피 초조해한다는 의미이다. 따라서 ③은 '졸이며'로 써야 한다.

오답 해설
① '며칠'은 어원이 분명하지 않으므로 소리 나는 대로 쓰는 것이 맞는 표기이다.
② '막았다'는 '막다'의 어간 '막-'에 과거 시제 선어말어미 '-았-'이 붙고, 평서형 종결어미 '-다'가 붙은 것으로 '막다'의 본뜻을 유지하고 있으므로 '막았다'와 같이 형태소를 밝혀 적어야 한다.
④ '들어가다'는 '들다'의 원뜻이 유지되고 있으므로 '들어가다'와 같이 형태소를 밝혀 적는다.
⑤ '삼가다'가 기본형이므로 '삼가라고'와 같이 쓰는 것이 옳은 표기이다.

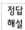

07 정답 ②

정답 해설 같은 성격의 물음이 반복되면 가장 나중의 물음에만 물음표를 붙인다. ②의 '한국인이냐?'와 '중국인이냐?'는 국적을 묻는 것으로 성격이 같은 물음에 해당하므로 '너는 한국인이냐, 중국인이냐?'와 같이 마지막 물음에만 물음표를 사용하면 된다.

오답 해설
① 반어나 수사의문문에도 물음표가 사용된다.
③ 짝을 지어 구분할 필요가 있을 경우에는 반점을 사용한다.
④ 인용한 말 속에 다시 인용이 들어갈 경우 안의 인용문은 작은따옴표를 사용한다.
⑤ 의미를 강조할 단어가 있을 경우에는 작은따옴표를 사용할 수 있다.

08 정답 ①

정답 해설 '설레다'가 기본형이므로 '설레는'과 같이 써야 한다.

오답 해설
② 두 말이 어울릴 때 'ㅎ'이 덧나는 경우에는 소리 나는 대로 적어야 하므로 '수캉아지'가 맞는 표기이다.
③ '-둥이'는 양성 모음이던 것이 음성 모음으로 바뀌어 굳어진 것이므로 '쌍둥이'와 같이 써야 한다.
④ 모음의 발음 변화를 인정하여, 발음이 바뀌어 굳어진 형태를 표준어로 삼기 때문에 '나무래다'가 아닌 '나무라다'와 같이 쓰는 것이 바른 표기이다.
⑤ '무엇을 희망하다.'라는 의미를 갖는 단어는 '바라다'이므로 이에 해당하는 명사형은 '바람'이다. '바램'은 색깔이 변하거나 빛깔이 희미해지는 것을 의미하는 '바래다'의 명사형이다.

09 정답 ②

정답 해설 '-내기'는 'ㅣ'모음 역행동화가 일어난 것으로 원칙적으로는 표준 발음으로 인정하지 않지만 예외적으로 인정하고 있다. 이러한 단어에는 '동댕이치다', '-쟁이' 등이 있다.

오답 해설
① '딴전'과 '딴청'은 복수 표준어이다.
③ '멸치'는 의미가 같은 '며루치'에 비해 더 널리 쓰이기 때문에 표준어로 삼고 있다.
④ 기술자에게는 '-장이'를 붙이고 그 외의 습관이나 특성에 해당할 때는 '-쟁이'를 붙여 쓴다. 따라서 '멋쟁이'가 맞는 표기이다.
⑤ '가엽다'와 '가엾다'는 복수 표준어에 해당한다.

10 정답 ①

정답 해설 '파다'의 어간 '파-'와 피동 접미사 '-이-'가 어울려 '패'가 되므로 '패어'가 적절한 표기이다. 혹은 접미사 '-이-'와 뒤의 연결어미 '-어'가 어울려 '여'로 줄 경우 '파여'로 써도 된다. 하지만 '패여'를 분석하면 '파이이어'가 되므로 적절한 표기가 아니다.

오답 해설
② '선뵀다'는 '선보이었다'의 준말이다. 즉, '선보'에서 'ㅗ'와 '-이-'가 결합하여 '뵈'가 되고, 다시 'ㅚ'와 '-었-'이 결합하여 준말 '뵀'이 되었으므로 적절한 표기이다.
③ '돼'는 '되어'의 준말이며 '되-'와 '-었-'이 결합하여 '됐'이 되었으므로 적절한 표기이다.
④ '주다'의 어간 '주-'와 '-었-'이 결합한 준말이므로 '줬-'은 적절한 표기이다.
⑤ '쏘다'의 어간 '쏘-'와 '-았-'이 결합한 준말이므로 '쐈-'은 적절한 표기이다.

11 정답 ④

정답 해설 '깡충깡충'은 음성 모음으로 발음하는 형태를 표준어로 삼은 경우이지만 '삼촌'은 어원 의식이 그대로 남아 있어 양성 모음으로 발음하는 형태를 표준어로 삼은 경우이다.

12 정답 ②

정답 해설 암컷과 수컷을 이르는 접두사는 각각 '암/수'로 통일하는데 '숫양, 숫염소, 숫쥐'만 '숫'으로 쓴다. '병아리'는 해당하지 않으므로 '수'를 써야 한다. 한편 '암/수'의 경우 다른 단어와 결합할 때 'ㅎ' 소리가 덧나는 경우에는 거센소리를 인정하고 있으므로 결국 '수평아리'가 표준어이다.

13 정답 ④

정답 해설 '잠자리[잠자리]'는 곤충이고, '잠자리[잠짜리]'는 '잠을 자는 자리'를 뜻한다. 문맥상 '잠을 자는 자리'에 해당하므로 [잠짜리에]라고 발음해야 한다.

오답 해설
① 겹받침 'ㄼ'은 어말 또는 자음 앞에서 앞 자음인 'ㄹ'로 발음한다. 따라서 '여덟'은 [여덜]로 발음한다.
② '밭에서'는 '에서'가 형식 형태소(조사)이므로 그대로 연음시켜 [바테서]로 발음한다.
③ 받침 'ㄱ, ㅂ' 뒤에 연결되는 'ㄹ'은 [ㄴ]으로 발음하여 '백리는'은 [백니는]으로 발음하게 되는데, 이때 받침 'ㄱ'은 'ㄴ, ㅁ' 앞에서 [ㅇ]으로 발음되는 비음화를 겪으면서 [뱅니는]으로 발음된다.
⑤ 합성어 및 파생어에서 앞 단어나 접두사의 끝이 자음이고, 뒤 단어나 접미사의 첫 음절이 '이, 야, 여, 요, 유'인 경우 'ㄴ' 소리를 첨가하여 발음하지만, '송별연'을 포함한 '6 · 25, 3 · 1절, 등용문'과 같은 단어에서는 'ㄴ(ㄹ)' 소리를 첨가하지 않는다.

14 정답 ④

정답 해설 ④ 'ㄾ'은 어말 또는 자음 앞에서 [ㄹ]로 발음하므로, '훑고'는 [훌꼬]로 발음하여야 한다.

오답 해설
① 'ㄴ'은 'ㄹ'의 앞이나 뒤에서 [ㄹ]로 발음하는 설측음화가 일어난다. 따라서 '대관령'의 'ㄴ'은 '령'으로 인해서 [대괄령]으로 발음한다.
② 겹받침 'ㄺ'은 어말 또는 자음 앞에서 [ㄱ]으로 발음하는 한편, 용언의 어간 발음 'ㄺ'은 'ㄱ' 앞에서는 [ㄹ]로 발음한다.
③ 겹받침 'ㄼ'은 어말 또는 자음 앞에서 [ㄹ]로 발음하는데 '밟-'의 경우에는 자음 앞에서 [밥]으로 발음한다. 한편 받침 'ㅂ(ㄼ)' 뒤에 연결되는 'ㅈ'은 된소리로 발음한다. 따라서 '밟지'는 [밥찌]라고 발음해야 한다.
⑤ 합성어 및 파생어에서 앞 단어나 접두사의 끝이 자음이고, 뒤 단어나 접미사의 첫 음절이 '이'인 경우에는 'ㄴ' 소리를 첨가하여 [니]로 발음한다. 따라서 합성어인 '홑이불'은 [혼니불]로 발음해야 한다.

15 정답 ⑤

정답 해설 사람의 언어를 뜻하는 '말[言]'은 [말:]과 같이 길게 발음하고, 사람이 타고 달리는 동물인 '말[馬]'은 짧게 발음한다. ⑤의 '말'은 '사람의 언어'에 해당하므로 [말:]과 같이 길게 발음해야 한다.

오답 해설 ① '눈[雪]'은 첫소리에서는 [눈:]으로 길게 발음하고, 둘째 음절 이하에서는 [눈]과 같이 짧게 발음해야 한다. '첫눈'에서의 '눈'은 둘째 음절이므로 [천눈]과 같이 짧게 발음한다.

② 곤충류에 속하는 '벌[蜂]'은 [벌:]과 같이 길게 발음하고 잘못을 하였을 때 받는 '벌(罰)'은 [벌]과 같이 짧게 발음한다.

③ 만 20세가 넘은 사람을 의미하는 성인(成人)은 [성인]과 같이 짧게 발음하고, 지혜와 덕이 뛰어나 길이 우러러 본받을 만한 사람을 의미하는 성인(聖人)은 [성:인]과 같이 길게 발음한다.

④ 해가 진 뒤를 의미하는 '밤[夜]'은 짧게 발음하고, 견과류에 속하는 밤나무의 열매 '밤[栗]'은 [밤:]과 같이 길게 발음해야 한다.

16 정답 ②

정답 해설
- ㉡: '뚫는'은 음절의 끝소리 규칙이 적용되어 [뚤+는]이 되고 다시 자음동화가 일어나 [뚤른]으로 발음한다.
- ㉣: '선릉'은 설측음화가 일어나므로 [설릉]이 바른 발음이다.
- ㉥: '문법'은 된소리되기가 적용되어 [문뻡]으로 발음한다.

따라서 ㉡, ㉣, ㉥이 잘못된 발음이다.

오답 해설
- ㉠: '밝히다'는 '히'가 접사이므로 연음을 시키되 'ㄱ'과 'ㅎ'의 축약이 일어나므로 [발키다]와 같이 발음한다.
- ㉢: '미닫이'는 구개음화가 일어나므로 [미:다지]와 같이 [ㄷ]을 [ㅈ]으로 발음해야 한다.
- ㉤: '물난리'는 설측음화가 일어나 [물랄리]로 발음한다.
- ㉦: '국밥'은 된소리되기가 일어나므로 [국빱]이 맞는 발음이다.
- ㉧: '금융'은 [금늉]과 같이 [ㄴ]을 첨가하여 발음하는 것과 [그뮹]과 같이 연음하여 발음하는 것 모두를 인정한다.

17 정답 ③

정답 해설 집의 지붕이 덮인 위쪽, 즉 지붕의 안쪽을 이르는 말은 '천장'이다. 하지만 어떤 물건의 가격이 계속 오르기만 하는 것을 비유적으로 이를 때는 '천정부지(天井不知)'로 써야 한다.

오답 해설 '남우세스럽다', '맨날', '개발새발', '손주'는 각각 '남사스럽다', '만날', '괴발개발', '손자(孫子)'와 함께 복수 표준어로 인정된 단어들이다.

18 정답 ⑤

정답 해설 '삭월세'가 '사글세'의 어원이지만 언중의 언어 사용 현실을 감안하여 어원이 뚜렷하지 않은 '사글세'를 표준어로 삼고 있다.

오답 해설 '어수룩하다', '뜨락', '먹거리', '오손도손'은 각각 '어리숙하다', '뜰', '먹을거리', '오순도순'과 함께 복수 표준어로 인정한 단어들이다.

19 정답 ①

정답 해설 외래어 표기법에서는 된소리를 쓰지 않는 것을 원칙으로 하고 있으므로 'jazz[dʒæz]'의 바른 표기는 '재즈'이다.

오답 해설 ② 반모음 [j]는 뒤따르는 모음과 합쳐 '야', '얘', '여', '예', '요', '유', '이'로 적어야 하므로 'yellow[jelou]'의 바른 표기는 '옐로'이다.

③ 외래어 표기에는 'ㄱ, ㄴ, ㄹ, ㅁ, ㅂ, ㅅ, ㅇ'의 일곱 자만 사용하므로 'coffee shop[kɔːfi saːp]'은 '숖'이 아닌 '숍'이 바른 표기이다.

④ 장모음 [uː]는 '우'로 써야 하므로 'juice[dʒuːs]' '주스'가 맞는 표기이다.

⑤ 외래어 표기에서 1음운은 1기호로 써야 하며 된소리 표기를 쓰지 않는 것이 원칙이므로 'Paris' '파리'가 맞는 표기이다.

20 정답 ⑤

정답 해설 동남아시아어 표기는 원지음과 동떨어지지 않도록 된소리 표기를 인정하였다. 이는 현지 발음보다 우리말의 발음이 중요해서가 아니라 된소리가 많은 현지 발음을 고려하여 예외적으로 인정한 것이다.

오답 해설 ① 외래어 표기에서 받침은 'ㄱ, ㄴ, ㄹ, ㅁ, ㅂ, ㅅ, ㅇ'의 일곱 자음만 쓸 수 있기 때문에 '라켓, 마켓, 디스켓'과 같이 'ㅅ' 받침을 써야 한다.

② '바나나(banana[benænə])'는 실제의 발음과 많은 차이가 있지만 오랫동안 사용해 온 관습을 인정한 것이다.

③ 우리말에서 'ㅈ, ㅊ' 뒤에서는 단모음인 'ㅏ, ㅓ, ㅗ, ㅜ'와 이중 모음인 'ㅑ, ㅕ, ㅛ, ㅠ'가 구별이 되지 않는다. 따라서 '주스, 조스, 초콜릿'과 같이 단모음으로 표기해야 한다.

④ 외래어 표기법에서 파열음은 된소리 표기를 하지 않기 때문에 '삐에로'가 아닌 '피에로(pierrot)'로 표기해야 한다.

21 정답 ④

정답 해설 로마자 표기는 표준 발음법에 따라 표기해야 한다. 비음화가 일어나는 '종로'의 표준 발음은 [종노]이다. 따라서 'Jongno'와 같이 써야 한다.

오답 해설 ① '울릉도'는 [울릉도]로 발음되는데 'ㄹㄹ'은 'll'로 적어야 하며 '도'는 행정구역이 아니므로 붙임표 '-'를 붙이지 않는다. 따라서 'Ulleungdo'와 같이 써야 한다.

② '부산'은 [부산]이 표준 발음이고 'ㅂ'은 'b'로 적되 '부산'이 고유명사이므로 대문자 'B'로 적어야 한다. 따라서 'Busan'과 같이 쓴다.

③ '선릉'은 설측음화가 일어나 [설릉]으로 발음되므로 'Sulleung'으로 쓰는 것이 맞다.

⑤ '학여울'은 모음 'ㅕ' 앞에서 'ㄴ'이 덧생기고 다시 비음화가 일어나므로 [항녀울]이 표준 발음이다. 이에 따라 'Hangnyeoul'로 써야 한다.

22 정답 ①

정답 해설 로마자 표기에 맞게 바르게 쓰인 것은 ㉠, ㉢, ㉤, ㉧이다.

- ㉠ : '해돋이'는 구개음화가 일어나 [해도지]로 발음되므로 'haedoji'로 써야 한다.
- ㉢ : 체언에서 'ㄱ, ㄷ, ㅂ' 뒤에 'ㅎ'이 따를 때는 'ㅎ'을 밝혀 적어야 하므로 '묵호'는 'Mukho'로 써야 한다.
- ㉤ : '중앙'은 '준강'과 혼동의 우려가 있기 때문에 'jung-ang'과 같이 사이에 '-'를 넣어 표기할 수 있다.
- ㉧ : '좋고'는 [조코]와 같이 축약이 일어나므로 'Joko'로 쓰는 것이 맞다.

오답 해설

- ㉡ : '신라'는 설측음화가 일어나 [실라]로 발음되므로 'Silla'로 써야 한다.
- ㉣ : '낙동강'은 [낙똥강]으로 발음되지만 된소리되기는 로마자 표기에 반영하지 않으므로 'Nakdonggang'과 같이 써야 한다.
- ㉥ : '속리산'은 비음화가 일어나 [송니산]으로 발음되므로 'Songnisan'으로 쓰는 것이 바른 표기이다.
- ㉦ : '독도'의 'ㄷ'은 'D'로 적어야 하므로 'Dokdo'가 적절한 표기이다.

토클 ToKL

국어능력 인증시험 하

4주완성 기본서

토클 ToKL
국어능력 인증시험 하

4주완성 기본서

인쇄일 2019년 1월 5일 4판 1쇄 인쇄
발행일 2019년 1월 10일 4판 1쇄 발행
등 록 제17-269호
판 권 시스컴2019
발행처 시스컴 출판사
발행인 송인식
편저자 배성일
감수자 정은주

ISBN 979-11-6215-210-2 13750
정 가 25,000원

주소 서울시 양천구 목동동로 233-1, 1007호(목동, 드림타워) | **홈페이지** www.siscom.co.kr
E-mail master@siscom.co.kr | **전화** 02)866-9311 | **Fax** 02)866-9312

발간 이후 발견된 정오 사항은 시스컴 홈페이지 도서 정오표에서 알려드립니다(시스컴 홈페이지→학습 자료실→도서 정오표).

머리말

한국인으로서 국어의 올바른 사용 능력을 갖추는 것은 무엇보다도 중요하다. 따라서 이러한 국어의 사용 능력을 객관적으로 평가한다는 것은 일반적인 국어의 사용 능력을 평가하는 것을 넘어 국어에 대한 기본적인 태도와 자질을 평가하는 것이라는 점에서 중요한 함의를 갖는다.

이러한 취지에서 현재 시행되고 있는 국어능력인증시험은 한국어를 모국어로 사용하는 사람들을 대상으로 구체적인 상황을 바탕으로 하여 듣기, 읽기, 쓰기의 언어 사용 능력을 평가할 뿐만 아니라 이해와 판단, 추론과 비판이라는 사고 영역까지 평가하고 있다. 최근 들어 국어능력인증시험을 입시 또는 입사 시험 등에 활용하는 교육기관과 단체가 늘어나고 있는 추세이므로 이에 대한 관심이 더욱 고조되고 있다.

본서는 현재 시행되고 있는 국어능력인증시험의 출제 범위와 유형에 맞추어 수험생 스스로 국어능력인증시험을 효과적으로 준비할 수 있도록 하는 데 주안점을 두었다. 따라서 국어능력인증시험의 각 출제 영역별로 바탕이 되는 이론과 필수적인 예시문제를 정리하였다. 또한 수험생들이 실전 감각을 익힐 수 있도록 마무리 문제를 수록하여 국어능력인증시험에 보다 실질적으로 대비할 수 있도록 하였다.

본서가 국어능력인증시험을 준비하는 수험생들에게 길잡이 역할을 충실히 하는 한편 수험생들의 실제적인 국어사용 능력을 향상시키는 데 보탬이 되리라고 믿는다. 마지막으로 국어능력인증시험을 준비하는 수험생들 모두가 만족할 만한 결과에 도달할 수 있기를 간절히 바란다.

강의 안내

국어능력인증시험 ToKL 인터넷 강의의 짜임

언어 전문 강사님이 전수하는 1급 달성 비법!

상권 언어기초 영역 편

첫째 마당. 어휘

하나 어휘의 의미

1 고유어(순우리말)
2 한자어(漢字語)
3 관용구 · 속담 · 한자성어
4 외래어 · 귀화어 · 순화어

둘 어휘의 관계

1 어휘 간의 의미 관계
2 의미 변화의 원인
3 의미 변화의 양상
4 어휘의 사전적 의미와 문맥적 의미

둘째 마당. 문법요소와 어법

하나 문법요소

1 음운(音韻)
2 단어(單語)
3 문장(文章)

둘 어법

1 어휘의 활용
2 호응
3 생략 · 중복
4 중의적 표현
5 기타

셋째 마당. 어문규정

하나 한글 맞춤법

둘 표준어 규정

셋 외래어 표기법/로마자 표기법

하권 언어기능/사고력 영역 편

시험 안내

1. 국어능력과 국어능력의 검정

(1) 국어능력이란?

국어를 통하여 생각이나 느낌 등을 정확하게 표현하고 이해하는 데 필요한 듣기 · 말하기 · 읽기 · 쓰기 등의 능력을 말한다.

(2) 국어능력의 검정

국어능력시험은 민간에서 자율적으로 시행해 오다가 국어기본법이 시행된(2005. 7. 27.) 이후 이 법에 따라 '국어능력인증시험'과 'KBS한국어능력시험'을 문화체육관광부 국립국어원에서 '국어능력 검정시험'으로 인정하여 관리하고 있다.

- 문화체육관광부장관은 국민의 국어능력 향상과 창조적인 언어생활의 정착을 위하여 국어능력을 검정할 수 있다.
- 국어능력의 검정 방법 · 절차 · 내용 및 시기에 관하여 필요한 사항은 대통령령으로 정한다.

〈국어기본법 제23조〉

2. 국어능력인증시험(ToKL)

(1) 시험의 개요

① **평가 대상** : 한국어를 모국어로 하는 학생 및 일반인

② **목적** : 국어능력인증시험은 변화하는 국어 생활의 환경에 발맞추어 기존의 국어교육 내용이나 방법의 한계를 극복하고, 체계적인 사고 과정의 결과로 나타나는 말하고, 듣고, 읽고 쓸 줄 아는 총체적인 언어 능력의 평가를 통해 국민의 국어 능력을 신장시키고, 나아가 학교 교육의 단계를 넘어 평생 학습의 단계로 인식토록 하고자 개발된 시험이다.

③ **시험 시간** : 1교시 60분, 2교시 70분(총 130분, 듣기평가 30분 포함)

시험 시간	활동
09 : 00 ~ 09 : 30	수험자 입실
09 : 30 ~ 09 : 45	• 감독관 입실 • 수험자 주의사항(신분증) 안내
09 : 45 ~ 10 : 00	• 1교시 답안지 작성 • 1교시 문제지 배부 및 파본 검사
10 : 00 ~ 11 : 30	1교시 평가 : 읽기, 어문규정, 어휘(객관식 57문항)
11 : 00 ~ 11 : 10	• 2교시 답안지 작성 • 2교시 문제지 배부 및 파본 검사
11 : 10 ~ 12 : 20	2교시 평가 : 듣기, 어법, 쓰기 등(객관식 23문항, 주관식 10문항)
12 : 20 ~ 12 : 30	• 시험 종료 • 수험자 퇴실

④ **문항 구성** : 객관식 80문항(5지 택일형), 주관식 10문항

⑤ **배점** : 객관식 2점(동일 배점), 주관식 4점(차등 배점)

⑥ **성적표**

㉠ **종합 점수** : 시험에서 본인이 획득한 총 점수

㉡ **종합 석차 백분율(%)** : 해당 회차의 전체 응시자를 100으로 환산했을 때 응시자 본인의 종합 성적이 어디에 위치하는지 보여주는 지표 (종합 석차 백분율이 낮을수록 성적 상위자)

㉢ **영역별 취득 점수** : 각 영역별로 응시자 본인이 획득한 점수

㉣ 백분위 환산 점수 : 각 영역별에서 응시자 본인이 획득한 총점을 100점 만점으로 환산한 점수

㉤ **석차 백분율(%)** : 해당 회차의 전체 응시자를 100으로 환산했을 때 응시자 본인의 영역별 성적이 어디에 위치하는 보여주는 지표

⑦ **시험 시행**

㉠ **연간 6회 시행**

㉡ **응시 접수** : 국어능력인증시험 홈페이지(www.tokl.or.kr)

㉢ **시행 장소** : 전국의 주요 도시

㉣ **응시료** : 38,000원

⑧ 시험 접수

ToKL 접수 안내/동의 → 고사장 선택 → 접수자 정보 입력 → 결제

⑨ 응시자 유의사항

㉠ 시험 당일 준비사항

- 준비물 : 신분증(초, 중, 고 재학생은 학생증 가능, 신분증 규정 참조), 수험표, 필기도구[컴퓨터용 사인펜, 볼펜(또는 연필), 수정테이프(액체 불가)], 손목시계
- 시험 당일 신분증 미 지참자는 시험에 응시할 수 없음

㉡ 신분증 규정

- 일반인, 대학생 : 주민등록증, 운전면허증, 유효한 대한민국 여권, 공무원증, 기간 만료 전 주민등록증 발급신청확인서 中 1개(단, 성인의 경우 학생증, 사원증, 舊주민등록증, 각종 자격증, 사진이 부착된 신용카드, 의료보험증, 등본 등은 신분증으로 인정하지 않음)
- 중/고등학생 : 학생증(ToKL에서 인정하는 학생증, 홈페이지 신분증 규정 참조), 청소년증, 유효한 대한민국 여권, ToKL 신분확인 증명서, 재학증명서에 응시자 사진을 붙이고 사진 위에 학교장 날인이 된 것

〈ToKL 인정 학생증 기준〉

- '사진'과 '이름'이 들어있는 학교장이 발행한 학생증
- 제시된 포함요소가 모두 식별이 가능해야 하며 한 가지라도 누락 시 신분증으로 인정이 안 됨
- 학생증의 기재사항을 꼭 확인하고, ToKL 인정 학생증 기준에 맞지 않을 경우 다른 신분증을 준비해야 함

- 초등학생 : 유효한 대한민국 여권, ToKL 신분확인 증명서 中 1개
- 군인 : 현역간부 신분증, 군무원증, ToKL 신분확인 증명서(병사)

㉢ 부정행위자 처리 : 부정행위 대상자는 0점 처리되며, 1년간 응시자격이 박탈됨

㉣ 성적표/인증서 발송 : 성적표 및 인증서는 성적발표일로부터 10일 이내에 일반우편으로 일괄 발송됨

⑵ 시험의 특징

① 언어 기초 영역 · 언어 기능 영역과 함께 사실 이해, 추론, 비판, 창의 능력을 통합 · 평가하는 문항으로 구성한다.

② 서술형 주관식 평가 확대와 다양한 지문을 이용하여 창의적인 언어 사고력을 평가한다.

㉠ 2006년 최초로 도입된 주관식 평가는 객관식 평가에 비해서 높은 변별도를 지니고 있음이 증명되었다. 이에 따라 어휘, 쓰기, 듣기, 읽기 영역에서 주관식 문항을 활용하고 있다.

㉡ 어떤 개념을 이해했는지 확인해보기 위해 설명해보라는 문제나 짧게 요약해보라는 등의 문제가 서술형 문제로 많이 출제된다.

㉢ 내용, 분량 등 서술방식을 제한하는 응답제한형이 주로 출제된다.

③ 종합적인 사고력 평가로 기존의 언어 평가 대비에 효율적이다.

"한국언어문화연구원은 '국어능력인증시험'을 주관함으로써 우리 국민의 국어 의식을 높이고 국어의 바른 사용을 유도하고 있다. 무엇보다도 '국어능력인증시험'은 국민 각 개인의 의사소통 능력과 비판적, 창의적 사고 능력을 개발하고 증진시킬 수 있는 평가 과정을 제공함으로써 종국에는 개인과 국가 경쟁력 강화에 이바지하기 위해 시행되고 있다.

'국어능력인증시험'은 한 개인의 언어 사고력을 적합하고 종합적으로 평가할 수 있게 설계된 시험으로, 학교와 산업계 등에서 요구되는 인재를 공정하게 선발하고 현 구성원의 원만한 역할 수행과 원활한 의사소통을 위한 평가와 재교육에 활용될 수 있다. 또한, '국어능력인증시험'의 평가가 이해 · 추론 · 비판 · 창의와 같이 영역별로 세분화되어 이루어진다는 점을 고려할 때, 산업계에서 개인의 성향과 장점을 활용한 부서 배치에도 좋은 자료로 제공될 수 있을 것이다."

(3) 등급 체계

① **배점** : 200점 만점으로 채점은 절대평가 방식을 취하고 있다. 기능 영역 및 사고력 영역에 대한 점수 및 백분위 점수 등이 표기되는 성적표를 개인별로 발급한다. 이 시험의 성적은 평가 영역별 점수와 총점으로 나누어진다.

㉠ **평가 영역별 점수** : 해당 평가 영역에서 수험자가 획득한 점수로 자신의 국어 사용 능력을 좀 더 구체적으로 확인할 수 있는 정보이다.

㉡ **총점** : 수험자의 전체적인 국어 사용 능력을 알 수 있는 수치이다.

② 급수

㉠ **120점 이하** : 급수를 부여하지 않는다.

㉡ **121점 이상** : 해당 점수에 따라 1급에서 5급까지의 급수를 부여하고 인증서가 발급된다.

급수	수준
1급 (185~200점)	• 창조적인 국어 사용 능력의 소유자 • 언론인, 방송인, 저술가, 작가, 국어 관련 교육자, 기획 및 홍보 업무 책임자의 능력 보유
2급 (169~184점)	• 우수한 국어 사용 능력의 소유자 • 합리적이고 정확한 의사소통 가능 • 언어를 통한 정보의 창출과 전달이 가능한 소양의 소지자로 고급 문서 작성 업무 능력, 관리 및 사무직에 필요한 문서 기획 업무 능력 소유 • 그 외 학문 탐구에 필요한 고급 독해 능력, 고도의 사고와 표현 능력을 필요로 하는 토의 능력 보유
3급 (153~168점)	• 일반 성인이 갖추어야 할 충실한 국어 사용 능력 보유 • 우리말과 글로 된 문화유산 및 대중문화를 폭넓게 향유 가능하고 사회생활에 필요한 이해력과 표현력 소유 • 정보를 이해하고 처리하는 데 필요한 언어 능력의 소유자이며 문서를 통하여 공무를 수행하는 데 지장 없음
4급 (137~152점)	• 일상적인 언어생활에 특별한 장애가 없는 수준 • 다른 사람의 말과 글에 담긴 요점을 이해하고, 자신의 생각과 느낌을 다른 사람에게 전달할 수 있는 기초적인 능력 보유 • 다만, 좀 더 바르고 정확한 언어생활, 창조적인 국어 활용을 위해 언어 규범의 숙지, 좀 더 많은 양의 독서, 글쓰기에 친숙해지려는 노력이 요청
5급 (121~136점)	• 고등학교 교육과정 수준의 언어 사용 능력을 어느 정도 갖춘 상태 • 의도에 맞는 어휘를 선택하는 능력, 주어진 정보의 핵심을 정확하고 빠르게 이해하는 능력, 말이나 글에 담긴 숨겨진 의도를 파악하는 능력 등이 좀 더 신장되어야 할 수준

(4) 평가 목표 및 평가 영역

① 평가 목표

㉠ 말하기, 듣기, 읽기, 쓰기에 관한 종합적인 국어사용 능력 평가

㉡ 일상적 언어 상황과 밀접하게 연관된 실질적인 국어사용 능력 평가

㉢ 합리적 의사소통 능력, 창조적 표현 능력, 유연한 언어 상황 적응력 평가

② 평가 영역

평가 영역	주요 내용	문항 수(주관식)
듣기	• 일상생활의 구어 텍스트 활용 • 현실적인 발화 상황의 재현 • 시각 자료의 활용을 통해 다양한 듣기 상황 능력의 평가 • 듣기 영역에 적합한 주관식 유형 도입 (중심 내용의 요약, 텍스트 내용에 대한 비판, 찬반 입장의 근거 기술)	15(2)
어휘	• 실생활에서 활용도가 높은 어휘를 중심으로 어휘의 실제 활용에 초점 • 읽기 지문과 연계된 실용적 어휘 능력 평가 유형 도입 • 정교한 국어 구사를 위한 어휘와 표현 선도 • 어휘 형성의 이해 / 어휘의 사전 의미 이해 / 어휘의 문맥적 의미 파악 / 어휘의 관계 파악 / 어휘 용법의 이해 / 관용구와 관용 표현의 이해 / 속담과 사자성어의 이해 능력 평가	15(2)
어법	• 정확하고도 경제적인 문장을 구사할 수 있는 능력을 중심으로 어법 활용 능력 평가 • 일상생활에서의 문장(구어, 광고, 각종 실용 문서)을 활용한 어법 지식 평가 • 문장 호응의 이해 / 문장의 중의적 의미의 이해 / 문장의 잘못된 생략 파악 / 의미 중복의 이해 / 높임 표현 · 호칭의 이해 능력 평가	5
어문 규정	• 실생활에서 꼭 필요한 규범의 활용 능력을 중심으로 평가 • 효율적인 의사소통을 위한 규범 평가 • 한글 맞춤법 / 표준어 / 외래어 및 로마자 표기법을 숙지하고 활용할 수 있는 능력 평가	5
읽기	• 다양한 매체 환경을 반영할 수 있는 지문 영역 확대 • 읽기 영역에 적합한 주관식 문항 유형 도입	40(1)
쓰기	• 문장 생성 능력, 단락 전개 능력 등 실질적 글쓰기 능력 중심으로 평가 • 실용적 · 창의적 글쓰기 유형 도입	10(5)

구성과 특징

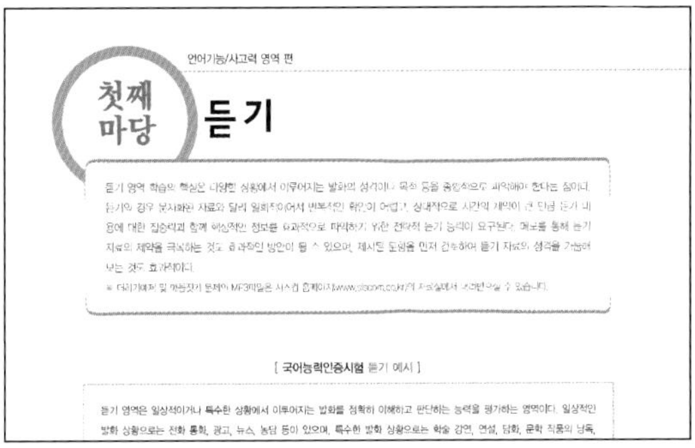

핵심이론

국어능력시험 1등급 달성을 위해 반드시 알아두어야 할 핵심내용들로만 체계적으로 정리하여 학습의 효율성을 높였습니다.

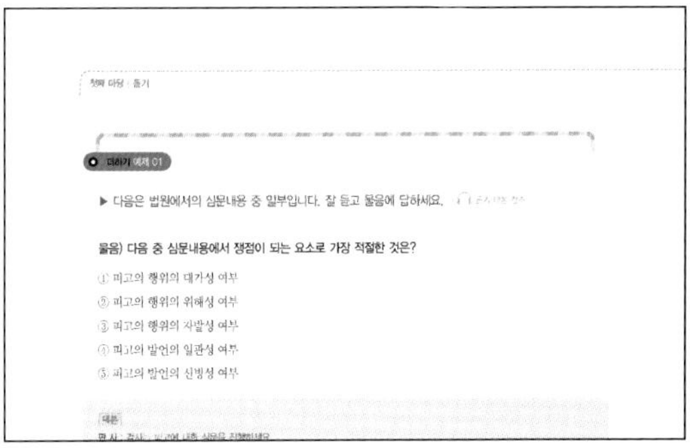

더하기 예제

시험에서 출제빈도가 높은 유형들만 엄선하여 자세한 해설과 함께 수록하였습니다.

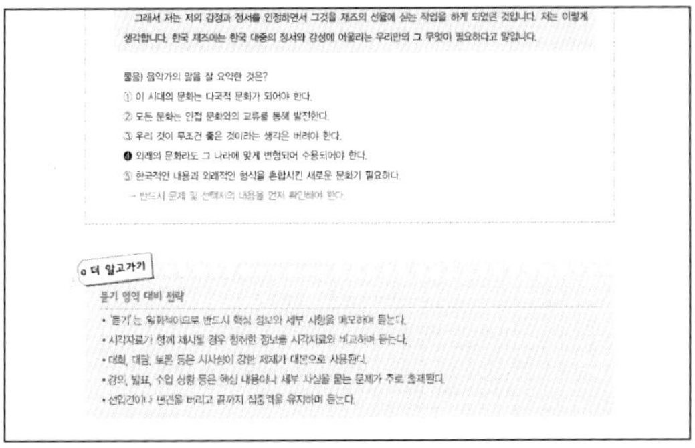

더 알고가기

본문의 흐름과 내용을 이해하는 데 참고가 되는 자료를 정리하여 수록하였습니다. 머릿속에 쏙쏙 담아 가세요.

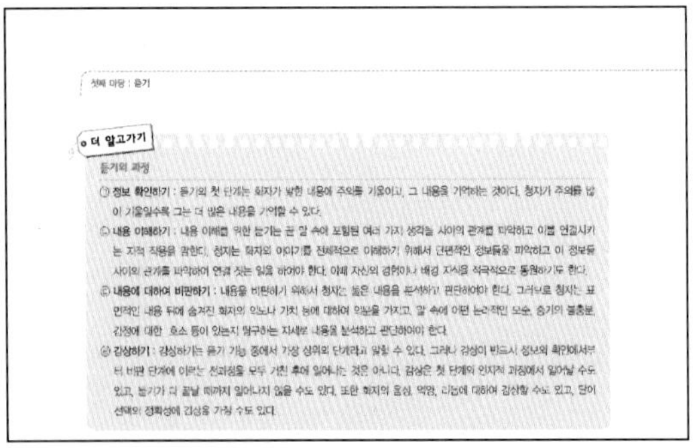
첫째 마당 : 듣기

더 알고가기

짚어보기

본문에서 반드시 필요한 보충설명이나 참고사항을 별도로 정리하여 수험생들이 심화된 내용을 학습할 수 있도록 하였습니다.

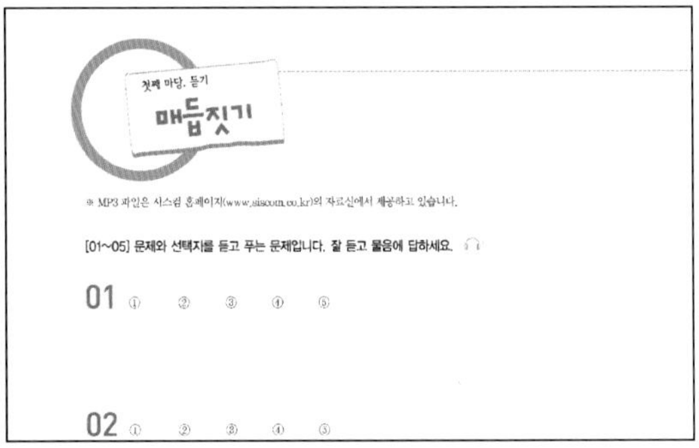
첫째 마당. 듣기

매듭짓기

[01~05] 문제와 선택지를 듣고 푸는 문제입니다. 잘 듣고 물음에 답하세요.

01 ① ② ③ ④ ⑤

02 ① ② ③ ④ ⑤

매듭짓기

출제기준에 맞추어 시험에서 출제빈도가 높은 유형들만 엄선하여 수록하였습니다.

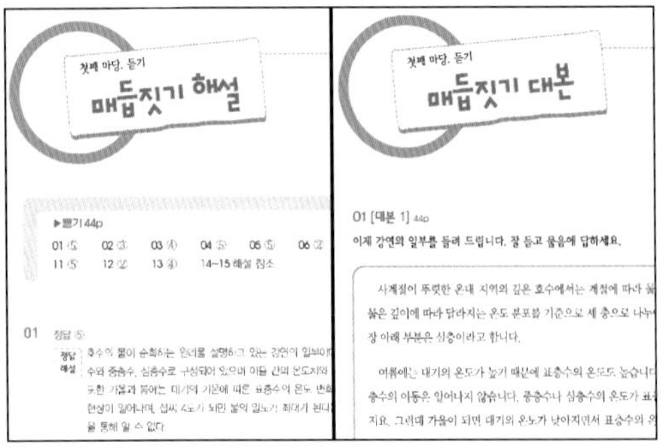
첫째 마당. 듣기

매듭짓기 해설

첫째 마당. 듣기

매듭짓기 대본

01 [대본 1]

이제 강연의 일부를 들려 드립니다. 잘 듣고 물음에 답하세요.

정답 및 해설/듣기 대본

- 상세한 해설을 따로 정리하여 혼자서도 쉽게 문제를 해결할 수 있도록 하였습니다.
- 듣기 영역을 대비하여 듣기 대본을 수록하였습니다.

목차

3주 첫째 마당. 듣기

국어능력인증시험 ToKL 활용처

중 · 고등학생

"신입생 선발 전형 및 재학생 수행평가 자료로 활용"

- 특수 목적 고교 및 자립형 사립고의 신입생 모집전형 필수 제출자료로 채택
- 특별전형 특기자 자격 및 가산점 부여
- 학교생활기록부의 기타 특별활동란에 인증서 획득 급수 기록 가능
- 학교 교육 중 재학생 수행평가 보조자료로 활용 가능
- 수능 및 논 · 구술 대비 사전 평가 가능

대학생

"공기관(공기업) 및 기업체 입사전형 / 재학생 교양 과목 평가 자료"

- 신문, 방송사, 잡지사 기자 등 채용을 위한 선발 시험에서 활용
- 각종 공사(공기업) 및 정부투자 기관/기업체의 신입 직원 선발 전형에서 활용
- 대학원 신입생 선발 특별 전형에서 특기자 자격 부여 및 가산점 부여
- 대학 교양 과목 평가 대체 및 가산점 부여를 통한 보조수단으로 활용
- 일반 대학원 입학 시험 대체
- 졸업인증제 실시
- 학교 교육 중 재학생 사고력, 잠재력 평가 자료로 활용
- 졸업 후 취업 대비 사전 인증서 획득

일반인

"내부 인사전형/승진 심사 시 활용"

- 우수 사원 채용을 위한 기업체 선발 전형 및 정부기관 승진 심사자료로 활용
- 창의적이고 우수한 잠재력을 보유한 인재를 선발, 채용하는 전형과정에서 반영 및 검토
- 법학적성시험(LEET) 및 공직 적격성검사(PSAT) 시험 중 '언어논리 영역' 대비
- 의 · 치의학 교육 입문검사(MEET/DEET) 중 '언어추론 영역' 대체

[언어기능/사고력 영역 편]

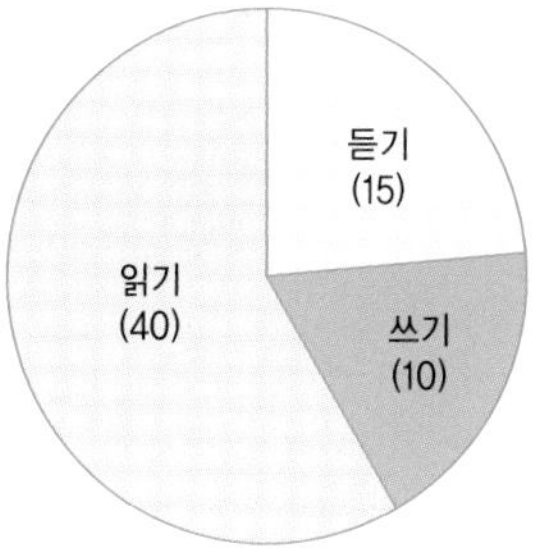

- **듣기** : 다양한 형태의 텍스트 및 시각 자료를 활용하여 듣기 상황 능력을 평가함.
- **읽기** : 다양한 매체 환경을 반영하는 지문을 통해 능력을 평가함.
- **쓰기** : 문장 생성 능력, 단락 전개 능력 등 실질적인 글쓰기 능력을 중심으로 평가함.

토클 ToKL 3주

첫째 마당

듣기

첫째 마당 듣기

듣기 영역 학습의 핵심은 다양한 상황에서 이루어지는 발화의 성격이나 목적 등을 종합적으로 파악해야 한다는 점이다. 듣기의 경우 문자화된 자료와 달리 일회적이어서 반복적인 확인이 어렵고, 상대적으로 시간의 제약이 큰 만큼 듣기 내용에 대한 집중력과 함께 핵심적인 정보를 효과적으로 파악하기 위한 전략적 듣기 능력이 요구된다. 메모를 통해 듣기 자료의 제약을 극복하는 것도 효과적인 방안이 될 수 있으며, 제시된 문항을 먼저 검토하여 듣기 자료의 성격을 가늠해 보는 것도 효과적이다.

※ 더하기예제 및 매듭짓기 문제의 MP3파일은 시스컴 홈페이지(www.siscom.co.kr)의 자료실에서 내려받으실 수 있습니다.

[국어능력인증시험 듣기 예시]

듣기 영역은 일상적이거나 특수한 상황에서 이루어지는 발화를 정확히 이해하고 판단하는 능력을 평가하는 영역이다. 일상적인 발화 상황으로는 전화 통화, 광고, 뉴스, 농담 등이 있으며, 특수한 발화 상황으로는 학술 강연, 연설, 담화, 문학 작품의 낭독, 안내 혹은 고지 등이 포함된다.

또한 발화의 성격이나 양상에 따라서 대립적인 입장에서 이루어지는 경쟁적 대화, 공통 주제로 문제를 해결하기 위해 이루어지는 협력적 대화, 말하는 이가 일방적으로 상대방을 감화시킬 목적으로 이루어지는 화자 우위의 독화, 화자와 청자가 동등한 위치에서 객관적 정보를 전달하는 독화, 말하는 이가 청자의 행동이나 동의를 요구하는 청자 우위의 발화 등으로 나눌 수 있다.

㉠ **유형 1** : 대본과 문제를 모두 듣고 푸는 문제

▶ 다음은 라디오 뉴스를 들려 드립니다. 잘 듣고 물음에 답하세요.

내년부터 국민주택기금의 대출 금리가 하향 조정될 것으로 전망됩니다. 국토해양부는 서민의 주거 안정을 위해 분양주택은 현행 9%에서 7%로, 임대주택은 5%에서 4%로 금리를 낮추는 방안을 추진하고 있다고 밝혔습니다. 또, 세입자 보호를 위해 금융권에 포괄적인 근저당 설정을 금지하고 부도 시 임차인이 보증금을 보장받을 수 있는 방안을 강구하고 있습니다.

한편 침체된 주택 시장의 활성화 방안으로는 주택 업체에 대한 국민주택기금의 대출 기준을 개선하고 주택 건설 촉진법과 주택법을 개정하기로 했습니다.

물음) 잘 들으셨지요? 이 뉴스의 중심 내용은 무엇입니까?

① 세입자 보호 방안 강구
② 주택 건설 촉진법 개정
③ 주택 건설 업체 지원 대책 발표
④ 주택 대출 금리 하향 조정 결정
❺ 주거 안정 및 주택 시장 활성화 방안 발표

→ 질문과 보기 모두 음성으로만 제공되므로 다른 유형보다 더욱 주의 깊게 들어야 한다. 집중력이 흐트러져 흐름을 놓치면 답을 유추할 단서를 찾을 수 없기 때문이다.

ⓒ **유형 2** : 대본 내용만 듣고 문제를 읽고 푸는 문제

▶ 다음은 어느 재즈 음악가의 말입니다. 잘 듣고 물음에 답하세요.

저는 우선 재즈를 흑인음악으로만 알고 있는 것은 잘못이라고 말하고 싶습니다. 재즈가 아프리카 음악에서 비롯된 것은 사실이지만 최근에 백인들이 흑인 재즈를 백인음악화하여 재즈는 많이 변화하였습니다. 유럽에서도 재즈를 유럽식으로 변형시켜 '이지엠'이라는 새로운 장르를 탄생시켰습니다. 저는 국내 가요를 재즈화하여 재즈를 한국적으로 해석하려고 노력했습니다.

저는 한국에서 태어나기는 했지만 재즈 드러머인 아버지를 따라 아르헨티나로 이민을 가 거기서 성장했고, 성인이 되어서는 미국으로 가서 공부했습니다. 남미, 미국이라는 다양한 환경 속에서 항상 문제가 되는 것은 남미의 재즈건 미국의 재즈건 그 자체를 공부하더라도 그 나라 대중의 정서와 감성을 완전히 체득할 수 없었다는 점이었습니다.

그래서 저는 저의 감정과 정서를 인정하면서 그것을 재즈의 선율에 싣는 작업을 하게 되었던 것입니다. 저는 이렇게 생각합니다. 한국 재즈에는 한국 대중의 정서와 감성에 어울리는 우리만의 그 무엇이 필요하다고 말입니다.

물음) 음악가의 말을 잘 요약한 것은?

① 이 시대의 문화는 다국적 문화가 되어야 한다.
② 모든 문화는 인접 문화와의 교류를 통해 발전한다.
③ 우리 것이 무조건 좋은 것이라는 생각은 버려야 한다.
❹ 외래의 문화라도 그 나라에 맞게 변형되어 수용되어야 한다.
⑤ 한국적인 내용과 외래적인 형식을 혼합시킨 새로운 문화가 필요하다.

→ 반드시 문제 및 선택지의 내용을 먼저 확인해야 한다.

더 알고가기

듣기 영역 대비 전략

- '듣기'는 일회적이므로 반드시 핵심 정보와 세부 사항을 메모하며 듣는다.
- 시각자료가 함께 제시될 경우 청취한 정보를 시각자료와 비교하며 듣는다.
- 대화, 대담, 토론 등은 시사성이 강한 제재가 대본으로 사용된다.
- 강의, 발표, 수업 상황 등은 핵심 내용이나 세부 사실을 묻는 문제가 주로 출제된다.
- 선입견이나 편견을 버리고 끝까지 집중력을 유지하며 듣는다.

하나 사실적 듣기

사실적 듣기란 제시된 발화에서 정보를 파악하는 것으로 발화된 내용을 정확히 이해하였는가가 문항 출제의 핵심이다. 따라서 발화 내용에 포함된 정보를 확인하거나 발화 내용의 핵심을 파악하는 문항이 주로 출제되며 대화의 전개 양상을 묻는 문항이 출제되기도 한다. 따라서 발화 내용의 핵심 정보와 부가 정보를 판단하여 듣는 '전략적 듣기'가 요구된다. 또한 주관식으로 발화 내용을 정해진 분량으로 요약하는 문항이 출제되기도 한다.

1 발화 내용의 파악

(1) 중심 내용과 세부 내용의 파악

① 발화의 중심 내용 파악 : 정보의 중요도를 판별할 수 있는 능력을 평가한다.

② 발화의 세부 내용 파악 : 주요 정보의 취합 능력을 평가한다.

(2) 관련 정보의 정리

① 들려주는 내용을 객관적으로 파악하여 필요한 정보가 있는 부분을 확인한다.

② 정보를 확인하고 파악하였으면 답지의 내용과 비교하여 옳고 그른지 확인한다.

③ '개괄적 정보 파악'이나 '제목 정하기'와 같은 유형은 담화 내용을 끝까지 다 들어 봐야 하나 '세부 정보 확인' 문제는 해당 사항이 나올 때마다 체크하면서 듣는다.

④ 확인해야 할 정보가 꼭 선택지의 순서대로 나오는 것은 아니므로 순서에 구애받지 않도록 한다.

⑤ 핵심 정보는 대본의 끝 부분에 나오는 경우가 많고, 중간에 화자의 태도가 바뀌는 경우도 있으므로 끝까지 발화 내용을 잘 들어야 한다.

출제 유형

- 이 강연을 듣고 알 수 있는 내용으로 적절하지 않은 것은?
- 말하는 이가 전하고자 하는 가장 중심된 생각은?
- 이 대화에서 남자가 주장하는 핵심 내용은?
- 다음 내용을 잘 듣고 100자 이내로 요약하시오. (주관식)

내용 파악 문항은 일차적으로 들려주는 내용을 얼마나 정확하게 들었는지 평가하려는 목적을 가지고 있다. 따라서 주관적인 판단이나 추리보다는 주어진 정보를 정확하고 객관적으로 확인하고 파악하는 능력이 요구된다.

담화의 핵심적인 내용이 무엇인가를 판단하는 문항 또한 자주 출제되고 있으므로 핵심 내용을 중심으로 선택적으로 듣는 연습을 해야 한다. 특히 듣기 영역의 주관식 문항에서는 담화 내용을 요약하는 문항이 자주 출제되는데 이 경우에 주요 내용을 메모하며 듣는 것이 효과적이다.

더 알고가기

듣기 자료의 발화 유형

㉠ 일상 발화(시장의 언어)
- 정서적 발화
- 전화 통화, 길 찾기 등의 일상 대화
- 뉴스, 광고, 극 등의 방송 발화
- 농담, 언어유희 등의 특수 발화

㉡ 비일상 발화(실험실의 언어)
- 학술 강연 발표
- 문학작품 낭독
- 연설, 담화 등의 일방적 발화
- 안내, 고지 등의 정보전달 발화

>>> 짚어보기 요약하며 듣기의 유의사항

- **요약은 축약이 아니라 재구성이다.**

요약은 단순히 글의 내용을 줄이는 것이 아니라 재구성하는 것이다. 따라서 들은 내용의 중심 내용을 단순히 나열하지 말고 정보들의 관계를 고려하여 요약문을 구성해야 한다. 가령 인과 관계의 글이라면 요약문 역시 원인과 결과의 관계로 구성해야 하고 논리적 추론 관계의 글이라면 요약물 또한 전제와 결론의 관계로 구성하는 것이 바람직하다.

- **요약은 반드시 핵심어를 포함해야 한다.**

요약은 핵심 정보를 포함해야 한다. 따라서 무엇에 대한 말하기인지 주의할 필요가 있다. 핵심 화제가 곧 핵심어이고 그것이 반드시 요약에 포함되어야 하기 때문이다. 발화자가 특별한 의미를 부여한 어휘나 주제에 포함된 어휘 역시 핵심어가 될 수 있으며, 요약 시 반드시 참고해야 한다. 따라서 듣는 과정에서 이러한 핵심어들을 잘 메모해 두었다가 요약에 활용하는 것이 효과적이다.

- **발화자가 강조한 내용에 유의하라.**

발화자가 '~해야 한다.', '~이 중요하다.' 등과 같은 표현을 통해 강조한 내용이 있다면 주제에 해당할 가능성이 높으므로 유의해서 듣고 메모해야 한다. 또한 발화자의 억양이나 표현 등을 고려하여 강조하고 있는 바가 있다면 이 역시 집중해서 들어야 한다.

- **삭제할 내용을 파악하라.**

구체적인 사례나 비유 등은 요약에 포함시킬 필요가 없다. 일반적으로 예시나 비유 등은 중심 내용을 뒷받침하거나 부연하는 것이므로 핵심 정보를 바탕으로 하는 요약에서는 큰 의미가 없기 때문이다. 또한 핵심 화제와 관련이 없거나 발화자의 견해와 차이가 있는 내용도 요약에서는 삭제하 것이 좋다.

더하기 예제 01

▶ 다음은 법원에서의 심문내용 중 일부입니다. 잘 듣고 물음에 답하세요. 듣기 대본 참조

물음) 다음 중 심문내용에서 쟁점이 되는 요소로 가장 적절한 것은?

① 피고의 행위의 대가성 여부

② 피고의 행위의 위해성 여부

③ 피고의 행위의 자발성 여부

④ 피고의 발언의 일관성 여부

⑤ 피고의 발언의 신빙성 여부

대본

판 사 : 검사는 피고에 대한 심문을 진행하세요.
검 사 : 네. 피고는 2008년 4월 1일 22시, 사장 김복만을 비롯한 2인과 함께 스타 호텔 커피숍에 간 사실이 있습니까?
피 고 : 네. 그렇습니다.
검 사 : 피고는 사장 김 씨를 비롯한 다른 누군가로부터 물리적인 협박을 받아 사건 현장에 동행한 것입니까?
피 고 : 아니요. 그런 것은 아니지만 분위기상 못 간다고 할 수가 없었습니다. 사실 전 꺼림칙해서 가고 싶지 않았습니다.
검 사 : 하지만 결국 피고 자신이 스스로 사건 현장에 간 것이 맞지요?
피 고 : 예, 물론 그렇기는 합니다만…….
검 사 : 판사님. 진술에서도 알 수 있듯 피고는 자유의사로 사건 현장에 갔던 것입니다. 이상입니다.
판 사 : 변호인은 보충 심문하실 게 있습니까?
변호사 : 네. 검찰 측에서는 피고가 자유의사에 따라 사건 현장에 갔다고 주장하고 계신데, 그 점에 대해서 묻겠습니다. 피고는 밤늦은 시간에 상당히 먼 거리를 이동해 간 셈인데요. 꼭 스타호텔에 가야만 했던 이유가 무엇이지요?
피 고 : 안 갈 수 없었습니다. 사장님이 직접 전화를 주셨고, 다른 윗분들이 거기 계신다는데, 일개 직원인 제가 못 가겠다고 할 수는 없었습니다.
변호사 : 그렇다면 직접적인 협박은 없었지만 정황상 어쩔 수 없이 사건 현장에 갔다는 말이군요.
피 고 : 네. 맞습니다. 전 정말 그런 자리에 가고 싶지 않았습니다. 무슨 일을 하는지 알았다면 절대 가지 않았을 겁니다.
변호사 : 이상입니다. 판사님.

해설

문제 및 선택지의 내용을 먼저 확인하면 손쉽게 해결할 수 있는 문제이다. 검사는 피고가 타인의 협박이나 위협 없이 스스로 사건 현장에 갔다는 점을 강조하고 있다. 반면 변호사는 협박이나 위협이 존재하지 않았지만 피고가 원해서 간 것이 아니라 불가피한 상황으로 사건 현장에 가게 되었다는 점을 강조하고 있다. 즉 검사와 변호사는 피고의 행위가 자발성에 의한 것인지 아닌지에 대해 집중하고 있고, 이것이 심문의 쟁점이라고 할 수 있다.

정답 ③

더하기 예제 02 주관식

물음) 다음은 주관식 문제입니다. 강연 내용을 잘 듣고 100자 이내로 요약하세요. 듣기 대본 참조

대본

'생태맹(Ecological illiteracy)'이란 용어를 적극적으로 사용하기 시작한 사람은 환경학자 데이비드 올(David W. Orr)입니다. 생태맹이란 자연 생태계에 대한 지식의 부족을 뜻하는 것이 아닙니다. 바로 자연의 중요성과 신비함, 아름다움, 오묘함을 느끼지 못하는 감성이 부족한 상태를 뜻합니다. 이러한 감성이 부족하기 때문에 생태맹들은 자연과 더불어 살아갈 능력 또한 없습니다.

많은 현대인들이 이러한 생태맹에 해당하는데, 현대인의 삶과 우리 조상들의 삶을 비교해 보면 이 점을 더욱 잘 알 수 있습니다. 우리 조상들은 과일을 수확하더라도 나무 꼭대기에 두어 개쯤은 남겨 놓았습니다. 겨울에 먹이를 구하기 어려운 새의 양식으로 남겨 놓은 것입니다. 이뿐 아니라 뜨거운 물을 수채에 버릴 때에도 그곳에 살고 있는 벌레들을 생각해서 식혀서 버리곤 했습니다.

현대인들의 삶에는 이러한 배려가 부족합니다. 우리는 생태맹을 극복하기 위해 노력할 필요가 있습니다. 저는 생태맹을 벗어날 수 있는 가장 효과적인 방법으로 '숲을 가까이 하자.' 라고 제안합니다. 숲은 자연 그 자체로서 생태적 감성을 기를 수 있는 좋은 체험장이기 때문입니다. 숲에서 자연과 교감하다 보면, 감성이 결여된 지식이 아니라 자연과 함께 살아가는 데 필요한 지혜를 얻을 수 있습니다. 숲에서의 자연 체험은 자연과 더불어 살아가는 지혜를 얻게 해 주기 때문입니다.

예시답안

많은 현대인들이 과거에 비해 자연의 중요성을 느끼지 못하고 자연을 배려할 줄 모르는 생태맹에 해당한다. 생태맹을 극복하기 위해서는 생태적 감성을 길러주는 숲을 가까이해야 한다.

해설

강연 내용의 핵심어는 '생태맹'이다. 이를 중심으로 정리하면 대다수의 현대인들은 생태맹이며, 이를 극복하기 위해서는 '숲을 가까이 해야 한다.' 라는 내용이다. 여기에 생태맹의 개념과 숲을 가까이 해야 하는 이유를 간략히 덧붙이면 적절한 요약문이 된다.

2 발화 상황의 이해

발화(發話)는 상황에 따라 다양하게 전개될 수 있으며, 같은 내용이라도 듣는 대상에 따라 다른 의미로 전달될 수 있다. 따라서 발화가 진행되는 상황에 대한 이해는 발화의 내용을 보다 구체적이고 정확하게 이해하기 위해 반드시 필요하다.

(1) 목적

정보 전달, 설득, 친교나 정서 표현 등

(2) 시간

시각, 날짜, 달, 계절, 해[年], 특정한 기념일, 행사일 등

(3) 공간

장소가 실내인지 실외인지의 여부, 소음의 상태 등

(4) 청자

듣는 이의 수, 성별, 나이, 교육 정도, 직업, 취향, 사회적 지위, 경제적 형편, 감정 상태, 흥미와 관심사 등

(5) 이야기의 흐름

중심 화제, 앞과 뒤에 이어지는 말

출제 유형

- 이 대화의 전개 양상을 설명한 것으로 가장 적절한 것은?
- 사회자의 말하기 방식으로 적절한 것은?
- 여자의 말하기 방식을 바르게 설명한 것은?

발화 상황의 이해에서는 발화가 이루어지는 환경이나 조건, 발화가 전개되는 기준이나 양상에 대한 이해를 묻는 문항이 자주 출제된다. 따라서 듣는 과정에서 발화자의 말하기 방식 즉, 주장을 전개하는 방식이나 대상을 설명하는 방식 등에 초점을 맞춰 듣는 한편 발화자가 대화에 대응하는 방식에도 주의를 기울여야 한다.

한편 토론이나 좌담 형식의 발화문에서는 발화자가 직접 발화한 내용과 언급하지 않은 내용을 구별하는 문항도 출제되고 있다.

더하기 예제 03

▶ 이제 좌담의 일부를 들려 드립니다. 잘 듣고 물음에 답하세요. 듣기 대본 참조

물음) 다음 중 좌담자들의 말하기 방식이나 태도로 가장 적절한 것은?

① 상대방의 의견에 공감하면서 논의를 심화하고 있다.
② 상대방의 발언에 대한 문제점을 지적하며 내용을 보완하고 있다.
③ 상대방의 의견과는 무관하게 자신의 생각을 이야기하고 있다.
④ 상대방과 자신의 견해 차이를 좁히기 위해 노력하고 있다.
⑤ 상대방과 경쟁하듯이 자신의 견해를 피력하고 있다.

대본

남 자 : 인문학은 사람들의 삶과 생각이 담긴 기록들을 찾아 읽고 정리해서 인간을 이해하려는 학문입니다. 기록에는 선인들의 행적을 구체적으로 기록한 글도 있고, 허구적인 인물의 삶을 그려낸 글, 또 인생의 구체적인 장면들과는 거리가 먼 추상적인 원리들을 담은 글도 있습니다. 그러니까 인간이 남긴 모든 기록들이 인문학의 연구 자료가 될 수 있는 것이죠.

여 자 : 맞습니다. 한 가지 보태면요, 글만이 아니라 그림이나 영화 같은 비언어적인 매체들도 사람들의 생각을 담아내고 있다는 점에서 인문학이 다루는 자료가 됩니다.

남 자 : 예, 그렇습니다.

사회자 : 과학자들도 연구를 위해서는 많은 글을 읽어야 하는데요. 이것은 인문학적인 연구라고 보기 어려울 것 같은데 어떻습니까?

여 자 : 물론 과학자들이 연구를 위해 많은 글을 읽는 것은 좀 다른 문제입니다. 과학은 대상들을 기술하고, 거기서 법칙을 찾고, 더 나아가서 현상의 배후에 감추어진 작동 원리들을 찾아 세계를 설명하고 예측하려고 하지요. 다시 말해 과학자로서의 글 읽기란 자신들의 연구를 위한 수단이겠죠.

남 자 : 선생님 생각에 전적으로 동의합니다. 인문학에 대해서 좀 더 말씀드리자면, 사람들이 남긴 온갖 기록 속에서 인간이란 어떤 존재인가, 우리는 무엇을 할 수 있으며 무엇을 해야 하는가, 또 인간으로서 살만한 삶이란 어떤 것인가에 대한 통찰을 끌어내는 것, 이것이 인문학이라고 봅니다. 그런 점에서 인문학이란 한 사회가 쓰는 일기라고도 할 수 있을 겁니다. 한 사회가 제도적으로 수행하는 삶에 대한 반성이지요.

여 자 : 그렇죠. 인문학의 위기라는 것도 따지고 보면 먹고살기도 힘든데, 일기는 무슨 일기냐 하는 태도가 요즘 우리 사회에 만연해 있다는 것을 뜻하는 셈이지요. 사실, 그간 우리 인문학자들이 우리 자신의 삶에 대해 반성하는 데에 좀 소홀했던 면이 있긴 있죠. 인문학 위기에 대한 책임의 상당 부분은 인문학자들에게 있다고 봅니다.

남 자 : 예, 아픈 곳을 찌르는 말씀이네요. 옳은 지적입니다.

해설

좌담에 참석한 남자와 여자는 모두 '예, 그렇습니다.', '그렇죠.', '예.' 와 같은 반응을 보이며 상대방의 견해에 공감을 표현하는 동시에 자신의 견해를 피력하고 있다. 즉 공감적 말하기가 이루어지고 있는 상황이다.

정답 ❶

더 알고가기

듣기의 과정

㉠ **정보 확인하기** : 듣기의 첫 단계는 화자가 말한 내용에 주의를 기울이고, 그 내용을 기억하는 것이다. 청자가 주의를 많이 기울일수록 그는 더 많은 내용을 기억할 수 있다.

㉡ **내용 이해하기** : 내용 이해를 위한 듣기는 곧 말 속에 포함된 여러 가지 생각들 사이의 관계를 파악하고 이를 연결시키는 지적 작용을 말한다. 청자는 화자의 이야기를 전체적으로 이해하기 위해서 단편적인 정보들을 파악하고 이 정보들 사이의 관계를 파악하여 연결 짓는 일을 하여야 한다. 이때 자신의 경험이나 배경 지식을 적극적으로 동원하기도 한다.

㉢ **내용에 대하여 비판하기** : 내용을 비판하기 위해서 청자는 들은 내용을 분석하고 판단하여야 한다. 그러므로 청자는 표면적인 내용 뒤에 숨겨진 화자의 의도나 가치 등에 대하여 의문을 가지고, 말 속에 어떤 논리적인 모순, 증거의 불충분, 감정에 대한 호소 등이 있는지 탐구하는 자세로 내용을 분석하고 판단하여야 한다.

㉣ **감상하기** : 감상하기는 듣기 기능 중에서 가장 상위의 단계라고 말할 수 있다. 그러나 감상이 반드시 정보의 확인에서부터 비판 단계에 이르는 전과정을 모두 거친 후에 일어나는 것은 아니다. 감상은 첫 단계의 인지적 과정에서 일어날 수도 있고, 듣기가 다 끝날 때까지 일어나지 않을 수도 있다. 또한 화자의 음성, 억양, 리듬에 대하여 감상할 수도 있고, 단어 선택의 정확성에 감상을 가질 수도 있다.

>>> 짚어보기 글의 종류에 따른 듣기 전략

㉠ 토론(討論) 및 토의(討議)

- **토론** : 특정 주제에 대해 상반된 입장을 갖고 있는 사람들이 상대방을 설득해 나가는 대표적인 경쟁적 대화 방식이다. 따라서 토론에서는 논쟁점을 파악하는 것이 무엇보다 중요하다. 또한 토론은 공통 전제와 견해의 차이를 발생시키는 원인(근거)을 중심으로 듣는 것이 효과적이다.
- **토의** : 특정 주제에 대해 적절한 대안이나 합의점을 모색해 나가는 협동적 대화의 대표적인 방식이다. 따라서 토의에서는 토의 대상이나 문제 상황을 파악하는 것이 중요하다. 또한 토의를 통해 도출된 대안이나 합의점에 대해서도 유의해야 한다.

㉡ 강연(講演) 및 연설(演說) : 강연이나 연설은 설명하는 말하기와 주장하는 말하기로 나누어 볼 수 있다. 우선 설명하는 말하기의 경우 설명하는 대상이나 현상이 무엇인지 파악하는 데 중점을 두어야 하며, 이를 중심으로 듣기가 이루어져야 한다. 다음으로 대상이나 화제의 설명 방식 또는 주장의 전개 방식을 파악하는 것이 필요하다. 이때는 발화 내용과 관련하여 적절한 설명이 이루어지고 있는지 주장에 대한 적절한 근거가 제시되었는지 등을 고려하며 들어야 한다.

㉢ 보도(報道) 및 보고(報告) : 보도나 보고 내용은 당연히 보도하거나 보고하는 대상을 중심으로 들어야 한다. 보도하는 대상이 무엇인지 보고하는 대상이 무엇인지 파악하고 이와 관련된 정보들을 중심으로 듣는 것이 효과적이다. 듣는 중에는 보도 내용이나 보고 내용을 효과적으로 전달하기 위해 보완될 내용이 무엇인지 고려해 보는 것도 도움이 된다.

둘 추론적 듣기

1. 의도 · 관점 · 태도의 추론

일반적으로 발화는 특정한 의도나 목적을 지닌 언어적 행위이다. 다시 말하면 무의미한 표출적 기능의 언어행위나 청자를 전혀 고려하지 않는 발화가 아닌 이상 발화는 청자에게 일정한 영향을 끼쳐 자신의 의도나 목적을 달성하기 위한 행위인 것이다. 하지만 이러한 발화자의 의도나 목적은 발화 내용에 직접 제시되지 않는 경우가 많다. 따라서 발화 의도나 목적을 파악하기 위해서는 발화된 내용을 잘 듣고 그러한 발화 내용을 통해 발화자가 얻고자 하는 것이 무엇인지 집중해야 한다.

(1) 의도 · 관점 · 태도

① 의도

㉠ 화자가 발화를 통해서 드러내고자 하는 결론을 말한다.

㉡ 표현 방법, 논리 전개방식을 통해 드러난다.

② 관점

㉠ 화자가 지니고 있는 기본적인 입장 또는 시각을 의미한다.

㉡ 현실관, 인생관, 가치관, 예술관 등이 해당한다.

③ 태도

㉠ 대상 또는 현실에 대하여 화자가 지니고 있는 감정이나 의식을 말한다.

㉡ 우호적/비판적, 긍정적/부정적, 객관적/주관적 등으로 나누어 볼 수 있다.

(2) 문제 해결 방안

의도와 관점의 추론은 발화의 주제와 긴밀한 관련이 있다. 따라서 먼저, 발화의 주제나 화제가 무엇인지 파악하고 화자가 무엇을 강조하고 있는지 이해하는 것이 중요하다. 그 다음 전반적인 발화 상황을 고려하여 화자의 의도나 관점을 추론해야 한다.

① 먼저 화자가 말하고자 하는 바(논제, 화제)가 무엇인지 파악한다.

② 발화 상황과 관련하여 발화의 동기, 목적 등을 파악한다.

③ 화자가 화제나 논제에 대해 어떻게 평가하고 있는가를 파악한다.

④ 화자가 화제나 현실에 대해 어떻게 반응(비판적, 우호적, 긍정적, 부정적, 반성적, 냉소적 등)하고 있는지 파악한다.

출제 유형

- 여자의 마지막 말이 의미하는 것으로 적절한 것은?
- 토론자들이 공통적으로 전제하고 있는 것은?
- 뉴스를 전하는 취재 기자의 태도는?
- 이 강의의 취지를 제대로 이해한 학생의 태도로 적절한 것은?
- 남자의 주장의 근거로 가장 적절한 것은?
- 이 대담을 듣고 내릴 수 있는 결론으로 가장 적절한 것은?

의도와 관심을 추론하는 문항은 주로 제시된 발화를 바탕으로 발화자의 발화 의도나 전제 등을 파악하는 유형이 출제된다.

발화의 의도는 발화의 목적과 밀접한 관련을 가지므로 제시된 모든 정보에 집착하지 말고 발화가 이루어진 상황이나 목적 등을 고려하여 추론하여야 한다. 대화 내용이 함축하고 있는 바를 묻는 문항의 경우 전후 문맥이나 발화 상황을 고려하여 의미를 추론하는 능력이 필요하며, 토론에서는 토론자들이 경쟁적인 말하기 상황 속에서도 공통적으로 전제하고 있거나 공통적으로 인정하고 있는 상황에 대해 파악하는 것이 매우 중요하다.

더 알고가기

대화(對話)와 독화(獨話)

㉠ **대화** : 마주 대하여 이야기를 주고받음. 또는 그 이야기.
- **경쟁적 대화** : 말하는 이 간의 대립적 주장을 통해 이루어지는 대화.
- **협력적 대화** : 말하는 이 간의 공통된 주제를 통해 새로운 결론을 이끌어 내는 대화.

㉡ **독화** : 한 사람이 하는 말. 특정인이 아닌 여러 사람을 대상으로 하는 말.
- **화자 우위** : 말하는 이가 일방적으로 듣는 이에게 정보를 전달하여 감화시키는 독화.
- **화자 · 청자 동등** : 동등한 위치로 말하는 이가 듣는 이에게 객관적 정보를 전달하는 독화.
- **청자 우위** : 말하는 이가 듣는 이의 행동 변화 또는 동의를 요구하는 독화.

더하기 예제 04

▶ 이제 '수돗물 사업 민영화'라는 논제로 토론의 일부를 들려 드립니다. 잘 듣고 물음에 답하세요.

듣기 대본 참조

물음) 다음 토론에서 토론자들이 공통적으로 전제하고 있는 것은?

① 수돗물 사업의 관리 인력이 턱없이 부족하다.
② 현재 수돗물 사업은 효율성이 떨어진다.
③ 현재 수돗물의 가격 인상은 불가피하다.
④ 수돗물 사업의 민영화는 세계적 추세이다.
⑤ 수돗물의 품질에 대해 국민들이 불신하고 있다.

대본

사회자 : '수돗물 사업의 민영화'라는 주제로 시민단체를 대표하는 김 박사님과 환경부의 박 차관님을 모시고 이야기를 나누어 보도록 하겠습니다. 먼저 김 박사님부터 말씀해 주시죠.

김 박사 : 네, 사실 굉장히 답답합니다. 공단 폐수 방류 사건 이후에 17년간 네 번에 걸친 종합 대책이 마련됐고, 상당히 많은 예산이 투입된 것으로 알고 있습니다. 그런데도 정부가 이번에 상수도 사업을 민영화하겠다는 것은 결국 수돗물 정책이 실패했다는 걸 스스로 인정하는 게 아닌가 싶습니다. 그리고 민영화만 되면 모든 문제가 해결되는 것처럼 말씀하시는데요. 정부가 현실을 너무 안이하게 보고 있다는 생각이 듭니다.

박 차관 : 그 문제에 대해서 정부 측은 생각이 좀 다릅니다. 우선 수돗물 사업이 민영화되면 정부가 운영할 때보다 훨씬 전문적인 인력에 의해 체계적으로 관리되어 운영 면에서 효율성을 높일 수 있다고 봅니다.

김 박사 : 전 동의할 수 없습니다. 저는 현재도 수돗물 사업과 관련하여 충분히 전문성을 갖추고 있으며 현장에서 근무하는 분들의 기술 수준도 세계적이라고 판단합니다. 물론 효율성 문제는 저희가 알아본 바에 의하면 시설 가동률이 50% 정도에 그치고 있고, 누수율도 15%나 되어 문제가 많지만 이런 것들은 시설 보수나 철저한 관리를 통해 정부가 충분히 해결할 수 있다고 봅니다. 게다가 현재 상태로 민영화가 된다면 또 다른 문제가 생길 수 있습니다. 바로 수돗물 가격의 인상을 피할 수 없다는 점입니다. 물 산업 강국이라는 프랑스도 민영화 이후에 물 값이 150%나 인상되었다고 하는데, 우리에게도 같은 일이 일어나지 않을까 우려됩니다.

박 차관 : 물론 민영화가 될 경우 어느 정도 가격 인상 요인이 있겠습니다만 정부와 잘 협조한다면 인상 폭을 최소화할 수 있으리라고 봅니다. 무엇보다도 수돗물 사업을 민간 기업이 운영하게 된다면, 수질도 개선될 것이고, 여러 가지 면에서 더욱 질 좋은 서비스를 제공할 수 있을 겁니다. 또한 시설 가동률과 누수율의 문제도 함께 개선될 것으로 전망합니다.

해설

시민단체를 대표하는 김 박사와 환경부의 박 차관은 모두 현재 수돗물 사업의 효율성이 떨어진다는 점에는 동의하고 있다. 다만, 김 박사는 이러한 비효율성의 원인이 가동률이나 누수율에 있다고 보고 있고, 박 차관은 전문성과 체계성에 있다고 보는 점에서 견해의 차이를 보이고 있다. 따라서 양측 모두 현재의 수돗물 사업의 효율성이 떨어진다는 점을 공통적으로 전제하고 있다.

①, ⑤ 양측 모두 언급하지 않은 내용이다.
③ 수돗물 사업이 민영화 되었을 때의 예상 결과이므로 공통 전제로 보기 어렵다.
④ 프랑스의 사례만 제시되었으므로 세계적 추세라고 단정하기 어렵다.

정답 ❷

2 생략된 정보의 추론

(1) **추론(推論)**

① 정의 : 추론이란 주어진 정보나 자료를 바탕으로 생략된 내용 또는 이어질 내용 등을 추리하는 능력이다.

② 추론의 종류

㉠ 연역추론 : 일반적인 주장으로부터 구체적이고 특수한 주장으로 나아가는 추리 방식이다.

㉡ 귀납추론 : 구체적이고 특수한 근거로부터 일반적인 결론으로 나아가는 방식이다.

㉢ 변증법 : 정(正)과 반(反)을 대립시키고 정과 반의 합(合), 즉 새로운 주장을 제시하는 방식이다.

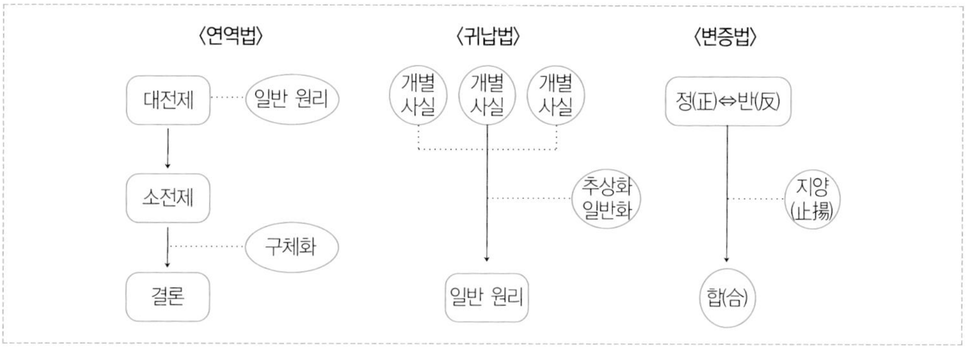

(2) **문제 해결 방법**

① 발문을 통해 중심 화제가 무엇인지 짐작해 본다.

② 답지와 비교해 가면서 들려주는 내용을 객관적으로 파악한다.

③ 어조나 비유 등을 통해 명시적으로 제공되지 않은 정보를 추리한다.

④ 답지 중에서 파악한 내용과 부합하는 것이 있는지 판단한다.

출제 유형

- 이 토론에 이어질 여자의 말로 가장 적절한 것은?
- 강연에서 생략된 말로 가장 적절한 것은?
- 이 방송에서 삽입될 인터뷰 내용으로 가장 적절한 것은?

발화 내용을 바탕으로 직접 발화되지 않은 정보를 추리하는 복합적인 능력이 요구된다. 발화된 내용에 이어질 내용을 추론하거나 의도적으로 생략된 내용을 추리하는 문항, 추가적으로 삽입할 수 있는 발화 내용을 파악하는 문항들이 출제된다.

생략된 정보의 추론은 상상력에 근거하거나 단순한 가능성에 근거한 문항이 아니므로 반드시 발화된 내용에 그 근거를 포함하고 있어야 한다. 따라서 발화 내용을 고려하지 않은 상상이나 가능성에 그치는 내용은 적절한 추론이라고 볼 수 없다.

더하기 예제 05

▶ 이제 TV 좌담의 일부를 들려 드립니다. 잘 듣고 물음에 답하세요. 듣기 대본 참조

물음) 다음 좌담에서 마지막에 이어질 오 교수의 답변으로 가장 적절한 것은?

① 협약에 대한 국제적 연대를 강화하여 실효성을 높여야 할 것입니다.
② 협약 내용을 수정하여 협약의 합리성과 보편성을 확보해야 합니다.
③ 협약에 동의하는 나라들만이라도 협약을 이행할 수 있도록 해야 합니다.
④ 협약이 너무 급하게 이루어진 것은 아닌지 되돌아보아야 합니다.
⑤ 협약을 제대로 이행하지 않는 나라들에 대한 규제가 강화되어야 할 것입니다.

3주

대본

진행자 : 안녕하세요? 시청자 여러분 최근 유네스코 총회에서 회원국들의 압도적인 지지로 '문화 다양성 협약'이 채택되었습니다. 오늘은 전문가를 모시고 이에 대한 이야기를 나누어 보겠습니다. 안녕하세요? 오 교수님, 먼저 이 협약이 갖는 성격과 의의를 설명해 주시겠습니까?

오 교수 : 문화 다양성 협약이란 세계 각국의 문화적 다양성을 인정하는 국제 협약입니다. 즉, 각 나라가 자국의 문화 정책을 자주적으로 수립할 수 있는 권리를 보장한 국제 규범이죠. 따라서 각 나라가 자국의 다양한 문화 지원 정책이나 재정 지원 정책을 세울 수 있는 국제법적 근거가 마련되었다는 점에서 큰 의의를 지닙니다.

진행자 : 그렇군요. 이번 협약이 채택된 배경은 무엇인가요?

오 교수 : 네, 그동안 세계는 세계무역기구 체제 아래, 모든 영역에서 자유시장화를 추구해 왔습니다. 문화 영역도 예외가 아니었죠. 그 결과 몇몇 강대국의 소비적인 대중문화가 전 세계의 문화를 지배하여 각국이 지닌 고유한 문화적 정체성이 파괴될 위기에 직면하게 되었습니다. 이 협약은 이런 배경에서 탄생한 것입니다. 문화 상품은 다른 상품과 차이가 있다는 것을 전제로 한 것이죠.

진행자 : 그렇다면 오교수님, 이 협약이 우리 문화 산업에는 어떤 영향을 미칠까요?

오 교수 : 저는 앞으로 우리 문화 산업에 긍정적인 영향을 줄 것이라고 생각합니다. 문화 산업 육성과 관련한 각종 제도적 장치를 도입함으로써 우리 문화 산업이 장차 국내적으로나 국제적으로 경쟁력을 확보할 수 있는 바탕이 마련되었다고 할 수 있겠습니다. 더불어 이 협약의 근본정신인 문화 다양성의 뜻을 감안하여 다른 나라의 문화도 균형 있게 받아들일 수 있는 자세 또한 필요하다는 말을 보태고 싶습니다.

진행자 : 네, 그렇겠군요. 그런데 이 협약이 앞으로 얼마나 실제적인 역할을 할 수 있을까요? 일부 국가에서는 이 협약에 대해 강하게 반발하고 있는 것으로 알고 있습니다. 그렇다면 앞으로 이 협약이 제 기능을 발휘하기 위해서는 어떻게 해야 할까요?

오 교수 : 대다수 국가가 이 협약에 찬성했지만 실질적인 영향력을 가진 나라가 이를 비준하지 않는다면 이 협약은 선언적인 차원에 머물 가능성이 있습니다. 따라서 ______________________________.

해설

오 교수는 협약의 의의와 필요성은 모두 인정하고 있다. 다만, 영향력 있는 일부 국가가 협약에 참여하지 않을 경우 실질적인 효력을 발휘하기 어려울 것이라는 점에 대해 우려를 나타내고 있다. 따라서 오 교수의 관점에서 볼 때 협약이 실효성을 발휘하는 것이 중요하며 이를 위해서는 국제사회의 연대를 강화하여 모든 국가들이 협약을 준수하고 이행할 수 있도록 하는 것이 필요함을 추론할 수 있다.
② 협약의 내용이 불합리하다는 점을 인정하는 것인데 이는 협약의 의의를 높이 평가하는 오 교수의 관점과는 거리가 멀다.
③ 일부 국가가 비준하지 않을 경우 협약이 선언적 차원에 머물게 될 것이라는 오 교수의 관점과는 모순된다.
④ 협약의 체결 과정에 관한 문제점 제기인데 좌담 내용을 통해서는 확인할 수 없다.
⑤ 협약을 인정하지 않는 나라들의 비준을 이끌어 내기 위한 방안으로 보기 힘들다.

정답 ①

3 구체적 상황에 적용하기

구체적 상황에 적용하여 듣기에서는 주어진 상황에 맞게 언어 자료를 변형하거나 다른 상황에 새롭게 적용하는 고차원적인 언어 능력을 평가한다. 또한 새로운 조건을 부여하여 새로운 내용이나 상황을 생성하는 과정의 적절성을 평가하기도 한다.

주어진 내용 자체를 먼저 이해한 다음에 그것을 다른 상황에 적용해야 하므로 정확한 내용 이해와 상황 판단이 무엇보다 필요하다. 특히 담화의 주제를 찾고 교훈적 의미를 파악하는 문제가 많이 출제되므로, 들려주는 내용을 바탕으로 주제나 핵심 내용을 파악하고 선택지를 꼼꼼히 분석하여 들려주는 내용과 공통점이 있는지 확인한다.

들은 내용을 통해 이야기의 주제나 교훈, 화자의 의도나 정서 등을 파악

↓

선택지의 내용을 분석하고, 들은 내용과의 관련성 파악

출제 유형

- 이 강연의 주제와 관련이 깊은 실례로 가장 적절한 것은?
- 남자의 질문에 답하기 위해 제시해야 할 자료로 적절하지 않은 것은?
- 발표에서 지적한 '의사소통의 문제'를 보여 주는 사례가 아닌 것은?

발화 내용과 밀접한 관련을 지닌 구체적인 사례를 선택하거나 발화 내용을 충분히 이해하였을 때 보일 수 있는 구체적인 반응을 추론하는 문항이 출제된다.

이러한 문항의 경우 무엇보다도 발화된 내용의 핵심 내용을 벗어나지 않도록 유의해야 한다. 발화 내용과 관련된 사례라 하더라도 발화의 핵심 내용과 관련된 것인지 따져보아야 하며 그러한 사례가 발화된 내용이나 의도에 정확하게 일치하는 것인지 검토해 보아야 한다.

결국 발화 내용에 대한 가장 적절한 반응이란 발화의 핵심 내용과 관련한 적절한 반응을 의미하므로 단순히 발화 내용과 관련된 반응을 찾기 보다는 발화의 핵심 내용과 가장 밀접하고 발화의 목적이나 의도에 부합하는 반응을 찾을 수 있어야 한다.

더하기 예제 06

▶ 이제 건강 관련 방송의 일부를 들려 드립니다. 잘 듣고 물음에 답하세요. 듣기 대본 참조

물음) 다음 중 방송 내용을 설명하기 위해 삽입할 수 있는 병원에서의 상황이 아닌 것은?

① 환자 : 선생님, 아까 가슴 쪽을 누르실 때 통증이 심하던데, 심각한 건 아닌가요?
의사 : (대답 없이)다른 부위부터 살펴봅시다.

② 환자 : 선생님, 여기 왼쪽 팔이 자꾸 저리는데요. 이유가 뭘까요?
의사 : 근육 경련 현상인데, 디하이드레이션(dehydertion)이나 유산 축적, 국소 순환 장애, 또는 근섬유의 부분 파열이 주된 원인입니다.

③ 환자 : 선생님, 그럼 편두통이 아니고 종양이라는 거예요?
의사 : 네, 맞아요. (다그치는 말투로) 제가 지난번에도 말씀드렸죠! 대체 이 지경이 되도록 내버려두면 어떡합니까?

④ 의사 : 정확한 진단을 위해서 내시경 검사를 한 뒤에 다시 이야기를 나누도록 하죠.
환자 : 그거 필요도 없는데 비싸기만 한 검사를 하는 것은 아니겠죠?

⑤ 환자 : 선생님, 속이 쓰려서 잠도 못 잘 지경이에요. 위염이 분명한데 암으로 전이될 수도 있나요?
의사 : 위염이라는 것은 무슨 근거로 판단하신 거죠?

대본

안녕하세요? 〈백세 건강〉 시청자 여러분. 오늘은 의사와 환자와의 의사소통에서 발생하는 문제점에 대하여 이야기 나누도록 하겠습니다. 먼저 '어떤 때 의사소통의 어려움을 느끼는가?'라는 주제로 s병원에 입원 중인 환자 300명과 의사 50명을 대상으로 한 설문조사 결과를 살펴보시지요. 설문조사 결과 환자들은 의사와의 의사소통에서 크게 다음 두 가지 문제를 지적하고 있습니다. 먼저 가장 많은 116명이 '자신의 증상을 의사에게 설명하거나 병에 대해서 물어도 의사가 반응이 없을 때 당황스럽다'라는 답변을 했습니다. 이어서 두 번째로 많은 68명이 '의사가 어려운 의학 용어를 사용하며 말할 때 무슨 말을 하는지 알아듣기 힘들다'라는 답변을 했습니다.
이에 반해 의사들의 생각은 다음과 같았습니다. 응답자 중 가장 많은 24명이 의사보다 너무 앞질러 생각하여 말하는 환자들 즉, 환자 자신이 진단을 내리고 마치 그것을 의사에게 확인 받으러 오는 것 같은 환자들 때문에 어려움을 느낀다고 답했습니다. 그리고 이와 근소한 차이의 20명의 의사가 처방을 내려도 믿지 못하고 되묻거나 무조건 반감을 표시하는 환자들로 인해 어려움을 겪는다고 답했군요.

해설

의사가 환자를 꾸중하듯이 대하는 상황이다. 하지만 이 사례는 방송 내용 중에 언급되지 않았다.
① 환자의 물음에 의사가 적절한 반응을 해 주지 않는 경우에 해당한다.
② 의사가 환자가 알아들을 수 없는 전문용어로 설명하는 경우에 해당한다.
④ 환자가 의사의 진단이나 처방에 불신을 갖는 경우에 해당한다.
⑤ 환자 스스로 진단을 내리고 의사에게 확인을 받으러 오는 경우에 해당한다.

정답 ③

셋 비판적 듣기

비판적 듣기란 발화 내용을 비판적으로 검토하여 발화 내용에 나타난 문제점이나 발화자의 태도 및 관점의 문제점 등을 파악하는 듣기 방식이다. 이러한 듣기에서는 기본적으로 목적과 의도에 비추어 발화 내용을 정리하여 평가하는 것이 바람직하며, 대화나 독화의 기본원리나 형식에 부합하는지, 혹은 발화 내용 자체가 갖는 논리적 문제점은 없는지에 대해서도 검토해 보아야 한다.

1 발화자의 태도 및 관점 비판

비판적 듣기는 발화 내용 속에 전제되어 있는 발화자의 태도나 관점을 비판하는 데서 시작한다. 이를 위해서는 발화자의 관점이나 태도를 명확히 정리해야 하며 정리된 태도나 관점이 어떤 문제점이나 모순을 안고 있는지 파악할 수 있어야 한다. 물론 제시된 비판이 핵심 내용과 관련 있는지, 논리적으로 타당한 비판인지에 대한 검토 또한 이루어져야 한다.

2 발화 내용의 타당성 비판

발화 내용은 나름대로의 논리를 가지고 전개된다. 따라서 발화된 내용, 특히 발화자의 견해나 주장은 일정한 논거들을 통해 뒷받침되게 된다. 이 경우 제시된 논거들이 발화 내용의 타당성을 뒷받침하는지 따져 보아야 하는데 이것이 곧 발화 내용의 타당성을 비판적으로 검토하는 과정이다. 또한 발화 내용의 타당성을 비판하기 위해서는 주장이나 근거가 보편적으로 받아들일 수 있는 것인지도 검토해 보아야 하며, 근거들이 주장을 충분히 뒷받침하는지도 검토해야 한다.

출제 유형

- 남자의 발언에서 모순된 내용으로 적절한 것은?
- 이 토론의 문제점으로 가장 적절한 것은?

비판적 듣기 영역의 문항을 해결하기 위해서는 발화의 목적이나 의도를 파악하고 발화 상황에 맞는 태도나 말하기 형식 등을 갖추었는지 따져보아야 한다. 물론 내용 자체의 문제점을 비판하는 것 외에 발화 내용을 뒷받침하기 위해 제시한 근거들이 적절하고 타당한지의 여부도 함께 고려하며 들어야 한다.

더하기 예제 07

▶ 이제 라디오 방송의 일부를 들려 드립니다. 잘 듣고 물음에 답하세요. 듣기 대본 참조

물음) 다음 중 라디오 방송의 중심 내용에 대한 비판으로 가장 적절한 것은?

① 단지 세 나라를 비교한 것만으로 우리나라 사람들이 외롭다고 단정할 수 있을까?
② 친구를 외로움을 해소하는 수단으로만 인식하는 것은 잘못된 인식이 아닐까?
③ 원만한 사회생활을 위해서는 형식적일지라도 다양한 대인관계를 형성하는 것도 도움이 되지 않을까?
④ 물질만능주의가 팽배한 현대 사회에서 진정한 친구를 찾는다는 것은 무모한 일이 아닐까?
⑤ 한국 사람들이 남의 시선을 강하게 의식한다는 것은 무엇으로 뒷받침할 수 있는가?

대본

최근 한국, 중국, 일본 세 나라의 국민들을 대상으로 한 설문조사 결과가 눈길을 끕니다. "자주 외로움을 느끼십니까?"라는 질문과 "타인의 시선을 자주 의식하십니까?"라는 질문에 대하여 "그렇다."라고 응답한 비율이 각각 43.6%와 34.1%로 한국인이 가장 높게 나타났습니다.
이처럼 외로움을 자주 느끼고 남의 시선에 민감한 한국인의 특성은 사이버 세계에서 확연히 드러납니다. 클릭 몇 번으로 수십, 수백 명의 '장식용 책'과 같은 친구들을 만들기도 하고, 스스로 자기 글의 조회 수를 올려 인기를 과시하는 경우도 있습니다. 심지어 어떤 사람들은 가짜 친구를 만들어 SNS에 추가하고 자신이 인기인인 양 꾸미기도 합니다.
이런 행위들은 허영심과 과시욕을 채워 줄 수 있을지는 모르지만, 우리의 마음 속 깊은 외로움을 해소해 줄 수는 없습니다. 남의 시선 때문에, 읽을 마음도 없으면서 꽂아놓는 장식용 책과 같은 친구를 늘리는 데만 급급하다 보면, 진정한 친구를 사귈 기회가 줄어들어 오히려 더 외로워질 뿐입니다. 밑줄 그으며 손때 묻힌 한 권의 책이 소중한 것처럼, 단 한 명이라도 오랫동안 마음을 나누고 서로를 진정으로 이해할 수 있는 진짜 친구가 소중한 법입니다.

해설

라디오 방송의 중심 내용은 '의미 없는 다수의 친구보다 소수라도 진정한 친구를 사귀는 것이 좋다.'라는 것이다. ③은 '현대 사회에서 원만한 사회생활을 하기 위해서는 형식적일지라도 다양한 인간관계를 맺어두는 것이 필요할 수 있다.'라는 비판을 제기함으로써 방송의 중심 내용을 타당하게 비판하고 있다.
① 세 나라의 비교가 주장을 뒷받침하기에 충분한가의 문제가 제기될 수 있지만 방송 내용의 핵심이 '한국인의 외로움'이 아니므로 중심 내용에 대한 적절한 비판으로 보기 어렵다.
② 친구가 외로움을 해소하는 데 도움을 줄 수 있다는 생각을 드러내고 있지만 친구가 단지 외로움만을 해소하는 수단이라는 의미에서 이야기한 것은 아니므로 적절하지 않은 비판이다.
④ 진정한 친구의 가치 자체를 무의미하다고 치부함으로써 중심 내용을 비판한다기보다는 논의 자체를 부정하고 있는 것으로 볼 수 있다. 이는 적절한 비판으로 보기 어렵다.
⑤ 방송에서 한국, 중국, 일본 세 나라의 설문조사 내용을 근거로 제시하였으므로 방송 내용을 이해하지 못한 비판이다.

정답 ③

3 근거의 적절성 평가

주장하는 말하기의 경우 주장만 제시되는 것이 아니라 그 주장을 뒷받침하는 근거도 제시되어야 한다. 이때 적절한 근거가 제시되지 않으면 주장의 타당성을 확보할 수 없다. 또한 근거를 제시할 때 근거와 주장과의 관계가 긴밀하지 않으면 논리적 오류에 빠지기 쉬우므로 유의해야 한다. 다시 말해 근거가 일반화의 오류에 빠지지 않을 만큼 충분하고 대표성을 지니는 것인지, 근거가 주장을 뒷받침하는 데 타당성을 지니는 동일한 범주의 것인지 혹은 주장과 근거의 관계가 적절한 인과 관계를 갖거나 그 관계가 역전된 것은 아닌지 등에 대해 꼼꼼하게 살펴보아야 한다.

이러한 과정을 보다 효과적으로 수행하기 위해서는 듣는 과정에서 주장과 근거를 분류하여 정리해 두는 것이 좋다. 주장이 무엇이고 근거가 무엇인지 정리되어 있으면 주장과 근거의 논리적 관계를 보다 빠르고 정확하게 검토할 수 있기 때문이다.

출제 유형

- 남자의 주장에 대한 비판으로 가장 적절한 것은?
- 이 강연을 듣고 내릴 수 있는 결론으로 가장 적절한 것은?
- 실학자가 가르침의 전제로 사용하고 있는 것을 바르게 지적한 사람은?
- 여학생의 발언에서 전제하는 바를 비판할 때 가장 적절한 것은?

근거의 적절성 평가 문항에서는 발화에서 발화자의 주장이나 견해를 논리적으로 뒷받침 할 수 있는 타당한 근거들이 제시되었는지 혹은 발화자가 제시한 근거들이 논리적으로 타당성을 갖는지를 평가하는 문항이 출제된다.

더 알고가기

인지적 듣기 과정

정보 확인하기	→ 내용 이해하기	→ 내용에 대해 비판하기	→ 감상하기
• 주의 집중하기 • 단어 의미 파악	• 내용 기억하기 • 정보의 관계 파악 • 중심 생각 확인	• 내용 분석 • 정보의 정확성 · 적절성 · 타당성 검토	• 정의적 판단 • 가치 판단

더하기 예제 08

▶ 이제 변론 내용의 일부를 들려 드립니다. 잘 듣고 물음에 답하세요. 듣기 대본 참조

물음) 제시된 변론에 대한 비판으로 가장 적절한 것은?

① 자신이 내세우는 권위가 실제로 그러한지 입증할 수 있는가?
② 이웃이라는 이유로 무죄라고 주장하는 것은 부당한 것 아닌가?
③ 자신이 유죄 판결을 받게 될 것이라고 확신할 수 있는가?
④ 구체적인 근거를 제시하지 않고 주장만 되풀이하고 있는 것은 아닌가?
⑤ 자신을 반대하는 신문의 발행 부수를 확인할 방법은 있는가?

대본

배심원 여러분, 드레퓌스는 정의롭지 못한 힘에 의해 자유를 빼앗긴 한 평범한 시민입니다. 나의 이웃이자 바로 여러분의 사촌입니다. 나 에밀 졸라는 그의 무죄를 주장했다는 이유로, 이렇게 피고가 되어 법정에까지 서게 됐습니다. 그러나 나는 내 외침을 멈추지 않을 것입니다. 드레퓌스는 무죄입니다. 나는 그것을 맹세합니다. 거기에 내 생명을 걸고, 내 명예를 겁니다. 이 엄숙한 시간에, 인간의 정의를 대변하는 이 법정에 서서, 이 나라의 수호자인 바로 배심원 여러분들 앞에서, 전 프랑스 앞에서, 전 세계 앞에서 나는 드레퓌스가 무죄라고 맹세합니다. 나 에밀 졸라의 40년간의 역작을 걸고, 그 역작으로 얻은 권위를 걸고 나는 맹세합니다. 드레퓌스는 무죄라고. 드레퓌스가 무죄가 아니라면 나는 이 모든 것이 사라져 버려도 좋고, 내 전 작품이 소멸해도 좋습니다. 그는 무죄입니다.
상하 양원도, 정부 당국도, 최대 발행 부수를 자랑하는 신문도, 그 신문들의 해독에 물든 여론까지도 나를 반대하고 있다고 생각합니다. 내 편을 들고 있는 것은 오직 이상, 진실과 정의의 이상일 뿐입니다. 그러나 나는 아주 마음이 편안합니다. 나는 승리를 거둘 것입니다. 나는 내 조국이 거짓과 부정의 희생물이 되지 않게 해야 한다고 결심했습니다. 나는 이곳에서 유죄를 받을 것입니다. 그렇지만 언젠가 프랑스는 그 명예를 지켜 내는 데 힘을 바쳤던 나에게 감사할 날이 반드시 올 것입니다.

해설

'드레퓌스 사건'에 대한 프랑스 소설가 에밀 졸라의 변론 중 일부이다. 변론의 핵심은 드레퓌스가 무죄라는 것이다. 에밀 졸라는 자신의 명예를 걸고 드레퓌스가 무죄라는 것을 주장하고 있다. 하지만 드레퓌스가 왜 무죄인지에 대한 근거는 구체적으로 언급하지 않고 드레퓌스가 무죄라는 점만 반복하고 있다. 따라서 구체적인 근거를 제시하지 않고 자신의 주장만 반복하고 있다는 점을 비판할 수 있다.
①, ③, ⑤ 변론의 핵심과는 무관한 비판이므로 적절하지 않다.
② 에밀 졸라가 드레퓌스를 옹호하기 위해 '이웃'에 비유한 것이지 실제로 친분이 있다는 것은 아니므로 적절한 비판이 아니다.

정답 ❹

넷 창의적 듣기

창의적 언어능력은 주어진 상황과 조건에 맞게 제시된 언어 자료를 변형하거나 새롭게 표현하는 고차원적 언어 활동이다. 창의적 사고를 요구하는 듣기에서는 제시된 내용을 있는 그대로 받아들이는 것에서 더 나아가 자신의 창의력을 동원해 새로운 상황으로 확장해 나가야 한다.

새로운 내용을 생성하는 유형의 문제는 비교적 어려운 문제에 속하기 때문에 듣기 내용을 단순히 확인하는 단계에서 벗어나 좀 더 폭넓게 사고하고 상상력을 발휘해야 한다. 무엇보다 평소에 자료와 정보 간의 관계를 주의 깊게 살피며 비판적으로 분석하는 습관을 길러야 당황하지 않고 문제를 해결할 수 있다. 내용을 듣고 새로운 내용을 생성해야 하는 경우, 상상력을 동원하여 생성한 내용을 답지와 비교하며 타당성을 판단하도록 한다.

출제 유형

- 강연자의 주장을 반박하는 내용을 하나의 주제문으로 쓰시오. (주관식)
- 제시된 이야기에 대해서 주인공의 입장을 옹호하거나 비판하는 자신의 주장과 근거를 100자 이내로 쓰시오. (주관식)

창의적 듣기 영역은 제시된 발화 내용을 정확하게 수용하여 이에 대해 올바른 반응을 표현하는 영역이다. 주로 주관식 평가가 이루어지며 발화 상황에서 드러난 문제점을 해결하기 위한 대안을 제시하는 문항이 출제되기도 한다. 이때 발화에서 제시된 문제 상황이 무엇이고, 그러한 문제 상황의 원인이나 전제가 무엇인지 파악하여 정리하면 보다 효과적으로 대안을 제시할 수 있다.

또한 주어진 조건에 맞추어 서술해야 하므로 조건을 항상 염두에 두어야 한다. 가령 '100자 이내로 쓰시오.'와 같은 분량의 제한이나 추가로 제시된 조건들 즉, 특정 어휘를 포함해야 할 때 이러한 조건을 지키지 않으며 감점이 되므로 유의해야 한다.

더하기 예제 09 주관식

▶ **다음은 주관식 문제입니다. 강연 내용을 잘 듣고 물음에 답하세요.** 듣기 대본 참조

물음) 컴퓨터 게임에 대한 다음 내용을 듣고 강연자의 주장을 반박하는 글을 100자 이내로 쓰시오. 단, 제시된 조건을 지켜 서술하시오.

[조건]

1. 화자가 제시한 근거를 바탕으로 반박하시오.
2. 반박의 근거를 두 가지 이상 제시하시오.

대본

여러분! 요즘 청소년들이 컴퓨터 게임에 빠져 있다는 우려의 목소리가 높습니다. 하지만 청소년들이 컴퓨터 게임을 하는 것을 무조건 막기만 한다고 능사는 아닙니다. 컴퓨터 게임이 청소년들에게 유해하다고 해서 정책적으로 딱히 막을 수 있는 방법이 있는 것도 아닙니다. 컴퓨터 게임 대신 청소년들의 욕구를 충족시켜줄 만한 대안도 마땅치 않은 실정입니다. 그렇다면 오히려 청소년들에게 컴퓨터 게임을 이용하는 바른 태도를 교육하는 것이 효과적이지 않을까요? 컴퓨터 게임도 어떻게 활용하는가에 따라 효과적인 교육 수단이 될 수 있습니다. 그 사례로 컴퓨터 게임이 순발력과 판단력, 그리고 집중력을 높이는 데 효과가 있다는 연구 결과도 있습니다. 잘만 활용하면 청소년들은 게임을 통해서 학습에 필요한 순발력과 판단력, 집중력을 기를 수 있고 이는 학업 성취도의 향상으로 이어질 수 있습니다.

예시답안

'쿨링오프제'와 같이 청소년의 게임중독을 제한하는 정책적 제도 마련이 가능합니다. 또한 스포츠나 진로 체험활동, 문화 활동의 적극적인 장려를 통해서 청소년들의 욕구를 충족시킬 수 있습니다.

해설

강연자는 컴퓨터 게임을 정책적으로 막을 수 없다는 점, 게임 이외에 청소년의 욕구를 충족시킬 방법이 없다는 점, 게임을 통해 집중력, 판단력, 순발력을 기를 수 있다는 점, 게임을 통해 학업 능력을 향상시킬 수 있다는 점을 근거로 제시하고 있다.
따라서 컴퓨터 게임을 막을 수 있는 제도적 장치 마련의 가능성, 청소년들의 욕구를 충족시킬 수 있는 다양한 프로그램의 존재, 컴퓨터 게임에서 기를 수 있는 집중력, 판단력, 순발력이 실제로 학업 능력 향상과 무관하다는 점 등을 근거로 하여 반박하는 것이 적절하다.

다섯 시각자료를 활용한 듣기

그동안 국어능력인증시험의 듣기 영역에서는 시각자료를 활용한 문항이 자주 출제되지는 않았으나 앞으로 출제될 가능성이 높으므로 소홀히 해서는 안 되는 부분이다. 시각자료를 활용한 듣기 문항에서는 사진이나 그림, 도표 등 시각자료와 청취한 내용을 관련 지어 문제를 해결하는 능력을 평가한다.

출제 유형

- 이 프로그램에서 설명하고 있는 자세가 아닌 것은?
- 화자가 판독했을 도로 표지판의 모습으로 적절한 것은?
- 방송에서 설명하지 않은 탈춤의 동작은?
- 승무원이 남자에게 제시한 자리의 위치로 알맞은 것은?

제시된 시각자료를 보면서 대화나 담화를 듣고 정보를 파악하거나 언급된 내용을 찾는 능력을 평가하는 문항이 출제되는데 이때 대화나 담화를 들으면서 동시에 시각자료에 제시된 내용을 모두 이해해야만 답을 찾을 수 있다.
사진이 아닌 도표나 차트가 제시되었을 때도 도표에 나타난 정보를 바탕으로 발화를 들으면서 질문에서 요구하는 특정 정보에 집중해야 한다. 들려주는 대화를 들으면서 동시에 주어진 차트 혹은 그래프를 이해하는 연습과 함께 듣기가 시작하기 전 도표나 차트의 내용을 살펴 앞으로 들을 내용을 예측하는 연습을 할 필요가 있다.

>>> 짚어보기 대본 유형별 빈출 문항

㉠ 강연/강의/안내/연설
- 핵심 내용 파악
- 중심 화제 찾기
- 세부 내용 파악

㉡ 이야기/드라마 대본
- 주제와 핵심 내용 파악
- 얻을 수 있는 교훈 추리

㉢ 대화
- 주제와 핵심 내용 파악
- 이어질 말 추리

㉣ 좌담/토론/토의
- 말하기 방식 파악
- 공통 전제 파악
- 내용의 적절성 파악

㉤ 인터뷰/뉴스
- 인터뷰 내용 파악
- 인물의 태도 파악

더하기 예제 10

▶ 이번에는 고전문학 강의의 일부를 들려 드립니다. 잘 듣고 물음에 답하세요. 듣기 대본 참조

물음) 다음 중 제시된 시조를 듣고 연상할 수 있는 그림으로 가장 가까운 것은?

①

②

③

④

⑤

대본

황진이라면 천하 명기로 전설적인 이름일 뿐 아니라, 우리 문학사를 대표하는 여류 시조 작가로 높은 평가를 받는 인물입니다. 그 용모와 재주가 뛰어났을 뿐 아니라 스스로를 '박연폭포'와 '서화담'과 함께 송도삼절로 자부했을 만큼 기품 또한 높았습니다. 비록 기생 신분이었지만 글공부를 좋아했고, 덕이 있는 선비들과 널리 사귀며 산수 사이에 놀기를 좋아하여 일찍이 여성으로 금강산에 오르기도 했지요. 황진이에게 헌사된 칭송에도 불구하고 남아 전하는 문학작품이라고는 시조집 《청구영언》과 《해동가요》에 오른 시조 4수와 한시 2수가 고작입니다. 그러나 이 시편들이 모두 천추에 빛날 천품(天稟)이어서, 이것만으로 바로 우리 시조사의 한 남상(濫觴)이며, 역사이며 교과서라 할 수 있습니다. 실제로 우리 시가의 3대 작가라 할 송강 정철과 고산 윤선도 그리고 노계 박인로 등이 모두 황진이의 뒷시대에 나왔으며, 이들에게서는 황진이의 시 전통을 확인할 수 있습니다. 여기서 황진이의 시조 한 수를 읊으며 오늘의 강의를 마무리해볼까 합니다.

동짓달 기나긴 밤을 한 허리를 버혀 내어 / 춘풍 이불 아래 서리서리 넣었다가 / 어룬님 오신날 밤이어든 구뷔 구뷔 펴리라.

해설

강의 마지막에 제시된 시조는 남녀 간의 정한과 기다림을 다룬 황진이의 시조 〈동짓달 기나긴 밤〉이다. 따라서 이를 통해서 연상할 수 있는 그림은 달빛 아래에서 만나고 있는 남녀의 모습을 담은 혜원 신윤복의 그림 〈월하정인〉이다.

정답 ❶

첫째 마당. 듣기

매듭짓기

※ MP3 파일은 시스컴 홈페이지(www.siscom.co.kr)의 자료실에서 제공하고 있습니다.

[01~05] 문제와 선택지를 듣고 푸는 문제입니다. 잘 듣고 물음에 답하세요.

01 ① ② ③ ④ ⑤

02 ① ② ③ ④ ⑤

03 ① ② ③ ④ ⑤

04 ① ② ③ ④ ⑤

05 ① ② ③ ④ ⑤

[06~09] 내용을 들은 후, 문제지에 인쇄된 문제와 선택지를 보고 푸는 문항입니다. 잘 듣고 물음에 답하세요.

06 대화에서 드러난 여자의 말하기 방식에 대한 비판으로 가장 적절한 것은?

① 부당한 권위를 앞세워 상대방에게 자신의 주장을 강요하고 있다.

② 합리적인 근거 없이 자신의 주장만 반복하여 내세우고 있다.

③ 불가능한 대안을 제시하여 상대방의 주장을 반박하고 있다.

④ 상대방의 윤리적 결함을 지적하며 상대방의 주장을 반박하고 있다.

⑤ 극단적인 사례를 일반화하여 자신의 주장을 정당화하고 있다.

07 다음 중 다큐멘터리에 삽입할 수 있는 시각 자료로 적절하지 않은 것은?

① 전형적인 거미줄의 구조를 시각화한 화면.

② 거미줄의 신축성을 확인할 수 있는 장면.

③ '견인실'의 역할을 설명하기 위하여 머리를 고무줄로 묶는 장면.

④ 거미줄의 분자 구조를 본뜬 모형.

⑤ 사람의 머리카락과 거미줄의 굵기를 비교하는 화면.

08 다음 중 남자의 주장이 지닌 모순을 바르게 지적한 것은?

① 외래종의 유입을 막을 수 없다고 해서 이를 방관하는 것은 인간의 책임을 포기하는 것이 아닌가?

② 멸종 위기의 동물들을 인위적으로 번식시키는 일이 생물학적으로 가능하다는 과학적 근거는 없지 않은가?

③ 외래종과 토종의 조화를 유도하는 것이 오히려 생태계의 다양성에 도움이 되지 않을까?

④ 외래종의 유입 자체가 인위적인 개입인데 이를 생태계 스스로 극복하도록 하는 것이 가능한가?

⑤ 멸종 위기에 처한 동물들을 야성을 잃지 않은 상태로 번식시키는 것은 가능한 일인가?

09 다음 중 방송의 마지막에 생략된 말로 가장 적절한 것은?

① 자신보다는 타인을 먼저 생각하는 마음입니다.
② 대가를 바라지 않고 자신의 마음을 표현하는 것입니다
③ 그것으로 인해 상대방에게 부담이 되지 않아야 합니다.
④ 자신이 받은 만큼 베푼 대상에게 돌려주는 것입니다.
⑤ 사회 구성원 모두를 위한 것입니다.

[10~11] 내용을 들은 후, 문제지에 인쇄된 문제와 선택지를 보고 푸는 문항입니다. 잘 듣고 물음에 답하세요.

10 뉴스의 완결성을 고려할 때 ㉠에 이어질 보도 내용으로 가장 적절한 것은?

① 태풍에 대한 정부의 노력
② 태풍의 피해를 줄이기 위한 대비 방법 안내
③ 태풍의 예상 진로와 예상되는 피해 보도
④ 태풍의 빈번한 발생 원인 분석
⑤ 태풍으로 인한 피해를 신고하는 방법 안내

11 보도 내용을 보충하기 위한 자료 화면으로 적절하지 않은 것은?

① 태풍의 진로를 나타낸 화면
② 태풍 경보가 발령된 지역을 나타낸 화면
③ 전력 공급이 중단된 모습을 보여주는 화면
④ 해안 지역 침수 상황을 보여주는 화면
⑤ 침수 지역 주민들이 모여 피해 보상을 촉구하는 장면

[12~13] 내용을 들은 후, 문제지에 인쇄된 문제와 선택지를 보고 푸는 문항입니다. 잘 듣고 물음에 답하세요.

12 보고 내용을 효과적으로 전달하기 위해 활용할 수 있는 자료로 적절하지 않은 것은?

① 봉평 지역의 지형을 나타낸 지도
② 신라의 역사와 문화를 소개하는 슬라이드
③ 이효석의 문학 세계를 담은 동영상
④ 율곡 이이 선생의 업적과 관련된 사료
⑤ 봉평 지역의 관광지 모습을 담은 사진

13 발표 후 이어질 질의응답 시간에 나올 질문으로 적합하지 않은 것은?

① 서울에서 대중교통을 이용하여 봉평으로 갈 경우에는 어떤 방법이 있습니까?
② 태기산에는 과거에 쌓았다는 산성이 아직도 남아 있습니까?
③ 봉평에서 열리는 '메밀꽃 축제'에 참가하려면 언제 가야 합니까?
④ '이효석 기념관'에 가보고 싶은데 위치를 알려주실 수 있습니까?
⑤ 지금까지 소개된 것 외에 다른 유적지나 휴양지는 없습니까?

[14~15] 다음은 주관식 문제입니다. 잘 듣고 물음에 답하세요.

14

다음 대담을 듣고 김 교수의 주장을 반박하는 글을 150자 이내로 쓰시오. (단, 제시된 조건을 지켜 서술하시오.) 주관식

조건

1. 먼저 주장을 제시하고 이어서 근거를 제시하시오.
2. 김 교수의 주장과 근거들을 바탕으로 반박하시오.
3. '~때문이다'의 형식으로 서술하시오.

15 **다음 이야기를 듣고 〈조건〉에 맞추어 이야기의 핵심 내용을 100자 내외로 요약하세요.** 주관식

조건

1. 이야기의 핵심 내용만 요약하되 인과 관계로 서술하시오.
2. 이야기를 통해 전달하고자 하는 주제를 밝히시오.
3. 관련된 속담을 하나 이상 제시하시오.

3주

첫째 마당. 듣기

매듭짓기 해설

▶듣기 44p

01 ⑤	02 ③	03 ④	04 ⑤	05 ⑤	06 ②	07 ③	08 ④	09 ②	10 ②
11 ⑤	12 ②	13 ④	14~15 해설 참조						

01 정답 ⑤

정답 해설 호수의 물이 순화하는 원리를 설명하고 있는 강연의 일부이다. 강연을 통해 호수의 물은 온도와 밀도가 다른 표층수와 중층수, 심층수로 구성되어 있으며 이들 간의 온도차와 밀도차에 의해 호수의 물이 순환하게 됨을 알 수 있다. 또한 가을과 봄에는 대기의 기온에 따른 표층수의 온도 변화로 인해 아래쪽의 물이 위쪽으로 이동하게 되는 전도 현상이 일어나며, 섭씨 4도가 되면 물의 밀도가 최대가 된다는 내용까지 파악할 수 있다. 그러나 ⑤의 내용은 강연을 통해 알 수 없다.

오답 해설 ①, ②, ③, ④ 모두 강연에서 언급된 내용이다.

02 정답 ③

정답 해설 남자가 드뷔시의 음악을 이해하기 힘들다고 말하고 있는 이유를 여자의 말을 통해서 알 수 있다. 그 이유는 드뷔시의 음악이 당대의 전통적인 음악 형식에서 벗어나 있었으며 기승전결과 같은 구성 규칙이나 관습을 지키지 않았기 때문이다. 여자는 이러한 드뷔시의 음악적 성향을 전통에 얽매이지 않고 새로운 것을 추구하는 과정에서 자신만의 음악을 구축한 것으로 평가하고 있다. 이상의 내용을 종합해 보면 결국 드뷔시는 틀에 얽매이지 않고 자유분방한 음악을 통해 자신만의 새로운 음악 세계를 구축한 것으로 볼 수 있다.

03 정답 ④

정답 해설 어느 부족의 말하기 관습을 소재로 한 강연의 일부이다. 이 부족의 말하는 방식의 핵심은 실제와는 반대되는 표현 방식이라고 할 수 있다. 강연자는 이러한 말하기 방식이 부족 구성원이 공동체에 동화되는 것을 돕고, 다른 구성원의 상대적 박탈감을 최소화하여 공동체의 통합을 추구하려는 의도가 내포된 것이라고 말하고 있다. 따라서 이 강연을 통해 이끌어 낼 수 있는 교훈으로 알맞은 것은 ④이다.

04 정답 ⑤

정답 해설 방송 내용에 따르면 우리나라의 도시에서는 대기오염과 밝은 도시의 불빛으로 인해 대일조 현상을 관측하기 어렵기 때문에 몽골의 초원과 같은 곳을 찾아다니며 관측한다고 하였다. 따라서 도심의 고층빌딩 옥상에서 대일조 현상을 관측하는 장면은 방송의 내용과는 부합하지 않는 장면이다.

오답 해설 ① 대일조 현상이 일어나는 모습이므로 방송 내용과 관련되어 삽입될 수 있는 장면이다.
② 대일조 현상의 원인이므로 방송의 내용과 관련되어 삽입될 수 있는 장면이다.
③ 대일조 현상이 발생하는 과정이므로 방송의 내용과 관련되어 삽입될 수 있는 장면이다.
④ 대일조 현상을 밝혀낸 계기에 해당하므로 방송의 내용과 관련되어 삽입될 수 있는 장면이다.

05 정답 ⑤

정답 해설 복지국가의 개념과 그 이념의 정당성을 주장하는 내용의 강연이다. 개인의 자아 실현을 돕는 것은 강연에서 제시된 복지국가론의 중요한 쟁점으로 보기 어렵다. 오히려 중요한 쟁점은 복지국가의 이념이 개인의 자유를 억압하고 제한함으로써 사회 정의를 침해하지 않는가의 문제이다.

오답 해설 ① 강연 내용에서 개인 간의 소득 격차가 불가피하다고 하면서도 그 한계를 명확하게 제시하지 않았으므로 타당한 비판이다.
② 복지국가를 실현하기 위해서는 필연적으로 개인의 자유를 억압해야 하는 역설적 상황이 벌어지게 되므로 이와 관련하여 타당한 비판으로 볼 수 있다.
③ 복지국가의 이념에 따라 개인의 자유를 제한할 경우 공정성과 관련된 문제가 발생할 수 있으므로 역시 타당한 비판이다.
④ 복지국가가 사회적 강자, 즉 경제적 강자의 이익 추구를 제한하게 될 경우 성취 의욕을 저하시켜 오히려 사회적 효율성을 저하시킬 수 있으므로 타당한 비판이다.

06 정답 ②

정답 해설 여자는 '중앙 계단 옆 교실이 명당'이라는 이유 이외에 자신의 동아리가 발표회를 그곳에서 해야 하는 합리적인 근거를 제시하지 않은 채 같은 주장만 반복하고 있다. '명당이다.', '최후의 보루이다.'라는 말은 동아리 발표회를 중앙 계단 옆 교실에서 해야 하는 합리적인 근거라고 보기 어렵다. 또한 '별과 관련된 문학 작품도 찾아주고 청소도 해 줄게.'라고 제안한 것도 자리를 양보해 주는 것에 대한 보상일 뿐 쟁점과는 관계없는 내용이다.

07 정답 ③

정답 해설 견인실은 거미가 나뭇가지에 자신을 고정하고 집을 짓기 위해 이동하는 생명선과 같다는 방송 내용을 고려할 때, 고무줄로 머리를 묶는 장면은 이와 무관한 시각 자료이다. 오히려 높은 건물을 지을 때 목수들이 안전을 위해 로프를 몸에 묶고 이동하는 장면을 제시하는 것이 견인실의 기능을 설명하기에 적절한 시각 자료이다.

오답 해설 ① 거미줄의 전형적인 모습으로 방사형으로 뻗은 세로실과 집 전체를 둘러싸는 테두리실, 테두리실을 나뭇가지에 연결하는 버팀실을 이야기하고 있으므로 이를 한눈에 볼 수 있도록 거미줄의 구조를 시각화한 장면을 활용하면 보다 효과적인 설명이 될 수 있을 것이다.
② 거미줄은 나일론보다 두 배나 신축성이 강하다고 하였으므로 이를 뒷받침할 수 있는 장면을 삽입하면 방송 내용을 효과적으로 전달할 수 있을 것이다.
④ 거미줄의 분자 구조가 거미줄의 핵심이라고 했으므로 이를 확인할 수 있도록 분자 구조 모형을 제시하면 효과적일 것이다.
⑤ 거미줄이 사람의 머리카락 굵기의 1/16 굵기라고 하였으므로 실제 사람의 머리카락과 거미줄의 굵기를 비교한 화면은 방송 내용 이해에 도움이 될 것이다.

08 정답 ④

정답 해설 남자는 외래종을 도입한 것이 문제라는 점은 인정하고 있다. 그러나 인위적으로 생태계의 먹이사슬을 조절하는 것은 반대하고 있다. 하지만 외래종의 도입이 이미 인위적인 개입이라는 점을 고려하면 인위적인 개입 자체를 반대하는 것은 모순이라고 할 수 있다. 즉 외래종의 도입이 자연적인 것이 아니라 인위적인 것이라면 생태계 스스로 이러한 인위적인 변화에 대응할 수 없을 수도 있기 때문이다. 따라서 ④의 반론이 가장 타당하다.

오답 해설
① 남자는 외래종의 유입을 막을 수 없다는 점을 언급하지 않았다.
② 멸종 위기 동물에 대한 인위적 번식이 불가능하다는 점은 언급되지 않았다. 단, 인위적으로 번식시킨 동물들은 야성을 잃기 때문에 이들을 방사하여 생태계에 적응하도록 하는 것이 성공하지 못할 수도 있다는 점은 언급하고 있다.
③ 외래종과 토종의 조화가 생태계에 도움이 된다는 것은 외래종의 도입을 긍정적으로 받아들이는 것인데 남자는 외래종의 도입 자체에 반대하고 있으므로 적절하지 않다.
⑤ 남자가 주장한 쟁점은 야생동물의 번식에 대한 인위적 개입 여부인데 반해 야성을 잃지 않은 상태로 번식시킬 수 있는가를 문제 삼고 있으므로 쟁점과는 거리가 멀다.

09 정답 ②

정답 해설 방송에서는 원주민의 선물 문화와 우리의 선물 문화를 대조하며 진정한 선물의 의미를 제시하고 있다. 원주민의 선물 문화에서 우리가 얻을 수 있는 교훈은 그들이 선물하는 행위는 '마음을 표현하는 것일 뿐 대가를 바라지 않는 것'이라는 점이다. 즉 A에게서 선물을 받더라도 마음은 이미 전달되었으므로 다시 A에게 선물을 할 필요가 없는 것이다. 이에 가장 부합하는 내용은 ②이다.

오답 해설 ①, ③, ④, ⑤ 모두 '대가가 없음', '마음을 전함'이라는 원주민의 선물 문화의 핵심적인 특징을 포함하고 있지 않다.

[10~11]

10 정답 ②

정답 해설 뉴스의 서두에서 앵커는 태풍의 위치와 진로, 태풍으로 인한 피해 현황, 태풍으로 인한 피해를 최소화하기 위한 방법에 대해 알아보겠다고 하였다. 하지만 태풍의 위치와 진로, 태풍으로 인한 피해 현황만 보도되었으므로 마지막으로 '태풍의 피해를 막기 위한 방법'이 보도되어야 한다.

오답 해설
①, ④, ⑤ 뉴스의 서두에서 보도 내용으로 언급되지 않은 내용들이다.
③ '태풍의 예상 진로와 예상되는 피해'는 앞에서 이미 보도된 내용이다.

11 정답 ⑤

정답 해설 해안 지역이 침수되어 해안 지역 주민 1,000여 명이 대피하였다고 보도되었으나 이들이 피해 보상을 촉구하였다는 보도 내용은 없었으므로 자료 화면으로 적절하지 않다.

오답 해설
① '태풍의 진로를 나타낸 화면'은 오세영 기자가 태풍의 현재 위치와 예상 진로를 보도하는 부분에서 자료 화면으로 활용할 수 있다.
② '태풍 경보가 발령된 지역을 나타낸 화면'은 오세영 기자가 태풍 경보가 발령된 지역으로 호남, 영남, 충청 해안 지역을 언급하는 부분에서 자료 화면으로 활용할 수 있다.

③ '전력 공급이 중단된 모습을 보여주는 화면'은 김수진 기자가 광주 지역의 70%가 전력 공급이 중단되었다고 보도하는 부분에서 자료 화면으로 활용할 수 있다.

④ '해안 지역 침수 상황을 보여주는 화면'은 김수진 기자가 목포 해안 지역 침수를 보도하는 부분에서 자료 화면으로 활용할 수 있다.

[12~13]

12 정답 ②

정답 해설 신라와 관련된 유적지는 태기산인데 태기산은 신라에 대항한 진한의 태기왕이 산성을 쌓고 싸운 곳이라고 설명했으므로 신라의 역사나 문화 보다는 진한의 역사와 문화를 소개하는 슬라이드가 태기산을 소개하기에 더욱 적합한 자료이다.

오답 해설 ① 봉평 지역의 지형을 나타낸 지도는 산으로 둘러싸인 봉평을 설명하는 데 도움이 될 수 있다.

③ 이효석의 문학 세계를 담은 동영상은 뛰어난 소설로 봉평을 알린 작가의 삶을 이해하는 데 도움을 주는 한편 봉평 지역의 이효석 관련 유적지를 이해하는 데 도움을 줄 수 있다.

④ 율곡 이이 선생의 업적과 관련된 사료는 신사임당이 율곡 이이 선생을 잉태하였다고 알려진 봉산서재를 소개하는 부분에서 활용할 수 있다.

⑤ 봉평 지역의 관광지 모습을 담은 사진들은 봉평 지역의 관광명소들을 간접적으로 경험할 수 있도록 도울 수 있다.

13 정답 ④

정답 해설 보고자가 '이효석 기념관'은 봉평면 창동 4리에 위치하고 있다고 보고하였으므로 적절하지 않은 질문이다.

오답 해설 ① 보고자는 자가용 기준으로 봉평까지의 여정을 보고하였을 뿐 다른 대중교통을 이용할 경우에 대해서는 언급하지 않았으므로 적절한 질문이다.

② 태기산의 산성에 대한 보고는 하였으나 그 산성이 현재까지 유지되고 있는지에 대한 언급은 없었으므로 추가적으로 질문할 내용으로 적절하다.

③ '메밀꽃 축제'가 열린다고 보고하였지만 구체적인 시기는 보고하지 않았으므로 적절한 질문이다.

⑤ 보고자가 보고한 내용에서 누락된 것이나 시간상 생략된 것이 없는지 점검하는 질문으로 적절한 질문이다.

14 주관식

예시 답안 기업은 사회적 책임의식을 가지고 사회활동에 적극 참여해야 한다. 복잡한 현대 사회에서는 여러 집단이 상호 불가분의 의존 관계에 있으므로 사회 참여는 정부만의 몫이 아니며, 장기적으로 볼 때 기업의 이미지를 향상시키고 경쟁력을 개선하여 이윤 창출에도 기여하기 때문이다.

해설 김 교수의 주장을 반박하는 주장은 '기업이 사회적 책임의식을 가지고 사회활동에 적극적으로 참여해야 한다.'라는 것이다. 이에 대한 근거는 김 교수의 발언을 정리하여 이끌어 내야 하므로 우선 김 교수의 주장과 근거들을 정리해야 한다.

3주

주장	근거
기업에 사회적 책임을 강요해서는 안 된다.	• 기업의 목적은 이윤추구이다. • 사회 참여는 정부의 몫이다. • 기업의 사회적 책임은 기업 활동에 있다. • 기업의 사회적 책임이 강요되면 경제가 악화될 수 있다.

이를 통해 반박의 근거를 찾아보면 우선 기업의 목적이 반드시 이윤추구에만 있지 않음을 들 수 있다. 이런 관점에서 기업의 목적을 보다 거시적인 사회 발전이나 사회 통합적 측면으로 제시할 수 있다. 둘째, 사회 참여는 비단 정부의 몫만은 아니라는 점을 제시할 수 있다. 즉 사회 참여는 공동체 구성원 모두의 몫이지 정부만의 몫은 아니며 사회가 발전하기 위해서는 구성원 모두가 사회적 책임의식을 가지고 적극적으로 참여해야 한다는 반론이 가능하다. 셋째, 기업의 사회적 책임은 기업 활동으로 끝나는 것이 아니라는 점을 들 수 있다. 즉 기업의 사회적 책임은 기업 활동을 통해 사회 공동의 목표를 이루는 것일 뿐만 아니라 기업 활동 과정에서 소외된 구성원들을 포용하는 것까지 포함해야 한다는 반론이 가능하다. 넷째, 기업에 사회적 책임이 강요되더라도 경제가 악화되지 않으며 오히려 장기적인 측면에서 기업의 이윤 증대가 이루어질 수 있다는 반론이 가능하다. 이상의 내용을 바탕으로 주어진 조건에 맞추어 서술하면 된다.

15 주관식

예시 답안 거북이와 뽕나무가 자신을 과시하기 위해 내뱉은 말 때문에 죽게 되었다는 이야기로 '발 없는 말이 천 리 간다'라는 속담처럼 말을 함부로 해서는 안 된다는 교훈을 주고 있다.

해설 앞부분에 제시된 아버지와 효자의 이야기는 핵심 내용이 아니므로 굳이 요약에 포함할 필요는 없다. 이야기의 핵심은 거북이와 뽕나무가 자신을 과시하기 위해 내뱉은 말들이 화근이 되어 죽음을 초래하였다는 것이다. 따라서 거북이와 뽕나무의 행동에 초점을 맞춰 이야기를 요약해야 한다.

결국 이 이야기를 통해 이끌어 낼 수 있는 교훈은 말을 조심해야 한다는 것이므로 이를 반드시 포함하여 서술한다. 이야기의 주제와 관련된 속담으로는 '말 한 마디로 천 냥 빚을 갚는다', '말이 씨가 된다', '밤 말은 쥐가 듣고 낮말은 새가 듣는다', '발 없는 말이 천 리 간다' 등이 있으므로 이를 적절히 활용하여 조건을 충족시키도록 한다.

봄에 밭을 갈지 않으면 가을에 거둘 것이 없다.

– 공자(孔子)

첫째 마당. 듣기

매듭짓기 대본

01 [대본 1] 44p

이제 강연의 일부를 들려 드립니다. 잘 듣고 물음에 답하세요.

사계절이 뚜렷한 온대 지역의 깊은 호수에서는 계절에 따라 물의 상하 이동이 다른 양상을 보입니다. 호수의 물은 깊이에 따라 달라지는 온도 분포를 기준으로 세 층으로 나누어지는데, 상층부는 표층, 바로 아래는 중층, 가장 아래 부분은 심층이라고 합니다.

여름에는 대기의 온도가 높기 때문에 표층수의 온도도 높습니다. 따라서 표층수의 하강으로 인한 중층수나 심층수의 이동은 일어나지 않습니다. 중층수나 심층수의 온도가 표층수보다 낮고, 밀도가 상대적으로 높기 때문이지요. 그런데 가을이 되면 대기의 온도가 낮아지면서 표층수의 온도가 떨어집니다. 그래서 물이 최대 밀도가 되는 섭씨 4도에 가까워지면, 약한 바람에도 표층수가 아래쪽으로 가라앉으면서 상대적으로 밀도가 낮은 아래쪽의 물이 위쪽으로 올라오게 됩니다. 이런 현상을 '가을 전도' 라고 부르지요.

겨울에는 여름과 반대로 표층수의 온도가 중층수나 심층수보다 낮습니다. 하지만 밀도는 중층수와 심층수가 더 높기 때문에 여름철과 마찬가지로 물의 전도 현상이 일어나지 않습니다. 물의 전도 현상은 봄이 되면 다시 관찰할 수 있습니다. 대기의 온도가 올라가면서 얼음이 녹고 표층수의 온도가 섭씨 4도까지 오르게 되면 표층수는 아래쪽으로 가라앉습니다. 반면에 아래쪽의 물은 위로 올라오게 되지요. 이것을 '봄 전도' 라고 부릅니다. 이러한 전도 현상을 통해 호수의 물이 자연스럽게 순환하게 되는 것입니다.

물음) 잘 들으셨지요? 다음 강연 내용을 통해 알 수 없는 것을 고르세요.

① 호수의 물이 순환하는 원리
② 온도에 따른 호숫물의 구성
③ 계절에 따른 표층수의 온도 변화
④ 온도에 따른 물의 밀도 변화
⑤ 전도 현상이 생태계에 미치는 영향

02 [대본 2] 44p

이번에는 남녀의 대화를 들려 드립니다. 잘 듣고 물음에 답하세요.

남자 : 이번 동아리 음악 감상회는 드뷔시 음악들로 한다면서요. 그런데 저는 정말 드뷔시의 음악은 아무리 들어 봐도 잘 모르겠어요.

여자 : 정말 드뷔시의 음악은 공부하지 않으면 이해하기 어렵더라고요. 체계적인 음악을 선호하던 당시 경향에 비한다면 뭐랄까, 실체가 없는 듯한 느낌을 주니까요. 드뷔시도 처음에는 그 당시 음악의 흐름을 따랐지만, 시간이 지나면서 다양한 방법을 통해 자신만의 음악을 찾으려고 노력했다고 생각해요. 뭐, 전통에 대한 도전이라고나 할까.

남자 : 그래도 맺고 끊는 게 있어야 이해하기 쉬울 텐데, 그의 음악은 그런 느낌이 없어요. 음, 좀 몽롱하다고나 할까?

여자 : 맞아요. 드뷔시 음악의 성격을 제대로 보셨네요. 드뷔시는 화성을 색채로 보았어요. 음악적 분위기로 만들어 내는 빛이랄까. 당시 독일의 음악가들은 화성을 철학이나 한 편의 희곡처럼 생각했다잖아요. 선율을 고조시키고 이완시켜 줄거리를 부여하는 식이지요. 그런데 드뷔시는 이런 형식에 얽매이기보다는 자유롭게 선율을 보여 주고 싶었나 봐요.

남자 : 그렇군요. 그래도 저는 여전히 음악에서 기승전결 같은 구성이 없으면 이해하기 힘들어요.

여자 : 음악이 꼭 주어, 서술어로 이어지는 문장이 될 필요는 없겠지요. 전 새로운 표현으로 음악을 담아내려는 그의 시도가 오히려 존경스럽더라고요. 한번 〈목신의 오후 전주곡〉을 들어 보세요. 짧은 곡이지만 드뷔시 음악의 결정체라고 할 수 있어요. 작곡가 블레즈가 현대 음악은 이 곡으로 깨어났다고 한 바로 그 곡이죠.

물음) 잘 들으셨지요? 두 사람의 대화 내용을 통해 알 수 있는 드뷔시 음악의 특징으로 가장 적절한 것은 무엇입니까?

① 단순명료하지만 철학적 깊이가 있는 음악

② 다른 예술 형식들과 소통하는 음악

③ 틀에 얽매이지 않는 자유분방한 음악

④ 감성보다는 이성에 호소하는 음악

⑤ 전통과 현대가 공존하는 음악

03 [대본 3] 44p

이번에는 강연의 일부를 들려 드립니다. 잘 듣고 물음에 답하세요.

모두 주말을 잘 보냈나요? 오늘 시간에는 어느 부족의 말하기 관습에 대하여 이야기해 보도록 하겠습니다. 이 부족에서는 사냥에 나간 젊은이들이 돌아왔을 때, 아주 큰 사냥감을 잡은 젊은이가 마을 사람들에게 이렇게 말하는 관습이 있다고 하네요.

"전 사냥에 영 소질이 없는 모양이에요. 아주 작은 거 하나 잡았어요."라고 말이죠.

이에 대한 마을 사람들의 반응도 재미있는데요. 마을 사람들은 그가 뭔가 큰 걸 잡아 왔다는 것을 알면서도 그를 칭찬하고 치켜세우기보다는

"겨우 그렇게 작은 것을 잡아 왔느냐."라고 그의 말에 맞장구를 친다는군요.

이러한 말하기 관습에서는 사냥에 성공한 젊은이가 다른 사람의 시기를 받거나 부족 사회에 동화되지 못할까 걱정하는 마음, 그리고 사냥을 해 오지 못한 다른 젊은이들이 혹시 실망을 안게 되는 것은 아닐까 생각해 주는 마음을 엿볼 수 있습니다. 결국 이 부족의 말하기 관습은 현대를 살아가는 우리들을 되돌아보게 만들고 있는 것은 아닐까요?

물음) 잘 들으셨지요? 다음 강연자의 마지막 말의 의미로 가장 적절한 것은 무엇입니까?

① 직설적인 표현보다는 우회적인 표현이 보다 효과적이다.

② 공동체의 구성원은 공동체의 규율에 따라야 한다.

③ 말과 행동이 일치해야 타인으로부터 존경을 받을 수 있다.

④ 배려할 줄 아는 태도는 공동체를 원활하게 유지하는 바탕이 된다.

⑤ 나의 행복이 타인에게 불행이 될 수도 있다.

04 [대본 4] 44p

이번에는 교양 프로그램의 일부를 들려 드립니다. 잘 듣고 물음에 답하세요.

여러분! 밤에도 햇빛이 하늘에 비친다면 믿으시겠습니까? 오늘 저는 '대일조(對日照)'라는 천문 현상을 소개하려고 하는데요. 대일조란 밤하늘에 희미한 빛이 타원 모양으로 보이는 현상입니다. 이 빛은 태양이 지나가는 길인 황도를 따라 움직입니다. 잘 이해가 안 되시죠? 다시 설명해 보겠습니다. 여기가 어두운 밤일 때, 지구 반대편 저쪽을 태양이 비추고 있겠죠? 그 햇빛이 지금 우리가 보고 있는 밤하늘에 비치는 게 바로 대일조 현상입니다. 이런 현상이 정말 가능할까요?

대일조 현상의 비밀을 밝혀 준 건 우주 탐사선 파이어니어 10호입니다. 이 우주 탐사선은 태양계의 행성들 사이의 먼지가 대일조의 원인이라는 사실을 밝혀 주었습니다. 이 먼지가 지구 반대편에서 오는 햇빛을 산란하는 거죠. 잠깐, 산란(散亂)이란 빛이 불규칙하게 흩어지는 현상인 건 알고 계시죠? 산란되는 빛 중에서도 빛의 진행 방향과 정반대 방향으로 산란되는 빛이 가장 강하답니다. 바로 이 빛들이 모여 대일조를 만드는 겁니다.

그런데 이 대일조를 언제나 볼 수 있는 건 아닙니다. 여름에는 밝은 별들이 빛나는 장소와 겹치기 때문에 보기 어렵고, 겨울에는 대일조보다 더 밝은 은하수가 빛나고 있기 때문에 관측하기가 쉽지 않거든요. 그래서 대일조는 봄과 가을에 잘 볼 수 있습니다.

아쉽게도 이제 우리나라에서는 대일조를 보기가 쉽지 않습니다. 도시가 밝아졌기 때문입니다. 대기 오염도 영향을 미쳤고요. 그래서 과학자들은 대일조를 보기 위해 몽골의 초원과 같은 곳을 찾아다닌다고 합니다. 은은히 빛나는 자연 그대로의 밤하늘을 서울에서는 잘 볼 수 없다는 게 정말 아쉽기만 하네요.

물음) 잘 들으셨지요? 다음 중 교양 프로그램에 삽입될 수 있는 장면으로 적절하지 않은 것은 무엇입니까?

① 밤하늘에 타원형의 희미한 빛이 보이는 장면
② 태양계에 떠도는 먼지들을 담은 장면
③ 태양빛이 먼지들에 의해 산란하는 장면
④ 파이어니어 10호가 우주를 탐사하는 장면
⑤ 도심 고층빌딩 옥상에서 대일조 현상을 관측하는 장면

05 [대본 5] 44p

이번에는 '복지국가란 무엇인가?' 라는 주제의 강연의 일부를 들려 드립니다. 잘 듣고 물음에 답하세요.

복지국가는 모든 사람들이 동일한 소득을 보장받는 절대적 평등을 주장하는 것은 아닙니다. 복지국가가 지향하는 바는 소득의 차이가 계급을 형성할 정도로 커지지 않도록 하는 것입니다. 복지국가는 개인의 소질을 발전시키고 능력을 발휘하는 일에 대해서 어떤 제한도 두지 않습니다. 진정한 복지국가는 오히려 국민들이 타고난 소질을 바탕으로 자아를 실현할 수 있도록 적극적으로 돕는 것입니다. 하지만 타고난 소질과 능력은 개인마다 다르기 때문에 국민들 각자가 성취하는 바에서는 차이가 생기기 마련이며 이에 따라 일정 정도의 소득 격차가 발생하기 마련입니다. 복지국가는 이러한 소득 격차를 부정하지는 않습니다. 그러나 이러한 격차가 현격히 벌어지지 않도록 사회적 강자를 적절히 규제하고 사회적 약자를 배려하는 것이야말로 복지국가가 담당한 임무일 것입니다.

복지국가에서 이러한 경제적 평등만큼 중요한 것이 자유입니다. 자본주의 사회에서 불평등의 궁극적 원인은 자유로운 경쟁이 이루어지지 않는 것이기 때문입니다. 따라서 복지국가에서는 자유로운 경쟁이 이루어질 수 있는 환경을 조성해야 하는데 이때 전제되어야 할 요인이 바로 평등입니다. 평등은 약자들의 기회를 확대해 주고 약자에 대한 강자들의 횡포를 차단하기 때문입니다. 이를 바탕으로 공정한 경쟁이 이루어질 때 복지국가는 자연스럽게 완성될 것입니다.

물음) 잘 들으셨지요? 강연자의 주장에 대한 반론으로 적절하지 않은 것을 고르세요.

① 어느 정도의 소득 격차까지 인정하는 것인지 기준이 모호하지 않은가?

② 개인의 소득을 제한한다면 복지국가가 자유를 중시한다고 볼 수 있을까?

③ 개인의 성취를 제한하는 것은 오히려 공정한 경쟁을 방해하는 것은 아닐까?

④ 개인의 노력에 대한 정당한 대가를 제한해도 생산의 효율성을 높일 수 있을까?

⑤ 개인의 자아 실현을 적극적으로 돕는 것이 국가의 임무라고 할 수 있는가?

06 [대본 6] 45p

이번에는 교실에서의 대화를 들려 드립니다. 잘 듣고 물음에 답하세요.

남 : 발표회 때 사용할 공간을 어떻게 정할지 얘기 좀 하자. 선생님께서는 발표회 때 사용할 수 있는 공간으로 본관 중앙 계단 옆 교실과 별관 꼭대기 층 교실만 남았다고 하셨어. 너희 문예부는 조용한 곳에서 시화전을 하는 것이 좋을 테니, 우리 천체 관측부가 제일 시끄러운 중앙 계단 옆 교실로 가 줄게.

여 : 원래 중앙 계단 쪽은 왕래가 잦아 모든 동아리들이 탐내는 명당 중 하나야. 우리 동아리가 별관 꼭대기로 가야 하는 특별한 이유가 있니? 그 이유가 뭐야? 너 지금 우리 문예부 생각해 주는 척하며 은근슬쩍 명당을 차지하려는거 맞지?

남 : 뭐, 꼭 그렇지 않다고 할 수는 없지만……. 하지만 너희는 시화전을 할 건데, 시를 감상하기에는 조용한 곳이 더 좋잖아.

여 : 별관 꼭대기는 별자리를 소개하려는 너희 동아리에 더 제격이야. 서로 양보 못하겠다고 버티기만 한다면 이야기해 봐도 뾰족한 수가 없겠네. 그럼 이대로 그만두자.

남 : 잠깐 내 말 좀 들어봐. 우리 동아리는 너희만큼 알려지지 않아서 별관 꼭대기 층에 있으면 아무도 안 온단 말이야. 너흰 우리 학교에서 유명한 동아리라 어디에서 발표회를 해도 상관없잖아.

여 : 그렇지도 않아. 다른 건 몰라도 중앙 계단 옆 교실은 무슨 일이 있어도 절대 양보할 수 없어. 그 자리는 우리 동아리 최후의 보루야.

남 : 너희는 내년에 더 좋은 자리에서 하고, 올해는 우리에게 중앙 계단 옆 자리를 양보해 줘.

여 : 내년에는 어떻게 될지 모르잖아. 차라리 너희가 양보 좀 해 줘. 너희가 양보해 준다면 전에 부탁했던 별과 관련된 문학 작품도 찾아주고, 청소도 해 줄게.

남 : 발표회 준비도 도와주고, 청소를 해 주겠다는 것도 좋기는 하지만, 우리한테는 장소가 더 중요해.

07 [대본 7] 45p

이번에는 과학 다큐멘터리의 일부를 들려 드립니다. 잘 듣고 물음에 답하세요.

영화 스파이더맨에서처럼 현실에서도 거미줄에 사람을 매달 수 있다면 믿으시겠습니까? 오늘은 그것을 가능하게 하는 거미줄의 비밀을 살펴보겠습니다.

거미줄에는 여러 종류가 있는데 용도에 따라 강도와 신축성 정도가 다릅니다. 전형적인 거미집을 짓는 실을 예로 들어보겠습니다. 집의 가운데 부분인 바퀴통에서부터 방사형으로 뻗은 '세로실'과 집 전체를 둘러싸는 '테두리실', 테두리실을 나뭇가지에 연결하는 '버팀실'이 있는데요. 이 실들은 집의 뼈대 역할을 하기 때문에 비교적 강한 실이라고 할 수 있습니다. 또 세로실을 연결하며 원형으로 뻗은 '가로실'이 있는데 이 실은 신축성이 매우 강해서 거미집에 걸린 먹이를 묶거나 잡을 수 있죠. 그러나 무엇보다 가장 강한 실은 '견인실'입니다. 실의 끝을 나뭇가지에 고정하고 집을 짓기 위해 이동할 때 거미 자신이 매달리는 생명선과 같죠. 견인실은 철보다 다섯 배나 강하고 나일론보다 두 배나 신축성이 좋습니다.

이처럼 강하면서도 잘 늘어나는 거미줄의 비밀은 바로 분자 구조에 있습니다. 거미줄은 단백질의 일종으로 아미노산 배열이 규칙적인 부분과 불규칙적인 부분이 있습니다. 규칙적인 부분이 서로 결합해서 강도를 높이고 규칙적인 부분과 불규칙적인 부분이 서로 얽혀서 잘 늘어나는 성질을 가지게 되는 것이죠. 우리 머리카락 굵기의 십육 분의 일 정도밖에 안 되는 가는 거미줄이 사람의 무게를 견딜 수 있는 이유가 바로 여기에 있습니다.

08 [대본 8] 45p

이번에는 토론의 일부를 들려 드립니다. 잘 듣고 물음에 답하세요.

사회자 : 생태계가 파괴가 급속도로 진행되면서, 사람이 생태계의 먹이사슬을 조절해야 한다는 의견이 나오고 있습니다. 이에 대한 찬성과 반대 의견을 들어 보겠습니다. 먼저 찬성 측, 말씀해 주시죠.

찬 성 : 저는 사람이 생태계의 먹이사슬을 조절하는 데 찬성하는 입장입니다. 외래종은 우리나라 먹이사슬에 큰 해를 끼치고 있어요. 황소개구리가 뱀을 잡아먹지 않나, 블루길은 토종 물고기를 잡아먹지 않나. 하루 빨리 외래종을 모두 잡아들여야 합니다.

반 대 : 저는 그 주장에 반대합니다. 물론 황소개구리와 블루길은 문제죠. 하지만 애초에 사람이 외래종을 들여온 것 자체가 잘못입니다. 생태학자들의 말에 의하면, 생태계에 사람이 개입하면 더 큰 문제를 일으키는 경우가 많다고 합니다. 그러니까 먹이사슬의 균형은 생태계 스스로 이루도록 놔둬야 합니다.

찬 성 : 그렇다면 멸종 위기 동물을 생각해 보세요. 이를테면 노루나 반달가슴곰 말이죠. 현재 우리나라에서는 이들의 서식지를 보호하거나, 시설에서 이들을 키운 뒤 산에 방사하는 방법으로 번식을 유도하고 있습니다. 우리만이 아니에요. 수많은 나라에서 사람이 직접 나서서 멸종 위기 동물들을 보호합니다. 그래야 생태계가 안정될 수 있으니까요.

반 대 : 글쎄요. 인위적인 번식이 꼭 성공적인 것만은 아니었는데요. 다수의 동물학자들도 한 번 인간의 손을 탄 동물은 너무 쉽게 야성을 잃는다고 하죠. 이처럼 사람이 조절하면 한계가 있는 법입니다.

09 [대본 9] 46p

이번에는 라디오 방송의 일부를 들려 드립니다. 잘 듣고 물음에 답하세요.

오늘은 아프리카의 한 원주민 마을의 독특한 선물 문화에 대해 이야기해보기로 하겠습니다. 우리는 보통 A가 B에게 선물을 하면 B는 다시 A에게 선물을 합니다. 일종의 교환 체계가 성립하는 셈입니다. 이렇게 선물을 교환 관계 속에서 보게 되면 서로에게 부담이 되기까지 합니다.

하지만 지금 소개하려는 이 원주민 마을에서는 A가 B에게 선물을 하면 B는 A가 아닌 C에게 선물을 합니다. 선물을 상호 교환 수단으로 생각하는 게 아니라 자신의 마음을 표현하는 수단으로 생각하기 때문입니다. 선물을 받은 사람은 그 마음을 진심으로 받아들이면 그만이고, 그것으로 선물의 목적은 달성되는 것입니다.

그러나 우리는 이들 원주민과 달리 예로부터 A가 B에게 선물을 하면, 다시 B가 A에게 선물하는 게 예의라고 생각해 왔습니다. 심지어 예의 차원을 넘어 선물의 가치를 돈으로 환산하고 부당한 청탁의 수단으로 악용하는 경우도 있습니다.

산에 있는 비상 대피소에는 혹시나 생길 수 있는 조난자를 위해 먼저 다녀간 등산객이 음식을 남겨 둔다고 합니다. 이때 남겨둔 음식은 누군가를 위한 대가 없는 선물인 셈입니다.

이렇게 보면 진정한 선물이란 ______________________________

10~11 [대본 10] 46p

이번에는 뉴스의 일부를 들려 드립니다. 잘 듣고 물음에 답하세요.

앵커 : 안녕하십니까? 시청자 여러분 SMK 뉴스 특보를 보내드리겠습니다. 어제 제주를 지나 서해안을 따라 이동 중인 태풍 '보라'가 빠른 속도로 북상하면서 피해가 속출하고 있습니다. 올해 들어 벌써 세 번째입니다. 태풍의 현재 위치와 진로는 어떤지, 태풍으로 인한 피해 현황은 어떠한지, 그리고 피해를 최소화하기 위해서 어떻게 해야 하는지 알아보도록 하겠습니다. 먼저 기상청에 나가 있는 오세영 기자와 연결해서 자세한 소식을 들어보도록 하겠습니다. 오세영 기자.

기자(오세영) : 네, 오세영입니다. 태풍 '보라'는 현재 군산 남서쪽 90km 부근 해상을 지나고 있습니다. 호남과, 경남, 충청 해안 지역에는 현재 태풍 경보가 발령 중입니다. 특히 서해상에는 4~5m의 너울성 파도가 일면서 해안 지역에 피해가 우려되고 있습니다. 현재까지 태풍 '보라'는 순간 최대 풍속 35m의 강한 바람과 시간당 40mm 이상의 집중호우를 동반하며 빠르게 북상 중입니다. 현재 속도로 진행할 경우 내일 새벽에는 충남 당진 앞바다를 지나 내일 오전에는 인천항을 거쳐 내륙에 진입한 뒤 북상하면서 급격히 소멸할 것으로 예상됩니다.

앵커 : 강력한 태풍이 북상하면서 곳곳에서 피해가 속출하고 있습니다. 이번에는 현장에 나가 있는 김수진 기자 연결하겠습니다. 김수진 기자.

기자(김수진) : 강력한 태풍 '보라'가 북상하면서 피해가 속출하고 있습니다. 현재까지 광주 지역에는 80mm의 강우가 집중되면서 광주 시내 70%의 지역에 전력공급이 중단되고 일부 저지대에 위치한 가옥들이 침수되는 피해를 입었습니다. 태풍의 직접 영향권에서는 벗어났지만 앞으로 10~20mm 정도의 비가 더 내릴 것으로 보여 피해는 계속 늘어날 전망입니다. 70mm의 강우량을 보인 목포 지역에서는 특히 해안 지역 피해가 컸습니다. 해안에 위치한 상가와 가옥들이 침수되고 해일이 예상되면서 1,000여 명의 주민들이 대피한 상태입니다. 정확한 피해규모는 태풍 피해 신고가 끝난 뒤에나 집계가 될 것 같습니다.

앵커 : 잘 들었습니다. 그럼 이어서 [㉠]

12~13 [대본 11] 47p

이번에는 답사 보고의 일부를 들려 드립니다. 잘 듣고 물음에 답하세요.

저는 지금부터 봉평 지역에 대한 답사 결과를 보고하도록 하겠습니다. 봉평은 강원도 평창군에 위치하고 있는 면소재지로 약 2,500세대, 5,500여 명이 거주하고 있는 곳입니다. 서울에서 가려면 영동고속도로를 따라 강릉 쪽으로 진행하다가 면온IC나 장평IC로 나간 뒤 31번 국도를 거쳐 42번 국도를 따라 평창방향으로 10분 정도 진행하다 보면 봉평면에 도착하게 됩니다.

봉평은 북쪽에 자리한 회령봉과 서쪽에 위치한 흥정산, 태기산, 남쪽의 청태산과 대미산이 병풍처럼 둘러싸고 있습니다. 이 중 태기산은 진한의 마지막 군왕인 태기왕이 신라군에 쫓길 때 산성을 쌓아 신라와 대적했다는 전설이 내려오고 있습니다.

봉평에는 태기산 외에도 많은 유적지가 있는데 먼저 봉평면 평촌리에 위치한 봉산서재는 율곡 선생의 모친 신사임당이 율곡 선생을 잉태한 것을 기리기 위한 사당으로 봄, 가을로 율곡 이이 선생과 화서 이항로 선생을 제향하고 있습니다.

하지만 봉평은 무엇보다 소설가 가산 이효석 선생의 명작인 〈메밀꽃 필 무렵〉의 무대로 널리 알려진 곳입니다. 봉평장에서 대화장으로 이어지는 장돌뱅이 삶의 애환을 서정적인 문체로 형상화한 이 작품은 지금까지도 많은 사람들에게 사랑받고 있습니다. 봉평면 창동 4리에는 이러한 이효석선생의 업적을 기리는 '이효석 기념관' 도 자리하고 있습니다. 이곳에 가면 이효석선생의 문학 세계를 좀 더 깊이 있게 알 수 있습니다. 봉평에서는 이효석 선생을 기리며 매년 '메밀꽃 축제' 가 열리고 있으며 5일마다 서는 봉평장은 지금까지도 유지되고 있습니다.

한편 봉평은 휴양지로도 사랑을 받고 있습니다. 여름이면 시원한 물놀이를 즐길 수 있는 흥정계곡, 겨울에 스키를 즐길 수 있는 스키장, 국내 최대의 허브 농장을 비롯하여 예술작품을 감상할 수 있는 무이 예술관 등에 이르기까지 즐거운 휴가를 즐길 수 있는 곳입니다.

이상으로 봉평 답사 보고를 마치고 질의응답 시간을 갖도록 하겠습니다.

14 [대본 12] 48p

이번에는 '기업의 사회적 책임' 이라는 소재로 TV 대담을 들려드립니다. 잘 듣고 물음에 답하세요.

사회자 : 시청자 여러분 안녕하십니까? 최근 기업의 사회적 책임이 화두가 되고 있습니다. 오늘은 이에 대해서 경제학 박사이신 김한국 교수님을 모시고 대담을 진행하도록 하겠습니다. 김 교수님 안녕하세요?

교 수 : 네. 안녕하십니까?

사회자 : 기업이 사회 문제에 책임의식을 가지고 적극적으로 참여해야 한다는 의견들이 많습니다. 이점에 대해 교수님은 어떤 견해를 가지고 계신지요?

교 수 : 네. 사회가 고도화되면서 그 관계가 복잡해지다보니 기업들과 관련된 문제들이 참 많아졌습니다. 하지만 기업의 궁극적인 목표는 이윤추구입니다. 기업은 자선단체가 아닙니다. 기업이 이윤을 극대화하기 위한 노력을 포기한다면 곧 망하게 되겠죠. 따라서 기업에 과도한 사회적 책임을 묻는 것은 문제가 있다고 봅니다.

사회자 : 기업의 목적에 대해서 얘기하셨는데요. 일각에서는 기업들이 과도하게 이윤만을 쫓는 것을 '기업이기주의' 라고 비판하고 있습니다. 교수님 생각은 어떠십니까?

교 수 : 물론 기업이 이윤만을 추구한다는 것이 어떤 면에서는 이기적으로 보일 수도 있습니다. 하지만 기업은 인간이 아닙니다. 기업은 이윤 추구를 위해 만들어진 조직일 뿐입니다. 그런 기업에 인간적인 윤리를 적용한다는 것은 기업에 대한 오해에서 비롯된 것입니다. 저는 사회문제에 대한 책임과 해결방안은 정부의 몫이라고 봅니다. 오히려 정부가 기업의 이윤추구 활동을 돕고 거기서 획득된 재원으로 사회문제를 해결해야 한다고 생각합니다. 사회문제를 기업에 떠넘기는 것은 정부의 무책임한 처사입니다.

사회자 : 네. 그렇다면 기업의 지나친 이윤추구가 오히려 사회적 문제를 발생시킨다는 의견에 대해서는 어떻게 생각하십니까?

교 수 : 과유불급(過猶不及)이라는 말이 있듯이 지나친 욕망은 기업뿐만 아니라 사회에도 악영향을 미치죠. 그래서 법이 존재하는 것입니다. 기업이 법이 허용한 범위 내에서 정당한 경쟁을 통해 이윤을 획득하였다면 이는 정당한 기업 활동의 결과이므로 비판받을 일은 아니라고 생각합니다. 이런 점에서 정부의 역할은 기업들이 정당한 기업 활동을 통해 이윤을 추구할 수 있도록 여건을 조성해 주는 것입니다.

사회자 : 마지막으로 계속해서 기업의 사회적 책임을 강조하는 논의가 확산된다면 어떤 문제가 발생할 수 있을까요?

교 수 : 좋은 질문입니다. 기업의 정당한 이윤추구가 제한되고 획득된 이윤을 생산에 재투자하지 못한 채 사회활동의 참여만 강요당할 경우 이를 수용한 기업들은 심각한 경영난을 맞이하리라 봅니다. 만약 그렇지 않은 기업들은 해외로 기업을 이전하는 등의 조치를 취할 것입니다. 그렇게 되면 일자리가 감소하고 사회적 재화와 서비스 공급이 중단되면서 오히려 사회 전체의 기반이 흔들릴 수도 있습니다.

사회자 : 네, 말씀 잘 들었습니다. 감사합니다.

15 [대본 13] 49p

할아버지와 손녀가 나누는 대화를 잘 듣고 물음에 답하세요.

손 녀 : 할아버지 집에만 있으려니까 너무 심심해요. 재미있는 이야기 하나 해 주세요.

할아버지 : 어디보자. 무슨 이야기를 해 줄까? 옳지 이게 좋겠구나. 잘 들어보렴.

손 녀 : 네.

할아버지 : 옛날 어느 바닷가에 아주 효성이 지극한 아들과 아버지가 살고 있었단다. 그런데 어느 날 아버지는 아주 고약한 병에 걸려 그만 몸져눕고 말았지. 아들은 아버지를 살리기 위해 백방으로 수소문해 용하다는 의원을 찾아다녔지만 다 헛수고였어. 그러던 어느 날 아들은 큰 거북이를 잡아 약을 하면 아버지의 병이 좋아질 것이라는 이야기를 듣고 그길로 바닷가에 나가 고생 끝에 결국 거북이를 잡았단다. 근데 이 거북이가 얼마나 무거웠던지 아들은 뽕나무 아래서 잠시 쉬어가기로 했지. 그리고는 곧 잠이 들었어.

손 녀 : 그래서요? 어떻게 됐는데요? 궁금해요.

할아버지 : (웃음)녀석도. 아들이 그렇게 잠이 든 사이에 거북이는 뽕나무에게 자랑하듯 말했단다. "나를 아무리 솥에 넣고 끓여도 절대 죽일 수는 없지. 나처럼 영험한 거북이는 그렇게 쉽게 죽지 않는다고." 그러자 뽕나무가 이를 보고 심기가 불편해졌는지 이렇게 대꾸했지. "야. 거북이 너 잘난 척 하지마라. 네가 아무리 영험해도 나 뽕나무를 태워 끓이면 너도 별수 없을 테니 말이야." 거북이는 웃으며 말했단다. "(웃음)그런 말도 안 되는 소리를 함부로 하다니.(웃음)" 뽕나무도 화가 나서 언성이 높아졌어. "나중에 내 장작에 죽을 때 후회하지나 마라."

손 녀 : 거북이랑 뽕나무가 서로 자랑을 한 것이로군요?

할아버지 : 그렇지. 영희가 아주 똑똑하구나.

손 녀 : 아들은 어떻게 됐어요?

할아버지 : 아들은 잠에서 깬 다음 거북이를 가지고 집으로 왔지. 그런데 거북이를 삼 일 동안 끓여도 죽지 않는 거야. 아버지의 병세는 하루가 다르게 악화되는데 거북이가 죽지 않으니 아들은 점점 초조해졌단다. 그렇게 눈물만 흘리며 고민하던 아들은 문득 잠결에 들었던 거북이와 뽕나무의 이야기가 생각났어. 아들은 지푸라기라도 잡는 심정으로 다시 가서 그 뽕나무를 베어다가 거북이를 끓이기 시작했단다. 근데 정말로 뽕나무를 잘라 장작을 만들고 불을 피우니까 어느새 거북이가 죽고 말았단다. 아들은 뛸 듯이 기뻐했고 거북이를 먹은 아버지는 병이 나을 수 있었단다.

손 녀 : 결국 거북이랑 뽕나무는 말을 함부로 내뱉었다가 둘 다 죽게 되었네요.

할아버지 : 그런 셈이지. 근데 이야기는 재미 있었니?

손 녀 : 네, 할아버지. 재미있었어요. 덕분에 말조심을 해야겠다는 교훈도 얻었어요. 고맙습니다.

할아버지 : 오냐. 기특하구나.

참고 : 한글 · 한국어 관련 사이트

1. 한글 · 한국어 정보

국립국어원 www.korean.go.kr

누리 세종 학당 www.sejonghakdang.org

디지털 한글 박물관 www.hangeulmuseum.org

표준국어대사전 stdweb2.korean.go.kr

한국어진흥재단 www.klacusa.org

2. 한국어 교육

가톨릭대학교 한국어교육센터 klec.cuk.ac.kr

건국대학교 언어교육원 kfli.konkuk.ac.kr

고려대학교 한국어문화센터 klcc.korea.ac.kr

배재대학교 한국어교육원 koreanclass.pcu.ac.kr

부산대학교 국제언어교육원 pnuls.pusan.ac.kr

상명대학교 한국언어문화교육원 cklc.smu.ac.kr

서울대학교 언어교육원 language.snu.ac.kr

연세대학교 언어연구교육원 ilre.yonsei.ac.kr

이화여자대학교 언어교육원 ile.ewha.ac.kr

한국방송통신대학교 국제교육센터 cie.icu.ac.kr

한국언어문화연구원 www.kolang.or.kr

한국외국어대학교 한국어문화교육원 www.hufs.ac.kr/hufskorean

KBS 한국어진흥원 www.kbsas.com

3. 학회 · 연구기관

국어국문학회 www.korlanlit.or.kr

국어학회 www.skl.or.kr

국제한국어교육학회 www.iakle.com

한국방언학회 www.sokodia.or.kr

한국사전학회 korealex.org/sobis/korealex.jsp

한국어의미학회 www.semantics.or.kr

한국어학회 www.koling.org

한글학회 www.hangeul.or.kr

한국어교육학회 www.koredu.org

Test
of
Korean
Language

토클 ToKL 3주

둘째 마당

읽기

둘째 마당 읽기

'국어능력인증시험'은 우리가 일상생활에서 접하는 풍부한 언어 자료, 즉 문학, 신문, 잡지는 물론 새로운 대중 매체에 등장하는 언어 자료를 평가 자료로 한다. 이를 통하여 수험자들의 폭넓고 깊은 독서를 권장하고, 시험의 여러 과정에서 이와 같은 독서 체험의 결과가 반영되도록 장치를 고안함으로써 그 성과를 측정하고자 한다.
읽기 영역에서 요구하는 능력은 글의 제시된 정보를 확인하는 사실적 읽기 능력부터 명시된 정보들을 바탕으로 명시되지 않은 정보를 추리하는 추론적 읽기 능력, 제시된 자료들 간의 관계를 분석하거나 감상 및 비판의 타당성을 검토하는 비판적 읽기 능력, 제시된 자료에 대한 반응의 적절성을 평가하는 창의적 읽기 능력이 있다.

하나 사실적 이해

사실적 이해란 제시된 자료에 명시된 정보들을 파악하는 것을 뜻한다. 이를 평가하기 위해 세부적인 정보나 핵심 정보의 일치 여부, 글의 전개방식, 논증방식의 파악 및 문단의 구조를 파악하는 문항들이 출제된다. 이러한 문항을 해결하기 위해서는 단순히 정보를 확인하는 능력뿐만 아니라 핵심적인 정보와 부차적인 정보를 판단하는 능력과 글의 전체적인 흐름을 파악하는 능력 그리고 문장 및 문단들 간의 관계를 파악하는 능력이 함께 요구된다.

더 알고가기

사실적 이해

- **핵심어에 주목하라.**
  사실적 이해를 요구하는 읽기의 핵심은 주어진 정보를 정확히 파악하는 것이다. 그러나 이는 글에 제시된 모든 정보에 대한 파악을 요구하는 것은 아니다. 다른 정보들에 비해 핵심 정보 즉, 글의 중심 내용과 직결된 정보들을 확인하는 능력이 무엇보다 중요하다. 이를 위해서는 '핵심어'에 주목해야 한다. 핵심어는 중심 화제를 의미하며, 중심 화제는 결국 주된 설명 대상이나 주된 논지에 해당하므로 핵심어와 연관된 정보들이 글의 주요 정보일 가능성이 매우 높다.
- **글의 중심 내용과 세부 내용을 구별하라.**
  글에는 중심 내용이 있는가 하면 세부 내용 즉 부차적인 내용이 공존한다. 이 가운데 사실적 이해에서 중요한 것은 주로 중심 내용이다. 부차적인 정보보다 중심 내용이 훨씬 문항이 될 가능성이 높기 때문이다. 따라서 제시된 글의 독해 역시 중심 내용 위주로 독해해 나가는 것이 효과적이다.

1 정보의 파악

사실적 이해를 요구하는 읽기 영역에서는 주로 제시된 자료에 명시된 정보들을 정확하고 빠르게 파악하는 능력이 중요하다. 다시 말하면 요구하는 정보를 제시된 자료에서 확인하는 능력과 함께 주요 정보와 부차적 정보를 판단하여 핵심적인 정보를 파악하는 능력이 필요한 것이다.

(1) 세부 정보의 파악

자료에 명시된 세부 정보를 파악하는 것은 모든 읽기의 기초이다. 세부 정보를 파악하는 유형의 문제는 글에 제시된 정보들과 선지에 제시된 정보들 간의 일치 여부를 확인하는 것이 관건이다. 일반적으로 명시된 정보를 확인하는 수준의 문항이기 때문에 심층적인 이해보다는 요구하는 정보를 정확하고 신속하게 확인하는 능력이 요구된다.

① **제목 확인** : 제목은 대개 그 글의 중심 내용이나 핵심어와 관련지어 정하므로, 글을 이해하는 데 중요한 역할을 한다.

㉠ **시 · 시조** : 주로 제재를 제목으로 삼는다.

㉡ **소설, 희곡** : 제재나 주제, 혹은 이를 표현한 이미지나 상징을 제목으로 삼는다.

㉢ **설명문, 논설문** : 중심 과제 또는 중심 사상을 제목으로 삼는다.

② **주요 내용 확인** : 글의 중심 내용을 파악하기 위하여 다음과 같은 질문을 해 본다

㉠ **화제, 제재 파악** : 필자가 무엇에 대해서 이야기하고 있는가?

㉡ **요지, 주제 파악** : 그것에 대해서 무엇이라고 말하고 있는가?

㉢ **제목 파악** : 그 같은 논지나 요지의 글은 어떻게 요약적으로 제시하는 것이 적당한가?

㉣ **핵심 어구 파악** : 무엇이 그 글의 핵심인가?

③ **지시어나 접속어 확인** : 지시어나 접속어에 유의하여 글을 읽으면 내용의 연속성을 쉽게 확인할 수 있다.

㉠ **지시어** : 지시어는 대개 앞에 나온 내용을 가리키는데, 같은 어구의 반복을 피하여 문장을 간결하게 한다.

㉡ **접속어** : 접속어는 단어와 단어, 문장과 문장, 문단과 문단 등을 서로 문맥이 통하도록 이어 주는 구실을 한다.

④ **중심 내용과 세부 내용 확인**

㉠ **중심 내용** : 뜻이 넓고, 중심되는 생각이다. 추상적이며, 일반적이고, 개념적인 표현으로 되어 있다.

㉡ **세부 내용** : 뜻이 좁고, 중심 내용을 자세히 설명한다. 개별적이고 구체적인 표현으로 구체적인 예를 들어 중심 내용을 알기 쉽게 하는 구실을 한다.

⑤ **내용 전개 확인** : 글의 내용이 비교와 대조, 분류와 구분, 분석과 의견, 주장과 근거 중 어떤 방법에 의해 전개되고 있는지 파악한다.

⑥ **사실과 의견 구분** : 단순한 정보의 확인에 그치지 말고, 주어진 정보에 대한 객관적인 판단 과정이 필요하다.

㉠ **사실** : 있는 그대로 표현한 것, 주어진 정보에 대한 판단 과정이 필요하다.

㉡ **의견** : 사실에 대한 생각이나 느낌을 표현한 것으로 글에서 주관적인 부분이다.

출제 유형

㉠ 세부 정보의 확인 : 답지의 내용이 지문에 있는지 없는지 따지는 유형.
- 위 글과 일치하는 것은? (또는 일치하지 않는 것은)
- 위 글에서 다룬 내용은? (또는 다룬 내용이 아닌 것은)

㉡ 세부 정보의 이해 : 지문에 제시된 구절 또는 문장을 지정하여 지문 안에서 어떤 의미를 가지고 있는가를 묻는 유형.
- 위 글에 대한 이해로 적절한 것은? (또는 적절하지 않은 것은)
- 사람의 청각 체계에 대한 설명으로 옳은 것은? (또는 옳지 않은 것은)

신문사설이나 광고, 안내문, 논설문, 설명문, 문학작품에 이르기까지 다양한 형태의 자료가 제시되므로 각 자료들이 갖는 특성에 대한 이해를 바탕으로 주어진 문제를 해결하는 능력이 필요하다.

더 알고가기

읽기 자료의 분류

- **실용** : 공문서, 법조문, 계약서, 안내문, 보고서, 설명서, 광고문 등.
- **학술** : 인문, 사회, 예술, 과학기술 분야 논문 또는 학술지.
- **시사교양** : 정치, 경제, 사회, 문화 관련 텍스트.
- **문학** : 시, 소설, 수필, 희곡.

>>> 짚어보기 **정보 간의 관계**

- **대등 · 유사 관계** : 서로 같거나 비슷한 의미를 담고 있는 관계.
- **대립 관계** : 속성, 의미, 입장 등이 서로 상반되는 관계.
- **상하 관계** : 어느 한 개념이나 대상이 다른 것을 포함하는 관계.
- **인과 관계** : 하나의 정보가 다른 정보의 원인이나 결과가 되는 관계.
- **유추적 관계** : 범주가 서로 다름에도 불구하고 비슷한 점이 있어 빗대어진 관계.
- **수단 · 목적 관계** : 어떤 행동이나 대상이 특정한 목적과 도구의 의미를 갖는 관계.

더하기 예제

다음 글의 내용과 일치하지 않는 것은?

지도는 지표(地表) 공간에 관한 인간의 의사소통 수단으로 매우 유용하기 때문에 일찍부터 활용되어 왔다. 아마도 먼 옛날에는 흙이나 모래 또는 돌 위에 간단하게 공간 정보를 나타내어 이용하였을 것이다. 우리나라의 경우 약 3천 년 전의 선사인(先史人)이 남긴 암각화에 공간 정보가 그려져 있는 것이 확인되었고, 고구려 벽화에서는 요동성시(遼東城市) 그림이 발견되었다. 삼국 시대와 고려 시대에 군사용 혹은 행정용 지도가 제작되었다는 사실도 다양한 문헌 자료에 의하여 밝혀졌으나 지금은 전하지 않는다. 이후 제작 기술이 발달하고 그 쓰임이 다양해짐에 따라, 지도는 많은 변천을 거치며 오늘날에 이르렀다.

우리나라에 현존하는 지도는 조선 시대 이후에 제작된 것이다. 조선 초기에는 조선 건국의 에너지가 각종 지도로 표현되었다. 한 예로, 1402년에 제작된 '혼일강리역대국도지도(混一疆理歷代國都之圖)'는 중국, 일본에서 유럽과 아프리카까지 당시의 세계를 종합적으로 나타낸 지도였다. 이 지도는 실제로 측량을 해서 만든 것이 아니라 당대의 기존 지도를 조합하여 제작한 것으로, 신흥 국가 조선을 세계 속에서 확인하고 싶어 했던 당시 사람들의 소망을 담고 있다. 조선 후기에는 목판 인쇄술의 발달로 목판본 지도가 많이 제작되었는데, 지도의 크기가 대형화되었으며 지도에 표시되는 정보도 상세하고 풍부해졌다. 그런데 조선 시대에 제작된 지도들의 대부분은 관(官) 중심으로 만들어져 통치와 행정의 수단으로 주로 활용되었다.

개항 이후에는 서양의 인쇄 기술과 지도 제작 기술이 도입되었고, 일제 강점기에는 주로 일본인에 의해 서양의 정밀한 지도 제작 기술이 도입되었다. 이들은 한반도 수탈을 위해 지도를 제작하였으며, 그런 점에서 지도는 여전히 통치와 행정의 도구 역할을 했다. 광복 이후가 되어서야 비로소 지도는 대중에게 보급될 수 있었다.

근래 컴퓨터의 이용이 보편화되고 컴퓨터 용량이 대형화됨에 따라 컴퓨터 지도가 발달하였다. 컴퓨터 지도는 수치 지도(디지털 지도)라는 점에서 기존의 종이 지도와는 크게 다르다. 수치 지도는 기존의 지도에서 사용되던 기호 체계를 사용하되, 각종 지리 정보들을 표준 코드로 분류하여 저장한 지도이다. 수치 지도는 토지 이용도, 지적도, 지하 시설물 위치도, 도로 지도, 기상도, 식생도와 같은 주제도(主題圖)에 널리 활용되고 있는데, 이와 같이 수치 지도를 활용하는 체계를 '지리 정보 체계[GIS]'라고 부른다.

① 조선 시대 이전에 제작된 지도는 현재 전하지 않는다.
② 조선 전기의 지도는 주로 목판으로 제작된 지도였다.
③ 조선 시대의 지도는 주로 통치와 행정의 수단으로 사용되었다.
④ 우리나라에서 지도가 대중화된 것은 광복 이후이다.
⑤ 오늘날 컴퓨터 지도는 지리정보를 수치화하여 저장한 지도이다.

해설

제시문에 따르면 목판 인쇄술의 발달로 목판본 지도가 많이 제작되고 지도의 크기가 대형화된 것은 조선 후기의 일이다.

① 둘째 문단에서 우리나라에 현존하는 지도는 조선 시대 이후에 제작된 것이라고 하였으므로 글의 내용과 일치한다.

③ 둘째 문단에서 조선 시대의 지도는 관(官)을 중심으로 한 통치와 행정의 수단으로 활용되었다고 하였으므로 글의 내용과 일치한다.

④ 셋째 문단에서 지도는 광복 이후가 되어서야 대중에게 보급되었다고 하였으므로 역시 일치하는 내용이다.

⑤ 넷째 문단의 컴퓨터 지도에 대한 설명에서 확인할 수 있다.

정답 ❷

(2) 핵심 정보의 파악

핵심 정보를 파악하며 읽기에서는 단락의 중심 내용이나 글의 중심 내용을 묻는 문항 또는 주제를 파악하는 문항이 출제된다. 설명하는 글의 경우 설명 대상이 핵심 정보가 되며 이에 대한 핵심 개념이나 특성이 중심 내용이 된다. 반면 주장하는 글의 경우 화제에 대한 필자의 견해나 태도가 핵심 내용이 된다. 이와 같이 핵심 정보를 찾는 문항의 경우 새로운 내용을 생성해야 하는 문항이 아니므로 제시된 정보에 충실해야 한다. 핵심 정보를 정확히 파악하기 위해서는 우선 핵심적인 정보와 부차적인 정보들을 구별해야 하며 핵심적인 정보들을 중심으로 내용을 정리하고 일반화하여 핵심 정보에 접근해 가는 것이 필요하다.

① 제재(題材)

㉠ 화제, 글감, 글의 대상이다.

㉡ 필자가 다루고자 하는 중심 정보에 해당한다.

② 관점(觀點)

㉠ 필자의 대상에 대한 태도, 입장이다.

㉡ 필자(등장인물, 화자)의 인생관, 가치관 등을 이룬다.

③ 의도(意圖) : 필자가 글을 쓰게 된 동기, 목적을 말한다.

출제 유형

- 윗글의 제목으로 가장 적절한 것은?
- 윗글의 요지로 가장 적절한 것은?
- 윗글의 중심 내용을 바르게 이해한 것은?
- 윗글의 중심 화제는?
- 각 단락의 중심 내용을 요약한 것으로 적절하지 않은 것은?

>>> 짚어보기 **핵심 정보 파악 시 유의사항**

- 핵심 화제가 무엇인지 고려하라.

  핵심 정보는 대부분 핵심 화제를 포함하기 마련이다. 따라서 핵심 화제가 무엇인지 판단하고 이를 포함한 문장들을 눈여겨보는 것이 핵심 정보 파악에 도움이 된다.

- 일반적 정보와 구체적 정보를 구별하라.

  일반적인 정보는 구체적인 정보에 비해 글의 핵심이 될 가능성이 높다. 일반적인 정보는 다양한 사례를 종합하여 도출된 결론이거나 논지를 이끌어가기 위한 기본 전제에 해당할 가능성이 높기 때문이다. 따라서 일반적인 정보를 중심으로 요약해 가다 보면 글의 핵심을 보다 효과적으로 파악할 수 있다.

- 접속어에 유의하라.

  접속어는 문단이나 문장의 성격을 어느 정도 암시해 주는 역할을 한다. 따라서 접속어를 파악하면 문장이나 문단의 성격을 파악하기 쉽고, 이를 바탕으로 주요 내용과 부차적인 내용을 구분하면 더욱 효과적으로 중심 내용에 접근할 수 있다.

더하기 예제

다음 글을 신문에 게재할 때 제목으로 가장 적절한 것은?

인간은 성장 과정에서 자기 문화에 익숙해지기 때문에 어떤 제도나 관념을 아주 오래 전부터 지속되어 온 것으로 여긴다. 나아가 그것을 전통이라는 이름 아래 자기 문화의 본질적인 특성으로 믿기도 한다. 그러나 이런 생각은 전통의 시대적 배경 및 사회 문화적 의미를 제대로 파악하지 못하게 하는 결과를 초래한다. 여기에서 과거의 문화를 오늘날과는 또 다른 문화로 보아야 할 필요성이 생긴다.

에릭 홉스봄(Eric Hobsbawm)과 테렌스 레인저(Terence Ranger)는 오래된 것이라고 믿고 있는 전통의 대부분이 그리 멀지 않은 과거에 '발명' 되었다고 주장한다. 예컨대 스코틀랜드 사람들은 킬트(kilt)를 입고 전통 의식을 치르며, 이를 대표적인 전통문화라고 믿는다. 그러나 킬트는 1707년에 스코틀랜드가 잉글랜드에 합병된 후, 이곳에 온 한 잉글랜드 사업가에 의해 불편한 기존의 의상을 대신하여 작업복으로 만들어진 것이다. 이후 킬트는 하층민을 중심으로 유행하였지만, 1745년의 반란 전까지만 해도 전통 의상으로 여겨지지 않았다. 반란 후, 영국 정부는 킬트를 입지 못하도록 했다. 그런데 일부가 몰래 집에서 킬트를 입기 시작했고, 킬트는 점차 전통 의상으로 여겨지게 되었다. 킬트의 독특한 체크무늬가 각 씨족의 상징으로 자리 잡은 것은 1822년에 영국 왕이 방문했을 때 성대한 환영 행사를 마련하면서 각 씨족장들에게 다른 무늬의 킬트를 입도록 종용하면서부터이다. 이때 채택된 독특한 체크무늬가 각 씨족을 대표하는 의상으로 자리를 잡게 되었다.

킬트의 사례는 전통이 특정 시기에 정치 · 사회적 목적을 달성하기 위해 만들어지기도 한다는 것을 보여준다. 특히 근대 국가의 출현 이후 국가에 의한 '전통의 발명'은 체제를 확립 하는데 큰 역할을 담당하기도 하였다. 이 과정에서 전통은 그 전통이 생성되었던 시기를 넘어 아주 오래 전부터 지속되어 온 것이라는 신화가 형성되었다. 그러나 전통은 특정한 시공간에 위치하는 사람들에 의해 생성되어 공유되는 것으로, 정치 · 사회 · 경제 등과 밀접한 관련을 맺으면서 시대마다 다양한 의미를 지니게 된다. 그러므로 전통을 특정한 사회 문화적 맥락으로부터 분리하여 신화화(神話化)하면 당시의 사회 문화를 총체적으로 이해할 수 없게 된다.

낯선 타(他) 문화를 통해 자기 문화를 좀 더 객관적으로 바라볼 수 있듯이, 과거의 문화를 또 다른 낯선 문화로 봄으로써 전통의 실체를 올바로 인식할 수 있게 된다. 이러한 관점은 신화화된 전통의 실체를 폭로하려는 데에 궁극적 목적이 있는 것이 아니다. 오히려 과거의 문화를 타 문화로 인식함으로써 신화 속에 묻혀 버린 당시의 사람들을 문화와 역사의 주체로 복원하여, 그들의 입장에서 전통의 사회 문화적 맥락과 의미를 새롭게 조명하려는 것이다. 더 나아가 이러한 관점을 통해 우리는 현대 사회에서 전통이 지니는 현재적 의미를 제대로 이해할 수 있을 것이다.

① 신화화되는 전통
② 전통, 또 다른 낯선 문화
③ 킬트에 숨겨진 정치적 의도
④ 전통에 대한 맹신의 함정
⑤ 전통의 발생 과정

해설

제시된 글은 오래된 전통이라고 믿고 있지만 실제로는 그리 오래 되지 않은 킬트(Kilt)의 사례를 통해 전통을 특정한 사회적, 문화적 맥락과의 관계 속에서 객관적으로 보아야 할 필요성이 있음을 주장하고 있다. 즉 전통을 낯선 타문화로 간주하고 보다 객관적인 태도로 바라보아야 전통의 의미를 제대로 이해할 수 있다는 것이다. 따라서 제시된 글의 핵심은 전통을 낯선 문화로(객관적으로) 보아야 그 의미를 제대로 이해할 수 있다는 것이다. 이러한 글의 요지를 함축하고 있는 것은 ②이다.
①, ③, ④, ⑤ 모두 글에 제시되어 있지만 글의 핵심 내용이 아니라 핵심 내용을 서술하는 과정에서 언급된 부차적인 정보들이다.

정답 ❷

2 구조의 파악

(1) 논지 전개 방식의 파악

논지 전개 방식이란 말하고자 하는 바를 효과적으로 전달하기 위해 사용하는 글쓰기 전략으로 대표적인 논지 전개 방식은 다음과 같다.

① **정의** : 어떤 대상이나 용어의 법칙, 개념들을 규정짓거나 진술하는 방식이다.

예 희곡이란, 등장인물들의 행동이나 대화를 기본 수단으로 하여 표현하는 예술 작품이다.

② **예시** : 세부적인 사례를 제시하여 일반적인 원리나 법칙 등을 구체화하는 전개 방식이다.

예 우리의 역사 속에는 지조 있는 선비들이 많다. 정몽주, 성삼문 등이 그런 인물이다.

③ **비교** : 대상들 간의 유사점이나 공통점을 들어 전개하는 방식이다.

예 영화는 스크린이라는 일정한 공간 위에 시간적으로 형상화되는 예술이며, 연극 또한 무대라는 제한된 공간 위에 시간적으로 형상화되는 예술이다.

④ **대조** : 대상들 간의 차이점을 들어 전개하는 방식이다.

예 김홍도의 그림이 평민들의 삶을 담았고 힘이 있다면, 신윤복의 그림은 주로 귀족과 여성의 삶을 화폭에 담았고 부드러운 느낌을 준다.

⑤ **구분** : 상위 항목을 하위 항목으로 나누어 가면서 전개하는 방식이다.

예 문학의 장르에는 시, 소설, 수필 등이 있다. 시에는 서정시, 서사시, 극시가 있으며, 자유시, 정형시로 나누기도 한다.

⑥ **분류** : 하위 항목, 상위 항목으로 묶어 가면서 전개하는 방식이다.

예 시계는 동력을 공급하는 방식에 따라 전자시계와 태엽 시계로 나뉘고, 쓰임에 따라 손목시계, 탁장시계, 벽시계 따위로 나뉜다.

⑦ **유추** : 유사성이 있는 개념 또는 대상과의 대비를 통해 전개하는 방식이다.

예 독서는 진행 과정이 등산과 비슷하다. 등산에 정상을 오르는 즐거움이 있듯이 독서에도 끝까지 읽는 즐거움이 있다.

⑧ **과정** : 어떤 결과를 이끌어 내게 된 절차나 과정을 단계별로 하나하나 서술하는 방식이다.

예 먼저, 생강을 저며 놓고 그것을 물에 넣어 매운 맛이 우러나도록 끓인 다음, 체에 밭쳐 건더기는 걸러 낸다. 이 생강물에 설탕을 넣고 끓인 다음 식힌다. 만들어진 생강 설탕물에 준비한 곶감과 통계피를 넣는다. 곶감이 말랑말랑해지면 화채 그릇에 곶감을 두 세 개 담고 국물을 가만히 붓는다.

출제 유형

- 윗글의 논지 전개 방식으로 가장 적절한 것은?
- 다음 글에서 중심이 되는 서술 방식은?
- 다음 글에서 사용된 서술 기법이 아닌 것은?
- 다음 글의 논지를 전개하는 과정에서 가장 주요하게 사용된 서술 방식은?

서술의 대상이 되는 정보들을 설명하는 방식이나 논지를 전개하는 방식을 파악하는 문항들이 출제된다. 따라서 설명 방식에 대한 이해나 일반적인 논지 전개 방식에 대한 이해를 바탕으로 문항에 접근해야 한다. 특정 정보를 파악하는 것이 아니라 전체적인 서술의 양상과 관련된 문항이므로 제시된 글을 부분적으로 이해하는 것보다는 글의 전체적인 흐름을 파악하는 것이 보다 효과적이다.

>>> 짚어보기 **글의 전개 방식**

㉠ **정태적 범주** : 시간의 흐름을 고려하지 않는 방식. 예 분석, 묘사, 분류, 예시, 정의, 비교와 대조, 유추 등
㉡ **동태적 범주** : 시간의 흐름을 고려한 방식. 예 서사, 과정, 인과 등

- **과정** : 어떤 행위나 결과를 가져오게 하는 단계나 절차에 초점을 두고 전개하는 방법.
- **인과** : 원인과 결과의 관계에 따라 글을 전개해 나가는 방법.
- **서사** : 일정한 시간 안에 일어난 일을 시간 순서대로 전개해 나가는 방법.

더하기 예제

다음 글의 논지 전개 방식으로 가장 적절한 것은?

내 주변에는 나처럼 생기고 나와 비슷하게 행동하는 수많은 사람들이 있다. 나는 그들과 경험을 공유하며 살아간다. 그렇다면 그들도 나와 같은 느낌을 가지고 있을까? 가령, 나는 손가락을 베이면 아프다는 것을 다른 무엇으로부터도 추리하지 않고 직접 느낀다. 하지만 다른 사람의 경우에는 "아야!"라는 말과 움츠리는 행동을 통해 그가 아픔을 느꼈으리라고 추측할 수밖에 없다. 이때 그가 느낀 아픔은 내가 느낀 아픔과 같은 것일까?

물론 이 물음은 다른 사람이 실제로는 아프지 않은데 거짓으로 아픈 척했다거나, 그가 아픔을 느꼈을 것이라는 나의 추측이 잘못되었다는 것과는 관계가 없다. "아프냐? 나도 아프다."라는 말에서처럼, 나는 다른 사람이 아픔을 느낀다는 것을 그의 말이나 행동으로 알고, 그 아픔을 함께 나눌 수도 있다. 하지만 그의 아픔이 정말로 나의 아픔과 같은 것인지 묻는 것은 다른 문제다.

이 문제에 대한 고전적인 해결책은 유추의 방법을 사용하는 것이다. 나는 손가락을 베였을 때 느끼는 아픔을 "아야!"라는 말이나 움츠리는 행동을 통해 나타낸다. 그래서 다른 사람도 그러하리라 전제하고는, 다른 사람이 나와 같은 말이나 행동을 하면 '저 친구도 나와 같은 아픔을 느꼈겠군.' 하고 추론한다. 말이나 행동의 동일성이 느낌의 동일성을 보장한다는 것이다. 그러나 이 논증의 결정적인 단점은 내가 아는 단 하나의 사례, 곧 나의 경험에만 의지하여 다른 사람도 나와 같은 아픔을 느낀다고 판단한다는 것이다.

이런 문제는 우리가 다른 사람의 느낌을 직접 관찰할 수 없기 때문에 생긴다. 만일 다른 사람의 느낌 자체를 관찰할 방법이 있다면 이 문제는 해결될 수 있을 것이다. 기술이 놀랍게 발달하여 두뇌 속 뉴런의 발화(發火)를 통해 인간의 모든 심리 변화를 관찰할 수 있다고 치자. 그러면 제삼자가 나와 다른 사람의 뉴런 발화를 비교하여 그것이 같은지 다른지 판단할 수 있다. 그러나 이때에도 나는 특정한 뉴런 발화가 나의 '이런' 느낌과 관련된다는 것은 분명히 알 수 있지만, 그 관련이 다른 사람의 경우에도 똑같이 적용되는가 하는 것까지는 알 수 없다.

일부 철학자와 심리학자는 아예 '느낌'을 '관찰할 수 있는 모습과 행동 바로 그것'이라고 정의하는 방식으로 해결책을 찾기도 한다. 그러나 이것은 분명히 행동 너머에 있는 것처럼 생각되는 느낌을 행동과 같다고 정의해 버렸다는 점에서 문제의 해결이라기보다는 단순한 해소인 것처럼 보인다. 그보다는 다양한 가설을 설정하고 그들 간의 경쟁을 통해 최선의 해결책으로 범위를 좁혀 가는 방법이 합리적일 것이다.

① 문제를 해결하기 위해 고려해야 할 요소들을 하나씩 점검하고 이를 종합하고 있다.
② 문제 상황에 대한 다양한 견해와 한계를 소개한 뒤 바람직한 해결 방향을 제시하고 있다.
③ 일상에서 익숙한 구체적인 사례들을 종합하여 일반적인 결론을 이끌어 내고 있다.
④ 중심 화제에 대한 통념을 비판하고 새로운 차원의 접근의 필요성을 역설하고 있다.
⑤ 문제가 발생하게 된 원인을 분석하고 이를 바탕으로 해결방안을 모색하고 있다.

해설
제시된 글은 자신과 타인이 느끼는 느낌의 동일성에 대한 문제를 제기하고, 이에 대한 기존의 다양한 해결 방안과 그것들의 한계를 지적한 뒤 다양한 가설들의 경쟁을 통해 해결책의 범위를 좁혀 나가는 것이 바람직하다는 필자의 견해를 제시하고 있다. 따라서 이러한 논지 전개 방식에 가장 부합하는 것은 ②이다.

정답 ❷

(2) 단락 구조의 파악

① 단락의 구조 : 단락은 원칙적으로 하나의 중심 단락과 중심 단락을 상술하거나 중심 문장의 논거를 제시하는 복수의 뒷받침 단락으로 구성된다.

② 단락의 종류

㉠ 도입 단락 : 글의 맨 앞에 놓이며 글을 쓰게 된 동기와 독자의 관심 유도, 주제의 방향 등이 제시된다.
㉡ 전제 단락 : 본격적으로 주제를 논하기 전에 배치되며, 논리적인 밑바탕이 된다.
㉢ 연결 단락 : 내용의 차이가 있는 단락을 이어 주는 역할을 한다.
㉣ 전개 단락 : 글 전체의 주제를 구체적으로 전개시켜 나간다.
㉤ 주제 단락 : 글 전체의 주제와 핵심 내용이 담겨 있는 단락이다.
㉥ 부연 단락 : 앞에서 언급한 중심 내용을 보충해서 풀어 준다.
㉦ 강조 단락 : 앞의 내용과 별다른 차이 없이 반복해서 강조하며, 보통 주제와 관련 있다.
㉧ 정리 단락 : 주제에 대한 일반적인 언급, 본론에서 강조한 필자의 주장이나 견해 등의 요점을 제시한다.

출제 유형

• (가)~(라)의 문단을 순서대로 바르게 배열한 것은?

하나의 글은 각 단락들의 유기적인 관계를 바탕으로 구성되는데 이러한 단락들의 관계를 파악하는 문항들이 시험에 단골로 출제된다. 이 유형의 문항을 해결하기 위해서는 우선 각 단락들의 중심 내용을 파악하고 이를 바탕으로 이들이 어떤 위계를 보이고 있는지 파악해야 한다. 따라서 단락들의 위계에 따른 문단의 배열 방식이나 구성 방식에 중점을 두고 읽는 것이 효과적이다.

이와 함께 접속어에 유의하면서 읽는 것도 도움이 될 수 있다. 가령, '또한'이라는 접속어는 단락들의 관계가 대등하다는 것을 암시하며 '따라서'라는 접속어는 단락들의 관계가 전제와 결론 또는 원인과 결과의 관계라는 것을 암시한다.

동일한 핵심 화제가 등장하는 단락의 경우 밀접한 관계에 놓여 있을 가능성이 높으므로 핵심 화제에 유의하며 읽는 것도 도움이 된다.

더 알고가기

접속어의 분류

• **순접 관계의 접속어** : 앞과 뒤의 문장이 서로 순순히 이어지는 관계를 이어주는 말.
  예 그리고, 이와 같이, 이리하여, 그리하여
• **역접 관계의 접속어** : 앞과 뒤의 문장이 서로 상반되는 관계를 이어주는 말.
  예 그러나, 그렇지만, 하지만, 그래도, 반면에
• **인과 관계의 접속어** : 앞문장이 뒤에 오는 문장의 원인이 되고, 뒷문장이 결과가 되게 이어주는 말.
  예 그러므로, 따라서, 그래서, 왜냐하면
• **예시 관계의 접속어** : 앞 문장을 설명하기 위해 뒤 문장에 예를 들 때 이어주는 말.
  예 예컨대, 예를 들어, 가령
• **첨가 관계의 접속어** : 뒤 문장에 보충 설명을 덧붙일 때 사용하는 접속어
  예 그리고, 뿐만 아니라, 더구나, 또, 또한, 게다가, 덧붙여, 더욱
• **전환 관계의 접속어** : 뒤의 내용이 앞의 내용과는 다른, 새로운 생각이나 사실을 서술하여 화제를 바꾸며 이어 주는 구실을 하는 말.
  예 그런데, 한편, 그러면, 아무튼, 다음으로, 여기에
• **대등 관계의 접속어** : 앞 내용과 뒤의 내용이 대등하게 이어질 때 사용하는 접속어.
  예 그리고, 및, 한편
• **환언 관계의 접속어** : 앞의 내용을 바꾸어 말하거나 결론을 도출할 때, 전체 문장을 간략하게 요약할 때 사용하는 접속어.
  예 요컨대, 즉, 곧, 결국, 따라서, 바꾸어 말하면, 다시 말하면

더하기 예제 01

(가)~(마)의 순서를 논리적으로 배열한 것으로 가장 적절한 것은?

(가) 선별 효과 이론에 따르면, 개인은 미디어 메시지에 선택적으로 노출되고, 그것을 선택적으로 인지하며, 선택적으로 기억한다. 예를 들면, '가' 후보를 싫어하는 사람은 '가' 후보의 메시지에 노출되는 것을 꺼려할 뿐만 아니라, 그것을 부정적으로 인지하고, 그것의 부정적인 면만을 기억하는 경향이 있다. 한편 보강 효과 이론에 따르면, 미디어 메시지는 개인의 태도나 의견의 변화로 이어지지 못하고, 기존의 태도와 의견을 보강하는 차원에 머무른다. 가령 '가' 후보의 정치 메시지는 '가' 후보를 좋아하는 사람에게는 긍정적인 태도를 강화시키지만, 그를 싫어하는 사람에게는 부정적인 태도를 강화시킨다. 이 두 이론을 종합해 보면, 신문의 후보 지지 선언이 유권자의 후보 선택에 크게 영향을 미치지 못한다는 것을 알 수 있다.

(나) 신문의 특정 후보 지지가 유권자의 표심(票心)에 미치는 영향은 생각보다 강하지 않다는 것이 학계의 일반적인 시각이다. 1958년 뉴욕 주지사 선거에서 《뉴욕 포스트》가 록펠러 후보를 지지해 그의 당선에 기여한 유명한 일화가 있긴 하지만, 지지 선언의 영향력은 해가 갈수록 줄어들고 있다. 이 현상은 '선별 효과 이론'과 '보강 효과 이론'으로 설명할 수 있다.

(다) 신문이 특정 후보를 공개적으로 지지하는 것은 사회적 가치에 대한 신문의 입장을 분명히 드러내는 행위이다. 하지만 그로 인해 보도의 공정성을 담보하는 데에 어려움이 따를 수도 있다. 따라서 신문은 지지 후보의 표명이 보도의 공정성을 해치지 않는지 신중하게 따져 보아야 하며, 독자 역시 지지 선언의 함의를 분별할 수 있는 혜안을 길러야 할 것이다.

(라) 《뉴욕 타임스》와 《워싱턴 포스트》를 비롯한 미국의 많은 신문은 선거 과정에서 특정 후보에 대한 지지를 표명한다. 전통적으로 이 신문들은 후보의 정치적 신념, 소속 정당, 정책을 분석하여 자신의 입장과 같거나 그것에 근접한 후보를 선택하여 지지해 왔다. 그러나 근래 들어 이 전통은 적잖은 논란거리가 되고 있다. 신문이 특정 후보를 지지하는 것이 실제로 영향력이 있는지, 또는 공정한 보도를 사명으로 하는 신문이 특정 후보를 지지하는 행위가 과연 바람직한지 등과 관련하여 근본적인 의문이 제기되고 있는 것이다.

(마) 신문의 후보 지지 선언이 과연 바람직한가에 대한 논쟁도 계속되고 있다. 후보 지지 선언이 언론의 공정성을 훼손할 수 있다는 것이 이 논쟁의 핵심 내용이다. 이런 논쟁이 일어나는 이유는 신문의 특정 후보 지지가 언론의 권력을 강화하는 도구로 이용될 뿐만 아니라, 수많은 쟁점들이 복잡하게 얽혀 있는 선거에서는 후보에 대한 독자의 판단을 선점하려는 비민주적인 행위가 될 수 있기 때문이다. 일부 정치 세력이 신문의 후보 지지 선언을 정치 선전에 이용하는 문제점 또한 이에 대한 비판의 근거로 제시되고 있다.

① (나) – (라) – (마) – (가) – (다)
② (다) – (나) – (가) – (마) – (라)
③ (다) – (나) – (라) – (가) – (마)
④ (라) – (나) – (가) – (마) – (다)
⑤ (라) – (다) – (가) – (다) – (마)

해설

제시문은 신문이 정치적 경향을 드러내는 것이 정당한가라는 문제에 관한 이론을 소개하고, 이를 바탕으로 언론과 독자의 올바른 태도를 요구하고 있는 글이다.

(가) 선별효과 이론과 보강효과 이론을 상술하고 있다.

(나) 신문의 정치적 영향력에 대한 학계의 일반적인 관점을 소개하고 그 구체적인 사례로 보강효과 이론과 선별효과 이론을 제시하고 있다. → (가)의 앞에 제시되어야 한다.

(다) 신문과 독자의 올바른 태도에 대한 필자의 견해가 제시되므로 글의 맺음말에 해당한다. → 가장 나중에 와야 할 문단이다.

(라) 중심 화제와 관련된 논란을 소개하면서 쟁점이 되는 화제를 제시하고 있다. → 가장 처음에 와야 한다.

이에 따라 순서를 바로잡으면 문제 제기를 하고 있는 (라) 다음에 첫 번째 쟁점에 해당하는 (나), (가)가 위치하고 두 번째 쟁점을 다루고 있는 (마)가 위치해야 하며, 마지막으로 신문과 독자의 올바른 태도를 요구하고 있는 (다)가 위치해야 한다. 따라서 (라) – (나) – (가) – (마) – (다)순으로 배열해야 한다.

정답 ❹

더하기 예제 02

다음 중 ㉠ ~ ㉢에 알맞은 접속어를 순서대로 나열한 것은?

춤은 사람만이 추는 것이 아니다. 흔히 파도가 '춤춘다'는 말을 한다. 파도가 '물결친다'는 말과 파도가 '춤춘다'는 말은 '움직인다'는 공통성을 가지고 있지만, 질적 의미는 전혀 다른 것이다. '물결친다'는 말로는 담아낼 수 없는, 그 어떤 기운에 휩싸여 있을 때 우리는 '춤춘다'고 표현한다. 이런 표현은 사물이나 현상을 마치 인간의 것인 양 빗대어 의인화한 것이다. 사람의 마음이 사물이나 현상에 움직여 나타난 표현인데, 그것은 주객 분리에 따른 일방적인 접근이 아니라 사물이나 현상을 살아 있는 것으로 보고 대상 자체의 자기 생성 활동과 인식 주체의 생성 활동을 일치시켜 동시적인 상호 관계 속에서 바라보는 시작인 것이다.

(㉠) 여기서는 '물결친다'와 '춤춘다' 사이를 가르고 또 이동시키는 에너지가 무엇인지 곰곰이 생각해 보고자 한다. 새가 '지저귄다'와 새가 '노래한다'는 말도 이와 유사하다. 노래하는 것도 실상은 지저귀는 것을 말하는 것이지만, '지저귐'과 '노래함'은 그 질적 의미가 다르지 않은가?

(㉡) 춤추고 노래하는 원천 동기인 '살아 있다'는 것은 무엇일까? 이는 인간학적 철학이라든가 생태학적 철학의 한 질문일 수도 있다. 쿠르트 작스(Curt Sachs)는, 춤춘다는 것은 '보다 한 단계 고양된 삶'이라고 말하고 있다. 삶이 본래의 제자리를 잡는 것이 바로 춤이다. 춤은 존재의 자기 향유이고 자기 창출이기도 하다.

(㉢) 음악학자 쿠르트 작스(Curt Sachs)는 그의 책 서문의 첫머리에 "춤추지 않고서야 어찌 인생을 알리요."라는 옛 잠언을 인용하고 있다. 춤추는 사람이어야만, 춤을 추어야만 인생의 맛과 멋 그리고 의미와 깊이를 얻게 된다는 것이다. 춤은 삶의 끝없는 도정이고 또 사람 살아가는 도리를 다하는 것이기도 하다.

	㉠	㉡	㉢
①	다만	그러면	또한
②	다만	그러면	예컨대
③	그리고	한편	예컨대
④	물론	한편	또한
⑤	그래서	한편	예컨대

해설

각 단락의 요지와 보기의 선지를 이어가는 방식으로 문제를 풀면 답을 신속하고 정확하게 찾을 수 있다

- ㉠ : '물결친다', '춤춘다'의 차이점을 생각해 보자는 본격적인 화제를 제시하며 첫 번째 단락과는 다른 이야기를 꺼내는 단락이므로 '그리고', '물론', '그래서'는 적절하지 않은 접속사이다. 따라서 '다만'이 들어가는 것이 알맞다.
- ㉡ : 앞의 내용을 받아들이거나 그것을 전제로 새로운 주장을 할 때 쓰는 접속 부사 '그러면'이 들어가는 것이 알맞다.
- ㉢ : 이어서 인용하는 말이 제시되므로 예시 관계의 접속어 '예컨대'를 쓰는 것이 알맞다.

정답 ❷

둘 추론적 이해

추론적 이해를 요구하는 읽기에서는 제시된 자료에 명시된 내용을 바탕으로 하여 명시되지 않은 정보를 추리할 수 있어야 한다. 생략된 정보를 추리하는 문항을 비롯하여 정보들 간의 관계를 추리하는 문항, 필자의 태도나 관점을 추리하는 문항, 논증 과정의 타당성을 분석하거나 전제와 결론의 관계를 추리하는 문항, 구체적인 상황이나 사례에 적용하는 문항 등이 출제된다. 여기에서 주의할 점은 '추론'은 '상상'과 다르다는 점이다. '추론'은 논리적 근거들을 바탕으로 이루어져야 한다는 점을 잊지 말아야 한다.

1 정보의 추론

정보의 추론이란 드러난 정보들을 바탕으로 드러나지 않은 정보들을 파악하는 것을 말한다. 생략된 정보들을 추론하거나 정보들 간의 내적 관계를 추론 할 때 상상만으로 내용을 생성해서는 안 되며 글에 명시된 정보들을 바탕으로 논리적 추론과정을 거쳐 정보를 도출해 내야 한다.

(1) 세부 정보의 추론

명시된 정보가 포괄적인 경우 이에 포함되는 세부적인 정보는 제시되지 않는 경우가 있다. 따라서 포괄적인 정보를 바탕으로 연역적으로 추론하여 세부적인 정보를 추론하도록 해야 한다. 이때 유의할 점은 세부 정보의 추론과정이 논리적이어야 한다는 점이다. 제시된 정보를 확대하여 해석하거나 뚜렷한 근거 없이 유추하는 오류를 범해서는 안 된다.

출제 유형

- ㈎에서 유추할 수 없는 것은?
- 윗글로부터 추론한 것 중 옳지 않은 것은?
- 윗글의 맥락을 고려하여 ㉠을 바르게 이해한 것은?
- 다음 진술에서 이끌어 낼 수 있는 내용으로 가장 적절한 것은?

(2) 생략된 정보의 추론

① 생략된 문장의 추론 : 앞 문장과 뒤 문장의 논리적 흐름과 정보 관계를 파악하여 추론한다.

② 생략된 단락의 추론 : 앞 단락과 뒤 단락의 요지를 파악하고, 각 단락의 역할(주지, 예시, 상세화 등)을 파악하여 종합적인 추론을 한다.

출제 유형

- 문맥상 빈칸에 들어갈 문장 및 어구로 가장 적절한 것은?
- (다) 뒤에 이어질 내용으로 가장 적절한 것은?

생략된 정보를 추론하는 문항에서 무엇보다 중요한 것은 전후 문맥이다. 전후 문맥은 결국 정보를 생략하게 되는 근거이므로 이를 단서로 생략된 정보를 파악해야 한다. 이때 접속어나 지시어를 적극적으로 활용하도록 한다.

더하기 예제

다음 글의 내용을 고려할 때 빈칸에 들어갈 내용으로 가장 적절한 것은?

사람들은 대중 매체의 영향력을 차별적으로 인식하는데 수용자의 의견과 행동에 미치는 대중 매체의 영향력이 자신보다 다른 사람들에게서 더 크게 나타나리라고 믿는 경향이 있는 것이다. 이러한 현상을 데이비슨(Davison)은 '제3자 효과'라고 하였다.

제3자 효과는 대중 매체가 전달하는 내용에 따라 다르게 나타난다. 예컨대 대중 매체가 건강 캠페인과 같이 사회적으로 바람직한 내용을 전달할 때보다 폭력물이나 음란물처럼 유해한 내용을 전달할 때, 사람들은 자신보다 다른 사람들에게 미치는 영향력을 더욱 크게 인식한다는 것이다. 이러한 인식은 수용자의 구체적인 행동에도 영향을 미쳐, 제3자 효과가 크게 나타나는 사람일수록 내용물의 심의, 검열, 규제와 같은 법적 · 제도적 조치에 찬성하는 성향을 보인다.

전통적으로 대중 매체 연구는 매체에 노출된 수용자의 반응, 즉 그들이 보이는 태도나 행위의 변화를 조사하였다. 이에 비해 제3자 효과 이론은 매체의 영향 자체가 아니라 그것에 대한 사람들의 차별적 인식 및 그에 따른 행동 성향을 조사했다는 점에서 가치가 있다. 특히 사회적으로 유해한 내용의 영향력에 대한 우려가 실제보다 과장되었을 수 있음을 보여 준다. 또한 검열과 규제 정책을 지지하는 사람들의 사고가 어떠한 것인지도 짐작하게 해 준다.

제3자 효과 이론은 사람들이 다수의 의견처럼 보이는 것에 영향받을 수 있다는 이론과 연결되면서, 여론의 형성 과정을 설명하는 데에도 이용되었다. 이 설명에 따르면, 사람들은 자신은 대중 매체의 전달 내용에 쉽게 영향받지 않는다고 생각하면서도 다른 사람들이 영향받을 것을 고려하여 자신의 태도와 행위를 결정한다. 즉 다른 사람들에게서 소외되어 고립되는 것을 염려한 나머지, ____________________ ____________________는 것이다.

① 자신의 의견과 다수의 의견을 절충하여 합리적인 대안을 마련한다.

② 자신의 의견을 포기하고 다수의 의견이라고 생각하는 것을 따라가게 된다.

③ 자신의 의견이 최선이라고 생각하고 타인의 의견을 무시하게 된다.

④ 자신의 의견을 고수하기 위해 타인의 동의를 구하게 된다.

⑤ 자신의 의견을 뒷받침하는 근거들을 수집하기 시작한다.

해설

제시된 글은 '제3자 효과 이론'을 설명하는 글로 이 이론의 핵심은 사람들이 자신보다는 다른 사람들이 대중 매체의 영향을 강하게 받는다고 생각한다는 것이다. 마지막 문단에서는 이를 여론이 형성되는 과정에 적용하고 있는데, 문맥을 고려해 보면 결국 사람들은 대중 매체의 영향이 자신에게는 크지 않지만 다른 사람들에게는 크다고 믿고 있으므로 다른 사람들은 대중 매체의 영향을 받아 특정한 행위나 태도를 나타낼 것이라고 생각하게 된다. 결국 자신의 견해가 다수와 다르더라도 고립이나 소외를 피하기 위해 자신의 견해를 포기하고 대중 매체에 영향을 받았을 것이라고 믿는 다수의 견해를 따르게 되는 것이다. 따라서 빈칸에 들어갈 가장 적절한 내용은 ②이다.

정답 ❷

(3) 정보의 관계 추론

읽기 자료에서 정보의 관계를 추론하는 것은 정보들 간의 일정한 논리적 연관성을 파악하는 것이다. 따라서 이와 관련된 문항을 해결하기 위해서는 일정한 논리적 연관에 따라 정보를 재구성하는 능력이 필요하다. 즉 명시된 핵심적인 정보를 정리한 뒤, 이 정보의 내적 관계를 고려하고 논리적 연관성에 따라 재구성하는 것이다.

출제 유형

- 다음 중 ㉠과 ㉡의 관계와 유사한 것은?
- ㉠과 ㉡의 관계를 바르게 이해한 것은?

주로 특정 정보 간의 관계를 묻는 문항이 출제되는데 이때 가장 중요한 단서를 제공하는 것은 역시 문맥이므로 문맥을 충분히 고려하여 정보의 관계를 파악하도록 노력해야 한다.

한편 정보의 관계를 인접한 문맥에서 쉽게 발견할 수 없는 경우도 있다. 이러한 경우 대부분 글의 전체적인 맥락을 고려해야 정확한 관계를 파악할 수 있다. 실마리가 되는 정보가 상대적으로 멀리 떨어져 있기 때문에 연관성을 놓치기 쉬우므로 유의해야 한다.

마지막으로 관계를 추리해야 하는 대상을 포함한 하나의 문장을 만들어 보는 것도 효과적인 해결 방법이다. 가령 'A로 B를 만들 수 있다.'와 같은 문장이 성립한다면 A는 B에 대하여 재료 또는 수단의 관계에 있다고 볼 수 있다.

더하기 예제

㉠～㉣의 관계를 가장 바르게 이해한 것은?

최근 들어 도시의 경쟁력 향상을 위한 새로운 전략의 하나로 창조 도시에 대한 논의가 활발하게 진행되고 있다. ㉠ 창조 도시는 창조적 인재들이 창의성을 발휘할 수 있는 환경을 갖춘 도시이다. 즉 창조 도시는 인재들을 위한 문화 및 거주 환경의 창조성이 풍부하며, 혁신적이고도 유연한 경제 시스템을 구비하고 있는 도시인 것이다.

창조 도시의 주된 동력을 ㉡ 창조 산업으로 볼 것인가 창조 계층으로 볼 것인가에 대해서는 견해가 다소 엇갈리고 있다. 창조 산업을 중시하는 관점에서는, 창조 산업이 도시에 인적 · 사회적 · 문화적 · 경제적 다양성을 불어넣음으로써 도시의 재구조화를 가져오고 나아가 부가가치와 고용을 창출한다고 주장한다. 창의적 기술과 재능을 소득과 고용의 원천으로 삼는 창조 산업의 예로는 광고, 디자인, 출판, 공연 예술, 컴퓨터 게임 등이 있다.

㉢ 창조 계층을 중시하는 관점에서는, 개인의 창의력으로 부가가치를 창출하는 창조 계층이 모여서 인재 네트워크인 창조 자본을 형성하고, 도시는 이를 통해 경제적 부를 축적할 수 있는 자생력을 갖게 된다고 본다. 따라서 창조 계층을 끌어들이고 유지하는 것이 도시의 경쟁력을 제고하는 관건이 된다. 창조 계층에는 과학자, 기술자, 예술가, 건축가, 프로그래머, 영화 제작자 등이 포함된다.

창조성의 근본 동력을 무엇으로 보든, 한 도시가 창조 도시로 성장하려면 창조 산업과 창조 계층을 유인하는 ㉣ 창조 환경이 먼저 마련되어야 한다. 창조 도시에 대한 논의를 주도한 랜드리(Landry)는, 창조성이 도시의 유전자 코드로 바뀌기 위해서는 다음과 같은 환경적 요소들이 필요하다고 보았다. 개인의 자질, 의지와 리더십, 다양한 재능을 가진 사람들과의 접근성, 조직 문화, 지역 정체성, 도시의 공공 공간과 시설, 역동적 네트워크의 구축 등이 그것이다.

① ㉡은 ㉠을 통해 완성된다.
② ㉠은 ㉢의 원인이다.
③ ㉣은 ㉠의 전제 조건이다.
④ ㉡과 ㉢은 ㉠의 결과이다.
⑤ ㉠은 ㉡과 ㉢의 수단이다.

해설

제시된 글에서는 '창조 도시(㉠)'의 동력을 '창조 산업(㉡)'으로 보는 견해와 '창조 계층(㉢)'으로 보는 견해로 구분하고 있다. 하지만 '창조 도시(㉠)'의 동력을 무엇으로 보든 간에 '창조 도시(㉠)'가 만들어지기 위해서는 '창조 환경(㉣)'이 먼저 갖추어져야 한다. 이렇게 볼 때 '창조 산업(㉡)'과 '창조 계층(㉢)'은 '창조 도시'를 이루는 바탕 또는 주된 조건이라고 볼 수 있으며, '창조 환경(㉣)'은 '창조 도시(㉠)'가 되기 위해서 필요한 전제 조건 또는 선결 요건이라고 볼 수 있다.

정답 ❸

3주

2 상황 및 관점의 추론

(1) 상황의 추론

상황추론능력은 읽기 자료에서 알게 된 사실을 구체적인 상황에 적용할 줄 아는가를 통해서 평가한다. 이때 요구되는 것은 제시된 정보에 해당하는 구체적인 사례를 추론하거나 제시된 정보를 구체적 상황에 적용하였을 때 결과를 추론하는 능력이다.

출제 유형

- 다음 글에서 설명하고 있는 원리와 관계있는 사례는?
- 다음 글의 주장에 부합하는 가장 적절한 예는?
- 다음은 아파트 전세 계약서의 일부분이다. 이를 바탕으로 할 때 계약 위반에 해당하지 않는 것은?

글쓴이의 주장을 다른 상황에 적용하는 유형이나 글 속의 한 요소가 가지는 의미를 파악한 후 유사한 사례를 찾는 유형이 자주 출제된다. 대비책으로는 글의 개념과 원리를 정확히 파악한 후 문제에서 요구하는 유추, 적용의 방향이 어디인지를 판단하여 답지와 비교해 보는 것이다.

더하기 예제

다음 중 밑줄 친 ㉠의 사례로 가장 적절한 것은?

인간과 사회에 대한 계몽주의의 보편주의적 관점에 반기를 들고 출범한 독일 역사주의는 역사적 사실의 특수성을 주장한 대표적 관점이었다. 계몽주의 사상가들은 자연 세계를 지배하는 보편적 법칙들이 인간과 사회를 지배하며 바로 그 법칙들이 인간과 사회를 설명할 수 있다고 보았다. 이러한 관점에 반기를 들면서 발달한 ㉠ 역사주의에서는 역사적 사실이 가지는 고유하고 특수한 가치가 무엇보다도 중시되었다. 역사적으로 일어나는 일들은 그들 나름의 이유와 타당성을 가진 것들로 취급되었으며, 이들에 어떤 보편적 법칙이 작용한다고는 상정되지 않았다. 역사학자의 임무는 사료 조사를 통해서 역사적 사실의 특수성을 밝히는 데 있었다.

역사주의 이래 역사적 사실의 특수성에 관한 논의는 다양하게 전개되어 왔다. 이 중 특수성을 극단적으로 강조하는 일부 학자들은 역사 전체를 운행하는 보편적 법칙을 인정하지 않을 뿐 아니라, 집단이나 시대에 대한 일반론도 역사적 설명으로서는 타당성을 갖지 못한다고 주장해 왔다. 어떤 집단이나 시대가 일반적인 동향, 분위기 등을 갖고 있어도 이들에 대한 설명은 결국 개인의 행동과 의식을 살펴야 가능하다는 것이다. 역사적 사실의 특수성을 지나치게 개인의식에 의거해서 설명하고자 하는 경향은 그 반대파에 의해 심리주의라고 비판받기도 한다. 사람들의 행동이 어떤 사회적 현상으로 나타날 때, 그 사회적 현상에 관해서 서술은 가능하다고

인정하지만 정작 그에 대한 설명은 현상을 일으킨 개인의 심리 작용을 통해서만 가능하다고 보기 때문이다.

보편성을 강조하는 학자들은 역사 전체를 거대한 체제의 변동으로 본다. 역사 전체가 보편적 법칙에 따르고 있으며 그 법칙에 의해 단계적 변동을 한다는 것이다. 특수한 역사적 사실들은 보편적 법칙에 종속되어 있고 변동의 특정 단계에 놓여 있다. 개인의 의식이라는 것도 독립변수적인 것이 아니라 개인과 그가 속한 사회적 조건과의 상호작용에서 생겨나는 것이며 그 상호 작용에 대한 설명은 결국 보편적 법칙에 의거한다.

① 현재 외환위기의 해결책을 얻고자 과거에 경험했던 외환위기에서 나타났던 국민들의 심리적 불안감을 연구해 보기로 하였다.

② 병자호란을 일으킨 근본적인 동인을 찾기 위해 당대 외교 상황이나 조선의 정치 구조와 관련된 문헌을 수집하였다.

③ 신화였던 〈단군신화〉가 역사적 가치를 인정받게 된 이유를 연구하기 위해 당대 사회문화가 기록된 사료들을 살펴보았다.

④ 신라의 삼국통일 과정을 연구하기 위해 삼국 시대라는 정치관계 속에서 이루어진 김유신의 삶의 행보를 연구해 보기로 하였다.

⑤ 임진왜란의 실상을 연구하기 위해 《난중일기》에 나타난 이순신의 행적과 내면적 갈등을 살펴보기로 하였다.

3주

해설

제시된 글은 역사의 특수성을 강조하는 입장과 보편성을 강조하는 두 입장을 설명하고 있는 글이다. 보편성을 강조하는 입장은 역사를 체제의 변동으로 보고 역사를 보편적 법칙 아래 놓인 개인들과의 상호작용의 결과로 이해한다.

반면 역사주의는 역사의 특수성을 강조하는 입장으로 역사에는 보편적 법칙 따위는 존재하지 않으며 구체적인 상황 속에서 개인의 행동과 심리, 또는 의식을 고찰해야 역사를 서술할 수 있다고 보는 입장이다. 밑줄 친 부분은 특수성을 강조하는 역사주의이므로 개인의 행동이나 의식을 통해 역사를 서술하고자 하는 입장에 해당하는 사례를 찾아야 한다. 이에 부합하는 것은 임진왜란의 실상 파악을 위해 이순신(개인)과 관련된 개인적 행위와 내면 심리를 연구하고자 한 ⑤이다.

① 심리를 연구해 보고자 한다는 점에서 역사주의 같지만 연구 대상이 개인이 아니라 집단이며 과거의 역사가 되풀이된다고 보고 있으므로 보편적 관점에서 접근한 것이다.

② 병자호란이라는 역사적 사건이 당대의 외교 관계나 정치 역학 구조 속에서 발생하였다고 보는 것으로 보편성을 강조하는 입장이다.

③ 〈단군신화〉가 역사 기록으로 인정받게 된 정황을 당대의 사회 체제나 문화 변동을 통해 이해하려는 것으로 역시 보편성을 강조하는 입장이다.

④ 삼국통일이라는 역사적 과정을 연구하기 위해 삼국 시대라는 역사적 현실 속에서 개인들의 행위가 어떻게 상호작용하였는지를 살펴보려는 것으로 역시 마지막 문단에 제시된 바와 같이 보편성을 강조하는 입장에 해당한다.

정답 ⑤

(2) 태도와 관점, 의도의 추론

태도란 대상을 바라보는 글쓴이의 생각이나 입장을 말하는데, 다소 주관적이며 서술어에 잘 드러난다. 또한 관점이란 글쓴이가 자신의 가치관을 바탕으로 어떤 현상이나 사실을 바라보는 시각을 말하는데, 태도보다는 객관적이다.

필자는 이야기의 중심 화제나 쟁점에 대해 일정한 태도나 관점을 취하기 마련이다. 이는 글에 명시되지 않더라도 필자가 화제나 중심 화제를 제시하는 방식이나 정보들을 배치하는 방식, 서술 방식 등을 통해 추론할 수 있다. 따라서 화제나 쟁점을 명확히 파악하고 이와 관련하여 필자가 제시한 정보들을 검토하여 필자의 태도나 관점을 추론해야 한다.

이때 사실과 의견을 구분하고 표현 방식을 분석하며, 이를 통해 그 의도를 파악해야 한다. 특히 논설문은 사실과 의견의 구분이 매우 중요하므로 이런 추론적 능력이 매우 필요하다.

출제 유형

- ㉠에 담겨 있는 필자의 관점으로 가장 알맞은 것은?
- 밑줄 친 부분을 통해 필자가 의도한 것은?
- 다음 중 글쓴이가 〈보기〉의 주장에 대해 취할 태도로 적절한 것은?

자료에 나타난 화제나 쟁점에 대해 필자가 취하고 있는 일정한 태도나 관점을 추론하거나 집필 의도 또는 특정한 정보를 제시하거나 특정한 서술 방식을 선택한 의도를 추론하는 문항들이 주로 출제된다. 이 경우 화제나 쟁점, 주제 등을 명확히 파악하고, 이를 바탕으로 필자의 태도나 관점 및 의도를 추론하는 능력이 필요하다.

더하기 예제

다음 중 제시된 사례에서 드러난 관점과 가장 일치하는 것은?

우리는 역사상의 모든 인간 사회들이 물질적 풍요라는 가치를 추구했을 것으로 생각한다. 그러나 이러한 상식은 칼라하리(Kalahari) 사막의 수렵 채집민인 쿵 부족에게는 적용되지 않는다. 이들은 최소한의 식욕을 해결하면 각종 놀이와 의례 행위를 통해 정신적인 즐거움과 화목한 사회 관계를 유지하고자 노력한다. 쿵 족은 건기와 우기의 생태적 변화 과정이나 먹잇감의 이동 경로, 식용 식물에 대한 지식 등에 기초하여 노동을 배분하고 자신이 속한 씨족 집단의 구성원들과 생산물 · 사냥 도구를 공유함으로써 궁핍을 최소화할 수 있는 적응 체계를 발전시킨 것이다.

부의 축적이 물질적인 안락함과 편리함을 얻기 위해서가 아니라 다른 목적을 달성하기 위한 수단으로 이용되는 사례를 많은 인류학자들이 보고하고 있다. 북아메리카의 콰큐틀 인디언은 20세기 초까지 낭비적 소비가 이루어지는 포틀라치(Potlatch)라는 축제를 행하고 있었다. 이들은 더 높은 위신과 권위를 얻기 위해 경쟁적으로 손님을 초대하여 많은 선물을 주고, 많은 사람들 앞에서 귀중한 재화를 파괴하며, 심지어는 자신의 집을 불태우기도 하였다. 이 축제는 자연 자원이 풍부하고 사회적 신분이 고정되어 있지 않다는 조건을 배경으로 한 것이었다. 또한 정치적 위신과 권위를 얻는 것을 최고의 가치로 여기는 문화를 통해 부의 분배가 자연스럽게 이루어지는 부수적 효과도 얻을 수 있었다.

① 그릇된 부의 추구는 인류의 생존을 위협할 것이다.
② 모든 문화는 나름의 존재 이유를 지니고 있다.
③ 공존과 공생은 인류가 지향해야 할 가치이다.
④ 부의 분배 방식은 문화권마다 상이하다.
⑤ 자연환경은 문화를 결정하는 절대적인 요소이다.

해설

제시문은 부의 축적 또는 물질적 가치의 추구가 인류의 일반적인 성향은 아니라는 점을 사례를 통해 입증하고 있다. 쿵 족이 부의 축적 자체를 추구하지 않는 것은 그들이 처한 자연환경과 생산환경에 적응해 간 결과로 볼 수 있으며, 콰큐틀 인디언의 포틀라치라는 축제는 물질보다 위신이나 권위와 같은 사회적 가치를 중시하고 부의 분배를 자연스럽게 달성하는 모습을 보여주고 있다. 이는 각 문화가 자연적, 사회적 환경을 통해 형성되는 것이므로 나름대로의 가치를 지니고 있다는 문화 상대주의적 관점을 드러내고 있다. 따라서 이러한 관점과 가장 일치하는 것은 ②이다.

① 제시문에 언급된 내용만으로는 추론하기 어렵다.
③ 바람직한 가치이고, 쿵 족의 삶을 통해 추론할 수는 있지만 콰큐틀 인디언의 '포틀라치'와는 연관성이 없다.
④ 문화상대주의적 관점처럼 보이지만 부의 분배 방식의 차이를 지적하는 것에 그쳐 문화상대주의로 보기 어렵다.
⑤ 인간의 문화를 결정하는 요소를 자연환경으로 보는 환경결정론의 관점으로 문화상대주의와는 거리가 있다.

정답 ❷

3 과정의 추론

과정의 추론이란 표현 내용이나 표현 과정에서 어떤 요소가 개입되었는가를 분석적으로 추론하여 그 의미를 명확하게 하는 것을 말한다. 따라서 글에 담긴 전제나 태도를 분석하고, 어떤 사실을 표현하는 의도와 관점을 명확하게 하는 능력 등이 요구된다. 과정의 추론은 주어진 정보를 확장 또는 심화하는 확장적 읽기가 바탕이 되어야 하므로 사실적 이해보다 훨씬 고차원적이라고 할 수 있다.

(1) 전제와 결론의 추론

필자는 일정한 논리적 전제를 바탕으로 결론을 이끌어 내기 때문에 제시된 결론에 이르기 위해 필요한 전제들을 정리하거나 주어진 전제들을 바탕으로 논리적 과정을 거쳐 필연적으로 도출될 수 있는 정보들을 파악하는 능력이 필요하다.

출제 유형

- 다음 글에서 이끌어 낼 수 있는 필자의 주장으로 가장 알맞은 것은?
- 다음 글에 나타난 A의 주장이 설득력을 갖기 위해서 보충되어야 할 전제는?
- 다음 중 필자의 주장에 대한 근거로 활용할 수 있는 문단은?

주로 제시된 자료의 논리적 전개 과정을 묻는 문항들이 출제된다. 일반적으로 필자는 정보들을 일정한 논리적 사고 과정을 바탕으로 배치하여 쟁점에 대한 자신의 견해를 입증하는 과정을 거치게 된다. 이러한 논리적 사고 과정은 연역적 논리와 귀납적 논리로 이루어지는데 이 경우 제시된 내용을 논리적 과정에 맞추어 분석해 보면 결론에 이르기 위한 일정한 전제나 그 전제를 바탕으로 한 결론을 추리해 낼 수 있다.

더하기 예제

소크라테스와 제자와의 대화를 통해 '선(善)'의 개념을 이끌어 낸 결론으로 가장 적절한 것은?

소크라테스 : 자네 말은 이런 것이지. 재산, 권력, 건강, 영예 그리고 용기를 가진 사람이 행복하다고. 그러나 한편 생각하면 무엇보다도 자기가 가지고 있는 이런 것들이 유용하게 쓰일 때 그 사람이 행복하지 않을까?

제 자 : 그것도 그렇군요.

소크라테스 : 그렇다면 만약 어떤 사람이 이와 같이 유용한 것을 가지고 있으면서도 그것을 쓰지 않는다면, 과연 그것을 유용하다고 말할 수 있을까?

제　자 : 아니오, 아무 소용도 없겠지요.

소크라테스 : 그러면 이렇게 말할 수 있겠지. 사람은 유용한 것을 지키는 데 그치지 말고, 그것을 사용해야만 한다고.

제　자 : 그렇습니다. 저도 그렇게 생각합니다.

소크라테스 : 그러나 그저 사용하면 되는 것은 아니지. 올바른 사용법과 그릇된 사용법이 있을 테니까. 만약 목수가 연장을 잘못 쓴다면 재료를 버리게 되니 쓰지 않는 것보다 더 나쁜 게 아닌가?

제　자 : 그러면 목수가 연장을 올바로 쓰기 위해 필요한 것이 무엇일까요?

소크라테스 : 목수가 톱이나 도끼를 올바로 사용하려면 무엇이 필요할까? 악사가 연주를 잘하고, 조각가가 조각을 잘하는 데는 무엇이 필요할까? 자기 일에 대한 올바른 지식이 아닐까?

제　자 : 바로 그렇군요. 옳은 말씀입니다.

① 선(善)이란 참된 지식 그 자체이다.

② 선(善)이란 대상이 참된 지식에 의해 올바르게 사용되는 것이다.

③ 선(善)이란 참된 지식을 통해 대상을 올바르게 이해하는 것이다.

④ 선(善)이란 참된 지식을 얻기 위해 노력하는 것이다.

⑤ 선(善)이란 가치 있는 것을 유용하게 활용할 줄 아는 것이다.

해설

제시된 대화에서 소크라테스는 참된 지식은 유용한 가치를 유용하게 사용하는 것이라고 말한 뒤 여기에는 올바르게 사용하는 것이 필요하고 올바르게 사용하기 위해서는 무엇보다 참된 지식이 필요하다고 선(善)의 개념을 정의하고 있다. 즉 참된 선(善)이란 대상을 유용하게 쓰는 것이고, 여기에는 참된 지식이 필요하다는 것이다. 이에 부합하는 것은 ②이다.

① 참된 지식만 강조하였고 그것의 유용한 사용은 언급하지 않고 있다.

③ 대상의 이해만을 언급했을 뿐 대상을 유용하게 사용하는 것은 언급하지 않고 있다.

④ 참된 지식의 획득 과정만 언급할 뿐 그것의 유용한 사용은 제시하지 않았다.

⑤ 가치 있는 것의 유용한 활용만 언급하였고 그것에 전제되어야 할 참된 지식을 언급하지 않고 있다.

정답 ❷

(2) 논증의 타당성 분석

논증은 필자가 특정한 주장을 증명하는 과정이다. 일반적으로 연역논리나 귀납논리 또는 변증법적 논리 방식으로 자신의 주장을 입증하게 되는데 이러한 논증 방식을 바탕으로 하여 필자의 논증이 제대로 이루어졌는지 분석함으로써 논증이 타당한 것인지 그렇지 않은지 판단할 수 있다. 따라서 논증의 타당성을 판단하기 위해서는 필자가 일정한 논증 방식을 충실히 따르고 있는지 확인해야 하며, 이 과정에서 논리적 비약이나 논증 과정의 오류를 범하고 있지 않은지 파악해야 한다.

출제 유형

- 다음 글의 논지를 강화하는 주장은?
- 다음 글에 제시된 사관(史觀)을 비판할 수 있는 논거로 적절하지 않은 것은?
- 다음 글에 나타난 논증에 대한 설명으로 가장 알맞은 것은?
- (가)와 (나)의 글쓴이가 공통적으로 전제하고 있는 내용으로 적절한 것은?

① **형식적 오류** : 형식적 오류란 전제로부터 결론을 이끌어 내는 과정에서 지켜야 할 논리적 규칙을 지키지 못한 경우에 발생하는 오류이다. 주로 삼단논법에서 필요한 전제들이 생략되어 발생하는 경우가 대부분이다.

㉠ **순환 논증의 오류** : 결론에서 제시되어야 할 내용을 전제에서 제시함으로써 사실상 주장을 뒷받침할 만한 근거를 제시하지 않은 경우이다. 즉 전제는 결론에 의지하고, 결론은 전제에 의지함으로써 실질적인 논증은 이루어지지 않는다.

예 개인이 자유롭게 살도록 돕는 것은 구성원 전체에게 이익이 된다. 개인의 자유를 보장하는 것은 공동체의 이익을 증진시키기 때문이다.

㉡ **전건 부정의 오류** : 'A이면 B이다.' 라는 논증에서 조건에 해당하는 A를 전건(前件)이라고 하고, B를 후건(後件)이라고 한다. 전건 부정의 오류는 전건을 부정함으로써 B의 부정이 타당하다고 생각하는 오류이다. 이때 B의 원인이 오직 A라면 타당하겠지만, B의 원인이 A 이외에도 존재한다면 A를 부정한다고 해서 반드시 B가 부정되는 것은 아니다.

예 명절이 되면 고속도로가 정체된다. 지금은 명절이 아니다. 따라서 고속도로가 정체되지 않을 것이다.

→ 고속도로 정체의 원인이 오로지 명절이라는 시기적 요소에만 있는지 판단하기에는 정보가 부족하다. 따라서 명절이 아니므로 고속도로가 정체되지 않을 것이라고 결론을 내리는 것은 타당한 논증이라고 보기 어렵다.

㉢ **후건 긍정의 오류** : 전건 부정과 반대로 후건을 긍정함으로써 전건의 긍정을 타당하게 받아들이는 오류이다. 전건 부정의 오류처럼 전건이 후건의 유일한 원인이 아니라면 후건을 긍정한다고 해서 반드시 전건이 긍정되는 것은 아니라는 점에 문제가 있다.

㉢ **언어적 오류** : 언어 사용의 문제로 인해 발생하는 오류로 언어의 다의성이나 모호한 언어 사용이 원인이 된다.

- 애매어의 오류 : 동음이의어나 다의어, 비유적 언어 사용 등으로 인해 명제의 의미가 모호해졌을 때 발생하는 오류이다.

예 성경에 따르면 모든 인간은 죄인이다. 따라서 모든 인간은 범죄자이며 그에 따른 죗값을 치르면서 살아야 한다.

→ 앞에서 사용된 '죄인'이라는 단어는 기독교에서 인간이면 신에 대해 누구나 지게 되는 '원죄'를 의미하는 것이지 '범죄자'의 의미로 사용된 것은 아니므로 논리적으로 타당하지 않은 결론에 이르고 있다.

- 은밀한 재정의의 오류 : 논증 과정에서 사용한 용어의 개념을 재정의해서 사용함으로써 자신의 주장이 타당하다고 받아들이게 만드는 오류이다.

예 양심이란 결국 자신의 마음에 비추어 행동하는 것이다. 비록 많은 사람들의 희생이 따르겠지만 그의 행동은 그의 마음에 비추어볼 때 떳떳한 일이므로 그를 비양심적이라고 비난할 수는 없다.

→ '양심'은 일반적으로 사회적 통념과 도덕에 따른 행동을 의미함에도 불구하고 이를 개인적인 문제로 재정의함으로써 비양심적이라는 비난을 반박하고 있다.

>>> 짚어보기 **논증방식**

㉠ **연역추론** : 일반적인 전제(대전제)에서 출발하여 소전제를 거쳐 구체적인 결론에 이르는 논증 방법.
- 모든 강은 흐른다. (대전제)
- 한강은 강이다. (소전제)
- 그러므로 한강은 흐른다. (결론)

㉡ **귀납추론** : 구체적인 전제(개별 사례)를 바탕으로 일반적인 결론을 이끌어 내는 논증 방법.
- 한국의 새는 날개가 있다.
- 일본의 새는 날개가 있다.
- … (전제)
- 따라서 모든 새는 날개가 있다. (결론)

㉢ **변증법** : 대립하는 두 주장의 통합을 통해 새로운 합(合)에 이르는 논증 방법.

3주

더하기 예제

다음 글의 논지를 약화시키는 사례로 적절한 것은?

사피어(E. Sapir)의 연구에 따르면 우리는 일반적인 생각과 같이 실재적이고 객관적인 세계에 살고 있지 않다. 우리의 삶은 언제나 매개로 구성되며 우리가 사용하는 언어에 의해 분절된 세계를 만나고 있는 것이다. 그리고 우리는 이렇게 언어에 의해 분절되고 재구성된 세계를 경험하게 된다. 이런 관점에서 보자면 우리의 사고는 결국 언어의 한계를 넘어설 수 없다. 언어학자인 워프(B. Whorf) 또한 사피어의 이러한 관점에 동의하고 있다. 그에 따르면 우리가 사용하는 언어는 우리의 행동 방식을 결정하고 우리의 사고 양식은 언어의 틀을 벗어나지 못한다. 이러한 사피어와 워프의 사고는 다음과 같은 사례들을 통해 뒷받침될 수 있다.

우리말에서는 '일곱 빛깔 무지개'라는 말보다 '오색 무지개'라는 말이 더 일반적이었다. 이는 우리 말에서 색깔을 나타내는 말이 서양의 그것보다 세분화되지 않았기 때문에 생긴 현상이다. 따라서 우리 선인들은 '오색 무지개'라는 말을 사용하였고 무지개의 색을 다섯 가지로 인식하게 되었던 것이다. 일부 부족에게는 이보다 더 적은 색채어가 쓰여 무지개의 색깔을 세 가지로 인식하는 경우도 존재하였다.

① 예전에는 'ᄀᆞᄅᆞᆷ'으로 표기하였던 것을 현재는 '강'이라고 표기하고 있다.
② 예전에 유행했던 '방가방가'라는 말은 한때 사전에 등재를 고려하였으나 현재는 잘 쓰이지 않고 있다.
③ '꽃'이라는 동일한 대상을 중국에서는 '花'로 표기하고, 미국에서는 'flower'로 표기하고 있다.
④ '어제'와 '오늘' 사이에는 분명한 경계가 존재하지 않지만 우리는 명확히 구분하고 있다.
⑤ 우리는 때때로 분명히 인식하고 있는 대상이지만 특정한 단어로 표현하기 힘든 경우가 있다.

해설

제시된 글은 사피어(Sapir)와 워프(Whorf)의 견해를 빌려 언어가 우리의 사고를 지배하고 있음을 주장하고 이를 구체적인 사례를 통해 뒷받침하고 있다. 따라서 이러한 주장을 반박하려면 사고가 언어에 우선하거나 사고에 의해 언어가 변형되는 사례를 제시해야 한다. 이러한 사례에 해당하는 것은 ⑤이다. 머릿속으로 분명히 인식하고 있는 것, 즉 분명히 사고하고 있는 것이지만 이를 특정한 단어로 표현하기 어렵다는 것은 사고만 있고, 언어가 존재하지 않는 경우에 해당한다. 이는 언어가 사고를 지배한다는 글의 논지를 약화시키는 사례라고 볼 수 있다.

정답 ⑤

셋 비판적 이해

비판적 읽기란 제시된 자료를 수동적으로 받아들이지 않고 자료를 분석하여 이를 비판적으로 검토하는 능동적인 과정이다.

1 비판적 독해

(1) 비판의 의미

① **긍정적 의미 :** 분석 대상에 대해 존재의 의미와 가치성을 따지고 숨은 의미와 드러난 의미의 관계를 논리적으로 검토한다는 긍정적 의미를 지닌다.

② **부정적 의미 :** 트집을 잡거나 흠을 들추어내는데 그칠 수 있으며, 선악과 시비를 가리는 데 있어서 회의적이거나 독단적인 태도를 보일 수 있다는 부정적 의미를 지닌다.

(2) 비판적 독해의 기준

비판적 독해는 어떤 기준에 의해 비판하느냐에 따라 내적 기준에 의한 비판적 독해와 외적 기준에 의한 비판적 독해로 나뉜다.

① **내적 기준에 의한 비판적 독해 :** 비판의 근거나 기준을 글 자체에 두고, 글을 객관적으로 정확하게 분석하는 데 목적이 있다. 이는 논리 전개의 일관성, 내용이나 표현의 정확성을 판단하는 것과 글에 쓰인 논리와 필자의 의도 및 표현 방법 사이의 적절성을 판단하는 두 가지로 나눌 수 있다.

② **외적 기준에 의한 비판적 독해 :** 외적 기준이란 글의 내용과 독자와의 상호작용 속에서 그 내용과 수용의 여부를 판단하는 기준을 말한다. 따라서 외적 기준에 의한 비판적 독해란 글의 내용이나 표현이 일반적인 가치나 사회 통념, 윤리 또는 미적 기준에 부합되는 것인지, 아울러 내용과 표현이 얼마나 가치 있고 효과적인 것인지 등을 판단하는 것이다

>>> 짚어보기 **비판적 독해 전략**

㉠ 배경 검토
- **누가** : 필자는 누구인가? 그는 이 분야에 전문성을 갖춘 사람인가? 이런 내용의 글을 전에도 자주 썼는가?
- **왜** : 필자가 이 글을 쓴 목적은 무엇인가? 정보 전달인가, 설득인가, 단순히 독자에게 즐거움을 주기 위함인가?
- **언제** : 이 글은 언제 쓰였나? 글이 쓰인 당시는 현재와 상황이 같은가 아니면 상황이 많이 달라졌는가?
- **독자** : 필자가 염두에 둔 독자는 어떤 사람들인가? 그 예상 독자에 스스로 포함 되는가?
- **사실과 의견** : 필자는 주장을 내세우면서 자신의 의견과 객관적 사실을 구별하고 있는가?

㉡ **내용 검토** : 글 내용의 객관성과 주관성, 논리의 연계와 비약 등을 검토해 본다.

2 비판적 평가

(1) 정보의 평가

독자는 나름대로의 기준에 따라 글에 제시된 정보를 수용하거나 비판하는 과정을 거치게 되는데 이는 제시된 정보를 평가하는 과정이다. 제시된 자료에 대한 독자의 평가는 자료의 핵심 내용과 관련 있어야 하며, 자료의 내용에 대한 충실한 이해를 바탕으로 해야 한다.

(2) 비판의 적절성 평가

비판의 적절성 평가란 제시된 자료에 대한 비판이 적절한가를 평가하는 것이다. 이 경우 반박 자체가 중심이 아니라 반박 내용이 중심이다. 따라서 제시된 자료의 반박이 명확하고 타당한 근거를 바탕으로 제시되었는가가 문제 해결의 관건이다.

반박이 타당하려면 먼저 제시된 주장을 면밀히 검토해야 한다. 왜냐하면 반박은 곧 제시된 주장의 논리적 허점을 공격하는 것이기 때문이다. 따라서 제시된 주장의 논리적 문제점을 찾아내어 이를 비판하는 것이 효과적이다.

또한 반박 과정에서 제시된 근거가 논리적으로 타당해야 한다는 것도 잊지 말아야 한다. 근거가 핵심이 되는 쟁점과 연관성이 없거나 제시된 주장을 충분히 반박할 만큼 충실하지 않다면 논리적으로 타당하다고 볼 수 없기 때문이다.

출제 유형

- 다음 글에 대한 비판으로 적절한 것을 〈보기〉에서 모두 고르면?
- 다음 글에 동의할 수 없는 사람의 의견으로 적절한 것을 〈보기〉에서 모두 고르면?

주로 제시된 정보들의 유사성이나 차이점을 분석하거나 이에 대한 반응의 적절성을 검토하는 문항, 제시된 정보에 대한 평가 및 그 평가의 타당성을 검토하는 문항이 출제된다.

더하기 예제

다음 글을 비판한 내용으로 적절한 것을 ㉠~㉤에서 모두 고르면?

예전에 당(唐) 태종이 방현령에게 이르기를 "선대(先代)의 사관(史官)이 기록한 것을 임금에게 보지 못하게 한 것은 무슨 이유인가?"하니, 방현령이 대답하기를 "사관은 거짓으로 칭찬하지 않으며 나쁜 점을 숨기

지 않으니, 임금이 이를 보면 반드시 노하게 될 것이므로 감히 임금에게 드릴 수가 없습니다." 했습니다. 그러나 태종은 방현령에게 명하여 순서대로 편찬하여 올리게 했습니다. 방현령은 선대의 실록을 편찬하여 올렸지만, 말에 은근히 숨긴 것이 많았습니다. 어질고 슬기로웠던 태종으로서는 마땅히 바른대로 쓰여 있더라도 싫어할 점이 없었을 것인데, 방현령 같은 일세의 현명한 재상도 오히려 사실을 숨기고 피하여 감히 바른대로 쓰지 못했습니다. 하물며, 혹시 태종에게 미치지도 못하는 후세의 군주가 자기 시대의 역사를 보고자 한다면, 아첨하는 신하가 어찌 방현령처럼 사실을 숨기고 피하는 것에 그치겠습니까?

삼가 생각하옵건대, 전하께서는 하시는 일마다 삼대(三代)를 본받으시면서도, 근래에 특별히 명령을 내려서 지금 이 시대의 역사를 보고자 하시니, 저희들이 명령을 듣고는 조심스럽고 두렵습니다. 간절히 생각하옵건대, 당 태종도 그 시대의 역사를 보고 후세의 비난을 면하지 못하였습니다. 이는 바로 태종이 덕망을 잃은 일이니 어찌 전하께서 마땅히 본받을 일이겠습니까?

을해년에 전하께서 이를 열람하고자 하셨다가 그 명을 거두셨으니, 한 시대의 법을 세움이 엄격하셨고 만세의 공론을 이루셨습니다. 그런데 지금 또 이러한 명령이 있게 되니, 저희들은 모르겠습니다만, 그 옳고 그름을 보고서 교훈으로 삼고자 하시는 것입니까? 거짓인지 참인지를 살펴서 잘못된 것을 바로잡고자 하시는 것입니까? 아니면 미진하게 기록되었는지 조사해 그것을 빠짐없이 쓰도록 하시려는 것입니까?

– 《태조실록》

㉠ 사관의 기록을 모두 옳은 것이라고 단정할 수는 없다.
㉡ 임금은 사관을 임명한 자이니 사관의 업무를 확인할 의무가 있다.
㉢ 사관 역시 사람이므로 자신의 주관적 견해가 개입될 수밖에 없다.
㉣ 자신에게 불리한 기록에 대해서 임금은 반드시 수정을 요구할 것이다.
㉤ 사관의 기록을 열람한 태종도 어진 임금으로 추앙받고 있으니 문제될 것이 없다.

① ㉠, ㉢　② ㉠, ㉤　③ ㉡, ㉣　④ ㉡, ㉤　⑤ ㉢, ㉣

해설
제시된 글은 사관의 기록을 열람하려는 조선 제1대 왕 태조의 주장에 반대하여 올린 상소문이다. 상소문에서는 중국 당나라의 태종과 방현령의 고사를 인용하여 사관의 기록을 열람하는 행위의 부당성을 지적하면서 사관의 기록을 열람하는 것은 사관의 기록을 거짓되게 만들고 임금으로서의 덕을 잃는 것이라고 반박하고 있다. 이에 대한 비판이 타당성을 얻기 위해서는 임금이 사관의 기록을 보고자 하는 이유가 정당해야 한다. 이러한 관점에서 볼 때 사관의 기록에 잘못이 있을 수 있고, 사관이 주관적으로 기록하여 사실을 왜곡할 수 있다는 점은 임금이 사관의 기록을 보아야 하는 근거가 될 수 있다. 따라서 비판한 내용으로 적절한 것은 ㉠, ㉢이다.
㉡ 비교적 타당한 비판 같지만 사관을 임명하였다는 이유만으로 사관의 기록을 보아야 할 정당성을 확보하기는 어렵다.
㉣ 임금이 사관의 기록을 보아서는 안 되는 근거에 해당한다.
㉤ 어진 태종 역시 사관의 기록을 열람하고 덕망을 잃었다고 했으므로 제시된 글의 내용과 모순되는 반박이다.

정답 ❶

넷 종합적 이해

종합적 이해력을 요구하는 읽기 문항은 제시된 자료를 다양한 측면에서 비교하거나 대조하여 주제나 관점, 또는 구조의 유사성이나 차이점을 파악하거나 소설이나 시와 같은 문학작품을 감상하고 이에 대해 공감하는 능력을 평가하는 유형으로 구성된다. 따라서 제시된 자료를 일정한 기준에 따라 비교하고 검토하는 능력과 함께 문학작품의 언어 사용에 대한 이해 능력을 길러야 한다.

1 주제 · 관점 · 구조의 유사성 분석

제시된 두 글의 특성을 비교하거나 대조하는 문항이 자주 출제되며 일반적으로 비교나 대조의 기준은 글의 주제나 관점 또는 구조이다. 두 글을 비교하거나 대조하는 문항에서는 각각의 글을 독립적으로 이해하기 보다는 선지에 제시된 기준들을 중심으로 차이점과 공통점에 주목하여 살펴보는 것이 좋다. 또한 단순한 공통점이나 차이점을 넘어서 두 글의 관계를 파악해야 하는 경우도 있으므로 두 글의 중심 내용을 파악하여 이들이 어떤 관련을 맺고 있는지도 검토해 보아야 한다.

출제 유형

- (가)와 (나)를 비교한 것으로 적절하지 않은 것은?
- (가), (나)의 공통적인 말하기 방식은?

제시된 글을 비교하거나 대조하는 문항에서는 글에 대한 다양한 접근 방식을 바탕으로 문항을 풀어야 하므로 앞서 학습했던 다양한 읽기 자료의 이해 능력을 종합적으로 적용할 수 있어야 한다. 또한 문학작품의 감상에서는 시나 소설에 대한 기본적인 개념을 이해하고 작품의 특성을 파악할 수 있어야 한다.

더하기 예제

(가)와 (나)를 비교한 내용으로 가장 적절한 것은?

(가) 경전에 실린 말은 그 근본은 비록 하나지만 그 가닥은 천 갈래 만 갈래이니, 이것이 이른바 "한 가지 이치인데도 백 가지 생각이 나오고 귀결은 같을지라도 이르는 길이 다르다."는 것이다. 이처럼 아무리 뛰어난 지식과 깊은 조예를 가졌다 해도 그 뜻을 완전히 알아서 세밀한 것까지 잃지 않기는 불가능하므로, 반드시 여러 사람의 장점을 널리 모으고 보잘 것 없는 성과도 버리지 않는 다음에야 거칠고 간략

한 것이 유실되지 않고 얕고 가까운 것이 누락되지 아니하여 깊고 멀고 정밀하고 자세한 체제가 비로소 완전하게 갖추어지는 것이다.

(나) 대저 서적에 기재된 것은 그 범위가 대단히 넓고 의미가 무궁하다. 그런 까닭에 중국 서적을 읽지 않는 자는 스스로 금을 긋는 것이고, 중국을 다 오랑캐라 하는 것은 남을 속이는 것이다. 중국에 비록 육상산이나 왕양명 같은 사람들의 학설이 있다고 해도 주자학의 적통(嫡統)은 제대로 남아 있다.

우리나라는 사람마다 주자의 학설을 말할 뿐이며 나라 안에 이단이 없으므로 사대부는 감히 육상산이나 왕양명의 학설을 말하지 못한다. 이것이 어찌 도가 하나에서 나와서 그런 것이겠는가? 과거(科擧)로 몰아대고 풍기(風氣)로 구속하니 이와 같이 하지 않으면 몸이 편안하지 않고 그 자손마저 보전하지 못하기 때문이다. 이런 모든 것이 중국의 큰 규모와 같게 되지 못하는 요인이 된다. 무릇 우리나라가 가지고 있는 좋은 기예를 다 발휘해도 중국의 물건 하나에 불과할 터이니 서로 비교하려는 것은 이미 자신을 알지 못함이 심한 자이다.

① (가)와 (나)는 모두 대상의 의의와 한계를 지적하고 있다.
② (가)는 대상이 지닌 긍정적 가치에 주목하고, (나)는 대상이 지닌 부정적 가치에 주목하고 있다.
③ (가)는 원론적인 수준에서 서술하고 있으며, (나)는 현실의 문제점을 구체적으로 비판하고 있다.
④ (가)는 일반적 전제로부터 구체적 결론을 이끌어 내고, (나)는 구체적 사례를 통해 일반화하고 있다.
⑤ (가)는 구체적 사례를 통해 주장을 뒷받침하고, (나)는 인용을 통해 주장을 뒷받침하고 있다.

해설

(가)는 박제가의 〈사변록〉의 일부이며 (나)는 박제가의 〈북학의〉의 일부이다. 두 글은 모두 학문의 근본은 하나이지만 그것을 해석하고 수용하는 것은 다양할 수 있으므로 올바른 학문은 다양한 지식을 수용하여 학문의 내용을 풍부하게 하는 것이라고 보고 있다. 하지만 (가)에서는 원론적인 수준에서 학문의 특징과 이를 바탕으로 학문을 하는 올바른 태도를 서술하고 있고, (나)에서는 중국의 학문을 멀리하고 과거와 풍기로 학문을 제한하는 우리나라의 현실을 비판하고 있다. 따라서 (가)는 원론적인 수준에서 서술하고, (나)는 현실의 문제점을 구체적으로 비판하고 있다는 ③이 가장 적절한 비교이다.

① (가)와 (나)는 대상의 의의를 서술하고 있지만 한계를 제시하고 있지는 않다.
② (가)와 (나)는 모두 대상의 긍정적 가치를 언급하였지만 부정적 가치를 언급하지는 않았다. (나)에서는 현실의 부정적인 모습이 제시되어 있을 뿐이다.
④ (가)는 전형적인 삼단논법에 의해 서술되었지만 구체적인 결론을 이끌어 내고 있는 것은 아니다. (나) 역시 현실의 문제점이 구체적으로 언급되었고, 역사적 인물을 사례로 제시하고 있으나 사례들을 일반화하고 있는 것은 아니다.
⑤ (가)는 인용을 통해 (나)는 구체적 사례를 통해 주장을 뒷받침하고 있다.

정답 ❸

2 공감 및 감상

공감적 읽기(감상적 읽기)란 글의 내용에 공감하거나 감동하며 읽는 것을 말한다. 공감적 읽기는 문학 작품을 대상으로 하는 경우가 많은데 작품 속 상황이나 인물을 통해 세계에 대하여 이해하는 안목을 높이고 삶에 대한 성찰을 가능하게 한다.

효과적인 공감적 읽기를 위해서는 글의 내용을 자신의 배경지식이나 경험과 관련지어 읽거나 비유, 상징, 암시적 표현, 시대배경, 인물의 성격과 환경 등에 유의하며 읽어야 한다.

출제 유형

- 다음 시에 대한 설명으로 적절한 것은?
- ㉠에 담긴 함축적 의미와 가장 유사한 의미를 가진 것은?
- ㉠ ~ ㉤의 표현상 특징과 효과에 대한 설명으로 적절하지 않은 것은?
- 〈보기〉는 주어진 시에 대한 시인의 해설이다. 〈보기〉를 참조하여 시에 나타난 정경을 표현한 사자성어로 적절한 것은?

주로 문학 작품이 제시되는 경우에 출제되는 유형이다. 제시된 작품에 대한 분석을 통해 이에 대한 공감이나 감상을 묻거나 그러한 감상의 적절성을 평가하는 문항이 출제된다. 이때 유의할 점은 공감이나 감상 내용 자체의 타당성을 검토하는 것이 아니라 제시된 작품에 대한 공감이나 감상이 주제나 필자의 의도 및 견해와 부합하는지 등을 고려하여 평가해야 한다는 점이다. 이러한 문항을 해결하기 위해서는 문학작품을 분석하는 기본적인 방식이나 이와 관련한 개념이 바탕이 되어야 하므로 이에 대한 기본 지식을 익혀 두는 것이 필요하다.

(1) 시

① 시의 표현 방법 : 시의 중심 소재를 파악한 후 이를 구체화하기 위해 어떠한 시구들이 사용되고 있는지, 이 시구들은 어떠한 심상과 표현법을 통해 중심 소재를 드러내고 있는지 살핀다.

㉠ 비유법

표현법의 종류	예시
은유 : A는 B이다. / A의 B	오월은 계절의 여왕
직유 : ~처럼, ~듯이, ~인 양, ~같이 등	내 누이같이 생긴 꽃이여
대유 : 부분이나 특징이 전체를 대표함.	펜은 칼보다 강하다 / 사람은 빵만으로는 살 수 없다
의인 : 사물에 인격성 부여함.	창가에 속삭이는 햇살
풍유 : 속담, 격언 인용함.	도마에 오른 고기 / 빈 수레가 요란하다
중의법 : 두 가지 의미를 가짐.	청산리 벽계수야 수이 감을 ~ / 수양산 바라보며 이제를 한하노라.

㉡ 강조법

표현법의 종류	예시
반복법 : 구, 절, 어휘, 문장 등을 반복함.	산에는 꽃 피네, 꽃이 피네, 갈 봄 여름 없이 꽃이 피네
과장법 : 실제보다 크거나 작게 표현함.	산더미와 같은 파도
영탄법 : 어미나 감탄사를 통해 감정을 드러냄.	어이할꺼나, 나는 사랑을 가졌어라!
점층법 : 점점 크거나 넓게 하여 심화시킴.	마음은 바위가 되고, 산이되고, 하늘이 되고
현재법 : 과거의 일을 현재 일처럼 표현함.	나폴레옹은 개선문을 들어선다.
미화법 : 아름다운 사물을 통해 미화시킴.	거리의 천사(거지) / 밤손님(도둑)
열거법 : 대상을 나열함.	뛰고, 노래하고, 춤추고, 마구 웃어댔다.
비교법 / 대조법 : 공통점과 차이점을 제시함.	강낭콩보다 더 푸른 물결
억양법 : 칭찬하다 비난하거나 그 반대로 표현함.	백제는 뛰어난 예술을 지녔던 나라지만, 무력을 기를 줄 몰랐다.
생략법 : 일부를 생략하여 여운을 남김.	"학이 ……" 봉네는 가만히 고개를 떨어뜨렸다.
연쇄법 : 꼬리를 물고 이어짐.	바람이 나무를 흔들고 나무는 새를 흔들고 새는 꽃을 흔들고

㉢ 변화법

표현법의 종류	예시
설의법 : 답변을 전제한 물음 – 동의를 구함.	그야말로 용감한 청년이 아닌가?
도치법 : 어순을 도치시켜 표현함.	생겨났으면, 나보다도 더 나를 사랑하는 이.
대구법 : 통사구조(문장구조)를 반복함.	범은 죽어서 가죽을 남기고, 사람은 죽어서 이름을 남긴다.
문답법 : 묻고 답하는 형식.	무엇이 중요한가? / 그것은 꿈이다.

② 시상 전개 방식

시상 전개 방식	내용
선경후정(仙景後情)의 전개 방식	전반부에 배경을 묘사하고, 후반부에 화자의 정서를 제시하는 방식.
기승전결(起承轉結)의 전개 방식	시상의 촉발(起) – 발전(承) – 전환(轉) – 마무리(結)의 순서로 전개하는 방식.
시간의 흐름에 따른 전개 방식	시간의 순서에 따라 전개하거나 회상을 통해 시상을 전개하는 방식.
공간의 이동에 따른 전개 방식	화자가 이동하는 경로에 따라 시상을 전개하는 방식.
시선의 이동에 따른 전개 방식	화자가 관찰하는 대상의 변화에 따라 시상을 전개하는 방식.
대립적 이미지에 따른 전개 방식	'물, 불' 과 같이 대립적 이미지를 중심으로 시상을 전개하는 방식.

③ 시어의 이미지

이미지의 종류	예시
시각적 이미지(보이는 것)	불타는 태양, 아른거리는 바다
청각적 이미지(소리)	새들의 노래, 바람의 울림
후각적 이미지(냄새)	향기로운 꽃, 구수한 옥수수
미각적 이미지(맛)	소태처럼 쓰다, 초콜릿처럼 달콤하다.
촉각적 이미지(피부로 느끼는 감각)	차가운 바람, 따가운 햇살
공감각적 이미지(감각의 전이)	배춧잎 같은 발소리, 흔들리는 종소리의 동그라미

④ 시의 운율

운율의 종류	내용
음보율	일정한 호흡 단위를 반복하여 운율을 형성하는 방법.
음수율	일정한 글자 수를 반복하여 운율을 형성하는 방법.
음위율	각운이나 두운처럼 처음이나 끝에 특정한 음절을 반복하여 운율을 형성하는 방법.

더 알고가기

시어의 이미지

시어는 시인의 내면세계를 구체적으로 형상화한다. 이는 대상을 감각적인 이미지를 통해 전달하기 때문이다. 따라서 시에는 다양한 감각적 이미지들이 동원된다. 특히 시에서는 하나의 이미지를 다른 이미지로 전이시켜 표현하는 공감각적 이미지가 사용되는데 이는 독창적인 표현 효과를 높여준다.

더하기 예제

다음 시에 대한 설명으로 가장 적절한 것은?

노주인(老主人)의 장벽(腸壁)에
무시(無時)로 인동(忍冬) 삼긴 물이 나린다.

자작나무 덩그럭 불이
도로 피어 붉고,

구석에 그늘 지어
무가 순 돋아 파릇하고,

흙냄새 훈훈히 김도 사리다가
바깥 풍설(風雪) 소리에 잠착하다.*

산중(山中)에 책력(册曆)도 없이
삼동(三冬)이 하이얗다.

* 잠착하다 : 어떤 한 가지 일에만 마음을 골똘하게 쓰다.

– 정지용, 〈인동차〉

① 공간의 이동에 따라 시상을 전개하고 있다.
② 대상에 인격성을 부여하여 친근감을 주고 있다.
③ 규칙적인 호흡을 통해 리듬감을 주고 있다.
④ 감정을 절제하고 대상을 관조적으로 묘사하고 있다.
⑤ 모순되는 표현을 통해 심층적인 의미를 전달하고 있다.

해설

제시된 시는 정지용의 〈인동차(忍冬茶)〉이다. 깊은 산속에서 세속과 단절된 채 차를 마시는 노주인의 모습을 시적 화자가 객관적으로 관찰하여 전달하고 있다. 고요한 산중의 모습과 함께 자연에 동화되어 세속의 욕망을 잊고 차를 마시는 노주인의 정신적 향기가 효과적으로 표현된 작품이다. 파릇한 무순과 백설이 이루는 색채 대비, 덩그럭 불과 바깥 풍설(風雪)이 이루는 냉온(冷溫)의 대비가 주제를 보다 효과적으로 전달하고 있다.

① 시적 공간은 산중의 외딴 집으로 고정되어 있어 적절하지 않은 설명이다.
② 제시된 시에서는 의인화 수법이 사용되지 않았다.
③ 규칙적인 호흡이 유지되려면 음보율이나 음수율이 드러나야 한다. 제시된 시에서는 음보율이나 음수율이 드러나지 않았다.
⑤ 모순되는 표현을 통해 심층적인 의미를 드러내는 것은 '역설'에 해당한다. 제시된 시에서는 역설적 표현이 나타나지 않았다.

정답 ❹

(2) 소설

소설은 다음 세 가지에 유의하여 읽도록 한다. 첫째, 등장인물들 사이에 어떤 사건과 갈등이 벌어지고 있는지 확인한다(인물과 사건). 둘째, 특징적인 시간과 공간 그리고 중심 소재 등을 파악하며 읽는다(배경과 소재). 셋째, 작품의 시점을 파악하고 선지를 통해 서술상 특징을 파악한다(시점과 표현).

① **소설의 시점** : 시점에 따라 서술자의 위치 및 심리 제시 범위가 달라진다는 면에서 시점은 소설 감상의 중요한 요소이다.

시점의 종류	서술자의 위치	서술자의 태도	특징
1인칭 주인공 시점	소설 내부(안)	주관적	• 주인공의 심리를 서술하는데 용이함. • 인물의 육성(肉聲)을 들을 수 있어 친근감을 줌. • 사건을 서술하는 데 제약이 따름. • 독자와 서술자는 가깝고 등장인물은 멂.
1인칭 관찰자 시점	소설 내부(안)	객관적	• 1인칭 주인공 시점에 비해 객관적임. • 사건을 서술하는 데 제약이 따름. • 주인공의 심리를 숨겨 경이감을 줌. • 독자와 서술자는 멀고 등장인물은 가까움.
전지적 작가 시점	소설 외부(밖)	전지적	• 서술자가 모든 것을 알고 서술함. • 사건 서술의 제약이 없음. • 독자의 상상력을 제한함. • 독자와 서술자는 가깝고 등장인물은 멂.
3인칭 관찰자 시점	소설 외부(밖)	객관적	• 등장인물들의 내면심리 서술이 제한됨. • 독자는 관찰자로 객관적인 정보만 서술함. • 서술자와 거리는 멀고, 등장인물은 가까움.

② **소설의 구성방식** : 소설의 구성이란 곧 소설 작품의 짜임새를 말한다.

구성의 종류	특징
평면적 구성	• 시간의 흐름에 따른 순행적 구성으로 일반적 구성 형태. • 사건의 전개나 인과 구성을 파악하기에 용이함. 예 김승옥, 〈1964년, 겨울, 서울〉
입체적 구성	• 사건의 흐름이 역순행적으로 구성된 형태(회상구조). 예 이청준, 〈눈길〉 • 사건의 흐름이 과거, 현재, 미래를 오가는 경우. 예 오상원, 〈유예〉 • 이야기 속에 이야기가 삽입된 액자식 구성의 형태. 예 김동리, 〈무녀도〉

더 알고가기

소설에서의 인물 제시 방식

㉠ 말하기 방식

- 서술자가 직접 인물의 성격을 제시하는 방법.
- 직접 제시, telling

예

젊은 시절에는 알뜰하게 벌어 돈푼이나 모아 본 적도 있기는 하였으나, 읍내에 백중이 열린 해 호탕스럽게 놀고 투전을 하고 하여 사흘 동안에 다 털어 버렸다. 나귀까지 팔게 된 판이었으나 애끊는 정분에 그것만은 이를 악물고 단념하였다. 결국 도로아미타불로 장돌이를 다시 시작할 수밖에는 없었다. 짐승을 데리고 읍내를 도망해 나왔을 때에는, 너를 팔지 않기 다행이었다고 길가에서 울면서 짐승의 등을 어루만졌던 것이었다. 빚을 지기 시작하니 재산을 모을 염은 당초에 틀리고, 간신히 입에 풀칠을 하러 장에서 장으로 돌아다니게 되었다. 호탕스럽게 놀았다고는 하여도 계집 하나 후려 보지 못하였다. 계집이란 쌀쌀하고 매정한 것이었다. 평생 인연이 없는 것이라고 신세가 서글퍼졌다. 일신에 가까운 것이라고는 언제나 변함없는 한 필의 당나귀였다.

– 이효석, 〈메밀꽃 필 무렵〉

㉡ 보여주기 방식

- 인물의 대화나 행동을 통해 성격을 제시하는 방법.
- 간접 제시, 극적 제시, showing

예

형무소에서 병보석으로 가출옥되었다는 중환자가 업혀서 왔다. 휑뎅그런 눈에 앙상하게 뼈만 남은 몸을 제대로 가누지도 못하는 환자. 그는 간호원의 부축으로 겨우 진찰을 받았다. 청진기의 상아 꼭지를 환자의 가슴에서 등으로 옮겨 두 줄기의 고무줄에서 감득되는 숨소리를 감별하면서도, 이인국 박사의 머릿속은 최후 판정의 분기점을 방황하고 있었다.

입원시킬 것인가, 거절할 것인가 ……

환자의 몰골이나 업고 온 사람의 옷매무새로 보아 경제 정도는 뻔한 일이라 생각되었다. 그러나 그것보다도 더 마음에 켕기는 것이 있었다. 일본인 간부급들이 자기 집처럼 들락날락하는 이 병원에 이런 사상범을 입원시킨다는 것은 관선 시의원이라는 체면에서도 떳떳치 못할뿐더러, 자타가 공인하는 모범적인 황국 신민(皇國新民)의 공든 탑이 하루아침에 무너지는 결과를 가져오는 것이라는 생각이 들었다.

순간 그는 이런 경우의 가부 결정에 일도양단하는 자기 식으로 찰나적인 단안을 내렸다. 그는 응급 치료만 하여 주고 입원실이 없다는 가장 떳떳하고도 정당한 구실로 애걸하는 환자를 돌려보냈다.

– 전광용, 〈꺼삐딴 리〉

더하기 예제

다음 소설에 대한 설명으로 옳지 않은 것은?

떨어졌던 다릿돌을 올려놓고야 들어와 그(아버지)도 점심상을 받았다.

점심을 자시면서였다.

"원, 요즘 사람들은 힘두 줄었나 봐! 그 다리 첨 놀 제 내가 어려서 봤는데 불과 여남은이서 거들던 돌인데 장정 수십 명이 한나잘을 씨름을 허다니!"

"나무다리가 있는데 건 왜 고치시나요?"

"너두 그런 소릴 허는구나. 나무가 돌만허다든? 넌 그 다리서 고기 잡던 생각두 안 나니? 서울루 공부 갈 때 그 다리 건너서 떠나던 생각 안 나니? 시쳇사람들은 모두 인정이란 게 사람헌테만 쓰는 건 줄 알드라! 내 할아버니 산소에 상돌을 그 다리로 건네다 모셨구, 내가 천잘 끼구 그 다리루 글 읽으러 댕겼다. 네 어미두 그 다리루 가말 타구 내 집에 왔어. 나 죽건 그 다리루 건네다 묻어라…… 난 서울 갈 생각 없다."

"네?"

"천금이 쏟아진대두 난 땅은 못 팔겠다. 내 아버님께서 손수 이룩허시는 걸 내 눈으루 본 밭이구, 내 할아버님께서 손수 피땀을 흘려 모신 돈으루 장만허신 논들이야. 돈 있다고 어디가 느르지논 같은 게 있구, 독시장밭 같은 걸 사? 느르지 논둑에 선 느티나문 할아버님께서 심으신 거구, 저 사랑마당엣은행나무는 아버님께서 심으신 거다. 그 나무 밑에를 설 때마다 난 그 어룬들 동상(銅像)이나 다름없이 경건한 마음이 솟아 우러러보군 헌다. 땅이란 걸 어떻게 일시 이해를 따져 사구 팔구 허느냐? 땅 없어 봐라, 집이 어딨으며 나라가 어딨는 줄 아니? 땅이란 천지만물의 근거야. 돈 있다구 땅이 뭔지두 모르구 욕심만 내 문서쪽으로 사 모기만 하는 사람들, 돈놀이처럼 변리만 생각허구 제 조상들과 그 땅과 어떤 인연이란 건 도시 생각지 않구 헌신짝 버리듯 하는 사람들, 다 내 눈엔 괴이한 사람들루밖엔 뵈지 않드라."

"…… ."

"네가 뉘 덕으루 오늘 의사가 됐니? 내 덕인 줄만 아느냐? 내가 땅 없이 뭘루? 밭에 가 절하구 논에 가 절해야 쓴다. 자고로 하눌 하눌 허나 하눌의 덕이 땅을 통허지 않군 사람헌테 미치는 줄 아니? 땅을 파는 건 그게 하눌을 파나 다름없는 거다."

"…… ."

"땅을 밟구 다니니까 땅을 우섭게들 여기지? 땅처럼 응과(應果)가 분명헌 게 무어냐? 하눌은 차라리 못 믿을 때두 많다. 그러나 힘들이는 사람에겐 힘들이는 만큼 땅은 반드시 후헌 보답을 주시는 거다. 세상에 흔해 빠진 지주들, 땅은 작인들헌테나 맡겨 버리구, 떡 도회지에 가 앉어 소출은 팔어다 모다 도회지에 낭

비해 버리구, 땅 가꾸는 덴 단돈 일 원을 벌벌 떨구, 땅으루 살며 땅에 야박한 놈은 자식으로 치면 후레자식 셈이야."

— 이태준, 〈돌다리〉

① 특정 인물이 말하는 내용을 통해 소설의 주제를 드러내고 있다.
② 인물들 간의 갈등의 원인은 '땅' 에 대한 인식의 차이이다.
③ 대립되는 소재를 활용하여 인물들의 가치관을 대변하고 있다.
④ 현대인들의 삶의 태도에 대한 비판적 인식이 드러나 있다.
⑤ 아버지의 일방적인 주장으로 인해 세대 간의 갈등이 심화되고 있다.

해설

제시된 소설은 이태준의 〈돌다리〉이다. 〈돌다리〉는 '나무다리' 로 대변되는 근대인들의 물질주의적이고 편의주의적 가치관과 '돌다리' 로 대변되는 자연친화적이고 내적 가치를 중시하는 전근대적인 가치관의 차이를 세대 간의 갈등을 통해 대비하고 있는 작품이다. 하지만 이 작품은 아버지가 아들을 설득하는 과정 속에서 아들이 자신의 가치관을 반성하게 되는 과정을 그림으로써 정신적 가치를 중시하는 자연친화적 삶의 태도에 대해서 옹호하고 있다. 아들이 아버지의 말에 말이 없는 것은 불만의 축적이 아니라 아버지의 말이 합당하기 때문에 할 말을 잃은 것으로 일종의 자기반성이라고 볼 수 있다.

① 제시된 부분은 아버지의 이야기가 주를 이루고 있으며 이를 통해 작가가 전달하고자 하는 주제가 집약적으로 전달되고 있다.
② 아버지와 아들이 의견의 차이를 보이는 궁극적인 쟁점은 '땅' 이다. 아들은 '땅' 을 물질적 가치로 인식하고 있는 반면 '아버지' 는 '땅' 을 정신적 가치로 인식하고 있다.
③ '나무다리' 는 근대인들의 편의주의와 물질 중심적 사고를, '돌다리' 는 역사와 정신적 가치를 중시하는 사고를 대변하는 대립적 소재이다.
④ 아버지의 대화에는 물질만능주의에 물든 현대인들에 대한 비판적 인식이 드러나고 있다.

정답 ⑤

다섯 창의적 이해

주어진 정보와 자료를 바탕으로 새로운 내용을 생성해 내거나 주어진 정보를 변형시켜 새로운 상황에 적용하는 사고 과정을 창의적 읽기라 한다. 창의적 읽기는 크게 새로운 내용 생성하기, 다른 영역으로 변용하기로 나누어진다.

1 새로운 내용 생성하기

새로운 내용 생성하기에서는 글의 논지를 내면화 한 후 이를 심화, 발전시킬 수 있는가, 논지를 바탕으로 새로 접한 자료의 활용 방안을 창의적으로 생각해 낼 수 있는가 등을 평가한다.

출제 유형

• 다음 글을 읽고 글쓴이의 주장에 찬성 혹은 반대하는 이유를 100자 내외로 쓰시오. (주관식)

창의적인 읽기에서는 창의적인 수용 과정과 이에 대한 창의적인 반응 과정을 포함한다. 따라서 수용의 적절성뿐만 아니라 반응의 적절성을 평가하게 되는데 수험생이 보이는 창의적 수용 과정과 창의적 반응 과정을 평가하기 위해 주로 주관식 문항이 출제되고 있다.

2 다른 영역으로 변용하기

글에 제시된 자료와 정보를 창의적인 시각과 방법으로 가공할 수 있는가, 글의 내용을 실제 상황이나 다른 상황에 확대 적용할 수 있는가 등을 평가하는 것을 말한다. 이때 확대 적용이란 글에서 언급한 원리나 핵심 내용을 구체적 상황에 창의적으로 적용시켜 보는 것을 말한다.

더하기 예제 주관식

다음 글을 읽고 글쓴이의 주장에 찬성 혹은 반대하는 이유를 100자 내외로 쓰시오.

태아의 생존이 임산부의 생명을 위협하는 경우 임신중절은 도덕적으로 허용할 수 있는가? 이 경우 임산부는 태아가 생명권을 갖는 존재일지라도 태아를 중절할 것을 강력히 요구할 것이다. 태아의 생존이 그의 생명을 위협하기 때문에 산모의 임신중절은 결국 산모 입장에서 보자면 최종적인 자기 방어 행위라고 할 수 있다.

물론 태아의 죽음을 유발하는 것은 임산부 자신이 아니라 의사나 다른 대리인이겠지만 그러한 차이는 도덕적으로 차이가 없다. 결국 생명을 위협받고 있는 사람은 그의 생명을 위협하는 사람을 죽이거나 다른 사람에게 자신을 대신해 그 일을 해 달라고 요청할 것이기 때문이다.

그러나 이와 같은 문제는 더욱 면밀한 검토가 필요하다. 가령 다음과 같은 예를 들어 보자. 병에 걸린 甲이 죽지 않기 위해 필요한 약품을 乙이 가지고 있는데 乙은 甲이 丙이라는 인물을 죽일 때만 그 약품을 준다는 조걸을 걸었다. 이 경우 甲이 丙을 죽이는 행위는 정당화될 수 있는가? 물론 이 경우는 도덕적으로 허용될 수 없다. 왜냐하면 丙의 생존이 甲에게는 분명히 생존의 위협이지만 丙은 甲을 죽이려는 의도가 없기 때문이다.

임신 중절의 경우도 마찬가지이다. 태아는 분명히 산모의 생명을 위협하는 존재이지만 태아가 임산부의 생명을 빼앗으려는 의도는 가지고 있지 않기 때문이다. 이러한 경우는 자신을 직접적으로 죽이려는 대상으로부터 자신의 생명을 보호하기 위해 그 대상을 죽이게 되는 자기 방어와는 차원이 다른 문제이다. 따라서 임신중절은 결코 정당화될 수 없다.

3주

예시답안

㉠ **반대 견해**

- 태아가 산모의 생명을 위협하는 경우는 약을 얻기 위해 사람을 죽이는 경우와 동일한 상황으로 볼 수 없으므로 이를 근거로 임신중절을 반대할 수 없다.
- 생명의 위협을 받는 임신중절을 불허할 경우 아이의 탄생을 이유로 산모를 죽이는 것과 마찬가지이므로 생명에 위협을 느끼는 산모에게 임신중절을 불허하는 것은 일종의 살인행위로 볼 수 있다.

㉡ **찬성 견해**

- 생명의 위협을 느낀다고 해서 생명을 빼앗는 것을 허용하는 것은 생명에 대한 존엄성을 짓밟는 행위이므로 결코 정당화될 수 없다.
- 임신중절 수술을 통해 태아를 제거하는 것은 산모에게는 자기 방어에 해당할 수 있지만 태아는 자기 방어를 할 수 없는 상태이므로 공정하다고 볼 수 없다. 따라서 임신 중절은 정당화 되어서는 안 된다.

해설

제시된 글의 쟁점은 '산모가 태아에 의해 생명을 위협 받을 경우 임신중절 수술이 정당한가, 그렇지 않은가?' 이다. 필자는 타인을 죽여야 자신이 살 수 있는 약을 얻는 경우로 예로 들어, 자신이 죽이고자 하는 대상에게 자신을 죽일 의도가 존재하지 않기 때문에 정당화될 수 없다고 주장하고 있다.
따라서 글쓴이의 주장에 반대하고자 하는 입장에서는 태아가 산모의 생명을 위협하는 경우 태아의 생존권만큼 산모의 생존권도 중요하다는 점을 부각시킬 필요가 있다. 즉 산모의 임신중절이 자기 방어에 해당하며 태아의 생존을 위해 임신중절을 제한하는 것이 산모의 생존권을 박탈하는 것과 다름이 없음을 부각시켜야 한다.
반면 글쓴이의 주장에 찬성하는 입장에서는 앞서 제시한 상황이 산모가 임신중절을 해야 하는 상황과 동일하다는 점을 입증해야 한다. 또한 산모의 생명권을 지키기 위해 태아의 생명권을 빼앗는 것은 태아의 생명권보다 산모의 생명권을 우선시하는 것이므로 인권의 평등성에 위배된다는 점 등을 근거로 제시할 수 있다.

둘째 마당. 읽기

매듭짓기

01 다음 글의 내용과 일치하지 않는 것은?

일반적으로 가솔린 엔진은 기화기에서 공기와 연료를 먼저 혼합하고, 그 혼합 기체를 실린더 안으로 흡입하여 압축한 후, 점화 플러그로 스파크를 일으켜 동력을 얻는다. 이러한 과정에서 문제는 압축 정도가 제한된다는 것이다. 만일 기화된 가솔린에 너무 큰 압력을 가하면 멋대로 점화되어 버리는데, 이것이 엔진의 노킹(knocking) 현상이다. 공기를 압축하면 뜨거워진다는 것은 알려져 있던 사실이다. 디젤 엔진의 기본 원리는 실린더 안으로 공기만을 흡입하여 피스톤으로 강하게 압축시킨 다음, 그 압축 공기에 연료를 분사하여 저절로 착화가 되도록 하는 것이다. 따라서 디젤 엔진에는 점화 플러그가 필요 없는 대신, 연료 분사기가 장착되어 있다. 또 압축 과정에서 공기와 연료가 혼합되지 않기 때문에 디젤 엔진은, 최대 121의 압축 비율을 갖는 가솔린 엔진보다 훨씬 더 높은 251 정도의 압축 비율을 갖는다. 압축 비율이 높다는 것은 그만큼 효율이 좋다는 것을 의미한다.

사용하는 연료의 특성도 다르다. 디젤 연료인 경유는 가솔린보다 훨씬 무겁고 점성이 강하며 증발하는 속도도 느리다. 왜냐하면 경유는 가솔린보다 훨씬 더 많은 탄소 원자가 길게 연결되어 있기 때문이다. 일반적으로 가솔린은 5~10개, 경유는 16~20개의 탄소를 가진 탄화수소들의 혼합물이다. 탄소가 많이 연결된 탄화수소물에 고온의 열을 가하면 탄소 수가 적은 탄화수소물로 분해된다. 한편, 경유는 가솔린보다 에너지 밀도가 높다. 1갤런(gallon)의 경유는 약 1억 5,500만 줄(Joule)의 에너지를 가지고 있지만, 가솔린은 1억 3,200만 줄을 가지고 있다. 이러한 연료의 특성들이 디젤 엔진의 높은 효율과 결합되면서, 디젤 엔진은 가솔린 엔진보다 좋은 연비를 내게 되는 것이다.

① 디젤 엔진의 실린더에는 공기만 흡입된다.

② 공기가 높은 압력을 받으면 온도가 상승한다.

③ 디젤 엔진은 가솔린 엔진에 비해 효율이 높다.

④ 가솔린 엔진은 실린더에 연료를 분사하여 점화시킨다.

⑤ 경유는 가솔린에 비해 끈적거린다.

02 각 단락의 중심 내용을 요약한 것으로 적절하지 않은 것은?

(가) 요즘 유행하는 소형 휴머노이드 로봇 경기에 나오는 로봇의 보행 모습은 흔들림이 심하며 불안정하다. 인간에게는 두 발로 걷는 이족 보행(二足步行)이 당연한 일인데 로봇에게는 힘든 일이다. 왜냐하면 걷는 것은 무게 중심을 양발에 교대로 옮기면서 발을 내딛고 착지하는 과정을 반복하는 복합적인 균형 운동인데, 현재의 과학 기술로는 이를 로봇에 자연스럽게 구현하기가 어렵기 때문이다.

(나) 로봇의 이족 보행이 어려운 이유는 두 가지 요소를 충족하기가 쉽지 않기 때문이다. 그 첫째 요소는 미리 계획된 걸음 패턴에 따라 걸음의 기본형을 만드는 '걸음 경로 계획'이고, 둘째 요소는 매 순간 몸의 각 부분을 미세하게 움직임으로써 지속적으로 동적(動的) 안정성을 유지하는 '자세 안정화'이다.

(다) 걸음 경로 계획은 ZMP(Zero Moment Point)라고 불리는 동적 무게 중심이, 보행하는 동안 착지한 발 내부에 위치하도록 모든 관절 운동을 설계하는 것이다. 걸음을 떼기 위해서는 먼저 ZMP를 왼발 안으로 이동시키고 오른발을 들어 올리며 앞으로 내딛는다. 오른발의 착지가 완료되면 ZMP를 오른발로 이동시켜 다음 걸음을 준비하게 된다. 이때 걸음 경로 계획이 잘못되어 ZMP가 착지한 발 안에 놓이지 않으면 로봇은 쓰러진다.

(라) 걸음 경로 계획에서 만족할 만한 결과를 얻었다 할지라도 다음에는 계획된 걸음 경로를 재현할 때 발생하는 문제, 곧 '자세 안정화'의 문제를 해결해야 한다. 로봇의 자세 안정화를 어렵게 하는 것에는 세 가지 요인이 있다. 첫째는 백래시(backlash)로 인한 불확실성이다. 백래시란 기계적 운동 결합부에 있는 기어 톱니 사이의 틈새를 말하는데, 기어가 돌아가는 방향이 바뀔 때 이 틈새로 인해 기어가 약간씩 헛도는 현상이 나타난다. 이 때문에 로봇의 몸체는 착지할 때마다 흔들거리게 된다. 둘째는 지면의 균일도 및 마찰력과 관련한 불확실성이다. 우리가 수평 상태라고 생각하는 실내 바닥조차 정밀하게 측정해 보면 ±2도 정도의 기울기 차가 있고, 상당한 굴곡도 있다. 또한 발바닥이 지면과의 마찰력 부족으로 미끄러질 수도 있다. 이러한 이유로 로봇의 착지는 매우 불안정해질 수밖에 없다. 셋째는 로봇의 구조적 특성 때문에 나타나는 처짐이나 진동으로 인한 불확실성이다. 로봇의 구조는 매우 복잡하면서도 각 관절이 직렬로 연결되어 있어서 로봇이 움직일 때마다 충격을 받을 수밖에 없다. 이로 인해 로봇은 보행 중 몸의 처짐이나 진동이 발생하여 기울어지거나 쓰러질 수 있다. 이런 세 가지 요인에 의해 나타나는 문제들은 예측하고 제어하기가 쉽지 않다.

(마) 현재 걸음 경로 계획 및 자세 안정화를 위한 연구가 꾸준히 수행되어 로봇의 걸음을 좀 더 인간의 걸음에 가깝도록 재현하는 제어 기법이 개발되고 있다. 그러나 인간처럼 자연스럽게 걷는 로봇을 만드는 데에는 지금의 기술적 한계를 뛰어넘는 혁신적인 이론과 기술이 요구된다.

① (가) 로봇 보행의 기술적 한계

② (나) 로봇의 이족 보행이 힘든 이유

③ (다) ZMP 기술의 한계

④ (라) '자세 안정화 문제'의 한계

⑤ (마) 로봇 보행 연구의 과제

03 다음 제시된 글의 제목으로 가장 적절한 것은?

종이의 탄생은 문자 기록 매체의 혁신과 관련되어 있다. 문자를 기록할 매체로는 점토나 돌, 비단, 나무와 대나무, 동물의 껍질 등이 있었지만 그것들은 각기 부피, 경제성, 안정성, 대량 생산 가능성, 이동성 등의 한두 측면에서 문제점을 지닌 것이었다.

이들에 대한 대안의 하나가 고대 이집트의 '파피루스(papyrus)'이다. 파피루스는 약 4,000여 년 전 이집트의 나일강변에서 자생하던 높이 약 2.5미터 정도의 수초이다. 고대 이집트인들은 이 껍질을 물에 담가 불린 후 가로, 세로로 겹쳐 두들겨 굵은 삼베 모양의 기록 매체를 만들었다. 파피루스는 고대 이집트에서 널리 쓰였고 그리스 로마 시대까지 이어졌지만, 이후 시기의 주력 매체로 이어지지는 못했다.

또 다른 하나의 시도는 종이의 개발이다. 그간의 통설은 '환관 채륜이 나무껍질, 마(麻) 등을 원료로 종이를 만들어 황제에게 바쳤다.' 라는 기록을 근거로 기원후 105년 경 중국 후한 시대의 인물 채륜이 종이를 개발한 것으로 간주해 왔다. 그러나 이는 잘못된 것이다. 현재 중국 고고학 발굴에 따르면, 종이의 기원은 늦어도 기원전 5,040년대 전한 시대까지 거슬러 올라간다. 현대 학자들은 이전에 존재했던 종이 제작 기술을 채륜이 더욱 향상시킨 것으로 평가하고 있다. 채륜 시대 이전의 종이 용도와 채륜 시대의 종이 용도에 차이가 있다는 점이 제기되기도 한다.

몇 해 전에는 전자책(E-book)이 나오면서, 종이책의 퇴출을 예상하기도 했다. 그러나 전자책은 기대했던 것만큼의 성과를 내지 못했다. 오히려 그 정반대의 현상이 예측된다. 컴퓨터 화면에만 문자가 뜨는 것 대신에 화면을 종이처럼 바꾸려는 시도가 나왔다. 이런 전자종이는 종이 소비를 획기적으로 줄여 환경에 크게 도움이 될 것이라는 기대를 받고 있다. 하지만 전자종이는 종이책의 문화 자체를 바꿀 정도의 영향을 끼치지 못할 것이라 예상한다.

종이의 대안으로 인식되는 컴퓨터와 모니터가 많이 보급됐지만, 그와 함께 프린터가 필수적인 존재로 같이 보급되었으며, 그것은 종이를 필요로 한다. 컴퓨터와 모니터가 발달하면서 오히려 종이 수요가 더 늘었다는 분석도 있다. 종이의 가장 큰 수요처인 종이책은 계속 발행될 것이고, 어렸을 때부터 익숙해져 죽을 때까지 같이 하는 존재로 자리 잡았기 때문에 이러한 생활 방식과 문명 방식의 격변이 없는 한 종이는 인류의 문명과 함께 할 것이다.

① 문자 기록 매체의 변천

② 시대별 문자 기록 매체의 장단점

③ 종이의 기원과 전망

④ 종이와 전자매체의 결합

⑤ 종이의 용도 변화

04 다음 글의 논지 전개 방식을 설명한 것으로 적절하지 않은 것은?

언어는 배우는 아이들이 있어야 지속된다. 그러므로 성인들만 사용하는 언어가 있다면 그 언어의 운명은 어느 정도 정해진 셈이다. 언어학자들은 이런 방식으로 추리하여 인류 역사에 드리워진 비극에 대해 경고한다. 한 언어학자는 현존하는 북미 인디언 언어의 약 80%인 150개 정도가 빈사 상태에 있다고 추정한다. 알래스카와 시베리아 북부에서는 기존 언어의 90%인 40개 언어, 중앙아메리카와 남아메리카에서는 23%인 160개 언어, 오스트레일리아에서는 90%인 225개 언어, 그리고 전 세계적으로는 기존 언어의 50%인 대략 3,000개의 언어들이 소멸해 가고 있다고 한다. 사용자 수가 10만 명을 넘는 약 600개의 언어들은 비교적 안전한 상태에 있지만, 세계 언어 수의 90%에 달하는 그 밖의 언어는 21세기가 끝나기 전에 소멸할지도 모른다.

언어가 이처럼 대규모로 소멸하는 원인은 중첩적이다. 토착 언어 사용자들의 거주지가 파괴되고, 종족 말살과 동화(同化) 교육이 이루어지며, 사용 인구가 급격히 감소하는 것 외에 '문화적 신경가스'라고 불리는 전자 매체가 확산되는 것도 그 원인이 된다. 물론 우리는 소멸을 강요하는 사회적, 정치적 움직임들을 중단시키는 한편, 토착어로 된 교육 자료나 문학 작품, 텔레비전 프로그램 등을 개발함으로써 언어 소멸을 어느 정도 막을 수 있다. 나아가 소멸 위기에 처한 언어라도 20세기의 히브리어처럼 지속적으로 공식어로 사용할 의지만 있다면 그 언어를 부활시킬 수도 있다.

합리적으로 보자면, 우리가 지구상의 모든 동물이나 식물 종들을 보존할 수 없는 것처럼 모든 언어를 보존할 수는 없으며, 어쩌면 그래서는 안 되는지도 모른다. 여기에는 도덕적이고 현실적인 문제들이 얽혀 있기 때문이다. 어떤 언어 공동체가 경제적 발전을 보장해 주는 주류 언어로 돌아설 것을 선택할 때, 그 어떤 외부 집단이 이들에게 토착 언어를 유지하도록 강요할 수 있겠는가? 또한, 한 공동체 내에서 이질적인 언어가 사용되면 사람들 사이에 심각한 분열을 초래할 수도 있다. 그러나 이러한 문제가 있더라도 전 세계 언어의 50% 이상이 빈사 상태에 있다면 이를 그저 바라볼 수만은 없다.

왜 우리는 위험에 처한 언어에 관심을 가져야 하나? 언어적 다양성은 인류가 지닌 언어 능력의 범위를 보여 준다. 언어는 인간의 역사와 지리를 담고 있으므로 한 언어가 소멸한다는 것은 역사적 문서를 소장한 도서관 하나가 통째로 불타 없어지는 것과 비슷하다. 또 언어는 한 문화에서 시, 이야기, 노래가 존재하는 기반이 되므로, 언어의 소멸이 계속되어 소수의 주류 언어만 살아남는다면 이는 인류의 문화적 다양성까지 해치는 셈이 된다.

① 문제 상황과 관련된 구체적인 수치를 제시하여 문제의 심각성을 부각시키고 있다.
② 문제 상황과 관련된 전문가의 견해를 제시하여 신뢰성을 부각시키고 있다.
③ 문제 상황의 원인을 다양한 측면에서 제시하고 이를 바탕으로 구체적 해결방안을 제시하고 있다.
④ 비유적 표현을 활용하여 문제 상황의 심각성을 쉽게 이해시키고 있다.
⑤ 문제 상황이 초래할 수 있는 결과를 제시하여 적극적인 노력의 필요성을 제시하고 있다.

05 다음 글의 논증의 짜임새를 분석한 것으로 바르지 않은 것은?

(가) 18세기 말 영국에서 시작된 산업 혁명 이후, 인류는 눈부신 과학 기술의 발전과 산업화의 결과로 풍요로운 물질문명의 혜택을 누리게 되었다.

(나) 하지만, 산업화로 말미암아 도시가 비대해지고, 화석 에너지 및 공업용수의 사용이 급속히 늘어나, 대기 오염, 식수원 오염 및 토양 오염을 유발하여 쾌적하지 못한 환경오염을 초래하게 되었다.

(다) 급기야는 1940~50년대를 전후하여 공업 선진국의 몇몇 도시에서는 이미 대기 오염에 의한 인명 사고가 발생하기 시작하였다.

(라) 대표적인 것은 1952년 12월, 영국에서 발생했던 '런던 스모그 사건'이었다.

(마) 이로 인하여 4,000여 명이 사망하였다고 하니, 정말 끔찍한 일이 아닐 수 없다. 이 사건은 환경오염이 삶의 질 차원을 넘어서 인류 생존의 문제로 악화되고 있음을 시사해 주는 대표적인 것으로 기록되어 있다.

① (나)는 (가)의 반론이다.
② (라)는 (다)의 구체화이다.
③ (라)는 (나)의 전제이다.
④ (마)는 (라)의 상술이다.
⑤ (나)는 (다)의 전제이다.

06 다음 글에서 이끌어 낼 수 있는 내용으로 적절하지 않은 것은?

'옵션(option)'이라면 금융 상품을 떠올리기 쉽지만, 알고 보면 우리 주위에는 옵션의 성격을 갖는 현상이 참 많다. 옵션의 특성을 잘 이해하면 위험과 관련된 경제 현상을 이해하는 데 큰 도움이 된다. 옵션은 '미래의 일정한 시기(행사 시기)에 미리 정해진 가격(행사 가격)으로 어떤 상품(기초 자산)을 사거나 팔 수 있는 권리'로 정의된다.

상황에 따라 유리하면 행사하고 불리하면 포기할 수 있는 선택권이라는 성격 때문에 옵션은 수익의 비대칭성을 낳는다. 즉, 미래에 기초 자산의 가격이 유리한 방향으로 변화하면 옵션을 구입한 사람의 수익이 늘어나게 해 주지만, 불리한 방향으로 변화해도 그의 손실이 일정한 수준을 넘지 않도록 보장해 주는 것이다. 따라서 이 권리를 사기 위해 지급하는 돈, 즉 '옵션 프리미엄'은 이러한 보장을 제공 받기 위해 치르는 비용인 것이다.

옵션 가운데 주식을 기초 자산으로 하는 주식 옵션의 사례를 살펴보면 옵션의 성격을 이해하기가 한층 더 쉽다. 가령, 2년 후에 어떤 회사의 주식을 한 주당 1만 원에 살 수 있는 권리를 지금 1천 원에 샀다고 하자. 2년 후에 그 회사의 주식 가격이 1만 원을 넘으면 이 옵션을 가진 사람으로서는 옵션을 행사하는 것이 유리하다. 만약 1만 5천 원이라면 1만 원에 사서 5천 원의 차익을 얻게 되므로 옵션 구입 가격 1천 원을 제하면 수익은 주당 4천 원이 된다. 하지만 1만 원에 못 미칠 경우에는 옵션을 포기하면 되므로 손실은 1천 원에 그친다. 여기서 주식 옵션을 가진 사람의 수익이 기초 자산인 주식의 가격 변화에 의존함을 확인할 수 있다. 회사가 경영자에게 주식 옵션을 유인책으로 지급하는 것은 바로 이 때문이다. 이 경우에는 옵션 프리미엄이 없다고 생각하기 쉽지만, 경영자가 옵션을 지급 받는 대신 포기한 현금을 옵션 프리미엄으로 볼 수 있다.

① 옵션을 소유한 사람은 미래 주가의 수준에 따라 권리 행사 여부를 선택할 수 있다.
② 주식 가격이 옵션 소유자가 권리를 행사할 수 있는 가격과 같은 순간부터 실질적 이익이 발생한다.
③ 옵션은 손해는 일정하지만 이익은 제한이 없는 수익의 비대칭성을 보인다.
④ 주주들이 회사의 주가를 올리고 싶은 경우 경영자에게 옵션을 지급하는 것이 유리하다.
⑤ 경영자가 옵션을 받을 경우 주가에만 집착할 수 있으므로 주주들의 감시도 필요하다.

07 **다음은 진공청소기의 사용 시 유의사항과 피해보상 규정을 정리한 내용이다. 이에 대한 설명으로 적절하지 않은 것은?**

■ 사용 시 유의사항

- 220V 이외의 전원에 연결하면 퓨즈가 차단될 수 있으므로 진공청소기의 흡입력을 최저 위치로 설정해야 합니다.
- 장시간 사용 시 코드를 1/2 이상 밖으로 내어 놓지 않으면 과열로 손상될 수 있습니다.
- 프린터 혹은 복사기 등에 사용되는 토너 가루는 전도성이 있어 이를 흡입할 경우 고장의 원인이 될 수 있습니다.
- 액체를 흡입할 경우 고장의 원인이 됩니다.
- 순정 부품을 사용해야 하며 순정 부품 미사용으로 인한 고장 시에는 보상하지 않습니다.

■ 피해 보상 규정

<table>
<tr><th colspan="2" rowspan="2">소비자 피해 유형</th><th colspan="2">보상 내역</th></tr>
<tr><th>보증 기간 이내</th><th>보증 기간 이후</th></tr>
<tr><td rowspan="11">정상적인 사용 상태에서 자연 발생한 성능, 기능상의 고장 발생 시
(부품 보유기간 이내)</td><td>구입 후 20일 이내에 중요한 수리를 요하는 경우</td><td>교환 또는 환불</td><td rowspan="5">해당 없음</td></tr>
<tr><td>구입 후 3개월 이내에 중요 부품의 수리를 요하는 경우</td><td>교환 또는
무상 수리</td></tr>
<tr><td>교환된 제품이 2개월 이내에 중요한 수리를 요하는 경우</td><td rowspan="2">환불</td></tr>
<tr><td>교환이 가능하지 않은 경우</td></tr>
<tr><td>제품의 문제가 발생한 경우</td><td>무상 수리</td></tr>
<tr><td>동일한 문제로 수리했으나 고장이 3회 이상 재발한 경우</td><td rowspan="4">교환 또는
환불</td><td rowspan="3">유상 수리</td></tr>
<tr><td>여러 부위의 고장으로 총 3회 이상 수리하였으나 고장이 재발한 경우</td></tr>
<tr><td>수리가 가능한 경우</td></tr>
<tr><td>부품을 분실하여 수리가 가능하지 않은 경우</td><td>사용 기간에
따라 환불</td></tr>
<tr><td>소비자가 수리를 맡긴 제품을 사업자가 분실한 경우</td><td colspan="2">교환</td></tr>
<tr><td>구입, 운송 및 제품 설치 과정 중 발생한 고장</td><td>교환</td><td>유상 수리</td></tr>
<tr><td rowspan="2">소비자의 고의 과실에 의한 기능상 고장</td><td>수리가 가능한 경우</td><td>유상 수리</td><td>유상 수리</td></tr>
<tr><td>부품을 분실하여 수리가 가능하지 않은 경우</td><td>유상 수리
금액 징수 후
교환</td><td>–</td></tr>
</table>

① 220V 이외의 전원에 연결하여 고장이 났을 경우 수리가 가능하다면 무상으로 수리할 수 없다.
② 제품을 구입하고 보증 기간 안에 특별한 이유 없이 4회나 고장이 났을 경우 교환하거나 환불을 받을 수 있다.
③ 정상적인 사용 과정에서 고장이 났으나 부품을 분실하여 수리가 가능하지 않다면 보증 기간 이후라도 규정에 따라 환불이 가능하다.
④ 제품을 구입하여 설치하는 과정에서 고장이 발생하였을 경우 보증 기간 이내라면 환불이 가능하다.
⑤ 물을 흡입하여 제품에 문제가 생긴 경우 수리가 가능하다면 보증 기간과 관계없이 유상으로 수리해야 한다.

08 문맥상 ㉠과 ㉡에 들어갈 내용이 바르게 짝지어진 것은?

일찍이 키에르케고르나 니체 같은 사람들은 개인의 존엄성과 가치를 강하게 호소한 바 있다. 오늘날까지도 사회와 개인에 대한 대립된 견해는 여전히 지속되고 있다. 그렇다고 해서 사회가 전부이며 개인은 의미가 없다든지, 개인의 절대성을 주장한 나머지 사회의 역할을 약화시키는 것도 모두 정당한 견해가 되지 못한다. 오히려 오늘날 우리는 개인 속에서 그가 소속되어 있는 사회를 발견하며, 그 사회 속에서 개인을 발견한다. 사회와 개인은 서로 깊은 상호작용을 일으키고 있다. 개인이 없는 사회는 존재할 수 없으며, 사회에 속하지 않는 개인을 생각한다는 일 자체가 불가능하다.

그러면 개인과 사회의 관계는 어떠한가? 어떤 사람들은 둘 사이의 관계를 원자와 물질의 역학적 관계와 같이 생각하는 것 같다. 원자가 없는 물질은 존재하지 않으며, 물질이 없다면 원자의 존재는 문제가 되지 않는다. 그 존재성만을 중심으로 본다면, 개인과 사회의 관계도 이와 비슷할 것이다. 그러나 그것으로 개인과 사회의 관계가 다 설명될 수는 없다. 다른 어떤 사람들은 개인과 사회의 관계를 [㉠]의 관계와 같이 생각한다. 생명적 존재를 위한 생성의 원리가 내포되어 있기 때문이다. 찰스 다윈의 영향을 받은 스펜서도 이와 비슷한 생각을 가지고 있었다. 그러나 진정한 의미의 개인과 사회의 관계는 존재나 생성의 과정에 그치지 않는 보다 높은 차원에 속하는 것이다. 그것은 존재하면서 생성하며, 생성하면서 문화 역사를 창조해 가는 관계인 것이다. 그러므로 그 관계는 발전과 비약을 가능하게 하는 [㉡]적 관계로 보는 편이 타당할 것이다.

	㉠	㉡
①	세포와 유기체	체계적
②	태양계와 지구	기생적
③	세균과 숙주	변증법
④	태양계와 지구	체계적
⑤	세포와 유기체	변증법

09 다음 중 밑줄 친 ㉠과 ㉡의 관계와 유사한 것은?

사상(思想)은 개인의 소산이라기보다는 사회 공동체의 소산이다. 개인의 생각은 사람에 따라서 다양한 형태로 존재하지만, 그것의 원형(原形)이 되는 사상들은 사회적 산물이다. 개인은 그 원형들 중에서 하나 혹은 몇 개의 사상들을 주관에 따라 선택하여 자신만의 사상을 만들어 간다. 그러나 다양한 형태로 외부에 존재하던 사상들이 개인의 마음속에 들어왔을 때 반드시 통일되거나 조화를 이루는 것만은 아니다. 서로 모순(矛盾)되는 생각들이 마음속에서 서로 엉겨 판단에 혼돈을 일으키게 되는 경우가 드물지 않기 때문이다. 개인이 수용한 사상들은 처음에는 대개 여러 갈래로 갈려서 마음속에서 웅성거린다. 이러한 ㉠ 생각의 웅성거림은 일단 그의 사상이 풍부함을 의미한다.

행동적인 인간은 이 중 어느 하나의 사상이 우위(優位)를 차지하여 다른 생각이 대두하는 것을 억누르면서 행동의 방향을 다잡아 간다. 따라서 위대한 행동가는 대개 심오한 사상가가 되기 어렵다. 반면에 사색적인 인간은 상반(相反)되는 사상들이 마음속에서 서로 정당성을 주장하기 때문에 끝내 ㉡ 결론을 내리지 못하고 만다. 이러한 사색가들은 대체로 회의주의(懷疑主義) 쪽으로 기울어지는 경향이 있다. 이들은 행동의 지침이 될 수 있는 근거를 여러 곳에서 찾으려 하기 때문에 도리어 행동의 신속성 또는 행동 자체가 지장을 받게 된다. 따라서 사색가는 대개 행동가가 되기 어렵다. 이들에게는 결단성 있는 행동을 취하지 못하는 결함이 있는 반면에, 그릇된 판단을 피할 수 있는 장점이 있다.

	㉠		㉡
①	질병	:	통증
②	고장	:	수리
③	넓이	:	면적
④	희망	:	절망
⑤	여름	:	가을

10 다음 글의 ㉠을 방지하기 위한 사례로 적절하지 않은 것은?

현대인들은 합리적 선택이 반드시 합리적 결과를 가져온다고 믿고 있다. 즉 합리적 선택은 합리적 결과의 필수적인 전제이며 이 전제가 충족될 때 비로소 합리적 결과를 기대할 수 있다고 생각한 것이다. 하지만 합리적 선택이 언제나 합리적 결과를 가져오는 것은 아니다. 때로는 합리적 선택이 역으로 불합리한 결과를 가져올 수도 있는 것이다. 이를 잘 보여주는 것이 ㉠ '목초지의 비극'이다.

어느 마을에 마을 사람들이 공동으로 사용할 수 있는 목초지가 있고, 여기서 자신들의 소를 자유롭게 방목할 수 있다고 하자. 이럴 경우 사람들은 자신들의 소를 공동 목초지로 끌고 가서 자유롭게 풀을 먹일 것이다. 하지만 목초지가 무한한 것은 아니므로 일정한 한계를 넘으면 황폐화될 수밖에 없다. 따라서 사람들은 공유자원인 목초지가 황폐화되지 않도록 방목을 조절해야 한다. 하지만 목초지는 공유지이기 때문에 아무런 대가를 지불하지 않고 방목을 할 수 있는 곳이다. 개인의 입장에서 보자면 자신의 소를 더 많이 이끌고 가서 풀을 먹이거나 자신의 소들이 더 많은 풀을 먹도록 하는 것이 유리하다. 하지만 모든 개인이 이와 같이 자신들의 이익을 추구할 경우 목초지는 결국 황폐화되고 누구도 소를 방목할 수 없게 될 것이다.

이와 같은 사례는 개인의 이익을 추구하는 개인적 합리성이 공동체 전체의 합리성과 일치하지 않기 때문에 발생하는 문제다. 즉, 개인적 합리성의 추구는 사회 전체적인 합리성과 반드시 일치하는 것이 아니므로 애덤 스미스(Adam Smith)가 주장한 바와 같이 개인의 이기심에 의존하여 사회가 운영될 경우 사회는 파멸에 이를 수도 있는 것이다.

① 어촌의 주민들이 협의하여 어획량을 일정 한도로 제한하고 어획 일수를 조절한다.

② 이산화탄소 배출을 막기 위해 이산화탄소 배출권 거래제를 시행한다.

③ 음식물 쓰레기 종량제를 시행하여 가정과 업소의 음식물 쓰레기 양을 줄인다.

④ 승용차 요일제를 실시하여 승용차의 도로 통행량을 제한한다.

⑤ 아파트 주민들이 황사를 막기 위해 아파트 주변에 공동으로 나무를 심는다.

11 다음은 자동차 보험 계약 약관의 주요 사항을 요약한 것이다. 보상을 받지 못하는 경우가 아닌 것은?

계약 약관

- 보험계약자는 계약 내용이 실제 보험계약과 다를 경우 계약한 날 또는 제 1회 보험료를 납입한 날부터 10일 이내에 계약을 철회할 수 있습니다.
- 계약을 철회할 경우 가입이 강제되는 의무보험(대인배상, 대물배상)에 대해서는 청약을 철회할 수 없습니다.
- 계약자는 약관과 청약서를 받지 못했거나, 계약의 주요 내용에 대한 설명을 듣지 못한 경우 청약일로부터 20일 이내에 계약을 취소할 수 있습니다.
- 보험계약자와 피보험자는 다른 보험의 계약 사항, 자동차의 실소유자, 피보험자와 관련한 사항, 계약 시 기재 사항에 대해 사실대로 보험회사에 알려야 하며, 허위로 알리거나 알리지 아니한 경우 계약이 해지될 수 있습니다.
- 계약자가 보험료를 납입기일까지 납입하지 않았을 때에는 약정한 납입기일로부터 일정 기간의 유예기간을 두며 이 기간이 끝나는 날의 24시부터 계약이 해지됩니다.
- 가족 이외의 자가 운전하거나 20세 미만의 운전자 연령 미만의 운전자가 운전하여 사고가 발생한 경우는 보상받지 못합니다.
- 피보험자가 사고 당시 탑승 중 안전벨트를 착용하지 아니한 경우에는 보상액에서 운전석 또는 그 옆 좌석은 20%, 뒷좌석은 10%에 상당하는 금액을 공제 후 보상합니다.
- 보험계약이 보험계약자 또는 보험계약자의 대리인의 사기 행위에 의하여 맺어진 경우에는 무효가 됩니다.
- 보험계약자는 언제든지 임의로 보험계약을 해지할 수 있습니다. 다만, 의무보험에 대한 보험계약은 자동차의 양도, 자동차의 등록말소, 중복계약에 의한 해지 등 제한적인 경우에 한하여 해지가 가능합니다.

① 피보험자가 자신에 대해 알려야 할 내용을 보험회사에 알리지 않고 계약한 경우
② 보험료 납입기일을 넘겨 유예기간의 마지막 날 24시 이후에 사고가 났을 경우
③ 보험계약자의 대리인의 사기에 의해 계약이 체결된 경우
④ 음주 후 대리운전 기사가 운전하여 충돌사고가 발생하였을 경우
⑤ 안전벨트를 매지 않은 채 운전하다가 중앙선을 침범하여 사고가 났을 경우

12 밑줄 친 ㉠에 담겨 있는 필자의 관점으로 가장 알맞은 것은?

학문의 궁극적 목적은 무엇인가? 학문이 실생활에 유용하고, 그 자체의 추궁이 즐거움을 가져오는 것은 모두가 학문이 다름 아닌 진리를 탐구하는 것이기 때문이다. 실용적이니까, 또는 재미가 나는 것이니까 진리요 학문인 것이 아니라, 그것이 진리이기 때문에 인간 생활에 유용한 것이요, 재미도 나는 것이다. 유용하다든지 재미가 난다는 것은 학문에 있어서 부차적으로 따라올 것이요, 그것이 곧 궁극적인 목적이라고까지 말하기는 어려울 것이다.

세상에서는 흔히 학문밖에 모르는 상아탑 속의 연구 생활을 현실을 도피한 짓이라고 비난하기가 일쑤지만, 상아탑의 덕택이 큰 것임을 알아야 한다. 모든 점에서 편리해진 생활을 향락하고 있는 현대인이 있기 전에 그런 것이 가능하기 위해서도 오히려 그런 향락과는 담을 쌓고 진리 탐구에 몰두한 학자들의 상아탑 속에서의 노고가 앞서 있었던 것이다. 그렇다고 남의 향락을 위하여 스스로는 고난의 길을 일부러 걷는 것이 학자는 아니다.

학자는 그저 진리를 탐구하기 위하여 학문을 하는 것뿐이다. 상아탑이 나쁜 것이 아니라, 진리를 탐구해야 할 상아탑이 제 구실을 옳게 다하지 못하는 것이 탈이다. 학문에 진리 탐구 이외의 다른 목적이 섣불리 앞장 설 때, 그 학문은 자유를 잃고 왜곡될 염려조차 있다. 학문을 악용하기 때문에 오히려 좋지 못한 일을 하는 경우가 얼마나 많은가? 진리 이외의 것을 목적으로 할 때, 그 학문은 한때의 신기루와도 같아 우선은 찬연함을 자랑할 수 있을지 모르나, 과연 학문이라고 할 수 있을까부터가 문제다.

진리의 탐구가 학문의 유일한 목적일 때, 그리고 그 길로 매진할 때, 그 무엇에도 속박됨이 없는 숭고한 학적인 정신이 만난을 극복하는 기백을 길러 줄 것이요, 또 그것대로 우리의 인격 완성의 길로 통하게도 되는 것이다. ㉠ <u>학문의 본질은 합리성과 실증성에 있고, 학문의 목적은 진리 탐구에 있다.</u> 위무(威武)로써 굽힐 수도 없고, 영달로써 달랠 수도 없는 학문의 학문으로서의 권위도 이러한 본질, 이러한 목적 밖에서 찾을 수 있는 것이 아니다.

① 학문이 실용성과 합리성을 중시할 때 진리에 접근할 수 있다.
② 학문의 궁극적인 목적은 진리탐구이지만 현실적 목적은 합리성과 실용성이다.
③ 학문은 진리탐구에 매진할 때 자연스럽게 합리성과 실용성을 얻게 된다.
④ 합리성과 실용성을 고려하지 않은 학문은 진리에 이를 수 없다.
⑤ 학문 자체는 진리를 추구하지만 학자는 합리성과 실용성을 추구한다.

3 주

13 다음 글에서 이끌어 낼 수 있는 필자의 주장으로 가장 알맞은 것은?

비행기는 하늘을 나는 새와 바다 속을 유영하는 물고기를 보고 모양새를 창안해 냈다고 한다. 최초의 비행기는 새를 모방함으로써 하늘을 날 수 있게 되었다. 그러나 비행기의 엔진이 점차 강력해짐에 따라 새의 날개가 지닌 양력(揚力)쯤은 별로 중요하지가 않게 되었다. 초보 단계의 비행기 설계에서는 어떻게 바람의 힘을 이용하는가 하는 문제가 커다란 과제였지만, 더 발달된 비행기에서는 어떻게 바람의 영향을 덜 받고 날 수 있는가 하는 문제가 중요한 과제로 부각되었던 것이다. 이때 비행기는 오징어의 추진 원리를 응용했다. 오징어는 힘차게 물을 분사하여 얻어진 힘으로 물살을 가르고 나아가는데, 이것을 본떠서 비행기의 날개를 좀 더 작게 만들어 뒤쪽에 다는 방식으로 디자인의 진보가 이루어졌다. 비행기를 만들 때에는 하늘에 떠 있어야 한다는 대전제에 충실해야 하므로, 모양새보다는 기능에 충실해질 수밖에 없었다. 따라서 비행기의 작은 날개조차도 철저하게 기능 위주로 설계된 것이다. 그렇다고 해서 현재의 비행기의 모양새가 형편없는 것은 아니다. 오히려 비행기는 모양새를 무시하고 철저하게 기능에 충실함으로써 독특하고 아름다운 디자인을 얻었다. 유행에 현혹되지 않고 효율성을 추구하면서도 가장 단순하고 세련된 형태를 낳은 경우라고 할 수 있다.

반면 자동차는 두 마리의 말이 끄는 마차의 모양새를 모방하여 제작되었다고 한다. 우리는 운전자의 자리가 앞쪽에 있으며 앞좌석에는 두 사람만 앉아야 한다는 것을 당연한 것으로 생각하지만, 꼭 이런 구조만 가능한가에 대해서는 의문의 여지가 남는다. 혹 이러한 생각 속에 자동차를 쌍두(雙頭) 마차의 일종으로 보는 선입견이 개입되어 있는 것은 아닐까. 어느 디자인 연구가는 자동차의 디자인이 마차 시대의 관습과 유해에 얽매이고 말았다고 비판하였다. 그는 자동차의 전조등이 둘이라는 것, 운전석이 앞좌석의 한쪽에 치우쳐 있다는 것도 마차 시대의 산물이라고 주장한다. 사실 좌우를 잘 보기 위해서라면, 자동차의 눈이 양 옆에도 붙어 있어야 할지도 모른다. 또한 현대의 조명 기술 정도면 전조등을 한 개의 평면광선으로 처리하고 운전자의 눈을 현혹시키지 않는 정도에서 노상(路上)의 필요한 곳만 비출 수 있을지도 모른다. 그러나 현재의 자동차 디자이너들은 이러한 기본적인 문제를 검토하고 있는 것 같지는 않다. 예컨대 자동차가 마차를 모방하는 경우에도 차라리 쌍두마차 대신 사두(四頭) 마차를 모방했더라면, 운전자는 자동차 앞부분의 좀 더 높은 자리에 앉아 앞과 옆을 잘 보면서 핸들을 잡을 수도 있지 않았을까. 그러나 자동차가 사두마차의 구조를 빌려 온 예는 아직 보지 못했다.

① 소비자의 기호에 따라 그에 맞는 가장 적합한 디자인을 추구해야 한다.

② 기존의 대상과는 차별화되는 독특한 디자인을 추구해야 한다.

③ 자연계의 생명체와 가장 흡사한 형태의 디자인을 추구해야 한다.

④ 자연의 지혜를 고려하여 기능에 충실한 디자인을 추구해야 한다.

⑤ 반드시 필요한 기능들로만 이루어진 소박한 디자인을 추구해야 한다.

14 다음 중 ㉠에 들어갈 내용으로 거리가 먼 것은?

우리는 어머니의 사랑과 아버지의 사랑이 갖는 그 성질상의 본질적 차이를 이해해야 한다. 어머니가 갓난애를 사랑하는 것은 이 아이가 어떤 특수한 조건을 만족시켜 주었거나 특별한 기대를 충족시켜 주었기 때문이 아니라 이 애가 그녀의 애이기 때문이다. 반면 아버지의 사랑은 조건이 있는 사랑이다. 아버지의 사랑의 원칙은 "[㉠], 나는 너를 사랑한다."는 것이다.

어린애에 대한 어머니와 아버지의 태도는 어린애 자신의 욕구와 일치한다. 갓난애는 정신적으로나 육체적으로나 어머니의 무조건적 사랑과 보호를 요구한다. 어린애는 6세 이후에는 아버지의 사랑, 아버지의 권위와 지도를 요구하기 시작한다. 어머니는 어린애의 생명을 안전하게 하는 기능을 갖고, 아버지는 이 어린애가 태어난 특수 사회가 직면하게 하는 문제들을 처리하도록 어린애를 가르치고 지도하는 기능을 갖고 있다.

결국 성숙한 사람이 되려면 자신이 자신의 어머니가 되고 아버지가 되는 단계에 도달하지 않으면 안 된다. 말하자면 우리는 어머니다운, 그리고 아버지다운 양심을 갖게 되어야 한다. 어머니다운 양심은 어떠한 악행이나 범죄도 너에 대한 나의 사랑, 너의 삶과 행복에 대한 나의 소망을 빼앗지는 못한다고 말하고 아버지다운 양심은 네가 잘못을 저지르면 너는 네 잘못의 결과를 받아들이는 것을 피할 수 없고 내 마음에 들고 싶다면 너는 너의 생활 방식을 크게 바꾸어야 한다고 말한다.

① 너는 내 아이로 태어났기 때문에

② 너는 생김새가 나와 닮았기 때문에

③ 너는 네 의무를 다하고 있기 때문에

④ 너는 영특하고 장래성이 있기 때문에

⑤ 너는 나의 기대를 충족시켜 주기 때문에

15 다음 글에 드러난 논증 방식에 대한 설명으로 가장 적절한 것은?

붕당(朋黨)은 싸움에서 생기고, 그 싸움은 이해(利害)에서 생긴다. 이해가 절실할수록 당파는 심해지고, 이해가 오랠수록 당파는 굳어진다. 이것은 형세가 그렇게 만드는 것이다. 어떻게 하면 이것을 밝힐 수 있을까?

이제 열 사람이 모두 굶주리다가 한 사발의 밥을 함께 먹게 되었다고 하자. 그릇을 채 비우기도 전에 싸움이 일어난다. 말[言]이 불손하다고 꾸짖는 것을 보고 사람들은 모두 싸움이 '말' 때문에 일어났다고 믿는다. 다른 날에 또 한 사발의 밥을 함께 먹다 그릇을 채 비우기도 전에 싸움이 일어난다. 태도가 공손치 못하다고 꾸짖는 것을 보고 사람들은 모두 싸움이 '태도' 때문에 일어났다고 믿는다. 다른 날에 또다시 같은 상황이 벌어지면 이제 행동이 거칠다고 힐난하다가, 마침내 어떤 사람이 울화통을 터뜨리고 여럿이 이에 시끌벅적하게 가세한다. 시작은 대수롭지 않으나 마지막에는 크게 된다.

이것을 또 길에서 살펴보면 이러하다. 오던 자가 어깨를 건드리면 가던 자가 싸움을 건다. 말이 불손하고, 태도가 사나우며, 행동이 거칠다하여 그 하는 말은 끝이 없으나 떳떳하게 성내는 것이 아닌 것은 한 사발의 밥을 함께 먹다 싸울 때와 똑같다.

이로써 보면 싸움이 밥 때문이지, 말이나 태도나 행동 때문에 일어나는 것이 아님을 알 수 있다. 이해의 연원이 있음을 알지 못하고는, 그 잘못됨을 장차 고칠 수가 없는 법이다. 가령, 오늘은 한 사발의 밥을 먹다 싸웠으되 내일에는 각기 밥상을 차지하고 배불리 먹게 하여 싸우게 되었던 원인을 없앤다면, 한때 헐뜯고 꾸짖던 앙금이 저절로 가라앉아 다시는 싸우는 일이 없게 될 것이다.

나라의 붕당도 이와 다를 게 무엇인가, 처음에는 한 사람의 선하고 악한 것, 또는 한 가지 일의 경중(輕重)에 대해서 마음으로 좋지 않게 생각하고 입으로 비방하는 데 지나지 않는다. 이런 것은 얼마나 하찮은 일인가. 그러나 조정에서는 서로 피 튀기며 싸우고, 조정 밖에서는 으르렁거리는 것이 마치 군령(軍令)도 없이 사람마다 싸움터에서 후퇴할 줄 모르는 것과 같이 하니 도대체 왜 그러한가?

① 구체적인 사례를 바탕으로 일반화의 과정을 거쳐 결론을 이끌어 내고 있다.

② 비판하고자 하는 대상을 유사한 상황에 빗대어 결론을 이끌어 내고 있다.

③ 반론을 일단 인정한 뒤 그것이 전제에 모순됨을 보여 자신의 주장을 강화하고 있다.

④ 일반적인 전제에서 출발하여 구체적인 결론을 이끌어 내고 있다.

⑤ 상호 대립적인 두 대상을 견주어 문제 상황의 바람직한 대안을 이끌어 내고 있다.

16 **다음 글의 신뢰성이 부족하다고 할 때, 제기할 수 있는 의문으로 타당한 것을 〈보기〉에서 모두 고르면?**

사람이 건강하다는 것은 몸의 신진대사가 균형과 조화를 이루고 있다는 것이고, 병이 났다는 것은 이 균형이 깨졌다는 뜻이다. 이런 불균형 상태를 정상적으로 돌리는 데 도움을 주는 것이 바로 약이다.

그러나 어떤 약이라도 우리가 원하지 않는 부작용을 낳을 수 있다. 특히 약을 장기간 복용하거나 오용 또는 남용하면 부작용을 낳을 수 있다. 예를 들어 항생제를 계속 복용하다 보면, 적은 양의 항생제로도 치료되던 세균이 항생제에 대한 저항력을 갖게 된다. 그런 까닭에 항생제 과다 복용자는 나중에 큰 수술을 해야 할 때 어려움을 겪게 된다. 또한, 두 가지 이상의 약을 같이 먹거나 음주 후에 약을 먹으면, 이들 사이에 화학 반응이 일어나 새로운 물질이 합성되어 부작용을 낳는 경우도 있다.

이런 점을 고려할 때, 약에 대한 맹신과 의존을 버리고 '약에서 해방될 때 오히려 건강이 찾아온다.'는 생각을 가질 필요가 있다. 우리 몸의 자가 치유 능력을 신뢰할 필요가 있는 것이다. 사실, 약은 우리 몸의 자가 치유 능력을 활성화시키는 촉매제에 불과하다. 더욱이 약을 장기간 사용하거나 과용하면 우리 몸의 자가 치유 능력을 상실시켜 더 큰 위험을 초래할 수 있다. 따라서 약은 사용하지 말아야 한다.

보기

가. 모든 약이 부작용을 일으킨다는 것을 확신할 수 있는가?
나. 음주 후에 약을 복용한다는 것은 너무 극단적인 사례가 아닌가?
다. 약이 우리 몸의 자가 치유 능력을 상실시킬 수 있다는 것은 과장된 것이 아닌가?
라. 우리 몸의 자가 치유 능력도 한계가 있지 않은가?
마. 약이 자가 치유 능력을 촉진시킨다는 것과 약을 사용하지 말아야 한다는 주장은 모순되지 않은가?

① 가, 다
② 가, 라
③ 나, 다
④ 나, 마
⑤ 라, 마

[17~18] 다음 글을 읽고 물음에 답하시오.

유광억은 영남 합천군 사람이다. 그는 시를 어느 정도 지을 줄 알았으며 과체(科體)를 잘한다고 남쪽 지방에 소문이 났다. 그의 집은 가난하였고, 그의 신분은 낮았다. 당시 시골 풍속에 과거 시험을 보는 자를 대신하여 글을 써 주며 생계를 꾸려 가던 자가 많았다. 광억도 대신 글을 써 주는 재주로 이득을 취하였다.

광억이 일찍이 영남의 향시(鄕試)에 합격하여 서울로 과거를 보러 가는데, 부인들이 타는 수레로 광억을 길에서 맞이하는 사람이 있었다. 얼마 후 광억은 붉은 대문이 몇 겹이며, 으리으리한 건물이 수십 채나 늘어선 집에 도착했다. 집 안에는 얼굴이 해말쑥하고 수염이 듬성듬성 난 필경사 몇 사람이 바야흐로 종이를 펴고 광억이 글을 쓰면 그것을 깨끗하게 옮겨 적을 준비를 하고 있었다. 그 집에서는 안채에 광억의 숙소를 정해 두고 매일 다섯 번 진수성찬을 바치고 주인이 서너 번씩 뵈러 왔다. 광억을 공경히 대하는 것이 마치 아들이 부모를 잘 모시듯 하였다.

이윽고 회시(會試)를 치렀는데 주인의 아들이 과연 유광억의 글로 진사에 올랐다. 그런 후 주인이 행장을 차려 광억을 집으로 돌려보내는데, 광억은 말 한 필, 종 한 놈을 거느린 채 집으로 돌아왔다. 광억이 집에 돌아와 보니 광억의 재주를 빌리려고 어떤 사람이 돈 2만 냥을 가지고 왔고, 광억이 진 환자(還子) 빚은 감사에게 이미 갚은 터였다.

광억의 글은 격이 별로 높지 않으나 다만 가볍게 잔재주를 부리는 것이 장기인데, 이는 과거 답안에 잘 맞아떨어졌다. 광억은 이미 늙었는데도 그의 글은 더욱 나라에 소문이 났다.

경시관(京試官)이 경상 감사를 만난 자리에서 말했다.

"영남에서는 글재주로 본다면 누가 으뜸입니까?"

감사가 말했다.

"유광억이라는 사람입니다."

그러자 경시관이 말했다.

"이번 과거에 내가 그를 장원으로 뽑겠습니다."

감사가 말을 이었다.

"당신이 그렇게 골라낼 수 있을까요?"

"능히 할 수 있습니다."

마침내 서로 논란을 벌이다가 광억의 글을 알아내느냐 못하느냐로 내기를 하게 되었다. 경시관이 이윽고 과장(科場)에 나와 시제(詩題)를 내걸었다. 시제는 '10월에 중구회를 여니, 남쪽과 북쪽의 기후가 같지 않음을 탄식하노라.'였다. 조금 있다가 과장의 답안을 제출하는 곳에 답안이 하나 들어왔는데, 그 글에

중양절 놀이가 시월에 펼쳐지니,
북쪽에서 온 손님 남쪽의 데운 술 억지로 먹고 취하였네.

라고 적혀 있었다.

경시관이 '이것은 광억의 솜씨가 틀림없다.' 라고 생각하고는, 붉은 빛깔의 먹으로 평점을 마구 찍어 이하(二下)의 등급을 매겨 장원으로 뽑았다. 또 어떤 시험 답안은 자못 작법에 합치되므로 2등으로 하였고, 또 하나의 답안을 3등으로 삼았다. 나중에 모두 겉봉을 떼어 보니 광억의 이름은 하나도 없었다. 이에 경시관이 몰래 조사해 보니, 모두 광억이 남에게 돈을 받은 액수의 많고 적음에 따라 차이 나게 한 것이었다.

경시관이 비록 그러한 사실을 알았지만 감사가 자기의 글 보는 안목을 믿지 않을 것으로 염려하였다. 그래서 광억이 죄를 범한 사실을 증거로 얻기 위해 합천군에 공문서를 보내어 광억을 잡아 보내도록 하였다. 그러나 경시관은

실제 광억을 옥에 가둬 조사할 생각은 없었다.

광억은 군수에게 잡혀 장차 압송되기 직전에 스스로 두려워하면서 '나는 과거 시험과 관련해 부정을 저질렀으므로 잡혀가면 죽을 것이니 가지 않는 것이 좋겠다.' 라고 여겨 밤에 친척들과 더불어 실컷 술을 마시고 몰래 강에 투신하여 죽었다. 경시관이 이 소식을 듣고 애석해 하였다. 대부분의 사람들이 그의 재능을 아까워했지만, 몇몇 선비들은 다음과 같이 말했다.

㉮ ["광억은 여러 번 과거 시험에서 부정을 저질렀으므로, 그의 죽음은 마땅한 일이다."]

매화외사(梅花外史)는 말한다.

"세상에 팔지 못할 물건은 없다. 몸을 팔아 남의 종이 되기도 하고 지극히 가는 털과 형체가 없는 꿈까지도 모두 사고 팔 수 있으나, 그 마음을 팔아먹은 사람은 없었다. 아마도 모든 사물은 다 팔 수 있지만 마음은 팔 수 없는 것이 아니겠는가? 하지만 유광억은 마음까지도 팔아먹은 자가 아닌가? 아아, 슬프도다. 누가 이 세상에서 가장 천박한 매매를 글 읽은 사람이 한다고 했던가? 법전에는 '뇌물을 주는 것과 받는 것은 죄가 같다.' 라고 되어 있다."

– 이옥, 《유광억전》

3주

17 제시된 작품에 대한 설명으로 가장 적절한 것은?

① 대화를 통해 인물들 간의 갈등이 해소되고 있다.
② 선인(善人)과 악인(惡人)의 대립 구도가 중심인 글이다.
③ 운문(韻文)을 삽입하여 작품의 주제를 암시하고 있다.
④ 결말 부분에서 작가의 서술 의도를 간접적으로 암시하고 있다.
⑤ 특정한 인물을 중심으로 한 몇 가지 사건을 제시하고 있다.

18 ㉮ 부분을 잘 드러내는 한자성어는?

① 구밀복검(口蜜腹劍)
② 사면초가(四面楚歌)
③ 좌충우돌(左衝右突)
④ 자업자득(自業自得)
⑤ 토사구팽(兎死狗烹)

19 다음 시에 대한 설명으로 가장 적절한 것은?

나는 북관(北關)에 혼자 앓아 누어서
어느 아침 의원(醫員)을 뵈이었다

의원은 여래(如來) 같은 상을 하고 관공(關公)의 수염을 드리워서
먼 옛적 어느 나라 신선 같은데
새끼손톱 길게 돋은 손을 내어
묵묵하니 한참 맥을 짚더니
문득 물어 고향이 어데냐 한다

평안도 정주라는 곳이라 한즉
그러면 아무개 씨 고향이란다
그러면 아무개 씨 아느냐 한즉
의원은 빙긋이 웃음을 띄고
막역지간(莫逆之間)이라며 수염을 쓸는다

나는 아버지로 섬기는 이라 한즉
의원은 또다시 넌즈시 웃고
말없이 팔을 잡아 맥을 보는데

손길은 따스하고 부드러워
고향도 아버지도 아버지의 친구도 다 있었다

① 어법에 어긋난 표현을 통해 시적 의미를 강화하고 있다.
② 시적 화자는 대상에 대해 냉소적인 태도를 보이고 있다.
③ 모순되는 표현을 통해 주제를 효과적으로 나타내고 있다.
④ 화자와 화자가 지향하는 세계를 매개하는 대상을 활용하고 있다.
⑤ 감각의 전이를 통해 대상의 구체적인 인상을 제시하고 있다.

20 다음 글을 읽고 글쓴이의 주장에 찬성 혹은 반대하는 이유를 〈조건〉에 맞추어 150자 내외로 쓰시오.

주관식

조건

1. 글의 내용을 한 문장으로 요약한 뒤 자신의 견해를 밝히시오.
2. 비유적 표현을 활용하시오.

현대 문명의 발전은 곧 '빠르게 하기의 역사' 또는 '시간의 정복사'였다. 그러나 이러한 속도는 현대 문명의 위력을 증명하는 것이면서 동시에 현대 문명의 어리석음을 증명하는 것이기도 하다. 우리는 다음과 같은 물음을 제기해 볼 수 있다. 문명의 이기 덕분으로 작업 속도가 매우 빨라졌다면, 우리 삶의 노동시간은 그만큼 짧아졌는가, 또 자동차나 비행기 덕분에 우리의 삶은 얼마나 이동시간을 줄일 수 있었는가. 현대 문명은 모든 면에서 엄청나게 시간을 단축시켜 주지만 왜 현대인들은 더욱 시간에 쫓기고 있는 것일까.

이 문제에 대해 이반 일리치(Ivan Illich)라는 학자는 흥미로운 분석을 한 바 있다. 그는 미개사회의 이동시간과 현대 사회의 이동시간을 비교하였다. 이를 위해 먼저, 수십 개의 미개사회를 분석하였다. 미개인들은 대략 시속 4.5km로 이동하며, 이동에 사용되는 시간은 하루 활동 시간의 5% 정도이다. 이에 비해 현대인들은 하루 활동 시간 중 약 22%를 이동하는 데 소비한다. 그리고 차까지 걸어가는 시간, 차 안에서 앉아 있는 시간, 자동차 세금을 내러가는 시간, 차를 수리하는 데 드는 시간, 차표나 비행기표를 사러 가는 시간, 교통사고로 소비하는 시간, 자동차를 움직이는 데 드는 비용을 버는 시간 등을 모두 포함하면 문명인들은 대략 시속 6km로 움직인다는 것이 그의 분석이다.

이렇게 본다면 인류가 자랑하는 현대 문명은 미개문명보다 겨우 시간당 1.5km 더 빨리 움직일 뿐이며, 더욱이 이동하는 데 4배 이상의 시간을 소비하는 셈이다. 기껏 자동차와 비행기 등을 만들어 빨리 움직인다고 하지만, 결과적으로는 미개인들이 걸어다니는 것보다 더 많은 시간을 낭비하는 것이 현대인의 삶인 것이다. 이처럼 더 느리게 살기 위해서 그토록 빠른 비행기와 자동차를 만들었다면 그 얼마나 어리석은 일인가.

매듭짓기 해설

▶읽기 118p

01 ④	02 ③	03 ③	04 ③	05 ③	06 ②	07 ④	08 ⑤	09 ①	10 ⑤
11 ⑤	12 ③	13 ④	14 ①	15 ②	16 ⑤	17 ⑤	18 ④	19 ④	20 −

01 정답 ④

정답 해설 제시문은 가솔린 엔진과 디젤 엔진을 비교하는 글이다. 디젤 엔진은 공기를 압축하여 실린더 내에서 온도가 상승한 공기에 연료를 분사하여 자동으로 점화시키므로 점화 플러그가 필요없다. 하지만 가솔린 엔진은 공기와 연료가 혼합된 기체를 실린더에 흡입시킨 뒤 점화 플러그를 통해 점화시킨다.

오답 해설
① 가솔린 엔진은 실린더에 공기와 연료가 혼합된 기체가 흡입되고, 디젤 엔진은 실린더에 공기만 흡입시킨다.
② 제시된 글에서 공기가 압축되면 뜨거워진다는 사실은 잘 알려진 사실이라고 하였다. 공기가 압축된다는 것은 곧 압력이 증가한다는 뜻이다.
③ 디젤 엔진의 연료인 경유는 가솔린 엔진의 연료인 가솔린에 비해 에너지 밀도가 높다고 하였다. 에너지 밀도가 높다는 것은 에너지 효율이 높다는 것을 의미한다.
⑤ 경유는 가솔린보다 점성이 강하다고 하였으므로 글의 내용과 일치한다.

02 정답 ③

정답 해설 (다) 단락은 로봇의 이족 보행이 힘든 이유 중의 하나인 '걸음 경로 계획'의 원리를 설명하고 있다. ZMP는 '동적 무게 중심'으로 걸음 경로 계획에서 가장 중요하게 고려해야 할 요소이다. 따라서 (다)의 중심 내용은 '걸음 경로 계획'이 되어야 한다.

03 정답 ③

정답 해설 제시된 글은 고대의 문자 기록 매체로부터 종이가 탄생하기까지의 과정과 전자책과의 경쟁에서 종이가 소멸할지도 모른다는 우려와는 달리 오히려 종이가 인류의 문명과 함께 지속될 것이라는 낙관적인 전망을 제시하고 있다.

오답 해설
① 글의 중심 소재는 '종이'이므로 '문자 기록 매체'는 범위가 너무 넓다.
② 문자 매체의 변천은 나타나 있지만 그 장단점은 제시되어 있지 않다.
④ 종이와 전자 매체의 결합은 언급되지 않았으며, 후반부에 종이와 전자 매체의 경쟁에서 예상과는 달리 종이가 우위에 있음을 언급하고 있을 뿐이다.
⑤ 종이의 용도 변화와 관련된 내용은 글에 제시되어 있지 않으므로 제목으로는 알맞지 않다.

04 정답 ③

정답 해설 둘째 문단에서 문제 상황의 다양한 원인을 제시하고 있는 것은 사실이지만 문제 상황을 해결하기 위한 구체적인 대안을 제시하고 있는 것은 아니다. 이 글에서는 해결의 필요성과 그 방향을 제시했을 뿐이다.

오답 해설
① 첫째 문단에서 언어 소멸과 관련된 구체적인 통계자료를 활용하여 문제의 심각성을 부각시키고 있다.
② 첫째 문단에서 북미 인디언 언어의 약 80%인 150개 정도가 빈사 상태에 있다고 추정한다는 언어학자의 견해를 인용하여 문제의 심각성을 부각시키고 있다. 이처럼 전문가의 견해는 글의 내용에 신뢰성을 부여한다.
④ 둘째 문단의 '문화적 신경가스'라는 표현이나 넷째 문단의 '언어 소멸은 도서관 하나가 통째로 불타 없어지는 것과 같다.'는 비유적 표현을 통해 독자의 이해를 돕고 있다.
⑤ 넷째 문단에서 언어 소멸이 초래할 수 있는 결과의 심각성을 제시한 후 이를 위한 적극적인 노력의 필요성을 제시하고 있다. 이는 셋째 문단에서 '이를 그저 바라볼 수만은 없다.' 와 같은 부분에서도 확인할 수 있다.

05 정답 ③

정답 해설 전제(前提)란 뒤에 주지를 말하는 데 필요한 조건을 제시하는 것으로 논리적 관련성을 맺고 있는 것이다. 제시된 글에서 (나)는 (다)～(마)의 공통 전제이다.

06 정답 ②

정답 해설 주식 가격이 옵션 소유자가 권리를 행사할 수 있는 가격과 같은 순간부터 이익이 발생하는 것은 아니다. 옵션 소유자가 옵션을 받는 대신 지불한 비용 즉 옵션 프리미엄이 있기 때문이다. 예를 들어 경영자가 자신의 연봉 2,000원을 대신하여 1년 후 회사의 주식을 10,000원에 살 수 있는 옵션을 받았다고 하자. 1년 후 주식 가격이 11,000원일 경우 옵션을 행사하면 1,000원의 차익을 얻을 수 있지만 옵션 소유자는 1년 전에 이미 옵션 프리미엄 2,000원을 지불하였으므로 전체적으로는 1,000원의 손해를 본 것이나 다름없다.

오답 해설
① 옵션 소유자는 주식 가격에 따라 권리를 행사할 수도 있고 행사하지 않을 수도 있기 때문에 선택의 권리를 가진다.
③ 옵션의 손해는 옵션 프리미엄으로 제한된다. 더 손해를 볼 가능성이 있을 경우 옵션의 권리를 행사하지 않으면 더 이상의 손해는 발생하지 않기 때문이다. 반면 주식 가격이 오르는 것에 대해서는 제한이 없기 때문에 이익은 제한이 없다.
④ 경영자에게 옵션을 지급했다면 경영자는 옵션을 통해 더 많은 이익을 얻기 위해 회사의 주가를 올리는 데 노력할 것이므로 회사의 주가를 올리고 싶은 주주들은 경영자에게 옵션을 지급하는 것이 그만큼 유리하다.
⑤ 경영자에게 옵션을 지급하였을 경우 경영자는 주가를 올리는 데만 열중하여 다른 부분에는 신경을 쓰지 않을 수 있으므로 주주들은 경영자의 경영 방식을 감시하는 것이 바람직하다.

07 정답 ④

정답 해설 제품의 구입, 운송, 설치 과정에서 고장이 일어나면 보증 기간 이내인 경우 교환이 가능하고, 보증 기간 이후라면 유상 수리가 가능하다. 그러나 환불이 가능하다는 규정은 없다.

오답 해설
① 220V 이외의 전원에 연결하였다면 소비자의 과실이므로 수리가 가능하다면 보증 기간에 관계없이 유상 수리가 규정이므로 무상으로 수리할 수 없다.

② 구입 후 특별한 이유 없이 3회 이상 고장으로 수리한 경우에는 교환 또는 환불이 가능하므로 보증 기간 이내에 4회나 고장이 났다면 교환이나 환불이 가능하다.

③ 정상적인 사용에도 불구하고 고장이 났을 때는 보증 기간과 관계없이 사용 기간에 따라 환불이 가능하다고 했으므로 적절한 내용이다.

⑤ 물을 흡입한 것은 사용자에 의한 과실이므로 보증 기간과 관계없이 유상 수리 대상이다.

08 정답 ⑤

정답 해설 ㉠ 맥락상 '생명적 존재를 위한 생성의 원리'를 고려하면 '세포와 유기체'의 관계가 가장 적절하다. '태양계와 지구'의 관계는 앞서 밝힌 물질과 원자의 관계와 유사하다.

㉡ '발전과 비약'을 통해 높은 단계로 고양된다는 맥락을 고려하면 변증법적 관계가 가장 적절하다. 체계적 관계는 '비약'과는 거리가 있고, 기생적 관계는 상호 보완적이라기보다 일방적 주종 관계라는 점에서 맥락에 부합하지 않는다.

09 정답 ①

정답 해설 제시된 글에서는 다양한 사상들이 개인에게 수용될 때 서로 모순되는 생각들이 뒤섞여 혼란을 일으키는 경우가 있는데 이러한 상태를 '㉠ 생각의 웅성거림'이라고 하였다. 또한 이러한 '생각의 웅성거림'으로 인해 사색적인 인간은 '㉡ 결론을 내리지 못한다.'고 하였다. 이를 종합해 보면 결국 ㉠과 ㉡은 원인과 결과의 관계로 묶여 있음을 확인할 수 있다. ①의 '질병'과 '통증'은 이러한 인과 관계로 묶여 있는 사례이다. '질병'이 발생하면 그것이 원인이 되어 통증을 유발하기 때문이다.

오답 해설 ② '고장'과 '수리'는 '고장'이 나면 '수리'하여 복구하는 것이므로 '문제'와 '해결 방안'의 관계에 가깝다.

③ '넓이'와 '면적'은 고유어와 한자어로 구성된 유의 관계에 해당한다.

④ '희망'과 '절망'은 반의 관계에 있는 어휘들이다.

⑤ '여름'과 '가을'은 시간의 순차적 흐름과 관계가 있으며 '계절'을 뜻하는 어휘라는 관점에서 대등한 관계에 있다.

10 정답 ⑤

정답 해설 '목초지의 비극'이란 결국 개인적 합리성의 추구가 사회적 합리성을 저해하는 경우를 말한다. 다시 말해 개인의 이기심 추구로 인해 사회 전체적으로는 손해를 보게 되는 것이다. 이를 막기 위해서는 협의나 국가의 정책을 통해 개인의 무분별한 합리성 추구를 제한함으로써 사회 전체 혹은 공동체의 이익을 도모해야 한다. ⑤의 '황사현상'은 개인의 이익을 추구하는 과정에서 발생한 것이 아니라 외부적인 환경으로 인해 공동체 모두가 피해를 입는 경우에 해당하므로 '목초지의 비극'과는 성격이 다른 것이다.

오답 해설 ①, ②, ③, ④ 모두 사적 이익의 추구를 제한하여 공동체의 이익을 도모하는 방안에 해당한다.

11 정답 ⑤

정답 해설 피보험자가 안전벨트를 착용하지 않은 경우에는 운전석 또는 옆 좌석은 보상액에서 20%를 공제하고, 뒷 자석은 보상액에서 10%를 공제한 후 지급한다. 따라서 보상을 받지 못하는 경우는 아니다.

오답 해설 ①, ②, ③, ④ 약관 내용을 참고할 때 모두 보상을 받을 수 없는 경우에 해당한다.

12 정답 ③

정답 해설 필자는 학문이 진리탐구를 목적으로 할 때 비로소 합리적이고 실용적인 학문이 될 수 있다는 견해를 밝히고 있다. 즉 학문의 목적인 진리탐구를 수행하다보면 자연스럽게 학문은 합리성을 띠게 되고 실용적인 결과물을 산출할 수 있다는 것이다. 반대로 학문이 실용성이나 합리성을 목적으로 삼게 되면 오히려 진리를 왜곡하여 진리에 이를 수 없게 된다고 하였다. 이를 정리해 보면 학문의 목적은 진리탐구이며 그 과정에서 합리성과 실용성이 자연스럽게 획득될 수 있음을 주장한 것으로 볼 수 있다. 따라서 이에 부합하는 것은 ③이다.

13 정답 ④

정답 해설 제시된 글은 비행기와 자동차의 디자인을 비교하고 있다. 비행기의 경우 새와 오징어를 모방하되 철저하게 기능을 고려한 디자인을 고안함으로써 단순하면서도 훌륭하고 세련된 디자인이 탄생하였다고 보았다. 반면 자동차 디자인은 자동차의 기능을 무시한 채 기존의 선입견에 매달려 쌍두마차를 모델로 함으로써 효율적인 디자인을 고안하지 못했다고 보았다. 따라서 첫 문단에서 제시한 비행기 디자인은 디자인이 추구해야 할 바람직한 방향을, 둘째 문단에서 제시한 자동차 디자인은 바람직하지 않은 디자인의 방향을 제시한 것으로 볼 수 있다. 이를 고려하면 필자의 견해는 첫 문단에 집약되어 있다고 볼 수 있으므로 첫 문단에서 언급한 자연을 모방한 디자인, 기능에 충실한 디자인을 포함하여 필자의 주장을 정리해야 한다.

오답 해설 ①, ② 필자의 주장과는 거리가 멀다.
③ 필자는 자연을 모방하는 것이 바람직하다고 생각하고 있지만 그 형태가 반드시 흡사해야 한다는 것은 아니므로 적절하지 않다.
⑤ 기능에 충실한 것이 최소한의 기능으로 축소한 이른바 '미니멀리즘'을 의미하는 것은 아니므로 적절하지 않다.

14 정답 ①

정답 해설 문맥적 의미를 묻는 문제로 앞뒤 문맥을 잘 살펴보면 답을 쉽게 찾을 수 있다. ㉠에 이어서 '~ 나는 너를 사랑한다.'가 나오므로, ㉠에는 아버지의 사랑의 원칙(조건)에 해당하는 내용이 들어가야 한다. 그러나 ①은 어머니의 무조건적 사랑에 해당하는 내용이다.

15 정답 ②

정답 해설 필자는 '밥그릇 싸움'과 '길에서의 싸움'이라는 상황에 견주어 붕당 또한 이러한 상황과 차이가 없다는 점을 통해 붕당의 원인이 이해관계에 있다는 결론과 그에 대한 해결 방안을 이끌어 내고 있다.

오답 해설 ① 제시된 '밥그릇 싸움'과 '길에서의 싸움'을 구체적 사례로 볼 수는 있지만 이를 일반화하는 과정은 나타나지 않으며 이들과 결론의 관계는 오히려 유추에 가깝다.

③ 반론을 제시하거나 이를 비판하는 내용은 글에 제시되어 있지 않다.
④ 일반적인 전제에서 출발하여 구체적인 결론을 이끌어 내는 것이 연역추론 방식인데 제시문은 첫 문단에서 필자의 결론을 먼저 제시하고 이를 어떻게 증명할 것인지의 물음을 제시한 뒤 이후 결론을 뒷받침하는 근거를 제시하고 있으므로 '대전제 – 소전제 – 결론'에 이르는 일반적인 연역추론의 단계와는 거리가 멀다.
⑤ 제시문에는 필자의 견해만 제시되었을 뿐 대립적인 견해는 제시되지 않았다.

16 정답 ⑤

정답 해설 필자는 병을 치료하는 것은 우리 몸의 자가 치유 능력이고, 약은 이것을 보조하는 것에 불과하다고 보고 있다. 하지만 모든 병을 자가 치유할 수 있다고 볼 수는 없다. 경우에 따라서는 불치병이 존재하며, 병에 걸렸을 때 의사들이 약의 복용을 권장하는 것은 우리 몸의 자가 치유 능력에 한계가 있기 때문일 것이다. 따라서 우리 몸의 자가 치유 능력에 한계가 있을 수도 있다는 '라'의 의문은 타당한 의문이다. 한편 약이 자가 치유를 돕는 촉매 역할을 한다고 하여 약의 기능을 인정하면서도 약을 사용하지 말아야 한다고 주장하는 것은 모순이다. 더욱이 약을 과다 복용할 경우 일으킬 수 있는 문제를 약의 일반적인 부작용으로 보는 것은 논리적으로 타당하지 않다. 따라서 '마'의 의문 역시 타당한 의문이다.

오답 해설
- **가** : 글의 내용을 잘못 이해한 결과이다. 즉 모든 약이 그 자체로 부작용을 일으키는 것이 아니라 장기간의 복용이나 오남용의 경우, 또는 두 가지 이상의 약을 섞어 먹을 경우 부작용을 일으킨다는 것을 의미한다.
- **나** : 음주 후에 약을 복용하는 것은 통상적인 상황은 아니지만 핵심은 그것이 통상적인가의 문제가 아니라 음주 후에 약을 복용하면 부작용이 생기므로 피해야 한다는 것이므로 이를 극단적인 사례라고 비판하는 것은 적절하지 않다.
- **다** : '장기간 사용하거나 과용하면'이라는 전제가 제시되어 있으므로 과장이라고 보기 어렵다.

[17~18]

17 정답 ⑤

정답 해설 '유광억'이라는 인물과 관련한 몇 가지 사건들을 제시하고 있는 작품이다.

오답 해설
① 제시된 글에서는 경시관과 감사 사이의 대화가 나타나는데, 이것은 글을 알아보는 능력에 대한 내기와 관련된 것이다.
② 제시된 작품의 중심을 이루는 것은 선인(善人)과 악인(惡人) 사이의 대립이 아닌, '유광억'이라는 인물의 행적이다.
③ 삽입한 운문의 내용은 과거의 시제와 관련 있을 뿐 작품의 주제와는 관련이 없다.
④ 결말 부분에서 유광억의 행적을 직접적으로 논평하여 작가의 서술 의도를 밝히고 있다.

18 정답 ④

정답 해설 ㉮ 부분은 과거 시험과 관련하여 유광억이 저지른 죄가 크기 때문에 그의 죽음이 마땅하다는 의미로 해석되므로 '자기가 저지른 일의 결과를 자기가 받음.'을 이르는 한자성어인 '자업자득(自業自得)'이 이를 가장 잘 드러낸다.

오답 해설
① **구밀복검(口蜜腹劍)** : 말로는 친한 듯하나 속으로는 해칠 생각이 있음을 이르는 말이다.
② **사면초가(四面楚歌)** : 사면이 모두 적에게 포위되어 고립된 상태를 이르는 말이다.

③ **좌충우돌(左衝右突)** : 이리저리 마구 찌르고 부딪침을 뜻하는 말이다.
⑤ **토사구팽(兎死狗烹)** : 필요할 때는 쓰고 필요 없을 때는 야박하게 버리는 경우를 이르는 말이다.

19 정답 ④

정답 해설 제시된 시는 백석의 〈고향〉이다. 이 시에서 시적 화자는 어느 날 병으로 의원을 찾게 되는데 마침 의원이 아버지로 섬기는 이의 옛 친구라는 이야기를 듣게 된다. 이후 시적 화자는 의원의 모습을 통해 아버지와 고향의 따스함을 느낀다. 한 편의 이야기와 같은 이 시는 화자의 외로운 현실과 화자가 지향하는 세계(아버지, 고향)를 '의원'을 매개로 넘나들며 고향에 대한 그리움의 정서를 효과적으로 표현하고 있다.

오답 해설 ① 시적 허용에 관한 것으로 제시된 작품에서는 드러나지 않는다.
② 시적 화자는 대상에 대하여 따뜻한 애정을 느끼고 있으며 대상에 대해 비판적이고 차가운 '냉소'를 드러내고 있지 않다.
③ 역설적 표현을 설명한 것으로 제시된 작품에서는 활용되지 않았다.
⑤ 공감각적 이미지를 설명한 것으로 의원의 외양 묘사와 같은 시각적 이미지의 활용을 통해 대상의 인상을 제시하고 있는 것은 맞지만 공감각적 이미지를 활용한 것은 아니다.

20 주관식

예시 답안
- **찬성 측 답안** : 이동시간과 이동거리를 비교해 볼 때 현대인들은 미개인들에 비해 상대적으로 비효율적인 삶을 살고 있다. 따라서 브레이크 없는 자동차처럼 빠름만을 추구하기 보다는 주변 풍광을 감상할 여유가 있는 도보여행과 같이 느림의 지혜를 가져야 한다.
- **반대 측 답안** : 이동시간과 이동거리를 비교해 볼 때 현대인들은 미개인들에 비해 상대적으로 비효율적인 삶을 살고 있다. 하지만 개미의 1km와 인간의 1km는 차원이 다르듯이 현대인의 시간과 거리는 미개인들의 그것과는 비교할 수 없을 정도로 많은 가능성을 갖고 있다.

해설 조건과 글자 수의 제약에 유의해서 답안을 작성해야 한다. 우선 찬성 측과 반대 측 답안 모두 '이동시간과 이동거리를 비교해 볼 때 현대인들은 미개인들에 비해 상대적으로 비효율적인 삶을 살고 있다.'라고 제시문을 한 문장으로 요약하라는 조건을 충족시켰다.
또한 '브레이크 없는 자동차'와 '개미의 1km와 인간의 1km'를 통해서 비유적 표현을 확인할 수 있으며, 마지막으로 '느림의 지혜를 가져야 한다.'와 '현대인의 시간과 거리는 많은 가능성을 갖는다.'라는 문장을 통해서 자신의 견해를 밝히라는 조건이 충족됨을 확인할 수 있다.

Test
of
Korean
Language

토클 ToKL 4주

셋째 마당

쓰기

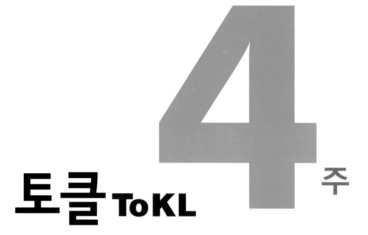

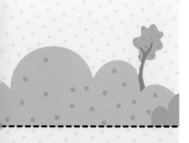

셋째 마당 쓰기

국어능력인증시험의 쓰기 영역은 다수가 응시하는 시험의 성격상 실제 쓰기 능력을 평가하는데 제한이 따르기 때문에 이를 보완하기 위해 주로 간접평가 방식으로 출제되고 있다. 따라서 구상 및 글감의 정리, 제재 선정, 자료의 해석, 퇴고 등 글쓰기의 과정에 대한 기본적인 이해를 바탕으로 문항을 풀이해야 한다. 또한 주어진 주제 및 글감을 활용하여 단락이나 한 편의 짧은 글을 구성하는 문항도 출제되므로 이에 대한 철저한 대비가 필요하다.

[국어능력인증시험 쓰기 예시]

물음1) 다음 만화를 보고, '컴퓨터와 정보 시대' 라는 제목의 글을 쓰려고 한다. 글에 포함될 내용으로서 자연스러운 것은?

① 컴퓨터로 인하여 인간은 삶의 질을 높일 수 있다.
② 정보 시대의 인간은 컴퓨터를 떠나서는 무기력한 존재일 수밖에 없다.
③ 컴퓨터에 의한 의사 소통은 평등하고 평화로운 관계를 창출할 것이다.
❹ 컴퓨터는 인간을 이어주는 구실도 하지만, 인간을 고립시킬 수도 있다.
⑤ 컴퓨터로 인하여 인간의 창조적인 사고와 자유로운 상상은 제한되고 말 것이다.

→ 그림을 살펴보면 각자의 컴퓨터 선들이 그물망처럼 연결되어 네트워크를 형성함을 알 수 있다. 하지만 네트워크로 연결되어 있음에도 불구하고 모두 자신의 모니터 화면에만 열중하는 모습을 통해 단절된 인간관계를 함께 유추할 수 있다.

물음2) (가) ~ (나)에 나타난 문제점을 지적한 것으로 가장 적절한 것은?

(가) 등잔은 토기 제작 기술과 기름 짜는 기술이 발달하면서 만들어 썼다고 한다. 이런 기술이 없던 시절, 즉 아득한 옛날, 동굴이나 토굴에 살 때에는 화톳불을 지피거나 '튼지'라고 하는 노에 불을 피워야만 했다. 그러다가 삼국 시대에 들어오면서 기술의 발달로 깨 기름을 이용해서 등잔불을 밝히게 되었다.

(나) 등잔에는 여러 종류가 있었다. 방안을 밝히는 내등(內燈), 천지신명에게 바치는 신등(神燈), 대문 밖에 달던 장명등(長明燈), 부처님께 바치는 법등(法燈), 밤늦게 희미하게 깜박이는 잔등(殘燈), 처마 밑에 달던 헌등(軒燈), 외딴 곳에 달던 고등(孤燈), 그림을 비추며 돌아가게 되어 있는 영등(影燈) 등이 있다.

① (가)는 문장들의 서술 순서가 뒤바뀌어 있다.
② 글의 내용에 비추어 볼 때 단락의 구분이 부적절하다.
③ (가), (나) 모두 주제문은 있으나 뒷받침 문장이 서술되어 있지 않다.
④ 토기 제작 기술과 기름 짜는 기술이 언제 생겨났는지를 구체적으로 밝혀야 한다.
❺ (나)에서 등잔이 등잔의 용도나 등잔을 다는 장소 등 적절한 기준에 따라 분류되어 있지 않다.

→ (가)는 시간상의 흐름을 기준으로 내용을 전개하고 있지만 (나)는 등잔을 분류하는 기준이 제시되지 않았다.

물음3) 문장들을 적절하게 연결하여 통일성과 긴밀성을 갖춘 단락이 되게 하려 한다. 첫 번째 문장 뒤에 ㉠ ~ ㉣이 이어질 순서를 바르게 제시한 것은?

단락은 그 자체로 일정한 맥락을 유지해야 한다.
㉠ 이는 문과 문에 못지않게 단락과 단락도 치밀한 논리적인 연계성 위에 서 있어야 함을 의미한다.
㉡ 또한 단락은 결말 단락이 아닌 한, 다음 단락의 도입을 위한 준비 단락으로서의 성격도 동시에 지니고 있어야 한다.
㉢ 문과 문의 경우이든, 단락과 단락의 경우이든 논리적 연계성을 유지하기 위해서는 지시어나 접속어를 적절하게 활용해야 한다.
㉣ 이는 한 단락을 이루는 문과 문이 긴밀하게 연결되어 한 단락의 내용이 논리적으로 전개되어야 함을 의미한다.

① ㉡ - ㉣ - ㉠ - ㉢
② ㉡ - ㉣ - ㉢ - ㉠
③ ㉢ - ㉡ - ㉣ - ㉠
❹ ㉣ - ㉡ - ㉠ - ㉢
⑤ ㉣ - ㉡ - ㉢ - ㉠

→ 논지 : 단락은 그 자체로 일정한 맥락을 유지해야 한다.
㉣ 부연 : 이는 한 단락을 이루는 문과 문이 긴밀하게 연결되어 한 단락의 내용이 논리적으로 전개되어야 함을 의미한다.
㉡ 논지 : 또한 단락은 결말 단락이 아닌 한, 다음 단락의 도입을 위한 준비 단락으로서의 성격도 동시에 지니고 있어야 한다.
㉠ 부연 : 이는 문과 문에 못지않게 단락과 단락도 치밀한 논리적인 연계성 위에 서 있어야 함을 의미한다.
㉢ 결론 : 문과 문의 경우이든, 단락과 단락의 경우이든 논리적 연계성을 유지하기 위해서는 지시어나 접속어를 적절하게 활용해야 한다.

하나 쓰기의 실제

1 주제의 설정

주제가 명확하지 않다면 아무리 많은 내용을 담고 있고, 형식이 바르다고 해도 좋은 글이라 할 수 없다. 그런 면에서 분명한 동기, 목표, 주제 의식이야말로 글쓰기의 과정과 결과를 좌우하는 동력원이다. 또한 내용에 대한 주제 의식이 분명할수록 글의 내용뿐만 아니라 형식의 오류도 줄일 수 있다.

(1) 주제의 개념

글의 중심적인 내용 혹은 글을 쓰는 이가 글을 통하여 말하고자 하는 참된 의도(중심 사상)를 뜻한다.

(2) 주제 설정의 방법

가주제
↓
참주제(글 전체의 범위 한정)
↓
주제문(참주제를 두고 서술된 하나의 명제)

① 주제의 범위는 되도록 좁게 정한다.

② 글을 쓰는 이가 관심을 가지고 있으며, 또 잘 알고 있는 것을 주제로 고른다.

③ 독자에게도 흥미와 관심을 불러 일으키는 주제를 선정한다.

(3) 주제문의 조건

① 표현이 완전한 문장으로 진술되어야 한다.

예 ㉠ 영화에서 OST의 중요성

㉡ 영화에 삽입된 OST는 영화의 분위기를 결정하기 때문에 중요하다.

→ ㉠은 주어와 서술어가 없기 때문에 주제일 뿐 주제문이 아니다. ㉡과 같이 주어와 서술어를 갖추어야지만 주제문이라고 할 수 있다. 주제문에는 주제에 대한 글쓴이의 생각과 태도가 담겨 있으며 이는 주로 서술어를 통해서 드러난다.

② 표현이 정확하고 구체적이어야 한다.

예 ㉠ 광고는 자본주의의 꽃이다.

㉡ 지도자는 지도자다워야 한다.

→ ㉠ '자본주의의 꽃'이라는 비유적 표현이 사용되었다. 비유적 표현은 다양한 해석이 가능하기 때문에 글쓴이의 생각이 정확하게 표현되어야 하는 주제문으로는 알맞지 않다.

㉡ '지도자다움'이 무엇인지 모호하다. 모호한 내용을 담고 있는 문장도 주제문으로 적절하지 않다.

③ 초점을 주제의 한정된 국면에 맞추어야 한다.

④ 글을 쓰는 이의 의견이나 태도가 분명히 드러나야 한다.

⑤ 누구나 다 알고 있는 자명한 이치나 의견이어서는 안 된다.

⑥ 감정에 의해서가 아니라 근거에 의해 증명될 수 있는 것이어야 한다.

출제 유형

- 다음은 어떤 글의 개요이다. 개요를 보고 이 글의 주제문을 완성하시오.
- 〈보기〉는 글을 쓰기 위해 수집한 내용들을 메모한 것이다. 이를 바탕으로 설정한 주제로 보기 어려운 것은?

국어능력인증시험의 쓰기 영역에서는 다양한 정보들을 종합하여 주제를 선정하거나 선정된 주제를 바탕으로 그에 알맞은 정보들을 선택하는 문항들이 주로 출제된다. 따라서 제시된 다양한 정보들을 종합하여 공통적이고 핵심적인 주제를 이끌어 내는 능력과 함께 다양하게 제시된 정보들과 주제와의 연관성을 파악하는 능력이 요구된다.

>>> 짚어보기 좋은 글의 요건

- **충실성** : 내용이 알차서 밀도 있는 것을 충실성이라 한다. 무조건 길기만 하고 그 내용이 알차지 못하고 무의미한 것은 좋은 글이 아니다.
- **정확성** : 정서법, 띄어쓰기, 구두점 찍기 등 문법, 맞춤법에 맞도록 써야 좋은 글이다.
- **경제성** : 필요한 자리에서 필요한 만큼의 말만 쓰는 것이 글의 경제성이다.
- **정직성** : 자기가 독창적으로 쓴 글인가, 남이 쓴 글의 일부를 따왔는가, 개념을 인용했는가를 쓰는 이가 분명히 밝히는 것을 뜻한다.
- **명료성** : 글의 '선명한 뜻'을 명료성이라 한다. 무엇을 쓰고 있는가를 분명히 알 수 있도록 써야 잘 쓴 글이라 할 수 있다.
- **일관성** : 글의 시점, 난해도, 형식적 요건, 어조, 문체, 내용 등이 일률적인 것을 뜻한다.
- **완결성** : 주제 또는 중심 사상을 담은 부분과 이를 뒷받침하는 부분으로 이루어져 한 편의 글이 완결되는데 글의 이러한 속성을 완결성이라 한다.
- **독창성** : 글에 나타난 참신하고 독특하면서도 창조적인 특성을 독창성이라 한다.
- **자연스러움** : 글의 흐름이 순탄한 동시에 거슬리는 어구가 없어 이해하기에 순조로운 것을 뜻한다.

더하기 예제 01

다음은 어떤 설문 조사 결과를 정리한 것이다. 이를 활용하여 보고서를 쓸 때 세울 수 있는 논지로 적절하지 않은 것은?

- 질문 : 청소년 공연 예술 단체의 문제점은 무엇이라고 생각하십니까?
- 주요 답변
  - 재정적으로 열악하다.
  - 제도적 지원이 미비하다.
  - 상업적인 대중문화를 추종하는 경향이 있다.
  - 학부모들의 이해 부족으로 활동에 어려움이 있다.

① 현대 사회에서는 소질과 적성을 살리는 것이 중요하다는 점을 들어, 학부모들에게 청소년 공연 예술 단체에 대한 이해와 격려를 요청한다.

② 상업적인 대중문화 추종은 청소년 공연 예술 단체의 설립 취지에 맞지 않음을 들어, 단체 스스로의 반성이 필요함을 지적한다.

③ 청소년 공연 예술 단체의 힘만으로는 재정 문제를 해결하기가 어렵다는 점을 들어, 기업의 적극적인 관심과 지원이 필요함을 역설한다.

④ 청소년 공연 예술의 가치에 대한 관객들의 인식이 부족함을 들어, 청소년 공연 예술에 대한 이해를 제고할 수 있는 방안이 모색되어야 함을 강조한다.

⑤ 청소년 공연 예술 단체에 대한 지원이 공연 예술에 대한 관심을 확대할 수 있는 방안이 될 수 있음을 들어, 관련 정책 당국에 제도적 지원을 촉구한다.

해설

설문 조사의 주요 답변 내용에는 청소년 공연 예술에 대한 관객들의 인식 부족에 관한 내용은 제시되지 않았다. 따라서 관객들의 인식을 제고하는 대안은 설문의 내용과 관련이 없으므로 논지로 세우기에 적절하지 않다.

① 학부모들의 이해와 격려를 요청한다는 내용은 설문 내용 중 학부모들의 이해 부족으로 활동에 어려움이 있다는 것과 관련 있다.

② 상업적 대중문화를 추종하는 경향이 있어 이에 대한 반성이 필요하다는 대안은 설문 내용 중 상업적인 대중문화를 추종하는 경향이 있다는 것과 관련 있다.

③ 기업들의 적극적인 관심과 지원의 필요성을 역설하겠다는 대안은 설문 내용 중 재정적으로 열악하다는 것과 관련하여 적절한 대안이다.

⑤ 관련 정책 당국의 제도적 지원을 촉구하겠다는 대안은 설문 내용 중 제도적 지원이 미비하다는 것과 관련 있다.

정답 ❹

더하기 예제 02 주관식

(가) ~ (다)의 자료들을 바탕으로 이끌어 낼 수 있는 주제 문장을 〈조건〉에 맞게 쓰시오.

(가) 한국의 몇몇 전자 제품 회사들이 일본 기업을 앞서게 되었다고 방심할 일은 아니다. 일본 기업들은 문화 콘텐츠 산업에 적극적인 투자를 하여 새로운 성장 동력을 만들어가고 있다.

(나) 한국무역협회에 따르면 우리 문화 콘텐츠 산업은 한류 드라마와 영화가 인기를 끌었던 2003년 흑자를 낸 뒤, 2004년부터 적자를 기록하고 있다. 품목별로는 게임의 수출 비중이 전체 문화 콘텐츠 수출의 50.2퍼센트에 달하는 등 다양화되지 못했고, 지역별로는 중국, 일본, 동남아 등 아시아 시장에 편중되는 취약점도 있다.

(다) 문화 콘텐츠 산업 업체들의 영업 이익률은 40~50퍼센트 수준으로 매우 높다. 휴대전화 판매의 이익률은 10퍼센트 선이고, 자동차 업체의 영업 이익률은 5~7퍼센트 선에 그친다. 또한 하나의 상품이 영화, 책, 게임, 캐릭터 등 다양한 파생 상품을 만들어 낸다는 것도 문화 콘텐츠 산업이 가진 매력이다. 유럽에 수출하여 인기 있는 국산 에니메이션 '뽀로로'의 경우, 게임과 캐릭터 상품 등 다양한 관련 콘텐츠를 만들어 냈다. 그 결과 프로그램 판권과 저작권료로 2008년 120억 원 이상을 벌어들였다.

〈조건〉 • 완결된 하나의 문장으로 쓰시오.
• '한국은 ~ 해야 한다.'의 구조로 쓰시오.

예시답안

한국은 문화 콘텐츠 산업의 경제적 중요성을 인식하고 문화 콘텐츠 산업에 투자를 늘리는 한편 품목을 다양화하고, 수출 지역을 다변화하여야 한다.

해설

- (가) : 일본이 문화 콘텐츠 산업에 적극적으로 투자하여 새로운 성장 동력을 만들어 가고 있다는 점을 강조하였으므로 한국 역시 문화 콘텐츠 산업에 적극적으로 투자해야 한다는 내용을 포함시켜야 한다.
- (나) : 우리 문화 콘텐츠 산업의 취약점을 지적하며 수출 품목이 다양하지 않고, 수출 지역이 편중되어 있음을 예로 들었다. 따라서 문화 콘텐츠의 품목을 다양화 하고 수출 지역을 다변화해야 한다는 내용을 포함시켜야 한다.
- (다) : 문화 콘텐츠 산업과 다른 산업의 수익성을 비교한 뒤, '뽀로로'를 예로 들어 뒷받침하고 있으므로 문화 콘텐츠 산업을 지원해야 하는 근거로 문화 콘텐츠 산업의 경제적 중요성을 인식해야 한다는 내용을 포함시켜야 한다.

따라서 (가)~(다)를 종합해 보면 '문화 콘텐츠 산업의 경제적 중요성 인식 · 문화 콘텐츠 산업에 대한 투자 확대 · 품목의 다양화 및 수출 지역 다변화'로 정리할 수 있다. 이렇게 정리된 내용을 바탕으로 완결된 하나의 문장으로 서술하라는 요구 조건과 '한국은'을 주어로 하고 '~해야 한다.'로 문장을 종결하도록 요구한 점을 고려하여 문장을 완성하면 된다.

더하기 예제 03 주관식

다음과 같은 개요를 기초로 하여 글쓰기를 하려고 한다. 주제문에 알맞은 내용을 쓰시오.

제 목 : 우리 나라의 수출 경쟁력 향상 전략

주제문 : 수출 경쟁력 향상을 위해서는 [ ].

서 론 : 최근의 수출 실적 부진 현상

본 론 : 가. 수출 실적과 수출 경쟁력의 상관성

나. 수출 경쟁력의 실태 분석

1. 가격 경쟁력 요인

ㄱ. 제조 원가 상승

ㄴ. 고금리

ㄷ. 환율 불안정

2. 비가격 경쟁력 요인

ㄱ. 기업의 연구 개발 소홀

ㄴ. 제품의 품질 불량

ㄷ. 판매 후 서비스 부족

ㄹ. 납기의 지연

결 론 : 분석 결과의 요약 및 수출 경쟁력 향상 방안 제시

예시답안

수출 경쟁력 향상을 위해서는 [가격 경쟁력 요인 강화를 위한 정부의 지원과 비가격 경쟁력 요인 강화를 위한 기업의 노력이 함께 이루어져야 한다.]

해설

제시된 개요에서는 수출 경쟁력 부진 요인으로 제조 원가 상승, 고금리, 환율 불안정 등의 '가격 경쟁력 요인'과 연구 개발 소홀, 품질 불량, 판매 후 서비스 부족 및 납기의 지연과 같은 '비가격 경쟁력 요인'을 제시하였다. 이 중 '가격 경쟁력 요인'은 주로 정부의 지원을 필요로 하는 문제이고, '비가격 경쟁력 요인'은 주로 기업의 노력이 요구되는 문제이다. 따라서 주제문은 이를 포괄하는 내용이 제시되어야 한다. 즉 '가격 경쟁력 요인에 대한 정부의 지원'과 '비가격 경쟁력 요인에 대한 기업의 노력'이 함께 이루어져야 한다는 내용이 제시되는 것이 바람직하다.

2 자료의 수집과 정리

주제가 선정되면 주제와 관련된 자료들을 수집하게 된다. 풍부하면서 정확한 자료 수집은 좋은 글을 쓰는 중요한 토대이다. 그렇다고 무조건 많은 자료를 수집하는 것은 시간낭비일 뿐이다. 따라서 실제로 주제와 긴밀하게 연관되어 주제를 뒷받침하거나 상반되는 견해를 비판할 수 있는 자료를 선별해야 한다. 그리고 이렇게 선택된 자료들을 정리하여 주제를 효과적으로 드러낼 수 있는 방안을 강구해야 한다. 마지막으로 선택된 자료들 외에 주제를 강화하기 위해 보완되어야 할 자료들이 무엇인지도 검토해야 한다.

(1) 자료의 수집

자료 수집 시 가져야 할 태도는 다음과 같다.

① 글을 쓰고자 하는 목적이 분명해야 한다.
② 관찰력과 호기심이 많아야 한다.
③ 자신만의 분석력과 주관적 판단력을 키워야 한다.

(2) 자료의 선택 및 분류

① 자료의 선택
㉠ **일상성** : 주위에 있는 평범한 것을 선택한다.
㉡ **동일성** : 주제를 뒷받침할 수 있는 것을 선택한다.
㉢ **확실성** : 객관적이고 구체적이며 출처가 뚜렷한 것을 선택한다.
㉣ **화제성** : 독자의 관심을 끌만한 것을 선택한다.

② **자료의 분류** : 자료의 분류는 수집된 자료들을 일정한 범주나 내용 또는 부류, 성격에 따라 나누는 것을 말한다. 자료의 분류 방식은 다음과 같다.
㉠ 자료를 시간적인 순서에 따라 정리한다.
㉡ 자료를 공간적인 순서에 따라 정리한다.
㉢ 자료를 현상별로 분류한다.
㉣ 자료를 문제별로 분류한다.
㉤ 자료를 원인과 결과별로 분류한다.
㉥ 자료를 연역적 방식 혹은 귀납적 방식에 따라 분류, 정리한다.

출제 유형

- 〈보기〉는 '국어능력인증시험의 필요성'이라는 제목으로 글을 쓰기 위해 수집한 자료들이다. 직접적인 논거로 쓰일 수 있는 항목들은?
- 〈보기〉는 '대기오염'에 관한 글을 쓰기 위해 모은 자료이다. 자료를 통해 이끌어 낸 내용으로 적절하지 않은 것은?

자료의 선별 및 분류의 기준은 주제이다. 글의 주제가 무엇인가에 따라 선택되는 자료가 달라질 수 있기 때문이다. 따라서 자료의 선별 및 분류와 관련된 문항은 주어진 주제에 적합한 자료의 내용과 형태를 묻는 유형으로 출제된다. 이러한 문항을 해결하기 위해서는 주제를 명확하게 인식하고 이를 고려하여 주제를 뒷받침할 수 있는 자료들을 선택하는 능력이 필요하다.

더하기 예제

"청소년 야간 통행 금지법 제정을 반대한다."라는 주제로 글을 쓰고자 한다. ㄱ ~ ㅂ에서 그 주장의 근거로 삼을 수 있는 것은?

ㄱ. 청소년 범죄가 폭발적으로 증가하고 있다.
ㄴ. 통행의 자유라는 국민의 기본권을 침해한다.
ㄷ. 청소년들이 유해한 환경에 무방비로 노출되어 있다.
ㄹ. 청소년은 나라의 기둥이므로 범죄로부터 그들을 보호해야 한다.
ㅁ. 청소년은 아직 사회 환경에 대처하는 능력을 갖추고 있지 않다.
ㅂ. '미성년자 보호법'과 같은 청소년을 보호하기 위한 법률이 있다.

① ㄱ, ㄷ
② ㄴ, ㅁ
③ ㄴ, ㅂ
④ ㄴ, ㄹ, ㅂ
⑤ ㄷ, ㅁ, ㅂ

해설

제시된 주제는 "청소년 야간 통행 금지법 제정을 반대한다."이다. 이를 바꿔 말하면 "청소년도 야간에 통행할 수 있어야 한다."라는 주장이 된다. 따라서 이를 뒷받침할 수 있는 자료를 선택해야 한다.

- **ㄴ** : 청소년도 국민이며 국민의 기본권인 통행의 자유를 누려야 하므로 청소년도 야간에 통행할 수 있어야 한다는 주장으로 자연스럽게 연결된다.
- **ㅂ** : '청소년 야간 통행 금지법'을 대신할 수 있는 법이 이미 제정되어 있으므로 굳이 청소년의 야간 통행 금지법과 같은 새로운 법을 만들어 청소년의 기본권을 통제할 필요가 없다는 주장을 뒷받침할 수 있다.
- **ㄱ** : 범죄가 주로 밤에 발생한다는 점을 고려할 때 청소년 야간 통행을 금지해야 한다는 주장의 근거가 된다.
- **ㄷ** : 청소년들을 유해환경으로부터 보호해야 한다는 취지이므로 청소년 유해환경이 조성되는 야간에 통행을 금지해야 한다는 주장의 근거가 될 수 있다.
- **ㄹ** : 범죄로부터 청소년을 보호하기 위해 청소년에게 유해한 환경이 조성되는 야간에 통행을 금지해야 한다는 주장의 근거가 될 수 있다.
- **ㅁ** : 사회환경에 대처하는 능력을 갖추지 않은 청소년을 유해환경으로부터 보호해야 하므로 주장을 뒷받침하는 근거가 될 수 있다.

정답 ❸

더 알고가기

글쓰기 능력 향상을 위한 신문 100% 활용하기

㉠ **제대로 읽어라.**

- 하루에 10~20분의 시간을 투자해 신문 기사를 꼼꼼히 읽자. 특정 면만을 읽기보다 첫 지면부터 꼼꼼히 읽어나가는 것이 중요하다.
- 신문 기사를 읽을 때에는 사건의 배경과 원인, 발생 또는 진행 과정을 정확히 분석하여 그와 관련하여 제기될 수 있는 일상적이지만 인문 철학적인 문제들을 자신의 견해로 정리해 두자.
- 한 달 정도의 기간 동안 스크랩한 신문을 한꺼번에 보는 것도 좋은 방법이다. 신문은 하루하루의 사회적인 이슈가 담긴 것이므로 한 달치의 신문을 한꺼번에 보면 하나의 이슈가 시간이 지나감에 따라 어떻게 바뀌어 가는지 좀 더 거시적으로 바라볼 수 있다.

㉡ **일간지에 글을 기고해 보라.** : 종합일간지, 경제일간지, 영자지 등을 대상으로 '독자투고', '오피니언', '독자의견', '옴부즈맨' 등에 한 번씩은 원고를 기고해 본다. 주제는 자유이므로 훨씬 쉽게 글을 쓸 수 있고, 자신의 글과 신문에 게재된 글(전문기자가 퇴고한 글)을 비교하면서 자신의 글을 평가할 수 있다.

㉢ **읽고 난 후 생각하라.**

- 글쓴이의 주장과 그것을 효과적으로 뒷받침하고 있는 논거를 찾아본다. 동시에 논거를 제시하기에 적당한 시기와 그 이유에 대해서 고민해 본다.
- 비판적인 시각을 유지해야 한다. 비판한다는 의미는 상대방의 논리를 헐뜯으라는 의미가 아니므로 상대방의 내용을 정당하게 평가하고 그 가치를 규정해야 한다.

(3) 자료의 해석

주어진 자료는 다양한 형태를 띤다. 한 편의 글일 수도 있고, 통계자료일 수도 있고, 광고문이나 기사문일 수도 있다. 중요한 것은 이러한 다양한 형태의 자료들이 주제와 관련하여 어떤 의미를 가지고 있는가이다. 따라서 주어진 자료가 무엇인가보다 주어진 자료를 통해 무엇을 알 수 있는가가 중요하다.

① **시각 자료의 해석** : 그림이나 만화, 광고문과 같은 시각 자료를 제시하는 목적은 시각 자료가 주는 이미지를 얼마나 논리적으로 언어화하는가를 창의적 사고력과 함께 평가하려는 것이다.

시각 자료는 얼마든지 자유롭게 해석할 수 있는 가능성이 열려있지만 그 해석은 시각 자료의 전체적인 맥락과 논의의 방향을 벗어나서는 안 된다. 따라서 시각 자료가 출제되었을 때 핵심은 자신의 창의적인 관점에서 자료를 논리적인 언어로 얼마나 잘 풀어낼 수 있는가에 놓여 있다.

② **도표와 그래프** : 사회 현상에 대해서 철저하게 분석하고 논리적인 대안을 제시하는 문항이 자주 출제되고 있기 때문에 사회 현상에 대해 분석할 수 있는 사고력, 그리고 그 분석한 내용을 언어로 표현하는 능력을 평가하기 위해서 도표 등의 자료가 다양하게 제시되고 있다.

㉠ 도표 자료는 글에서 요구하는 내용 요소를 이끌어 낼 수 있는 핵심 내용을 포괄하고 있기 때문에 자료 해석 시 주어진 과제와 주제가 어떻게 연관되는지에 대해 관심을 가져야 한다.

㉡ 도표형 자료를 해석하는 문항은 사회 현상이나 문제와 직결되는 요소를 많이 포함하므로 사회 현상의 추이와 연관 지어 올바르게 분석해야 한다.

㉢ 주어진 자료에는 여러 가지 요소가 내포되어 있지만 특별히 두드러진 부분이 있기 마련이다. 따라서 의미 있는 수치가 무엇인가를 파악하는 것이 문제 해결의 열쇠가 되는 경우가 많다.

출제 유형

- 〈보기〉의 자료를 읽고 탐구한 것으로 적절하지 않은 것은?
- 다음 자료를 바탕으로 '초등학생 비만의 원인과 해결 방안'이라는 제목으로 글을 쓰려고 한다. 글을 쓰기 위한 계획으로 적절하지 않은 것은?

주어진 자료를 글쓰기 과정에서 어떻게 활용할 것인가를 묻는 문항이 주를 이루는데, 이 경우 주어진 자료가 의미하는 바를 정리한 뒤, 이렇게 해석된 자료가 어떻게 활용될 수 있는가를 고민해 보아야 한다. 주어진 자료는 주장하는 바를 뒷받침하는 근거일 수도 있고, 글에서 제시한 현상을 구체적으로 보여주는 사례일 수도 있으며 문제 상황이 개선되지 않았을 경우 발생할 수 있는 결과에 대한 예측일 수도 있다.

더하기 예제

자료 ㉮와 ㉯를 활용하여 "사교육비의 부담을 줄여야 한다."라는 주장의 글을 쓰려고 한다. 자료의 활용 방안으로 가장 적절한 것은?

㉮ 도시 가구의 교육비 부담 요인 (2012년, 단위 : %)

학교 납입금	각종 과외비	교재비	기타
38	55	4	3

㉯ 주요 국가별 초등학교 교사 1인당 학생 수 (2012년, 단위 : 명)

한국	미국	프랑스	일본	대만
31	15	16	20	25

① 도시 가구의 교육비부담률이 높음(㉮ 활용)을 결론으로 삼고, 그 근거로 공교육의 환경이 좋지 않다는 점(㉯ 활용)을 지적한다.

② 사교육비 부담률이 너무 높다는 점(㉮ 활용)을 문제로 제기하고, 그 원인으로 공교육의 환경이 좋지 않다는 점(㉯ 활용)을 지적한다.

③ 사교육비 부담률이 너무 높다는 점(㉮ 활용)을 원인으로 지적하고, 교육 제도를 개선해야 한다는 점(㉯ 활용)을 결론으로 삼는다.

④ 도시 가구 교육비가 증가되고 있음(㉮ 활용)을 문제로 제기하고, 그 원인으로 공교육의 환경이 좋지 않다는 점(㉯ 활용)을 지적한다.

⑤ 사교육비 부담률이 너무 높다는 점(㉮ 활용)을 문제로 제기하고, 그 대책으로 교육 제도를 개선해야 한다는 점(㉯ 활용)을 지적한다.

해설

자료 ㉮는 도시 가구의 교육비 부담 요인별로 차지하는 비율을 나타낸 것으로 표에 따르면 각종 과외비가 55%로 가장 높게 나타나고 있다. 다음으로 높은 것은 38%를 차지하는 학교 납입금인데 이는 정상적인 교육비 지출이므로 크게 문제가 되지 않으며 과외비에 비해 상대적으로 적은 비중을 차지하고 있어 크게 주목할 만한 항목은 아니다.

자료 ㉯는 국가별 초등학교 교사 1인당 학생 수를 보여주는 자료로 다른 국가들에 비해 한국의 초등학교 교사가 담당하는 학생 수가 약 2배 정도 많은 것을 알 수 있다. 이는 우리나라의 교육 환경이 다른 국가들에 비해 열악하다는 점을 뒷받침한다. 그리고 이러한 교사의 수급은 교육 환경과 연관된 문제이기도 하다. 이를 종합해 보면 현재 사교육비 부담율이 높고 공교육의 환경이 좋지 않다는 점을 도출해 낼 수 있다. 이를 인과 관계로 연결하면 열악한 공교육 환경으로 인해 사교육비 지출이 많다는 주장을 제기할 수 있다.

① ㉮에서 문제되는 것이 과외비임에도 불구하고 교육비 전체를 문제 삼고 있어 자료의 활용이 적절하지 않다. 또한 도시 가구의 교육비 증가를 ㉯로 뒷받침할 수는 없다.

③ ㉮를 활용하여 원인으로 삼고 ㉯를 활용하여 해결방안으로 삼은 것은 타당하지만 교사 대 학생 수의 문제는 교육 제도가 아니라 교육 환경에 가깝다는 점을 고려할 때 적절하지 않은 활용 방안이다.

④ ①과 마찬가지로 도시 가구 교육비 전체를 문제 삼은 것이 부적절하다.

⑤ ③과 마찬가지로 교육 제도가 아니라 교육 환경에 초점을 맞춰야 한다.

정답 ❷

(4) 자료의 보완

제시된 자료로 글을 구상하는 과정에서 보완이 필요한 부분이 생길 수도 있고, 추가적인 자료를 수집하여 이에 대한 활용 방안을 고려해야 하는 경우도 있다.

출제 유형

- 〈보기〉와 같은 구상을 통해 글을 완성하고자 한다. 추가적인 자료 수집 및 활용 방안으로 적절하지 않은 것은?

일반적으로 추가적으로 수집해야 할 자료의 선택을 묻는 문항이나 추가적으로 제시된 자료를 활용하는 방안을 묻는 형태로 출제된다.

더하기 예제

다음 제시된 개요를 보완하기 위한 방안으로 적절하지 않은 것은?

Ⅰ. 서론
- 한국학 강좌를 대학에 개설한 국가 수의 증가
- 해외에 한국학 육성을 위한 장기적 전략의 필요성

Ⅱ. 본론
1. 해외 한국학 육성의 의의
   - 다른 나라와의 문화적, 학문적 연대 증진
   - 세계 속 한국의 위상 제고
2. 해외 한국학 발전의 장애 요소
   - 정부 및 민간 기업의 연구 재정 지원 부족
   - 한국학에 대한 현지인의 관심 부족
   - 한국학을 연구할 전문 인력의 부족
3. 해외 한국학 지원 및 육성 방안
   - 연구 재정의 투명한 관리
   - 한국학 국제 학술 대회 개최 등을 통한 관심 환기
   - 한국학 연구자 육성을 위한 지원

Ⅲ. 결론
- 해외 한국학의 전망

① 서론에서 한국학 강좌를 개설한 외국 대학들의 정확한 실태를 통계 수치로 제시한다.

② 본론 1에서 각국의 문화재 보존 현황을 근거 자료로 제시한다.

③ 본론 2에서 한국학에 대한 인지도가 일본학, 중국학에 비해 상대적으로 낮음을 근거 자료로 제시한다.

④ 본론 2를 고려하여 본론 3에서 정부의 지원 확대 및 민간 기업의 기부 활성화 방안을 제시한다.

⑤ 본론 3에서 한국학 연구자 육성을 위한 장학 제도 마련을 위한 구체적인 방안을 소개한다.

해설

자료로 제시된 개요의 수정 및 보완 방안을 묻는 문항이다. 본론 1은 한국학 육성의 의의에 대한 항목이다. 그러나 각국의 문화재 보존 현황은 한국학 육성의 의의와는 관련이 없다.

① 서론에서 한국학 강좌가 외국에서 개설되는 사례가 늘고 있다고 하였으므로 이를 구체적인 자료로 뒷받침하는 것은 타당한 보완 방안이다.

③ 본론 2는 한국학 발전에 장애가 되는 요소들을 서술하고 있으므로 인접한 일본, 중국에 비해 상대적으로 한국학의 인지도가 낮다는 것은 근거 자료로 추가할 수 있다.

④ 본론 2에서 문제점으로 정부나 기업의 재정 지원이 부족하다고 하였으므로 이와 관련한 내용이 포함되어야 한다. 정부의 지원 확대와 민간 기업의 기부 활성화는 본론 2의 내용과 연관된 대안이므로 보완 사항으로 적절하다.

⑤ 본론 3에서 한국학 연구자 육성을 위한 지원이 대안으로 제시되었으므로 이를 구체화하여 한국학 연구자 육성을 위한 장학 제도를 마련하는 구체적인 방안을 소개하는 것은 적절한 보완 방안이다.

정답 ❷

3 자료의 구성

자료를 선택하고 정리한 이후에는 이를 바탕으로 글을 구성하는 과정을 거치게 된다. 이때 자료의 배치뿐만 아니라 자료들 간의 관계도 고려해야 하며 주제를 효과적으로 드러내기 위한 자료의 제시 방법도 고려해야 한다. 결국 이러한 글쓰기 구상은 개요의 작성으로 완성되며 개요의 수정 과정을 거쳐 최종적인 글쓰기로 이어진다.

(1) 구성 요소의 설정

글의 가장 기본적인 구성은 '서론 – 본론 – 결론'의 구조이다. 따라서 글쓰기의 구상은 먼저 서론과 본론, 결론에 어떠한 내용을 서술할 것인가에서 출발한다. 물론 한 편의 글은 주제를 효과적으로 드러내는데 집중되므로 주제를 고려하여 서론과 본론 및 결론의 내용을 구성해야 한다. 따라서 일반적인 서론, 본론, 결론의 구성 방식을 이해하고 이를 바탕으로 문항에 접근하는 것이 바람직하다.

출제 유형

- 〈보기〉는 어떤 글의 서론과 결론 부분이다. 본론의 내용으로 적절하지 않은 것은?

이 영역에서는 글의 구성 과정을 제시하고 쓰기 능력을 간접 평가하는 문항이 주를 이루고 있다.

더 알고가기

'서론 – 본론 – 결론'에 들어가는 일반적인 내용

㉠ 서론
- 글의 도입부에 해당한다.
- 중심 화제를 제시하고 본론에 들어가기 위한 준비가 이루어진다.
- 주로 화제의 개념을 제시하거나 문제를 제기하는 경우가 많다.
- 중심 화제와 관련된 현황이나 실태를 제시하는 것이 일반적이다.
- 본론에서 전개할 내용의 범위를 미리 제시하는 경우도 있다.

㉡ 본론
- '문제점 – 원인 – 대안'의 구조로 이루어진다.
- '반대 견해 제시 – 반박 – 대안 제시'의 구조로 이루어진다.
- 각 항목들은 상호 유기적 관계를 맺고 있으므로 그 범위나 내용이 일관성 있게 구성되어야 한다.

㉢ 결론
- 앞서 서술한 내용을 종합하여 마무리하는 단계에 해당한다.
- 서론에서 제기한 문제에 대한 답변을 명확히 제시한다.
- 본론의 논리적 과정을 거쳐 도출된 대안들을 종합하는 과정이 이루어져야 한다.

(2) 구성 요소의 배치

글의 구성 요소는 문단이나 문장이다. 따라서 이러한 문단이나 문장이 글 전체에서 유기적인 관련을 맺고 있어야 좋은 글이 될 수 있다.

출제 유형

- '공교육의 붕괴는 부모에게 책임이 있다.' 라는 제목으로 글을 쓰려고 한다. 다음 〈보기〉의 글감을 가장 잘 정리한 것은?

주로 글감들을 주제와 논지 전개 방식에 맞게 배치하는 문항이나 상위 항목과 하위 항목과의 관련을 고려하여 적절하게 구성 요소를 배치하는 문항이 출제된다.

더하기 예제

다음의 개요에 맞게 글감을 활용하는 방법으로 적절하지 않은 것은?

글감	개요
㉠ '친구 따라 강남 간다'라는 속담 ㉡ 무역외수지 적자 ㉢ '바가지' 여행 상품으로 인한 피해 ㉣ 업무상 여행과 관광 여행 ㉤ 목표와 계획이 뚜렷한 여행	주제 : 해외 여행의 문제점과 대책 1. 서론 2. 해외 여행의 문제점 가. 국가적 차원 나. 개인적 차원 3. 해외 여행의 개선 방안 가. 국가적 차원 나. 개인적 차원 4. 결론

① ㉠은 '1'에서 해외 여행의 실태를 언급하는 서두로 삼는다.
② ㉡은 '2－가'에서 국가 경제에 미치는 악영향을 지적하는 자료로 삼는다.
③ ㉢은 '2－나'에서 개인적인 차원의 문제점 사례로 제시한다.
④ ㉣은 '3－가'에서 여행의 유형을 분류하는 방식으로 제시한다.
⑤ ㉤은 '3－나'에서 의미 있는 해외 여행의 방안으로 제시한다.

해설

'업무상 여행과 관광 여행'을 여행의 분류 방식으로 제시하는 것은 맞지만 이것을 국가적 차원의 대안을 제시해야 하는 '3－가'에서 활용하는 것은 적절하지 않다. 여행의 분류는 오히려 개요를 고려할 때 서론부에서 제시하는 것이 효과적이다.
① 서론에서는 현황이나 실태를 제시하는 것이 일반적이며 속담이나 격언 등을 제시하여 독자의 흥미를 유발하기도 한다.
② ㉡의 무역외수지 적자는 해외 여행으로 인한 국가적 차원의 문제점이므로 '2－가'에서 활용하는 것이 적절하다.
③ ㉢의 '바가지' 여행 상품으로 인한 피해는 개인적 차원의 문제점이므로 '2－나'에서 활용하는 것이 적절하다.
⑤ ㉤의 목표와 계획이 뚜렷한 여행은 개인적 차원에서 여행을 의미 있게 만드는 방법이므로 '3－나'에서 활용하는 것이 적절하다.

정답 ❹

4주

(3) 개요 작성

개요는 글의 설계도이다. 따라서 개요 작성은 글쓰기 준비의 최종 단계이며 이를 기본으로 글이 완성된다. 개요는 글의 주제를 가장 효과적으로 전달할 수 있는 형식과 논리적 구조를 바탕으로 작성되어야 한다. 개요를 작성할 때에는 글의 전체 구조는 물론 읽는 이를 고려해야 하고, 글의 전체 분량, 조직 방식 등에 대해서도 충분히 고려해야 한다.

① 개요의 종류

㉠ **구상 메모** : 쓸거리, 주제에 대해 떠오르는 생각을 순서없이 간단하게 메모한 것. 개요 작성의 기초 작업이다.

㉡ **화제식 개요** : 구상 메모를 기초로 하여 다루고자 하는 글의 내용을 화제로 정리한 것이다.

㉢ **문장식 개요** : 화제식 개요를 구체화하여 각 항목을 주제문으로 작성하는 작업이다.

② 개요 작성 시 유의점

㉠ 서론, 본론, 결론으로 나눈다.

㉡ 일반적으로 서론, 결론은 글의 1/6씩, 본론은 4/6 정도의 분량으로 쓴다.

㉢ 서론은 글의 첫인상에 해당하므로 신중히 작성한다.

㉣ 본론은 글감을 같은 성질의 것으로 분류하고, 분류한 항목의 배열 순서를 정한다.

출제 유형

- 다음은 글을 쓰기 위해 구상한 개요이다. 서론, 본론의 개요를 바탕으로 결론의 내용을 작성해 보시오. (주관식)
- 다음은 '소비 생활과 인격'이라는 제목의 글을 쓰기 위해 작성한 개요이다. 밑줄 친 부분에 들어갈 내용으로 가장 적절한 것은?
- 다음과 같은 개요를 기초로 하여 글쓰기를 하려고 한다. 빈칸에 들어갈 주제문으로 가장 적절한 것은?

개요와 관련된 문항은 글감을 제시한 후 개요를 작성하거나 일부 내용이 생략된 개요를 완성하는 문항으로 나누어 볼 수 있다.

개요를 작성하는 문항은 제목과 관련하여 제시된 글감들 가운데 적절한 것을 선택하고, 내용상의 관계를 고려하여 선택된 글감들을 항목별로 묶는다. 그리고 항목을 이루는 요소들 간의 계층 관계를 따져서 위상에 맞게 배열한다.

마지막으로 개요를 완성하는 문제는 개요 자체를 해석해야 한다. 즉 제시된 개요를 사용하여 쓰고자 하는 글에서 문제 삼고 있는 바가 무엇인지를 먼저 파악해야 하고, 그 문제의 해결을 위해서는 어떤 것이 필요한지 파악해야 한다.

더 알고가기

개요 작성의 실제

㉠ **주제** : 환경오염 문제와 대책

㉡ **구상 메모**

1. 심각해지는 환경오염
2. 대기오염
3. 수질오염
4. 소음 · 진동
5. 환경오염이 인류에게 미치는 영향
6. 환경오염의 방지 대책

㉢ **화제식 개요**

1. 서론 : 인류를 위협하는 환경오염
2. 환경오염의 실태
   (1) 대기오염
   (2) 수질오염
   (3) 소음 · 진동
3. 환경오염이 인류에게 미치는 영향
4. 환경오염 방지 대책
5. 결론

㉣ **문장식 개요**

Ⅰ. 서론 : 무분별한 개발로 인한 환경오염이 인류를 위협하고 있다.

Ⅱ. 본론

1. 환경오염의 실태
   (1) 대기 오염은 산업혁명 후 공장의 증가와 인간 생활을 위한 에너지 이용 과정에서 발생한 각종 매연에 의해서 발생한다.
   (2) 수질 오염은 공업의 발달, 인간의 도시 집중 등에 의해 오염된 물이 하천에 흘러 들어 정화능력을 초과한 데서 발생한다.
   (3) 문명의 발달은 생활의 편리를 가져왔고, 그 속에서 탄생된 교통기관의 증가, 기계의 대형화 및 공장의 주택가 접근으로 발생된 소음과 진동은 도시 공해 문제의 가장 중요한 요인이 되었다.
2. 환경오염이 인류에게 미치는 영향 : 환경오염은 인류의 건강을 해치고 생활을 황폐하게 만든다.
3. 환경오염 방지 대책 : 각종 공해를 유발하는 물질의 사용을 억제하고, 대기오염, 수질오염 등을 줄일 수 있는 여러 시설을 마련한다.

Ⅲ. 결론 : 환경오염은 인류의 생존을 위협하고 생활환경을 황폐하게 하므로 환경보존에 힘써야 한다.

더하기 예제 01

다음 제시된 개요에서, ㉠과 ㉡에 들어갈 내용이 바르게 짝지어진 것은?

제목 : (㉠)

Ⅰ. 서론 : 텔레비전 프로그램은 시청률이 높은 오락 프로그램 위주로 편성되어 있다.

Ⅱ. 본론

1. 시청률은 광고료의 액수를 좌우한다.
2. 방송사의 경영진은 광고료 수입을 올리기 위해 교양 프로그램보다 오락 프로그램의 편성을 선호한다.
3. 방송사의 경영진은 텔레비전 프로그램 편성에 강력한 영향력을 행사하려 한다.
4. 방송은 상업성뿐 아니라 공익성도 지니고 있다.

Ⅲ. 결론 : (㉡)

① ㉠ : 프로그램 편성과 방송사의 역할
㉡ : 방송사는 좋은 프로그램 보기 운동을 선도해야 한다.

② ㉠ : 프로그램 시청자
㉡ : 시청자는 좋은 프로그램에 성원을 보내야 한다.

③ ㉠ : 시청자의 권리와 의무
㉡ : 시청자가 프로그램 편성에 적극적으로 참여해야 한다.

④ ㉠ : 광고와 방송사의 사회적 책임
㉡ : 방송사는 좋은 프로그램을 편성하여 국민 의식을 선도해야 한다.

⑤ ㉠ : 프로그램 편성과 방송사 경영
㉡ : 텔레비전 프로그램 편성이 방송사 경영진의 방침에 종속되어서는 안 된다.

해설

본론의 내용을 종합하여 결론을 도출한 뒤 이를 바탕으로 제목을 유추하는 것이 좋다. '프로그램 편성과 방송사의 경영'이라는 제목을 통해 본론에서 제기하였던 오락 프로그램 중심의 방송 편성 원인을 정확히 제시하고 있을 뿐만 아니라 주제에서는 '프로그램 편성이 경영진의 의도에 종속되어서는 안 된다.'라는 구체적인 해결 방안을 제시하고 있으므로 ⑤가 가장 적절하다.

① ㉠의 제목은 결론의 내용과 일치하지만 ㉡의 내용은 본론에서 제기하였던 방송사 경영진의 문제점을 드러내지 못하고 있다.

② 제목이 방송사나 경영진의 프로그램 편성 문제에 관한 것이 아니고 내용도 본론에서 언급되지 않은 내용이다.

③ 제목이 본론의 내용과 일치하지 않으며 결론 역시 시청자의 역할을 강조하고 있어 본론의 내용을 충실히 담아내지 못하고 있다.

④ 방송사의 공익성을 강조하였다는 점에서 사회적 책임과 연결할 수 있다. 하지만 방송사가 좋은 프로그램을 편성하여 국민 의식을 선도해야 한다는 결론은 원론적인 수준의 대안이며 본론에서 제기된 방송사 경영진의 문제를 포괄하지 못하고 있다.

정답 ⑤

더하기 예제 02

'과소비를 추방하자' 라는 제목으로 글을 쓰려고 한다. 다음 제시된 글감들을 가장 잘 정리한 개요는?

- 과소비의 문제점 제기
- 계층 간의 갈등 유발
- 과소비의 폐해
- 물질 만능적 사고 조장
- 건전한 소비 생활 운동 전개
- 과소비 억제 방법
- 과소비에 대한 무거운 세금 부과
- 과소비 억제책 시행 강조

① 가. 과소비의 문제점 제기
나. 과소비 억제 방법
1. 과소비에 대한 무거운 세금 부과
2. 물질 만능적 사고 조장
다. 계층 간의 갈등 유발
1. 과소비의 폐해
2. 건전한 소비 생활 운동 전개
라. 과소비 억제책 시행 강조

② 가. 과소비의 문제점 제기
나. 과소비 억제 방법
1. 계층 간의 갈등 유발
2. 과소비에 대한 무거운 세금 부과
다. 과소비의 폐해
1. 물질 만능적 사고 조장
2. 건전한 소비 생활 운동 전개
라. 과소비 억제책 시행 강조

③ 가. 과소비의 문제점 제기
나. 과소비의 폐해
1. 계층 간의 갈등 유발
2. 건전한 소비 생활 운동 전개
다. 과소비 억제 방법
1. 과소비에 대한 무거운 세금 부과
2. 물질 만능적 사고 조장
라. 과소비 억제책 시행 강조

④ 가. 과소비의 문제점 제기
나. 과소비의 폐해
1. 물질 만능적 사고 조장
2. 계층 간의 갈등 유발
다. 과소비 억제 방법
1. 과소비에 대한 무거운 세금 부과
2. 건전한 소비 생활 운동 전개
라. 과소비 억제책 시행 강조

⑤ 가. 과소비의 문제점 제기
나. 과소비의 폐해
1. 계층 간의 갈등 유발
2. 과소비에 대한 무거운 세금 부과
다. 건전한 소비 생활 운동 전개
1. 물질 만능적 사고 조장
2. 과소비 억제 방법
라. 과소비 억제책 시행 강조

해설

서론, 본론, 결론의 내용을 구분하고 본론의 상위 항목과 하위 항목 간의 관계를 고려하여 개요를 작성해야 한다. 우선 서론에서는 문제를 제기하는 것이 논리적 구조상 적절하므로 '과소비의 문제점 제기'를 서론으로 잡는 것이 바람직하다. 또한 '계층 간의 갈등 유발'이나 '물질 만능적 사고 조장'은 '과소비의 폐해'의 하위 항목으로 묶을 수 있으며 '건전한 소비 생활 운동 전개'와 '과소비에 대한 무거운 세금 부과'는 '과소비 억제 방법'의 하위 항목으로 묶을 수 있다. 그리고 이들은 다시 문제점, 대안의 순서로 배열하는 것이 논리적 흐름에 맞다. 끝으로 '과소비 억제책 시행 강조'는 주제에 해당하며 글을 마무리 하는 시점에 제시하는 것이 바람직하므로 결론으로 삼는 것이 타당하다. 이를 종합해 보면 ④가 가장 적절한 개요에 해당한다.

정답 ❹

더 알고가기

개요의 일반적인 구조

개요는 크게 '서론 – 본론 – 결론'으로 구성되는데 이때 본론은 '문제점 – 원인 – 대안'으로 구성되는 경우가 일반적이다. 특히 본론에서는 각 항목에 해당하는 하위 항목들을 일정한 기준에 따라 분류하여 제시하고 논의를 구체화하는 것이 일반적이다. 이때 상위 항목과 하위 항목의 관계는 긴밀하게 연관되어야 한다. 예를 들어 '우리나라의 고령화에 따른 대책 마련이 시급하다.'라는 주제로 개요를 작성할 경우 본론에서는 '원인'을 사회적 원인과 개인적 원인으로 분류해서 제시할 수 있다. 물론 이 경우 대안 역시 이에 맞추어 사회적 대안과 개인적 대안이 함께 제시되어야 유기적인 개요라 할 수 있다.

>>> 짚어보기 **Brown & Day의 요약하기 규칙**

㉠ 삭제(deletion)
- 중요하지 않고 중복되는 정보 삭제.
- 중요하더라도 지나치게 많은 정보 삭제.

㉡ 일반화하기(generalization)
- 구체적인 낱말들을 더 일반적인 말로 대체.
- 항목이 나열될 경우 상위어로 대체.

㉢ 선택(selection) : 주제 문장을 선택.

㉣ 구성(construction) : 명백한 화제 진술들이 없을 때 스스로 창출해야 함.

4 전개

(1) 단락의 요건

단락은 하나의 완결된 의미 단위이기 때문에 일정한 내적 완결성을 갖추어야 한다. 따라서 이러한 내적 완결성을 바탕으로 단락의 내용을 평가하거나 내적 완결성에 근거하여 단락의 내용을 구성하는 문항이 출제된다. 이러한 문항을 풀이하기 위해서는 단락의 일반적인 요건과 구성의 원리를 염두에 두고 이를 기준으로 단락을 비판적으로 검토해야 한다.

① **통일성** : 단락의 내용들은 단락의 중심 내용과 유기적으로 연관되어 있어야 한다. 단락의 내용은 결국 중심 내용을 뒷받침하는 내용이기 때문이다.

② **완결성** : 단락의 중심 내용과 뒷받침 내용은 일치해야 한다. 중심 내용의 일부가 뒷받침 내용에서 생략되거나 뒷받침 문장에 제시된 내용을 중심 내용이 포괄하지 못할 경우 단락은 부족한 느낌을 주게 된다.

③ **일관성** : 단락에 나타난 필자의 관점은 단락 안에서 일관성을 지니고 있어야 한다. 단락 도중에 필자의 관점이 바뀌거나 필자의 관점에 대한 태도가 변화하는 것은 독자를 혼란에 빠뜨리게 되며 글의 내용을 모호하게 만든다.

4주

출제 유형

- ㉠ ~ ㉤ 중 단락의 구성 요건상 삭제해야 하는 것은?

전개와 관련된 문항들은 실제 글쓰기 과정에 대한 간접 평가로 이루어진다. 따라서 문장 쓰기의 원리부터 중심 문장과 뒷받침 문장의 일반적인 요건, 단락의 구성 요건이나 효과적인 구성 방식에 대한 이해를 바탕으로 문항을 해결해야 한다.

더 알고가기

단락의 필요성

- 글쓴이의 처지에서 전체 틀을 구성하는 기본 단위가 됨.
- 글쓴이의 처지에서 주제문을 구성하는 요소를 나누는 단위가 됨.
- 읽는 이의 처지에서 글쓴이의 사고를 이해하는 중간 단위가 됨.
- 읽는 이의 처지에서 글의 전체 구성을 이해하는 기본 단위가 됨.

더하기 예제

다음 중 단락의 구성 요건을 고려할 때 삭제해야 하는 것은?

환경 영향 평가 제도는 각종 개발 사업이 환경에 끼치는 영향을 예측하고 분석하여 부정적인 환경 영향을 줄이는 방안을 마련한다. ㉠ 개발로 인해 환경오염이 심각해지고 자연 생태계가 파괴됨에 따라 오염 물질의 처리 시설 설치와 같은 사후 대책만으로는 환경 문제에 대한 해결이 궁색해졌다. ㉡ 그리하여 각종 개발 계획의 추진 단계에서부터 환경을 고려하는 환경 영향 평가 제도가 도입되었다. ㉢ 환경 영향 평가 제도는 환경 훼손을 최소화하고 환경 보전에 대한 사회적 인식을 제고하는 등 개발과 보전 사이의 균형추 역할을 수행해 왔다. ㉣ 따라서 신도시 개발 사업은 사전에 환경 영향 평가를 받아야 한다. ㉤ 그러나 현재 시행되고 있는 환경 영향 평가 제도는 제도나 운영상의 문제점을 안고 있어 본래의 취지를 충분히 살리지 못하고 있다.

① ㉠ ② ㉡
③ ㉢ ④ ㉣
⑤ ㉤

해설
제시된 글은 '환경 영향 평가 제도'의 개념과 문제점을 제시하고 있다. 환경 영향 평가가 좋은 의도에서 실시되었지만 제도나 운영상의 문제점으로 인해 본래의 취지를 살리지 못하고 있다는 것이 주된 내용이다. ㉣은 환경 영향 평가의 당위성을 제시한 문장으로 이어지는 내용을 고려할 때 단락의 구성상 삭제하는 것이 좋다.

정답 ④

(2) 단락의 구성

① **화제문** : 단락의 중심이 되는 문장이다.

② **뒷받침문** : 화제문을 뒷받침하거나 구체화하는 문장이다.

③ **화제문과 뒷받침문의 관계** : 화제문과 뒷받침문의 관계가 긴밀하게 연결될 때 명확하고 짜임새 있는 글이 탄생한다. 논리적인 글을 완성하기 위해서는 주장과 논거의 논리적 타당성이 바탕이 되어야 하며, 자신의 주장에 대한 적절하고 분명한 논거를 제시할 수 있어야 한다.

출제 유형

• 다음 중 주제 문장과 뒷받침 문장이 가장 긴밀하게 연결된 것은?

화제문이 무엇인지 판단하고 이를 뒷받침하는 문장들이 유기적으로 밀접하게 연결되어 있는지를 묻는 문항이 주로 출제된다. 이와 같은 문항에서는 단락을 화제문과 뒷받침문으로 분류하고 이들의 관계를 분석하여 평가하는 능력이 필요하다.

더 알고가기

화제문과 뒷받침문의 일반적인 요건

화제문은 단락의 핵심적인 내용이며 '화제'를 포함하고 있는 문장이다. 반면 뒷받침문은 화제문의 내용을 논리적으로 뒷받침하거나 구체화하는 문장이다. 따라서 이들 문장들 간에는 긴밀한 연관성이 유지되어야 하며 화제문에서 다루는 내용과 뒷받침문에서 다루는 내용은 서로 일치해야 한다. 즉 화제문에서 언급하지 않은 내용을 뒷받침문에서 언급하거나 누락시켜서는 안 되는 것이다. 또한 화제문과 뒷받침문의 범주가 서로 일치하더라도 화제문과 뒷받침문이 연결되는 논리적 연관성이 존재해야 한다. 즉 '주장-근거', '일반론-구체적 사례', '결과-원인' 등과 같이 서로 긴밀한 연관성이 존재해야 단락이 보다 명확해진다.

더하기 예제 01

다음 중, 주제문과 뒷받침 문장의 결속(結束)이 가장 자연스러운 것은?

① 우리나라의 네 계절은 모두 아름답다. 봄에는 꽃이 피고 여름에는 새가 지저귄다. 또한 겨울에는 흰 눈이 온 세상을 하얗게 만든다.

② 인류 문명 발달사에서 전쟁은 양면적인 속성을 가지고 있었다. 한 지역의 문명을 송두리째 파괴하기도 하지만, 그 지역의 문명을 다른 곳으로 전파하는 역할을 하기도 하였다.

③ 냉장고는 음식을 차게 보관하는 생활 필수품이다. 그런데 냉장고의 기능은 그다지 믿을 만한 것이 못 된다. 냉장고에 음식을 오래 보관하면 상해 버리니 꼭 필요한 것은 아니다.

④ 과일은 대체로 둥근 모양을 하고 있다. 사과가 그렇고 감도 그렇다. 파인애플도 전체적으로 보아 둥글다고 할 수 있다. 그런데 길쭉한 모양을 하고 있는 바나나는 둥글다고 할 수 없다.

⑤ 나는 학창 시절 훌륭한 선생님을 만난 것 같다. 초등학교 때의 선생님은 무척 자상하셨고, 중학교 때에는 엄격하지만 너그러운 분이셨다. 또한 고등학교 때에는 좋은 친구를 만나 뜻있게 보냈다.

해설

전쟁의 양면성을 주제 문장에서 언급하고 부정적 측면인 '문명의 파괴'와 긍정적 측면인 '문명의 전파'라는 상반된 속성을 제시하여 글의 통일성이 유지되고 있다.

① 주제 문장에서 네 계절이 아름답다고 하였음에도 불구하고 뒷받침 문장에서는 '가을'에 대한 내용이 빠져 있다.

③ 주제 문장에서는 냉장고가 음식을 차게 보관하는 생활필수품이라고 하여 냉장고의 효용을 강조한 반면 뒷받침 문장에서는 냉장고의 신뢰성에 의문을 제기하며 꼭 필요한 것은 아니라고 하여 주제 문장과 뒷받침 문장 간에 모순이 발생하였다.

④ 중심 문장에서는 과일이 대체로 둥근 모양을 하고 있다고 한 뒤, 뒷받침 문장에서는 '바나나'라는 예외적인 과일을 제시하여 통일성을 저해하고 있다.

⑤ 주제 문장에서 훌륭한 선생님을 만났다고 했지만 뒷받침 문장에서는 좋은 친구를 만났다는 내용을 언급하여 주제 문장의 범주를 벗어 났다.

정답 ❷

더하기 예제 02 주관식

다음 글의 마지막에 이어질 내용을 〈조건〉에 맞게 쓰시오.

인류가 옷을 처음 입기 시작한 이유는 추위나 여러 가지 위험 등으로부터 자신을 보호하기 위함이었다. 문명이 발전되면서 새로운 기능이 의복에 첨가되었다. 의복은 지위를 나타내기도 하고, 자신을 좀 더 아름답게 표현할 수 있는 수단이 되기도 하였다. 우리는 사람을 처음 대할 때에 그 사람이 입고 있는 옷에서 강한 인상을 받기도 하고, 옷을 통해서 그 사람의 안목과 성격을 짐작하기도 한다. 이와 같이 ____________________________.

〈조건〉

1. 앞의 내용을 요약한 뒤 주제를 쓰시오.
2. 인과성이 드러나도록 쓰시오.
3. '옷은 ~ 해야 한다.'의 구조를 활용하여 쓰시오.
4. 100자 이내로 쓰시오. (띄어쓰기 포함)

예시답안

옷은 신체를 보호하는 기능뿐만 아니라 상대방에게 자신의 이미지를 표현하는 기능도 지니고 있으므로 의생활에서는 표현성도 고려해야 한다.

해설

'이와 같이'라는 접속어를 고려할 때 이어질 문장은 앞서 제시된 내용을 요약하는 성격을 지닌다고 볼 수 있다. 제시된 문장은 인류가 옷을 입기 시작한 것이 추위나 위험을 막는 신체 보호의 기능에서 출발하였지만 문명의 발달에 따라 표현의 기능이 첨가되었다고 설명하고 있다. 따라서 주어진 조건을 고려할 때 앞부분에서는 옷이 신체 보호 기능뿐만 아니라 표현의 기능도 지니고 있다는 내용을 서술한 뒤 후반부에서는 인과성이 드러나도록 옷의 표현 기능도 고려해야 한다는 내용을 서술하는 것이 바람직하다.

(3) 단락의 전개

설명과 논증은 단락을 전개하는 기본 방식이다. 설명에서는 대상을 효과적으로 이해시키는 것이 관건이므로 설명의 방식이 중요하며 논증에서는 대상에 대한 자신의 견해나 주장을 입증하는 것이 관건이므로 적절한 근거 제시 방법과 논리적인 전개 방식이 중요하다.

① 설명 방식

㉠ **정의** : 어휘나 개념의 속성이나 특성을 설명하는 방식이다.

㉡ **비교(대조)** : 두 대상의 공통점이나 차이점을 견주어 설명하는 방식이다.

㉢ **분류** : 대상들을 일정한 기준에 의해 상위 개념으로 묶어서 설명하는 방식이다.

㉣ **분석** : 대상의 구성 요소들의 관계를 설명하거나 인과 관계를 설명하는 방식이다.

㉤ **예시** : 대상의 특성을 잘 보여줄 수 있는 구체적인 사례를 들어 설명하는 방식이다.

㉥ **유추** : 낯선 대상을 친숙한 대상에 빗대어 이해하기 쉽도록 설명하는 방식이다.

② **논증** : 논증이란 어떤 사안에 대해 논리적 근거를 바탕으로 주장이나 견해를 제시하는 방법이다. 논증은 주장하는 바를 문장으로 나타낸 '명제'와 주장을 뒷받침하는 근거에 해당하는 '논거', 그리고 전제에서 출발하여 결론을 이끌어 내는 사고 과정에 해당하는 '추론'으로 구성된다. 논증의 가장 일반적인 방식은 구체적인 전제에서 일반적인 결론을 이끌어 내는 귀납논증과 일반적인 전제에서 구체적인 결론을 이끌어 내는 연역논증이 있다.

출제 유형

- 〈보기〉의 조건을 지켜 '핵심어를 통해 본 21세기'라는 제목으로 글을 쓰려고 한다. 그 내용으로 가장 적절한 것은?
- 〈보기〉와 같이 내용을 보다 구체적으로 다시 써 보시오. 단, 비유법과 과정법을 써서 50자 이내로 쓰시오. (주관식)

적절한 설명이나 논증 방식에 따라 글을 쓰거나 이에 비추어 글의 전개 방식을 평가하는 문항이 주로 출제된다.

더하기 예제 01

주어진 진술을 비유와 예시를 사용하여 적절하게 구체화한 것은?

① 도덕규범은 문화 상대적이다.
→ 각 민족은 그들이 처한 사회, 경제, 문화적 배경에 따라 그 나름의 도덕규범을 소유하고 있다.

② 젊은이들은 유교적 도덕관을 경시한다.
→ 요즘 젊은이들은 충 · 효와 같은 전통 도덕을 유행이 지난 기성복처럼 낡아빠진 것이라고 생각한다.

③ 폐쇄적인 사회의 도덕규범은 전체주의적이다.
→ 폐쇄적인 사회에서는 구성원이 도덕규범을 어겼을 경우 공동체의 전체 구성원들로부터 완전히 소외되거나 가혹한 비난을 받게 된다.

④ 도덕규범은 법률의 기초가 된다.
→ 인간 사회에는 누구나 지켜야 할 관습적 도덕이 있는데, 도덕을 위배하는 사람이 점차 많아지자 그들을 제재하기 위해서 법률을 만들었다.

⑤ 우리 사회에는 도덕적 위기감이 팽배해 있다.
→ 전통적인 도덕규범으로는 상상할 수도 없는 사건이 일어나는 것을 보고, 우리의 전통적 도덕규범을 이미 존재하지 않는 것처럼 말하는 사람이 많다.

해설

비유와 예시를 활용하라는 조건이 주어져 있으므로 이에 충실한 선택지를 골라야 한다. 전통적인 도덕규범의 예로 '충 · 효'를 들고 있을 뿐만 아니라 '유행이 지난 기성복'이라는 적절한 비유를 활용하고 있어 문항의 조건을 모두 만족하고 있다.
①, ③, ④, ⑤ 비유나 예시가 사용되지 않았다.

정답 ❷

더하기 예제 02 주관식

〈보기〉에 제시된 문장을 〈조건〉에 맞추어 구체적으로 다시 쓰시오. (50자 내외)

〈보기〉

정보화 사회에서는 정보의 선별 능력이 중요하다.

〈조건〉

1. 비유적 표현을 포함시키시오.
2. 설의적 표현을 활용하시오.

예시답안

정보의 홍수 속에서 가치 있는 정보를 선별하는 능력이야말로 가장 중요한 것이 아닐까?

해설

비유에는 은유, 직유, 과장, 의인, 대유 등이 모두 포함된다. 또한 설의적 표현은 의문문의 형식을 따르지만 실제로는 답변이 이미 전제되어 있는 것으로 오히려 필자의 의도를 강화하는 목적으로 활용되는 표현 방법이다. 따라서 의문문의 형태로 문장을 마무리하면 설의적 표현을 활용하라는 조건을 충족시킬 수 있다.

>>> 짚어보기 **바른 글쓰기**

- **분명한 목적** : 글을 쓰는 목적을 분명히 해야 한다.
- **단일한 주제와 분명한 자기 결론** : 문제 의식, 탐구할 목표가 단일하고 분명할수록 글은 쉬워진다.
- **자료 수집** : 목적과 주제를 향해 깊은 묵상을 하고 풍부한 예증을 위해 자료 수집에 들어가야 한다.
- **개요 작성** : 잘 짜인 개요의 작성은 글의 반을 완성한 것과 같고, 개요가 충실할수록 좋은 글이 탄생한다. 단락별 주제문들을 미리 써 보면 중간 목표들이 분명해져 글이 더욱 탄탄해진다.
- **집필** : 길게 쓰기보다는 간결히 핵심적으로 쓰라. 가급적 한 문장이 한 줄을 넘지 않는, 30자 내외의 짧은 문장이 이상적이다.
- **퇴고** : 잘 쓴 글은 잘 다듬은 글이다. 완성된 초고를 남에게 보여 교정 받고 스스로도 계속 단어, 문장, 단락 차원에서 끊임없이 퇴고하라.

출처 – 민현식, 〈바른 글쓰기〉

(4) 서론과 결론

글의 개요를 토대로 서론과 본론의 내용을 구상하는 문항이 자주 출제되는데 서론이나 본론, 결론 쓰기의 일반적인 원리를 바탕으로 문항에 접근해야 한다. 독창적인 내용보다는 주어진 개요를 벗어나지 않고 조건에 맞게 서술하는 능력이 필요하다. 물론 서론, 본론, 결론이 맺는 유기적 관계는 필수적으로 고려되어야 할 요소이다.

① **서론** : 서론은 글의 전체적인 인상을 좌우할 만큼 매우 중요하다. 글쓴이가 하고 싶은 말을 본격적으로 다루는 본론에 들어가기에 앞서서 독자로 하여금 본론에서 논의될 내용을 들을 준비를 하게 만드는 역할을 해야 한다. 일반적으로 서론은 독자의 주의를 환기시키고 화제를 제시하는 도입 단락으로 시작한다.

㉠ **개념이나 용어를 정의하면서 시작** : 글에서 중점적으로 다루게 될 대상의 개념이나 용어가 일반인들에게 생소하거나 글쓴이가 새롭게 정의 내릴 경우 사용한다.

㉡ **문제를 제기하면서 시작** : 주로 논술문에서 사용하는 유형으로 독자의 관심과 흥미를 불러일으키기에 적절하다.

㉢ **질문을 던지면서 시작** : 독자의 호기심을 불러일으키고 문제점을 명쾌하게 제시할 수 있으나 자칫 논의의 초점이 흐려질 수 있다.

㉣ **인용을 하면서 시작** : 남의 말이나 글을 인용하면서 글을 시작하는 방법으로 서론에 주제와 연관 있는 사례를 인용하면 효과적으로 내용을 전달할 수 있다.

㉤ **결론을 미리 제시하면서 시작** : 글에서 다루고자 하는 중심 생각을 먼저 제시하면서 글을 시작하는 방법으로 글의 방향을 분명히 할 때 효과적이다. 단 자신의 주장에 대한 철저한 타당성을 확보할 수 있어야 한다.

② **결론** : 결론부에서 글을 깔끔하게 매듭짓지 못하면 엉성한 글이 될 수밖에 없다. 결론은 글의 주제를 독자의 기억 속에 분명하게 남게 하는 역할을 해야 하므로 결론을 쓸 때에는 앞에서 전개해 온 논리가 자연스럽게 귀결될 수 있도록 해야 한다. 일반적으로 결론에서는 앞서서 논의해 온 내용을 요약하거나 앞으로의 전망이나 새로운 과제를 제시하는 방식으로 끝을 맺는다.

㉠ **본론을 요약하고 끝맺는 방식** : 본론의 내용을 집약하여 요점을 정리하고 서론의 문제 제기와 관련 지어 주제를 강조하고 논의를 끝맺는 방식이다.

㉡ **인용하면서 끝맺는 방식** : 다른 사람의 말이나 글을 인용하면서 마무리하는 방식으로 여운을 남기는 방식이다.

㉢ **전망을 제시하며 끝맺는 방식** : 본론에서 제시한 내용을 바탕으로 글쓴이의 생각이나 의견을 내놓거나 그 과제가 어떻게 될 것인가를 전망하는 방식이다.

㉣ **당부하면서 끝맺는 방식** : 독자에게 행동이나 변화를 촉구하는 방식으로 주제에 대한 강한 인상을 줄 수 있다.

더 알고가기

쓰기 문제의 글자 수 제한

일반적으로 쓰기 문항의 글자 수 제한은 띄어쓰기 포함이다.

- **OO자 이내로 쓰라는 조건** : 띄어쓰기를 포함해서 제시된 글자 수 이내로 작성하여야 한다.
- **OO자 내외로 쓰라는 조건** : 띄어쓰기를 포함해서 제시된 글자 수 ±10%의 범위 내로 작성하여야 한다.

>>> 짚어보기 **주관식 답안의 작성**

보통 지필평가는 선다형, 진위형, 연결형 등 선택형(selection type) 문항과 단답형, 완성형, 서술형, 논술형 등의 서답형(supply type) 문항으로 구분된다. 이 가운데 서술형 문항은 출제자가 제시한 문항에 대해 수험생이 답이라고 생각하는 지식이나 의견 등을 직접 '서술'하는 방식이다.

㉠ 서술형 답안의 요건

- 묻고 있는 질문과 관련된 충분하고 정확한 지식을 담고 있어야 한다.
- 지식에 대해 답안 작성자 스스로가 이해, 통합, 활용할 수 있는 능력을 갖추고 있음을 나타낼 수 있어야 한다.
- 자신의 지식과 생각을 간결하고도 명확한 언어로 표현할 수 있다는 것을 나타낼 수 있어야 한다.

㉡ 서술형 답안 작성 요령

- **질문 파악하기** : 질문을 자세히 읽으면서 핵심 정보와 부수적인 정보를 구분한다.
- **답안 작성 전에 계획 세우기** : 간단한 개요 혹은 도표를 그려 중요 내용을 정리하고 이를 논리적 순서에 따라 배열한다.
- **적절한 연결어 사용하기** : 읽는 사람이 내용의 논리적 관계를 정확히 파악하여 쉽게 읽어 나갈 수 있게 문장과 문장을 연결하는 연결어를 적절히 사용한다.

㉢ **유의 사항** : 답안을 작성하는 사람 입장에서는 자신이 작성하는 답안지가 유일한 답안이지만 이를 채점하는 입장에서는 한꺼번에 읽어야 할 수많은 답안지 중에 하나일 뿐이다. 따라서 읽는 사람이 쉽게 읽고 정확한 점수를 줄 수 있도록 답안 작성자는 최대한 노력해야 한다.

- 출제자는 나름대로의 의도와 기대를 가지고 있으며 문제를 출제하고 자신의 의도와 기대에 맞춰 답안을 채점한다. 아무리 좋은 내용도 묻지 않은 것은 쓰지 않는다.
- 출제자는 여러 개의 답안을 읽고 채점해야 한다. 답안은 가능한 한 간결하면서도 한눈에 알아보기 쉽게 쓴다.
- 출제자는 쓰지 않은 내용, 정리되지 않은 글을 친절히 읽어줄 인내심도 이해심도 없다. 자세하고 정확하게 쓰라.

참고 자료 – 〈과학 기술 글쓰기 가이드 북〉

더하기 예제 01 주관식

다음 글을 〈조건〉에 맞추어 요약하시오.

거리에 나서면 벽면을 어지럽게 수놓고 있는 광고들, 버스를 타도 어김없이 우리를 기다리고 있는 것은 광고판과 광고 방송이며, 근래에 부쩍 늘어난 우편 광고물은 안방에까지 집요하게 파고들고 있다. 거기에 신문, 잡지, 텔레비전과 같은 대중 매체를 이용한 광고를 더하게 되면 가히 광고의 산더미 속에서 헤어나지 못하고 있다고 할 정도이다.

일상적인 정보 메시지는 수용자가 그것을 의식하지만 어떤 정보는 수용자가 모르는 사이에 지각되기도 한다. 이를 전문적인 용어로는 역하 지각(Subliminal perception)이라 한다. 역하 지각이란 의식의 문지방 아래로 숨어 들어오는 정보가 지각되는 것으로써 수용자가 그것을 통제할 수 없다는 특징을 갖는다. 따라서 앞으로는 광고가 인간의 행위를 통제하게 될지도 모르는 상황이다.

다행스럽게도 심리학자들의 연구에 따르면 역하 광고 효과가 생각했던 것만큼 크지는 않다는 사실이 밝혀졌다. 그러나 역하 광고의 효과에 대한 최종 결론은 아직 내려지지 않았으며, 역하 광고는 다양한 형태로 개발되어 지금도 행해지고 있으므로 유의할 필요가 있다.

〈조건〉

- 세 문장으로 요약하시오.
- 각 문단을 하나의 문장으로 요약하시오.

예시답안

현대인들은 다양한 광고의 홍수 속에서 살아가고 있다. / 그런데 광고는 수용자가 의식하지 못하는 정보인 역하 지각을 활용하여 수용자의 행위를 통제할 위험이 있다. / 역하 광고의 효과에 대한 결론은 유보 중이므로 수용 시 유의해야 한다.

해설

첫 문단은 현대인들이 다양한 매체들을 활용한 광고의 홍수 속에서 살아가고 있다는 현실을 제시한 도입부이다. 둘째 문단은 수용자가 의식하지 못하는 '역하 지각'을 활용한 '역하 광고'에 대한 설명이다. 그리고 마지막 문단은 역하 광고의 효과가 정확하게 밝혀진 것은 아니므로 역하 광고에 대해 수용자가 유의해야 한다는 대안을 제시하고 있다.

더하기 예제 02 주관식

다음 제시된 자료 ㄱ ~ ㄹ과 〈조건〉을 참고하여 완결된 하나의 문단을 작성하시오.

ㄱ. 국내 총인구 및 성장률 추이

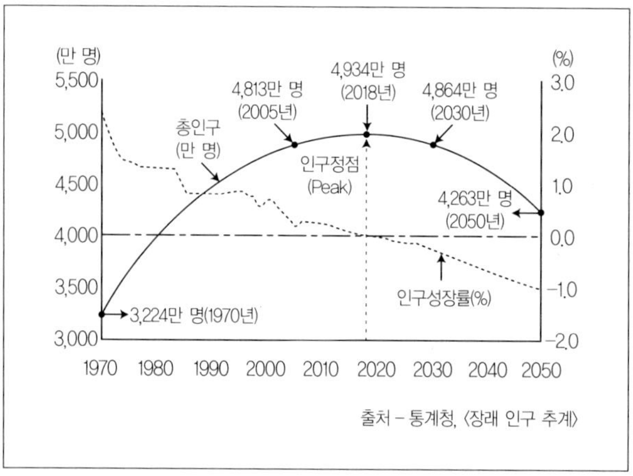

ㄴ. OECD 국가별 외국인 근로자 비율

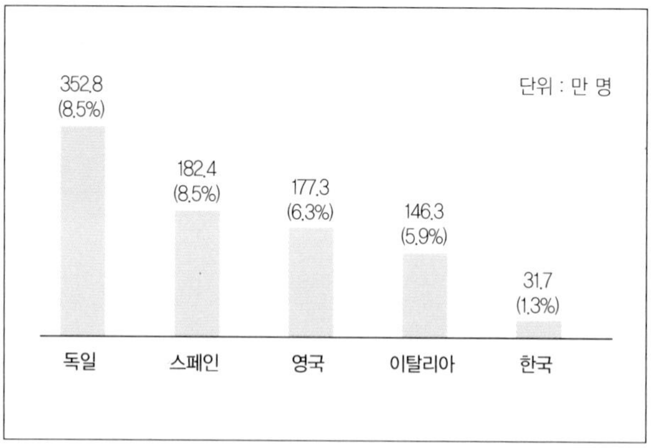

ㄷ. 2011년 국내 인구 피라미드

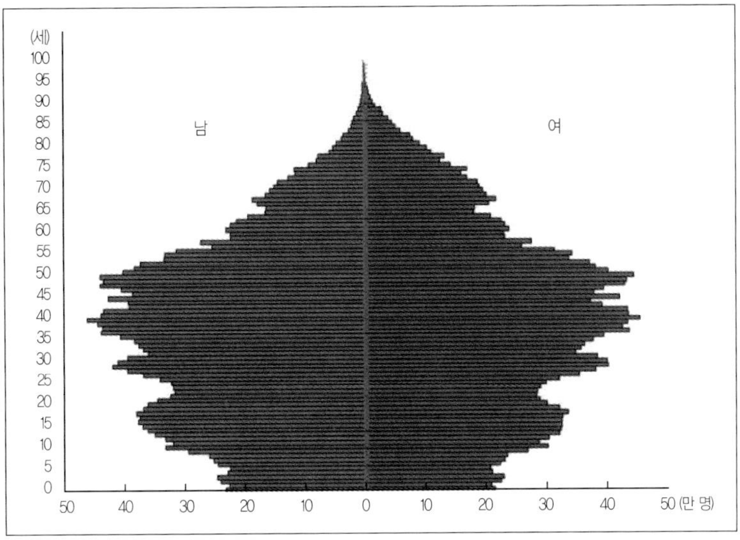

ㄹ. 국내 다문화 가정 자녀 인원 통계

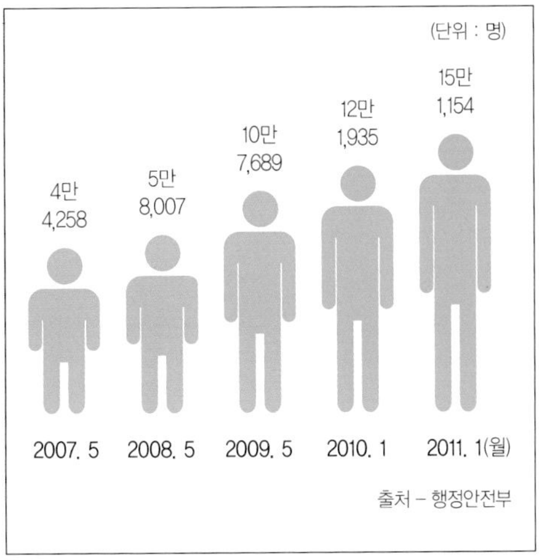

〈조건〉

1. 제시된 자료를 모두 활용하여 쓰시오.
2. '문제점 제시 – 대안 제시'의 순서로 쓰시오.
3. 전체 분량이 200자 내외가 되도록 쓰시오.
4. 설의적 표현을 활용하시오.

예시답안

우리나라는 인구성장률이 둔화되고 있고 인구 구조상 생산 가능 인구가 감소하고 있어 미래에는 생산력이 감소하고, 복지 부담이 증가할 것으로 추정된다. 이러한 문제를 해결하기 위해서는 외국인 노동자의 고용비율을 OCED 국가들 수준으로 높여 생산 인구의 유입을 장려하고 이들이 국내에서 안정된 삶을 누릴 수 있도록 다문화 가정에 대한 배려가 이루어져야 하지 않을까?

해설

- ㄱ : 총인구 및 성장률 추이를 보여주는 그래프로 2020년을 정점으로 총인구가 감소하는 모습을 보이고 있으며 인구성장률이 지속적으로 감소하고 있음을 보여주고 있다. → 향후 인구가 감소할 것이라는 전망이 가능하다.
- ㄴ : OECD 주요국의 외국인 노동자 비율을 비교한 것으로 한국이 현저히 낮음을 확인할 수 있다. → 결국 한국이 OECD 주요국에 비해 외국인 노동자 정책에 대해 소극적임을 알 수 있다. ㄱ과 ㄷ의 자료를 참고하면 생산 가능 인구의 감소를 외국인 노동자를 통해 간접적으로 해소할 수 있다는 점을 이끌어 낼 수 있다.
- ㄷ : 우리나라의 인구 구성을 보여주는 자료로 30~40대 인구에 비해 20대 이하의 인구가 현저하게 줄어들고 있음을 보여주고 있다. → 향후 인구 감소로 인해 생산 가능 인구가 감소하고 노인 인구 부양과 관련된 문제들(복지문제 등)이 부상할 것이라는 점을 추론할 수 있다.
- ㄹ : 국내 다문화 가정의 자녀가 증가하고 있음을 보여주는 자료이다. → 외국인 노동자 유입과 다문화 가정의 증가는 무관하지 않다. 이를 통해 외국인 노동자의 유입과 함께 다문화 가정에 대한 정책적인 배려도 필요하다는 점을 추론할 수 있다.

ㄱ, ㄷ은 문제점으로 제시할 수 있고 ㄴ, ㄹ은 이에 필요한 대안을 이끌어 낼 때 제시할 수 있으므로 이에 맞추어 서술하는 것이 바람직하다.

셋째 마당. 쓰기

매듭짓기

01 **'우리나라의 저출산 문제 해결'을 주제로 글을 쓰고자 한다. 제시된 〈자료〉를 활용하기 위한 계획으로 적절하지 않은 것은?**

자료

㉠ 2012년 우리나라의 합계 출산율이 1.15명으로 2011년에 비해 감소함. - 통계청
㉡ 2012년 출생아 수는 2011년에 비해 4.4% 줄어듦. - 통계청
㉢ 출산율 저하에 따른 노동인구 감소와 노령인구 부양부담의 증가 등이 예상됨. - △△일보
㉣ "결혼을 했지만 맞벌이를 하기 때문에 아이를 키우기가 어려워요." - 주부 박○○
㉤ 선진국의 경우 자녀 수당 지급, 장기 출산휴가, 학자금 보조 등을 통해 출산율을 높임. - W통신
㉥ 2012년 정부에서는 다자녀 가정에 대한 다양한 우대 혜택을 시행함. - ○○일보
㉦ 2000년 이후 외국인 노동자들의 유입이 가속화되고 있음. - A저널

① ㉠과 ㉡을 활용하여 출산율 저하의 심각성을 환기하는 자료로 삼는다.
② ㉢을 활용하여 출산율 저하로 발생할 수 있는 사회적 문제를 지적한다.
③ ㉣을 활용하여 출산율 저하의 원인을 분석하는 자료로 제시한다.
④ ㉤과 ㉥을 활용하여 출산율을 높이기 위한 대안을 모색하는 자료로 제시한다.
⑤ ㉦을 활용하여 우리나라의 노동 인력 보호 대책 마련의 필요성을 제시한다.

02 다음 개요를 바탕으로 글을 쓰고자 할 때 이끌어 낼 수 있는 결론으로 가장 적절한 것은?

보기

구분	핵심 내용	세부 내용
서론	노인 복지 문제와 효(孝)의 가치 훼손 문제 제기	노인 복지 문제 해결과 효(孝)의 가치 재정립의 필요성
본론	㉠ 사적 부양의 문제점과 현대 사회의 특징	• 사적 부양의 한계와 문제점 • 현대 사회의 특징과 노인 복지 문제
	㉡ 새로운 노인 복지 대책의 방향	• 노인 복지에 대한 공적 부양의 확대 정책 실시 • 자발적인 사적 부양을 유도하는 다양한 제도 확립
	㉢ 노부모 봉양의 실태와 훼손된 효(孝)의 가치	• 현대 사회에서 효(孝) 가치의 훼손 실태 • 증가하는 노인 학대와 방임의 실태
결론	?	

① 사적 부양과 공적 부양이 조화된 노인 부양 정책 마련이 필요하다.

② 과거와는 다른 현대적 '효(孝)' 개념의 재정립이 필요하다.

③ 노인 스스로 자립할 수 있도록 돕는 정부의 실효성 있는 제도 마련이 필요하다.

④ 가족이 노인 부양을 책임질 수 있도록 사회적 여건을 마련해야 한다.

⑤ 효(孝)의 가치를 회복할 수 있도록 청소년들의 가치관 교육을 강화해야 한다.

4주

03 **다음 〈보기1〉의 개요를 작성한 뒤 〈보기2〉의 자료를 추가적으로 수집하였다. 추가된 자료를 활용하는 방안으로 가장 적절한 것은?**

보기1

주제문 : 정보화는 세계적 추세이므로, 문제점을 최소화해서 질적으로 우수한 정보화 사회를 만들어야 한다.
Ⅰ. **서론** : 정보화 사회는 세계적 추세
Ⅱ. **본론**
1. 정보화 사회의 개념
2. 정보화 사회의 긍정적 측면
가. 시·공간을 뛰어 넘는 정보 습득의 용이성
나. 정보 유통의 신속성과 편리성
다. 능동적 참여와 직접 민주주의의 확대
3. 정보화 사회의 부정적 측면
가. 정보 홍수 속에서의 혼란
나. 기계에 대한 인간의 종속화 심화
다. 정보 독점으로 인한 국가 권력의 비대화
4. 정보화 사회의 문제점 최소화 방안
가. 질 높은 정보 제공자 발굴과 지원
나. 정보화 사회의 윤리 의식 제고
다. 국가 권력의 정보 독점을 제한할 법적 근거 마련
Ⅲ. **결론** : 부정적 측면의 개선을 통한 질 높은 정보화 사회 건설

보기2

정보가 중요한 세상이다 보니 본인도 모르게 주민번호, 전화번호, 신용 상태 등 각종 신상 정보가 유출되어 인터넷에 떠도는가 하면, 이리저리 팔리는 현실이 참으로 걱정스럽다. 일부 기관에서 유출된 개인 정보는 개인 신상뿐 아니라 재산 내역과 전과 여부까지 소상히 기록돼 있어 사생활 침해는 물론 제2의 범행에 악용될 소지가 다분한 것으로 지적되고 있다.

① 서론의 내용을 보완하여 서론에 제시한 내용을 반박하는 근거로 활용한다.
② 본론 2의 하위 항목으로 '정보 유출에 따른 개인 피해의 증가'라는 항목을 추가하여 근거로 활용한다.
③ 본론 3의 하위 항목으로 '정보 유출에 따른 사생활 침해'라는 항목을 추가하여 근거로 활용한다.
④ 본론 4의 '다'에 제시된 대안을 뒷받침하는 근거로 활용한다.
⑤ 결론의 내용을 '사생활의 보호의 필요성'으로 수정하고 이에 대한 근거로 활용한다.

04 제시된 글감을 감각적으로 구체화하여 쓴 것으로 적절하지 않은 것은?

① 교통 체증의 답답함

→ 교통 체증 중의 사람들은 시간을 씹듯이 오징어를 씹어댄다. 가지도 돌아가지도 못하는 꽉 막힌 도로의 차 안에서 오징어를 씹는 사람들의 입은 흡사 수족관에 갇힌 금붕어들의 입질같다.

② 장마철의 무력감

→ 비는 도시 곳곳에 숨어 있던 냄새를 우려낸다. 젖은 가로수 냄새와 시멘트 담벼락 냄새, 아스팔트 냄새들까지 도시에서 우러나는 이런 텁텁한 냄새들은 온 몸에서 힘을 빼내 깊은 수렁에 빠져드는 것처럼 느껴진다. 젖은 가로수의 냄새, 아스팔트나 시멘트의 탁한 냄새, 하수도의 매캐한 냄새까지 비가 내린 거리는 이런 냄새들로 가득하다.

③ 무리지어 피어난 꽃의 생동감

→ 진달래가 무리지어 피어 있는 모습은 다른 꽃들보다 훨씬 강렬하다. 화려함을 뽐내는 생생한 빛깔 속에서 자지러지는 웃음소리가 들리는 것 같다.

④ 달리는 자동차에서 느끼는 속도감

→ 빠르게 스쳐가는 풍경들과 성큼성큼 다가오는 가로등을 바라보고 있으면 자동차 안에 있는 사람들은 마치 풍경 속으로 빨려 들어가는 듯한 느낌을 받게 된다.

⑤ 숲길의 여유로움

→ 나무들이 늘어선 길은 주변 풍경과 싸우지 않는다. 개울이 있으면 개울을 따라 돌고 언덕을 만나면 언덕을 따라 오르며 숲의 생명들과 어울린다.

05 '여성의 고용 평등 실현해야 한다.'라는 주제로 글을 쓸 때, 직접적인 근거로 활용할 수 있는 내용들을 바르게 묶은 것은?

ㄱ. 우리나라의 남녀 전체 평균 고용비율 격차는 31.8%로 남성에 비해 여성의 고용 비율이 현저히 낮다.
ㄴ. 우리나라 여성 임금 근로자들은 결혼 후에 육아 문제로 직장을 그만두는 경우가 많다.
ㄷ. 채용 시 지역을 고려하여 채용 인원을 할당하는 것은 새로운 형태의 차별이다.
ㄹ. 대졸 이상 여성의 고용 비율이 OECD 국가 중 최하위이다.
ㅁ. 입사시험 때 면접관들이 외모를 중시하는 경향이 많다.
ㅂ. 성별 비정규직 비율은 각각 남성 45.3%, 여성 69.5%로 나타났다.
ㅅ. 성장 과정에서 남성과 여성이 받게 되는 교육 과정이 크게 차이가 난다.

① ㄱ, ㄴ, ㅂ
② ㄱ, ㄷ, ㅅ
③ ㄱ, ㄹ, ㅂ
④ ㄴ, ㄷ, ㅁ
⑤ ㄴ, ㄹ, ㅁ

06 ㉠~㉤에서 통일성을 저해하여 생략해야 할 문장은?

왜 어떤 문은 안으로만, 어떤 문은 밖으로만, 또 어떤 문은 안팎으로 다 열릴까? ㉠ 여닫이문에는 안으로만 열리는 안여닫이문, 밖으로만 열리는 밖여닫이문, 안팎으로 모두 열리는 양여닫이문이 있다. 이런 여닫이문을 여는 방향은 어떻게 결정될까?

㉡ 복도를 따라 늘어선 사무실들의 문은 보통 안여닫이문이다. 만약 사람들이 사무실 문을 밖으로 열게 된다면, 열린 문 때문에 좁아진 복도가 답답하게 느껴진다. ㉢ 또, 복도를 지나는 사람이 부딪힐 수도 있다. 이에 비해 극장문은 보통 밖여닫이문인데, 이는 비상시에 많은 사람들이 긴급 대피를 해야 할 경우를 대비한 것이다.

㉣ 그렇기 때문에 여닫이문은 공간의 구조나 그 공간에서의 행동 원리에 따라 여는 방향이 결정된다. ㉤ 여닫이문은 미닫이문에 비해서 문을 여닫기 위한 공간이 많이 필요하다. 문 여는 방향 하나에도 그 나름의 원리가 숨어 있는 것이다.

① ㉠
② ㉡
③ ㉢
④ ㉣
⑤ ㉤

07 다음 제시된 글감들을 활용하여 설정할 수 있는 주제로 적절하지 않은 것은?

ㄱ. 우리나라 사람들은 기부를 연말연시나 특별한 일이 있을 때만 하는 것으로 잘못 생각하고 있다.
ㄴ. 기부는 부의 사회 환원을 통해 사회를 통합하고 공동체 문화를 형성해 나가는 원동력이다.
ㄷ. 미국은 기부금에 대해 소득의 10%까지, 일본은 25%까지 공제 혜택을 주지만 우리나라는 5%까지만 면세 혜택을 준다.
ㄹ. 커피 한 잔당 수익의 일부를 빈민 구호 기금으로 내놓는 'OO회사'는 좋은 이미지로 소비자의 사랑을 받고 있다.
ㅁ. 2011년부터 2012년까지의 통계에 의하면 우리나라 기업의 기부금 총액은 줄어들었으나, 접대비 총액은 늘어났다.

① 기부문화에 대한 사회적 인식의 변화가 필요하다.
② 기부문화 활성화를 위한 정책적 뒷받침이 필요하다.
③ 기부금 활용의 투명성이 확보되어야 기부를 활성화시킬 수 있다.
④ 기부는 장기적으로는 기업의 이익에도 도움을 줄 수 있다.
⑤ 일시적 기부문화보다는 지속적 기부문화가 정착되어야 한다.

08 **〈보기〉의 구상과 같이 글을 쓰고자 한다. 이와 관련하여 자료를 수집하고 활용하는 방안으로 적절하지 않은 것은?**

보기

[가] 숲 감소 현황과 추세	숲이 급속하게 줄어드는 상황을 보여 줌으로써 독자의 경각심을 불러일으킨다.
↓	
[나] 숲 파괴로 인한 피해	숲 파괴로 인한 피해 사례로 홍수의 발생, 생물 종의 감소, 지구 온난화의 가속화 등을 제시한다.
↓	
[다] 숲 파괴의 원인	무분별한 벌목과 개발이 이루어지는 근본적인 원인을 찾아 추가한다.
↓	
[라] 숲 보존을 위한 방안	삼림 지역의 대규모 개발을 막기 위한 현실적인 유인책들을 함께 모색한다.
↓	
[마] 숲 보존을 위한 행동 촉구	숲 보존에 대한 독자의 관심을 촉구하고, 실천적 행동이 숲을 지킬 수 있음을 시사한다.

① 전 세계에 분포한 숲의 20%만 보존되고 있으며 그중 40%가 20년 안에 사라질 것이라는 조사 결과를 [가]에서 제시하여 숲 감소의 위기 상황을 환기시킨다.

② [나]에서 숲의 파괴로 인해 사막화가 시작되고 생물이 살 수 없는 지대가 된 아프리카의 사헬 지방의 사례를 제시한다.

③ [다]에서는 전 세계에서 숲이 발생시키는 연간 산소량과 흡수하는 이산화탄소량을 조사하여 구체적인 근거로 제시한다.

④ 열대우림산 콩 구입을 중지한 패스트푸드 업체를 정부가 친환경 업체로 선정한 사례를 구체적으로 조사하여 [라]에 소개한다.

⑤ [마]에서 삼나무 위에서 2년 동안 생활하여 대규모 벌목 사업을 저지한 미국 여성의 일화를 제시하며 독자들의 적극적인 행동을 촉구한다.

09 '미세 먼지 피해를 막기 위한 정부의 노력이 필요하다.' 라는 주제로 글을 쓰려고 한다. 〈보기〉의 글감을 개요로 가장 잘 정리한 것은?

보기

㉠ 자동차 배출 가스에는 많은 미세 먼지가 포함되어 있다.
㉡ 미세 먼지는 호흡기 질환을 유발한다.
㉢ 소각장 폐기물에 대한 정부의 관리감독 강화가 필요하다.
㉣ 산업체 소각 시설에서 배출되는 가스는 다량의 미세 먼지를 배출한다.
㉤ 미세 먼지 농도가 해마다 증가하고 있다.
㉥ 미세 먼지는 혈관계 질병을 악화시킨다.
㉦ 친환경 전기 자동차의 생산 기술을 발전시켜야 한다.

① Ⅰ. 서론 – ㉦
Ⅱ. 본론
• 미세 먼지의 문제점 – ㉠, ㉥
• 미세 먼지의 발생 원인 – ㉡, ㉢
• 미세 먼지 억제 대책 – ㉣, ㉤
Ⅲ. 결론 – 미세 먼지 피해를 막기 위한 정부의 노력이 필요하다.

② Ⅰ. 서론 – ㉤
Ⅱ. 본론
• 미세 먼지의 문제점 – ㉡, ㉥
• 미세 먼지의 발생 원인 – ㉠, ㉣
• 미세 먼지 억제 대책 – ㉢, ㉦
Ⅲ. 결론 – 미세 먼지 피해를 막기 위한 정부의 노력이 필요하다.

③ Ⅰ. 서론 – ㉢
Ⅱ. 본론
• 미세 먼지의 문제점 – ㉣, ㉤
• 미세 먼지의 발생 원인 – ㉠, ㉦
• 미세 먼지 억제 대책 – ㉡, ㉥
Ⅲ. 결론 – 미세 먼지 피해를 막기 위한 정부의 노력이 필요하다.

④ Ⅰ. 서론 – ㉤
Ⅱ. 본론
• 미세 먼지의 문제점 – ㉠, ㉥
• 미세 먼지의 발생 원인 – ㉢, ㉣
• 미세 먼지 억제 대책 – ㉡, ㉦
Ⅲ. 결론 – 미세 먼지 피해를 막기 위한 정부의 노력이 필요하다.

⑤ Ⅰ. 서론 – ㉦
Ⅱ. 본론
• 미세 먼지의 문제점 – ㉡, ㉣
• 미세 먼지의 발생 원인 – ㉥, ㉤
• 미세 먼지 억제 대책 – ㉠, ㉢
Ⅲ. 결론 – 미세 먼지 피해를 막기 위한 정부의 노력이 필요하다.

10 **다음은 어떤 글의 서론과 결론부이다. 이를 고려하여 본론부에 들어갈 내용을 구상한 것으로 적절하지 않은 것은?**

보기1

최근 우리나라의 음악은 서양음악 일색이다. 재즈와 힙합, 펑크, 락이나 발라드에 이르기까지 서양음악의 홍수 속에서 우리 전통음악의 흔적은 거의 찾아볼 수 없을 만큼 소외되어 있는 것이 현실이다. 하지만 이러한 문제를 단지 대중의 의식 수준 문제로 치부하는 데는 문제가 있다. 왜 대중이 전통음악을 외면하는지, 어떻게 해야 전통음악이 대중의 관심을 끌 수 있는지 진지하게 되물어야 할 것이다.

본 론

대중의 취향에 따라 전통음악을 변형하고 다른 장르나 예술 형식과의 결합을 시도한다고 해서 대중의 인기에 영합하는 저속한 시도라고 볼 수는 없다. 오히려 그것은 대중에게 더 가깝게 다가가려는 주체적인 실천이다. 따라서 정부는 이러한 노력에 합당한 지원을 아끼지 않아야 할 것이며 전통음악인들 역시 이를 위해 적극적인 실천과 노력을 해야 할 것이다.

① 전통음악이 대중으로부터 외면당하는 이유를 내적인 요인과 외적인 요인으로 나누어 고찰함.
② 전통음악의 대중화 방안으로 전통음악을 담당하는 주체들의 자발적이고 주체적인 노력이 필요함.
③ 서양 대중음악과 전통음악의 협연이나 영화나 뮤지컬 등에 전통음악을 도입하려는 시도에 전통음악인들이 적극적으로 참여해야 함.
④ 전통음악이 대중과 가까워질 수 있도록 공연의 공간이나 비용 등에 대한 정부 차원의 지원을 구체화할 필요가 있음.
⑤ 서구음악에 물들어 있는 대중의 음악적 이해도와 안목을 높일 수 있도록 전통음악에 대한 교육 기회를 제공해야 함.

11 **'바람직한 식생활'에 대한 글을 쓰고자 한다. 〈자료1〉~〈자료3〉의 활용 계획으로 적절하지 않은 것은?**

자료1

우리 국민의 일일 나트륨 섭취량은 2010년 기준 4,878mg으로 세계 보건 기구 섭취 권고량(2,000mg)의 2.8배에 달한다. 이는 국물 있는 음식을 선호하는 우리 음식 문화와 관련이 있다. 우리나라에서는 여성보다는 남성이, 청소년보다는 성인이 나트륨을 더 많이 섭취하는 것으로 나타났다. 나트륨을 과잉 섭취하면 고혈압이나 심장 질환 등으로 인한 사망률이 증가한다. – ○○신문

자료2

한 끼당 나트륨 섭취량

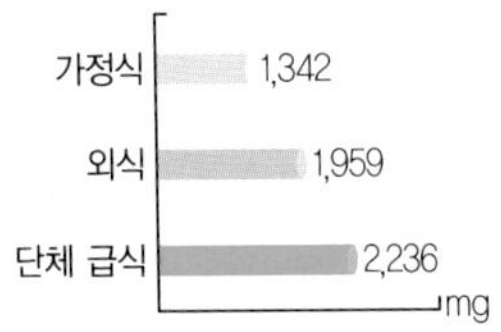

음식물의 나트륨 함량(mg)

음식명	나트륨/1인분
짬뽕	4,000
우동(중식)	3,396
열무 냉면	3,152
소고기 육개장	2,853
된장찌개	2,021

출처 – 식품의약품 안전청(2012년)

자료3

- 음식을 짜게 먹으면 비만에 걸릴 위험이 높으며, 짠 음식과 비만의 관계는 성인보다 청소년에게서 더 높게 관찰됨.
- 우리나라 국민의 일일 나트륨 섭취량을 3,000mg으로 낮추면 연간 의료비가 3조 원 절감되는 효과가 있음.
- 핀란드는 '고(高)나트륨' 표시를 의무화하고 대체 소금 활용을 정부가 적극 홍보해 23년간 나트륨 섭취를 1/3 가량 줄였으며, 그 결과 국민의 기대 수명이 평균 5년 늘어남.

① 〈자료1〉과 〈자료2〉를 활용하여 우리나라 국민들의 나트륨 섭취 문제가 심각한 수준에 이르렀다는 점을 지적한다.

② 〈자료2〉와 〈자료3〉을 활용하여 학생들의 건강을 지키기 위해서 가정에서 식단을 계획적으로 조절해야 함을 지적한다.

③ 〈자료1〉과 〈자료3〉을 활용하여 나트륨 과다 섭취로 인한 사회적 비용을 고려하여 정부가 적극적인 대책 마련에 나서야 함을 제시한다.

④ 〈자료1〉과 〈자료3〉을 활용하여 국민들의 건강을 위해 국가의 적극적인 정책과 홍보가 필요하다는 점을 제시한다.

⑤ 〈자료2〉와 〈자료3〉을 활용하여 청소년들의 외식을 줄이고 가정식을 늘릴 수 있도록 가정에서도 노력해야 함을 제시한다.

12 다음 제시된 자료를 해석한 내용으로 적절하지 않은 것은?

보기

연상 대상	국가	긍정적 연상		부정적 연상	
		비율	대표적인 연상	비율	대표적인 연상
개 	한국	76.9%	충직하다, 순종적이다, 믿을 수 있다	5.8%	더럽다, 거칠다
	일본	55.7%	순종적이다, 충실하다, 성실하다, 믿음직스럽다	8.7%	더럽다, 시끄럽다
고양이 	한국	13.6%	빠르다, 예민하다	63.8%	차갑다, 교활하다, 믿을 수없다
	일본	22.4%	부드럽다, 친근하다, 깨끗하다	48.3%	제멋대로다, 게으르다, 변하기 쉽다

* 기타 연상은 제외

① 개에 대한 한국인과 일본인의 인식은 대체로 긍정적이므로 한국과 일본의 이야기에서 '개'에 대한 내용은 긍정적일 가능성이 높다.

② 일본인은 고양이에 대해 한국인에 비해 상대적으로 긍정적인 인식을 지니고 있으므로 고양이를 소재로 한 한국과 일본의 동화나 전설은 차이가 있을 것이다.

③ 개와 고양이에 대한 인식을 비교해 볼 때 한국에서는 개를, 일본에서는 고양이를 더 많이 기를 것으로 예상할 수 있다.

④ 개에 대한 한국인과 일본인의 인식을 고려한다면, 이야기 속에 등장하는 '개'의 경우 강조되는 속성은 유사할 것이다.

⑤ 개와 고양이에 대해 한국인과 일본인이 연상하는 내용을 비교해 보면 상품 광고에서 고양이를 활용하는 방법은 개에 비해 다소 차이가 있을 것이다.

13 〈보기1〉의 개요를 바탕으로 글을 쓰고자 할 때, 〈보기2〉의 자료를 활용하는 방안으로 적절하지 않은 것은?

보기1

주제 : 가족의 유대감 강화로 가족 해체를 막아야 한다.
서론 : 최근 가족 해체의 징후들이 뚜렷해지고 있다.
본론 : 1. 가족 관계에 대한 인식의 변화
2. 가족 관계 해체의 문제점
3. 가족 관계 해체의 원인
4. 가족 관계 해체 문제를 해결하기 위한 대책
결론 : 가족 관계 해체의 원인을 정확히 파악하고, 적절한 대책을 마련해야 한다.

보기2

(가) 가족 관계에서 가장 중요시하는 것

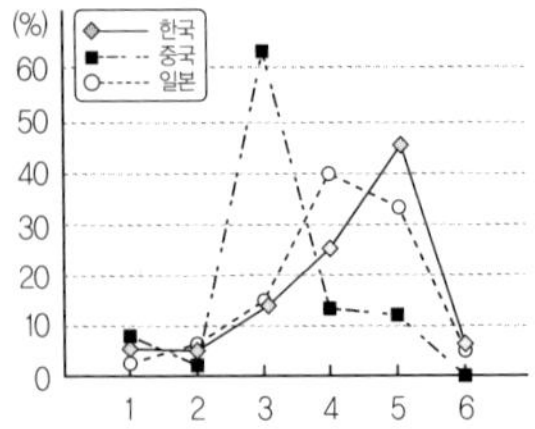

1 : 가장의 권위 2 : 가족 내의 위계질서
3 : 배우자의 동등한 권리 4 : 가족의 단결
5 : 가족 구성원의 상호 존중 6 : 가족 구성원의 자율성

(나) 가족 의사소통 연결망

국가	가족 수* (명)	가족 친밀도** (%)
한국	2.44	43
중국	2.38	85
일본	2.90	63

* 자신과 의사소통을 하는 가족 구성원 수
** 자신과 의사소통을 하는 가족 구성원 수 중에서 친밀하게 의사소통을 하는 가족 수의 비율

(다) 우리나라의 이혼율 / 한 부모 가정 비율

연도	이혼율	한 부모 가정
2010	10%	9%
2011	13.5%	10.2%
2012	16.7%	12.6%

(라) 국가별 가족 문제 상담기관 현황

국가	1,000가구당 가족 문제 상담기관 수
독일	50
프랑스	35
한국	5

(마)

가족은 국가 구성의 기초 단위입니다. 이러한 기초 단위가 흔들리면 국가 역시 온전할 수 없습니다. 가족 해체는 곧 지역 공동체의 해체와 함께 향후 국가공동체의 가치관 혼란을 초래할 것입니다.

– 김OO 교수

① 서론에서 (다)의 통계자료를 활용하여 가족 해체 문제가 심각하다는 점을 부각시킨다.
② 본론 1에서 (가)의 자료를 활용하여 가족 관계에 대한 가치관의 변화를 뒷받침한다.
③ 본론 2에서 (마)의 인터뷰 자료를 활용하여 향후 심각한 사회 문제가 될 수 있음을 강조한다.
④ 본론 3에서 (나)를 활용하여 가족 간의 유대감 약화가 주된 원인이라는 점을 제시한다.
⑤ 본론 4에서 (라)를 활용하여 가족 관계의 문제에 대한 제도적 노력이 뒷받침되어야 함을 강조한다.

14 **다음 중 주제문과 뒷받침 문장의 결속이 가장 긴밀한 것은?**

① 주제문 : 좋은 책은 좋은 사람을 만든다.
뒷받침 문장 : 위인전을 읽고 아이들이 큰 꿈을 품기도 하고 실용서를 읽고 사람들이 재산을 증식하기도 한다.
② 주제문 : 자연은 인간의 좋은 스승이다.
뒷받침 문장 : 거대한 자연의 풍광 앞에 인간은 겸손함을 배우고 숱한 생명이 어울리는 숲에서 포용과 조화를 배운다.
③ 주제문 : 좌절과 시련은 성공의 자양분이다.
뒷받침 문장 : 어떤 사람은 좌절을 딛고 눈부신 성취를 이루지만 어떤 사람은 좌절 속에서 헤매다가 삶을 포기하기도 한다.
④ 주제문 : 인간의 삶은 여러 측면에서 물과 유사하다.
뒷받침 문장 : 물이 한 번 흐르면 되돌아오지 않듯이 인생 역시 되돌릴 수 없다.
⑤ 주제문 : 대비를 잘하면 큰 화를 막을 수 있다.
뒷받침 문장 : 소화기를 갖춰두면 화재로 인한 손실을 줄일 수 있고, 펌프를 갖춰두면 수해로 인한 손실을 줄일 수 있다. 때로는 인력으로 막을 수 없는 재난도 있다.

15 ㉠~㉤ 가운데 글의 통일성 측면에서 생략해야 할 문장은?

> 우리들 대부분은 거절하는 데 익숙하지 못하다. 이는 한국인의 독특한 정서에서 비롯되었다고 볼 수 있다. ㉠ 한국인의 인간 관계는 수평적이기보다는 수직적이라는 어느 외국인의 말은 이런 우리 문화의 한 단면을 보여 준다. 우리의 정서상 가까운 사람이 어떤 일을 부탁할 때, 이를 단호하게 거절하기란 쉽지 않다. ㉡ 더군다나 그 일이 내게 벅찰 것 같으니까 할 수 없다는 말을 꺼내기는 더 어렵다. ㉢ 왠만큼 친한 사람이 아니면 부탁을 하지 않는 게 일반적이다 보니, 무리를 해서라도 그 부탁을 들어주는 게 신의(信義)를 지키는 일이라고 생각하기 때문이다. 그러니 야박하다는 소리를 들을 각오를 한 사람이 아닌 다음에야 ㉣ "미안하지만 지금은 안돼."라는 말을 쉽게 할 수 없다. 그러나 부탁 받은 일이 내가 하기 힘든 일이라 판단하면 그 즉시 거절하는 게 좋다. 그 일을 어떻게 시작하였건, 일단 시작한 이상, 그 일의 결과는 자신의 책임이라는 점을 생각해 보라. ㉤ 아무리 친한 사람이라도 냉정하게 따져 보고 결정해야 할 것이다.

① ㉠ ② ㉡ ③ ㉢ ④ ㉣ ⑤ ㉤

16 〈조건〉에 맞추어 다음 〈보기〉의 문장과 뜻이 통하도록 다시 써 보시오. (50자 내외) 주관식

보기

> 헌혈은 이웃의 생명을 살리는 위대한 실천입니다.

조건

> 1. 대조적인 표현을 활용하시오.
> 2. 반의어를 활용하시오.

17 다음 〈보기〉에 제시된 글을 〈조건〉에 맞추어 100자 이내로 요약하시오. 주관식

보기

의병들은 서로가 혈연(血緣) 혹은 지연(地緣)에 의해 연결된 사이였다. 따라서 그들은 지켜야 할 공동의 대상을 가지고 있었으며 그래서 결속력도 높았다. 그 대상은 멀리 있는 임금이 아니라 가까이 있는 가족이었으며, 추상적인 이념이 아니라 그들이 살고 있던 마을이었다. 백성들이 관군에 들어가는 것을 기피하고 의병에 참여했던 까닭도, 조정의 명령에 따라 이리저리 이동해야 하는 관군과는 달리 의병은 비교적 지역 방위에만 충실하였던 사실에서 찾을 수 있다. 일부 의병을 제외하고는 의병의 활동 범위가 고을 단위를 넘어서지 않았으며, 의병들 사이의 연합 작전도 거의 이루어지지 않았다.

의병장의 참여 동기도 단순히 '임금에 대한 충성'이라는 명분적인 측면에서만 찾을 수는 없다. 의병장들은 대체로 각 지역에서 사회·경제적 기반을 확고히 갖춘 인물들이었다. 그러나 전쟁으로 그러한 기반을 송두리째 잃어버릴 위기에 처하게 되었다. 이런 상황에서 의병장들이 지역적 기반을 계속 유지하려는 현실적인 이해관계가 유교적 명분론과 결합하면서 의병을 일으키는 동기로 작용하게 된 것이다. 한편 관군의 잇단 패배로 의병의 힘을 빌리지 않을 수 없게 된 조정에서는 의병장에게 관직을 부여함으로써 의병의 적극적인 봉기를 유도하기도 했다. 기본적으로 관료가 되어야 양반으로서의 지위를 유지할 수 있었던 당시의 상황에서 관직 임명은 의병장들에게 큰 매력이 되었다.

조건

1. 의병장의 참여 동기를 중심으로 요약하시오.
2. '의병장의 참여 동기는'을 주어부로 하는 한 문장으로 요약하시오.

18 다음 <보기>에 제시된 글을 <조건>에 맞추어 50자 이내로 다시 쓰시오. 주관식

보기

물질적인 행복은 제한된 행복이다. 물질을 가지는 데에는 한계가 있기 때문이다. 이에 비해 정신적인 행복은 무제한적인 행복이다. 정신적 가치는 얼마든지 많이 가질 수 있는 우리들의 유산이다.

조건

1. 직유와 대구를 활용하시오.
2. 대조적인 내용으로 구성하시오.

19 다음 제시된 글의 마지막에 이어질 내용을 〈조건〉을 고려하여 쓰시오. 주관식

예술 작품을 접할 때 대부분의 관객들은 작품에 대한 기대를 하기 마련이다. 과거의 미적 경험이나 지식, 작가와 작품에 대한 정보 등을 통해 그 작품은 어떠할 것이라는 예상을 하는 것이다. 그러나 무용의 경우에는 이러한 예상이 작품 감상을 그르치게 하는 경우가 많다. 관객이 무용수의 동작 자체에 몰입할 수 없기 때문이다. 그렇다면 어떻게 해야 무용을 온전하게 볼 수 있을 것인가? 한마디로 말하자면 자신이 무용수가 되는 것이다. 관객이 무용수의 입장에서 무용을 이해할 때 무용수의 동작에 담긴 의도를 파악하고 그것을 이해할 수 있게 되기 때문이다. 따라서 ______________________________

조건

1. 글의 내용을 종합하여 서술하시오.
2. '관객은 ~ 해야 ~할 수 있다.'의 구조로 서술하시오.
3. 50자 이내로 쓰시오.

20 다음 〈보기〉에 제시된 글을 〈조건〉에 맞추어 100자 이내로 요약하시오. 주관식

보기

흔한 '삭정이'와 페르메르의 〈진주 귀고리 소녀〉를 보면 사람들은 당연히 페르메르의 〈진주 귀고리 소녀〉를 예술 작품이라고 할 것이다. 페르메르의 그림은 17세기 네덜란드 풍속화의 대표작으로 영화의 소재가 되기도 했을 정도로 유명한 작품인 반면 삭정이는 아무런 가치가 없는 자연물에 불과하다고 대부분 생각하기 때문이다. 하지만 만약 피카소와 같은 대 화가가 이 삭정이를 미술관에 전시하고 〈존재와 역사〉라는 제목을 붙였다고 가정해 보자. 어떻게 될까? 사람들은 호기심에 차서 미술관을 찾을 것이고 비평가들은 앞다투어 그것의 철학적 의미를 찾는 데 혈안이 될 것이다. 이러한 상황은 삭정이가 더 이상 자연물이 아니라 예술 작품으로서의 가치를 인정받았다는 것을 의미한다. 이것은 예술에 대한 우리의 통념을 재고하게 한다. 보통 우리는 예술 작품은 전시적 가치가 있는 어떤 인공물이라는 생각을 가지고 있는데 미술관의 삭정이는 전시적 가치만 가지고 있을 뿐 인공성이라는 요소는 없다. 그런데 왜 사람들은 삭정이를 예술 작품으로 인정하게 된 것일까? 물론 그것은 피카소와 같은 예술가의 명성 때문이기도 하지만 더 중요한 이유는 직접적인 물리적 행위가 없더라도 '인공성'이 성립될 수 있다고 보는 현대 예술의 경향에 있다. 즉, 어떤 사물에 감상 대상의 자격을 부여하는 행위만으로도 '인공성'이 갖춰진다고 인식하는 것이다.

조건

1. 일반적인 예술 작품의 두 가지 조건을 포함시키시오.
2. '일반적 통념과 통념의 변화'를 중심으로 요약하시오.
3. 두 문장으로 요약하시오.

4주

셋째 마당. 쓰기

매듭짓기 해설

▶쓰기 180p

01 ⑤	02 ①	03 ③	04 ⑤	05 ③	06 ⑤	07 ③	08 ③	09 ②	10 ⑤
11 ②	12 ③	13 ②	14 ②	15 ①	16~20 해설 참조				

01 정답 ⑤

정답 해설 글의 주제가 '우리나라의 저출산 문제 해결'이므로 ㉦을 활용한 국내 노동 인력의 보호 대책 마련은 주제로부터 벗어나 있는 이야기이다. 오히려 ㉦은 국내 출산율 저하로 인한 노동력 부족 현상을 해결하기 위한 적극적인 대안으로 제시하는 것이 타당하다.

오답 해설 ① ㉠과 ㉡은 우리나라의 출산율 저하 현황을 나타내는 자료로 도입부에서 문제의 심각성을 환기시키는 용도로 활용하는 것이 적절하다.

② ㉢은 출산율 저하로 인해 발생할 수 있는 문제점에 해당하므로 적절한 활용 방안이다.

③ ㉣은 여성들이 출산을 거부하는 이유들 가운데 하나로 제시할 수 있는 자료이다.

④ ㉤은 출산율 저하에 대한 선진국의 성공적인 정책이고, ㉥은 우리나라에서 시행하고 있는 정책이므로 이를 활용하여 바람직한 출산율 저하 대책을 모색하는 자료로 활용할 수 있다.

02 정답 ①

정답 해설 제시된 개요에서는 노인 복지 문제를 단지 '효(孝)'의 가치를 바탕으로 한 가족만의 문제로 볼 것이 아니라 사회적 차원에서도 적극적인 노력이 이루어져 사적 부양과 공적 부양의 균형을 이루어야 함을 강조하고 있다. 따라서 이를 통해 이끌어 낼 수 있는 결론은 사적 부양과 공적 부양이 조화된 노인 부양 정책 마련이 적절하다.

오답 해설 ②, ④, ⑤ 사적 부양에 초점을 두고 있는 결론이다.

③ 노인의 자립을 위한 정부 정책만을 강조하고 있다.

03 정답 ③

정답 해설 〈보기2〉에서는 정보화 사회가 되면서 개인적인 정보의 유출로 개인의 사생활 침해가 심각한 수준에 이르고 있다는 점을 지적하고 있다. 따라서 〈보기2〉의 내용은 정보화 사회의 문제점을 지적한 본론 3과 관계가 깊으며 본론 3에 '사생활 침해'와 관련된 새로운 항목을 추가하여 그 근거로 활용하는 것이 가장 적절하다.

오답 해설 ① 서론의 내용은 도입에 해당하므로 이를 반박하는 것은 글의 흐름상 적절하지 않다.

② 본론 2는 정보화 사회의 긍정적 측면을 제시하는 항목이므로 〈보기2〉의 내용과 상반된다.

④ 본론 4의 '다'는 국가의 정보 독점과 관련된 항목이므로 〈보기2〉의 내용과 관련이 없다.

⑤ 결론은 본론의 내용을 포괄할 수 있어야 한다. 그러나 결론의 내용을 '사생활 보호의 필요성'으로 제한하면 본론의 내용을 충분히 반영할 수 없으므로 적절하지 않다.

04 정답 ⑤

정답 해설 주변 풍경과 싸우지 않는 숲길이나 개울이나 언덕을 따르며 숲의 생명과 어울리는 모습은 '숲의 여유로움'보다는 '자연스러움', '조화로움'을 효과적으로 묘사했다. '숲의 여유로움'은 '휴식'이나 '편안함', '한가로움'과 관련된 내용들을 중심으로 구체적인 이미지와 연결하는 것이 적절하다.

오답 해설 ① 답답함과 수족관에 갇힌 금붕어의 입질은 효과적인 비유이다.
② 텁텁한 냄새들이 힘을 빼내고 수렁에 빠지는 느낌을 갖게 하는 것은 '무력감'을 효과적으로 묘사한 것이다.
③ 강렬한 색채와 자지러지는 꽃의 웃음소리는 꽃의 이미지를 보다 생동감 있게 만드는 묘사이다.
④ 빠르게 스쳐가는 풍경과 성큼성큼 다가오는 가로등의 모습, 풍경 속으로 빨려 들어가는 듯한 느낌은 자동차 안의 속도감을 효과적으로 나타내는 묘사이다.

05 정답 ③

정답 해설 주제가 '여성의 고용 평등'이므로 여성들이 남성들에 비해 고용 면에서 차별을 받는 경우나 여성이 남성에 뒤지지 않는 능력을 가지고 있다는 점, 혹은 다른 국가들에 비해 여성의 고용 비율이 낮다는 점 등을 근거로 드는 것이 타당하다.

- ㄱ : 남녀 고용 비율의 격차를 제시하고 있으므로 주제에 적합한 근거이다.
- ㄹ : 외국과의 비교 자료로 우리나라의 여성 고용 현황이 열악함을 보여주는 자료로 활용할 수 있다.
- ㅂ : 정규직보다보다 불안정한 비정규직에서 여성 비율이 높다는 것을 보여주는 자료로 여성 고용 평등 문제에 대한 직접적인 근거가 될 수 있다.

오답 해설
- ㄴ : 여성 근로자들의 근로 환경과 관련된 문제점으로 여성 고용 평등과는 직접적인 관련이 없는 내용이다.
- ㄷ : 여성 고용 평등과는 무관한 내용이다.
- ㅁ : 외모 중심주의와 관련된 내용으로 고용 평등 문제를 직접적으로 뒷받침하는 근거로 보기 어렵다.
- ㅅ : 성차별적인 교육 과정을 지적하고 있다. 하지만 이는 여성 고용 평등 문제와 직접적인 관련은 없다.

06 정답 ⑤

정답 해설 글의 중심 화제는 공간구조나 행동원리에 따른 여닫이문의 구조이다. ㉤은 여닫이문이 미닫이문에 비해 여닫기 위한 공간이 더 많이 필요하다는 내용으로 여닫이문과 미닫이문의 비교에 해당한다. 이는 여닫이문의 종류를 언급하고 있는 전체 글의 내용에 비추어 볼 때 통일성을 저해하는 문장이다.

오답 해설 ㉠ 여닫이문의 종류를 나열하며 여닫이문의 여는 방향을 결정하는 요소를 서술하기 위한 도입부로 볼 수 있다.
㉡ 안여닫이문이 사용되는 구체적인 사례에 해당한다.
㉢ 안여닫이문을 사용하는 이유에 해당하므로 중심 내용에서 벗어난 것은 아니다.
㉣ 여닫이문의 방향이 결정되는 원리를 요약한 것으로 글의 전체 내용을 집약한 것으로 볼 수 있으며 중심 문장에 해당한다.

07 정답 ③

정답 해설 기부금 활용의 투명성을 확보하는 것은 기부금의 출처에서부터 사용처에 이르기까지 투명하게 운영되어야 함을 의미한다. 그러나 제시된 자료에서는 이와 관련된 내용을 찾아 볼 수 없다.

오답 해설 ① 기부의 가치를 강조하고 있는 ㄴ과 관련 있다.
② ㄷ에 제시된 다른 나라의 기부에 대한 정책과 관련된 내용이다.
④ 기부문화와 기업 이미지의 연관성을 언급한 ㄹ과 관련된 내용이다.
⑤ 지속적이고 상시적인 기부문화의 필요성을 제시하고 있는 ㄱ과 관련된 내용이다.

08 정답 ③

정답 해설 [다]는 숲의 파괴 원인을 제시해야 하는 부분이다. 따라서 무분별한 벌목이 이루어지는 근본적인 원인을 제시하는 것이 내용상 타당하다. 가령 곡물 재배 면적을 넓히기 위한 벌목이나 원료 공급을 위한 벌목 등과 관련된 자료를 제시하는 것이 좋다. 하지만 ③의 내용은 숲의 환경적 가치를 강조한 것으로 숲의 파괴 원인이 아니라 숲을 보존해야 하는 이유에 해당한다.

오답 해설 ① 숲의 감소 현황을 구체적인 수치로 제시하여 [가]에 활용하기 적절한 자료이다.
② [나]에서 숲의 파괴로 인한 피해 상황을 전달하기에 적절한 자료이다.
④ 숲의 보존에 협조적인 기업에 정부가 혜택을 제공한 사례로 숲 보존을 위한 정부의 바람직한 대응 방향을 제시하고 있다.
⑤ 대규모 벌목 사업에 맞서 숲을 지켜낸 적극적인 행동과 의식의 필요성을 강조하는 사례로 [마]에서 활용할 수 있다.

09 정답 ②

정답 해설 제시된 자료를 적절하게 배치하여 개요를 완성해야 한다. 글감을 고려할 때 가장 적절한 개요는 '서론 – 문제점 – 원인 – 대안 – 결론'의 구조가 가장 적절하다.

- ㉤ : 중심 화제인 미세 먼지의 농도가 증가하고 있는 현황을 제시하고 있으므로 서론에 적합한 내용이다.
- ㉡, ㉥ : 각각 미세 먼지가 인체에 미치는 영향을 제시한 것으로 문제점에 해당한다.
- ㉠, ㉣ : 미세 먼지가 발생하는 원인으로 자동차 배기가스와 산업체의 소각 시설에서 배출되는 가스를 제시하고 있다.
- ㉢, ㉦ : ㉠과 ㉣의 원인을 고려할 때, ㉢과 ㉦은 그에 해당하는 대안이라고 볼 수 있다.

이와 같이 개요를 조직한 것은 ②이다.

10 정답 ⑤

정답 해설 제시된 글의 서론에서는 전통음악이 대중들로부터 외면당하는 이유를 대중이 아닌 전통음악 자체에서 찾는 반성적 노력이 필요함을 제시하였다. 그리고 결론에서 전통음악을 대중화하려는 다양한 노력을 통해 대중과 친근해지도록 노력해야 하며 이에 대한 정부의 지원 및 전통음악인들의 실천을 촉구하고 있다. 이를 고려할 때 ⑤는 서론이나 본론의 내용과 달리 대중들이 전통음악을 이해할 수 있도록 교육 기회를 제공해야 한다는 내용으로 서론에서 제기한 전통음악인들의 자기반성 촉구와는 거리가 멀다.

오답 해설 ① 서론과 연계하여 전통음악이 대중에게 외면당하는 이유를 내적인 것과 외적인 것으로 나누어 체계적으로 제시하고자 하는 구상이므로 적절하다.

②, ③ 전통 음악인들의 주체적인 실천이 필요하다는 결론 내용과 연관되므로 적절하다.

④ 전통음악을 변형하거나 다른 장르나 예술 형식과 결합하려는 시도와 관련있으므로 본론으로 적절한 내용이다.

11 정답 ②

정답 해설 〈자료2〉를 통해서 확인할 수 있는 것은 가정식에 비해 외식을 통해 섭취하는 음식들의 나트륨 함량이 더 높다는 사실이다. 따라서 가정에서의 식단 조절 문제를 제시하겠다는 지적은 적절하지 않다.

오답 해설 ① 〈자료1〉을 통해 우리나라 국민들의 나트륨 섭취량이 권장 섭취량보다 높고, 〈자료2〉를 통해 가정식을 제외한 외식 음식들의 나트륨 섭취량이 매우 높게 나타나고 있다는 점을 고려하여 우리나라 국민들의 나트륨 섭취 문제가 심각한 수준임을 지적할 수 있다.

③ 〈자료1〉에서 나트륨 섭취가 고혈압이나 심장 질환을 유발한다는 점을, 〈자료3〉에서 나트륨 과다 섭취로 인한 연간 의료비가 3조 원에 이른다는 점을 활용하여 나트륨 섭취 문제가 사회적인 문제이므로 정부가 대책 마련에 적극적인 태도를 취해야 함을 제시할 수 있다.

④ 〈자료1〉에서 나트륨 섭취가 사망률을 높인다는 점을, 〈자료3〉에서 핀란드의 사례와 같이 국가의 적극적인 정책과 홍보가 필요함을 제시할 수 있다.

⑤ 〈자료3〉에서 나트륨 섭취로 인한 비만 문제가 성인보다 청소년에게 더 크다는 점을, 〈자료2〉에서는 청소년들이 가급적 가정식을 섭취할 수 있도록 가정에서도 노력해야 함을 제시할 수 있다.

12 정답 ③

정답 해설 표로 제시된 자료는 한국인과 일본인의 개와 고양이에 대한 긍정적 인식과 부정적 인식을 비교한 것이다. 자료에 따르면 한 · 일 양국 모두 '개'에 대한 긍정적 이미지가 '고양이'에 대한 긍정적 이미지 보다 높고, 고양이에 대해서는 부정적 인식이 '개'에 대한 부정적 이미지보다 높기 때문에 일본에서 고양이를 더 많이 기를 것으로 판단하기는 어렵다. 오히려 자료만 따른다면 한국이나 일본 모두 '개'를 더 많이 기를 가능성이 높다.

오답 해설 ① '개'의 경우 긍정적인 연상을 떠올리는 비율이 한국 76.9%, 일본 55.7%로 비교적 높게 나타나고 있으며, 부정적인 인식은 한국 5.8%, 일본 8.7%로 나타났다. 이를 보면 개에 대해 한국과 일본의 다수 사람들이 긍정적으로 인식하고 있으므로 이야기에 등장하는 '개'의 경우 긍정적인 이미지일 가능성이 높다고 짐작할 수 있다.

② 한국인이 '고양이'에 대해 긍정적인 연상을 하는 경우가 13.6%로 낮게 나타나는 반면 일본인의 경우 22.4%가 긍정적 이미지를 연상하는 것으로 보아 한국과 일본의 동화나 전설 속 고양이의 이미지에 차이가 있을 것으로 유추할 수 있다.

④ 한국과 일본 양국에서 '개'에 대한 긍정적인 연상과 부정적인 연상은 크게 차이가 없는 것으로 나타나고 있다. 따라서 이를 고려하면 이야기 속에 등장하는 '개'에게서 강조되는 속성 역시 유사할 것으로 예상할 수 있다.

⑤ 한국인과 일본인이 고양이에 대해 연상하는 이미지는 '개'에 비해 더 많은 차이를 보이므로 양국의 상품 광고에서 고양이를 활용하는 방식은 개를 활용하는 방식보다 차이가 클 것으로 예상할 수 있다.

13 정답 ②

정답 해설 본론 1에서는 과거와 달라진 가족 관계에 대한 인식을 보여줄 수 있는 자료를 제시하여 가족 해체 징후의 배경이 되고 있는 가족 관계에 대한 인식의 변화를 명확히 하는 것이 타당하다. 그러나 (가)의 자료는 국가별로 가족 관계에서 중요시하는 것을 조사한 것으로 가족 관계에 대한 통시적 변화 양상을 설명할 수 없으므로 타당한 자료 활용으로 볼 수 없다.

오답 해설 ① (다)에 제시된 이혼율과 한 부모 가정의 비율은 한국 사회 내에서 가족 관계의 해체를 단적으로 뒷받침할 수 있는 자료이므로 서론에서 활용하여 문제의 심각성을 환기시키는 것이 타당하다.

③ (마)의 인터뷰 내용은 가족 관계 해체가 한 가정의 문제가 아니라 국가 공동체의 붕괴로 이어질 수 있다는 점을 지적한 것으로 가족 해체 문제점을 부각시킬 수 있다.

④ (나)의 자료는 한국이 다른 국가에 비하여 상대적으로 가족 간의 친밀도가 낮음을 뒷받침하는 자료로 이를 활용하여 가족 해체의 한 원인이 유대감 약화에 있음을 지적할 수 있다.

⑤ (라)는 우리나라가 비교 국가들에 비해 가족 관련 문제에 대한 상담 기관이 부족한 현실을 보여주는 것으로 가족 해체를 막기 위해 상담 기관을 늘리는 제도적 뒷받침이 필요함을 주장할 수 있다.

14 정답 ②

정답 해설 뒷받침 문장은 주제문의 내용과 일치해야 할 뿐만 아니라 내용의 범주 역시 주제문과 일치해야 한다. ②는 주제문에서 자연이 인간의 스승이라 하였고 뒷받침 문장에서는 인간에게 '겸손'과 '포용', '조화'를 가르친다고 하였으므로 주제문과 뒷받침문의 내용과 범주가 모두 일치하여 긴밀한 결속을 보이고 멀다.

오답 해설 ① 주제문에서 책이 '좋은 사람'을 만든다고 하였는데 실용서를 통해 재산을 증식하는 것은 인간에게 이익을 주는 것일 뿐 좋은 사람을 만드는 것과는 거리가 멀다.

③ 좌절과 시련이 성공의 자양분이라고 하였으나 어떤 사람은 좌절 속에서 삶을 포기한다고 하여 상반된 내용을 제시하고 있다.

④ '삶'을 '물'에 비유하고 있다. 그러나 주제문에서는 여러 측면에서 유사하다고 하였음에도 불구하고 뒷받침 문장에서는 하나의 측면만을 제시하고 있어 결속이 긴밀하지 못하다.

⑤ 주제문에서는 대비를 잘하면 큰 화를 막을 수 있다고 밝히고 뒷받침 문장에서는 인력으로 막을 수 없는 재난도 있다는 상반된 주장을 하고 있어 긴밀한 결속으로 볼 수 없다.

15 정답 ①

정답 해설 필자는 친한 사람의 부탁을 거절하지 못하는 한국인들의 정서적 특성을 비판하고 냉정한 판단을 통해 정당하지 않은 부탁을 거절할 수 있어야 한다는 주장을 하고 있다. ㉠은 수직적 관계를 중시하는 한국인의 의식을 지적하고 있는 문장이다. 그러나 글의 내용은 수평적 관계에서의 부탁과 관련된 내용이므로 통일성을 저해하는 문장이다.

오답 해설 ② ㉡은 한국인들이 부탁을 거절하지 못하는 상황을 부연한 것으로 주제와 관련 있다.

③ ㉢은 앞 문장에서 제시한 한국인이 부탁을 거절하지 못하는 이유로 글의 흐름상 유기적으로 연관된다.

④ ㉣은 부탁에 대한 바람직한 태도를 제시한 것으로 글의 중심 내용이다.

⑤ ㉤은 앞서 제시한 주제문을 부연하여 강조한 것으로 글의 흐름상 적절한 내용이다.

16 주관식

예시 답안
- 헌혈로 인한 아픔은 순간이지만 헌혈로 인한 기쁨은 영원입니다.
- 헌혈은 큰 상처를 낫게 하는 작은 상처입니다.

해설 서로 상반된 의미를 가진 어구를 활용해서 대조적인 표현을 한다.

17 주관식

예시 답안 의병장의 참여 동기는 유교적 명분론과 함께 자신의 지역적 기반 유지와 관직의 획득이라는 현실적 욕구도 고려해야 한다.

해설 제시된 글은 의병장의 참여 동기가 유교적 명분론으로만 해석될 것이 아니라 다양한 측면에서 해석되어야 한다고 주장하는 글이다. 이에 따라 필자는 의병장의 참여 동기를 자신이 유지해 왔던 지역적 기반을 지키고자 하는 욕구와 양반으로서의 지위를 유지하기 위해 정부에서 부여한 관직에 임명되고자 하는 욕구에서 찾고 있다. 따라서 의병장의 참여 동기는 '지역적 기반 유지'와 '관직 임명'에 대한 욕구를 중심으로 요약하는 것이 적절하다.

18 주관식

예시 답안 물질적인 행복은 물병의 물처럼 제한적이고, 정신적인 행복은 바닷물처럼 무제한적이다.

해설 〈보기〉에 제시된 글의 중심 내용은 물질적 행복이 제한적인 반면 정신적 행복은 무제한적이라는 것이다. 직유를 활용해야 하므로 '~처럼, ~인 듯, ~같이' 등을 활용하여 표현해야 하고, 대구를 활용해야 하므로 문장 구조가 동일해야 한다. 또한 물질적 행복과 정신적 행복의 대조적인 측면, 즉 제한성과 무한성을 드러낼 수 있도록 답안을 작성해야 한다.

19 주관식

예시 답안 관객은 무용수의 입장에서 동작에 몰입하여 감상해야 그 동작의 의도를 파악할 수 있다.

해설 제시된 글의 핵심 내용은 무용을 관람하는 관객은 기존의 관습적인 기대에서 벗어나 무용수의 입장에서 무용수의 동작에 몰입할 때 비로소 그 동작에 담긴 의도를 파악하고 이해할 수 있다는 것이다. 따라서 이어질 내용은 관객의 올바른 감상 태도와 그 효과를 중심으로 서술하는 것이 적절하다.

20 주관식

예시 답안 일반적으로 예술은 전시적 가치와 인공성을 갖추어야 한다고 여겨졌다. 그러나 현대 예술에서는 자연물에 감상 대상의 자격을 부여하여 전시하는 것만으로도 예술 작품으로 인정받게 되었다.

해설 이 글에 나타난 예술 작품의 두 가지 조건은 '전시적 가치(전시성)'와 '인공성'이다. 이 중 인공성에 대한 통념은 현대 예술에 와서 다른 의미로 변화하였다. 즉 인공적인 행위가 가해진 것에서 감상의 자격을 부여받은 것으로 변화한 것이다. 이러한 내용을 〈조건〉을 참고하여 100자 이내로 요약하면 된다.

Test
of
Korean
Language

토클 ToKL 부록

한글 들여다보기

한글 들여다보기

한글의 역사

한글의 탄생

한글의 탄생 이전 한자를 빌려 적는 방식은 한국어를 표기하는 완전한 방안이 될 수 없었다. 이에 조선의 제4대 임금인 세종대왕은 즉위 25년인 1443년에 한국어를 표기하기 위한 고유 문자인 '한글'을 창제했다. 이로써 한자를 알지 못하는 일반인들도 쉽게 글자를 배우고 익혀 문자 생활을 할 수 있게 되었다. 이후 농사를 짓는 법이나 예법에 관한 책이 한글로 씌어졌고, 한글로 된 시나 소설 같은 창작 문학이 나오기 시작했다. 또 한글로 편지를 주고받기도 했다. 하지만 당시 많은 양반 귀족들은 한자를 중히 여겨 새로운 문자 창제를 탐탁하게 여기지 않았다. 조선 시대에 한글을 흔히 '언문'이라고 불렀는데, 여성들이 많이 썼다고 하여 '암클'이라고 낮추어 부르기도 했다. 그 뒤 근대화 과정에서 국민 누구나 쉽게 글을 배울 수 있어야 한다는 생각이 생겨나면서 나라의 문자라는 뜻으로 '국문(國文)'이라고 부르다가, 뒤에 '한글'이라는 이름으로 통일되었다.

한글을 만든 원리

고유한 문자가 없었던 옛 한국 사람들은 기록을 위해 중국에서 생겨난 글자인 한자를 빌려 사용할 수밖에 없었다. 그런데 한국어는 중국어와 구조가 달라서, 한자를 사용하여 중국어식으로 문장을 만들어 기록하는 것은 쉽지 않은 일이었다. 조선의 제4대 임금인 세종대왕은 사람들이 문자 생활에서 겪는 불편함을 안타깝게 여겨, 1443년 누구나 쉽게 익혀 사용할 수 있는 소리글자인 '한글'을 만들었다. 이후 3년간 세종대왕은 문자를 실험하고, 1446년 한글에 대한 해설을 붙인《훈민정음》이라는 책자를 만들어 세상에 내놓았다. 한글을 만든 기본 원리는 사물의 모양을 본뜬 '상형'이다. 자음의 기본 글자는 'ㄱ, ㄴ, ㅁ, ㅅ, ㅇ'의 다섯인데, 각 자음을 발음할 때 혀나 입술의 상태 등 발음 기관의 모양을 본떠 만들었다. 모음 또한 상형을 바탕으로 만들었다. 모음의 기본자인 'ㆍ, ㅡ, ㅣ'는 각각 둥근 하늘과 평평한 땅, 서 있는 사람의 모양을 본뜬 것이다. 한글의 다른 글자들은 기본 글자에 획을 더하거나 낱글자들을 합쳐서 만들었다. 예를 들어 'ㅋ'은 'ㄱ'에 획을 더한 것이고, 'ㄷ'은 'ㄴ'에, 'ㅌ'은 'ㄷ'에 각각 획을 더한 것이다.

한글 탄생 이후의 문자 생활

한글이 창제된 뒤에도 한자는 양반 계층을 중심으로 여전히 문자 생활의 중심을 차지하고 있었다. 국가의 주요 공문서는 물론 개인적인 기록들도 대부분 한자로 씌어졌다. 20세기 이전 조선의 교육 기관인 서당이나 서원은 한문을 교육하는 기관이었다. 나라의 인재를 뽑는 과거 시험도 한문으로 치러졌다. 그 결과 한글 창제 이후 20세기 전까지 한국의 문자 생활은 '한자', '이두', '한글'의 세 가지 방식으로 이루어졌다. 한글이 공적

인 분야에서 본격적으로 사용되기 시작한 것은 19세기 말 민족적 자각이 일면서부터였다. 1886년 4월에 최초의 순 한글 신문인 〈독립신문〉이 창간되었고, 1894년 11월 21일에 조선의 제26대 임금인 고종이 모든 공문서를 한글로 적는다는 칙령을 내리면서 비로소 한글이 공식 문자로 인정받게 되었다.

한글의 특징

체계적이고 배우기 쉬운 글자

흔히 한글은 세계에서 가장 과학적이고 독창적인 문자라고 한다. 세종대왕은 사람의 음성 기관을 세밀히 관찰하고 발음 원리와 한국어 말소리의 특성을 연구하여 한국어를 적는 데 이상적인 문자를 만들어냈다. 한글의 글자 모양은 사람의 발음기관과 닮았는데, 조형적으로 매우 단순하면서도 세계의 어떤 문자와도 다른 독창적인 모양을 하고 있다.

한글은 글자들 사이의 관계가 매우 정연하고 체계적이다. 로마자의 경우에는 비슷한 소리를 적는 'k'와 'g', 't'와 'd' 등이 형태 면에서 아무런 공통점이 없다. 하지만 세종대왕은 상형으로 만든 다섯 가지 기본 자음과 세 가지 기본 모음만을 가지고 나머지 글자들을 일관되게 가획의 방법으로 만들었다. 그래서 한글은 'ㄱ'과 'ㅋ', 'ㄷ'과 'ㅌ'처럼 같은 자리에서 나는 소리들의 글자 모양이 형태적으로 관련성을 지닌다. 《훈민정음》에 한글은 '지혜로운 사람은 아침나절이 되기 전에 이를 이해하고, 어리석은 사람도 열흘 만에 배울 수 있다.'라고 한 것처럼, 배우기가 아주 쉽다.

모아쓰기, 가로쓰기, 세로쓰기

한글은 자음과 모음을 구분하여 적는 소리글자이면서도 자음과 모음을 음절 단위로 모아쓰는 독특한 표기 방식을 채택하고 있다. 한글의 모아쓰기 방식은 독서 능률을 높여 뜻을 좀 더 쉽게 파악할 수 있도록 한다. 일반적으로 한글은 왼쪽에서 오른쪽으로 가로쓰기를 하는데, 세로쓰기도 가능하여 필기 공간을 효율적으로 사용할 수 있다.

정보화 시대에 부합하는 문자

한글은 독특한 모아쓰기 방식 때문에 기계화에 불리하다는 평가를 받기도 했다. 로마자에 맞게 고안된 타자기나 컴퓨터에서 모아쓰기 방식의 한글을 처리하는 데 어려움이 있었기 때문이다. 하지만 최근에는 정보 기술(IT)의 발달과 더불어 한글이 재평가 받고 있다. 한글을 컴퓨터에서 구현하는 일은 이제 더 이상 문제가 되지 않는다. 한글은 오히려 정보 처리 면에서 빠르고 정확하여, 정보화 시대에 부합하는 문자라 할 수 있다. 한글은 자음과 모음을 합해 8개 밖에 안 되는 기본 글자를 가지고 나머지 글자를 만들었기 때문에 10~12개에 불과한 휴대전화의 숫자판에 한글 낱자를 효과적으로 배치할 수 있다. 또한 기본글자에 획을 더하는 원리를 이용하여 쉽고 빠르게 글자를 조합하여 입력할 수 있다.

출처 – 국립국어원

더 알고가기

한글 더 알고가기

문 한글은 언제 만들어졌을까?

답 조선의 4번째 임금인 세종대왕(1397~1450) 즉위 25년인 1443년 12월에 '훈민정음'으로 불리는 글자가 완성되었으며, 이후에 이 글자에 대한 원리를 연구하여 〈해례(解例)〉를 만들고 〈용비어천가〉와 같은 작품을 통해 실제로 그 글자를 적용시켜 본 후 1446년(세종 28)에 한글이 정식으로 반포되었다.

문 한글로 쓰여진 최초의 문헌은?

답 한글로 쓰여진 첫 문헌은 악장(樂章) 형식의 노래인 〈용비어천가(龍飛御天歌)〉로 그 내용은 조선 왕조의 창업을 찬양하는 것이다. 1445년(세종 27) 4월 권제, 정인지 등이 본문을 지었고 1447년(세종 29) 5월에 간행되었다.

문 한글만으로 적은 최초의 신문은?

답 우리나라 최초의 한글 전용 신문은 1896년 4월 7일 서재필이 중심이 되어 만든 〈독립신문〉이다.

문 '한글'이란 이름의 유래는?

답 '한글'이라는 명칭은 당시의 잡지 등의 기록으로 보아 한글 학자 주시경이 처음 붙인 명칭인 것으로 보인다. '한'은 '큰, 첫째, 한(韓) 나라' 등으로 풀이할 수 있다.

문 한글날이 10월 9일인 이유는?

답 1940년 7월에 《훈민정음》 원본이 경상북도 안동에서 발견되었다. 이 책의 끝에 "정통 11년 9월 상한(正統十一年九月上澣)"이란 글이 있어서, 이를 근거로 1945년 광복 이후부터는 한글 반포일을 9월 상한의 끝날인 9월 10일로 정하고 양력으로 환산하여 '서기 1446년 10월 9일'을 한글날로 확정하였다.

국 / 가 / 공 / 인 / 자 / 격

토클 ToKL

국어능력 인증시험 상

4주완성 기본서

배성일 | 정은주

상권 | 언어기초 영역
하권 | 언어기능 영역 / 사고력 영역

무료 다운로드
듣기 영역 MP3 / 어휘 바루기 PDF

최신 이론
한글 맞춤법 / 표준어 추가 사정안 반영

시스컴 SISCOM